Jenseits von Roswell

Michael Hesemann

MICHAEL HESEMANN

JENSEITS VON ROSWELL

UFOs:
Der Schweigevorhang lüftet sich…

//////////////////////////////////// SILBERSCHNUR //

ISBN 3-931 652-15-7

1. Auflage 1996

Cover- und Layoutgestaltung: DTP X-Presentation, Boppard
Druck: Kossuth AG, Budapest

Verlag „Die Silberschnur" · Heddesdorfer Str. 7 · D-56564 Neuwied

INHALTSVERZEICHNIS

Straßenkarten von New Mexico aus dem Jahre 1974. Die drei Schauplätze des „Roswell-Zwischenfall":

A: Die Absturzstelle vom 31. Mai 1947 südwestlich von Socorro. Die Bergungsarbeiten begannen am 1. Juni.

B: Das „Trümmerfeld auf der Foster-Ranch, von Mac Brazel entweder am 14. Juni oder am 5. Juli 1947 entdeckt. Sie wurde am 7. Juli von Major J. Marcel inspiziert. Die Aufräumarbeiten begannen am 8. Juli.

C: Die zweite Absturzstelle 35 Meilen nördlich von Roswell, die am 7. Juli 1947 von einer Suchmannschaft der Army Air Force gefunden wurde.

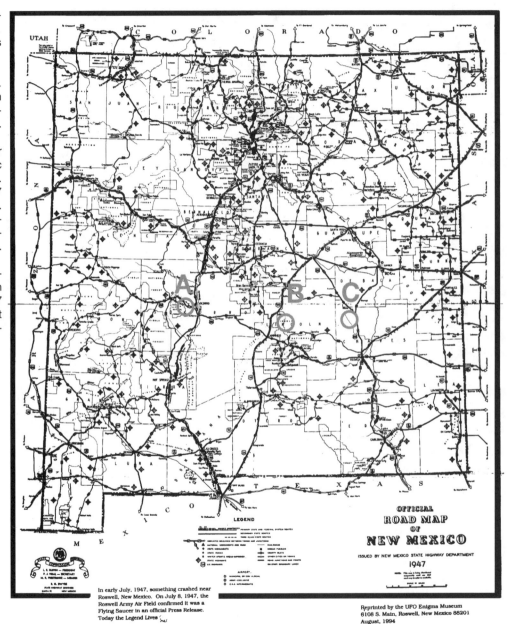

LEGEND

OFFICIAL
ROAD MAP
OF
NEW MEXICO

ISSUED BY NEW MEXICO STATE HIGHWAY DEPARTMENT
1947

In early July, 1947, something crashed near Roswell, New Mexico. On July 8, 1947, the Roswell Army Air Field confirmed it was a Flying Saucer in an official Press Release. Today the Legend Lives

Reprinted by the UFO Enigma Museum
6108 S. Main, Roswell, New Mexico 88201
August, 1994

Einleitung

*Times glory is
to calm contending kings,
to unmask falsehood
and bring truth to light.*
- William Shakespeare -

Belfast, Irland, 1. Dezember 1995. Es war das erste Mal, daß ein amerikanischer Präsident über Roswell sprach. Und was er zu sagen hatte, war so trivial und unbefriedigend wie alles, was die Regierung der Vereinigten Staaten bislang über das größte Mysterium des 20. Jahrhunderts hatte verlautbaren lassen. Dabei war Bill Clintons Staatsbesuch in Irland eine Geste des guten Willens, der amerikanischen Genugtuung über die sich anbahnende Einigung im Nordirland-Konflikt. Vielleicht sollte diese Bemerkung seiner Rede zur Illumination eines Weihnachtsbaumes auch einfach eine sympathische Note verleihen. Er hätte kürzlich einen Brief von einem Dreizehnjährigen aus Belfast bekommen, meinte Clinton, sich direkt an den Jungen wendend: *„Ryan, falls du heute abend dort draußen bist, hier ist deine Antwort: Nein. Soweit ich weiß, stürzte kein außerirdisches Raumschiff 1947 in Roswell, New Mexico, ab."* Die Menge lachte. *„Sollte die US-Luftwaffe tatsächlich außerirdische Leichen geborgen haben, hat sie mir bisher davon nichts erzählt"*, ergänzte der Präsident mit einem breiten Grinsen, *„und ich will es wissen."* (1)

Offenbar konnte die US-Luftwaffe ihm auch nichts mehr über Roswell erzählen, weil „jemand", ohne Befehl und Aktenvermerk, sämtliche Berichte zu dem Vorfall aus dem Jahre 1947 zerstört hatte. Das jedenfalls war das Ergebnis einer amtlichen Untersuchung in Sachen Roswell, die auf Antrag eines US-Kongreßabgeordneten aus New Mexico in den Jahren 1994 und 1995 durch das General Accounting Office, die Untersuchungsbehörde des amerikanischen Parlamentes, durchgeführt wurde. Offensichtlich ist versucht worden, etwas zu vertuschen. (2)

Tatsächlich spielten Vertuschung und faule Dementis von Anfang an eine Rolle in der Geschichte von Roswell. Nur einen Tag, nachdem der Pressesprecher des Roswell Army Air Fields die Bergung einer „fliegenden Untertasse" durch die 509. Bombergruppe bekanntgegeben hatte, erklärte General Roger Ramey, Kommandant der 8. Luftwaffe, es sei bloß ein Wetterballon gewesen. (3,4)

Die amerikanische Öffentlichkeit „kaufte" die Erklärung, nicht aber der mächtigste Mann der anderen Großmacht, der russische Diktator Joseph Stalin. Stalin war vom KGB, dem sowjetischen Geheimdienst, über den Vorfall informiert worden, und der KGB hielt die „Wetterballon"-Erklärung für ein Täuschungsmanöver. Die Männer der 509. Bombergruppe, die das Wrack geborgen hatten, galten als die bestausgebildete Einheit der Army

Air Force und waren immer wieder zu Geheimmissionen eingesetzt worden. Sie hatten die Atombomben über Hiroshima und Nagasaki abgeworfen, flogen die neuesten Flugzeugtypen und waren gewiß in der Lage, einen simplen Wetterballon von einer „fliegenden Untertasse" zu unterscheiden.

Um Klarheit zu bekommen, beauftragte Stalin drei seiner besten Wissenschaftler, die vom KGB gesammelten Berichte aus den USA durchzusehen und zu überprüfen, ob die mysteriösen Objekte, von denen darin die Rede war, eine Bedrohung für die Sicherheit der Sowjetunion darstellen könnten. Die drei Spezialisten waren der prominente Mathematiker Mstislav Keldysh, der Chemiker Alexander Topchiyev und der Physiker Sergey Korolyov, der später als der „sowjetische Wernher von Braun" die Rakete konstruieren sollte, mit der der erste Sputnik und schließlich Juri Gagarin in den Weltraum gebracht wurden. Alle drei waren sie Top-Wissenschaftler ihres Landes und jeder einzelne sollte in den folgenden Jahren das Amt des Präsidenten oder Vizepräsidenten der Akademie der Wissenschaften ausfüllen. Und alle drei waren, als sie ein paar Tage später von Stalin persönlich empfangen wurden, zu der Schlußfolgerung gekommen, daß die „fliegenden Untertassen" „keine fremde Geheimwaffe und keine ernsthafte Gefahr für die Sowjetunion, aber ein durchaus reales Phänomen sind". Und daher empfahlen sie dem Diktator, eine wissenschaftliche Studie ins Leben zu rufen, um mehr über sie in Erfahrung zu bringen. (5)

Die Folge war eine ganze Reihe offizieller UFO-Studien der Sowjets, von denen der Westen erst in den letzten Jahren nach dem Zusammenbruch des Kommunismus erfuhr. Die letzte davon sollte nicht nur Ursprung und Intention der geheimnisvollen Eindringlinge bestimmen, sie hatte noch einen Hintergedanken, denn die Russen hatten den - gewiß nicht unbegründeten - Verdacht, daß ein Großteil der „Stealth-Technologie" des neuen Tarn-

kappenbombers der USA auf die Auswertung abgestürzter UFOs zurückging. Und jetzt hofften sie, selbst einen UFO-Absturz zu orten, um das Wrack untersuchen und den Vorsprung, den die Amerikaner hatten, aufholen zu können. „Wenn wir das Geheimnis der UFOs ergründen", so glaubten die Sowjets, „sind wir in der Lage, den Wettlauf mit dem potentiellen Feind durch die Nutzung extraterrestrischen Wissens von Geschwindigkeit, Materialien und Stealth-Technik zu gewinnen", erklärte Oberst Boris Sokolov dem amerikanischen Journalisten George Knapp. Sokolov muß es wissen - er leitete das UFO-Büro des Moskauer Verteidigungsministeriums. (6)

Vielleicht erfährt auch bald Bill Clinton die Wahrheit über den Roswell-Zwischenfall, die ihm offenbar von der Washingtoner Schattenregierung aus Top-Geheimdienstlern und Militärs bisher vorenthalten wurde. Kein geringerer als Laurence Rockefeller, der amerikanische Milliardär und Philanthrop, hat sich in den Kopf gesetzt, alles zu tun, damit die Öffentlichkeit noch zu seinen Lebzeiten erfährt, was die Regierung schon lange über Unbekannte Flugobjekte weiß. So ließ er von führenden UFO-Forschern eine 150 Seiten umfassende Studie zusammenstellen, die in einer Auflage von 1000 Exemplaren Anfang März 1996 jedem US-Kongreßabgeordneten und Senator der Vereinigten Staaten und dem Wissenschaftsberater des Weißen Hauses zuging. Während es in dem „Rockefeller-Report" auch um die Zeugenaussagen von Ex-Offizieren und Astronauten geht, „die die Verneinung einer Landung von Außerirdischen durch die Luftwaffe widerlegen", steht im Mittelpunkt der Roswell-Zwischenfall. über 300 Augenzeugen haben die führenden Roswell-Forscher Stanton Friedman, William Moore, Kevin Randle und Don Schmitt bis dato interviewen können. Rockefellers Ziel: Roswell zum Wahlkampfthema für die Präsidentschaftswahl im November 1996 zu machen. (7) Die Zeichen dafür, daß er damit Erfolg haben könnte, stehen gut. Auch Clintons voraussichtlicher Gegner, der republikanische Präsidentschaftskandidat Senator Bob Dole, scheint darauf einzusteigen. So kommentierte er Präsident Clintons wirtschaftspolitische Erklärung, mehr als 2 % ökonomisches Wachstum sei unmöglich ohne Inflation, mit den Worten: *„Das ist, wie wenn die Luftwaffe sagt, UFOs seien unmöglich."* (8)

Vielleicht erfahren wir alle aber auch die Wahrheit auf einem ganz anderen Weg. Im Sommer 1995 erregte der britische Filmproduzent Ray Santilli weltweit Aufsehen mit der Behauptung, von einem ehemaligen Kameramann der US Army Air Force Filmmaterial von der Bergung des Roswell-Wracks und der Autopsie zweier Außerirdischer gekauft zu haben. Während die Diskussion um die Authentizität dieses Materials noch andauert, laufen die Vorbereitungen zum 50. Jahrestag der Ereignisse von Roswell am 4. Juli 1997. Gerüchten aus Insiderkreisen zufolge bereitet der erfolgreiche US-Regisseur Steven Spielberg zu diesem Termin einen großen Spielfilm vor, der ebenfalls Originalmaterial enthalten soll.

„Spielberg wird UFO-Geheimhaltung aufdecken", lautet die Schlagzeile der ersten Meldung über dieses Projekt in der britischen Tageszeitung „Daily Mirror". Danach arbeitet der weltbekannte Regisseur von „E.T." und „Unheimliche Begegnungen der Dritten Art" an einem 50 Millionen Dollar Film, der *„von dem UFO-Absturz und der politischen Intrige, die darauf folgte"*, handeln soll. Unter Insidern nur als „Projekt X" bekannt, soll der Streifen *„noch nie gezeigtes Filmmaterial von der Absturzstelle der fliegenden Untertasse"* enthalten, das Spielberg zugespielt wurde. (9)

Als die Filmseite einer weiteren Tageszeitung, des „Daily Star", sechs Wochen später die Meldung wiederholte (10), fragte der britische UFO-Forscher Philip Mantle beim stellvertretenden Chefredakteur des Blattes, Michael Hellicar, nach, aus welcher Quelle die Information stammte. *„Unsere Geschichte, daß Steven Spielberg Filmaufnahmen von dem UFO-Absturz in Roswell erwarb, ist hundertprozentig korrekt"*, antwortete Hellicar, *„sie stammt aus einer Quelle, die in das Projekt involviert ist. Der Arbeitstitel lautet, die Bedeutung wird Ihnen bekannt sein, Majestic-12. Das ist alles, was ich weiß, außer daß Spielbergs Produktionsfirma Amblin versucht, den Film geheimzuhalten, weil sie fürchtet, daß ein anderes Studio dem zuvorkommen könnte. Allerdings würde bei einem Konkurrenzprodukt ein sensationelles Detail fehlen: Die offiziellen Absturzaufnahmen. Ein Aspekt der Geschichte, den ich versuchte zu überprüfen, aber nicht bestätigen konnte, war der, daß die US-Regierung gezielt das Filmmaterial Spielberg zukommen ließ. Dahinter soll die Idee stecken, daß die erschreckende Wahrheit - daß wir nicht allein sind - durch einen bunten Hollywood-Film verwässert wird... man kann entweder den Film für authentisch halten oder als eine Art Hollywood-Hype vom Stil der 'Unheimlichen Begegnungen' betrachten."* (11)

Wir können nur abwarten, was aus all diesen Gerüchten um bevorstehende Durchbrüche wird. Vielleicht wissen die Kräfte, die hinter der Vertuschung des Roswell-Zwischenfalls stehen, auch zu verhindern, daß dies jemals geschieht. Doch ebenso ist möglich, daß „jemand" die Wahrheit Stück für Stück durchsickern läßt. Der „Roswell-Autopsiefilm" von Ray Santilli, ob echt oder gefälscht, könnte ein erster Schritt in diese Richtung sein, der Spielberg-Film, wenn er denn nicht frühzeitig gestoppt wird, der nächste. Doch wann auch immer die Wahrheit über die Ereignisse von Roswell ans Tageslicht kommt, sie wird uns alle verändern.

Düsseldorf, 4. Juli 1996

Michael Hesemann

1. Kapitel
Die Geburt der fliegenden Untertassen

Dienstag, 24. Juni 1947, im Gebiet um den Mount Rainier im US-Staat Washington, 14.57 Uhr. Langsam, mit lautem aber monotonem Brummen, zog die zweimotorige Propellermaschine ihre Bahnen am stahlblauen, klaren Himmel rund um den schneebedeckten Gipfel des gewaltigen Vulkanes. Ihr Pilot, der 32-jährige Geschäftsmann Kenneth Arnold, suchte gründlichst seine Hänge nach einer verschollenen C-46-Transportmaschine der Army Air Force (AAF) der Vereinigten Staaten ab. Auf dem Flughafen von Chehalis, Washington, hatte er erfahren , daß von der AAF 5000 Dollar Belohnung für ihre Auffindung ausgesetzt waren. Das Geld reizte Arnold, der sich als Mitglied der „Idaho Such- und Rettungsflieger" schon öfter Prämien für die Auffindung vermißter Flugzeuge verdient hatte. Und da er auf seinem Rückflug nach Yakima/Wash. ohnehin das Mount Rainier-Massiv passieren mußte, beschloß er, sich eine Stunde Zeit für die Suche zu nehmen.

Am Himmel war kein Wölkchen zu sehen. Ideales Flugwetter. Während Arnold noch immer nach der abgestürzten Maschine suchte, bemerkte er plötzlich, wie ein Lichtstrahl an der Seite seines Flugzeugs reflektierte. Für einen Moment erschrak er. Dies könnte bedeuten, daß er sich auf Kollisionskurs mit einer anderen Maschine befand, die er nicht bemerkt hatte. Aber es war keine in seiner Nähe. Nur am Horizont zog eine einsame DC-4 auf der Fluglinie von San Francisco nach Seattle langsam ihre Bahnen. Etwas irritiert überlegte Arnold,

Kenneth Arnold

was den Lichtblitz verursacht haben könnte, als ihn ein zweiter traf. Sofort schaute er in die Richtung, aus der das Licht kam. Und was er dort sah, raubte ihm den Atem.

Denn von Norden her näherte sich aus Richtung des Mount Baker eine Formation heller Objekte mit unglaublicher Geschwindigkeit. Einige von ihnen schossen kurz aus der Linie heraus und blitzten in der Sonne hell auf, bevor sie sich wieder einreihten. Noch befanden sie sich in etwa 150 Kilometer Entfernung, zu weit, als daß Arnold Details ausmachen konnte, aber sie flogen auf den Mount Rainier zu. Bald war er in der Lage, sie zu zählen: Es waren neun Objekte, die in einer Kiellinie flogen, das größte in der Mitte. Selbst für Düsenflugzeuge waren sie zu schnell. Wurde er gerade Zeuge eines Übungsfluges der jüngsten Geheimwaffe der Vereinigten Staaten? Oder eines Angriffs der Russen? Arnold schaute auf seine Uhr. Es war 14.59 Uhr, die Kette noch etwa 70 Kilometer entfernt.

Endlich gelang es Arnold, auch Einzelheiten auszumachen. Verwundert mußte er feststellen, daß die Flugobjekte keine Auswüchse, Flügel oder Schwänze zu haben schienen. Sie sahen eher aus wie flache Scheiben, deren Vorderseite gerundet, ihre Rückseite aber gewissermaßen „abgeschnitten" war, nur leicht gekurvt. Zudem strahlten sie ein helles, blauweißes Licht aus. Ein neuer Flugzeugtyp? Um sie besser erkennen zu können, klappte der Pilot sein Fenster hoch und schaute hinaus. Lange beobachtete er, wie sie dahinflitzten, und vor dem Schnee an den Hängen konnte er ihre Form gut erkennen. Nie zuvor hatte er Flugzeuge mit diesen Fähigkeiten gesehen, Flugzeuge, die so nah an Berggipfeln vorbeischießen konnten. Bald passierten sie den schneebedeckten Rücken zwischen dem Mount Rainier und dem Mount Adams. Arnold bemerkte, daß das erste der Objekte gerade am südlichen Ende des Gebirgsrückens erschien, als das letzte das nördliche er-

reichte. Das bedeutete, daß die Kette mindestens acht Kilometer lang sein mußte. Als sie sich etwa zehn Kilometer von seiner Position entfernt hatte, warf der Flieger noch einmal einen Blick auf seine Uhr. In einer Minute und 42 Sekunden mußte die Kette eine Strecke von 80 Kilometern zurückgelegt haben. Später errechnete er daraus eine Geschwindigkeit von 3300 Stundenkilometern. Das war unglaublich!

Arnold blickte dem geheimnisvollen Geschwader noch einmal nach, als es bereits den Mount Adams passiert hatte. Kurz darauf war es ganz am Horizont verschwunden. Es war jetzt 15.02 Uhr. Das Schauspiel war beendet. Der ganze Vorbeiflug hatte gerade einmal fünf Minuten gedauert. Doch Arnold hatte jetzt keine Ruhe mehr, seine Suche nach der C-46 fortzusetzen, und auch die 5000 Dollar waren ihm auf einmal völlig gleichgültig. Er mußte nach Yakima und erzählen, was er gesehen hatte. Nur für den Fall, daß es tatsächlich die Russen waren, hielt er es für seine „vaterländische Pflicht", den Vorfall den Behörden zu melden.

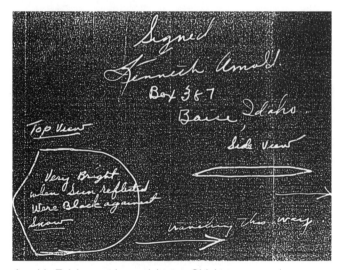

Arnolds Zeichnung der gesichteten Objekte.

Noch am selben Tag erfuhren die ersten Reporter von seinem Erlebnis. Was immer diese Objekte auch waren, mit dem Gespür guter Journalisten wußten sie, das war eine Schlagzeile wert. Und der Zeuge wirkte glaubwürdig. *„Sie waren flach wie eine Pfanne und so glatt, daß sie die Sonne wie ein Spiegel reflektierten"*, beschrieb er die Scheiben, *„Sie können mich einen Einstein, einen Flash Gordon oder einfach einen Spinner nennen. Aber ich weiß, was ich gesehen habe. Die Dinger flogen wie Untertassen, wenn man sie über's Wasser springen läßt."* Damit hatte die Presse ihren Aufhänger und das passende Stichwort - die „fliegenden Untertassen" waren geboren. (1)

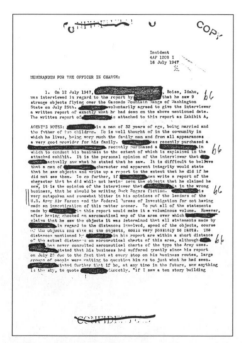

US-Luftwaffenmemorandum über Kenneth Arnold: „Es ist schwer zu glauben, daß ein Mann von Arnolds Charakter und offensichtlicher Integrität behaupten würde, solche Objekte gesehen zu haben und einen Bericht darüber verfaßt, wenn er sie nicht wirklich gesehen hat."

Kurz darauf interessierte sich auch die Army Air Force für den Vorfall. In einem vertraulichen Bericht vom 16. Juli 1947 kam der untersuchende Offizier zu der Einschätzung: *„Es ist schwer zu glauben, daß ein Mann von (Arnolds) Charakter und offensichtlicher Integrität behaupten würde, Objekte gesehen zu haben und einen Bericht von dem Umfang schriebe, wenn er sie nicht tatsächlich gesehen hat."* (2) Dann meldete sich der erste Augenzeuge für Arnolds unheimliche Begegnung. Ein alter Goldsucher aus Oregon hatte in einer Zeitung von der Sichtung gelesen und erklärte, auch er hätte die „Untertassen", einige Minuten nach Arnold, über dem Kaskaden-Gebirge kreisen gesehen. *„Als die Scheiben über mir herumkurvten, schlug meine Kompaßnadel wie wild aus"*, gab er der Presse zu Protokoll. (3)

Doch dabei blieb es nicht. In den folgenden Wochen wurden die Vereinigten Staaten von einer regelrechten „Untertassen-Hysterie" heimgesucht. Plötzlich waren sie überall, trafen Berichte aus allen Teilen des Landes ein. über 850 Meldungen in der überregionalen Presse konnte der UFO-Forscher Ted Bloecher zusammenstellen (4), über 2000 mögen es in den Lokalzeitungen gewesen sein. Zu den Zeugen zählten

* Ein Ehepaar in Redding, Kalifornien, das ein großes, leuchtendes „fliegendes Dreieck" beobachtete, als es lautlos nach Norden glitt. (5)

* Ein Angehöriger des Marineflughafens von Santa Rosa, Kalifornien, der ein Objekt *„von der Form einer gigantischen Taschenuhr, natürlich ohne Auswüchse, aus einem silbernen Material, ähnlich wie Flugzeugaluminium"* von ca. 5-7 Metern Durchmesser sichtete, das in nur 300 Metern Höhe das Nordende der Basis-Startbahn überquerte.
Am nächsten Tag meldete sich der Zahnarzt Dr. R.W.Nelson, der das *„silbern leuchtende"* Objekt ebenfalls gesehen hatte. (6)

Am 3. Juli 1947 äußerte sich zum ersten Mal die Army Air Force der Vereinigten Staaten zu den Sichtungen. Ein Luftwaffensprecher erklärte: *„Wenn eine fremde Macht fliegende Scheiben über die Vereinigten Staaten schickt, ist es unsere Pflicht und Verantwortlichkeit, darüber Bescheid zu wissen und angemessene Schritte einzuleiten."* (7) Aus dem Zentrum des Lufttechnischen Nachrichtendienstes, Wright Field bei Dayton, Ohio, wurde gemeldet, daß *„deutsche Wissenschaftler, viele von ihnen Experten der am sorgfältigsten geheimgehaltenen Versuchslaboratorien der Nazis... ihre Köpfe vor Verwunderung über die Berichte von den mysteriösen 'fliegenden Untertassen' geschüttelt haben, die in einem Dutzend Staaten über den Himmel flitzen."* (8) Und während der Verfasser eines Leserbriefes im „Los Angeles Examiner" die Sowjets bezichtigte, die Scheiben seien *„neuentwickelte atomgetriebene russische Flugzeuge, die tödliche radioaktive Wolken hinter sich lassen"* (9), erklärte der russische Vizekonsul von Los Angeles, Eugene Tunantzev: *„Rußland respektiert die Souveränität aller Regierungen, und so ist es völlig unvorstellbar, daß es ein anderes Land als Versuchsgelände benötigen würde... Rußland hat mehr als genug Land für wissenschaftliche Versuche zur Verfügung."* (10) Laut United Press pflichteten ihm *„hochrangige US-Army-Offiziere"* dann auch bei; bisher seien die „Untertassen" ja nicht einmal auf Radar geortet worden. (11)

Ausgerechnet der amerikanische Unabhängigkeitstag, der 4. Juli 1947, wurde zum Höhepunkt der Sichtungswelle mit einer Reihe von interessanten Berichten aus dem Munde glaubwürdiger Augenzeugen:
* *„Fünf Scheiben rasen über uns hinweg, auf- und abschwingend"*, meldete Streifenpolizist K. McDowell aus Portland, Oregon, über Funk. Minuten später bestätigten zwei weitere Streifenwagen seine Beobachtung, die Hafenpatrouille und Dutzende Zivilisten kamen hinzu. Sie alle verfolgten, wie 20 metallische Scheiben, in der Sonne blitzend, aufstiegen, fielen, kreisten, davon-

schossen und zurückkehrten, Formationen bildeten und diese wieder verließen. Das Schauspiel dauerte anderthalb Minuten und wurde auch vom Portland-Büro der Presseagentur INS aus beobachtet. (12)
* In Hauser Lake, Idaho, sahen die 200 Besucher eines American Football-Spieles eine Scheibe, die 30 Minuten lang über die Stadt manövrierte. (13)
* Mehr als 60 Personen, die an einem Picknick zum Unabhängigkeitstag teilnahmen, sahen drei Gruppen von „leuchtenden Scheiben", während einzelne „Untertassen" die V-Formationen umflogen. (14)
* In Bakersfield, Kalifornien, wollen Zeugen ein *„leuchtendes, Kuchenform-ähnliches Objekt"* beobachtet haben, das *„mit hoher Geschwindigkeit umherschoß und den Himmel überquerte".* (15)

Jetzt mußte die Luftwaffe handeln. Am 6. Juli meldete „Associated Press": *„Die Army Air Force alarmierte Jets und konventionelle Kampfflugzeuge überall an der Pazifikküste... in der Hoffnung, das Rätsel der 'fliegenden Untertassen' zu lösen, die seit 12 Tagen das ganze Land in Atem halten."* (16) Während einige der Abfangjäger

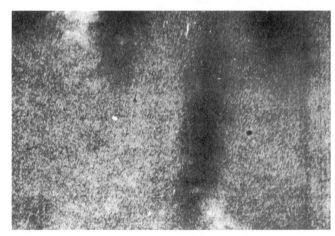

UFO-Foto vom 4. Juli 1947, aufgenommen von Frank Ryman von der US-Küstenwache bei Seattle/Wash.

mit Kameras ausgerüstet waren, waren andere mit Munition ausgerüstet. Wie die „Chicago Daily News" berichtete: *„Hauptmann Tom Brown vom Pressebüro der Luftwaffe in Washington bestätigte, daß die Luftwaffe entschieden hat, daß „an den Untertassenberichten etwas dran ist" und daß sie „dem Rätsel mit allen zur Verfügung stehenden Mitteln auf den Grund geht... wenngleich bisher ohne viel Erfolg."* (17) Army Air Force Kommandant General Carl Spaatz flog umgehend und außerplanmäßig nach Seattle und Tacoma, Washington, offiziell, um eine Rede zu halten, einen Flughafen zu inspizieren und fischen zu gehen. Daß die Reise auch einen anderen Grund haben könnte, dementierte ein Pentagon-Sprecher ausdrücklich: *„Er fährt nicht dorthin, um (die Untertassen) zu untersuchen..."* (18)

Schon bald war ein Muster für die Aktivität der unbekannten Eindringlinge offensichtlich. Ihr Hauptziel war New Mexico, jener Staat, der zu diesem Zeitpunkt der Nabel der rüstungstechnologischen Welt war, jener Staat, in dem zwei Jahre zuvor die ersten Atombomben gezündet wurden. Hier lag Los Alamos, in Insiderkreisen nur „der Berg" genannt, jenes Geheimlabor im Hochland von New Mexico, das zeitweise an ein Kloster erinnerte, schwer zugänglich und abgeschieden von der Öffentlichkeit. Hier lebte eine ständig wachsende Gemeinde von Top-Wissenschaftlern, die zwischen 1943 und 1945 die Atombombe entwickelten, was als „Manhattan-Project" in die Geschichte einging. 1947 war Los Alamos noch immer eine „geheime Stadt", ein abgeriegeltes Gebiet, zu dem nur Zugang hatte, wer die richtige „clearance", die richtige Befugnisstufe für Top Secret-Projekte hatte. (19) Ähnlich verhielt es sich mit dem White Sands-Testgelände, der unendlichen Gipswüste nördlich von Alamogordo, NM, die im Norden durch die schwarzen Lavabecken begrenzt wurde, in denen einst die Mescalero-Apachen ihre Schätze versteckten und die sie „Jornada del Muerto", „Reise des Toten" nannten. Der uralte Totenweg kreuzte sich in

dieser wahrhaft alchemistischen Landschaft mit einer anderen alten Straße, „El Caminode Diablo", der „Straße des Teufels". Hier ist New Mexico wahrhaft das „Land of Enchantment", das „Land der Verzauberung", der Magie. Unweit dieser mystischen Wegkreuzung befindet sich eine Stelle, die tatsächlich wie keine andere Teufel, Tod und Alchemie in sich vereinigt, und die heute durch einen schwarzen Obelisken aus Vulkangestein markiert ist: Ground Zero, das Herz der „Trinity-Site", der Stätte der Dreifaltigkeit, an der am 16. Juli 1945 um 5:49:45 Uhr in einem Blitz aus Licht das Atomzeitalter geboren wurde. Es war der Tag, an dem für die Bewohner des 50 Kilometer östlich gelegenen Carrizozo die Sonne im Westen aufging, um kurz darauf wieder unter dem Horizont zu verschwinden, gefolgt von einem mächtigen Sturmwind, der an eine alttestamentarische Gotteserscheinung erinnerte. *„Es war das große Finale einer mächtigen Symphonie der Elemente, faszinierend und*

„Die große Zerstörerin der Welten": Aufnahme der ersten Atomexplosion auf dem White Sands-Testgelände am 16. Juli 1945.

erschreckend, erhebend und erdrückend, unheilvoll, verheerend, voll großer Versprechen und böser Vorahnung", wie Bill Laurence von der „New York Times" schrieb. (20) Robert Oppenheimer, der große Physiker, dessen Werk die Bombe war, und der Sanskrit las, zitierte die Bhagavad Gita, die heilige Schrift der Hindus:

„divi surya sahasrasya bhaved yugapad utthita
yadi bhah sadrsi sa syad bhasas tasya mahatmanah
...lelihyasr grasamanah samantal lokan samagran vadanair jvaladbhih
tejobhir apurya jagat samagram bhasas tavograh pratapanti visno
...sri bhagavan uvacu:
kalo smi loka-ksaya-krt pravrddho lokan samahartum iha pravrtthah."

„Heller als tausend Sonnen am Himmel erstrahlt der Glanz des Höchsten Herrn in seiner universalen Form.
... Oh Gottheit, ich sehe, wie Du alle Menschen aus allen Richtungen mit Deinen flammenden Mündern verschlingst.
Mit Deinem leuchtenden Glanz durchdringst Du das gesamte Universum. Schreckliche, sengende Strahlen gehen von Dir aus...
Die höchste Gottheit aber sprach:
Zeit bin ich, die große Zerstörerin der Welten, und ich bin gekommen, um alle Menschen zu vernichten." (21).

An jenem Tag, an dem die Sonne zweimal aufging, hatte die USA zum ersten Mal den militärischen Wettlauf um die beste Technologie gewonnen, drei Wochen später beendeten Hiroshima und Nagasaki den Zweiten Weltkrieg. Nur vier Jahre später brach die Sowjetunion das Atommonopol der USA, ein vierzigjähriger Wettlauf des Schreckens begann. Doch noch eine weitere Entwicklung nahm ihren Anfang in jenen Tagen auf dem White Sands-Testgelände nördlich der Alamogordo-Luftwaffenbasis. Hier nämlich wurden die erbeuteten deutschen V-2-Raketen aus dem Zweiten Weltkrieg wissenschaftlich untersucht und getestet. Die daraus gewonnenen Erkenntnisse führten nicht nur zur Entwicklung der militärischen Fernlenkraketen, sie brachten auch die ersten Satelliten in den Erdorbit und schließlich den Menschen auf den Mond. Sollten also tatsächlich Außerirdische im Jahre 1947 zur Erde gekommen sein, New Mexico wäre definitiv als Studienobjekt ihre erste Wahl gewesen. Hier, und nirgendwo anders, wurden die Grundlagen für die nächsten 40 Jahre technologischer, politischer und militärischer Zukunft geschaffen.

Und tatsächlich kam es seit dem 25. Juni 1947 fast täglich zu UFO-Sichtungen in New Mexico:
25.6: Der Zahnarzt Dr. R.F. Sensenbaugher beobachtete ein untertassenförmiges Objekt, anderthalb Mal so groß wie der Vollmond, südlich von Silver City, NM.
27.6.: Gegen 9.50 Uhr sah W.C.Dobbs eine *„weiße, wie eine Glühbirne leuchtende Scheibe"* über Pope, NM. Minuten später wurde dasselbe Objekt von Capt. E.B.Detchmendy über dem White Sands-Testgelände gemeldet. Seinen Bericht nahm Lt.Col. Harold R. Turner entgegen. Als eine Mrs. Appelzoller zehn Minuten später dasselbe Objekt über San Miguel, NM, sichtete und White Sands benachrichtigte, wurde Turner aktiv. Er informierte die Presse, das Objekt sei ein „Tages-Meteorit".
28.6.: Der Pilot Capt. F. Dvyn wurde Zeuge, wie ein *„Feuerball mit einem blauflammenden Schweif"* nahe Alamogordo, NM, unter seinem Flugzeug hervorgeschossen kam.
29.6. Piloten der Army Air Force gingen einer Meldung nach, derzufolge ein Objekt um die Mittagszeit in der Nähe von Cliff, NM, abgestürzt sei. Sie fanden nichts, registrierten aber einen seltsamen Geruch.
30.6.: Der Eisenbahnangestellte Price beobachtete dreizehn silberne Scheiben, die hintereinander Albuquerque, NM, überflogen und mehrfach abrupt ihren Kurs

änderten. Price informierte seine Nachbarn, die die seltsamen Manöver bestätigen konnten.

Am selben Tag, gegen 23.00 Uhr, flog eine Scheibe mit hoher Geschwindigkeit über das Haus von Helen Hardin in Tucumcari, NM, hinweg.

1.7.: Max Hood, leitender Angestellter der Handelskammer von Albuquerque, berichtete von einer bläulichen Scheibe, die im Zickzack-Kurs über den Himmel schoß. (22) Gegen 23.30 Uhr rief der Kommandeur der Militärpolizei des Army Air Fields von Roswell, NM, Major Edwin Easley, den Leiter der Nachrichtenabteilung, Major Jesse Marcel, an: „Kommen Sie, schnell!" Doch schon auf dem Weg zur Basis beobachtete der Major eine perfekte V-Formation von Lichtern, die nach Süden hin die Stadt überquerte. „So schnell sind unsere Flugzeuge nicht", wußte Marcel. Wie er später erfuhr, war tatsächlich keine US-Maschine in dieser Nacht in der Luft. Auch einige GIs und MPs beobachteten das Spektakel. (23)

Doch trotz aller Bemühungen der Luftwaffe, die „fliegenden Untertassen" aufzuspüren und zu fotografieren, sollte es einem Zivilisten vergönnt sein, am 7. Juli 1947 das erste bessere Foto eines dieser geheimnisvollen Flugkörper zu schießen. William A. Rhodes aus Phoenix, Arizona, war gerade auf dem Weg in seine Werkstatt, die hinter dem Haus lag, als er ein seltsames Geräusch wahrnahm, das ganz so klang, als würde es von einem niedrig fliegenden Düsenjäger stammen. Auf diese Gelegenheit hatte der begeisterte Hobbyfotograf

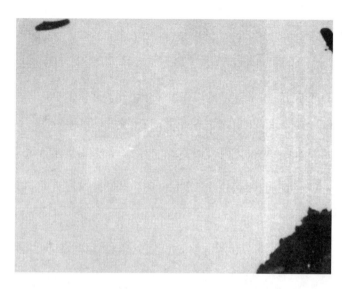

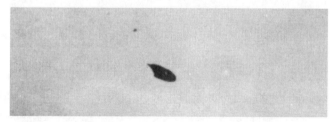

Die beiden Fotos, die William Rhodes aus Phoenix/Arizona am 7. Juli 1947 aufnahm.

lange gewartet. Schnell rannte er ins Haus, holte seine neue Kamera, wollte das Flugzeug fotografieren. Doch als er zurückkam, war am Himmel kein Flugzeug zu sehen, statt dessen zog ein seltsames Objekt seine Bahnen. Es war nicht ganz kreisförmig, völlig ohne Flügel oder Ausladungen, flach, mit einem Licht mitten auf dem Rücken. Das mußte eine dieser „fliegenden Untertassen" sein, von denen er in der Zeitung gelesen hatte, dachte Rhodes bei sich und richtete den Sucher auf das Objekt. Als es bis auf ca. 700 Meter an ihn herangekommen war, drückte er das erste Mal auf den Auslöser. Statt näherzukommen bog die Scheibe jetzt ab, entfernte sich wieder. Rhodes knipste noch ein zweites Foto, ehe sie beschleunigte und lautlos Richtung Westen davonschoß, wo sie schließlich hinter der dichten Wolkendecke verschwand.

In seinem eigenen Fotolabor entwickelte Rhodes noch am selben Tag den Film und bot die gelungenen Aufnahmen der Lokalzeitung „The Arizona Republic" an. (24) Zwei Tage später wurden sie unter der Schlagzeile „Untertasse jagt mit unglaublicher Geschwindigkeit über dem Himmel" veröffentlicht. Als Kenneth Arnold die Fotos sah, äußerte er die Überzeugung, daß sie echt sein mußten. Es war exakt der „Untertassen"-Typ, den er beobachtet hatte, obwohl er sie nie so genau der Presse beschrieben hatte. (25)

Das wiederum erregte auch die Aufmerksamkeit der Luftwaffe und der Bundespolizei FBI. *„Das FBI erschien innerhalb von 48 Stunden nach der Veröffentlichung des Zeitungsartikels bei mir"*, erzählte William Rhodes später (26), *„ein Zivilbeamter namens Mr. Ledding und Oberstleutnant Beam (von der Luftwaffe) waren die Untersucher. Sie beschlagnahmten die Negative und sagten, ich würde sie bald zurückbekommen. Aber das war nie der Fall. Jahre später, als ich noch einmal beim FBI anrief, verneinten sie, von dem Fall überhaupt zu wissen."* Wir wissen heute, daß das eine klare Lüge war, denn die umfangreichen UFO-Akten des FBI, die unter der Präsidentschaft Jimmy Carters freigegeben wurden, bestätigen die Konfiszierung der Negative am 11.7.1947 und ihre Weiterleitung an die Nachrichtendienstliche Abteilung der Army Air Force. (27)

Rhodes Foto blieb nicht die einzige Aufnahme einer „fliegenden Untertasse". Noch am selben Tag nahm Albert Weaver zwei Scheiben am Himmel über Pontiac, Michigan auf (28), einen Tag später fotografierte der 13-jährige Schüler Bill Turrentine einen *„riesigen metallischen Football, gefolgt von zwei kleineren Objekten"* über Norfolk, Virginia. (29) Doch was eigentlich eine

Dieses FBI-Memorandum bestätigt die Beschlagnahmung der Rhodes-Fotos.

Zwei Scheiben über Pontiac, Michigan, fotografiert von Albert Weaver.

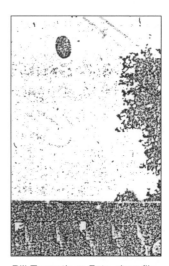

Bill Turrentines Foto einer fliegenden Scheibe „größer als ein Automobil" über Norfolk, VA vom 8.7.47.

Sensation hätte sein müssen - drei Fotos der „fliegenden Untertassen" von akzeptabler Qualität aus drei Staaten-, ging im Medienrummel um eine ganz andere Schlagzeile unter, denn am 8. Juli 1947 meldete ein Sprecher des Roswell Army Air Fields, daß das Rätsel um die mysteriösen Eindringlinge durch einen sensationellen Fund gelöst sei:

„Die vielen Gerüchte um die fliegenden Scheiben wurden gestern Wirklichkeit, als das Nachrichtenbüro der 509. Bombergruppe der Achten Luftwaffe, Roswell Army Air Field, das Glück hatte, dank der Kooperation eines örtlichen Ranchers und des Sheriffsbüros in den Besitz einer Scheibe zu kommen.

Das Flugobjekt landete auf einer Ranch nahe Roswell irgendwann letzte Woche. Da er kein Telefon hatte, lagerte der Rancher die Scheibe, bis es ihm möglich war, das Sheriffsbüro zu informieren, das wiederum Major Jesse A. Marcel vom Nachrichtenbüro der 509. Bombergruppe benachrichtigte.

Es wurde sofort gehandelt und die Scheibe auf der Ranch geborgen. Sie wurde auf dem Roswell Army Air Field inspiziert und schließlich von Major Marcel an höhere Dienststellen weitergeleitet." (30)

„The Atomic Blast" (Die Atomexplosion), die Hauszeitschrift der 509. Bombergruppe.

Die Meldung, die von Associated Press (AP) verbreitet wurde, ließ aufhorchen. Die 509. Bombergruppe war die Eliteeinheit der Army Air Force, die einzige atomare Bombereinheit der Welt. Es waren B-29-Bomber der 509. Bombergruppe gewesen, die die Atombomben von Hiroshima und Nagasaki abgeworfen hatten. Jeder Pilot konnte Tausende von Flugstunden in einem Bomber nachweisen. Jeder war ein altgedienter Kämpfer, und viele waren im Zweiten Weltkrieg zuerst in Europa und später in Fernost dabeigewesen. Alle waren sie sicherheitsmäßig überprüft, sogar der Koch, der Pförtner oder die Krankenschwestern im Basishospital. Ihre Nachrichtenabteilung war erstklassig, ihr gehörten die besten Geheimdienstoffiziere der Army Air Force an. Das galt insbesondere für Major Marcel. Er hatte 1943 die Air Intelligence School in Harrisburg, Pennsylvania, abgeschlossen, flog dann in Neu Guinea schwere B-24-Bomber, bevor er auf Langley Field, Virginia, in die neueste Radartechnologie eingewiesen wurde. Als man ihn *„mit so ungefähr allem, was fliegt, ob von uns oder den anderen"* (31) vertraut gemacht hatte, wurde Marcel zum Major befördert und der 509. Bombergruppe zugeteilt. Er nahm 1946 an den ersten Atomtests im Bikini-Atoll teil, bevor er nach Roswell versetzt wurde. Kein Wunder also, daß die Pressemitteilung für Aufsehen sorgte, denn was von der 509. Bombergruppe kam, war so brisant, als stammte es direkt aus dem Pentagon. Doch kaum hatte die Meldung Schlagzeilen in den Abendzeitungen des Landes gemacht, da ging schon eine „Richtigstellung" über die Fernschreiber:

Roswell Army Air Field - Heim der 509. Bombergruppe und der 1. Lufttransporteinheit. Schild am Eingang der Basis.

„RAAF BIRGT FLIE-
GENDE SCHEIBE IN
ROSWELL-REGION":
Mit dieser Schlagzeile
des „Roswell Daily Re-
cord" vom 8. Juli 1947
nahm die Geschichte
von Roswell ihren An-
fang.

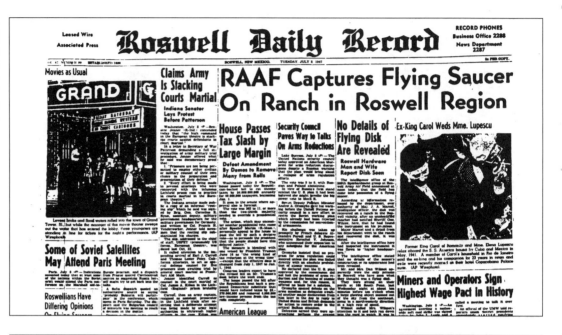

„GENERAL RAMEY
LEERT ROSWELL UN-
TERTASSE" - das De-
menti der US-Luftwaf-
fe folgte schon einen
Tag später, am 9. Juli
1947.

General Roger Ramey, Kommandant der 8. Luftwaffe, erklärte den Fund zu einem „Wetterballon"

„Nach einer Reihe von Telefonaten mit dem Pentagon in Washington erklärte Brigadegeneral Roger M. Ramey, Kommandeur der Achten Luftwaffe in Fort Worth, daß das Objekt als das Wrack eines Höhen-Wetterbeobachtungs-Gerätes identifiziert wurde. General Ramey sprach später im Radio, um die Aufregung, die auf die erste Bekanntgabe folgte, zu beenden.

Ursprünglich, sagte er, bestand es aus einem Instrumentenkasten und einem Ballon. 'Das Wrack befindet sich derzeit in meinem Büro und soweit ich sehen kann, ist nichts Aufregendes daran', sagte er. Das Gerät, ein sternförmiger Alufolienschirm, der Radarsignale reflektieren soll, kann sich nur in Windgeschwindigkeit bewegen.

Die mysteriösen fliegenden Scheiben, die in der ganzen Nation 'gesehen' wurden (außer in Kansas, das trocken ist), sollen Beschreibungen zufolge Geschwindigkeiten von bis zu 1800 Stundenkilometern erreichen." (32)

Für die Öffentlichkeit wie für die Medien war damit der Fund von Roswell erst einmal aufgeklärt. Niemand, wirklich niemand fragte sich, wie der Chef der Nachrichtendienst-Abteilung der bestausgebildeten Bombergruppe der Vereinigten Staaten einen simplen Wetterballon für eine der geheimnisvollen „fliegenden Untertassen" gehalten haben konnte. Bestenfalls hielt man die Pressemitteilung der 509. Bombergruppe für den Höhepunkt einer Hysterie oder die Überreaktion profilierungssüchtiger Karriereoffiziere. Es sollte 30 Jahre dauern, bis die Wahrheit über den Roswell-Zwischenfall an die Öffentlichkeit kam - und das Dementi von General Ramey als Beginn eines der großangelegtesten Vertuschungsmanöver des 20. Jahrhunderts entlarvt wurde. Vielleicht war diese junge Nation USA, die sich nach den glorreichen Siegen des Zweiten Weltkriegs an die Spitze der Weltmächte gerungen hatte, mit der Situation überfordert gewesen. Vielleicht aber war die Entscheidung auch von der Sorge um die scheinbare Stabilisierung und Normalisierung der innenpolitischen Verhältnisse nach den Jahren der Depression und des Krieges getragen, fürchtete man sich zu Recht vor dem Ausbruch einer Panik und dem Verlust der eigenen Autorität. Zu gut erinnerte man sich noch an jene Halloween-Nacht des Jahres 1938, in der der junge Regisseur Orson Welles sein sehr realistisches Hörspiel von der Landung der Marsmenschen in New Jersey ausstrahlte und eine Massenpanik verursachte. So etwas, da war man sich sicher, durfte nie mehr geschehen. Die Bürger der Vereinigten Staaten mußten sich unter der Obhut ihrer Regierung, ihrer Geheimdienste und Streitkräfte sicher fühlen können, gleich was auch immer geschehen würde. Daß man mit jeder Situation, und sei sie noch so schwierig, fertigwerden würde, das hatte man doch gerade im Zweiten Weltkrieg, in den gloriosen Siegen der jungen Nation über Hitler-Deutschland und Japan bewiesen.

Doch der Preis, der für diese scheinbare Sicherheit bezahlt wurde, war hoch - es war der Verzicht auf demokratische Tugenden. Menschen mußten eingeschüchtert, zum Schweigen gebracht, mundtot gemacht werden. So wird man diesen 8. Juli 1947 vielleicht einmal als den Beginn eines der dunkelsten Kapitel der amerikanischen Geschichte bezeichnen, als den Tag, an dem die USA ihre Unschuld verlor.

2. Kapitel

Das Trümmerfeld

Mittwoch, 2. Juli 1947, Roswell, New Mexico, gegen 21.50 Uhr. Das Ehepaar Wilmot saß auf der Veranda seines weißgestrichenen Holzhauses und blickte versonnen in den Abendhimmel. Plötzlich bemerke Mr.Dan Wilmot ein großes, glühendes Objekt, das, von Südosten her kommend, mit großer Geschwindigkeit in nordwestliche Richtung den Himmel überquerte. *„Schau, Schatz, was ist das?"*, machte er seine Frau darauf aufmerksam. Gemeinsam stiegen beide die Verandatreppe herab, liefen in den Vorgarten. Von hier aus konnten sie es besser sehen. *„Es war oval, sah aus wie zwei aufeinandergelegte Untertassen"*, erinnerte sich Wilmot später, als er von einem Reporter der Lokalzeitung „Roswell Daily Record" interviewt wurde, *„oder wie zwei von diesen altmodischen Waschschüsseln"*, ergänzte seine Frau. *„Das ganze Objekt schien zu glühen"*, ergänzte Dan Wilmot, *„nicht so, als sei es von unten her erleuchtet worden, nein, es glühte von innen heraus."* Es flog sehr tief, nur 500 Meter hoch, mit vielleicht 600 bis 800 Stundenkilometern Geschwindigkeit, schätzte er, und seine Größe mußte so um die fünf bis sieben Meter betragen haben. *„Es war völlig lautlos"*, betonte er, aber seine Frau widersprach. *„Ich hörte für kurze Zeit eine Art Zischen"*. *„Es verschwand dann hinter den Bäumen in Richtung des Six-Mile-Hügels"*, beendete er seine Schilderung. *„Wir diskutierten das ganze Wochenende, ob das eine dieser ‚fliegenden Untertassen' gewesen ist, von denen man jetzt überall liest"*, meinte seine Frau abschließend, *„und wir fragten uns, ob noch andere es*

gesehen haben. So entschied sich mein Mann, Sie anzurufen." Der Anruf erfolgte nur Minuten vor der offiziellen Bekanntgabe der Bergung einer „fliegenden Scheibe" durch den Presseoffizier der 509. Bombergruppe, wie der „Roswell Daily Record" - eine Abendzeitung- vom 8. Juli 1947 betonte. (1) So lag es auf der Hand, eine Verbindung zwischen beiden Ereignissen zu vermuten, was durchaus möglich, aber völlig unbewiesen ist. Doch es gab noch andere mysteriöse Sichtungen rund um Roswell an den ersten Julitagen des Jahres 1947.

So erklärte der Farmersohn William M. Woody, damals 14 Jahre alt, an Eides statt: *In einer heißen Nacht im Sommer 1947, wahrscheinlich Anfang Juli, befanden sich mein Vater und ich draußen auf der Farm. Es war weit nach Sonnenuntergang und ziemlich dunkel. Plötzlich erhellte sich der Himmel. Als wir aufschauten, woher das Licht kam, sahen wir ein großes, sehr helles Objekt am südwestlichen Himmel, das sich schnell nach Norden bewegte.*

Das Objekt hatte die hellweiße Intensität eines Schweißbrenners und einen langen, flammenartigen Schweif, in der Farbe der Flamme eines Schweißbrenners bis hin zu einem blassen Rot. Der größte Teil des Schweifes war bleichrot. Der Schweif war sehr lang, entsprach etwa dem zehnfachen Durchmesser eines Vollmondes.

Wir beobachteten, wie das Objekt den Himmel überquerte und schließlich in nördlicher Richtung am Horizont verschwand. Es bewegte sich schnell, aber nicht so schnell wie ein Meteor, so daß wir es gut 20 bis 30 Sekunden lang beobachten konnten. Seine Helle und Farben veränderten sich während der ganzen Zeit nicht, und es verschwand definitiv unter dem Horizont und verglühte nicht wie ein Meteor. Mein Vater glaubte, es sei ein großer Meteorit gewesen und war überzeugt, daß er irgendwo 70 Kilometer nördlich von Roswell eingeschlagen war... (2)

Die Franziskanernonnen, die als Krankenschwestern am Saint Marys-Hospital dienten, notierten in der Nacht des 4. Juli zwischen 23.15 und 23.30 Uhr die Erscheinung eines *„flammenden Objektes, das in einem Bogen nördlich von Roswell herunterkam".* (3)

Rancher W. Mac Brazel im Juli 1947, als er die Trümmer entdeckte.

120 Kilometer nordwestlich von Roswell, im Gebiet um Corona, New Mexico, tobte in dieser Nacht ein schweres Gewitter. Der Rancher William W. „Mac" Brazel, Pächter der Foster-Ranch in Lincoln-County, seine Familie und seine Nachbarn hörten eine laute Explosion. In derselben Nacht kampierte ein junges Pärchen, Jim Ragsdale und seine Freundin Trudy, irgendwo in der Wüste, vielleicht 70 Kilometer nordwestlich von Roswell. Sie reizte die Einsamkeit, das Abenteuer fernab jeder Zivilisation. Doch diese Nacht war alles andere als ruhig. Blitze zuckten am Himmel, Donner grollte, ein starker Wind wirbelte den grauen Staub der Wüste auf, Regen prasselte auf ihr Zelt, in dem sie, beide in ihre schützenden Schlafsäcke gehüllt, einander Schutz bietend das Naturschauspiel verfolgten. *„Wir beobachteten einen hellen Blitz und etwas, das eine helle Lichtquelle zu sein schien, die sich in südöstlicher Richtung bewegte",* beschrieb Jim Ragsdale später ihre Sichtung. Es war gegen 23.30 Uhr. (4)

Schon früh am nächsten Morgen ritt Rancher Brazel in Begleitung des siebenjährigen Nachbarsohnes William „Dee" Proctor aus, um nach Gewitterschäden zu suchen. Oft genug war es vorgekommen, daß ein starker Regen regelrechte Schlammlawinen ausgelöst hatte, die seine Zäune umrissen, der Sturm seine Windmühlen beschädigte oder ein Schaf aus einer seiner Herden vom Blitz getroffen worden war. Dann kam es immer wieder vor, daß sich die Tiere bei einem schweren Gewitter am Zaun zusammendrängten, weil sie sich vor dem Donner fürchteten und vor dem Regen schützen wollten. Man fand sie dann regelmäßig in ganzen Knäueln auf- und übereinander liegend, die untersten von der Last zu Tode gedrückt. „Schafe sind schon dumme Tiere", pflegte Brazel immer zu sagen. Der Ritt führte über sein Weideland, das von Felsen, Gestrüpp und rauhem Büffelgras bedeckt war, in ein Gebiet etwa zehn Kilometer südlich des Ranchgebäudes, wo eine seiner Herden graste. Doch der Anblick, der sich Mac Brazel und dem kleinen „Dee" schon von weitem bot, war erschreckend. Gleich hinter einem ausgetrockneten Flußbett, über einen Hügel hinweg, erstreckte sich ein Trümmerfeld, ein 1200 Meter langer und 200 Meter breiter Streifen metallischer Fragmente. Irgendetwas mußte hier abgestürzt sein. Ein Flugzeug? Es hätte explodiert sein müssen. Ein Wetterballon? Ausgeschlossen. Mac Brazel hatte schon ein gutes Dutzend Wetter- und Versuchsballons auf seinem Land entdeckt und in der Regel den Wetterdienst oder die University of New Mexico verständigt. Das aber war etwas ganz anderes, soviel war dem Rancher klar.

Zusammen mit dem Jungen ritt er zu den Wrackteilen, stieg vom Pferd, schaute sie sich einzeln an. Einige Fragmente leuchteten silbrig, die meisten aber waren metallisch-matt. Es gab ganz große und viele winzig kleine Teile, die so leicht waren, daß sie im Wind flatterten. Dann waren da Stäbe, mit rötlichen Hieroglypen bedeckt, leicht wie Balsaholz. Aber als Brazel sein

Messer aus der Tasche holte und sie schneiden wollte, konnte er ihnen nicht einmal einen Kratzer zufügen. Dann holte er Streichhölzer aus einer anderen Tasche, zündete sie an, hielt sie unter die Stäbe. Das Material war nicht brennbar.

Erst das Blöken seiner Schafe holte Mac Brazel wieder in die Realität zurück. Sie standen auf einer Seite des Trümmerfeldes, die Wasserstelle befand sich auf der anderen. Offensichtlich wagten sie es nicht, die Bruchstücke zu überqueren. „Ich muß sie heute Nachmittag wohl mit dem Laster nach drüben fahren", meinte er etwas entnervt zu „Dee", „sonst verdursten sie mir noch." Dann griff er sich ein paar Fragmente und stopfte sie in seine Satteltasche. „Das zeige ich deinen Eltern. Mal sehen, was die davon halten." Schließlich ritt er mit den Jungen heim. (5)

Als er Dee zum Mittagessen heimfuhr, zeigte er dessen Eltern, Floyd und Loretta Proctor, was sie gefunden hatten. Am 5. Mai 1991 erklärte Loretta Proctor an Eides statt: *Das Stück, das er mitbrachte, war braun und ähnlich wie Plastik. Er und mein Mann versuchten, es zu schneiden und zu brennen, doch ohne Erfolg. Es war extrem leicht. Ich hatte so etwas noch nie zuvor gesehen.*
Mac sagte, das andere Material auf seinem Land schaute aus wie Aluminiumfolie. Es war sehr flexibel und würde sich nicht eindrücken, falten oder brennen lassen. Dann gab es noch etwas, das er als schmales Band mit Aufdruck beschrieb. Die Farbe des Aufdrucks sei purpurrot gewesen. Er sagte, es sei keine japanische Schrift; wie er es beschrieb hörte es sich an, als hätte sie Hieroglyphen geähnelt." (6) Sie bestätigte mir diese Schilderung, als ich sie im Juli 1995 persönlich interviewte. Sie bewohnt noch immer das kleine, weiße Ranchhaus nördlich der Foster-Ranch, in dem ihre Familie auch 1947 schon lebte. Als ich ihren Sohn, der heute 55 ist, anrufen wollte, winkte sie ab. „Dee sagt, er könne sich an

nichts mehr erinnern. Er sei damals zu jung gewesen", meinte Loretta Proctor, „nur einmal, als wir über das Land der Foster-Ranch ritten, zeigte er mir einen Streifen Land, oberhalb eines ausgetrockneten Flußbettes und meinte, dort sei es gewesen, wo er und Mac damals die Trümmer der 'Untertasse' fanden." (7)

Die Proctors hatten zu viel auf ihrer Ranch zu tun, um Mac Brazels Angebot, ihnen das Trümmerfeld zu zeigen, annehmen zu können. Sie rieten ihm aber, die Behörden zu verständigen: „Wahrscheinlich ist das wieder einer dieser militärischen Versuche und die suchen das Ding schon. Auf so etwas ist immer eine Belohnung ausgesetzt." Als der Rancher zum Mittagessen zu seiner Familie in das Ranchhaus kam, zeigte er ihnen, was er gefunden hatte. Gleich am Nachmittag machte er sich, zusammen mit seiner Tochter Bessie (14) und seinem kleinen Sohn Vernon (12) auf, „dort mal aufzuräumen", wie er es nannte. Zu Pferde ritten sie zu dem Trümmerfeld, um zumindest die flatternden Stücke aufzusammeln, die die Schafe erschreckten. *„Die Stücke waren klein, das größte, an das ich mich erinnere, hatte den Durchmesser eines Basketballs",* erklärte Bessie Schreiber geb. Brazel am 22.9.1993 an Eides statt, *„die meisten waren auf der einen Seite folienartig, gummiartig auf der anderen. Beide Seiten waren grausilbrig in der Farbe, die Folie silbriger als das 'Gummi'. Stöcke wie Gabelweihen waren mit einigen Stücken durch ein weißliches Band verbunden. Das Band war etwa fünf bis sieben Zentimeter breit und trug ein blumenartiges Muster. Die 'Blumen' waren blaß, eine Bandbreite von Pastellfarben, und erinnerten mich an japanische Malereien, in denen die Blumen nicht alle verbunden sind... Das Folien-Gummi-Material konnte nicht auseinandergerissen werden wie gewöhnliche Aluminiumfolie... Wir verbrachten mehrere Stunden damit, die Trümmer aufzusammeln und in Säcke zu stopfen. Ich glaube, wir füllten drei Säcke, und wir brachten sie zum Ranch-Haus zurück."* (8)

Doch die drei Säcke waren nur ein winziger Prozentsatz der Trümmer, die noch immer auf der Weide lagen. Es hatte keinen Sinn, sah Mac Brazel ein, sie einzusammeln. Die Schafe waren durstig. Er fuhr mit seinem Kleinlaster zurück an die Stelle, um die Schafe aufzuladen und in kleinen Gruppen an die Wasserstelle zu bringen. Abends fuhr er nach Corona, um noch Einkäufe zu tätigen. Er erzählte Freunden und Nachbarn von seinem Fund, hörte das erste Mal von den „fliegenden Untertassen", die in diesen Tagen Schlagzeilen machten. „Wer weiß, vielleicht ist bei dir ja so ein Ding abgestürzt. Die haben 5000,— Dollar Belohnung ausgesetzt, falls einer das Rätsel löst, was diese Untertassen sind. Du sagst, da sind Schriftzeichen drauf? Vielleicht ist das etwas von den Russen oder den Japsen. Fahr gleich morgen nach Roswell und erzähl dem Sheriff davon!"

Am Sonntag, dem 6. Juli 1947, stand Mac Brazel wie jeden Tag früh auf. Er frühstückte ausgiebig und setzte sich gegen 7.30 Uhr in seinen Kleinlastwagen, um nach Roswell zu fahren. Das war damals, bei schlechten, holprigen Straßen, eine dreieinhalb-Stunden-Fahrt durch die karge, felsige Wüstenlandschaft New Mexicos in der sich langsam ausbreitenden Hitze eines Sommertages. Gegen 11.00 Uhr traf er in der Stadt ein, hielt vor dem Büro des Sheriffs George Wilcox.

Sheriff Wilcox

Der Sheriff war nicht sonderlich beeindruckt, als Brazel - ein typischer Cowboy mit schmutziger Hose, Lederstiefeln und einem fleckigen Lederhut - in sein Büro trat: „Sheriff, ich glaube, bei mir auf der Ranch ist eine dieser „fliegenden Untertassen" abgestürzt." „Wirklich?" „Ich habe ein paar Stücke gleich mitgebracht, es ist draußen, auf meinem Laster. Zu Hause habe ich ein ganzes Feld von diesem Zeug, größer als ein Football-Feld. Und es sieht so aus, als sei das ganze Gras verbrannt, wo das Ding runterkam." Er ging mit Brazel hinaus, studierte ausführlich das vielleicht 90 Zentimeter breite Trümmerstück auf der Ladefläche seines Wagens, trug kleine Fragmente in sein Büro, wies zwei seiner Deputies an: „Fahrt mal raus, und schaut euch das an." Zu Brazel meinte er: „Ich denke, wir sollten die 509. Bombergruppe benachrichtigen." Im selben Moment klingelte das Telefon. Am Apparat Frank Joyce, Radiojournalist des Senders KGFL, der gerade seinen üblichen Sonntags-Vormittags-Anruf startete, um etwas für die 12.00 Uhr-Nachrichten aufzuschnappen. „Na, Sheriff, wer war denn letzte Nacht betrunken?" Wilcox erzählte ihm statt dessen von dem Rancher, der gerade bei ihm im Büro saß, Joyce ließ sich verbinden.

„Er sprach von Dingen, die mich erst einmal skeptisch machten", erklärte mir Frank Joyce, als ich ihn im Dezember 1993 in Albuquerque, New Mexico, interviewte, *„als Radiojournalist wird man mit allen möglichen seltsamen Geschichten konfrontiert. Deshalb empfahl ich ihm, sich an das Militär zu wenden, an das Roswell Army Airfield, denn das sind die Experten für alles, was fliegt."* (9) So rief Sheriff Wilcox die Basis an, wurde gleich durchgestellt in das Büro des Nachrichtendienstoffiziers Major Jesse A. Marcel. „Was ist los, Sheriff?", fragte dieser. „Ich habe hier einen Mann, der mir etwas Seltsames erzählt hat..." „Nun, ich bin ganz Ohr", antwortete der Major und wurde mit Brazel verbunden. *„Er sagte, er hätte etwas auf der Ranch gefunden, das abgestürzt sei, entweder am Vortag oder ein paar Tage vorher, und er wüßte nicht, was das sei"* (10), erklärte Marcel später. Er versprach, gleich nach dem Mittagessen - es war gerade 12.00 Uhr - vorbeizukommen. Zwischenzeitlich zeigte Wilcox die Fragmente von der Brazel-Ranch auch seiner Frau und seinen Kindern. (11) Gegen 12.50 Uhr traf Major Marcel im Sheriffsbüro ein.

Er schaute sich die Wrackteile genau an, lud das größte in den Laderaum seines Wagens und fuhr zur Basis zurück, nicht ohne Brazel zu bitten, im Sheriffsbüro zu warten, er würde bald zurück sein. Auf dem Roswell Army Air Field brachte Marcel das Trümmerstück direkt zum Basiskommandanten Oberst William Blanchard. „Was würden Sie raten, wie soll ich weiter vorgehen?", fragte der Major. Der Kommandant schaute sich das metallische Fragment genau an, entschied: „Mein Rat ist, daß Sie sich in den Wagen setzen und rausfahren. Wieviel von dem Zeug gibt es dort?" „Nach dem, was der Mann sagt, eine ganze Menge". „Nun, Sie haben drei Spionageabwehr-Agenten, die für Sie arbeiten. Nehmen Sie sich Unterstützung mit." Marcel rief Capt. Cavitt an, den ranghöchsten CIC (Spionageabwehr-Corps)-Mann, sie verabredeten sich beim Sheriffsbüro, Marcel nahm seinen 42er Buick, Cavitt einen Jeep-Transporter von der Basis. Gegen 17.00 Uhr machten sie sich, Brazel folgend, auf den Weg.

Zwischenzeitlich hatte Blanchard den Kommandanten der 8. Luftwaffe, der die 509. Bombergruppe unterstand, Brigade-General Roger Ramey, auf dem Fort Worth Field in Texas informiert, der die Nachricht wiederum unverzüglich an das Pentagon in Washington weiterleitete. Gegen 15.00 Uhr Ortszeit (Central-Time), als es in Roswell 14.00 Uhr war (Rocky Mountains-Time), erhielt Rameys Stabschef, Oberst Thomas Jefferson DuBose, einen Anruf von General Clements McMullen vom Pentagon, dem Vizekommandanten des Strategischen Luftkommandos, mit dem Befehl, das von Brazel mitgebrachte Material unverzüglich in einem versiegelten Container via Fort Worth auf das Andrews Air Field bei Washington bringen zu lassen, wo General McMullen es persönlich in Empfang nehmen würde. Sofort forderte Oberst DuBose von Oberst Blanchard das Material an, der eine Maschine startklar machte, die gegen 15.00 Uhr nach Fort Worth startete. Dort nahm der Basiskommandant Oberst Al Clark die Wrackteile gegen

18.00 Uhr (CT) persönlich in Empfang und trug sie eigenhändig in eine bereits wartende B-26, die sie nach Washington D.C. brachte. Nach ihrem Start rief Oberst DuBose General McMullen an, um ihm die Ankunft der Maschine anzukündigen. „Danke, Oberst", antwortete der General, „ich werde sie mit persönlichem Kurier sofort in meiner Maschine zu General Chidlaw nach Wright Field schicken" - Gen. Benjamin Chidlaw war Kommandierender General des Lufttechnischen Nachrichtendienstes (Air Material Command - AMC) der Army Air Force- „und bitte denken Sie daran: Die ganze Operation steht unter strengster Geheimhaltung."(12)

Etwa um dieselbe Zeit kehrten die Deputies von Sheriff Wilcox zurück, die die Absturzstelle inspizieren sollten. Das Trümmerfeld fanden sie zwar nicht, statt dessen aber „eine große, runde, schwarze Fläche", in der „der Sand verglast und schwarz geworden ist." (13)

Es dämmerte bereits, als Brazel, Marcel und Cavitt in ihren drei Wagen die Foster-Ranch erreichten. Brazel zeigte ihnen die Wrackteile, die er zum Ranchgebäude mitgenommen hatte und in einem Schuppen außerhalb lagerte. Das größte war etwa 3,50 Meter im Durchmesser. „Man weiß ja nie, ob das Zeug radioaktiv ist", meinte er. „Das werden wir gleich sehen", erwiderte Marcel, ging zu seinem Wagen und holte einen Geigerzähler heraus. Als er das Meßrohr über die metallischen Fragmente hielt, gab es keine nennenswerten Ausschläge. „Negativ", erklärte Marcel. „Gefährlich ist das Zeug nicht... was immer es auch ist." „Morgen, gleich in der Früh, reiten wir an die Fundstelle", versprach Brazel. Die Männer öffneten eine Dose Bohnen und eine Packung Cracker und legten sich schlafen.

Gleich nach dem Frühstück, gegen 7.00 Uhr früh, sattelte Brazel die Pferde. Während Cavitt, der von seinen Kameraden kurz „Cav" genannt wurde, aus Texas stammte und das Reiten auf der Ranch seiner Eltern gelernt hatte, war Marcel etwas mulmig zumute: Er hatte noch nie auf einem Pferderücken gesessen. „Ich fahre lieber mit Cavs Jeep hinterher", unterbrach er Brazel, als dieser gerade das dritte Pferd fertigmachte, „dann können wir gleich aufladen. Das spart Zeit."

Sie konnten schon von weitem das Trümmerfeld sehen. *„Es reichte so weit, wie wir sehen konnten"*, erklärte Marcel, mittlerweile zum Oberst befördert, in einem Interview am 8.12.1979, drei Jahre vor seinem Tod, *„1,2 Kilometer lang und 100 Meter breit... alles war gleichmäßig von Fragmenten bedeckt, so, als sei etwas in der Luft explodiert und zu Boden gefallen. Etwas, das mich beeindruckte, war, daß man ganz klar sehen konnte, aus welcher Richtung es kam und in welche Richtung es sich bewegte. Es flog von Nordost nach Südwest. Es lag in dieser Richtung. Man konnte sehen, wo es begann und wo es endete, denn dort wurde der Streifen dünner. Obwohl wir nicht das gesamte Gebiet, in dem das Zeug lag, absuchten, kann ich sagen, daß es breiter war, wo wir anfingen, und Richtung Südwesten ausdünnte... Wir fanden einiges Metall, kleine Metallstückchen, aber das meiste Material, das wir fanden, ist schwer zu beschreiben. Ich habe so etwas noch nie gesehen und ich weiß immer noch nicht, was es war. Wir sammelten es einzeln auf... ich wollte sehen, ob das Zeug brennt, und ich hatte ein Feuerzeug, da ich ein starker Raucher bin. Ich hielt das Feuerzeug an einiges von dem Zeug, und es brannte nicht... dann waren da Zeichen. Etwas Unentzifferbares. Ich habe so etwas noch nie gesehen. Ich bezeichne sie als Hieroglyphen. Ich weiß nicht, ob sie je entziffert wurden oder nicht... dann waren da kleine Glieder, feste Glieder, die man nicht biegen oder brechen konnte, aber sie sahen nicht wie Metall aus. Sie sahen eher wie Holz aus... sie waren von unterschiedlicher Größe. Sie waren, wenn ich mich richtig erinnere, vielleicht 80 mm x 60 mm dick und von den verschiedensten Längen. Keiner war sehr lang... (der größte) war vielleicht einen Meter lang... und (fast) gewichtslos. Man konnte kaum*

sagen, daß man etwas in der Hand hatte - ähnlich wie bei Balsaholz ... und an der Längsseite hatten sie kleine Markierungen, zweifarbige Zeichen, die mir ähnlich wie chinesische Schrift erschienen... ich war mit jeder Art Wetterbeobachtungsgerät vertraut, das wir beim Militär benutzen, und ich konnte nichts davon als Teil eines solchen identifizieren... Ich war ziemlich gut mit den meisten Dingen vertraut, die zu dieser Zeit in der Luft waren, nicht nur mit unseren Militärflugzeugen, sondern auch mit denen einer ganzen Anzahl anderer Länder, und ich glaube noch immer, daß es nichts war, das von der Erde kam. Es kam zur Erde, aber nicht von der Erde..." (14)

In einem Fernsehinterview aus dem Jahre 1979 spezifizierte er seine Beschreibung der häufigsten Fragmente: *„Dann gab es eine ungewöhnliche Art Pergament, braun und sehr fest, und viele kleine Teile einer Art metallischen Alufolie, doch es war keine Alufolie, denn wann immer man sie zusammenknüllte, nahm sie ihre ursprüngliche Form wieder an. Zudem war sie unzerstörbar, sogar mit einem Vorschlaghammer."* (15)

Den ganzen Tag verbrachten die drei Männer damit, zuerst die Ladefläche des Jeep von Cavitt, dann den Kofferraum von Marcels Wagen mit Trümmerteilen zu füllen, als bereits der Abend dämmerte. Die Männer gaben auf, Marcel mußte einräumen: *„Wir haben nur einen winzig kleinen Teil davon aufgesammelt"* (16). Mit beiden Wagen fuhren sie gegen 21.00 Uhr nach Roswell zurück.

Doch bevor Major Marcel auf die Basis fuhr, hielt er bei seinem Haus, um seiner Frau Viaud und seinem Sohn Jesse jr. die Fundstücke zu zeigen. Er trug einige Wrackteile ins Haus, breitete sie auf dem Küchenboden aus, weckte den elfjährigen Jesse. „das ist etwas ganz Besonderes", erklärte er ihm, „das stammt nicht von dieser Welt. Ich möchte, daß du dich dein ganzes Leben lang daran erinnerst."

Dr. med. Jesse Marcel jr. (mit dem Autor)

Heute ist Dr. med Jesse A. Marcel Chefarzt einer Hals-Nasen-Ohren-Klinik. Er diente als Helikopter-Pilot im Vietnam-Krieg und gehörte seit 1978 als Flugzeug-Arzt der Nationalgarde an. Außerdem ist er ein vereidigter Flugzeug-Absturz-Untersucher der Bundesluftfahrtbehörde (FAA) der Vereinigten Staaten.

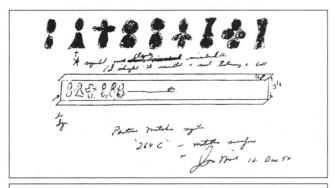

Zeichnung der „T-Träger" und Rekonstruktion der „Hieroglyphen" nach Dr. Jesse Marcel jr.

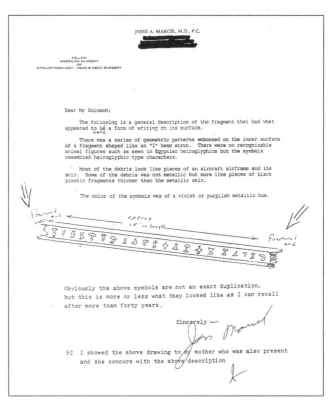

In einer am 6. März 1991 unterzeichneten eidesstattlichen Erklärung beschrieb er, was er damals auf dem Küchenboden gesehen hat: *„Da gab es drei Kategorien von Trümmern: Eine dicke, folienartige, metallisch-graue Substanz; ein sprödes, braunschwarzes, plastikartiges Material... und Fragmente von I-Gliedern. Auf der inneren Oberfläche der I-Gliederschien sich eine Art Schrift zu befinden. Diese Schrift bestand aus purpur-violetten Zeichen und schien erhaben zu sein. Die Figuren bestanden aus gekurvten, geometrischen Formen. Sie hatten keinerlei Ähnlichkeit mit Russisch, Japanisch oder irgendeiner anderen Fremdsprache. Sie ähnelten Hieroglyphen, aber hatten keine tierartigen Zeichen."* (17)

3. Kapitel

Die Vertuschung

Dienstag, 8. Juli 1947: Gleich morgens um 6.00 Uhr hatten sich Major Marcel und Capt. Cavitt im Hause von Oberst Blanchard verabredet, das auf der Basis lag. Sie berichteten ihm von dem, was sie gefunden hatten, und fasziniert betrachtete der Basiskommandant die Fragmente. Cavitt erhielt Befehl, sofort zur Foster-Ranch zurückzukehren, das Gelände zu sichern, weitere Wrackteile zu bergen und Brazel nach Roswell zu bringen. Marcel wurde jetzt in Roswell benötigt.

Zusammen mit dem CIC-Agenten Master Sgt. Lewis S. Rickett und einem zweiten Wagen mit vier MPs (Militärpolizei) kehrte Hauptmann Cavitt an die Absturzstelle zurück. Kaum hatten sie Roswell Richtung Norden verlassen, stießen sie schon auf eine Straßensperre der Militärpolizei. Der Wagen mit den MPs konnte ungehindert passieren, die beiden in Zivil gekleideten CIC-Männer mußten sich ausweisen. „Sorry, Hauptmann, aber da ist irgendetwas gelandet", entschuldigte sich der MP, als er ihre Papiere sah. An der Abfahrt in Richtung Corona war eine zweite Straßensperre stationiert, auf der Farm waren etwa 30 Mann, die den Großteil der Fragmente schon aufgesammelt hatten, und die unter der persönlichen Aufsicht des Kommandanten der Roswell-Militärpolizei, Major Edwin S. Easley, standen. Rickett sah ein Metallstück, das noch auf dem Boden lag. „*Es war ein leicht gekurvtes Stück Metall, sehr leicht. Es war etwa 15 Zentimeter mal 30 Zentimeter mal 35 Zentimeter groß. Ich bückte mich*

und versuchte, es zu biegen", erinnerte sich Rickett im Interview mit dem Roswell-Forscher Mark Rodeghier, „*Mein Boss lachte laut und sagte: 'Kluges Kerlchen. Er probiert da etwas, das wir die ganze Zeit über vergeblich versuchten.' Ich fragte: 'Aus was, zum Teufel, besteht das Zeug?' Es fühlte sich nicht wie Plastik an und ich sah nie ein so dünnes Stück Metall, das ich nicht biegen konnte. Als wir da herumgingen, sagte mein Boss: 'Sie und ich waren nie hier. Sie und ich sahen nichts. Sie sahen keine Soldaten hier, verstehen Sie?' Und ich antwortete: 'Ja, richtig. Wir haben nie das Büro verlassen.'*" (1) Dann fanden sie Brazel und brachten ihn nach Roswell.

Dort war mittlerweile die Hölle los. Um 9.00 Uhr früh hatte Oberst Blanchard den Presseoffizier der Basis, Leutnant Walter Haut, in sein Büro gebeten. Blanchard

Col. William H. Blanchard, Kommandant der 509. Bombergruppe und des Roswell Army Air Fields 1947. Er beauftragte seinen Presseoffizert Lt. Haut, die Presse über die Bergung der „Untertasse" zu unterrichten. Kurz darauf wurde er zum General befördert und war bis zu seinem Tod 1966 Vizestabschef der US-Luftwaffe.

Lt. Walter Haut, der Presseoffizier (PIO) des Roswell Army Air Fields. Er informierte die Medien über die Bergung des UFO-Wracks von Roswell.

diktierte ihm eine Pressemitteilung und wies ihn an, sie den beiden lokalen Zeitungen und Radiostationen persönlich vorbeizubringen. (2) Als ich ihn im Juni 1993 interviewte, erinnerte er sich: *„Ich kehrte in mein Büro zurück und tippte die Pressemitteilung. Sie enthielt ziemlich genau die Formulierungen Blanchards. Er hatte großen Wert darauf gelegt, daß alles ganz genau so herausgegeben würde, wie er es mir diktiert hatte."* (3) Gegen 11.00 Uhr früh machte sich Lt. Haut auf den Weg. Er fuhr zu den Radiostationen KGFL und KSWS, danach zu den Lokalzeitungen „Roswell Daily Record" und „Morning Dispatch". Der „Daily Record", eine Abendzeitung, veröffentlichte den Text noch am selben Tag unter der Schlagzeile „RAAF erbeutet fliegende Untertasse auf Ranch in der Roswell-Region" (4). KSWS kabelte die Nachricht an die Presseagentur Associated Press (AP), KGFL schickte sie über „Western Union" an United Press (UPI), von dort aus ging sie um die Welt. In den folgenden Stunden wurden der Sender, das Büro von Sheriff Wilcox und das Roswell AAF mit Anrufen aus der ganzen Welt bombardiert, unter anderem aus Rom, London, Paris, Hamburg, Hong Kong und Tokyo. (5)

Der Sprecher bei KGFL, der die Pressemitteilung in Empfang nahm, war Frank Joyce, den ich im Dezember 1993 persönlich interviewte. Er erinnerte sich: *„Ich schaute nur kurz auf das Papier, schenkte ihm aber keine große Aufmerksamkeit, weil ich wahrscheinlich gerade mit etwas anderem beschäftigt war. Etwa eine halbe Stunde oder so später warf ich einen genaueren Blick darauf.*

```
DXR 54
    MORE FLYING DISC (DXR 53)
                 -0-
    THE INTELLIGENCE OFFICE REPORTS THAT IT GAINED POSSESSION OF THE
"DIS:" THROUGH THE COOPERATION OF A ROSWELL RANCHER AND SHERIFF
GEORGE WILSON OF ROSWELL.
    THE DISC LANDED ON A RANCH NEAR ROSWELL SOMETIME LAST WEEK. NOT
HAVING PHONE FACILITIES, THE RANCHER, WHOSE NAME HAS NOT YET BEEN
OBTAINED, STORED THE DISC UNTIL SUCH TIME AS HE WAS ABLE TO
CONTACT THE ROSWELL SHERIFF'S OFFICE.
    THE SHERIFF'S OFFICE IN TURN NOTIFIED A MAJOR OF THE 509TH
INTELLIGENCE OFFICE.
    ACTION WAS TAKEN IMMEDIATELY AND THE DISC WAS PICKED UP AT THE
RANCHER'S HOME AND TAKEN TO THE ROSWELL AIR BASE. FOLLOWING
EXAMINATION, THE DISC WAS FLOWN BY INTELLIGENCE OFFICERS IN A SUPER-
FORTRESS TO AN UNDISCLOSED "HIGHER HEADQUARTERS."
    THE AIR BASE HAS REFUSED TO GIVE DETAILS OF CONSTRUCTION OF THE DISC
OR OF ITS APPEARANCE.
    RESIDENTS NEAR THE RANCH ON WHICH THE DISC WAS FOUND REPORTED
SEEING A STRANGE BLUE LIGHT SEVERAL DAYS AGO ABOUT THREE O'CLOCK IN
THE MORNING.
    J241P 7/8
```

Fernschreiben vom 8.7.47 bezüglich des Roswell-Zwischenfalls

Es besagte, daß die US (Army) Airforce tatsächlich eine sogenannte fliegende Untertasse geborgen hatte ... als ich das gelesen hatte, ging ich zum Telefon und rief den Presseoffizier (Haut) an und sagte: 'Hör mal, ich weiß, wie es beim Militär läuft, und ich sage Ihnen, Sie können so etwas nicht schreiben. Das Militär wird Ihnen das nicht erlauben, denn das ist eine Tatsachenbehauptung, 'die US-Luftwaffe erklärt sie hat', verstehen sie? Wenn ich Sie wäre, würde ich das nicht tun...'. Doch er antwortete nur: 'Das ist schon okay, der Basiskommandant hat es genehmigt. Sie können es ruhig senden.'"

„Nun, damals ...ich wuchs in sehr schlechten wirtschaftlichen Verhältnissen auf, in der Zeit der 'big depression'...

da dachte ich immer an die Kosten. Heutzutage hätte man gleich Kameras da draußen und alles. Aber ich dachte schon eine Weile nach, bevor ich zu mir selbst sagte: 'Nun, das sieht mir nach einer großen Geschichte aus. Schicke ich das jetzt erst heute nacht raus oder sofort?' Nachts war es billiger, den Fernschreiber zu benutzen. Aber ich entschied mich dann, es sofort rauszuschicken. Man bekommt eine solche Geschichte nur einmal im Leben. So schickte ich es sofort heraus, zu den höheren Kosten... ich nahm die Pressemitteilung mit herüber ins Western Union-Büro und schickte sie Wort für Wort über den Ticker an United Press. Dann faltete ich sie zusammen, nahm sie mit in den Sender und legte sie in meine Schreibtischschublade."

„Danach erhielt ich ein Ferngespräch aus Washington D.C. Ein Mann, der sich als Oberst Johnson zu erkennen gab, war extrem wütend, und ich war das Objekt seines Zorns. Ob ich diese Presseerklärung rausgeschickt hätte? Ich antwortete natürlich mit 'Ja'. 'Haben sie das gesagt?' 'Ja.' Ich weiß nicht mehr, was er genau sagte, aber ich wußte sofort, ich war in Schwierigkeiten. Ich erklärte ihm, ich sei Zivilist, er brüllte, das mache keinen Unterschied. Ich wollte meinem Freund, dem Presseoffizier, keine Schwierigkeiten machen, aber schließlich mußte ich zugeben, woher ich die Information hatte. Ich sagte: 'Hören Sie, ich sage Ihnen etwas. Ja, ich habe diese Story rausgeschickt, aber sie stammt aus einer offiziellen Luftwaffen-Presseerklärung'. Da fing der Kerl zu kochen an. 'Woher kam die?', wollte er wissen. Ich sagte ihm das und er knallte den Hörer auf. Der nächste Anruf, den ich erhielt, vielleicht 25 Minuten später, stammte von dem Presseoffizier. Und er sagte: 'Frank, du hattest recht. Ich hätte die Story nicht herausgeben dürfen.' Später kamen sie dann in mein Büro und kassierten die Pressemitteilung wieder ein." (6)

Dem Programm-Manager von KSWS, George Walsh, gegenüber gab er zu: „Ich erhielt einen Anruf aus dem Verteidigungsministerium und sie sagten mir, ich solle 'das Maul halten'." Das sei sehr ungewöhnlich, erwiderte Walsh, hätte das Ministerium die Meldung richtiggestellt oder wäre jemand anderer jetzt für die Presse zuständig? „Das weiß ich nicht", antwortete Haut, „mein Befehl lautet, ich zitiere, 'Halt`s Maul', Ende des Zitats." (7) Auch beim „Roswell Morning Dispatch" erklärte ein offizieller Anrufer, die Pressemitteilung sei ein Irrtum, das geborgene Objekt ein Wetterballon.

Lt. Walter Haut (heute)

Gleich nachdem Haut ihm diese ausgehändigt hatte, war Johnny McBoyle, Reporter und Teilhaber des Senders KSWS, nach Norden gefahren, um sich selbst ein Bild von der Lage zu machen und vor Ort zu recherchieren. Doch er kam nur bis an die Absperrung nördlich von Roswell. Vom nächsten Telefon aus rief er die Telex-Sekretärin des Schwestersenders KOAT Albuquerque, Lydia Sleppy, an. KSWS hatte keinen eigenen Fernschreiber, und so bat er Lydia, seinen Bericht über den Ticker an ABC News in Hollywood zu schicken. „Eine dieser fliegenden Untertassen hier nördlich von Roswell abgestürzt", begann er seine Meldung, „Zeugen gaben an, daß sie wie eine große, zerbeulte Spülschüssel ausgesehen hätte".

Am 14.9.1993 erklärte Lydia A. Sleppy an Eides statt: „Als ich McBoyles Story in den Fernschreiber eingab, klingelte es auf dem Gerät, was eine Unterbrechung anzeigte. Dann druckte die Maschine die Mitteilung aus, die sinngemäß lautete: „HIER FBI, BEENDEN SIE SOFORT DIE DURCHGABE". Ich weiß nicht mehr, was die genauen Worte waren, aber ich weiß noch, daß die Mitteilung vom FBI stammte und mich anwies, sofort die

Durchgabe zu beenden. Ich erklärte McBoyle (der noch am Telefon war), der Fernschreiber sei abgeschnitten worden und stenografierte den Rest seiner Geschichte, aber wir haben sie nie mehr über den Ticker geschickt, weil uns die Zeitungen zuvorkamen. Ich habe die Angelegenheit nie mehr mit McBoyle diskutiert, aber am nächsten Tag erzählte er Mr.Lambertz (dem Manager von KOAT), das Militär hätte das Gebiet abgesperrt, wo die Untertasse gefunden wurde, und würde die Presse draußen halten. Er erzählte Lambertz, er hätte Flugzeuge gesehen, die von Wright Field, Ohio, stammten und das Ding wegtransportierten." (8)

Auch andere stießen auf die Straßensperren. So entschieden sich William Woody und sein Vater, nach dem „Meteoriten" zu suchen, den sie „drei Nächte zuvor" irgendwo ca. 70 km nördlich von Roswell abstürzen sahen. Woody erklärte an Eides statt am 28.9.1993:
„Er nahm mich mit in unserem alten offenen Laster. Wir fuhren auf der US 285 durch Roswell nach Norden. Etwa 30 Kilometer nördlich der Stadt, wo die Bundesstraße das Macho Draw-Flußbett überquert, sahen wir mindestens einen uniformierten Soldaten, der an der Straße stationiert war. Wir fuhren weiter und sahen weitere Posten und Army-Fahrzeuge. Sie waren an allen Stellen - Ranchstraßen, Abfahrten etc.- stationiert, an denen man den Highway verlassen und nach Osten oder Westen abbiegen konnte, und sie waren alle bewaffnet, meist mit Gewehren oder Schnellfeuerwaffen. Ich erinnere mich nicht daran, militärische Aktivität auf dem Ranchland selbst gesehen zu haben. Wir wurden an einer der Straßensperren gestoppt, und mein Vater fragte einen Soldaten, was da los wäre. Der Soldat, der sehr freundlich war, sagte nur, sein Befehl sei, niemanden die 285 verlassen und landeinwärts fahren zu lassen.

Als wir weiter nach Norden fuhren, sahen wir, daß auch die Straße nach Corona (Landstraße 247), die von der Bundesstraße 285 nach Westen abzweigt, von Soldaten

Die Bundesstraße 285 nördlich von Roswell. Am 17. Juli 1947 standen Posten an allen ihren Abfahrten

blockiert war. Wir fuhren weiter bis nach Ramon, etwa 15 km nördlich der Kreuzung. Auch dort waren Straßensperren. In Ramon kehrten wir um und fuhren wieder nach Süden, nach Hause.
Ich erinnere mich daran, daß mein Vater noch sagte, er glaube, die Army suche etwas, daß sie beim Absturz geortet hätte. Vielleicht hatte er das von dem Soldaten erfahren, mit dem er gesprochen hatte, aber ich bin mir da nicht sicher." (9)

Auch Brazels Nachbar, der Rancher J.O.Bud Payne, wurde mit den Wachposten konfrontiert. In einer eidesstattlichen Erklärung vom 14.9.1993 erinnert er sich: *„Als ich davon hörte, daß auf der Foster-Ranch eine fliegende Untertasse heruntergekommen war, wollte ich sehen, ob ich ein Stück von dem Ding ergattern könnte. Die Stelle, an der die Untertasse herunterkam, befand sich etwa 3-4 Kilometer östlich der Ostgrenze unserer Weiden. Ich fuhr in meinem Laster dorthin.*
Doch bevor ich die Stelle erreichte, wurde ich von zwei Soldaten gestoppt, die in einem Armee-Transporter saßen, der neben der Ranchstraße geparkt war, auf der

ich fuhr. Sie trugen Felduniformen und sie waren wohl mit Pistolen bewaffnet. Da waren mehr Fahrzeuge und Soldaten auf einer Anhöhe etwas weiter entfernt.

Ich sagte den beiden Soldaten, die mich anhielten, daß ich dahin wollte, wo die fliegende Untertasse heruntergekommen wäre. Sie sagten: 'Wir wissen, wohin Sie wollen, aber das geht nicht.' Ich erwiderte: 'Nun, ich will ja nur ein kleines Stück von dem Material.' Sie sagten: 'Wir wissen, was Sie wollen, aber da ist die Straße, auf der Sie gekommen sind. Fahren Sie auf dieser Straße einfach wieder zurück.'" (10)

Selbst zwei Deputies von Sheriff Wilcox, die im Auftrag des Sheriffs noch einmal „nach dem Rechten sehen" sollten, wurden an einer der Straßensperren gestoppt und nach Roswell zurückgeschickt." (11) Die Straßensperren bestanden mindestens noch bis zum Nachmittag des 9. Juli, als der Manager des Radiosenders KGFL Roswell, George „Jud" Roberts, „bei einem Versuch, zur Absturzstelle zu fahren, um sie mit eigenen Augen zu sehen, vom Militär angehalten und zum Umkehren gezwungen wurde, da wir, wie sie sagten, auf militärischem Sperrgebiet wären." (12)

Doch zwei Journalisten hatten mehr Glück, da sie von Norden her über Corona kamen, von wo aus die Zufahrt zur Brazel-Ranch nicht durch Militärposten gesperrt war. Jason Kellahin arbeitete damals als Reporter für das Associated Press (AP)-Büro in Albuquerque, und als dort die Meldung von dem UFO-Absturz einging, schickte man ihn und den Fotografen Robin D. Adair auf die Foster-Ranch. Am 20.September 1993 erklärte er an Eides statt:

„Im Ranch-Haus fanden wir William 'Mac' Brazel, seine Frau und seinen kleinen Sohn... er war nicht glücklich über die Aufmerksamkeit, die ihm das einbrachte, und die Menschen, die auf seinem Land herumtrampelten. Er sagte, wenn er je wieder etwas finden würde, würde er niemandem etwas sagen, es sei denn, es wäre eine Bombe.

Brazel brachte Adair und mich auf die Weide, wo er seine Entdeckung gemacht hatte. Als wir ankamen, suchten dort drei oder vier uniformierte Army-Offiziere einen Hügel in etwa 400 Metern Entfernung ab. Offensichtlich waren sie schon seit längerer Zeit zugange.

Es lagen noch zahlreiche Trümmer auf der Stelle - Stücke von silberfarbigem Material, vielleicht aluminiumisiertem Gewebe. Einige Stücke waren mit Stöcken verbunden. Zuerst dachte ich, es seien die Überreste eine Höhenballons, aber ich sah nichts, kein Gummi oder ähnliches, das so aussah, als stamme es von einem Ballon. Die Verteilung des Materials deutete darauf hin, das, woher immer es auch stammte, sich in der Luft bewegte.

Nachdem ich mir das Material angeschaut hatte, ging ich hinüber zu den Militärs. Sie sagten, sie stammten vom RAAF (Roswell Army Air Field) und schauten sich um, was sie noch finden könnten. Sie meinten, sie würden nach Roswell zurückfahren und dort könnten wir uns weiter unterhalten. Sie hatten eine eher lässige Einstellung und schienen sich nicht daran zu stören, daß die Presse da war. Sie machten keinen Versuch, uns fortzujagen.

Adair und ich, Brazel und die Army-Männer fuhren dann runter nach Roswell, in getrennten Wagen.

Die Hauptstraße von Roswell 1947

35

Am späten Nachmittag oder frühen Abend trafen wir uns im Büro des „Roswell Daily Record", der Abendzeitung der Stadt. Die Soldaten warteten draußen auf dem Bürgersteig, während ich und ein „Record"-Reporter namens Skeritt Brazel interviewten und Adair ihn fotografierte. (Adair hatte auch Fotos von Brazel und den Trümmern auf der Ranch aufgenommen, aber die wurden nie benutzt.) Walter E. Whitmore, Besitzer des KGFL, eines der beiden Radiosender von Roswell, war auch bei dem Interview dabei. Whitmore tat sein bestes, um Brazel vom Rest der Presse fernzuhalten.
Nachdem ich Brazel interviewt hatte, sprach ich mit den Militärs draußen und dann ging ich hinüber, um Sheriff George Wilcox zu sehen, den ich gut kannte. Wilcox sagte, das Militär hätte ihm untersagt, sich zu dem Vorfall zu äußern." (13)

Whitmore führte als nächstes Brazel, begleitet von den beiden Soldaten, zum Sender. Frank Joyce sollte ihn interviewen. Wie er mir im Dezember 1993 erzählte: „Er kam in den Sender und ich saß dort in unserer kleinen, dunklen, schäbigen Sprecherkabine, die völlig in Heimarbeit entstanden war, und er erzählte uns eine ganz andere Geschichte als das, was er mir zwei Tage zuvor (vom Sheriffsbüro aus, d.Verf.) geschildert hatte. Und nach dem Interview wollte er gehen, aber ich sagte zu ihm: 'Einen Moment noch. Sie wissen, mit wem Sie gesprochen haben, richtig?'. Und er antwortete: 'Ja.' Und ich fragte: 'Und Sie wissen, daß diese Geschichte, die Sie mir heute erzählt haben, nichts mit dem zu tun hat, was Sie mir am Telefon sagten.' Und er meinte, nach einer Pause - und, wissen Sie, der Junge war einer dieser alten Wildwest-Dreck-in-den-Poren-Typen, die man auf den Ranches fand und von denen ich viele in der Stadt sah, als ich noch ein Kind war - ...und er meinte schließlich 'Schau, mein Sohn. Behalten Sie das für sich. Sie sagten mir, ich solle hierher kommen und Ihnen diese Geschichte erzählen, oder ich würde in Schwierigkeiten kommen.' 'Und was ist mit den kleinen, grünen

Männern?', fragte ich noch. Und er schob nach: 'Nur daß sie nicht grün waren', griff nach der Türklinke, öffnete die Tür und ging hinaus, wo die beiden Soldaten schon auf ihn warteten." (14)

Walter E. Whitmore, Eigentümer der Radiostation KGFL

Doch damit gab sich auch Walt Whitmore nicht zufrieden, der ahnte, daß dahinter ein Vertuschungsversuch des Militärs steckte. Da die Militärs nur den Befehl hatten, Brazel nach Roswell zu bringen und seine Statements zu machen, hatten sie keine Einwände, als Walt Whitmore ihm anbot, in seinem Haus zu übernachten. Dort nahm Whitmore ein weiteres Interview mit ihm auf. Gleich am nächsten Morgen standen zwei MPs vor Whitmores Tür, wollten Brazel abholen. Bis zum 15. Juli mußte er in Roswell bleiben, untergebracht im Gästehaus der RAAF und ständig unter Beobachtung durch die Militärs. Einmal sah ihn sein Nachbar Floyd Proctor, der - so seine Frau Loretta Proctor eidesstattlich am 5.5.1991 - „zusammen mit meinem Bruder und einem seiner Freunde" in die Stadt gefahren war. „'Mac' war von Soldaten umgeben. Er ging gesenkten Hauptes an ihnen vorbei, ohne ein Wort zu sagen... als er zurückkam sagte er, die Army hätte ihm erklärt, daß das Objekt, das er gefunden hatte, ein Wetterballon gewesen sei. 'Wenn ich noch einen finde', sagte er, 'werde ich das nicht melden.' Er war verärgert darüber, daß sie ihn so lange von Zuhause ferngehalten hatten. Er wollte nie darüber sprechen, nachdem er zurückgekommen war." (15)

Seine Nachbarin Marian Strickland erinnerte sich daran, wie er nur einmal mit ihrem Mann Lyman über die schlechte Behandlung in Roswell gesprochen hatte. „*Er machte klar, daß er mit niemandem darüber reden dürfe, daß es die ganze Aufregung um dieses Material gegeben hätte. Er war ein Mann von Integrität. Er fühlte sich definitiv verletzt, mißbraucht und despektierlich behandelt. Er war mehr als verärgert! Er stand unter starkem Streß, und er fühlte sich wie herumgestoßen. Man hatte ihm gedroht, wenn er den Mund aufmache, würde man ihn in das hinterste Gefängnis werfen.*" (16) Anderen gegenüber deutete er nur an, daß er „wie im Gefängnis festgehalten und immer wieder dasselbe gefragt wurde". Doch worüber sich einige Nachbarn wunderten war, daß er jetzt offenbar über Geld verfügte. Während er vorher so arm war, daß er „nie zwei Nickel aneinanderreiben konnte", kam er von Roswell mit einem Kleinlaster zurück und hatte genügend Geld, um seiner Familie ein neues Haus in Tularosa und ein Kühlhaus in Las Cruces zu kaufen. „*Ein paar Monate nach dem Vorfall auf seiner Ranch schien er plötzlich über ausreichende Geldmengen zu verfügen, um große Investitionen im Fleischgeschäft zu tätigen*", erinnerte sich Alma Hobbs, die Tochter der Proctors. Und auch Brazels Schwester, Lorrene Fergusson, wunderte sich, „*woher er plötzlich so viel Geld hatte.*" (17)

Ansonsten schwieg er. Tommy Tyree, ein Rancharbeiter, den Brazel nach dem Vorfall anheuerte, erinnerte sich, wie er eines Tages im Spätsommer 1947 mit Mac Brazel ritt, als sie ein Trümmerstückchen bemerkten, das auf einer Pfütze schwamm. „*Das ist ein Stück von dem Zeug, das damals `runterkam*", meinte Brazel nur und wechselte schnell das Thema. (18)
„*Mein Dad fand dieses Ding und erzählte mir nur wenig davon*", erklärte Mac`s älterer Sohn Bill, der damals in Albuquerque wohnte, „*nicht viel, denn die Luftwaffe hatte von ihm verlangt, daß er einen Eid ablegt, niemandem Details darüber mitzuteilen. Und mein Dad war so ein Typ, der sein Geheimnis mit ins Grab nahm und mit niemandem darüber sprach. Er war ein typischer*

Western-Cowboy der alten Zeit, und er redete nicht viel. Mein Bruder und ich waren gerade aus dem Zweiten Weltkrieg gekommen (er in der Army und ich in der Marine), und natürlich war mein Dad stolz. So sagte er mir: 'Als ihr Jungs beim Militär wart, habt ihr einen Eid geschworen, und ich habe einen Eid geschworen, nichts zu sagen.'" (19)

Daß tatsächlich jemand verhindern wollte, Brazel unzensiert über den Äther gehen zu lassen, zeigte sich, als am nächsten Morgen, kurz nachdem das Militär den Rancher aus dem Hause von KGFL-Besitzer Whitmore geholt hatte, bei dem Sender das Telefon klingelte. An den Apparat ging George „Jud" Roberts, der Manager von KGFL Radio. Er erklärte am 30.12.1991 an Eides statt:

Radiostation KGFL in Roswell

„*Der Anruf kam aus Washington D.C. Es schien jemand aus dem Büro von Clinton Anderson (Landwirtschaftsminister und ehemaliger Repräsentant New Mexicos im*

Harassed Rancher who Located 'Saucer' Sorry He Told About It

W. W. Brazel, 48, Lincoln county rancher living 30 miles south east of Corona, today told his story of finding what the army at first described as a flying disk, but the publicity which attended his find caused him to add that if he ever found anything else short of a bomb he sure wasn't going to say anything about it.

Brazel was brought here late yesterday by W. E. Whitmore, of radio station KGFL, had his picture taken and gave an interview to the Record and Jason Kellahin, sent here from the Albuquerque bureau of the Associated Press to cover the story. The picture he posed for was sent out over AP telephoto wire sending machine specially set up in the Record office by R. D. Adair, AP wire chief sent here from Albuquerque for the sole purpose of getting out his picture and that of sheriff George Wilcox, to whom Brazel originally gave the information of his find.

Brazel related that on June 14 he and an 8-year old son, Vernon were 7 or 8 miles from the ranch house of the J. B. Foster ranch, which he operates, when they came upon a large area of bright wreckage made up on rubber strips, tinfoil, a rather tough paper and sticks.

At the time Brazel was in a hurry to get his round made and he did not pay much attention to it. But he did remark about what he had seen and on July 4 he, his wife, Vernon and a daughter Betty, age 14, went back to the spot and gathered up quite a bit of the debris.

The next day he first heard about the flying disks, and he wondered if what he had found might be the remnants of one of these.

Monday he came to town to sell some wool and while here he went to see sheriff George Wilcox and "whispered kinda confidential like" that he might have found a flying disk.

Wilcox got in touch with the Roswell Army Air Field and Maj. Jesse A. Marcel and a man in plain clothes accompanied him home, where they picked up the rest of the pieces of the "disk" and went to his home to try to reconstruct it.

According to Brazel they simply could not reconstruct it at all. They tried to make a kite out of it, but could not do that and could not find any way to put it back together so that it would fit.

Then Major Marcel brought it to Roswell and that was the last he heard of it until the story broke that he had found a flying disk.

Brazel said that he did not see it fall from the sky and did not see it before it was torn up, so he did not know the size or shape it might have been, but he thought it might have been about as large as a table top. The balloon which held it up, if that was how it worked, must have been about 12 feet long, he felt, measuring the distance by the size of the room in which he sat. The rubber was smoky gray in color and scattered over an area about 200 yards in diameter.

When the debris was gathered up the tinfoil, paper, tape, and sticks made a bundle about three feet long and 7 or 8 inches thick, while the rubber made a bundle about 18 or 20 inches long and about 8 inches thick. In all, he estimated, the entire lot would have weighed maybe five pounds.

There was no sign of any metal in the area which might have been used for an engine and no sign of any propellers of any kind, although at least one paper fin had been glued onto some of the tinfoil.

There were no words to be found anywhere on the instrument, although there were letters on some of the parts. Considerable scotch tape and some tape with flowers printed upon it had been used in the construction.

No strings or wire were to be found but there were some eyelets in the paper to indicate that some sort of attachment may have been used.

Brazel said that he had previously found two weather observation balloons on the ranch, but that what he found this time did not in any way resemble either of these.

"I am sure what I found was not any weather observation balloon," he said. "But if I find anything else, besides a bomb they are going to have a hard time getting me to say anything about it."

„GEPLAGTER RANCHER, DER 'UNTERTASSE' FAND, BEDAUERT, DASS ER DEN FUND MELDETE", hieß es am 10. Juli 1947 im „Roswell Daily Record". Im Beisein der Militärs hatte er eine ganz andere Geschichte seines Fundes zu Protokoll geben müssen. Und er behauptete, die Wrackteile bereits am 14. Juni entdeckt zu haben.

US-Kongreß) oder Dennis Chavez (Senator von New Mexico) zu sein. Diese Person erklärte: 'Wir wissen, daß Sie einige Informationen haben, und wir möchten Ihnen versichern, daß es, wenn Sie diese veröffentlichen, sehr gut möglich ist, daß Ihr Sender seine Lizenz verliert, deshalb empfehlen wir Ihnen, dies zu unterlassen.' Diese Person deutete an, daß wir unsere Lizenz innerhalb von drei Tagen verlieren würden. Ich entschied, die Story fallenzulassen." (20) Zwei weitere Anrufe aus Washington, von Senator Chavez und dem Minister für das Fernmeldewesen, T.J.Slowie, persönlich, gingen bei Whitmore ein - mit demselben Inhalt: Er würde seine Lizenz verlieren, falls er beabsichtigte, das Brazel-Interview zu senden.

Die offizielle Version stand dagegen am 10. Juli im „Roswell Daily Record":

„Brazel erklärte, daß er und sein 8-jähriger Sohn Vernon (sic!) am 14. Juni etwa 10 oder 12 km vom Ranchhaus der J.B.Foster-Ranch, die er leitet, ein großes Gebiet heller Wrackteile aus Gummistreifen, Alufolie, einem eher festen Papier und Stöcken fanden.

Damals hatte Brazel es eilig, seine Runde zu machen, und so schenkte er dem wenig Beachtung. Aber er erinnerte sich an das, was er gesehen hatte, und am 4. Juli kehrten er, seine Frau, Vernon und seine Tochter Betty, 14, an die Stelle zurück und sammelten einen Großteil der Trümmer (sic!) auf.

Am nächsten Tag hörte er von den fliegenden Scheiben, und er fragte sich, ob das, was er gefunden hatte, die Überreste einer solchen gewesen sein könnten.

Montag (sic!) kam er in die Stadt, um Wolle zu verkaufen (sic!), und dabei ging er zu Sheriff George Wilcox und 'flüsterte vertraulich', daß er vielleicht eine fliegende Scheibe gefunden hätte.

Wilcox informierte das Roswell Army Air Field und Major Jesse A. Marcel, und ein Mann in Zivil begleiteten ihn heim, wo sie den Rest (sic!) der Teile der 'Scheibe' aufsammelten und in sein Haus gingen, wo sie verrsuchten, sie zu rekonstruieren.

Laut Brazel gelang ihnen das nicht. Sie versuchten, einen Fesselballon daraus zu machen (sic!), aber das gelang ihnen nicht.

Dann brachte Major Marcel es nach Roswell, und das war das letzte, was er davon hörte, bis die Story herauskam, daß er eine Fliegende Scheibe gefunden hätte (sic!).

Brazel sagte, er hätte sie nicht vom Himmel fallen sehen und auch nicht, bevor sie zerrissen wurde, so wüßte er nicht, welche Größe oder Form sie gehabt haben könnte, aber er dachte, sie könnte so groß wie eine Tischplatte (sic!) gewesen sein. Der Ballon, der sie trug, wenn es so gewesen sei (sic!), müsse etwa 4 Meter lang gewesen sein, schätzte er und nahm die Größe des Raumes, in dem er saß, zum Vergleich. Das Gummi war rauchgrau und über ein Gebiet von 200 Metern im Quadrat (sic!) verstreut.

Als all die Fragmente aufgesammelt waren, ergaben all die Alufolie, Papier, Band und Stäbe ein Bündel von vielleicht einem Meter Länge und 25 cm Stärke (sic!), während das Gummi ein Bündel von 50 cm Länge und 20 cm Stärke ergab. Alles zusammen, so schätzte er, hätte nicht mehr als 2,5 Kilogramm gewogen.

Er fand keinerlei Anzeichen von Metall in dem Gebiet, das von einem Motor oder Propeller stammen könnte, obwohl mindestens eine Papier-Steuerflosse in Alufolie gewickelt gefunden wurde. (sic!)

Es wurden keinerlei Worte auf den Instrumenten gefunden, aber es waren Buchstaben (sic!) auf einigen der Teile. Beachtliche Mengen Tesafilms und eine Art Klebeband, das mit Blumen (sic!) bedruckt war, wurden bei der Konstruktion benutzt.

Keine Schnüre oder Drähte wurden gefunden, aber einige Schnürlöcher im Papier deuteten darauf hin, daß es eine Art Befestigung gegeben hat.

Brazel sagte, er hätte zuvor zwei Wetterballons auf der Ranch entdeckt, aber was er dieses Mal gefunden hätte, hätte diesen auf keine Weise geähnelt. (sic!)

'Ich bin sicher, daß das, was ich gefunden habe, kein Wetterballon war', sagte er, 'aber wenn ich noch einmal etwas finde, außer einer Bombe vielleicht, dann werden Sie es schwer haben, mich zum Reden zu bringen.'" (21)

Brazels Sohn Bill, der damals mit seiner Frau in Albuquerque lebte, erfuhr das erste Mal aus der Zeitung über das Schicksal seines Vaters. „Ich stand morgens auf", erzählte er den Roswell-Forschern Kevin Randle und Donald Schmitt, „Ich griff zur Zeitung, schaute rein, und da war das Foto meines Dads. Ich sagte Shirley (seiner Frau), was zum Teufel hat er jetzt angestellt? So fuhren wir raus auf die Ranch. Ich denke, das war zwei oder drei Tage, bevor Dad auftauchte (aus Roswell zurückkam)." Bill hatte zwischenzeitlich seiner Mutter geholfen, sich um die Ranch zu kümmern, und beschloß, auch die nächsten Wochen bei seinen Eltern zu bleiben, „schon um meinem Vater die Reporter und Schaulustigen vom Halse zu halten. Aber es kam zum Glück niemand." (22). Fasziniert von der Geschichte, über die ihm sein Vater nichts erzählen wollte, kehrte er immer wieder an den Ort des Geschehens zurück. „Ich ritt im Durchschnitt einmal in der Woche dort aus, und wann immer ich das Gebiet durchritt, hielt ich Ausschau. So fand ich diese kleinen Stückchen", erinnerte er sich im Gespräch mit dem Roswell-Forscher und Nuklearphysiker Stanton Friedman, „nicht mehr als ein Dutzend - vielleicht auch nur acht - aber es waren nur drei unterschiedliche Arten: Etwas wie Balsaholz, etwas wie eine starkverstärkte Angelschnur und ein kleines Stück - es war keine Alufolie, es war keine Bleifolie - ein Stück, so groß wie mein Finger. Einiges davon war wie Balsaholz: sehr leicht und von neutraler Farbe, mehr lohfarben... ich konnte es nicht brechen. Es bog sich ein wenig. Ich konnte es nicht mit meinem Taschenmesser schneiden. Die 'Schnur' - ich konnte sie nicht brechen. Das besondere an der Alufolie (ich werde sie mal so nennen) war: Ich sammelte dieses Zeug auf und steckte es in meine Hosentasche. Vielleicht zwei oder drei Tage oder eine Woche später holte ich es raus und steckte es in eine Zigarrenschachtel. Da bemerkte ich, daß in dem Augenblick, in dem ich das Zeug in die Schachtel legte, es sich völlig entfaltete und glatt wurde. Ich begann, damit zu spielen. Ich faltete es, knickte es, legte es hin - und es entfaltete sich. Das war seltsam, ich konnte es nicht knittern." (23)

Er zeigte es Nachbarn, Freunden, unter anderen den Stricklands, die auf einer Nachbarranch lebten. Sally Strickland-Tadolini, damals neun Jahre alt, erinnerte sich in einer eidesstattlichen Erklärung vom 27.9.1993: „Was Bill uns zeigte war ein Stück, das noch am ehesten einem Gewebe ähnelte. Es war etwas wie Aluminiumfolie, etwas wie Satin, etwas wie gutgegerbtes Leder in seiner Festigkeit, obwohl es nichts von all dem war. Ich kann mich nicht mehr ganz so genau daran erinnern, aber ich denke, ein Stück war vielleicht 10 x 20 oder 25 cm groß. Seine Ränder, die glatt waren, waren nicht ganz parallel, es war eher trapezförmig. Es hatte etwa die Stärke eines sehr feinen Handschuhleders und war mattmetallisch-gräulich-silbrig, eine Seite leicht dunkler als die andere. Ich denke, es trug kein Muster oder Aufdruck.

Bill gab es herum, wir alle fühlten es. Ich nähte viel, deshalb beeindruckte mich am meisten, wie es sich anfühlte. Ich hatte und habe seitdem ein solches Material nie mehr gesehen. Es war sehr seidig, auf beiden Seiten. Als ich es in meiner Hand zusammenknüllte, fühlte es sich ähnlich wie Satin an, als würde man einen Lederhandschuh zusammenknüllen. Als ich es losließ, sprang es in seine ursprüngliche Form zurück, glättete sich schnell aus, ohne Falten. Ich tat dies mehrere Male, die anderen auch. Ich erinnere mich, daß einige es zu zerreißen versuchten, aber keiner konnte es schneiden oder reißen." (24)

Auch in Corona, in der Bar, in der Billardhalle, zeigte Bill das seltsame Material herum. Das war etwa einen Monat nach dem Absturz. „Zwei oder drei Tage später kam das Militär auf die Ranch. Zwei Mann. Der Offizier, ein Hauptmann, hieß, soweit ich mich erinnern kann, Armstrong, ein sehr netter Kerl. Er hatte einen schwarzen Feldwebel bei sich, der auch sehr nett war, außerdem zwei einfache Soldaten. Sie sagten: 'Wir glauben, Ihr Vater fand diesen Wetterballon' und ich antwortete: 'Nun, ja!' 'Und wir glauben, daß Sie einige Stücke gefunden haben:' Ich sagte: 'Yeah, eine ganze Zigarrenschachtel voll.' Und der Hauptmann meinte: 'Nun, wir würden die gerne mitnehmen'. Ich zögerte. Da lächelte er und erklärte: 'Ihr Vater hat uns den Rest übergeben, und Sie wissen, er steht unter Eid, nichts zu sagen. Gut, wir kommen jetzt wegen dieser Stücke.' Und ich grinste und sagte: 'Gut, Sie können das Zeug haben, ich brauche es nicht.'
Er fragte: 'Haben Sie es untersucht?' Und ich antwortete: 'Nun, genug um zu sagen, daß ich nicht weiß, was zum Teufel das ist'. Und er erwiderte: 'Uns wäre lieb, wenn Sie nicht darüber sprechen würden.'" (25)

Die Luftwaffe war längst auf die erstaunlichen Eigenschaften der Fragmente aufmerksam geworden, gleich als sie die ersten Fragmente inspizierte, die Major Marcel am 8. Juli auf die RAAF gebracht hatte. So erklärte dieser 1970 dem Nuklearphysiker Stanton Friedman: *„Das erstaunlichste war, daß die Metallstücke, die wir mitbrachten, so dünn waren wie die Alufolie in einer Zigarettenpackung. Ich schenkte dem nicht allzuviel Beachtung, bis einer der GIs zu mir kam und sagte, 'Wissen Sie, das Metall, das da drin war - ich versuchte, das Zeug zu biegen, aber es bog sich nicht. Ich versuchte es mit einem Schmiedehammer. Man kann keine Beule reinschlagen... es steht fest, daß es unverbiegbar ist und so leicht, daß es fast gar nichts wiegt.' ... Dieses spezielle Metallstück war, würde ich sagen, etwa 60 cm lang und 30 cm breit. Es wog nichts, war so dünn wie Alufolie. Ich versuchte es zu biegen, ohne Erfolg. Wir versuchten, es mit einem 16-Pfund-Schmiedehammer einzubeulen. Und es war immer noch keine Beule drin."* (26)

Noch am selben Tag, dem 8. Juli 1947, erhielt Major Marcel von Oberst Blanchard den Befehl, in Beisein des Vizekommandanten der RAAF, Oberstleutnant Payne Jennings, mit einem Teil des Materials nach Fort Worth zu fliegen, um General Ramey persönlich Bericht zu erstatten. Der Flugsicherheitsoffizier 1st. Lt. Robert Shirkey erinnerte sich in einer eidesstattlichen Erklärung vom 30. April 1991 an seine Beobachtungen, als die Maschine beladen wurde:

„Ich befand mich im Operations Office, als Oberst Blanchard auftauchte. Er fragte, ob das Flugzeug fertig sei. Als ihm gesagt wurde, daß es das sei, winkte er jemandem zu, und vielleicht fünf Leute kamen zur Vordertür herein, den Flur entlang und auf die Rampe, um in das Flugzeug zu klettern, und trugen dabei Teile von, wie ich hörte, der fliegenden Untertasse... Ich sah, daß sie etwas trugen, was wie Metallstücke aussah; ein Stück war 50 x 70 cm groß, sah aus wie matter Edelstahl. Ich sah ebenfalls, was andere Zeugen als 'I-Stab' bezeichneten, der Zeichen trug." (27) *„Ich konnte deutlich die Hieroglyphen erkennen"*, bestätigte er uns, als wir ihn im Juli 1993 und noch einmal im Juli 1995 interviewten.

Lt. Robert Shirkey (heute) *„Die Zeichen waren erhaben, standen hervor wie eingeprägt."* (28)

Einer der fünf Soldaten, die die Metallfragmente ins Flugzeug trugen, war der Flugingenieur Master Sgt. Robert P. Porter. Er erklärte am 7. Juni 1991 an Eides statt: *„Ich war Mitglied der Crew, die Stücke der, wie man uns sagte, fliegenden Untertasse nach Fort Worth flog. An Bord waren außerdem: Lt.Col. Payne Jennings, der stellvertretende Basiskommandant; Lt.Col. Robert I. Barrowclough; Major Herb Wunderlich; und Major Jesse Marcel. Hauptmann William E. Anderson sagte, es sei von einer fliegenden Untertasse.*

Ich war dabei, als wir die B-29 mit dem Material beluden, das (teilweise) in Pakete mit Packpapier verpackt war. Eines der Stücke war dreieckig, etwa 70 cm im Durchmesser. Der Rest war in kleinen Päckchen, etwa so groß wie ein Schuhkarton. Das braune Papier war mit Klebeband befestigt.

Das Material war extrem leicht. Als ich es hochhob, war es so, als würde ich ein leeres Stück Verpackung heben. Wir luden das dreieckige Stück und die drei schuhkartongroßen Päckchen in das Flugzeug. Sie hätten auch in den Kofferraum eines Wagens gepaßt." (29)

Aus dem Basis-Jahrbuch von 1947: Lt. Robert Shirkey, nach einem Fallschirmabsprung mit seinem Cockerspaniel.

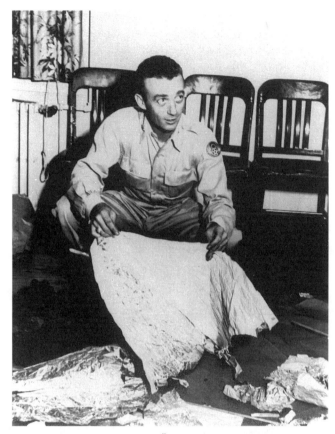 

Oberst Jesse Marcel mit den Überresten des Radarreflektors eines Wetterballons auf der Pressekonferenz im Büro von General Roger Ramey am 8. Juli 1947. (Fotos. James B. Johnson)

Gegen 15.00 Uhr startete die B-29, zeitgleich traf eine Maschine aus Washington auf dem Roswell AAF ein, die mit weiteren Wrackteilen beladen wurde und kurz darauf wieder startete. Es war etwa 17.00 Uhr, als der Flug aus Roswell in Fort Worth eintraf. *„Als wir angekommen waren, wurde das Material in eine B-25 umgeladen"*, heißt es in der eidesstattlichen Aussage von Master Sergeant Robert Porter, *„uns wurde gesagt, daß es nach Wright Field in Dayton, Ohio geht... Oberst Jennings sagte uns, wir sollten uns um das Flugzeug kümmern und könnten,* *nachdem eine Wache neben der Maschine postiert worden war, zum Abendessen gehen."* (30) Major Marcel wurde zu General Ramey gebracht, dem er über den Fund Bericht erstattete und einige der Fragmente zeigte. Ramey bat ihn, ihm die Fundstelle auf der Karte zu zeigen, sie gingen gemeinsam in den Kartenraum. Als sie zurückkehrten, machte der Basisfotograf noch zwei Fotos, dann wurde Marcel zum Abendessen in die Offiziersmesse geschickt.

General Roger Ramey und sein Vizekommandant, Lt. Col. Thomas Jefferson DuBose auf der Pressekonferenz in Gen. Rameys Büro mit den Überresten des Radarreflektors eines Wetterballons. Den Reportern wurde erklärt, dies sei das Roswell-Wrack. Später erklärte DuBose, zwischenzeitlich zum General befördert, an Eides statt, daß die „Wetterballon-Erklärung nur eine Deckgeschichte war, um uns die Presse vom Halse zu halten" und daß die Trümmerteile extra zu diesem Zweck beschafft wurden.

Punkt 18.00 Uhr hatte General Ramey eine Pressekonferenz angesetzt, auf der Marcel erscheinen sollte, während die anderen Offiziere aus Roswell noch am selben Abend zurückflogen.

Schon etwas früher, gegen 17.45 Uhr, kam J. Bond Johnson, Reporter des „Fort Worth Star Telegramm" in das Büro des Generals. Er hatte den Auftrag, für „Associated Press" „die abgestürzte Untertasse" zu fotografieren. Auf dem Boden des Büros lag „ein Haufen Müll", wie Johnson die Überreste von verbranntem Gummi,

Alufolie und Balsaholz später beschrieb. Die Wrackteile waren aus Rameys Büro verschwunden - stattdessen lagen die Überreste eines Wetterballons auf dem Boden. Er nahm vier Fotos auf: Eines von Ramey, eines von Ramey mit seinem Stabschef Oberstleutnant Thomas Jefferson DuBose, zwei von Major Marcel, nachdem dieser hinzugekommen war. „Wir fanden heraus, daß es ein Wetterballon war", erklärte Brigadegeneral Ramey. Zehn Minuten später war Johnson schon wieder auf dem Weg in seine Redaktion und kabelte die

Fotos um die Welt. Später bereute er, nur vier Bilder gemacht zu haben. *„Die Zeitungen waren verrückt danach. Jeder wollte ein Exklusivbild. Ich hätte reich werden können, hätte ich nur mehr Filmmaterial mitgenommen.“* (31)

Für die Pressekonferenz hatte sich Ramey einen ganz besonderen Effekt ausgedacht, die Vor-Ort-Identifizierung der „Wrackteile“. Er ließ Irving Newton, den Wetteroffizier, kommen. Als dieser sich entschuldigte, er könne die Wetterstation nicht alleine lassen, rief Ramey persönlich an: „Bewegen Sie unverzüglich Ihren Hintern hierher. Nehmen Sie den Wagen, und wenn es nötig ist, den ersten Wagen, in dem ein Schlüssel steckt.“
Dann kamen die Reporter. Sie durften nicht in das Generalsbüro herein, drängten sich an der Tür. Zuerst berichtete Marcel brav darüber, wie Brazel in das Sheriffsbüro kam, er mit ihm auf die Ranch fuhr, die Wrackteile barg. Dann war auch schon Newton da, drängte sich an den sechs anwesenden Reportern vorbei, wurde kurz von Ramey vorgestellt. „Irving Newton, unser Wetteroffizier. Nun, Newton, können Sie uns sagen, was Sie hier sehen?“
Daran bestand kein Zweifel. „Ein Rawin Ziel-Ballon“, antwortete Newton. „Danke Newton, danke meine Herren. Sie sehen, die ganze Aufregung war umsonst. Oberst DuBose, streichen Sie den Flug nach Wright Field“. (32)
Marcel schwieg. Befehl war Befehl. Auch wenn er jetzt wie ein Idiot dastand, der einen simplen Wetterballon für eine fliegende Untertasse gehalten hatte. Er wurde für seinen Gehorsam belohnt. Schon im Dezember 1947 wurde er zum Oberstleutnant befördert und nach Washington D.C. versetzt. Er wurde dem „Special Weapons Programme“ zugeteilt, das Luftproben aus der ganzen Welt nach radioaktivem Staub untersuchte, um festzustellen, ob die Russen schon die Atombombe hätten. Als dies 1950 der Fall war, verfaßte er den Text der offiziellen Bekanntgabe dieser Entdeckung durch das Weiße Haus.

Erst 33 Jahre später, auf einem Veteranentreffen der 509. Bombergruppe, vertraute er Lt. Walter Haut an (wie Haut eidesstattlich bestätigte), daß *„das Material in General Ramey Büro nicht das Material war, das er geborgen hatte.“* (33)

AFFIDAVIT

(1) My name is Walter Haut.

(2) My address is: [schwarz]

(3) I am retired.

(4) In July 1947, I was stationed at the Roswell Army Air base, serving as the base Public Information Officer. At approximately 9:30 AM on July 8, I received a call from Col. William Blanchard, the base commander, who said he had in his possession a flying saucer or parts thereof. He said it came from a ranch northwest of Roswell, and that the base Intelligence Officer, Major Jesse Marcel, was going to fly the material to Fort Worth.

(5) Col. Blanchard told me to write a news release about the operation and to deliver it to both newspapers and the two radio stations in Roswell. He felt that he wanted the local media to have the first opportunity to have the story. I went first to KGFL, then to KSWS, then to the *Daily Record* and finally to the *Morning Dispatch*.

(6) The next day, I read in the newspaper that General Roger Ramey in Forth Worth had said the object was a weather balloon.

(7) I believe Col. Blanchard saw the material, because he sounded positive about what the material was. There is no chance that he would have mistaken it for a weather balloon. Neither is there any chance that Major Marcel would have been mistaken.

(8) In 1980, Jesse Marcel told me that the material photographed in Gen. Ramey's office was not the material he had recovered.

(9) I am convinced that the material recovered was some type of craft from outer space.

(10) I have not been paid nor given anything of value to make this statement, and it is the truth to the best of my recollection.

(Signature)
5-1-Y-93
(Date)

Signature witnessed by:
(Name)

Eidesstattliche Erklärung von Lt. Walter Haut: „1980 erklärte mir Jesse Marcel, daß das Material, das in General Rameys Büro fotografiert wurde, nicht das Material war, das er geborgen hatte.“

Das wurde - ebenso eidesstattlich - von General Rameys Stabschef Lt.Col. (später General) Thomas Jefferson DuBose bestätigt: *„Das Material auf den in General Rameys Büro getätigten Aufnahmen war ein Wetterballon. Die Wetterballon-Erklärung für das Material war eine Deckgeschichte, um die Aufmerksamkeit der Presse abzulenken.“* (34)

Lt. Col. Thomas Jefferson DuBose, Stabschef der 8. Luftwaffe und Stellvertreter Gen. Rameys, erklärte später unter Eid, daß die „Wetterballon"-Erklärung nur eine „Deckgeschichte" gewesen sei.

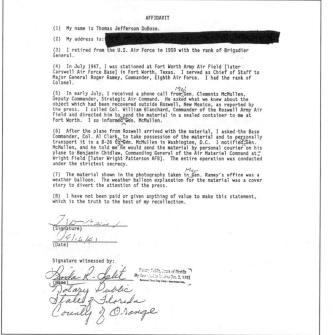

AFFIDAVIT

(1) My name is Thomas Jefferson DuBose.

(2) My address is:

(3) I retired from the U.S. Air Force in 1959 with the rank of Brigadier General.

(4) In July 1947, I was stationed at Fort Worth Army Air Field [later Carswell Air Force Base] in Fort Worth, Texas. I served as Chief of Staff to Major General Roger Ramey, Commander, Eighth Air Force. I had the rank of Colonel.

(5) In early July, I received a phone call from Maj. Gen. Clements McMullen, Deputy Commander, Strategic Air Command. He asked what we knew about the object which had been recovered outside Roswell, New Mexico, as reported by the press. I called Col. William Blanchard, Commander of the Roswell Army Air Field and directed him to send the material in a sealed container to me at Fort Worth. I so informed Maj. Gen. McMullen.

(6) After the plane from Roswell arrived with the material, I asked the Base Commander, Col. Al Clark, to take possession of the material and to personally transport it in a B-26 to take McMullen in Washington, D.C. I notified Maj. Gen. McMullen, and he told me he would send the material by personal courier on his plane to Benjamin Chidlaw, Commanding General of the Air Materiel Command at Wright Field [later Wright Patterson AFB]. The entire operation was conducted under the strictest secrecy.

(7) The material shown in the photographs taken in Gen. Ramey's office was a weather balloon. The weather balloon explanation for the material was a cover story to divert the attention of the press.

(8) I have not been paid or given anything of value to make this statement, which is the truth to the best of my recollection.

(Signature)

(Date) 9/16/91

Signature witnessed by:

(Name)
Notary Public
State of Florida
County of Orange

Eidesstattliche Erklärung von DuBose, der nach dem Vorfall zum General befördert wurde: „Die Wetterballon-Erklärung für das Material war eine Deckgeschichte, um die Aufmerksamkeit der Presse abzulenken."

Mit Erfolg. „Ramey leert Roswell-Untertasse" lautete die Schlagzeile des „Roswell Daily Record" am nächsten Abend. (35)

„Wir alle wußten, daß die Erklärung des Headquarters der 8. Luftwaffe, es sei ein Wetterballon gewesen, falsch war", erklärte mir 1st. Lt. Robert Shirkey, als ich ihn im Juni 1993 in Roswell interviewte, „denn das, was wir damals sahen, hatte nichts mit irgendeinem der Wetterballons zu tun, die wir damals hatten. Der 'I-Stab' war klein und trug an der Seite Zeichen, ähnlich wie Hieroglyphen. Wir sahen all das Material, und nichts davon war Teil eines Wetterballons. Wir wußten, etwas sehr Wichtiges war geschehen, und das wurde vertuscht." (36)

„(General Ramey) hatte mir den Befehl erteilt, unter keinen Umständen mit den Reportern zu sprechen", erklärte Oberst Jesse Marcel schon 1978 dem Roswell-Forscher Bill Moore, „ursprünglich hatte ich den Befehl von Oberst Blanchard... alles nach Fort Worth zu schicken... aber ich wurde (von Ramey) aus dem Flug gestrichen und jemand anderer erhielt den Befehl, das Zeug nach Wright Field zu fliegen." (37)

Tatsächlich gibt es ein amtliches Dokument, das beweist, daß die Pressekonferenz in General Rameys Büro nur eine Farce war, und auch der Flug nach Wright Field keineswegs abgesagt worden war. Denn zur gleichen Zeit, um 18.17 Uhr, ging ein Fernschreiben vom Dallas-Büro der Bundespolizei FBI an FBI-Direktor J. Edgar Hoover und den Sonderagenten in Cincinatti, Ohio. Darin heißt es:

„FLIEGENDE SCHEIBE, INFORMATION ÜBER. XXXXX HEADQUARTERS DER ACHTEN LUFT WAFFE INFORMIERTEN DIESES BÜRO TELEFONISCH, DASS EIN OBJEKT, DAS FÜR EINE FLIEGENDE SCHEIBE GEHALTEN WIRD, HEUTE NAHE ROSWELL, NEW MEXICO,

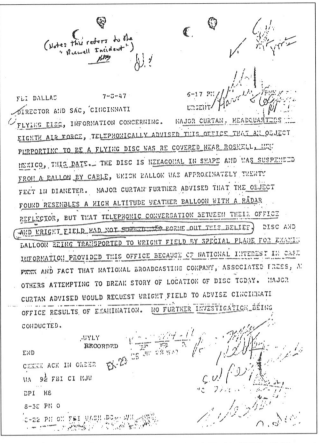

Telex des FBI-Büros in Dallas vom 8. Juli 1947, 18.17 Uhr. Während das Büro der 8. Luftwaffe das aufgefundene Wrack als Ballon mit einem Radarreflektor beschrieb, widerlegte ein Telefonat mit Wright Field diese Annahme.

GEBORGEN WURDE... XXXXX (Name gelöscht, wahrscheinlich Gen. Ramey) ERKLÄRTE, DASS DAS OBJEKT EIN WETTERBALLON MIT EINEM RADARREFLEKTOR SEI, ABER EIN TELEFONAT ZWISCHEN DEM BÜRO UND WRIGHT FIELD **KONNTE DIESE ANNAHME NICHT BESTÄTIGEN.** (Hervorhebung durch den Verf.) DIE SCHEIBE... WURDE ZUR UNTERSUCHUNG MIT EINER SONDERMASCHINE NACH WRIGHT FIELD GEBRACHT. DIESES BÜRO WURDE AUFGRUND DER NATIONALEN BEDEUTUNG DES FALLES INFORMIERT." (38)

Ein paar Monate nach dem Vorfall, irgendwann im Oktober 1947, sprach Arthur R. McQuiddy, der persönlich mit Oberst Blanchard befreundet war, den Kommandanten der RAAF auf den Vorfall an. *„Ich werde dir das und nichts weiter sagen"*, entgegnete Blanchard, *„das Zeug, das ich gesehen habe, so etwas habe ich in meinem ganzen Leben noch nicht gesehen."* (39) Und auch seine Frau bestätigte, lange nach seinem Tod: *„Er wußte, das war kein Wetterballon. Zuerst glaubte er, es sei etwas von den Russen, aber dann wurde ihm bewußt, daß es etwas völlig anderes war..."* (40) Seiner Karriere hat der Roswell-Zwischenfall dann auch nicht geschadet, ganz im Gegenteil. Er wurde mit 48 Jahren zum 4-Sterne-General befördert, nach Washington ins Pentagon versetzt und schließlich zum Vize-Stabschef der US-Luftwaffe ernannt. Wahrscheinlich hätte er es sogar noch zum Stabschef gebracht, dem höchsten militärischen Amt - wenn er nicht in seinem Büro im Pentagon einem Herzinfarkt erlegen wäre.

4. Kapitel

Nicht von dieser Erde

Montag, 7. Juli 1947, Roswell, New Mexico, kurz nach 13.15 Uhr. Während 120 km nordwestlich Major Marcel und Hauptmann Cavitt Wrackteile auf dem Trümmerfeld bei Corona aufsammelten, saß Glenn Dennis in seinem Büro im Ballard Bestattungsinstitut. Es war das größte der Stadt und hatte einen Vertrag mit der Roswell AAF, Todesfälle der Basis zu bestatten. Zudem war Dennis für den Unfall-Notdienst von Roswell zuständig und fuhr den einzigen Ambulanzwagen der Stadt. An diesem Nachmittag hatte er Bereitschaftsdienst, als sein Telefon klingelte. Es meldete sich der Bestattungsoffizier der Basis. „Glenn, wie groß sind die kleinsten luftdicht versiegelbaren Särge, die ihr auf Lager habt?" „1,20 Meter", antwortete Dennis. „Wieviele haben Sie da?" „Ich habe immer einen Kindersarg hier. Weitere kann ich bis morgen früh besorgen. Hattet ihr einen Unfall?"

„Nein, nein. Wir haben gerade eine Sitzung hier, es geht um die Vorsorge für zukünftige Fälle. Ich rufe Sie an, wenn ich einen Sarg brauche", erwiderte der Offizier und verabschiedete sich.

Eine dreiviertel Stunde später der nächste Anruf. „Glenn, sagen Sie uns, wie kann man einen Körper konservieren, der eine Zeit lang in der Wüste gelegen hat?" Es war wieder der Bestattungsoffizier. Noch bevor Dennis antworten konnte, schob er nach: „Es geht mir insbesondere um die Frage, wie die Präparierungsprozeduren die chemischen Komponenten des Körpers verändern könnten, von Blut und Gewebe, wissen Sie?" „Was ist denn los, sagen Sie schon?", erwiderte Dennis. „Gar

nichts, das ist eine rein theoretische Frage." „Also, die Chemikalie, die wir verwenden, ist meist eine sehr starke Lösung aus Formaldehyd und Wasser, das würde ganz bestimmt die chemische Komposition des Körpers verändern. Ich persönlich würde in einer solchen Situation versuchen, den Körper in Trockeneis zu legen, ihn für die Lagerung und den Transport einzufrieren." „Danke, Glenn." „Aber ich kann gerne `raus zu euch auf die Basis kommen, falls ihr weitere Fragen habt." „Nein, ist schon okay. Es geht nur um den Eventualfall in der Zukunft."

Eine gute Stunde später der nächste Anruf. Ein Unfall. Ein Soldat auf der Basis hatte sich am Schädel verletzt und wahrscheinlich die Nase gebrochen. „Bitte kommen Sie sofort!" Er fuhr hin, gab ihm Erste Hilfe und transportierte ihn im Ambulanzwagen zum Basishospital. Gegen 17.00 Uhr kam er dort an. Obwohl er Zivilist war, konnte Dennis überall passieren, man kannte ihn auf der Basis. *„Ich wollte meinen Wagen wie üblich vor der Notaufnahme parken"*, erzählte er mir, als ich ihn im Dezember 1993 interviewte, *„doch da standen schon drei Feldambulanzen, und so parkte ich ein Stück weiter. Als ich in das Basishospital ging, mußte ich an den Ambulanzwagen vorbei, deren Flügeltüren offenstanden, und ich sah, daß sie aluminiumartiges Material geladen hatten, das aussah wie Edelstahl, und das nicht verbogen oder beschädigt war und bläulich schimmerte. Ein anderes Stück war geformt wie der Boden eines Kanus,* etwa einen Meter lang, und trug 10 cm hohe Zeichen, die mich an ägyptische Hieroglyphen erinnerten. In den anderen beiden Ambulanzwagen sah es ähnlich aus, dasselbe Material, wieder mit Hieroglyphen bedeckt. Zwei MPs standen daneben. Dann ging ich rein und erledigte die Formalitäten für den einzuliefernden Soldaten." (1) Was weiter geschah, schilderte er in einer eidesstattlichen Erklärung, die er am 7. August 1991 unterzeichnete:

„Ich ging in die Stabs-Lounge, um eine Cola zu trinken. Ich hielt nach einer Krankenschwester Ausschau, einem 2nd Lieutenant, die drei Monate zuvor frisch aus dem College in Dienst gestellt wurde. Sie war 23 Jahre alt (ich war 22). Ich sah, wie sie mit einem Mundschutz aus einem der Untersuchungsräume kam. Sie sagte: 'Mein Gott, verschwinde von hier oder du bekommst eine Menge Ärger.' Sie ging durch eine andere Tür, wo ein Hauptmann stand. Er fragte mich, wer ich sei und was ich hier machen würde. Ich sagte es ihm und er wies mich an, dazubleiben. Ich sagte: 'Es schaut ganz so aus, als hättet ihr hier einen Absturz gehabt; soll ich mich bereithalten?' Er sagte mir, ich solle mich nicht von der Stelle rühren. Dann kamen zwei MPs rein und eskortierten mich aus dem Krankenhaus. Sie sagten, sie hätten Befehl, mir bis zum Bestattungsinstitut zu folgen."

„Wir kamen gerade mal 4 oder 5 Meter weit, als ich eine Stimme hörte, die sagte: 'Wir sind mit diesem Hurensohn noch nicht fertig. Bringt ihn zurück.' Da war ein anderer Hauptmann, ein Rotschopf mit den gemeinsten Augen, die ich je gesehen hatte, der sagte: 'Du hast nichts gesehen, hier war kein Absturz und wenn du auch nur ein Wörtchen erzählst, gibt`s 'ne Menge Ärger.' Ich sagte: 'Hey, schauen Sie, Mann, ich bin Zivilist und Sie können mir verdammt noch mal nichts anhaben.' Er erwiderte: 'Und ob wir können; jemand wird deine Knochen aus dem Sand graben.' Da war ein schwarzer Feldwebel mit einem Schreibblock in der Hand, und der

meinte: 'Er wäre gutes Futter für unsere Hunde'. Der Hauptmann brüllte: 'Raus mit dem Hurensohn!'. Die MPs folgten mir bis zum Beerdigungsinstitut." (2)

„Am nächsten Tag versuchte ich, die Krankenschwester anzurufen, um zu hören, was los war. Gegen 11.00 Uhr rief sie mich im Bestattungsinstitut an und sagte: 'Ich muß mit dir sprechen.' Wir verabredeten uns im Offiziersclub. Sie war sehr aufgeregt. Sie sagte: 'Bevor ich mit dir rede, mußt du mir deinen heiligsten Eid schwören, daß du niemals meinen Namen erwähnst, denn ich könnte in eine Menge Schwierigkeiten kommen.' Ich versprach es ihr", erzählte mir Dennis. „Sie erzählte mir, was geschehen war. Sie war in den Vorraum gegeangen, um etwas zu holen, als zwei Ärzte aus dem Ambulanzraum kamen und sie baten, mit ihnen da reinzugehen, sie bräuchten ihre Hilfe. Sie sollte alles ganz genau notieren, was sie taten und untersuchten. Auf den Ambulanztischen lagen Leichensäcke, und in zweien davon sehr verstümmelte, kleine Körper. Sie sagte, sie sahen so aus, als seien sie Coyoten zum Opfer gefallen. Ihre Haut - oder was immer das war - hing ihnen in Fetzen von den zerfleischten Körpern. Sie sagte auch, es hätte furchtbar gestunken, und das sei wahrscheinlich der Grund gewesen, daß die Ärzte nach draußen gegangen seien, um ein wenig Luft zu schnappen. Auf dem nächsten Tisch lag ein dritter Leichensack mit einem nahezu intakten Körper. Er war sehr klein, vielleicht 1,20 bis 1,30 m groß." (3) In seiner eidesstattlichen Erklärung ergänzte er: „Sie erzählte mir, die Ärzte hätten gesagt: 'So etwas haben wir noch nie zuvor gesehen; nichts in den medizinischen Lehrbüchern ähnelt dem hier auch nur.' Sie sagte, ihr und einem der Ärzte sei schlecht geworden. Sie mußten die Air Condition abstellen, da sie befürchteten, der Geruch könne sich im ganzen Hospital ausbreiten. Sie mußten die weitere Autopsie in einen Flugzeughangar verlegen." Dann griff sie in ihre Kitteltasche, holte einen Block und einen Bleistift heraus, zeichnete. „Sie zeichnete ein Diagramm der Körper einschließlich eines Armes mit einer Hand,

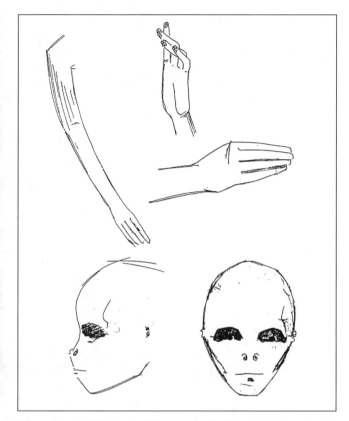

Glenn Dennis` Skizze der Wesen, wie die Krankenschwester sie zeichnete.

Ich fuhr sie zurück zu den Offiziersbaracken. Am nächsten Tag rief ich im Hospital an, um zu sehen, wie es ihr ging, aber sie war nicht verfügbar. Ich versuchte es jeden Tag, und schließlich bekam ich eine der Krankenschwestern, die mir sagte, sie sei mit anderem Basispersonal versetzt worden. Etwa zehn Tage oder zwei Wochen später erhielt ich einen Brief von ihr mit einer Postfachadresse. Sie deutete an, daß wir den Vorfall per Brief in der Zukunft diskutieren könnten. Ich schrieb ihr zurück, und etwa zwei Wochen später kam der Brief zurück, trug den Stempel: 'Zurück an Absender - VERSTORBEN'. Später erzählte mir eine der Krankenschwestern auf der Basis von einem Gerücht, daß sie zusammen mit fünf anderen Krankenschwestern auf eine Ausbildung geschickt wurde und bei einem Flugzeugabsturz ums Leben kam."

„Sheriff Wilcox und mein Vater waren sehr enge Freunde. Der Sheriff fuhr am Morgen nach dem Vorfall auf der Basis zum Haus meiner Eltern und sagte zu meinem Vater: 'Ich weiß nicht, in welchen Schwierigkeiten Glenn steckt, aber sagen Sie Ihrem Sohn, daß er nichts weiß und auf der Basis nichts gesehen hat.' Er fügte hinzu: 'Sie wollten Ihren Namen und den Ihrer Frau und sie wollten Ihre Adresse und die Ihrer anderen Kinder.'" (4)
Doch erst als er von dem Treffen mit der Krankenschwester ins Bestattungsinstitut zurückkehrte, begriff Dennis, was wirklich vorgefallen war. In seinem Briefkasten steckte der „Roswell Daily Record" mit der Schlagzeile vom 8. Juli: „RAAF erbeutet fliegende Untertasse auf Ranch in der Roswell-Region".(5)
Glenn Dennis' Enthüllung ließ die Geschichte von Roswell in einem anderen Licht erscheinen. Leichen, Wesen offenbar nichtirdischen Ursprungs, sind offensichtlich bereits geborgen worden, als Marcel und Cavitt noch auf der Foster-Ranch die Wrackteile aufsammelten. Tatsächlich gibt es keinen Grund, an Glenn Dennis` Aufrichtigkeit zu zweifeln. So machte er schon ein paar Tage nach dem Vorfall einem Freund gegenüber eine Bemerkung

die nur vier Finger hatte; die Ärzte stellten fest, daß am Ende der Finger kleine Höhlungen waren, die Saugnäpfen ähnelten. Sie sagte, der Kopf sei überproportional groß für den Körper; die Augen lägen tief; die Schäden wären flexibel; die Nase konkav mit nur zwei Öffnungen; der Mund wäre ein feiner Schlitz, und die Ärzte sagten, sie hätten schwere Knorpel anstelle von Zähnen. Die Ohren wären nur zwei Öffnungen mit Ohrläppchen. Sie hätten kein Haar und die Haut wäre schwarz - wahrscheinlich weil sie der Sonne ausgesetzt wären. Sie gab mir die Zeichnungen...

über die Särge und die Außerirdischen, als die Sprache auf den „Untertassen"-Absturz kam. Dieser Freund, L.M. Hall, war damals ein junger Streifenpolizist, später wurde er Polizeichef von Roswell. Am 15. September 1993 erklärte er eidesstattlich:

AFFIDAVIT
L. M. Hall

(1)   My name is L. M. Hall.

(2)   My address is █████████████████

(3)   I am employed as *Retired*.   ( ) I am retired.

(4)   I came to Roswell, New Mexico, in 1943, while serving in the Army Air Force. I was a military policeman and investigator at Roswell Army Air Field (RAAF). In 1946, after being discharged from the service, I joined the Roswell Police Department, and in 1964 I was appointed chief of police, serving for 14 and a half years. I am now a member of the Roswell City Council.

(5)   In 1947, I was a motorcycle officer, with patrol duty on South Main Street, between town and RAAF. I and other police officers would often take our breaks in the small lounge at the Ballard Funeral Home at 910 South Main, where Glenn Dennis worked. I had gotten to know Glenn when I was a base MP because he made ambulance calls to the base under a contract Ballard's had, so I would sometimes have coffee with him if he was at work when I stopped in.

(6)   One day in July 1947, I was at Ballard's on a break, and Glenn and I were in the driveway "batting the breeze." I was sitting on my motorcycle, and Glenn stood nearby. He remarked, "I had a funny call from the base. They wanted to know if we had several baby caskets." Then he started laughing and said, "I asked what for, and they said they wanted to bury [or ship] those aliens," something to that effect. I thought it was one of those "gotcha" jokes, so I didn't bite. He never said anything else about it, and I didn't either.

(7)   I believe our conversation took place a couple of days after the stories about a crashed flying saucer appeared in the Roswell papers.

(8)   I have not been paid or given or promised anything of value to make this statement, which is the truth of my recollection.

L. M. Hall
L.M.Hall   9-15-93
(Signature and Printed Name)   (Date)

Signature witnessed by:
no one present to witness that

(Signature and Printed Name)   (Date)
yes I know Roc Dwyer
155

Eidesstattliche Erklärung von L.M.Hall, dem ehemaligen Polizeichef von Roswell: Er erinnerte sich, wie ihm Glenn Dennis im Juli 1947 von den Anrufen der Basis erzählte.

„Eines Tages im Juli 1947 war ich während einer Pause im Bestattungsinstitut, und Glenn und ich standen auf der Auffahrt, um 'etwas Luft zu schnappen'. Ich saß auf meinem Motorrad, und Glenn stand daneben. Er erwähnte:

'Ich hatte einen komischen Anruf von der Basis. Die wollten wissen, ob wir mehrere Baby-Särge hätten'. Dann fing er zu lachen an und sagte: 'Ich fragte, wofür und sie sagten, sie wollten damit diese Außerirdischen beerdigen (oder verschiffen)', irgendwas in diese Richtung... ich glaube, das war ein paar Tage, nachdem die Geschichte von der abgestürzten fliegenden Untertasse in den Zeitungen von Roswell erschien." (6)

Auch die Existenz der jungen Krankenschwester ist unbestritten. So wußte auch der Toxikologe David N. Wagnon von ihr, der 1947 als junger Labortechniker im Basishospital tätig war. Er beschrieb sie am 15.11.1993 in einer beeideten Aussage als *„kleine, attraktive Brünette in den Zwanzigern. Ich erinnere mich, daß sie von der RAAF versetzt wurde, während ich noch dort blieb."* (7)

Dennis war nicht der erste, der bezeugte, daß offenbar am 7. Juli 1947 Körper außerirdischer Herkunft geborgen wurden. Am 24. Oktober 1978 hielt der Nuklearphysiker und UFO-Forscher Stanton Friedman einen Vortrag an der Universität von Bemidji in Minnesota. Als er den Vortrag beendet und Fragen beantwortet hatte, verließ langsam ein Besucher nach dem anderen den Hörsaal, oft nicht ohne noch eine persönliche Frage zu stellen. Nur ein älteres Ehepaar wartete, bis es mit Friedman, der gerade sein Material zusammenpackte, alleine war. „Mr. Friedman", fing der unbekannte Mann vorsichtig, zögernd an, „haben Sie schon einmal von einer Untertasse gehört, die in New Mexico abgestürzt sein soll ... mit außerirdischen Körpern?" „Ich habe Gerüchte darüber gehört", erwiderte Friedman, „erzählen Sie mir, was Sie darüber wissen." Die beiden älteren Herrschaften stellten sich als Vern und Jean Maltais vor. Ein Freund von ihnen, der mittlerweile verstorben sei, „ein ganz korrekter Mann, wissen Sie", hätte ihnen so eine seltsame Geschichte erzählt. Eines Tages - sie erinnerten sich beim besten Willen nicht mehr an das Jahr, aber es sei „Ende der Vierziger" gewesen - hätte er - sein Name sei Grady L. 'Barney' Barnett, er war ein Ingenieur, der für die

Regierung arbeitete - eine abgestürzte fliegende Untertasse und tote Außerirdische gesehen. Dann sei das Militär gekommen und hätte alles abgeriegelt.

Die Geschichte faszinierte Friedman, und das ältere Ehepaar wirkte so bieder, daß es ausgeschlossen war, daß sie ihm einen Bären aufgebunden hatten. Barnett sei, so die Maltais`, als Feldingenieur des US Bodenschutzdienstes unterwegs gewesen, als er auf ein „großes metallisches Objekt" stieß, das halb in der Erde steckte und gerade von einer Gruppe von „vier oder fünf" Archäologen entdeckt worden war. Laut Vern Maltais *„standen sie herum und schauten auf einige tote Körper, die auf dem Boden lagen. Ich denke, andere steckten noch in der Maschine, die eine Art metallisches Gerät war - eine Art Scheibe. Sie schien aus Edelstahl zu bestehen. Die Maschine war bei einer Explosion aufgerissen worden. Die Wesen waren wie Menschen, aber es waren keine Menschen. Die Köpfe waren rund, die Augen klein (sic!), sie hatten keine Haare. Die Augen waren irgendwie seltsam angeordnet. Sie waren nach unserem Standard ziemlich klein und ihre Köpfe überproportional groß, verglichen mit den Körpern. Ihre Kleidung schien aus einem Stück zu bestehen und war grau. Sie hatte keine Reißverschlüsse, Gürtel oder Knöpfe. Die Wesen schienen alle männlich zu sein, es waren einige."* (8) Am 23.4.1991 ergänzte Maltais in einer eidesstattlichen Erklärung: *„Kurz darauf tauchte Militär auf und eskortierte sie aus dem Gebiet. Sie erklärten ihm, er solle über den Vorfall Stillschweigen bewahren und daß es im nationalen Interesse sei, daß er das Gebiet verlasse."* Und er fügte hinzu: *„Mr. Barnett war ein Mann von großer persönlicher Integrität und würde nie eine Lügengeschichte erzählen."* (9)

Barnett war 1969 verstorben, seine Frau Ruth 1976. Trotzdem gelang es Friedman im Laufe seiner Recherchen, die Nichte Barnetts, Alice Knight, aufzuspüren. Sie bestätigte an Eides statt, daß Grady auch ihr von der abgestürzten Scheibe erzählt hatte. Da Barnett selber nicht mehr interviewt werden konnte, bleibt offen, wann und wo sich der Absturz zugetragen hat. Die Roswell-Forscher Kevin Randle und Donald Schmitt glauben, es war bei Roswell, ihre Kollegen Stanton Friedman und Bill Moore berufen sich auf Barnetts Nichte, die glaubt, es sei nahe Datil im Westen von New Mexico gewesen. Das hieße, daß eine zweite „Untertasse" möglicherweise im selben Zeitraum auf der Hochebene von San Augustin westlich von Magdalena, N.M. abgestürzt ist und vom Militär geborgen wurde. Da Barnett häufig in diesem Gebiet zu tun hatte, ist diese Möglichkeit nicht von der Hand zu weisen. Andererseits konnte kein archäologisches Team aufgespürt werden, das zum fraglichen Zeitpunkt bei Datil tätig war, während es sehr wohl Archäologen gab, die bezeugten, eine abgestürzte „Untertasse" nördlich von Roswell entdeckt zu haben.

Der erste Hinweis kam von einer Krankenschwester. Sie hatte im September 1989 eine Folge der US-Fernsehreihe „Unsolved Mysteries" (Ungelöste Geheimnisse) gesehen, in der Barney Barnetts Geschichte geschildert und nachgestellt wurde. Sofort rief sie beim Sender NBC an, erzählte, was sie von einer Archäologin auf dem Sterbebett über den Fall erfahren hatte. Später erklärte Schwester Mary Ann Gardner vom Community Hospital von St. Petersburg in Florida in einem gefilmten Interview: *„Ich hatte eine Krebspatientin. Sie hatte schwere Schmerzen, stand häufig unter Schmerzmitteln. Aber manchmal ging es ihr besser, und sie war bei vollem Bewußtsein. Eines Tages verhielt sie sich sehr mißtrauisch, bat mich, den Vorhang, den wir zwischen den Betten haben, zurückzuziehen, sie wollte sehen, ob im Bett neben ihr jemand anderer lag. Ich erklärte ihr, dies sei nicht der Fall und war sehr überrascht, weil sie normalerweise sehr viel schwächer war. Sie sagte, da sei etwas, worüber sie mit jemandem sprechen müsse. Sie meinte, sie hätte es lange genug bei sich behalten müssen.*

Vor vielen Jahren sei sie mit anderen Leuten, wie sie es nannte, 'auf der Jagd nach Felsen' gewesen. Sie hätte eigentlich nicht dazugehört, aber begleitete Ihren Freund. Sie wünschte, sie wäre nicht dabeigewesen. Sie waren draußen in der Wüste, kamen an einen Hügel, gingen über den Hügel, als sie - das waren ihre Worte - 'ein großes leuchtendes Objekt' entdeckten. Es war sehr groß. Sie wollten es sich genauer ansehen, so gingen sie darauf zu. Als sie dort ankamen, fanden sie das große, runde Objekt, das teilweise in der Erde steckte, und auf dem Boden lagen Planen. Und einer ihrer Leute wollte wissen, was darunter war, und so schaute er unter die Tücher, und da lagen kleine Wesen. Sie konnte es nicht glauben, Wesen wie kleine Menschen! Sie hatten große Köpfe und sehr große Augen und trugen eine Art glänzendes Material. Ich kann mich nicht mehr daran erinnern, welche Farbe diese hatten, ich glaube, es war blau, aber es war sehr glänzend. Dann wurde sie sehr aufgeregt und meinte zu mir: Aber Sie dürfen niemandem davon erzählen, ja! Sprechen Sie niemals darüber. Sie schaute sich im Raum um, verhielt sich regelrecht paranoid, und sagte: 'denn sie können Sie überall finden'. Ich fragte: Wer kann mich überall finden? Und sie antwortete: Die Regierung kann Sie überall finden." (10) Das war ca. 1976 oder 1977.

Und noch ein zweiter Hinweis folgte auf die Sendung von „Unsolved Mystery". Eine Iris Foster rief an, die einmal ein Cafe bei Taos in New Mexico besessen hatte und sich an einen alten Amateurarchäologen erinnerte, den alle nur „Cactus Jack" nannten. Er hätte ihr erzählt, daß er als junger Student eines Tages auf ein Objekt gestoßen sei, das *„rund und nicht sehr groß"* gewesen wäre und daneben vier kleine Wesen. Ihr Blut, so Cactus Jack, war *„wie Teer, dick und schwarz"* und hätte an den silberfarbenen Uniformen geklebt. Fosters Schwester Peggy konnte sich sogar an Cactus Jacks bürgerlichen Namen erinnern, Larry Campbell. Aber auch hier blieb es bei einer nicht verifizierbaren Spur. (11)

Am 15. Februar 1990 erhielt der Roswell-Forscher Kevin Randle einen Anruf von einem Mann, der behauptete, einer der Archäologen gewesen zu sein. Er bat um vertrauliche Handhabe seines Namens. *„Ja, wir suchten damals nach Anzeichen für eine Besiedelung der Region nördlich der Capitan-Berge in der Zeit vor Ankunft des Weißen Mannes."* Er erklärte, sie hätten gerade einen Hügel überquert, als sie zu ihren Füßen, in etwa einem Kilometer Entfernung *„etwas entdeckten, das wie ein abgestürztes Flugzeug ohne Flügel"* ausgesehen hätte. Ein Mann sei schon da gewesen, der das Wrack inspizierte. *„Es war kein Flugzeug, es war rund"*, stellte er fest, aber es war so beschädigt, daß er nicht genau sagen konnte, was es gewesen sei. Weiter sah er drei Körper. Sie waren klein mit großen Köpfen und großen Augen. Sie lagen bäuchlings auf dem Boden, so daß es schwierig war, ihre Gesichter zu sehen. Sie trugen silberfarbene *„Fluganzüge"*.

Kurz darauf, so der Archäologe, sei das Militär eingetroffen. Sie trugen Pistolen, einige auch Gewehre. Den Archäologen wurde befohlen, sich von dem Wrack zu entfernen und ihm den Rücken zuzudrehen. Der kommandierende Offizier erklärte ihnen, es sei im Interesse der Nationalen Sicherheit, daß sie vergäßen, was sie gesehen hatten. Dann notierte er sich ihre Namen und Universitäten und drohte, daß ihren Instituten die Regierungsgelder entzogen würden, wenn sie redeten. Bewaffnete Eskorten brachten sie schließlich aus dem Absturzgebiet. Auf einer nahegelegenen Straße hätte ein Armeewagen gestanden, Soldaten hätten die Straße gesperrt und jeden Autofahrer aufgefordert, umzukehren. (12)

Doch während auch diese Geschichte nicht verifizierbar war, kam es kurz darauf zum Durchbruch, als sich der Anthropologe und Roswell-Forscher Tom Carey der „Jagd auf die verlorenen Archäologen" annahm. Eher zufällig erfuhr er, daß der Vater einer Bekannten, C. Bertrand Schultz, schon seit Jahren immer wieder dieselbe Geschichte von einer abgestürzten „Untertasse" erzählte.

Prof. C. Bertrand Schultz

C. Bertrand Schultz ist ein emeritierter Professor der Geologie (Paläontologie) der Universität von Nebraska und heute 87 Jahre alt. In Fachkreisen gilt er als Kapazität, als der führende Experte der Paläontologie der Neuen Welt. 1947, irgendwann vor dem 10. Juli, kam er nach Roswell. Auf der Fahrt in die Stadt auf der Bundesstraße 285 beobachtete er jede Menge militärischer Aktivitäten und Straßensperren mit bewaffneten Posten an allen Abfahrten. Er schenkte dem nicht sonderlich viel Beachtung und „hatte andere Dinge im Kopf", bis er in der Stadt einen befreundeten Archäologen traf. Dieser, Professor W. Curry Holden, ein respektierter Experte für die präkolumbianischen Kulturen des amerikanischen Südwestens, klärte ihn über den Grund für die Straßensperren auf. Er und sein Team seien auf eine abgestürzte „fliegende Scheibe" gestoßen, die sie zuerst für eine russische Geheimwaffe gehalten haben, bis sie kleine, fremdartige Leichen entdeckt hätten. Kurz darauf sei das Militär aufgetaucht und hätte sie von der Absturzstelle vertrieben. Wie sich Schultz noch erinnerte, stand der Vorfall kurz darauf in der Zeitung, und auch im Radio hörte er Berichte. (13)

Prof. W. Curry Holden

Prof. Holden lebte zu dem Zeitpunkt, als Carey Prof. Schultz interviewte, noch, und so war dies die erste Spur, die sich nicht als Sackgasse erwies. Dr. W. Curry Holden war

Texas Tech Ausgrabungsteam in den dreißiger Jahren. W. Curry Holden ist ganz links.

emeritierter Professor für Geschichte der Texas Tech-Universität und baute in den zwanziger und dreißiger Jahren das Seminar für Geschichte und Anthropologie der Universität auf, das renommierteste des Staates. Nach dem Zweiten Weltkrieg begann er mit der Ausgrabung einer archäologischen Stätte im Hondo-Tal westlich von Roswell, 1950 verlegte er sogar das Headquarter seines archäologischen Feldforschungs-Institutes nach Roswell. Das macht es sehr gut denkbar, daß er auch andere Flußbetten rund um Roswell nach präkolumbianischen Siedlungsspuren absuchte, so vielleicht auch das Cienega-Flußbett nordnordwestlich von Roswell, nahe dem nach Aussage von Augenzeugen das „Untertassen"-Wrack gefunden wurde. Obwohl Holdens Kollege William Pearce plötzlich einsilbig wurde, als Carey auch nur den Namen „Roswell" erwähnte, bestätigte er, daß Holden tatsächlich zwischen dem 3. und dem 9. Juli in Roswell gewesen ist. So leitete Carey diese Information an Roswell-Forscher Kevin Randle weiter, der im November 1992 nach Lubbock, Texas, fuhr, um Holden zu sprechen. Damals bereits 96 Jahre alt, war Holden zwar schwach, aber geistig völlig klar. Und tatsächlich bestätigte er Randle gegenüber: *Ich war dort, ja, und ich habe alles gesehen.*" War er persönlich bei der Entdeckung der Scheibe dabei? *„Ja, ich war dabei.*" War er persönlich an der Absturzstelle? *„Ja, ich habe alles gesehen.*" Mehr konnte oder wollte er nicht sagen. Fünf Monate später verstarb Prof. Curry Holden.

Tatsache ist: Als Holdens Frau Randle Einsicht in seine Bankunterlagen aus dem Jahre 1947 gewährte -um zu sehen, ob er im fraglichen Zeitraum in Roswell einen Scheck ausgestellt hatte, was ein Indiz dafür wäre, daß er tatsächlich dort war - entdeckte dieser einen Beleg für die Einreichung eines Schecks über eine für Holden ungewöhnlich hohe Summe am 15. Juli 1947 - eines Schecks über $ 4.834,-, damals über 30.000 DM, ein kleines Vermögen. Hatte „jemand" sein jahrelanges Schweigen erkauft? Der Ursprung des Schecks konnte nicht bestimmt werden, aber der Betrag lag ziemlich nahe an den $ 5000,-, die von der Luftwaffe auf die Auffindung einer „Untertasse" ausgesetzt war. Sein Privatarchiv umfaßte alle seine Einkommensteuererklärungen von den 30er Jahren bis in die 70er - mit einer Ausnahme: 1947. (14)

Dann interviewte Carey einen weiteren Kollegen von Prof. Holden, Dr. George Agogino. Nach längerem Zögern bestätigte Dr. Agogino endlich, daß auch er die Geschichte von Holden gehört habe. Als Carey ihm den Bericht des anonymen Archäologen (s.o.) vorlas, bestätigte Agogino: *„Das ist, was er mir auch erzählt hat*". Agogino war nicht bereit, die anderen Archäologen zu identifizieren, weil er sie, so wörtlich, *„nicht in Schwierigkeiten bringen wollte*". (15)

Aber wer war der einzelne Mann, von dem der „anonyme Archäologe" sprach, der als erster an der Absturzstelle gewesen sein soll? War es Barney Barnett? Vielleicht. Oder war es Jim Ragsdale, der, zusammen mit seiner Freundin, den Absturz eines Objektes in der Gewitternacht beobachtet hatte und am Montag morgen,

auf der Rückfahrt nach Roswell, das Wrack entdeckte, wie er am 27. Januar 1993 in einer notariell beglaubigten eidesstattlichen Versicherung erklärte: *„Ich und meine Begleiterin erreichten eine Schlucht zu Füßen eines Steilabhangs, die bedeckt war mit Stücken eines ungewöhnlichen Wracks, den Überresten eines beschädigten Objektes und einer Anzahl kleiner Körper außerhalb des Objektes. Während wir die Szene beobachteten, bemerkten ich und meine Begleiterin die Ankunft eines militärischen Konvois, der die Absturzstelle sicherte. Daraufhin fuhren wir schnell weg.*" (16)

Zumindest gibt uns sein Bericht einen Hinweis auf den Zeitpunkt der Entdeckung des Wracks und der Leichen. Sie fand offensichtlich am Montag, dem 7. Juli statt. Dafür spricht auch die Anwesenheit des Archäologenteams. Es ist anzunehmen, daß die Wissenschaftler und Studenten das Feiertagswochenende 4.-6. Juli bei ihren Familien verbracht haben. Auch Barney Barnett war beruflich unterwegs. Prof. Bertrand Schultz fuhr zu Einkäufen nach Roswell - ebenfalls höchstwahrscheinlich nicht vor Montag. Er sah die Straßensperren, die seit Montag bezeugt sind. Er will später die Radioberichte über den UFO-Absturz gehört haben, die auf Lt. Hauts Presseerklärung am Nachmittag des 8. Juli folgten. Laut Glenn Dennis erfolgten die ersten Anfragen der RAAF nach Kindersärgen und der Konservierung von Leichen am Mittag des 7. Juli. Am Nachmittag waren die toten Außerirdischen bereits auf der Basis und die erste, vorläufige Autopsie fand statt. Das heißt: Sie waren längst geborgen, als Major Marcel in der Nacht vom 7. auf den 8. Juli kurz nach Mitternacht von der Foster-Ranch zurückkehrte.

Aber wie hatte das Militär dieses Wrack ausfindig gemacht? Frankie Rowe, die damals zwölf-jährige Tochter eines Feuerwehrmannes des „Roswell Fire Department", erklärte, ihr Vater sei eines Nachts ausgerückt, um ca. 50 km nördlich von Roswell ein Feuer zu löschen.

Nicht von dieser Erde

Die Feuerwache von Roswell. Nach Aussage der Zeugin Frankie Rowe erfuhr man hier zuerst von der Auffindung des UFO-Wracks nördlich von Roswell.

In den frühen Morgenstunden sei er zurückgekehrt und hätte beim Frühstück seiner Tochter von seinem ungewöhnlichen Einsatz erzählt.

„Er sagte, da sei etwas abgestürzt, das nicht von dieser Erde stammt. Durch den Absturz hätten zahlreiche Stücke eines seltsamen Materials herumgelegen, außerdem sah er zwei kleine Leichen und eine Person, die herumlief. Er sagte, sie seien von einem anderen Planeten ... sie sähen nicht aus wie wir. Er sagte, sie seien sehr klein gewesen, nicht größer als ein zehnjähriges Kind, hätten keinerlei Behaarung, sehr kleine Ohren und eher große, schwarze Augen. Sie trügen einen einteiligen Anzug, der den ganzen Körper bedeckte. Die beiden Getöteten würden in Leichensäcke gesteckt. Der andere erschien so erschreckt und verloren und verängstigt, daß er ihnen leid getan habe." (17)

Später erzählte ihr Vater, daß ein Freund von ihm, Herbert Ellis, der als Anstreicher auf der Basis arbeitete, gesehen hätte, wie *„das überlebende Wesen ganz von selbst*

Die Feuerwehrleute von Roswell waren die ersten, die das Raumschiffwrack entdeckten (Foto: Archiv Rowe).

in das Hospital ging." Es hätte *„wie ein Kind ausgesehen"* und sei *„eher dürr"* gewesen. Tatsächlich kursierten viele derartige Gerüchte in diesen Tagen in Roswell. Eines besagte, daß die Luftwaffe *„Marsmenschen geborgen"* hätte und einer von ihnen noch lebte. Er soll die ganze Nacht über *„wie ein Tier geschrien"* haben. Einem anderen Gerücht zufolge konnte einer der *„grünen Männer"* entkommen und rannte die ganze Nacht über durch die Stadt, bis die Luftwaffe ihn wieder einfing. Für keine dieser Geschichten gibt es Zeugen.

Drei oder vier Tage später besuchte Frankie Rowe ihren Vater auf der Feuerwache, als ein Polizist hereinkam und sagte, er wolle den Feuerwehrleuten etwas zeigen. Aus der Tasche holte er ein Stück Metall, das er von der Absturzstelle mitgenommen hatte. Es sah aus wie Quecksilber, als es auf dem Tisch lag. *„Es war ein bißchen größer als die Hand des Polizisten. Es hatte zackige Enden und war grau-silbrig. Ich nahm es in die Hand. Man konnte es kaum fühlen. Es war so dünn, als würde man ein Haar halten. Die Feuerwehrleute versuchten, es zu* schneiden oder zu zerreißen, aber ohne Erfolg." (18) In ihrer beeideten Erklärung ergänzte sie: „Es war mattgrau und dünn wie Alufolie. Wenn man es zusammenknüllte, entfaltete es sich von selbst und nahm seine ursprüngliche Form wieder an." (19)

Einige Tage später, ihr Vater war gerade auf der Wache, standen drei MPs und ein Offizier vor der Haustür. „Er sagte, er wolle mit der Person reden, die auf der Feuerwache arbeitet. Mutter schickte die anderen Kinder raus. Der Mann hatte eine extrem dunkle Hautfarbe und einen starken New Yorker oder Brooklyner Akzent und eine laute, donnernde Stimme. Er fragte mich, was ich auf der Feuerwache gesehen hätte. Er sagte, ich hätte dort nichts zu suchen. Ich hätte nichts gesehen. Ich erwiderte, ich hätte ein Stück Metall gesehen. Er wiederholte, ich hätte nichts gesehen und ... daß ich verantwortlich dafür wäre, daß sie jeden töten würden, wenn ich darüber redete. Er meinte: 'Es gibt Möglichkeiten - wir können deine Mutter und deinen Vater entweder nach Orchard Park - ein früheres Kriegsgefangenenlager - oder runter nach Artesia, in das Internierungslager für die Japaner schicken' und wir, die Kinder, würden ins andere Lager kommen oder nach Osten zur Adoption gegeben werden oder, wenn sie je herausfinden würden, daß wir etwas sagten, einfach mitten in die Wüste gebracht und erschossen werden, wo niemand uns je finden könnte." (20) Ihre Schwester Helen Cahill bestätigte in einer eidesstattlichen Erklärung den Bericht von Frankie Rowe. (21)

Die Erwähnung des Polizisten deutet darauf hin, daß auch das Sheriffsbüro involviert war. Wurde Sheriff Wilcox in der Nacht nach dem Besuch von Mac Brazel erneut in einen UFO-Absturz verwickelt? Seine Töchter erinnern sich nur an die Präsenz des Militärs vor dem Sherrifsbüro und daran, daß ihr Vater ihnen verbot, ihn auf den Vorfall anzusprechen. Nach seinem Tod lebte seine Witwe Inez Wilcox - in der Familie als „Big Mom"

bekannt - bei ihrer Enkelin, Barbara Dugger. Eines Tages, kurz nach der Publikation des Buches „Der Roswell-Zwischenfall" von Charles Berlitz und Bill Moore (1980), schrieb sie einen Artikel über den Roswell-Zwischenfall, den sie an „Readers Digest" und die „Roswell Historical Society" schickte. Er schloß mit den Worten: „Bis heute wissen wir nicht, ob es wirklich eine fliegende Untertasse war, denn sie untersagten meinem Mann, über den Vorfall zu sprechen." Eines Tages sahen beide, Inez und Barbara, zusammen eine Fernsehsendung, in der es um UFOs ging. „Barbara, sag mir, glaubst du, daß es dort draußen im Weltraum Leben gibt?", fragte Inez Wilcox. „Big Mom, du weißt, ich glaube daran." „Ich muß dir etwas sagen. Aber versprich mir, daß du niemals mit jemandem darüber sprichst." Dann erzählte sie, daß ihr Mann, Sheriff Wilcox, sehr viel mehr wußte, als Mac Brazel ihm bei seinem Besuch im Sheriffsbüro erzählt hatte. Sie zögerte, fortzufahren. „Bitte, behalte das für das. Denn als sich das alles ereignete, kam die Militärpolizei zu uns ins Sheriffsbüro und erklärte George und mir, daß sie, wenn wir auch nur ein Sterbenswörtchen zu irgendjemandem sagten, sie nicht nur uns, sondern auch den Rest der Familie töten würden." „Hast du das selbst gehört, Big Mom?" „Ja, ich war dabei, Barbara. Das ist exakt, was sie uns gesagt haben."

Und dann erzählte sie ihr die ganze Geschichte. „Sie sagte, jemand hätte meinen Großvater angerufen und jemand sei gekommen und hätte ihm von dem Vorfall erzählt. Sie fuhren raus und da war eine große, verbrannte Fläche, die konnte man schon von weitem sehen. Und als sie näherkamen, sahen sie Trümmer. Das war nachts. 'Habt ihr auch die Außerirdischen gesehen?', fragte ich eher scherzend, und sie antwortete, ganz ernst: 'Ja. Es waren vier', wie sie sagte, 'Raumwesen'. Ihre Köpfe seien sehr groß gewesen. Ich fragte, was sie angehabt hätten. 'Sie trugen kleine Anzüge wie aus Seide, so eine Art von Material, von grauer Farbe.' Einer von ihnen lebte noch. Als meine Großeltern wieder in *der Stadt waren, sprachen sie darüber, sie dachten, das sei in Ordnung. Aber das Militär untersagte es ihnen. Big Mom sagte, sie hätten Telefonate aus aller Welt bekommen, England, Deutschland, Japan - Leute riefen an, fragten ihn nach der Situation. Und er durfte nichts sagen. Sie kamen ins Sheriffsbüro und sagten: Wenn Sie etwas sagen, dann werden Sie sterben, und Ihre Frau und Ihre Kinder. Ich fragte Big Mom, ob sie ihnen geglaubt hätte, und sie antwortete: 'Ganz bestimmt.'... ich weiß, daß sie die Wahrheit gesagt hat. Wenn sie etwas sagte, dann war das auch so gewesen."*

Tatsächlich stand im Sheriffsbüro das Telefon nicht mehr still, seit Walter Haut am 8. Juli seine Pressemitteilung herausgegeben hatte. Der Vorfall muß sich also zwischen dem Brazel-Besuch und dem Mittag des 8. Juli zugetragen haben, höchstwahrscheinlich in der Nacht vom 6. auf den 7. Juli. Vielleicht war es Wilcox, der zuerst die Feuerwehr benachrichtigte, um Leichensäcke zu bringen und die Wesen zu bergen.

Die Einschüchterungsmethoden des Militärs machten aus Sheriff Wilcox einen gebrochenen Mann, der seinen Glauben an sein Amt und seine Aufgabe verloren hatte. Bei der nächsten Wahl des Sheriffs kandidierte er nicht mehr. Inez ließ sich aufstellen, aber Chavez County war Ende der 40er Jahre noch nicht reif für einen weiblichen Sheriff. Einer seiner Deputies, Tommy Thompson, bestätigte, daß Wilcox nach den Vorfällen "zerstört" gewesen sei. *"Meine Großmutter war eine sehr loyale Bürgerin der Vereinigten Staaten, und da sie dachte, es sei im besten Interesse ihres Landes, zu schweigen, sagte sie auch nichts"*, erklärte Barbara Dugger ihr Verhalten. Kurz nachdem sie ihrer Enkelin ihr Geheimnis anvertraut hatte, verstarb Inez Wilcox im Alter von 93 Jahren. (22)

Ob das Militär (wiederum) von Sheriff Wilcox benachrichtigt wurde oder die abgestürzte Scheibe unabhängig davon entdeckte, wissen wir nicht. Für letztgenannte Erklärung spricht die Aussage des Zeugen Frank Kaufmann, der nach eigenen Angaben einer hochrangigen Expertengruppe angehörte, die die Scheibe bei ihrem Absturz auf Radar ortete und im fraglichen Gebiet nach ihr suchte. Kaufmann erklärte mir, als ich ihn im Juli 1995 interviewte, daß er von 1941-45 als Mitglied des „Western Flying Training Command" mit Headquarter in Santa Ana, Kalifornien, im aktiven Militärdienst Brigadegeneral Martin F. Scanlon unterstand. Nach dem Krieg wurde General Scanlon das Strategische Luftraumkommando (SAC) unterstellt, und Kaufmann wurde als „paramilitärisches" Mitglied eines „Special Teams" für Geheimdienst-Aufgaben und Gegenspionage nach Roswell versetzt. Von 1945-48 war er dort u.a. verantwortlich für die Kontrolle und Sicherheit des Norden-Bombenzielgerätes - damals eines der sensitivsten und hochklassifiziertesten Stücke amerikanischer Rüstungstechnologie -, das in Roswell in die Bomber des SAC installiert wurde. Nach seiner Entlassung aus dem aktiven Dienst 1948 blieb Kaufmann in Roswell, wo er von 1948 bis 1972 eine Vizepräsidenten-Position in der Handelskammer innehatte. Danach nahm er eine Stellung als Industrie- und Wirtschaftsberater einer Firma in Dallas, Texas, an, bevor er für zwei weitere Jahre als Berater für Entwicklungsinitiativen für die Handelskammer von Roswell tätig war.

Am 20. Juni 1947, so Kaufmann, sei er als Mitglied des SAC-„Special Teams" informiert worden, daß das Radar der White Sands-Basis „seltsame Radarechos" aufgefangen hätte, die regelrecht „über den Schirm sprangen". Auch das Radar des Roswell AAF hätte die „Blips" geortet, aber nur, wenn sie sich oberhalb der Capitan-Berge bewegten, die zwischen Roswell und White Sands liegen und eine natürliche Radarbarriere darstellen. Auf Befehl von General Scanlon fuhr er nach White Sands, wo er gemeinsam mit zwei anderen SAC-Männern schichtweise die Radarschirme verfolgte. Eines Nachts, während eines heftigen Gewitters, blieb eines der Radarsignale stehen, wurde offenbar vom Blitz getroffen, flackerte kurz auf, als sei es explodiert - und stürzte ab.

Eine Triangulation mit den Radarortungen des Roswell AAF und des Kirtland AAF ergab: Es mußte irgendwo nordwestlich von Roswell heruntergekommen sein.

Am Feiertagswochenende war die Basis quasi unbesetzt, und man wollte auch nicht allzuviel Aufsehen erregen. Zudem wurde ein CIC-Offizier aus Washington D.C., Warrant Officer Robert Thomas, eingeflogen, um die Aktion zu leiten. So begann man erst am Montag, dem 7. Juli 1947, gleich nach Sonnenaufgang, mit der Suche. Wahrscheinlich wurden zuerst Flugzeuge eingesetzt, jedenfalls fuhr ein militärischer Konvoi bald auf dem Highway 285 Richtung Norden. Nach etwa 55 Kilometern bog er in einen alten Ranchweg Richtung Westen ein. Man war sehr besorgt, als Kaufmann erfuhr, daß Zivilisten an der Absturzstelle waren. Kurz darauf fanden sie das Objekt, in einem ausgetrockneten Flußbett. Der Anblick, der sich

dort den Militärs bot, war überwältigend: Das abgestürzte Raumschiff steckte im Wüstenboden am Fuße eines Felskliffs, ein Wesen wie ein kleiner Mensch kauerte auf dem Felsen. Eine Leiche lag auf dem Boden zu Füßen des Wracks, eine zweite hing aus dem Wrack, die Beine ragten aus dem Rand des Loches. Durch das Loch konnte Kaufmann in das Innere des Schiffes sehen; ein totes Wesen saß noch in einem Sitz, war auf die Seite gekippt. Die Leichen, vier an der Zahl - eine vierte wurde im Schiffsinneren geborgen - und das überlebende Wesen trugen sehr enganliegende einteilige silberne Uniformen und eine Art Gürtel. Sie sahen aus wie Menschen - nur mit vollkommeneren Proportionen, größeren Köpfen und Augen, kleinen Nasen, Ohren und Mündern und haarlos. Die Körper waren schlank und ca. 1,55 Meter groß, die Haut bleich. Sofort sicherte das Bergungsteam die Gegend und schwor die Zivilisten auf Geheimhaltung ein. Ein Fotograf und ein Kameramann, die mit Thomas aus Washington eingeflogen worden

Das geborgene Wrack, gezeichnet von William L. McDonald nach den Angaben von Frank Kaufmann

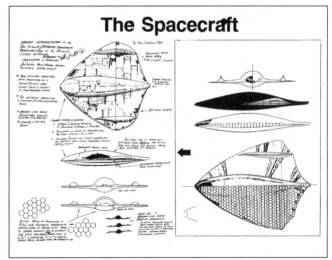

Das Roswell-Wrack, nach den Angaben von Frank Kaufmann rekonstruiert von William L. McDonald, einem forensischen Rekonstruktionszeichner.

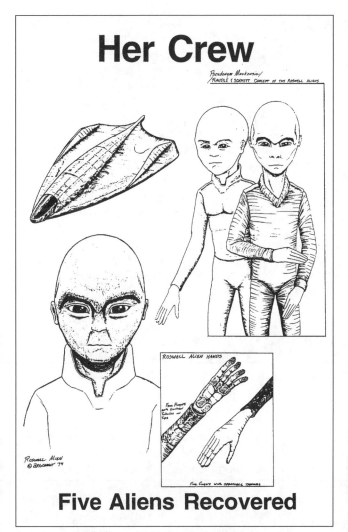

Her Crew

Randle & Schmitt Concept of the Roswell Aliens

Roswell Alien Hands

Roswell Alien © Bergmut '74

Five Aliens Recovered

Die Crew des Raumschiffes, nach den Angaben von Frank Kaufmann und anderen Zeugen gezeichnet von William L. McDonald.

nitäter, MPs, Zubehör und Unterstützung angefordert, Flugzeuge sollten Luftaufnahmen machen und das Gebiet nach weiteren Wrackteilen oder Überlebenden des Absturzes absuchen. Die Leichen wurden in Leichensäcke gesteckt, abtransportiert und in den Hangar 84 gebracht. Der war *„in 30 Minuten"* geräumt, dann wurden die Leichen hineingebracht, wo *„ein heller Scheinwerfer von oben her direkt auf sie schien"* und sie schwer bewacht wurden. Später trafen etwa hundert MPs vom Kirtland AAF ein, die in 20-Mann-Schichten die Bergung beaufsichtigten, um dann sofort auf eine andere Basis versetzt zu werden, bevor sie zuviel wußten. Auf der Roswell-Basis wurden die ET-Leichen währenddessen von zwei Pathologen, Major Sanford vom Beaumont General Hospital in Fort Bliss, Texas, und Major Sullivan aus Chicago, im Basis-Krankenhaus einer vorläufigen Autopsie unterzogen, bevor man zwei von ihnen nach Fort Worth flog und von dort aus auf das Andrews AAF bei Washington D.C. und schließlich nach Wright Field brachte.

Brigadegeneral Martin Scanlon erteilte Frank Kaufmann seine Befehle .

Der mehrtägige Zwischenstopp in der Hauptstadt diente dem Zweck, hochrangigen Regierungsmitgliedern und Top-Militärs die Besichtigung zu ermöglichen. Zu den Besuchern zählten Präsident Truman und Verteidigungsminister Forrestal, aber auch der Armee-Stabschef und spätere Präsident Dwight D. Eisenhower. Eine zweite Maschine mit Leichen ging nach Fort Worth und von dort aus direkt nach Wright Field. Das Wrack, 7-8 Meter lang, 5 Meter breit und an der stärksten Stelle 2 Meter hoch, wurde

waren - laut Kaufmann *„ein Tech Sergeant und ein Master Sergeant... wirkliche Profis, die ihr Geschäft verstanden"* -, nahmen die Szene auf, bevor mit der Bergung begonnen werden konnte. Über Funk wurden Sa-

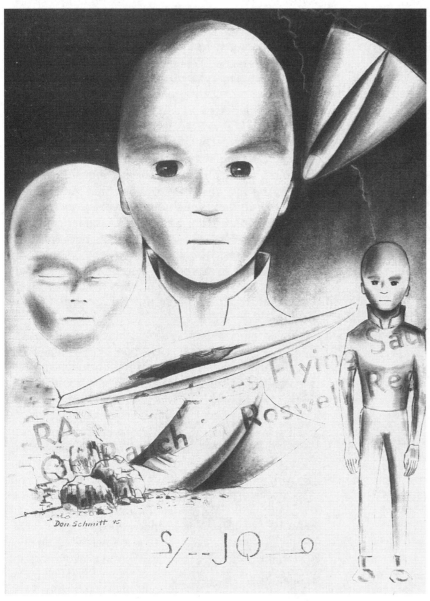

Das UFO-Wrack und seine Insassen, nach den Angaben von Frank Kaufmann gezeichnet von Donald Schmitt.

auf dem Rücken eines Armee-Transporters auf die Basis gebracht. Es hatte keine erkennbare Energiequelle an Bord, außer einer Anordnung von „Zellen", ähnlich einer Bienenwabe, im Bauch des Schiffes. (23) (24)

Das Eintreffen eines Experten- und Sicherheitsteams aus Washington konnte von mehreren Zeugen bestätigt werden. „Sofort als die Leute aus Washington eintrafen, änderte sich alles", erklärte Joe Briley, der spätere Operationsoffizier der RAAF. „Vorher hörte man Gerüchte, Geschichten. Nach ihrer Ankunft wurde alles vertuscht." (25) Auch Robert E. Smith von der 1st Air Transport Unit, der damals in Roswell stationiert war, erklärte an Eides statt, daß eine ganze Reihe „Leute in Zivil" auf der Basis auftauchte. „Sie waren 'Inspektoren', aber Fremde, nicht von der Basis. Wenn man sie ansprach, erklärten sie, sie seien hier im Rahmen von Projekt so-und-so und zückten eine Karte, die anders aussah als eine militärische Kennkarte." (26) Mittlerweile konnte einer der Fotografen, die aus Washington eingeflogen wurden, identifiziert werden, im November 1990 war der Roswell-Forscher Stanton Friedman in der Lage, ihn zu interviewen. F.B. -er bat um Anonymität - war als Fotograf der Army Air Forces auf dem Anacostia Marineflughafen bei Washington D.C. stationiert, als er und sein Kollege A.K. frühmorgens den Einsatzbefehl bekamen: „Packen Sie Ihre Sachen. Wir haben die Kameras für Sie". An

Bord eines B-25 Bombers des Heeres, der auf sie wartete, wurden ihnen Pressekameras ausgehändigt. Niemand sagte ihnen, wohin die Reise ging, doch nach einem mehrstündigen Flug landeten sie auf dem Roswell AAF. Stabswagen warteten, gefolgt von LKW's, in die die Fracht der B-29 geladen wurde, dann ging die Fahrt Richtung Norden. Nach einer anderthalbstündigen Fahrt kamen sie am Zielort an.

„Wir stiegen aus, und da war eine ganze Menge Leute dort draußen und ein geschlossenes Zelt", erklärte F.B. Friedman, *„man konnte nicht sehen, was sich in dem Zelt befand. Man sagte uns: 'Macht eure Kameras bereit und macht ein Foto aus fünf Metern Entfernung."* A.K. stieg in einen Lastwagen und wurde an die Stelle gefahren, an der sie Wrackteile aufsammelten. Alle möglichen hohen Tiere liefen da 'rum. Und sie sagten uns genau, was wir zu tun hatten: Knipse dies, knipse das! Der kommandierende Offizier traf uns da draußen, und dann ging er in das Zelt und kam wieder heraus und sagte: 'Okay". Er ging mit uns herein und sagte: 'Okay. Macht ein Foto.'*

Da waren vier Körper, wie ich sehen konnte, als der Blitz aufleuchtete, aber wir waren fast blind, denn es war ein heller, greller Sonnentag. In dem Zelt aber war es völlig dunkel. Ich fotografierte die Körper. Diese Körper lagen unter Planen, und sie hoben die Planen hoch und ich fotografierte, 'machen Sie ein zweites Bild', 'tauschen Sie Ihr Blitzlicht', 'legen Sie ein anderes Bild rein' und 'geben Sie uns den Filmhalter (die Pressekameras damals hatten pro Filmhalter nur zwei Belichtungsplatten) und dann mußten wir weiter.

Ich denke, da waren zehn oder zwölf Offiziere, und als ich fertig war, kamen sie alle heraus. Das Zelt war etwa sieben mal zehn Meter groß. Die Körper sahen so aus, als lägen sie auf einer Plane. Einer gab all die Anweisungen. Er nahm eine Taschenlampe. 'Sehen Sie diese Lampe?' Ja, Sir! 'Haben Sie die Entfernung eingestellt?'

Ja, Sir! 'Machen Sie ein Foto!' Wir gingen im Kreis herum und fotografierten. Es schien mir, als seien sie (die Körper) nahezu identisch. Dunkel. Ich erinnere mich daran, daß sie dünn waren, und offenbar hatten sie einen übergroßen Kopf. Ich machte dreißig Bilder... ich denke, ich hatte fünfzehn Filmhalter. Es roch seltsam da drin." (27)

Zwischenzeitlich hatte A.K. die Wrackteile fotografiert. In einem Lieferwagen voller Trümmerteile wurde er zurückgebracht. Dann wurden sie zurück nach Roswell gefahren. Um vier Uhr früh weckte man sie, sie frühstückten in der Offiziersmesse, dann brachte man sie zu ihrer B-25, sie flogen zurück. In Anacostia wurden sie dem Kommandanten, einem Oberstleutnant, vorgeführt. Sie wurden auf strengste Geheimhaltung eingeschworen. „Was immer Sie glauben, in New Mexico gesehen zu haben - sie haben es nicht gesehen. Es ist nie geschehen. Sie haben Anacostia nie verlassen".

Auch für die Bergung gibt es Zeugen. Der erste, der aussagte, war Sergeant Melvin E. Brown, von seinen Freunden „Brownie" genannt. Im Laufe seiner Dienstzeit bei der US Army hatte er eine Engländerin geheiratet, und als er aus dem Militärdienst entlassen wurde, zog er nach Großbritannien. Erst 1979 vertraute er seiner Familie an, was er damals in Roswell erlebt hatte. Damals war auch in England gerade der Weltbestseller „Der Roswell-Zwischenfall" von Charles Berlitz und Bill Moore erschienen, und so brachte der „Daily Mirror" einen längeren Bericht. Brownie las ihn, zeigte ihn seiner Familie. „Ich war da. Alles, was in dem Artikel steht, ist wahr", erklärte seine Tochter Beverly Bean.

Damals, so Brownie, seien alle verfügbaren Männer zusammengetrommelt worden, um die Absturzstelle zu sichern. Sie bildeten einen Ring um das Wrack, während es auf einen Army-Transporter geladen wurde. Lastwagen kamen angefahren, mit Trockeneis beladen, was

Brownie nicht ganz verstand. „Irgendetwas wollten die kühl halten", dachte er bei sich, ahnte aber nicht, was es war. Dann wurden er und ein Kamerad angewiesen, auf dem Rücken eines Lastwagens zu sitzen und das Zeug zu bewachen, das in einen der Hangars auf der Basis gebracht werden sollte. Was auch immer die Fracht war, sie war in Eis gepackt und mit einer Plane bedeckt. „Schaut bloß nicht da drunter", lautete ihr Befehl, „sonst gibt es für euch eine Menge Ärger". Doch die Neugierde siegte, und so warfen Brownie und sein Kamerad während der Fahrt schließlich doch einen kurzen Blick unter die Plane. Was sie dort sahen, ließ sie zusammenzucken. Es waren die Leichen dreier Wesen...

„Er sagte, ihr Anblick sei gar nicht so furchterregend gewesen", erklärte später seine Tochter Beverly dem britischen UFO-Forscher Timothy Good, *„Sie sahen freundlich aus, hatten hübsche Gesichter. Sie wirkten asiatisch, meinte er, aber hatten größere Köpfe und waren völlig haarlos. Ihre Farbe war gelblich. Er hatte ein wenig Angst, denn er wußte, er hätte sie nicht sehen dürfen, und so hatte er nur eine ganz kurze Gelegenheit, einen Blick auf sie zu werfen. Aber er meinte, sie hätten als Chinesen durchgehen können - sie hatten geschlitzte Augen."* (28) Später, in einem Interview mit Stanton Friedman, ergänzte sie: *„Sie waren kleiner als normale Menschen - nur 1,20 Meter... einmal fragte ich ihn, ob er sich nicht vor ihnen gefürchtet hätte, doch er meinte: 'Gewiß nicht, sie sahen ja nett aus, ganz so, als seien sie freundlich, wenn sie noch am Leben gewesen wären.'"* (29)

Glücklicherweise hat die Familie nach Sgt. Browns Tod 1986 alle seine Papiere aufbewahrt, so daß Timothy Good in der Lage war, sich zu überzeugen, daß er tatsächlich im Sommer 1947 auf der RAAF stationiert war und damals den Rang eines Sergeants (Feldwebels) mit technischer Ausbildung innehatte. Im zweiten Weltkrieg war er mehrfach ausgezeichnet worden, und aufgrund seiner Qualifikation und Befähigung wurde er im Mai 1948

zum Stabsfeldwebel befördert. Später vertraute man ihm nachrichtendienstliche Aufgaben an.

Einem weiteren Zeugen des Abtransportes, Sgt. Thomas Gonzales, begegnete Don Ecker, Chefredakteur des amerikanischen „UFO Magazines", eher zufällig bei einem Besuch im UFO-Museum von Roswell. Gonzales hatte von dem Museum im Fernsehen gehört und wollte noch einmal den Ort besuchen, an dem er die vielleicht bewegendste Erfahrung seines Lebens gemacht hatte. Nachdem er sein Foto im 1947er Jahrbuch der

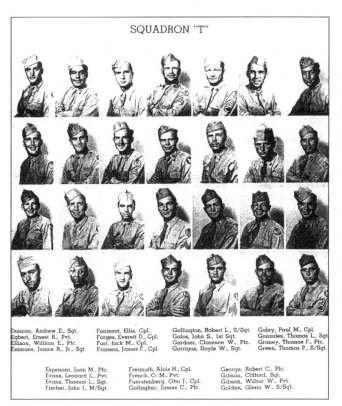

Aus dem Basis-Jahrbuch von 1947: Die T-Schwadron, die an der Bergung beteiligt war. Der siebte in der zweiten Reihe ist Sgt. Thomas Gonzales, der später vier Außerirdische beschrieb.

Basis gefunden hatte, erzählte er seine Geschichte. Sgt. Gonzales gehörte zu dem Trupp, der am fraglichen Morgen in die Wüste geschickt wurde, um die Absturzstelle abzusichern, während das Wrack geborgen wurde. Das hätte, so Gonzales, in der Form eher einem Flügelprofil geglichen als einer konventionellen Scheibe. Dann hätte er, wie er sie nannte, „die kleinen Männer vom Mars" gesehen. Sie waren grundsätzlich menschenähnlich, nur ihre Augen und ihr Kopf waren überdurchschnittlich groß. Was Gonzales Zeugnis noch interessanter macht, ist seine Behauptung, noch im Besitz eines Stückchens von dem „abgestürzten Raumschiff" zu sein. Als er noch in seinem Haus lebte - nach dem Tod seiner Frau zog er um zu seinem Sohn - lag es immer auf dem Fernseher, erzählte er, und jetzt müßte es sich in einem der Umzugskartons befinden. Tatsächlich zeigte er Ecker ein paar Familienfotos, auf denen der Fernseher erkennbar ist, auf dem etwas Metallisches liegt. Auch Eckers Nachfragen bei Gonzales Kindern bestätigten, daß ihr Vater immer behauptet hätte, daß „der Stein", wie sie das Fragment nannten, „von einem abgestürzten Raumschiff" stamme. Man hätte ihm weder mit dem schwersten Hammer eine Kerbe noch mit dem besten Messer einen Kratzer zufügen können. Kurz nach dem Vorfall wurde Gonzales nach Übersee versetzt, womit für ihn und seine Familie eine schwere Zeit begann. Und als der Druck unerträglich wurde, mit einem Geheimnis leben zu müssen, begann er zu trinken, schaffte es aber dann doch wieder, vom Alkohol wegzukommen.. Bis jetzt konnte das Metallstück in Gonzales Besitz noch nicht wieder lokalisiert werden. (30)

Auch Kaufmanns Behauptung, die Leichen wären in einem Hangar - Hangar 84 - aufgebahrt worden, wurde von Sergeant Brown bestätigt, der nach der Bergung Befehl erhielt, vor dem Hangareingang Wache zu stehen. „Er erzählte uns... daß sein kommandierender Offizier noch meinte: 'Komm, Brownie, laß uns einen Blick da rein werfen', aber daß sie nichts sehen konnten, weil alles verpackt war, um später nach Texas ausgeflogen zu werden", erinnerte sich seine Tochter. Beverly Bean betonte, daß ihr Vater immer, wenn er wieder einmal von seinem Erlebnis erzählt hatte, das gleich wieder bereute. „Er hörte sofort auf, zu erzählen, wenn wir begannen, Fragen zu stellen. Er mußte einfach darüber reden, doch ihm war nicht wohl dabei. Manchmal sprach er im Schlaf darüber. Das ging so bis zu seinem Tode... Dad war absolut kein Lügner. Er war ein großartiger Mensch, und er liebte sein Land." Und sie fragt sich heute, ob sein Schweigen vielleicht erkauft worden war. „Kurz vor seinem Tode vertraute er meinen beiden Schwagern an, daß er ein Treuhandkonto in einem Ort namens Roswell, New Mexico, hätte und daß auf diesem Konto sehr viel Geld läge, weil er etwas sehr Geheimes für Uncle Sam gemacht hätte. Und sie witzelten, meinten: 'Komm, Brownie, was hast du gemacht? Eine Bank ausgeraubt?' Darauf wurde er sehr wütend und erwiderte: 'Ich habe niemals etwas Schlechtes für mein Land getan. Aber ich möchte, daß ihr das Geld findet und es Mutter gebt'." (31) Das Geld konnte nie lokalisiert werden. Statt dessen erhielt seine Familie nach seinem Tode eine Verdienstmedaille und ein Beileidschreiben von Präsident Reagan, das Beverly Timothy Good zeigte: „Das machte mich so wütend. War das ihr Dank dafür, daß er bis zu seinem Tod Angst hatte, darüber zu reden? Sie hätten sich lieber entschuldigen sollen, daß er all diese Jahre leiden mußte, daß er selbst auf dem Sterbebett zuviel Angst hatte, uns alles zu erzählen, was er damals erlebt hatte. Ich glaube, er hätte etwas mehr verdient als dieses scheinheilige Dankeschön." (32)

„Brownie" ist nicht der einzige Zeuge für den Abtransport und die Lagerung der Körper in Hangar 84. So erklärte Robert E. Smith von der 1st Air Transport Unit, der damals in Roswell stationiert war, in einer eidesstattlichen Erklärung vom 10. Oktober 1991: „Ein Konvoi von Lastwagen, die mit Planen bedeckt waren, passierte uns. Der Lastwagenkonvoi hatte rote Lichter und

AFFIDAVIT

(1) My name is Robert Shirkey.

(2) My address is: ████████████████████████████

(3) I am ( ) retired ( ) employed as _____.

(4) In July 1947, I was stationed at the Roswell Army Air Field with the rank of 1st Lieutenant. I served as the assistant flight safety officer and was assigned to base operations for the 509th Bomb Group.

(5) During that period, the call came in to have a B-29 ready to go as soon as possible. Its destination was to be Fort Worth, on orders from the base commander, Col. Blanchard. I was in the Operations Office when Col. Blanchard arrived. He asked if the aircraft was ready. When he was told it was, Blanchard waved to somebody, and approximately five people came in the front door, down the hallway and on to the ramp to climb into the airplane, carrying parts of what I heard was the crashed flying saucer.

(6) At this time, I asked Col. Blanchard to turn sideways so I could see what was going on. I saw them carrying what appeared to be pieces of metal; there was one piece that was 18 x 24 inches, brushed stainless steel in color. I also saw what was described by another witness as an I-beam and markings. The plane took off for Fort Worth; Major Marcel was on the flight.

(7) Several days later, a B-25 was scheduled to take something to Ft. Worth. This was the second flight during this period: the third was a B-29 piloted by Oliver W. "Pappy" Henderson directly to Wright Patterson.

(8) I learned later that a Sergeant and some airmen went to the crash site and swept up everything, including bodies. The bodies were laid out in Hanger 84. Henderson's flight contained all that material.

(9) All of those involved—the Sergeant of the Guards, all of the crewmen, and myself—were shipped out to different bases within two weeks.

(10) I have not been paid or given anything of value to make this statement, and it is the truth to the best of my recollection.

Robert Shirkey
(Signature)

30 April 1991
(Date)

Signature witnessed by:

Lupe V Sandoval
(Name)
My Commission Expires:
05/13/93

REF: #9: I HAVE LEARNED SINCE MAKING THE STATEMENT #9, THAT, WHILE I WAS AWARE OF SEVERAL PEOPLE BEING "SHIPPED OUT" ON CHANGE OF STATION, NOT EVERYONE ACTUALLY WERE THAT MAY HAVE BEEN INVOLVED, WITH THE INCIDENT AFTERMATH.

Eidesstattliche Erklärung von Lt. Robert Shirkey: „Ich erfuhr später, daß ein Sergeant und einige Luftwaffen-Leute zur Absturzstelle fuhren und alles aufsammelten, einschließlich der Leichen. Die Leichen wurden im Hangar 84 aufgebahrt. Hendersons Flug beinhaltete all das Material."

Sirenen. Als sie das Basistor passierten, fuhren sie hinüber zu dem Hangar am Ostende der Basis (Hangar 84, der Verf.), was eher ungewöhnlich war... (für uns war es) ein weiterer Hinweis, daß etwas Ernstes vorging." (33) Auch 1st Lt. Robert Shirkey erklärte am 30. April 1991 an Eides statt: *„Ich erfuhr später, daß ein Sergeant und einige Airmen hinaus zur Absturzstelle fuhren und alles bargen, einschließlich Leichen. Die Leichen wurden in*

Hangar 84 aufgebahrt... alle, die an der Sache beteiligt waren - der Sergeant und die Wachen, die Besatzungsmitglieder und auch ich- wurden innerhalb von zwei Wochen auf verschiedene Basen versetzt." (34)

Ruben Anaya arbeitete damals als Koch im Offiziersclub der RAAF. Wie viele Hispano-Bewohner von New Mexico unterstützte er New Mexicos Vizegouverneur Joseph Montoya, der, selber Hispano, sich für die Belange der spanischsprachigen Minderheit in seinem Bundesstaat einsetzte. Anaya war einer von Montoyas aktivsten Wahlhelfern und stolz darauf, auch zu seinen persönlichen Freunden zu zählen. Eines Abends, so erzählte Anaya dem Roswell-Forscher Stanton Friedman, er und sein Bruder Pete hatten gerade seine Freunde Moses Burrola und Ralph Chaes zu Gast, klingelte bei ihm das Telefon, am Apparat ein „aufgeregter Montoya mit Panik in der Stimme". „Ruben", sagte dieser, „ich bin auf der Basis. Ich muß hier raus! Nimm den Wagen und hol mich hier ab!" Anaya fragte, wo genau er sich befinde. „Ich bin bei dem großen Hangar. Wir treffen uns dort. Mach schnell!" Sofort sprangen die vier Mann in Rubens Wagen, fuhren zur Basis. Ruben, der gerade aus der Army entlassen worden war, aber noch als Koch für den Offiziersclub arbeitete, hatte einen Basispaß für seinen Wagen und wurde vom Posten an der Einfahrt des RAAF nur durchgewunken. Sie hielten an Hangar 84 und wollten herein, um Montoya zu treffen. *„Aber man ließ uns nicht rein"*, erklärte Ruben dem Forscher Karl Pflock, *„überall waren MP`s. Dann kam er raus. Der Mann war bleich wie ein Laken, völlig erschüttert. Er sagte nur: 'Kommt. Laßt uns von hier verschwinden'. Ich fragte, ob ich ihn in sein Hotel bringen sollte, aber er erwiderte: 'Nein. Bring mich zu euch. Ich brauche dringend einen Drink.' Zu Hause angekommen, setzte er sich auf die Couch und trank eine dreiviertel Flasche Jim Beam. Wir meinten: 'Nimm`s leicht'. Er meinte nur: 'Nein. Ich muß mich selbst beruhigen.'"* Immer wieder drängten ihn die vier Männer, doch endlich zu sagen, was los wäre. Dann legte Montoya los:

„Ihr werdet mir nicht glauben. Da war eine fliegende Untertasse - un plato muy grande con una machina en la media (ein großer Teller mit einer Maschine in der Mitte)-, die bei Corona `runtergekommen ist. Da waren vier kleine Männer, die nicht von dieser Welt stammten. Einer lebte noch!'

Er sagte, sie seien so klein, daß sie ihm nur bis zu seiner Brust gehen würden - und Montoya war klein, er war als 'Little Joe' bekannt... er beschrieb sie, sie hätten silbrige Anzüge getragen, mit großen Augen und einem sehr kleinen Mund... wir dachten, der Junge hätte einen Schlag weg!

Dann rief er seine Frau an, sprach mit ihr, dann das Nixon-Hotel, in dem er wohnte, und bat einen Freund und seinen Bruder, Tom Montaya, ihn hier abzuholen.

Etwa gegen 10.30 Uhr am nächsten Morgen gingen wir ins Hotel, um mit ihm zu reden. Er sagte uns: 'Ganz im Vertrauen: Sie haben alles nach Texas geschickt, diese Jungs sind im Hospital ... Schau, wenn einer von euch sagt, ich hätte euch davon erzählt, werde ich sagen, ihr seid ein Haufen Lügner." (35)

Auch Pete Anaya erinnerte sich an den Vorfall. Während der Fahrt in die Stadt hätte Montoya nur bewegungslos im Wagen gesessen und in die Ferne gestarrt. Nach seiner Erinnerung hätte der Vizegouverneur das Objekt als „Flugzeug ohne Flügel" beschrieben, das sich „wie ein Teller bewegt". Auch er erinnert sich an die Beschreibung der vier Wesen, die klein gewesen wären, mit einem überproportional großen Kopf. Sie hätten auf Tischen mitten im Hangar gelegen. Eines von ihnen hätte noch gelebt, hätte gestöhnt und langsam seine Hand bewegt. Seine Knie waren angewinkelt. Da Ärzte um die Tische herumstanden, sei Montoya nicht nahe genug herangekommen. Aber er konnte deutlich erkennen, daß die Wesen keine Haare auf dem Kopf gehabt hätten, ihre Haut weiß war und sie einteilige Anzüge trugen, die denen ähnelten, die von Marinetauchern getragen werden. Soweit er sehen konnte,

hätten sie vier lange Finger und große Augen gehabt. Kurz darauf seien die Wesen ins Hospital gebracht worden, während einige Militärs Wrackteile in den Hangar brachten. Nichts davon hätte einem großen Schiff geglichen, es waren nur Metallstücke. Montoya bat die Anaya-Brüder, ihn am nächsten Morgen vom Hotel abzuholen und auf die Basis zu fahren, von wo aus gegen Mittag ein Flug nach Albuquerque, auf die Kirtland-Luftwaffenbasis, angesetzt war. Auch Petes Frau Mary bestätigte die Geschichte, ebenso die Witwe von Moses Burrola, als sie von Kevin Randle interviewt wurden. (36)

Später, so Ruben Anaya, seien er, Pete, Burrola und Chaes von Senator Chavez - der auch Frank Whitmore vom Radiosender KGFL verwarnte - persönlich angerufen worden. *„Joe Montoya ist ein verdammter Lügner"*, erklärte er ihnen, *„er hat gar nichts gesehen... es war ein sehr, sehr geheimes Projekt, und es könnte uns Probleme mit Rußland und Deutschland (sic!) einbringen, wenn es rauskommt."* (37)

Am Tag nach der Bergung des Wracks, am 8. Juli, so erinnert sich Kaufmann, war auf der Roswell AAF tatsächlich die Hölle los. Um 7.30 Uhr früh fand im Büro von Oberstleutant Blanchard ein Stabstreffen statt, *„wo die Entscheidungen gefällt wurden"*. General Scanlon sei dazu extra aus Washington eingeflogen, General Ramey aus Fort Worth, selbst Charles Lindbergh war dabei, insgesamt fünfzehn Offiziere, die die weitere Vorgehensweise diskutierten. Laut Kaufmann entschied man sich für ein wahrhaft macchiavellistisches Ablenkungsmanöver. Daß etwas in Roswell vorging, war nicht mehr abzustreiten, die Straßensperren waren eine unübersehbare Tatsache, und die Geschichte von Brazel, der ins Sheriffsbüro gekommen war, hatte sich auch schon herumgesprochen. Also entschied man sich, den Fund einer „fliegenden Untertasse" ganz offen zuzugeben, ihn aber auf die Foster-Ranch zu verlegen, die eigentlich nur ein Nebenschauplatz war, ein Feld voller Trümmer, ohne eine Untertasse, ohne Leichen. Die Fragmente waren schnell aufzusammeln, so daß, falls tatsächlich die Presse auftauchte, ohnehin schon alles vorbei wäre. Und damit dann aus der Meldung völlig „die Luft herausgelassen" würde, würde General Ramey noch am selben Tag bekanntgeben, daß alles nur ein riesiges Mißverständnis und die „Untertasse" ein abgestürzter Wetterballon gewesen sei.

Im August 1995 gelang es dem Militärhistoriker Joe Stefula, einen Zeugen für die letzten Aufräumarbeiten ausfindig zu machen. Capt. Chester Barton stand von 1929 bis 1954 im Militärdienst und war auch während des Zweiten Weltkrieges in Fort Worth und Roswell stationiert. Dort diente er in einer Sicherheitsschwadron. Von Major Easley, der sein Büro direkt an der Haupteinfahrt der Basis hatte, erhielt er Anweisung, an die Absturzstelle zu fahren und Bericht zu erstatten, wie weit die Bergungsarbeiten fortgeschritten waren. Zusammen mit Capt. Beverly Tripp, dem Kommandanten der Militärpolizei, und einem Fahrer fuhren sie in einem Jeep Richtung Norden. Chester: *„Es dauerte etwa 45 Minuten, dann waren wir da. Es war draußen inmitten der Wildnis. Es sah aus wie eine Brandstelle, und doch anders. Die Landschaft war flach. Etwa 100 Meter vor der Stelle hielt uns der Posten an. Er trug eine Einsatzuniform und eine Kaliber 45-Pistole. Es war auch Militärpolizei von der 1395ten Schwadron da. Wir schauten uns um. Wir sahen unmarkierte Wrackteile, die aussahen, als stammten sie von einem verbrannten Flugzeug. Als ich eines davon aufnehmen und mir aus der Nähe ansehen wollte, untersagte man mir das. Wir hatten keine Strahlenschutzanzüge dabei. Die MP's hatten Geigerzähler und waren auf Strahlung gestoßen und daher erklärte man uns, wir sollten von gewissen heißen Punkten fernbleiben... Die Wrackteile lagen da herum, und niemand hob sie auf. Wir blieben etwa eine Stunde lang dort, dann fuhr man uns zurück zu Easleys Büro. Er sprach mit uns, dann entließ er uns,* wir sollten uns am nächsten Morgen um 8.30 wieder melden. Aber da waren schon alle von der Stelle zurück und meldeten, daß alles beendet sei und wir zum Schweigen verpflichtet wären." Auf die Frage, ob er wüßte, was damals abgestürzt sei, antwortete Chester: *„Es gab Gerüchte zu der Zeit, daß es eine fliegende Untertasse sei. Es lagen ja nur noch einzelne Trümmer herum. Die ganze Absturzstelle war so groß wie ein Fußballfeld. Zuerst dachte ich, eine B-29 sei abgestürzt. Aber ich sah keine Wrackteile, die darauf hindeuten könnten... ich hörte sehr wenig über die Leichen. Sie wurden ins Basishospital gebracht, aber ich sah sie nicht. ich weiß, daß alles sehr schnell gehen mußte und Easley sagte uns nachdrücklich, wir sollten 'das Maul halten'. Ich habe nie mehr etwas darüber gehört, und ich sah auch im Sicherheitsbüro nie mehr irgendeine Krypto-Mitteilung."* Während Chester noch heute glaubt, daß alles nur ein geheimgehaltener Flugzeug-Absturz war, deutet eine spezifische Facette seiner Geschichte darauf hin, daß er tatsächlich Zeuge des Roswell-Zwischenfalls wurde: *„Ich hörte damals, daß ein paar Archäologen an der Stelle waren... sie hatten irgendwie von dem Absturz gehört und waren dorthin gekommen."* (38)

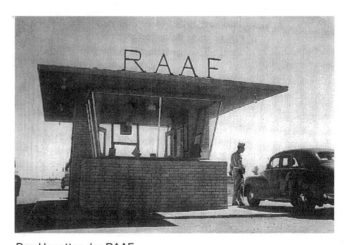

Das Haupttor der RAAF

Am Abend des 10. Juli waren die Bergungsarbeiten abgeschlossen, sämtliche Spuren des Absturzes beseitigt. Einen Tag später, am 11. Juli, fand das „Debriefing" (Einsatzbesprechung)aller an der Bergung beteiligten Soldaten statt. Sie wurden in kleinen Gruppen in einen Raum geführt, in denen ihnen ein Offizier erklärte: „Das war eine Angelegenheit der Nationalen Sicherheit und steht unter strengster Geheimhaltung. Sprechen Sie mit niemandem darüber. Vergessen Sie alles, was geschehen ist und was Sie gesehen haben. Es wird Ihnen doch niemand glauben. Und offiziell hat es den ganzen Vorfall nie gegeben." Innerhalb eines Monats wurden alle an der Bergung beteiligten MPs und ein Großteil des Personals auf andere Basen versetzt. So wollte man verhindern, daß sie über den Zwischenfall reden, diskutieren, vielleicht verleitet wurden, ihren Frauen etwas zu erzählen und einen Kameraden als Zeugen anzuführen. Ein einzelner Soldat, neu auf einer Basis, war isoliert. Jeder Bruch der Geheimhaltung konnte so sehr viel wirkungsvoller aufgedeckt und geahndet werden. (39) Währenddessen wurde das Roswell Army Air Field in den folgenden Wochen überraschend häufig von Top-Wissenschaftlern, Generälen und Fliegerprominenz der Vereinigten Staaten besucht, die offenbar ihre Studien vor Ort durchführten. Das wiederum deckt sich mit Kaufmanns Behauptung, schon am 8. Juli General Ramey und Charles Lindbergh in Oberst Blanchards Büro getroffen zu haben.

So schwer es fallen mag, Kaufmanns Geschichte zu glauben, auch diese Element konnte verifiziert werden.

Tatsächlich waren General Ramey und Charles Lindbergh im fraglichen Zeitraum auf der RAAF zu Besuch, wie der Bartender des Offiziersclubs, Earl L. Zimmermann, am 2.11.1993 an Eides statt erklärte: *„Ich hörte damals viele Gerüchte über fliegende Untertassen im Club und auf der Basis, so auch, daß die Untersuchung der Entdeckung als Untersuchung eines Flugzeugabsturzes getarnt wurde. Zu diesem Zeitpunkt sah ich den Kommandanten der Achten Luftwaffe, General Roger Ramey, mehr als einmal im Offiziersclub. Bei mehreren dieser Gelegenheiten hatte er Charles Lindbergh bei sich, und ich hörte, daß dieser wegen der 'Fliegenden-Untertassen-Angelegenheit' auf der Basis war. Dieser Besuch erfolgte ohne jede Publicity, und ich war sehr überrascht, ihn im Club zu sehen."* (40)

Der Anblick der außerirdischen Leichen ließ Frank Kaufmann sein Leben lang nicht mehr los und war vielleicht der wahre Grund, weshalb er in Roswell blieb. Einige Male fuhr er zu der Absturzstelle zurück. *„Einmal, vor etwa 25 Jahren, hatte ich dort so ein komisches Gefühl, so ein furchtbares Gefühl - und ich mußte fort. Ich konnte dort nicht länger bleiben"*, erklärte er mir. Nach einer Pause ergänzte er: *„Schauen Sie, ich kann den Ausdruck in den Gesichtern der Wesen nicht vergessen. Er war so friedvoll und so ruhig. Es schien mir so, als könnten sie niemandem etwas zuleide tun. Es war klar für jeden, der sie sah, daß sie nie eine Bedrohung oder Gefahr für uns darstellen konnten. Sie wirkten, als hätten sie tiefen Frieden in sich gefunden."* (41)

5. Kapitel

Unter strengster Geheimhaltung

Kaum hatte die Nachricht von der Bergung des Wracks Washington erreicht, wurde auf höchster Ebene gehandelt. Am 7. Juli 1947 um 13.55 Uhr EST - 11.55 in Roswell - kam es den amtlichen Protokollen zufolge zu einer Besprechung zwischen General Curtis LeMay, dem Vizestabschef der Luftwaffe für Forschung und Entwicklung, und dem Stabschef und Vizekommandanten der Luftwaffe, General Hoyt Vandenberg, im Pentagon. Das Thema: „Fliegende Untertassen". (1)

Zur selben Zeit sagte General Nathan Twining, kommandierender General des Lufttechnischen Nachrichtendienstes (CAMC) in Wright Field, eine für den 10.7. geplante Reise an die Westküste ab und flog völlig unangekündigt auf die Kirtland-Luftwaffenbasis in Albuquerque, New Mexico. Reportern des „Oregonian" und des Houston „Chronicle" erklärte sein Büro, er sei *wahrscheinlich nach Washington D.C. beordert"* (2) worden, was, wie wir heute wissen, eine glatte Lüge war.

Major General Curtis LeMay mit Brigade General Roger M. Ramey während des Zweiten Weltkriegs in Indien.

Lt. Gen. Hoyt S. Vandenberg, Vizekommandant der US Army Air Forces 1947.

Tatsächlich flog er von Kirtland auf das Alamogordo Field und wieder zurück nach Kirtland. Erst am 10. Juli verließ er New Mexico, um in Washington D.C. Bericht zu erstatten, am 16. Juli stattete er dem Roswell AAF einen überraschenden Besuch ab, erst am Abend kehrte er nach Wright Field zurück. Gleich am nächsten Tag entschuldigte er sich schriftlich für seine Absage eines für den 10. Juli geplanten Besuches der Boeing-Werke in Wichita, Kansas - er hatte

General Nathan F. Twining, Kommandierender General des Air Materiel Command 1947. Er änderte plötzlich seine Reisepläne, um die Bergungsarbeiten in New Mexico zu überwachen.

das XL-15 Projekt von Boeing besichtigen sollen - bei Boeing-Vizepräsident J.E.Schaefer: *„Aufgrund einer sehr wichtigen und plötzlichen Angelegenheit, die sich hier entwickelte"*, habe er seine Reisepläne ändern müssen. Auch hätte er erst jetzt schreiben können, weil er *„die letzten beiden Wochen ziemlich viel unterwegs"* (3) gewesen sei. Tatsächlich äußerte er sich auf diesem Trip sogar zum UFO-Thema. Das „Albuquerque Journal" vom 9. Juli 1947 zitierte ihn mit den Worten: *„die 'fliegenden Untertassen' sind definitiv nicht das Ergebnis von Experimenten der Luftwaffe ... die AAF hat kein Flugzeug, keine Rakete und kein anderes Luftfahrzeug, das für eine Untertasse oder eine Formation fliegender Scheiben gehalten werden könnte... Einige der Zeugen haben tatsächlich etwas Unbekanntes gesehen ... wir wissen nicht, was es ist, wir forschen noch."* (4)

Am späten Nachmittag des 8. Juli, gegen 17.00 Uhr, verließ Oberst Blanchard das Roswell Army Air Field. Offiziell ging er für ein paar Tage in Urlaub. Aber es gibt Zeugen dafür, daß er tatsächlich an die Absturzstelle fuhr, um den Abschluß der Bergungsarbeiten zu beaufsichtigen. (5)

In Roswell wurden währenddessen die geborgenen Wrackteile für den Weitertransport fertiggemacht, während die eingeflogenen Ärzte erste Autopsien der toten Wesen durchführten und wahrscheinlich auch versuchten, den überlebenden Außerirdischen am Leben zu halten. Insgesamt starteten zwischen dem 6. und dem 9. Juli

Schreiben Twinings an Earl Schaefer von den Boeing-Werken; „Mit tiefstem Bedauern mußte ich unseren Besuch der Boeing-Fabrik absagen aufgrund einer sehr wichtigen und plötzlichen Angelegenheit, die sich hier entwickelte..." Statt dessen flog Twining am 7. Juli 1947 nach New Mexico.

neun Flüge mit Wrackteilen vom Roswell Army Air Field zu den verschiedensten Zielen:

Flug 1, Sonntag, 6. Juli, 15.00 Uhr: Das von Brazel mitgebrachte Material wurde in einer B-29 nach Fort Worth geflogen. Dort nahm es Oberst Alan D. Clark persönlich in Empfang und begleitete es in einer B-26 auf das

Das Roswell Army Air Field, wie es 1947 aussah.

Andrews Army Air Field bei Washington, wo es ein Kurier von SAC-Kommandant General Clemens McMullen abholte. (6)

Flug 2, Dienstag, 8. Juli, 16.00 Uhr: Eine B-29 startete, mit Wrackteilen vollgepackt, nach Fort Worth. An Bord u.a. Roswell-Vizekommandant Lt. Col. Payne Jennings und Major Jesse Marcel. Als die Maschine auf dem Fort Worth AAF gelandet war, wurden die Wrackteile in eine B-25 umgeladen, die sie nach Wright Field bei Dayton, Ohio, brachte, den Sitz des Lufttechnischen Nachrichtendienstes (AMC) der Army Air Force. (7)

Flug 3, Dienstag, 8. Juli, 16.00 Uhr: Zeitgleich mit dem Start der B-29 traf eine Maschine aus Washington auf dem RAAF ein, die Personal zur Überwachung der Bergung an Bord hatte, darunter der Geheimdienstoffizier Raymond deVinney, der „mehr oder weniger als Vertreter von Präsident Truman" (R.E.Smith) die Operation beaufsichtigte. Sie wurde mit Wrackteilen beladen und machte sich auf den Rückweg. (8)

Flug 4-7, Mittwoch, 9. Juli, 8.00 Uhr: Vier C-54 Transportflugzeuge wurden mit Wrackteilen beladen. Bewaffnete MPs und „Inspektoren" aus Washington überwachten den Vorgang. Robert E. Smith von der 1st Air Transport Unit, der damals in Roswell stationiert war und bei der Verladung mitwirkte, erklärte am 10. Oktober 1991 an Eides statt:

„Meine Aufgabe war ... Kisten mit Trümmerteilen in die Flugzeuge zu laden. Uns wurde allen bewußt, was los war, als wir zu dem Hangar auf der Ostseite der Startbahn gingen (Hangar 84, der Verf.). Unsere Leute nahmen Maß für die Kisten, die sie anfertigten, damit sie auch in die Flugzeuge paßten. Alles, was ich sah, waren kleine Stückchen des Materials. Ein Fragment war 5 x 7 cm groß. Es war gezackt. Wenn man es zusammenknüllte, entfaltete es sich wieder in seine ursprüngliche Form und war völlig glatt; dabei knisterte es wie Zellophan. Es waren keinerlei Falten oder Knicke zu sehen. Einer unserer Leute steckte es in seine Tasche.
Das größte Stück war etwa sieben Meter lang, zwei Meter hoch, zwei Meter tief. (wahrscheinlich das Wrack, der Verf.) Der Rest war 60-90 cm lang, 60 cm im Quadrat oder kleiner. Der Sergeant, der das Materialstück hatte, sagte, dasselbe Material sei in den Kisten. Da waren Worte auf die Kisten schabloniert, aber ich kann mich nicht mehr erinnern, was dort stand; aber das Wort 'Section' erschien auf den meisten Kisten. Die ganze Beladung dauerte mindestens sechs, vielleicht acht

Stunden. Das Mittagessen wurde uns gebracht, was selten genug war. Die Kisten wurden auf Vorderladern zu uns gefahren, was ebenfalls ungewöhnlich war.

Eine Menge Leute kamen plötzlich rein, wegen der offiziellen Untersuchung. Jemand sagte, es sei ein Flugzeugabsturz; aber wir hörten von einem Mann aus Roswell, daß es kein Flugzeugabsturz war, sondern etwas ganz anderes, ein seltsames Objekt. Offiziell wurde uns gesagt, es sei ein abgestürztes Flugzeug, aber abgestürzte Flugzeuge wurden normalerweise auf den Flugzeugfriedhof gebracht, nicht ausgeflogen. Ich glaube auch nicht, daß es ein Versuchsflugzeug war...

Wir wurden zu dem Hangar gebracht, um die Kisten zu verladen. Auf dem Hangarboden lag eine Menge Farmdreck. Wir luden sie auf Transporter und Vorderlader; jede Kiste mußte auf ihre Breite und Höhe überprüft werden. Wir mußten wissen, welche Kiste in welches Flugzeug sollte. Wir beluden drei oder vier C-54 mit den Kisten. Das dauerte den größten Teil des Tages. Eine Kiste füllte ein ganzes Flugzeug. Sie war nicht so schwer, aber groß. Sie wurde von „Pappy" Hendersons Crew geflogen. Ich erinnere mich daran, Tech Sgt. Harbell Ellzey und Tech Sgt. Edward Bretherton sowie Stabsfeldwebel William Fortner gesehen zu haben; Ellzey gehörte zu „Pappys" Crew.

Uns wurde das Ziel der Lieferungen nicht mitgeteilt, nur daß sie Richtung Norden gingen... Ständig waren bewaffnete Wachen bei der Beladung der Flugzeuge dabei, was ungewöhnlich war. Es war unmöglich, zu der Rampe zu kommen, ohne die Wachposten zu passieren. Draußen standen MPs herum, und unser Personal war zwischen ihnen und den Flugzeugen.

Zudem waren überall Leute in Zivil; sie waren 'Inspektoren', aber Fremde, nicht von der Basis. Wenn man sie ansprach, erklärten sie, sie seien hier im Rahmen von Projekt so-und-so und zückten eine Karte, die anders aussah als eine militärische Kennkarte.

Eine ganze Reihe von Leuten, die dabei waren, glauben, daß sie bis zu ihrem Tode über den Vorfall schweigen müssen. Uns wurde gesagt: „Das ist eine heiße Lieferung; sprechen Sie nicht darüber.' ... Ich bin überzeugt, daß das, was wir verluden, ein UFO war, das in mechanische Probleme geriet. Selbst bei den intelligentesten Wesen geht mal etwas schief." (9)

Während Robert E. Smith annahm, daß die Lieferungen nach Los Alamos oder auf die Kirtland-Luftwaffenbasis bei Albuquerque, New Mexico - wo sich gerade General Twining aufhielt - gingen, geht aus der Aussage eines der Piloten hervor, daß das Ziel zumindest seiner Maschine Wright Field war. Der Pilot war Hauptmann Oliver W. Henderson, den seine Kameraden „Pappy" nannten, weil er älter war und schon früh graues Haar hatte. „Pappy" war ein Kriegsheld. Im Zweiten Weltkrieg flog er für die 446. Bomberschwadron 30 B-24-Einsätze über Deutschland, wofür er zwei der höchsten militärischen Auszeichnungen erhielt. Nach dem Krieg wurde er zuerst nach Galveston, dann nach Pueblo und schließlich nach Roswell versetzt, wo er 13 Jahre lang blieb. In Roswell leitete er die „Grüne Hornissen-Fluglinie", die geheimen Transporte der ersten Atombomben-Einheit der Welt: Er und seine Piloten brachten in C-54 und C-47-Transportflugzeugen Top-Militärs und Politiker, Wissenschaftler und Atombomben zu den Atomtests in den Pazifik. Seine Befugnisstufe war „Top Secret", was hieß, daß er selbst für geheimste Missionen eingesetzt werden konnte. Man vertraute „Pappy", der „so ungefähr alles geflogen hat, was Flügel hatte".

Capt. Henderson schwieg bis 1981. Damals lebte er mit seiner Frau Sappho in San Diego. Sie gingen einkaufen, als „Pappy" eine Zeitung sah, die über den Roswell-Zwischenfall - das Buch von Berlitz und Moore war

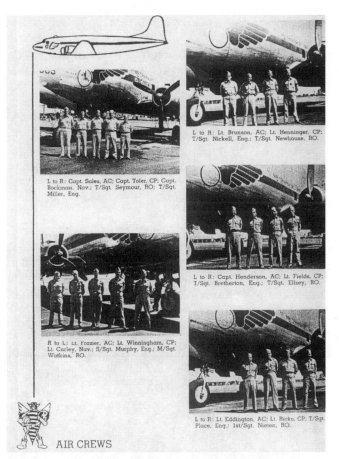

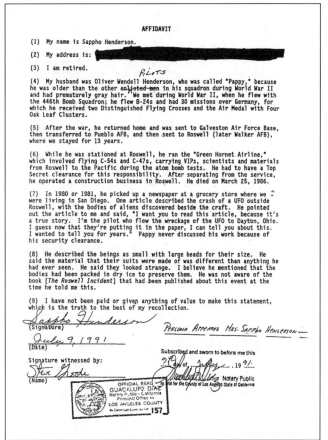

Aus dem 1947er Jahrbuch der RAAF. In der Mitte: Die Crew von Capt. Henderson, die das UFO-Wrack nach Wright Field transportierte.

Eidesstattliche Erklärung von Sappho Henderson, der Witwe von Capt. Oliver „Pappy" Henderson: „Er beschrieb die Wesen als klein mit überdurchschnittlich großen Köpfen..."

gerade erschienen - berichtete - es war der „Globe" vom 17. Februar 1981. Er studierte den Artikel ausgiebig, dann zeigte er ihn Sappho: „Ich möchte, daß Du diesen Bericht liest, denn das ist eine wahre Geschichte. Ich bin der Pilot, der das Wrack des UFOs nach Dayton, Ohio flog. Ich denke jetzt, wo sie`s in die Zeitung gebracht haben, kann ich es dir sagen. Ich wollte dir seit Jahren davon erzählen..."

Er wußte von dem Absturz der Scheibe nördlich von Roswell, und davon, daß „kleine Wesen" geborgen wurden, die er - wahrscheinlich als sie im Hangar 84 aufgebahrt waren - mit eigenen Augen gesehen hatte. *„Er beschrieb die Wesen als klein mit für ihre Größe großen Köpfen. Er sagte, das Material ihrer Anzüge sei etwas, was er nie zuvor gesehen hätte. Sie hätten seltsam ausgesehen... man hatte sie in Trockeneis gepackt, um sie* *zu konservieren"*, erinnerte sich Sappho Henderson in einer eidesstattlichen Erklärung vom 9. Juli 1991. (10)

Dem Zahnarzt Dr. John Kromschroeder, mit dem er gemeinsam eine Firma aufgebaut hatte, erzählte er die Geschichte allerdings schon 1977 - wenngleich unter dem Siegel strengster Verschwiegenheit. Er vertraute Kromschroeder, der selbst Offizier im Ruhestand war. Und so erwähnte er ihm gegenüber nicht nur „die Raumschiff-Fragmente" und die „kleinen Männer", er zeigte ihm auch ein Metallstück, das angeblich von dem Wrack stammte. *„Ich schaute es mir gründlich an"*, erklärte Kromschreder 1990 in einem Interview, *„und kam zu dem Schluß, daß es eine Legierung war, die wir hier nicht haben"* - er kennt sich mit Metallegierungen aus- *„es war ein graues, glänzendes Metall, das Aluminium ähnelte, aber leichter und fester war. Wir konnten es nicht verbiegen. Seine Ränder waren scharf und gezackt."* (11) Das Metallstück könnte sich noch irgendwo in „Pappys" Hinterlassenschaften befinden, doch jede Suche verlief bis dato erfolglos.

Wie Stanton Friedman in Erfahrung brachte, erzählte Henderson verschiedenen alten Fliegerkameraden auf einem Kameradentreffen 1982 in Nashville von seiner Mission. *„Es war in seinem Hotelzimmer, als er uns die Geschichte von dem UFO und seiner Rolle dabei anvertraute"*, zitiert Friedman einen ungenannten Zeugen, *„Pappy erklärte uns, daß er die Maschine nach Wright Field flog. Er erwähnte die Körper... sie waren klein und verschieden von uns."* (12)

Als Mary Kathryn Goode, die Tochter der Hendersons, 1981 ihre Eltern besuchte, zeigte ihr Vater ihr den Artikel. *„Er sagte damals, daß er das abgestürzte Raumschiff und die außerirdischen Leichen, die der Artikel beschrieb, gesehen hätte und daß er das Wrack nach Ohio flog. Er beschrieb die Wesen als klein und blaß, mit schrägliegenden Augen und großen Köpfen. Er meinte,* sie seien humanoid, aber von uns verschieden gewesen. Ich glaube, er erwähnte drei Leichen. Er sagte, die ganze Sache sei streng geheim gewesen, und so hätte er sie mit niemandem diskutieren dürfen, aber er denke, jetzt sei das okay, denn es stand in der Zeitung"* (13), erklärte sie in einer beeideten Aussage. Und dann erinnerte sie sich, daß ihr Vater immer schon gewisse Andeutungen gemacht hatte. *„Als ich aufwuchs, verbrachten wir oft die Nächte damit, nach Sternen Ausschau zu halten. Einmal fragte ich ihn, wonach er suchte. Er antwortete: 'Ich suche nach fliegenden Untertassen. Sie sind real, weißt du.'"* (14)

Tatsächlich wurde „Pappy" Hendersons Aussage, daß das Wrack der Scheibe nach Wright Field ging, von keinem geringeren als dem späteren Vizekommandanten der Basis, Brigade-General Arthur E. Exon, bestätigt. Exon war kurz zuvor als Oberstleutnant nach Wright Field versetzt worden.

Wright Field, Sitz des Lufttechnischen Nachrichtendienstes der US-Luftwaffe, 1945.

„Wir hörten, daß das Material nach Wright Field kam", erklärte er am 19. Juli 1990 Kevin Randle, verschiedene Labors seien sofort mit einer näheren Untersuchung beauftragt worden. Man versuchte *„alles, von chemischen Analysen hin zu Belastungstests, Drucktests, Biegsamkeitstests. Das ganze Material wurde in unsere Materialuntersuchungslabors gebracht. Ich weiß nicht, wie sie dazu kamen, aber die Jungs, die es testeten, meinten, es sei sehr ungewöhnlich... (einiges davon) war so extrem fest, daß es selbst mit schweren Hämmern nicht eingedellt werden konnte... bis zu einem bestimmten Grad flexibel... einiges war dünn und dennoch verdammt fest, und anderes fast wie Folie, aber stark. Das hat sie ganz schön verwirrt. Sie wußten, daß sie da etwas völlig Neuartiges in den Händen hatten. Das Metall und Material war jedem, mit dem ich sprach, unbekannt. Was auch immer sie herausgefunden haben, ich habe die Ergebnisse nie zu sehen bekommen. Ein paar Jungs dachten, es könnte russischen Ursprungs sein, aber die überragende Mehrheit war sich einig, daß die Stücke aus dem Weltraum stammten."* (15)

Flug 8, Mittwoch, 9. Juli, 16.00 Uhr: Zwei der ET-Leichen wurde unter Kommando vom Major Edgar Skelley, einer achtköpfigen Crew und vier MPs an Bord nach Fort Worth geflogen. Dort holten sie außerdem Major Jesse Marcel ab, der die Nacht in Fort Worth verbracht hatte. Ein Crewmitglied, Robert A. Slusher beschrieb diesen Flug in einer eidesstattlichen Erklärung am 23. Mai 1993 wie folgt:

„Ich ging an Bord einer B-29, die zuerst zum Bombenlager (Hangar 84, der Verf.) gefahren wurde, um dort mit einer Kiste beladen zu werden. Vier bewaffnete MPs begleiteten die Kiste, die etwa 1,60 Meter hoch, 1,50 Meter breit und 4 Meter lang war und in den vorderen Bombenschacht des Flugzeuges geladen wurde. Wir starteten in Roswell gegen 16.00 Uhr nach Fort Worth. Major Edgar Skelley war der Flugoperationsoffizier.

Der Flug nach Fort Worth fand in niedriger Flughöhe statt, etwa auf 4000-5000 Fuß (1300-1600 Meter). Normalerweise flogen wir auf 25.000 Fuß (8300 Meter), da die Kabine Druckausgleich hatte. Aber wir mußten in so geringer Höhe fliegen, weil die MPs mit der Fracht im Bombenschacht saßen.

Bei Ankunft in Fort Worth wurden wir von sechs Personen empfangen, einschließlich drei MPs. Sie übernahmen die Kiste. Sie wurde auf einen Flachbett-Waffenträger geladen und abgeschleppt. Ihre MPs begleiteten die Kiste. Einer der anwesenden Offiziere war ein Major, der andere ein 1st Lieutenant. Die sechste Person war ein Bestatter, der Klassenkamerad eines unserer Besatzungsmitglieder, Lt. Felix Martucci. Major Marcel wurde in einem Jeep herbeigefahren und ging an Bord. Wir blieben etwa 30 Minuten in Fort Worth, bevor wir nach Roswell zurückkehrten... Lt. Martucci sagte: 'Wir haben Geschichte gemacht.'" (16)

In einem Interview mit Kevin Randle erklärte John G. Tiffany 1990, sein Vater hätte damals zu der Besatzung des Fluges gehört, der von Wright Field startete, um auf Fort Worth das Material in Empfang zu nehmen. Nachforschungen bestätigten, daß Tiffanys Vater tatsächlich zum fraglichen Zeitpunkt auf Wright Field stationiert war. Nach der Landung hätten sie die Trümmerstücke geladen, darunter auch einen großen Container, der wie eine riesige Thermosflasche aussah. Das Material sei sehr leicht gewesen, doch extrem fest, mit einer glasartigen Oberfläche. Während des ganzen Fluges hätte die Besatzung versucht, es zu ritzen, zu biegen, zu brechen - doch ohne Erfolg. Als sie später die „Wetterballon"-Erklärung in der Zeitung lasen, mußten sie alle herzlich lachen. Später hätte sein Vater auch von drei Leichen gehört, zwei verstümmelt, eine intakt. Sie hätten sanfte Gesichtszüge und eine weiche Haut gehabt und eine Art Fliegeranzug getragen. Eine, so erfuhr er, war bei seinem Transport an Bord.

Das beunruhigte die ganze Crew. Nach dem Flug hatte sich jeder gefühlt, *„als könnten sie nicht richtig sauber werden"*. Nach ihrer Landung wurde alles auf ein paar Lastwagen geladen. Danach erklärte ihnen ein hochrangiger Offizier, sie sollten mit niemandem über den Flug sprechen. *„Er hat nie stattgefunden."* (17)

General Exon bestätigte auch, daß er von diesem Transport nach Wright Field gehört hat. Dabei betonte er, daß die Trümmerteile von einer anderen Fundstelle - eben der Foster-Ranch- stammten als die Leichen. *„Wahrscheinlich gehörten sie zum selben Unglücksfall, aber es gab zwei unterschiedliche Fundorte. Auf einem schien, wie ich mich erinnere, da ich das Gebiet später einmal überflog, das Objekt vom Südosten nach Nordwesten zu fliegen, möglicherweise auch in die entgegengesetzte Richtung, aber das ist eher unwahrscheinlich. Je weiter nordwestlich man auf der Ranch gesucht hatte, umso mehr Metallstücke hatte man gefunden... dann gab es eine andere Stelle, wo ... offensichtlich der Hauptteil des Raumschiffes abgestürzt war... wo sie sagten, daß man dort die Körper gefunden hat... sie wurden alle offensichtlich außerhalb des Objektes gefunden, waren aber alle in recht gutem Zustand."* (18)

Flug 9, Mittwoch, 9. Juli, 16.00 Uhr: Etwa zeitgleich mit der B-29 startete eine zweite Maschine mit weiteren Leichen und Frank Kaufmann an Bord mit dem Ziel Andrews Air Field bei Washington. (19)

Was folgte, war eine rege Aktivität auf höchster Ebene. Am Morgen des 9. Juli flogen General Leslie Groves, Kommandant der Waffen-Entwicklungsprojekte von Los Alamos, New Mexico, in Begleitung von General Robert Montague, Kommandant der Fernlenkraketen-Schule der US Army auf Fort Bliss, Texas, überraschend nach Washington. Offenbar wurde ihr fachmännischer Rat vor Ort gebraucht. Am selben Tag, von 10.30 - 11.00 Uhr, empfing Präsident Truman Senator

Präsident Harry S. Truman

Carl Hatch aus New Mexico. Zur selben Zeit trafen sich Lt.General James Doolittle und Vize-Army Airforce-Chef General Hoyt S. Vandenberg mit dem Luftwaffenminister Stuart Symington im Pentagon. Um 11.48 Uhr, als Hatch noch im Weißen Haus war, rief Vandenberg den Präsidenten an. Gegen 10.50 Uhr gingen sie gemeinsam ins Büro des Armee-Stabschefs General Dwight D. Eisenhower. Die offensichtliche Krisensitzung dauerte bis 12.15 Uhr. Um 12.50 Uhr trafen sich General Vandenberg und Minister Symington erneut, um von 12.17 Uhr bis 14.15 Uhr an einer Sitzung des Generalstabs (Joint Chiefs of Staff) der US-Streitkräfte teilzunehmen. Um 14.30 kam es dann zum dritten Treffen General Vandenbergs mit Minister Symington, das bis 15.10 Uhr dauerte. Während all diese Termine fein säuberlich bis auf den heutigen Tag in Dokumenten des US-Nationalarchives dokumentiert sind, fehlt bei ihnen allen - und das ist ungewöhnlich - das Thema, um das es dabei ging. Offensichtlich fand eine Krisensitzung nach der anderen statt, ohne daß festgehalten wurde, um welche Krise es sich eigentlich handelte! (20)

Das sollte sich auch am nächsten Tag so fortsetzen. Am 10. Juli trafen sich die gerade eingeflogenen Generäle Groves und Montague mit den Generälen Vandenberg und Curtis LeMay um 10.30 Uhr im Pentagon. Um 12.15 hatten die Generäle Doolittle und Vandenberg einen Termin beim Präsidenten, offiziell um jene Proklamation zu unterschreiben, die zwei Monate später zur Gründung der US-Luftwaffe als eigene Waffengattung führte. Um 14.40 fand eine Besprechung zwischen Kriegsminister

Sicherheitsposter des Verteidigungs-Nachrichtendienstes (DIA) der USA aus dem Jahre 1984: „Sicherheit ist kein Unfall ... sie muß praktiziert werden!"

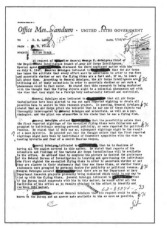

Memorandum vom 10.7.1947 an FBI-Direktor J. Edgar Hoover bezüglich des Angebotes von Brigadegeneral Schulgen vom Army Air Corps-Nachrichtendienst, in der Untersuchung der „fliegenden Scheiben" zusammenzuarbeiten. „Ich würde es machen", antwortete Hoover, „doch bevor ich zustimme, müssen wir auf vollem Zugang zu den geborgenen Scheiben bestehen."

Robert P. Patterson und den Generälen Groves und Montague im Pentagon statt. Montague wurde zum Kommandanten der Sandia-Basis, eines supergeheimen Forschungszentrums südöstlich von Albuquerque, ernannt. Am selben Tag verließ der wissenschaftliche Berater des Präsidenten, Dr. Vannevar Bush, Washington mit offiziell unbekanntem Ziel. Seine Sekretärin schrieb am 17. Juli in einem Brief an General Spaatz, er „würde voraussichtlich nicht vor Anfang September zurückkehren". (21) Am 16. September 1947 war er wieder in Washington. Am 24. September hatte er in Beisein des neuen Verteidigungsministers James Forrestal einen Termin bei Präsident Truman...

Ebenfalls am 10. Juli 1947 ging ein internes Memorandum der US-Bundespolizei FBI an FBI-Direktor J. Edgar Hoover. Thema: „Fliegende Scheiben". Brigadegeneral George F. Schulgen, Chef des Luftwaffen-Nachrichtendienstes, hatte das FBI am 9.7.47 um seine Mitarbeit gebeten. *„General Schulgen erklärte, daß das Air Corps der Ansicht sei, daß alle verfügbaren Mittel eingesetzt werden sollten, um festzustellen, ob die fliegenden Scheiben eine Tatsache sind, und alles über sie zu erfahren. Laut General Schulgen hat der Nachrichtendienst des Air Corps alle seine Wissenschaftler eingesetzt, um zu klären, ob ein solches Phänomen tatsächlich existiert... alle Air Corps-Einrichtungen wurden alarmiert, sofort jede gemeldete Sichtung weiterzuleiten, um für dieses Forschungsprojekt alle verfügbaren Daten zu bekommen... er betonte, daß die fliegenden Scheiben keinesfalls das Ergebnis von Versuchen des Heeres oder der Marine seien, und deshalb seien sie wohl auch von Interesse für das FBI."* (22)

„Ich würde es machen", antwortete Hoover handschriftlich auf das Angebot zur Zusammenarbeit mit dem Nachrichtendienst der Luftwaffe, *„aber bevor wir zustimmen, müssen wir auf vollem Zugang zu den geborgenen Scheiben bestehen."* (23)

Die Zusammenarbeit wurde vereinbart, die Luftwaffe versprach Hoover, daß seine Leute zukünftig die Fälle von *„Scheiben, die am Boden gefunden werden"* bearbeiten dürften. Wie ernst dieses Angebot gemeint war, geht aus einer Anweisung des Headquarters des Luftverteidigungskommandos an die kommandierenden Generäle der Ersten, Zweiten, Vierten, Zehnten, Elften und Vierzehnten Luftwaffe (interessanterweise NICHT an den kommandierenden General der Achten Luftwaffe, General Ramey) vom 3. September 1947 hervor, die regeln sollte, welche Vorfälle man dem FBI übergeben könnte: *„Das FBI soll dem Personal des Luftwaffen-Nachrichtendienstes bei der Untersuchung von „Fliegende Scheiben-Vorfällen" dabei assistieren, schnell und effektiv auszusortieren, was Schwindelfälle sind und was ein echter Vorfall zu sein scheint. ...das FBI soll dabei Vorfälle von sogenannten 'Scheiben' untersuchen, die am Boden gefunden werden. Die Dienste des FBI werden in Anspruch genommen, um die Luftwaffe von der Aufgabe zu entlasten, all den vielen Fällen nachzugehen, die sich als Mülleimerdeckel, Toilettensitze und sonstwas erweisen."* (24)

Am 19. September 1947 übergab ein Oberstleutnant, der Kontakte zum FBI unterhielt, das Schreiben FBI-Vizedirektor D.M.Ladd. Sofort verfaßte Ladd einen Bericht an FBI-Direktor Hoover: *„Zuerst einmal beschränkt die Anweisung der AAF die Art der Untersuchungen, die das FBI durchführen soll, und zweitens deutet das Vokabular des zweiten Paragraphen darauf hin, daß das FBI nur bei solchen Fällen hinzugezogen wird, die sich als völlig unwichtig und, tatsächlich, völlig lächerlich erweisen... dieses Vokabular ist, um es milde auszudrücken, eine Beleidigung für das FBI..."* (25)

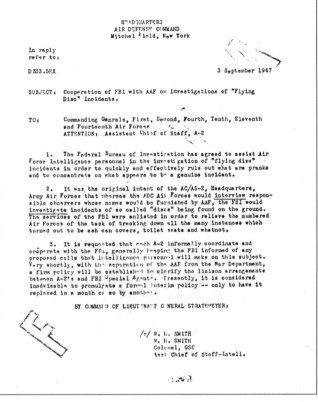

Internes Memorandum der AAF vom 3.9.47 bezüglich der Zusammenarbeit mit dem FBI in der Untersuchung der „fliegenden Scheiben": Dem FBI sollen all jene Fälle überlassen werden, in denen sich „aufgefundene Scheiben" als „Mülleimerdeckel, Toilettensitze und sonstwas" erwiesen.

Als FBI-Direktor Hoover von der Anweisung erfuhr, kochte er vor Wut. Am 27. September schrieb er an Luftwaffen Vize-Stabschef Generalmajor George C. McDonald: *„Ich kann nicht zulassen, daß das Personal und die Zeit dieser Organisation für solche Dinge verschwendet werden. Ich weise daher unsere Felddivisionen an... alle weiteren Meldungen an den zuständigen Luftwaffenrepräsentanten ihrer Region weiterzuleiten."* (26

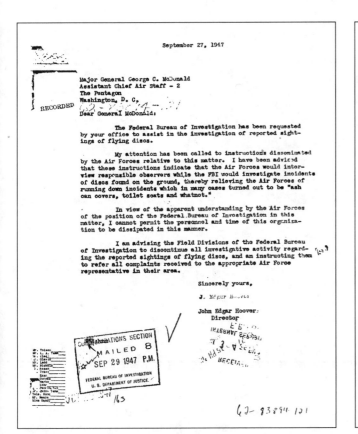

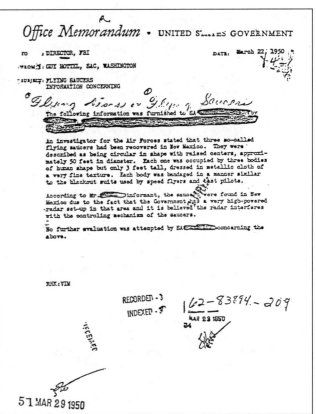

FBI-Direktor J. Edgar Hoover schickte dieses empörte Schreiben am 27.9.1947 an Generalmajor George C. McDonald im Pentagon: Das FBI war nicht bereit, für die Luftwaffe „Mülleimerdeckel, Toilettensitze und sonstwas" zu bergen, sondern wollte Zugang zu den echten Scheiben.

Erst drei Jahre später erfuhr Hoover, wie sehr er von der Luftwaffe getäuscht worden war. Damals wurde dem Leiter des Washingtoner FBI-Büros, Guy Hottel, von einem „Untersucher der Luftwaffe" berichtet, daß die US Airforce:

„drei sogenannte fliegende Untertassen in Mexico geborgen hat. Sie wurden als rund in der Form beschrieben, mit erhöhten Zentren, etwa siebzehn Meter im

Memorandum an FBI-Direktor Hoover vom 22.3.1950: „Drei sogenannte fliegende Untertassen wurden in New Mexico geborgen".

Durchmesser. Jede war bemannt mit drei Leichen von menschlicher Form, aber nur 90 cm groß, bekleidet in metallische Anzüge aus sehr feinem Material. Jeder Körper war bandagiert, ähnlich wie die Notanzüge unserer Hochgeschwindigkeits- und Testpiloten.

Dem Informanten von Mr. X zufolge fand man die Untertassen in New Mexico aufgrund der Tatsache, daß die Regierung in dieser Gegend über ein sehr starkes Radarsystem verfügt, und man glaubt, daß Radar die Kontrollmechanismen der Untertassen stört." (27)

So allgemeingehalten diese interne FBI-Information auch ist, tatsächlich spricht einiges dafür, daß bereits einige Wochen vor dem Roswell-Zwischenfall ein weiteres Wrack eines unbekannten Flugobjektes von der US-Luftwaffe geborgen wurde. Das erklärt umso mehr die Panik unter den Militärs nach dem Roswell-Fund. Während man das erste Wrack noch für einen einsamen Erkunder aus den Tiefen des Universums halten konnte, sah es jetzt ganz nach einer Invasion aus.

Im Herbst 1990 kam der amerikanische UFO-Forscher Timothy Cooper aus Big Bear Lake in Kalifornien über seinen Vater, einen Offizier der US-Luftwaffe im Ruhestand, mit einem seiner früheren Kameraden in Kontakt, der mit ihm auf der Holloman-Luftwaffenbasis bei Alamogordo, New Mexico, stationiert war. Auch dieser befand sich schon lange im Ruhestand. Er erklärte Cooper, daß er im Sommer 1947 als Technischer Feldwebel auf Holloman stationiert gewesen war, als er mit Dokumenten und Fotografien von einem UFO-Absturz 1947 in Berührung kam. Bob, so sein Vorname, leitete damals die Druckerei der Basis. Eines Tages, im Juli 1947, suchte Basiskommandant Oberst Paul F. Helmlek, von einer ganzen Kohorte von MPs mit Gewehr im Anschlag begleitet, die Druckerei auf und befahl jedem, außer dem Feldwebel, nach Hause zu gehen. Dann griff er in einen Ordner und legte ein Dokument auf den Tisch. „Drucken Sie das!", befahl er Bob. Der Feldwebel schaute in den Report. Er war rund 50 Seiten stark, mit zahlreichen Schwarzweiß-Fotos illustriert. „Das ist nicht einfach", erwiderte Bob, „das dauert ein paar Tage". „Unmöglich", herrschte ihn Oberst Helmlek an, „Sie machen das jetzt, sofort! Und vermeiden Sie jede Kenntnisnahme vom Inhalt des Berichtes und der Fotos. Das ist alles streng geheim!"

Bob machte sich unverzüglich an die Arbeit, doch natürlich konnte er es nicht vermeiden, den faszinierenden Inhalt des Berichtes zu registrieren. Er handelte vom Absturz einer „fliegenden Scheibe" nahe dem White Sands-

Das White Sands-Raketentestgelände in New Mexico.

Testgelände. Und während er mit der Reprokamera die Fotos rasterte, starrte er fasziniert auf das untertassenförmige, metallische Objekt, das da in ein Kliff geschliddert war. Das Objekt war metallisch, reflektierte das Sonnenlicht und wies keinerlei Markierungen oder externe Antriebssysteme auf. Noch am selben Tag beendete Bob seinen Job. Er erhielt die Anweisung, die gedruckten Exemplare des Berichtes in den Sicherheitssafe der Druckerei zu legen, wo sie dann von Sicherheitspersonal abgeholt wurden.

„Was genau sahen Sie auf den Foto?", fragte ihn Cooper. „Ich erinnere mich an ein Dutzend oder mehr 20 x 30 cm Schwarz-weiß-Hochglanzabzüge, die das Objekt zeigten, das leicht schräg am Hang eines Hügels ruhte", erwiderte Bob, „Es schien groß zu sein, war rund, kuppelförmig mit einer flachen Unterseite, größer als eine B-29. Das Personal im Vordergrund war ein guter Referenzpunkt. Ich denke, es war vielleicht dreißig Meter breit und fünf bis sieben Meter hoch. Auf der Unterseite war es von einem dihedralen Rand oder Ring umgeben, wie *ein Foto zeigte. Ich sah kein Landegestell, keine Luken oder Fenster, aber eine türartige Öffnung, die nach außen führte. Einige Bilder zeigten das technische Personal der Basis, das das Objekt umkreiste. Einige trugen Anzüge. Sie kletterten auf das Objekt. Es gab einige Nah- oder Detailaufnahmen."* „Erinnern Sie sich an den Bericht selbst?" *„Es war eine technische Beschreibung des Objektes. Er war für das AMC erstellt. Es war keine Analyse, sondern eine Auflistung der dimensionalen, strukturalen und Material-Spezifikationen. Der Bericht beinhaltete ebenfalls Radardaten. Ein Abschnitt behandelte die mögliche Flugrichtung, Lenk- und Navigationssysteme, Antriebstheorien und Flugkontrolle. Teile des Berichtes stammten von einem deutschen wissenschaftlichen Team unter Leitung von Ernst Steinhoff und Wernher von Braun. Es wurden ein paar aeronautische Ingenieure nach Holloman eingeflogen, vom AMC."*

Bob erinnerte sich an einen Kameraden, den Piloten, 1st. Sgt. Robert G. Baines, der einige führende Luftwaffengeneräle, darunter Twining, aber auch Canon, LeMay, Vandenberg, Doolittle und Wainwright nach Holloman einflog. Ein weiterer General, Groves, wurde zusammen mit den Wissenschaftlern Robert Oppenheimer, Vannevar Bush, John von Neuman und Theodor vom Karman eingeflogen. Tim Cooper fragte ihn, ob der Vorfall mit dem Roswell-Zwischenfall in Verbindung stünde. Bob verneinte, antwortete: *„Roswell ist nur einer von mehreren UFO-Abstürzen in New Mexico."* (28)

Tatsächlich wird Bobs Bericht bestätigt durch ein Dokument, das 1993 dem UFO-Forscher Leonard Stringfield von einem Geheimdienst-Insider zugeleitet wurde. In diesem technischen Bericht faßt AMC-Kommandant General Nathan F. Twining die ersten Ergebnisse der auf Wright Field durchgeführten Untersuchungen zusammen. Da das Dokument ausdrücklich als „Luftunfallbericht über 'Fliegende Scheibe'-Flugzeug, das nahe dem White Sands-Versuchsgelände in New Mexico abstürzte" überschrieben ist, hat es nichts mit dem Roswell-Zwischenfall zu tun, sondern mit einem zweiten Absturz, der sich irgendwann vor Abfassung des Berichtes mit dem Code D 333.5 ID ereignet haben muß.

General Nathan Twinings „Luftunfallbericht über ein 'Fliegende Scheibe' - Flugzeug, das nahe dem White Sands - Versuchs gelände in New Mexico"abstürzte vom 16. Juli 1947.

Dieser stammt vom „Headquarter Air Material Command, Wright Field, 16. Juli 1947" und ist an den „Kommandierenden General der Army Air Force, Washington 25 (Pentagon) D.C. - Luftverteidigungskommando; ATTN: AC/15-2" adressiert. Da er nicht offiziell freigegeben wurde, wissen wir natürlich nicht mit Sicherheit, ob es sich um ein echtes Dokument, eine gute Fälschung oder Desinformation handelt. Zumindest die Daten könnten stimmen, da General Twining tatsächlich am Abend des 16. Juli wieder auf Wright Field war. Eine „Direktive des Präsidenten vom 9. Juli 1947" ist ebenfalls denkbar. Zudem nennt das Dokument ausdrücklich Fort Bliss, dessen Kommandant, General Montague extra am 9. Juli nach Washington beordert wurde, was zumindest darauf hindeutet, daß seine Vorrichtungen in die Untersuchung mit einbezogen wurden. Weiter finden wir in dem Dokument eben jene Namen der deutschstämmigen „Paperclip"-Wissenschaftler -also der Top-Nazi-Ingenieure des V-2-Programmes, unter ihnen Wernher von Braun, die fortan für die USA an Raketensystemen arbeiteten - die auch Bob aufführte. Und das berichtet das Dokument:

„WSPG (White Sands Proving Ground) UFO-Vorfälle von 1947: Zwischenbericht

1. Entsprechend der Direktive des Präsidenten vom 9. Juli 1947 wurden eine vorläufige Untersuchung einer geborgenen 'Fliegenden Scheibe' und der Überreste einer möglichen zweiten Scheibe durch einen Expertenstab dieses Kommandos durchgeführt. Die in diesem Bericht zitierten Untersuchungen wurden von den Ingenieuren der T-2 und dem Flugzeuglabor der Ingenieursdivision T-3 durchgeführt. Weitere Daten stammen vom wissenschaftlichen Personal des Jet Propulsion Labors des California Institute of Technology und dem wissenschaftlichen Beraterstab der Luftwaffe unter Leitung von Dr. Theodore von Karman. Weitere Untersuchungen fanden durch Forschungs- und Entwicklungspersonal statt.

2. Es ist die gemeinsame Ansicht dieser Untersuchergruppen, daß das von Einheiten der Army Air Force geborgene Flugzeug nicht in den USA hergestellt wurde, und zwar aus folgenden Gründen:

   a. Das runde, scheibenförmige 'Plattform'-Design entspricht keinem Flugzeugtyp, der derzeit unter diesem Kommando oder dem der Marine entwickelt wird.

   b. Das Fehlen jedes äußeren Antriebssystems, Generators, Zustroms, Ausstoßes weder für einen Propeller noch für einen Düsenantrieb unterstützt diese Ansicht.

   c. Die deutschen Wissenschaftler auf Fort Bliss und dem White Sands-Versuchsgelände konnten diese Scheiben nicht als eine geheime deutsche V-Waffe identifizieren. Obwohl die Möglichkeit besteht, daß die Russen ein solches Flugzeug konstruiert haben, läßt uns das völlige Fehlen von Identifikationsnummern oder kyrillischen Anweisungen daran zweifeln und uns folgern, daß die Objekte nicht russischen Ursprungs sind.

   d. Bei Untersuchung des Schiffsinneren wurde ein Bereich mit einem möglicherweise atomaren Antrieb entdeckt. Zumindest war dies die Ansicht von Dr. Oppenheimer und Dr. von Karman. Die Möglichkeit besteht, daß Teile des Schiffes selbst ein Antriebssystem darstellen und daß der Reaktor als Hitze-Austauschmotor funktioniert und die Energie sammelt, statt sie freizugeben, wie unsere Atombomben. Die Beschreibung des Antriebsraumes ist wie folgt:

1. Eine ringförmige Röhre von zwölf Metern Durchmesser aus einem plastikähnlichen Material, die einen Zentralkern umgibt (siehe Skizze in Tab. 1). Dieses Rohr scheint mit einer klaren Substanz gefüllt, vielleicht schwerem Wasser. Eine große Stange befindet sich im Zentrum der Röhre und ist von einer kupferartigen Folie umgeben, die durch die Peripherie des Rohres läuft. Das kann eine Art Reaktorkontrollmechanismus oder eine aufladbare Batterie sein. Es befanden sich keine beweglichen Teile in dieser Vorrichtung.

2. Die Aktivierung eines elektrischen Potentials könnte die Hauptenergie dieses Reaktors sein, aber das ist derzeit nur eine Theorie. Wie ein Schwerwasserreaktor unter diesen Bedingungen arbeitet, ist unbekannt.

3. Unter diesem Bordkraftwerk wurde eine Kugel-Kanzel von drei Metern Durchmesser entdeckt. Die Kanzel war umgeben von einer Reihe von Mechanismen, deren Funktion von unseren Ingenieuren nicht völlig geklärt werden konnte. Auf der Unterseite der Kanzel befinden sich vier runde Einhöhlungen, ummantelt von einem weichen, nicht identifizierten Material. Diese Höhlungen sind symmetrisch und scheinen beweglich zu sein. Nur wie, ist unbekannt. Die Bewegungen der Kanzel stehen mit denen des kuppelförmigen Oberbereiches oberhalb des Maschinenraumes in Verbindung, Man glaubt, daß das Haupt-Antriebssystem eine blattlose Turbine ist, vergleichbar mit den Hauptantriebssystemen, die derzeit von AMC

und dem Mogul-Projekt entwickelt werden. Eine mögliche Theorie, wie sie von Dr. August Steinhoff (einem Paperclip-Wissenschaftler), Dr. Wernher von Braun und Dr. Theodore von Karman aufgestellt wurde: Wenn sich das Schiff durch die Atmosphäre bewegt, konnte es vielleicht den Wasserstoff durch eine Art Induktionsprozeß aufnehmen und daraus eine Atomfusionsreaktion generieren (siehe Tab.2). Die Luft außerhalb des Schiffes würde ionisiert und so das Schiff vorantreiben. Zusammen mit dem kreisrunden Lufttrieb beim Aufstieg könnte das Schiff eine unbegrenzte Reichweite und Geschwindigkeit haben. Das könnte der Grund für das Fehlen jeden Lärmes, von dem Zeugen sprachen, sein.

e. *Innerhalb der Kuppelsektion befindet sich ein Flugdeck. Es ist rund und nach oben hin kuppelförmig gewölbt. Das Fehlen eines Kabinendaches, von Beobachtungsfenstern/Luken oder einer optischen Projektion läßt uns schließen, daß das Schiff ferngesteuert ist.*

1. *Eine halbkreisförmige Foto-Röhren-Anordnung (möglicherweise Fernsehen).*
2. *Besatzungsräume waren durch einen Verfestigungsprozeß hermetisch versiegelt.*
3. *Keine Schweißnähte, Nieten oder Lötstellen.*
4. *Schiffskomponenten scheinen gegossen und in eine perfekte Form gepreßt worden zu sein.*" (29)

Im Dezember 1995 konnte ich die Tochter eines deutschstämmigen Wissenschaftlers interviewen, die mir bestätigte, daß auch ihr Vater im Sommer 1947 zur Untersuchung des UFOs von Roswell geordert wurde. Helga Küppers-Morrow ist die Tochter von Friedrich August Küppers, einem deutschen Physiker, der erst für die amerikanische Flugzeugbaufirma Glenn L. Martin Co. (später Martin Marietta), dann für amerikanische militärische Geheimprojekte arbeitete. Er kannte Wernher von Braun, John von Neumann und andere. Helga wuchs inmitten eines Kreises deutschstämmiger Wissenschaftler in Baltimore, Maryland auf, der so exklusiv war, daß sie als Kind dachte, daß jeder Erwachsene einen Doktortitel hätte. „Ich erinnere mich an jenen Tag im Sommer 1947, ich war damals zwölf Jahre alt", erklärte sie mir, „Meine Mutter und ich waren in der Küche und bereiteten das Abendessen vor. Daddy rief an, wie immer von einem Ort, den er nicht nennen durfte. Er war enthusiastisch, erklärte: 'Endlich können wir es beweisen, daß Außerirdische existieren'. Ich jubelte. Mutter ahnte, welche Auswirkungen das auf die Kirchen und unsere Glaubenssysteme haben würde. Am nächsten Tag rief Daddy wieder an. Es war der Tag, an dem die Militärs die Geschichte zurückgenommen hatten (der 9. Juli 1947, MH). 'Lügner, verdammte Lügner!', erregte er sich, 'wir wissen es besser. Glaubt denen nicht. Sie existieren!'. Daddy war lange weg, rief aber regelmäßig an. Als er zu Weihnachten heimkam, griff er nach meinen Händen, dann nach meinen Schultern. Er sagte: 'Alles, was du je gelernt hast, ist falsch - alles nur Lügen!' 'Wo warst du, Daddy, nach dem Absturz', wollte ich wissen. Er antwortete, er dürfe mir das jetzt nicht sagen, erst wenn er sterben würde. Wir wußten nur, daß er in New Mexico war, denn immer wenn ein Anruf eintraf, sagte uns die Dame vom Amt automatisch, woher der Anruf kam. Doch ich stellte Daddy diese Weihnachten 1947 noch eine Frage. 'Wenn es diese Leute von anderen Planeten wirklich gibt - gibt es dann auch Gott? Und wer ist er?' Er erwiderte: 'Ja, aber er ist höchstwahrscheinlich nackt und definitiv kein alter Mann.'" (30)

Glauben wir einer Chemieprofessorin aus Florida - der Len Stringfield das Pseudonym Edith Simpson gab - war noch ein ganz anderer Wissenschaftler eingeflogen worden, ein Mann, den man ohne zu zögern als den größten Wissenschaftler des 20. Jahrhunderts bezeichnen kann - Albert Einstein. 1947 war „Edith Simpson", eine hochbegabte Studentin der Naturwissenschaften, unter zahlreichen Kandidaten, ausgewählt worde, den Sommer zwischen den Semestern als Assistentin von

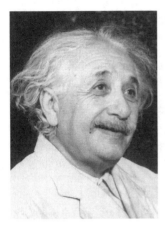

Sah UFO-Wracks: Albert Einstein

Prof. Einstein zu verbringen. Als Einstein-Assistentin hatte sie sich einer ausgiebigen Sicherheitsüberprüfung unterziehen müssen, da sie durch diese Position automatisch Zugang zu sensiblen Informationen hatte. Sie beschrieb den Professor als *„warmherzig, mitfühlend und herzlich zu allen seinen Studenten"*, und ganz offensichtlich schloß Einstein die vielversprechende, hochintelligente junge Studentin in sein Herz. Er nahm sie überallhin mit, und so begleitete sie den großen Gelehrten auch, als er von der US-Regierung zu einer dringenden Krisensitzung mit anderen Elite-Wissenschaftlern und -Militärs eingeladen wurde, die auf einer Luftwaffenbasis im Südwesten der Vereinigten Staaten stattfinden sollte. Sie flogen von Princeton in einer Linienmaschine nach Chicago, wo sie umstiegen und schließlich auf einem kleineren, zivilen Flughafen landeten. Edith erinnerte sich, daß es bei ihrer Landung regnete, und sie von einem Oberst im Trenchcoat abgeholt wurden. In einem Militärfahrzeug fuhren sie vielleicht 80 bis 120 Kilometer durch die Wüste zu der Basis. Dort führte man sie zu einem starkbewachten, alten Hangar, wo sie zum ersten Mal die Leichen der außerirdischen Wesen sah. *„Einige der Spezialisten, darunter mein Boss, durften näher heran. Mir erschienen sie alle gleich auszusehen, alle fünf. Sie waren etwa 1,50 Meter groß, haarlos, mit großen Köpfen und unglaublich schwarzen Augen. Und, ja, ihre Haut war grau mit einem leicht grünlichen Schimmer, aber nur, was man sehen konnte, da der größte Teil ihrer Körper in hautengen Anzügen steckte. Aber ich hörte, sie hätten keine Bauchnabel und keine Genitalien"*, erklärte Prof. Simpson, *„einer der Außerirdischen ragte hervor. Eine gallige grünliche Flüssigkeit floß langsam aus* seinen Nasenlöchern. *Aber eines war seltsam; sobald sie der Luft ausgesetzt war, wurde die Nasenausscheidung bläulich, was auf eine Kupfer- oder Kobaltbasis hindeutete. Ich rate nur, aber sie könnte aus einem gallenblaseartigen Organ stammen. Tatsächlich fragte ich mich, ob es noch am Leben war, aber ich war nicht nahe genug an dem Wesen dran, um Körperbewegungen zu sehen oder Kommentare von den Ärzten aufzuschnappen"*, erklärte Simpson der lokalen UFO-Forscherin Sheila Franklin, die mit ihr zuerst in Kontakt kam, und die sie im Auftrag für Stringfield interviewte.

Im selben Hangar, am anderen Ende, war das Schiffswrack untergebracht. *„Es war scheibenförmig, konkav"*, so Simpson, *„es füllte ein Viertel des Hangarbodens aus."* Zu ihrer Enttäuschung ließ man sie nicht nahe genug an das Wrack heran, als daß sie Details ausmachen könnte. Bewaffnete Wachen standen überall, und es war umgeben von Spezialisten, die es untersuchten. Nur eines erkannte sie: Eine Seite des Wracks war stark beschädigt. Man sagte ihr, daß die unglückliche Besatzung aus diesem Schiff geborgen wurde. Das war der Beweis, daß Außerirdische zur Erde gekommen sind, auch wenn ihre Mission offensichtlich scheiterte! *„Meine Reaktion"*, meinte sie, *„war Verwunderung, halb Neugierde und, vielleicht, halb Angst."*

War es das Wrack von Roswell? *„Keiner sagte mir, das sei von einem Absturz bei Roswell, obwohl der Name während der Reise einmal fiel"*, erwiderte Prof. Simpson, *„Aber, denken Sie daran, sie sagten mir nichts, was von Wichtigkeit wäre, keine Geheimnisse, keine Details. Prof. Einstein hatte die richtige Befugnis, und er schrieb auch einen Bericht, aber den bekam ich nicht zu sehen. Mir wurde nur gesagt, ich solle ja meinen Mund halten."* Eines Tages, während ihres mehrtägigen Aufenthaltes im Südwesten, ereignete sich etwas Unerwartetes, das zu einer plötzlichen Umstellung aller Pläne führte. Sie und der Professor wurden in einem Militärfahrzeug, das mit einer Plane überdacht war, vielleicht 80 Kilometer, von Jeeps eskortiert, durch die Wüste gefahren, zu einem isolierten Gebäude, vor dem eine Reihe von Fahrzeugen geparkt war. In einiger Entfernung konnte sie zahlreiche einstöckige Gebäude und eine starke Aktivität beobachten. Nachdem sie in das einzelne, größere Gebäude gebracht worden waren, an dessen Eingang Wachen standen, wurde ihre Gruppe von einem Offizier begrüßt und in einen Bereich geführt, wo medizinisches und militärisches Personal um eine Art Tisch standen, auf dem ein Patient lag, der sich offensichtlich vor Schmerzen krümmte. Manchmal gelang es ihm, sich aufzusetzen, wobei er seltsame, seufzende Laute von sich gab, ohne je zu sprechen. Obwohl sie auch hier auf Distanz gehalten wurde, erkannte Prof. Simpson ein Wesen mit gräulicher Hautfarbe, das sehr viel menschlicher erschien als die fünf anderen, die sie zuvor gesehen hatte. Einmal erweiterte sich sein ganzer Torso, was dem Wesen ein groteskes, aufgeblähtes Erscheinen gab. *„Es muß ein neuer Fall gewesen sein"*, glaubte Einsteins Assistentin, *„aber mir wurde nichts dazu gesagt."* Später hörte sie, daß das verletzte Wesen überlebt hätte.

Wie reagierte Einstein auf die Funde, fragte Sheila Franklin die Professorin. *„Er wirkte auf keinerlei Weise beunruhigt, als er das alles sah. Ich habe mir seine ersten Kommentare noch nicht notiert, aber er sagte etwas in dem Sinne, daß es ihn nicht überraschte, daß sie zur Erde gekommen seien und daß ihm das Hoffnung gäbe, daß auch wir mehr über das Universum lernen könnten. Kontakt, meinte er, wäre von Vorteil für beide Welten."* Was interessierte Einstein am meisten? *„Der Antrieb und mehr über das Universum zu erfahren"*, antwortete Prof. Simpson.

Die ganze Atmosphäre war sehr offiziell, erinnerte sich die Professorin. Fotografen und Kameramänner dokumentierten jedes Stadium der Untersuchung, während sie selbst täglich daran erinnert wurde, daß alles unter strengster Geheimhaltung stünde. Nach Ende der Semesterferien, sie war längst wieder an der Uni, wurde Edith Simpson vom Dekan ihrer Universität aus dem Seminar geholt. Er stellte sie einer Dame vor, die sich als „Psychologin" ausgab und die ihr „einige Fragen stellen" wollte. Simpson ging mit der Frau in einen leergeräumten Abstellraum, in dem nur zwei Stühle standen. Sie setzten sich, und die „Psychologin" stellte nur eine Frage: „Als Kind, konntest du da zuerst laufen oder sprechen?". Das nächste, woran sich Edith erinnerte, war, daß sie auf ihre Uhr schaute und anderthalb Stunden vergangen waren! Sie konnte sich an nichts erinnern, was in der Zwischenzeit vorgefallen war und hatte das Gefühl, hypnotisiert und in Hypnose befragt worden zu sein. Jahre später, sie war längst Professorin, befragten Regierungsbeamte Personen aus ihrem Umfeld. Zudem wurde sie Opfer von sechs Einbrüchen in sieben Jahren. (31)

Wir können davon ausgehen, daß diese wissenschaftliche Krisenkonferenz nur ein erstes „Brainstorming" der klügsten Köpfe des Landes war, mit dem Ziel, den Rahmen für eine künftige Untersuchung festzulegen, die die folgenden Jahre in Anspruch nehmen sollte. Tatsache jedenfalls ist, daß die US-Luftwaffe in den folgenden Monaten alles versuchte, um nähere Daten über die „fliegenden Untertassen" zu sammeln. Die ersten Ergebnisse übermittelte General Twining am 23. September 1947 an den „Kommandierenden General der Army Air Force" mit Kopie an Brigadegeneral Schulgen. Da dieses 1978 offiziell freigegebene Dokument nur mit „Geheim" klassifiziert war, fand der Roswell-Vorfall ausdrücklich keine Erwähnung. Seine Untersuchung fand auf allerhöchster Ebene statt und war mit „Streng Geheim" klassifiziert. Um die Geheimhaltung zu wahren, sollte um jeden Preis verhindert werden, daß Personen, die nicht direkt an dem Projekt beteiligt waren, auch nur davon erfuhren, daß man im Besitz von „hardware" war.

Jedenfalls ging es in dem Bericht um die Ansicht des Lufttechnischen Nachrichtendienstes AMC zum Thema „Fliegende Scheiben". Diese war, so Twining:

„a. Das Phänomen, von dem berichtet wurde, ist real und beruht nicht auf Einbildung oder Fiktion.

b. Es sind Objekte, ungefähr in Scheibenform, die so groß wie gewöhnliche Flugzeuge zu sein scheinen.

c. Es besteht die Möglichkeit, daß zumindest einige der Vorfälle auf Naturphänomene, so auf Meteore, zurückgehen könnten.

d. Die gemeldeten Flugcharakteristiken wie extreme Steigleistung, Manöverabilität (speziell in der Drehung) und Ausweichmanöver bei der Sichtung oder Kontaktaufnahme durch unsere Flugzeuge oder Radar lassen uns an die Möglichkeit glauben, daß einige dieser Objekte gelenkt werden, entweder manuell, automatisch oder ferngesteuert.

e. Die offensichtlich übereinstimmende Beschreibung dieser Objekte ist wie folgt:

1. Metallische oder lichtreflektierende Oberfläche.

2. Fehlen jeder Ausstöße mit Ausnahme einiger weniger Fälle, bei denen die Objekte offensichtlich unter Höchstleistung manövrierten.

3. Runde oder elliptische Form, flach auf der Unterseite, oben eine Kuppel.

4. Verschiedene Berichte sprechen von sauber ausgeführten Formationsflügen von drei bis neun Objekten.

5. Normalerweise lautlos, außer in drei Fällen, als ein Donnergrollen gehört wurde.

6. Fluggeschwindigkeiten von über 300 Knoten (480 km/h)." (32)

Einen Monat später, am 30. Oktober 1947, verfaßte Brigadegeneral Schulgen ein ebenfalls mit „Geheim" klassifiziertes Memorandum, in dem er die Angehörigen des Luftwaffen-Nachrichtendienstes beauftragte, alle verfügbaren Informationen über „Flugzeuge vom Typ 'Fliegende Untertasse'" zusammenzustellen. Darin heißt es unter „Allgemeines":

„1. Ein angebliches 'Fliegende Untertassen'-Flugzeug oder Flugobjekt von der Form einer Scheibe wurde von zahlreichen Beobachtern voneinander weit auseinanderliegender Orte wie den Vereinigten Staaten, Alaska, Kanada, Ungarn, Guam und Japan beobachtet. Dieses Objekt wurde von vielen kompetenten Beobachtern inklusive hochrangigen US-Piloten gemeldet. Sichtungen fanden vom Boden wie in der Luft statt.

2. Gemeinsame Charakteristiken, die sehr wichtig sind und die bei der Untersuchung helfen können, sind die folgenden:

a. Relativ flache Unterseite von extremer Licht-Reflektionsfähigkeit.

b. Fehlen von Geräuschen, außer einem Donnergrollen in extrem seltenen Fällen, bei offensichtlicher Operation unter extremen Bedingungen.

c. Extreme Manövrierfähigkeit und offensichtliche Befähigung, nahezu zu schweben.

d. Eine Form, die ungefähr der eines Ovals oder einer Scheibe entspricht, mit einem kuppelförmigen Aufsatz.

e. Das Fehlen eines Ausstoßes, außer in seltenen Fällen, in denen von einem bläulichen Rauch berichtet wurde, der eine Stunde lang zu sehen war. Andere Berichte erwähnten einen bräunlichen Rauchschweif, der das Ergebnis eines speziellen Katalysators oder einer besonderen Chemie sein könnte.

f. Die Fähigkeit, schnell mit hoher Geschwindigkeit zu verschwinden oder völlig zu desintegrieren.

g. Die Fähigkeit, plötzlich und ohne Warnung wie aus großer Höhe aufzutauchen.

h. Die am häufigsten beschriebene Größe entspricht der einer C-54 oder Constellation.

i. Die Fähigkeit, sehr schnell Formationen zu bilden, wenn mehrere Flugobjekte zusammen sind.

j. Die Ausweichfähigkeit deutet auf eine manuelle Steuerung hin, oder zumindest auf eine elektronische oder Fernsteuerung...

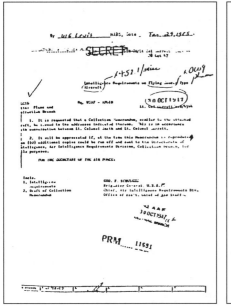

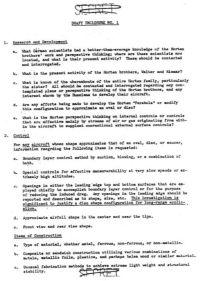

Drei Seiten aus dem mit „Geheim" klassifizierten Memorandum von General Schulgen vom 30.10.1947: Die hier aufgeführten Charakteristiken der „fliegenden Untertassen" entsprechen den Beschreibungen der Roswell-Augenzeugen.

3. Zu den ersten Sichtungen in den USA kam es etwa Mitte Mai. Die letzte Sichtung wurde am 14. September aus Toronto, Kanada, gemeldet. Die größte Aktivität in den USA fand in der letzten Juni- und der ersten Juliwoche statt.

4. Das fremde Objekt oder Phänomen sollte in Anbetracht gewisser Beobachtungen als Langstreckenflugzeug beschrieben werden, das zu hohen Steigleistungen, hoher Fluggeschwindigkeit und hoher Manöverabilität sowie der Fähigkeit, in sehr dichten Formationen zu fliegen, in der Lage war. Zum Zweck der Analyse und Auswertung der sogenannten 'Fliegenden Untertassen' muß davon ausgegangen werden, daß es sich um ein bemanntes Flugobjekt unbekannter Herkunft handelt. Obwohl immer noch die Möglichkeit eines russischen Ursprungs besteht, aufgrund ihrer neuen Perspektive im Denken und der Erbeutung deutscher Errungenschaften, sind doch einige Elemente der Ansicht, daß es sich dabei tatsächlich um ein interplanetarisches Raumschiff handelt."

In der anliegenden Aufgabenstellung für den Nachrichtendienst der Luftwaffe rät General Schulgen, die deutschen und russischen Geheimwaffen-Entwicklungen unter die Lupe zu nehmen. Dazu gehörte, auf folgende Konstruktionseigenschaften zu achten:

„a. Materialtyp, ob Metall, eisenhaltig oder nicht, oder nicht-metallisch.

b. Eine Sandwich-Konstruktion unter Verwendung verschiedener Metall-Folien, Plastikarten und vielleicht Balsa-Holz oder ähnliches Material.

c. Ungewöhnliche Fabrikationsweise zur Erreichung eines extrem leichten Gewichtes bei hoher struktureller Stabilität.

d. Das Vorhandensein eines unkonventionellen oder ungewöhnlichen Antriebssystems kann nicht ausgeschlossen werden und sollte daher mit größtmöglichem

Interesse in Betracht gezogen werden. Der Motor könnte möglicherweise ein integraler Teil des Flugobjektes sein und wäre vielleicht nicht als von dem Flugobjekt getrennte Einheit zu erkennen." (33)

Womit wir wieder bei Roswell wären. Hat nicht auch Bill Brazel das von seinem Vater entdeckte Material als *„holzähnliche Partikel, leicht wie Balsaholz, metallartige Substanzen, nur nicht zerreißbar und federleicht"* (34) beschrieben? Wie sonst, wenn nicht durch den Roswell-Fund, soll die Luftwaffe zu diesen Einsichten über die Konstruktionsweise der „fliegenden Untertassen" gekommen sein? Ganz gewiß wäre niemand durch bloße Luft- und Bodenbeobachtungen auf Konstruktionsdetails wie *„extrem leichtes Gewicht"*, *„Sandwichkonstruktion"*, *„verschiedene Metallfolien"*, *„Plastikarten"* und *„Balsaholz oder ähnliches Material"* gekommen. Andererseits ist eben das eine sehr akkurate Beschreibung der Fragmente von Roswell. Nur die Sache hat einen Haken: Offiziell war die Roswell-Scheibe schon am 8. Juli, mehr als drei Monate vor Abfassung dieses Memorandums, als Wetterballon „identifiziert" worden. Die Echtheit des General Schulgen-Memorandums ist unbestritten - es wurde am 29. Januar 1985 offiziell von der US-Luftwaffe freigegeben. Für jeden, der zwischen den Zeilen liest, beweist es, daß die Airforce ihre eigene offizielle „Identifikation" der Roswell-Fragmente nie sehr ernstgenommen hat - und daß das Roswell-Wrack noch Ende Oktober 1947 zumindest in Geheimdienstkreisen als „Flugzeug vom Typ 'Fliegende Untertasse'" galt, es sich möglicherweise „tatsächlich um ein interplanetarisches Raumschiff" handelt. General Schulgens Memorandum war zugleich Ausgangspunkt für das erste offizielle Luftwaffen-UFO-Untersuchungsprojekt unter Obhut des AMC. Während in den obersten Chargen des Pentagon kein Zweifel mehr über den außerirdischen Ursprung der „Fliegenden Untertassen" bestand, verlangten jene, die nicht die richtige Zugangsbefugnis hatten, nach Antworten. Und abgesehen von der Frage nach ihrer Herkunft war noch immer unklar, weshalb, mit welcher Intention, die unbekannten Flugobjekte in den Luftraum der Vereinigten Staaten eindrangen. So entwarfen Pentagon-Büros geheime Pläne für landesweite UFO-Aufspür- und Untersuchungsprojekte. Doch es bedurfte erst eines tragischen Zwischenfalls, bevor das erste öffentliche Projekt aus der Taufe gehoben wurde.

Am frühen Nachmittag des 7. Januar 1948 beobachteten Hunderte Bewohner von Madisonville und Fort Knox im US-Staat Kentucky eine „gigantische fliegende Untertasse". Einige informierten die Polizei, die wiederum den Godman Field-Militärflughafen in Kenntnis setzten. Auch die Militärverwaltung von Lexington bestätigte das Phänomen und Colonel Hix, der Kommandant der Godmann-Luftwaffenbasis, verfolgte es durch sein Fernglas. Sofort gab er Befehl zum Start von drei Düsenjägern, um den Eindringling aufzuspüren und abzufangen. Geschwaderführer war Capt. Thomas Mantell, ein erfahrener Kampfflieger. Während Tausende atemlos das Schauspiel am Himmel verfolgten und die beiden Flügelpiloten schon aufgaben, weil ihnen der Treibstoff ausging, setzte Capt. Mantell die Verfolgung des UFOs fort.

Über Funk beschrieb er das Objekt als *„scheibenförmig, enorm groß, schwer zu schätzen, könnte 70 Meter im Durchmesser sein. Oberfläche hat Ring und Kuppel. Dreht sich enorm schnell um die eigene Vertikalachse."* Nach den offiziellen Berichten meldete er dann noch einmal: *„Ich komme näher dran, will es besser sehen können. Es ist direkt über mir... das Ding ist metallisch und von ungeheurer Größe... es schießt in die Höhe und hat fast dieselbe Geschwindigkeit wie ich. Das sind 400 mph (600 km/h). Ich werde auf 21.000 Fuß (7000 Meter) steigen, und wenn ich nicht näher rankomme, gebe ich auf."* Das war um 15.15 Uhr. Dann explodierte Mantells Flugzeug in der Luft. Die Überreste, die auf ein Feld fielen, wurden von der Luftwaffe sorgfältig eingesammelt. Die fliegenden Untertassen hatten ihr erstes Todesopfer gefordert.

Das Pentagon reagierte schnell. Generalmajor L.C. Craigie gab Befehl, ein Luftwaffenuntersuchungsprojekt ins Leben zu rufen, dessen Aufgabe es sein sollte, festzustellen, ob die Unbekannten Flugobjekte eine Bedrohung für die Vereinigten Staaten darstellten. Am 22. Januar 1948 nahm das „Project Sign" auf dem Wright Field seine Arbeit auf. Unter der zweithöchsten Prioritätsstufe -2 A- stand es unter der Schirmherrschaft der Technischen Nachrichtendivision des AMC. In einer dreizehnmonatigen Arbeit untersuchte das Projekt 240 in- und 30 ausländische Fälle, von denen 30 % als Sinnestäuschung, Verwechslung mit konventionellen Naturphänomenen oder Schwindel identifiziert werden konnten - aber der Großteil, 70 %, blieb unaufgeklärt. Sie wurden von „Projekt Sign" erstmals mit einem Terminus bezeichnet, der dem Phänomen das Stigma der Lächerlichkeit nehmen sollte, das ihm noch anhaftete. Aus den „Fliegenden Untertassen" wurden die U.F.O.s - die „Unidentifizierten Flug-Objekte".

Die 189 „unidentifizierten" Fälle stammten von Augenzeugen, die alle Kriterien von „Glaubwürdigkeit" und „Zuverlässigkeit" erfüllten: Hohe Militärs und bekannte Astronomen, Wissenschaftler und Piloten waren darunter, und ihre teilweise äußerst detaillierten Schilderungen ließen letztendlich nur eine Schlußfolgerung zu: Das Phänomen war real, und ganz bestimmt nicht „von dieser Welt".

Am 5. September 1948 ging ein Geheimbericht des AMC an die Kommandierenden Generäle der Luftwaffe in Washington. Sein Titel: „Project Sign - Lagebericht". Es war ein recht umfangreiches Dokument mit einem schwarzen Umschlag, auf dem Deckblatt der Stempel TOP SECRET - Streng Geheim. Er enthielt die Luftwaffen-Analysen der wichtigsten Sichtungsberichte und ein unglaubliches Fazit: Die UFOs sind interplanetarischer Herkunft! Der Lagebericht wanderte im Pentagon von Büro zu Büro und landete schließlich auf dem Schreibtisch von Luftwaffen-Stabschef General Hoyt S. Vandenberg. Vandenberg wußte, daß die Schlußfolgerung des Sign-Projektes richtig war, doch genauso fest stand für ihn, daß das ein Tabu-Thema war, daß die Wahrheit nie offiziell ausgesprochen werden dürfte. Er bestellte den Sign-Mitarbeiterstab zu einer Lagebesprechung ins Pentagon, erzählte ihm von der Gefahr einer Panik, erinnerte an die Reaktion der Öffentlichkeit auf das Orson Welles-Hörspiel von der Landung der Marsmenschen in New Jersey und ordnete eine neue Politik an: Er befahl dem „Sign"-Team, Abstand von der „interplanetarischen Theorie" zu nehmen und seine Arbeit unter der Prämisse fortzusetzen, daß die UFOs fortan alles und jedes zu sein hatten, bloß eben keine außerirdischen Raumschiffe. Der Lagebericht aber wurde einige Monate später deklassifiziert und verbrannt. (35)

Doch auch die Untersuchung des Roswell-Vorfalls dauerte noch Monate nach General Rameys „offizieller Erklärung" an, natürlich unter strengster Geheimhaltung und als separates Projekt außerhalb des offiziellen Projektes „Sign". Einer der an den Nachforschungen beteiligten Wissenschaftler war Prof. Lincoln LaPaz von der University of New Mexico in Albuquerque. Gleich nach dem Vorfall war er nach Roswell geschickt worden, um Mac Brazel - der sich damals noch in Gewahrsam der AAF befand - über den Fund zu befragen. LaPaz war Experte für Meteoriten und arbeitete für die Regierung. Mit seinen Kenntnissen in Mathematik, Astronomie und Meteorologie hatte er das Manhattan-Projekt beraten, seine Befugnisstufe war „Top Secret". Als Japan die USA mit Ballonbomben angriff, war es seine Aufgabe, diese frühzeitig aufzuspüren und zu vernichten, bevor sie einen Schaden anrichten konnten. Im Roswell-Zwischenfall sollte er die Flugrichtung und -geschwindigkeit des Objektes rekonstruieren und die Absturzursache bestimmen. Dazu wurde ihm Lewis S. „Bill" Rickett vom Spionageabwehr-Corps (CIC) zugewiesen, der bereits am 8. Juli mit Cavitt die Räumung des Trümmerfeldes auf der Foster-Ranch beaufsichtigte. Später erklärte dieser Stanton Friedman: *„LaPaz wollte das Gebiet überfliegen, und das wurde arrangiert. Er fand einen anderen Punkt, an dem, wie er glaubte, das Ding das erste Mal aufstieß, bevor es wieder an Höhe gewann. Der Sand an dieser Stelle hatte sich in eine glasartige Substanz verwandelt. Wir sammelten eine Schachtel voll Proben - und, wenn ich mich richtig erinnere, da waren auch Metallproben, so eine Art dünne Folie. LaPaz schickte sie irgendwohin zur näheren Untersuchung... die Stelle war ein paar Meilen von der anderen entfernt.“* Dann interviewte er die Rancher und Rancharbeiter. Drei Wochen lang fuhr er mit Rickett in der Gegend herum. Da er Spanisch sprach, war es ihm möglich, auch mit den zahlreichen Hispanos dieser Gegend zu sprechen. Einige schilderten ihm ihre Beobachtungen „fliegender Scheiben“ in den Tagen nach dem Absturz. Andere erwähnten, daß ihre Tiere verstört darauf reagierten. Davon hatte schon Brazel gesprochen - LaPaz horchte auf.

„Bevor er nach Albuquerque zurückkehrte, erklärte er mir, daß er sicher sei, daß dieses Ding in Schwierigkeiten kam, dann für eine Reparatur landete, wieder startete und schließlich explodierte“, ergänzte Rickett, *„Er war sich ebenfalls sicher, daß es mehr als eines dieser Flugobjekte gäbe, und daß die anderen nach ihm suchten - das glaubte er. Er war sich sicher, daß das Ding eine Panne hatte.“* Als sich die beiden ein Jahr später zufällig in einem Restaurant an der Bundesstraße östlich von Albuquerque begegneten, bekräftigte LaPaz noch einmal seinen Eindruck, bei dem Wrack hätte es sich um einen *„unbemannten außerirdischen Aufklärer“* gehandelt. Offenbar hatten seine Auftraggeber die Bergung der Besatzungsmitglieder vor Prof. LaPaz verschwiegen. (36)

Ricketts Aussage wird bestätigt durch die eidesstattliche Erklärung von Earl L. Zimmermann, der Anfang 1949 zum OSI (Büro für besondere Nachforschungen) der US-Luftwaffe auf die Kirtland-Luftwaffenbasis in Albuquerque versetzt wurde. Dort arbeitete er mit Prof. LaPaz zusammen bei einem Projekt auf der Forschungsstation der Universität von New Mexico auf dem Sandia-Berg. *„Uns wurde gesagt, daß die Luftwaffe beunruhigt war über ‚etwas‘, das am Nachthimmel über Los Alamos stand, und wir nahmen 15-Minuten-Belichtungen auf... Dr. LaPaz leitete das Projekt.*

Während dieses Projektes, das einige Monate lang dauerte, lernte ich Dr. LaPaz sehr gut kennen. Als ich ihm erzählte, daß ich 1947 in Roswell stationiert war, erklärte er mir, daß er in die Untersuchung des Dinges involviert gewesen sei, das in der Nähe von Roswell in diesem Sommer abgestürzt war. Er diskutierte keine Details, aber er sagte, er sei mit zwei Agenten herausgefahren und hätte Schäfer, Rancher und andere interviewt. Sie erzählten diesen Zeugen, sie würden einen Flugzeugabsturz untersuchen. Ich erinnere mich auch, daß LaPaz sagte, sie hätten ein Gebiet gefunden, in dem die Erdoberfläche zu einem leichten Blau verglast wäre, und sie fragten sich, ob Blitze einen solchen Effekt bewirken könnten.“ (37) Auch ein anderer OSI-Agent, Edgar J. Bethart, der 1947 CIC-Offizier des Alamogordo Army Air Fields war, erinnerte sich daran, daß Rickett und LaPaz im September 1947 *„im ganzen südlichen New Mexico auf UFO-Jagd waren“*. Auch hätten ihm die beiden von der Entdeckung *„eines großen, runden Brandflecks irgendwo mitten in der Prärie“* erzählt. (38)

Nach Abschluß der Untersuchung, Ende September 1947, verfaßte Professor LaPaz einen Bericht über seine Erkenntnisse, den er nach Washington schickte. Auch darin ließ er keinen Zweifel daran, daß das, was in Roswell abgestürzt war, ein Flugkörper aus einer anderen Welt war, der unter intelligenter Steuerung stand...

6. Kapitel

Hinter verschlossenen Türen

Nach erfolgreicher Vertuschung des Roswell-Zwischenfalls dauerte es nicht einmal drei Jahre, bis wieder neue Gerüchte um die Abstürze „fliegender Untertassen" an die Öffentlichkeit drangen. Verantwortlich dafür war kein geringerer als Frank Scully, Kolumnist des „Variety", der Hauszeitschrift für alle Hollywood-Insider und jeden, der sich irgendwie für die Filmindustrie interessierte. Scully war mehr als ein Klatschjournalist - sein gutes Gespür für Stories, seine spitze Feder, sein immer leicht ironischer Stil und seine literarische Spitzfindigkeit ließen seine Kolumne zu einem Lesevergnügen und Scully zur Hollywood-Legende werden. Eher zufällig wurde er mit dem Thema konfrontiert. *„Ich verbrachte gerade ein Wochenende mit Wissenschaftlern, die alles wissen, was es über fliegende Untertassen zu wissen gibt, nicht von diesem Planeten, sondern von anderen"*, schrieb er am 12. Oktober 1949 in seiner Kolumne „Scullys Scrapbook". *„Vor ein paar Wochen, so verrieten mir diese Weisen, untersuchten sie eine dieser Scheiben, die von einem anderen Planeten hierher gekommen waren, und sagten mir sogar, wo die Scheiben herunterkamen. Die Mojave-Wüste bekam eine und die Sahara bekam die andere. Diejenige, die in Afrika landete, war kaputter als ein Psychiater, aber die andere glitt pfannkuchen-sanft zur Erde, wie eine Zeitlupe von Sonja Henie, wenn sie einen sterbenden Schwan imitiert...*

*Die Untertasse war 33 Meter breit und die Kabine selbst sechs Meter im Durchmesser. Das Zentrum blieb stabil, der Außenrand rotierte mit unglaublicher Geschwindig-*keit, *mit anderen Worten, sie flog wie ein magnetisch kontrollierter Helikopter. Sie wurde nicht durch Düsen oder eine andere uns bekannte Kraft angetrieben, sondern durch Magnetwellen.*

In jeder Untertasse waren sechzehn Mann. Sie waren intakt, aber verkohlt... Die Männer hatten die Größe der Singer-Lilliputaner. Es waren nicht die Singer-Lilliputaner, denn die sind alle noch vollständig. Es waren auch keine afrikanischen Pygmäen. Etwas in ihrer Knochenstruktur war anders, sagten die Wissenschaftler..."

Scully war von der Geschichte fasziniert. Er schrieb ein Buch darüber, „Behind the Flying Saucers" („Hinter den Fliegenden Untertassen"), das im September 1950 erschien - mit überwältigendem Erfolg. Sofort rückte es auf der Bestsellerliste der New York Times auf den neunten Platz, eine Woche später auf Platz Eins. Es war das erste Buch über die „Untertassen" überhaupt - und es enttäuschte seine Leser nicht.

Laut Scully stürzte die erste Scheibe am 25. März 1948 auf einem Felsplateau östlich von Aztek im äußersten Nordwesten von New Mexico ab. Als ein Bergungsteam der US-Luftwaffe die Absturzstelle erreichte, fand es die 33 Meter breite „Untertasse" völlig intakt vor. Schließlich gelang es, eine ihrer Luken einzudrücken und in das fremde Raumschiff einzudringen. An Bord fanden die Männer sechzehn kleine, menschenähnliche Wesen, zwischen 90 cm und ein Meter groß. Die später zu Rate gezogenen Wissenschaftler, so Scully, fanden heraus, daß die Scheibe *„wahrscheinlich auf magnetischen Kraftlinien"* flog und von der Venus kam. Kurz darauf hätte ein Absturz in Arizona stattgefunden mit ebenfalls sechzehn Leichen an Bord. Ein drittes Raumschiff stürzte 1949 im Paradise Valley östlich von Phoenix/Arizona ab, zwei Insassen an Bord.

Als Quelle für diese Enthüllungen gab er einen „Dr.Gee" an, einen mysteriösen Wissenschaftler, der *„mehr Grade hatte als ein Thermometer"*. (2)

Die Geschichte starb einen schnellen Tod, als ein Enthüllungsjournalist behauptete, das Geheimnis um „Dr. Gee" gelüftet zu haben. Er sei weit davon entfernt, ein „Wissenschaftler der Regierung" zu sein, behauptete J.P.Cahn in der September 1952-Ausgabe des Magazins „True", er sei vielmehr ein professioneller Betrüger namens Leo GeBauer und Scully nur eines seiner Opfer. GeBauer sei über Silas Newton, einen weiteren Hochstapler, der in Society-Kreisen verkehrte, sich als Ölmillionär ausgab und Investoren für neue Projekte suchte, an Scully geraten, behauptete Cahn. Gemeinsam hätten beide ein „auf Magnetismus beruhendes" Gerät zur Auffindung von Ölvorkommen entwickelt, und das Gerücht, daß es auf außerirdischer Technologie basieren würde, sollte Investoren anlocken. (3)

Tatsächlich standen Newton und GeBauer Ende 1953 in Denver vor Gericht und wurden „der Verschwörung zum Betrug" angeklagt. Sie wurden zu Bewährungsstrafen verurteilt mit der Auflage, den Investoren ihr Geld zurückzuzahlen. Zwei Jahre später stand Newton erneut vor Gericht, diesmal alleine, weil er Anteile an einer „Uran-Mine" verkauft hatte, die völlig wertlos waren. (4)

Scully beharrte zwar darauf, daß „Dr. Gee" ein *„kombinierter Charakter"* gewesen sei, der *„für acht"* seiner Informanten, *„alles hochkarätige Wissenschaftler"* stände, aber das wollte niemand mehr hören. Scully war

Wilbert Smith

diskreditiert, und mit ihm gleich sämtliche Geschichten, die auch nur irgendetwas mit „abgestürzten Untertassen" und den „kleinen Männern an Bord" zu tun hatte. Die Chance, daß doch noch etwas über Roswell ans Tageslicht kommen könnte, war für die nächsten 26 Jahre vertan.

Nur für einen ganz kurzen Zeitraum war es möglich, hinter den Schweigevorhang zu blicken... (5)

Wilbert M. Smith war Beamter des kanadischen Verkehrsministeriums. Er hatte auf der renommierten Universität von British Columbia Ingenieurswissen studiert und war für die Rundfunkstation Vancouver tätig gewesen, bevor er 1939 in den Dienst des Verkehrsministeriums trat, das in Kanada auch für das Fernmeldewesen zuständig ist. 1947 wurde er mit der Einrichtung eines Netzes ionosphärischer Meßstationen beauftragt, die die Verbreitung von Radiowellen untersuchen sollten. Als leitender Ingenieur des Projektes mußte er sich mit all jenen Phänomenen auseinandersetzen, die auf Radiowellen einwirken: Nordlicht, kosmische Strahlung, atmosphärische Radioaktivität, allen Erscheinungsformen des Geomagnetismus. Dabei wuchs seine Überzeugung, daß der Geomagnetismus auch als Energiequelle genutzt werden konnte. 1949 entwickelte er sogar eine „Experimentaleinheit" und testete sie in den Standardlaboratorien des Ministeriums. Das Ergebnis war vielversprechend: Es wurde genug Energie aus dem irdischen Magnetfeld gezogen - ca. 50 Milliwatt -, um ein Voltmeter in Gang zu setzen.

Ein Jahr später, im September 1950, nahm Smith an einer Konferenz in Washington teil, als Scullys Buch gerade erschienen und buchstäblich Tagesthema war. Als er in einer Radiosendung davon hörte, daß laut Scully die „Untertassen" *„auf den magnetischen Kraftlinien der Erde"* fliegen und durch *„magnetische Prinzipien"* angetrieben würden, horchte er auf. Er besorgte sich das Buch, las es fasziniert in nur einer langen, schlaflosen Nacht, so gefesselt war er. Später schrieb Smith: *„Es erscheint mir so, als könnte unsere eigene Arbeit auf dem Gebiet des Geo-Magnetismus sehr wohl zum Bindeglied zwischen unserer Technologie und der Technologie werden, auf deren Grundlage die Untertassen gebaut und betrieben werden. Und wenn wir davon ausgehen, daß unsere geomagnetischen Forschungen in die richtige Richtung gehen, erscheint mir die Theorie vom Antrieb der Untertassen als zutreffend, da sie alle beobachteten Erscheinungen qualitativ und quantitativ erklärt."* Er mußte mit den Wissenschaftlern der US-Regierung, die die abgestürzten „Untertassen" untersuchen, in Kontakt kommen und in Erfahrung bringen, wie weit ihre Forschungen fortgeschritten waren. (6)

Als Ministerialbeamter eines Nachbarlandes ging er den offiziellen Weg. Durch Vermittlung des Militärattaches der Kanadischen Botschaft in Washington, Lt. Col. Bremner, bekam er einen Gesprächstermin mit einem Pentagon-Wissenschaftler, von dem es hieß, daß er „ganz bestimmt über diese Projekte informiert ist". Dieser Wissenschaftler war der Physiker Prof. Dr. Robert I. Sarbacher, wissenschaftlicher Berater des Forschungs- und Entwicklungsausschusses des US-Verteidigungsministeriums mit eigenem Büro im Pentagon. Sarbacher gehörte zu den renommiertesten Gelehrten seines Landes. Er war nicht nur Professor der Harvard-Universität und Dekan der Technischen Hochschule von Georgia, sondern auch Forschungsdirektor der Wedd-Laboratorien, in denen Rüstungstech-

Wilbert M. Smiths handschriftliche Notizen seines Gespräches mit Prof. Sarbacher

nologie entwickelt wurde. Am 15. September 1950 war Smith mit Prof. Sarbacher verabredet.

Nur weil er seine Notizen von dem Gespräch, das damals stattfand, sein Leben lang sorgfältig aufbewahrte, sind wir heute in der Lage, seinen Verlauf wörtlich zu zitieren. (WBS: Wilbert B. Smith - RIS: Dr. Robert I. Sarbacher)

WBS: *„Ich beschäftige mich derzeit mit der Nutzung des irdischen Magnetfeldes als Energiequelle, und ich denke, unsere Arbeit könnte eine Verbindung zu den fliegenden Untertassen haben.*

RIS: *Was wollen Sie wissen?*

WBS: *Ich habe Scullys Buch über die Untertassen gelesen, und ich wüßte gerne, wie viel davon wahr ist.*

RIS: *Der Inhalt des Buches ist in der Substanz korrekt.*

WBS: *Dann gibt es die Untertassen?*

RIS: *Ja, sie existieren.*

WBS: Operieren sie, wie Scully behauptet, auf der Grundlage magnetischer Prinzipien?

RIS: Wir waren bisher noch nicht in der Lage, ihre Flugeigenschaften zu duplizieren.

WBS: So stammen sie von einem anderen Planeten?

RIS: Wir wissen nur, daß wir sie nicht gebaut haben, und es steht so gut wie fest, daß sie nicht von der Erde stammen.

WBS: Wenn ich es richtig verstanden habe, steht die gesamte Untertassen-Angelegenheit unter Geheimhaltung.

RIS: Ja, ihre Geheimhaltungsstufe ist um zwei Punkte höher als die der Wasserstoffbombe. Tatsächlich handelt es sich bei ihnen um die am höchsten klassifizierte Geheimsache der US-Regierung.

WBS: Darf ich nach den Gründen für diese Klassifikation fragen?

RIS: Sie dürfen fragen, aber ich kann es Ihnen nicht sagen.

WBS: Gibt es für mich eine Möglichkeit, an Informationen zu kommen, die für unsere Arbeit nützlich sein könnten?

RIS: Ich denke, Sie könnten sich durch Ihr Verteidigungsministerium einer Sicherheitsprüfung unterziehen lassen, und ich bin sicher, daß ein Informationsaustausch arrangiert werden könnte. Wenn Sie etwas beizutragen haben, würden wir uns freuen, darüber zu sprechen, aber ich kann Ihnen zum jetzigen Zeitpunkt nicht mehr sagen. (7)

Wilbert M. Smiths Memorandum an dem kanadischen Verkehrsminister vom 21. November 1950: „Fliegende Untertassen existieren... das Thema hat die höchste Geheimhaltungsstufe der Vereinigten Staaten."

Nach weiteren Nachforschungen verfaßte Smith am 21. November 1950 ein mit TOP SECRET klassifiziertes Memorandum an den kanadischen Verkehrsminister, in dem er die Einrichtung eines Forschungsprojektes „Magnet" beantragt. „Projekt Magnet", so Smith, solle die UFOs auf die Frage nach ihrem Antrieb hin untersuchen. Es gäbe Anzeichen dafür, daß dieser etwas mit den Phänomenen des Geomagnetismus zu tun hätte, und daß man durch weitere Studien *„eine potentielle Energiequelle für die Zukunft unseres Planeten"* entdecken könnte. Um seiner Forderung Nachdruck zu verleihen, wies er darauf hin, wie ernst „der große Bruder im Süden", die USA, das UFO-Phänomen nimmt:

„Ich ließ diskrete Nachforschungen durch die Kanadische Botschaft in Washington durchführen, wo man mir die folgenden Informationen verschaffte:

a. Das Thema hat die höchste Geheimhaltungsstufe der Regierung der Vereinigten Staaten, noch weit höher als die der Wasserstoffbombe.

b. Fliegende Untertassen existieren.

c. Ihr modus operandi ist unbekannt, wird aber von einer kleinen Gruppe unter Leitung von Doktor Vannevar Bush konzentriert untersucht.

d. Die ganze Sache hat für die Behörden der Vereinigten Staaten eine ungeheure Bedeutung." (8)

Wer aber war diese „kleine Gruppe unter Leitung von Doktor Vannevar Bush", die sich offenbar intensiv mit dem UFO-Antrieb befaßte? Schon der Name „Vannevar Bush" hatte zweifellos die kanadischen Behörden aufhorchen lassen, denn Dr. Bush war zu diesem Zeitpunkt die wichtigste Wissenschaftlerpersönlichkeit im Dienste der US-Regierung. 1940 war er, damals Präsident der renommierten Carnegie Institution in Washington D.C., von Präsident Franklin D. Roosevelt persönlich zum Vorsitzenden des neugegründeten „National Defense Research Committee" (NDRC: Forschungskomitee der Nationalverteidigung) berufen worden, dessen Aufgabe die Oberaufsicht aller Rüstungsprojekte der Army und Navy war. Im selben Jahr wurde das „Uranium Committee", aus dem schließlich das „Manhattan-Project" zur Entwicklung der ersten Atombombe hervorging, dem NDRC untergeordnet. Als ein Jahr später das ebenfalls der Rüstungsforschung dienende „Office of Scientific Research and Development" (OSRD: Wissenschaftliches Forschungs- und Entwicklungsbüro) ins Leben gerufen wurde, dessen erste Aufgabe es war, den Präsidenten über den Stand von Waffenentwicklungen zu beraten, wurde Dr. Bush zu seinem Direktor ernannt - und war damit der erste wissenschaftliche Berater des Präsidenten . Unter der Aufsicht

Prof. Vannevar Bush

des Harvard-Absolventen und Professors für Elektrotechnik am renommierten Massachusetts Institute of Technology (MIT) standen über 2000 Projekte, für deren Wissenschaftler allein ein Jahresbudget von 300 Millionen Dollar zur Verfügung stand, plus einiger hundert Millionen Dollar für Laboreinrichtungen und Material. Die beiden wichtigsten von Dr. Bush beaufsichtigten Projekte waren die Entwicklung von taktischen Radarsystemen und der Bau der ersten Atombombe. Schließlich wurde er sogar zum Mitglied der Top Policy Group, der engsten Beratergruppe um den Präsidenten. 1945 legte er dem Präsidenten seinen Bericht „Wissenschaft - die endlose Grenze" vor, in dem er die Einrichtung eines landesweiten Förderungsprogrammes für Grundlagenforschung und die Unterstützung ziviler wissenschaftlicher Projekte forderte. Sechs Jahre später führten Dr. Bushs Anregungen zur Einrichtung der „Nationalen Wissenschaftsstiftung" durch den US-Kongreß. Bei einer „kleine Gruppe unter Leitung von Doktor Vannevar Bush" konnte es sich also nur um ein Projekt auf allerhöchster Ebene und unter strengster Geheimhaltung handeln. (9)

Es dauerte bis 1978, daß das mit TOP SECRET klassifizierte „Project Magnet"-Memorandum von Wilbert Smith von den kanadischen Behörden freigegeben wurde. Fünf Jahre später gelangte es, zusammen mit den handschriftlichen Protokollen, die Smith von seinem Gespräch mit Prof. Sarbacher gemacht hatte, in die Hände des kalifornischen Autors William Steinman, der gerade an einem Buch über Frank Scullys Aztek-Geschichte arbeitete. Als Steinman die Namen Prof. Sarbacher und Dr. Bush las, horchte er auf. Wenn wirk-

Prof. Robert I. Sarbacher

lich Wissenschaftler von diesem Kaliber an einem UFO-Projekt beteiligt gewesen sein sollen, so mußte es um mehr gegangen sein als um bloße Sichtungen mysteriöser Flugkörper. Mit „anekdotischen Beweisen" (so der gängige Euphemismus) gaben sich Männer von diesem Format nicht zufrieden - sie interessierten sich nur für „hardware", für Technologie und ihre Anwendung im Rüstungsbereich. War es möglich, drei Jahrzehnte später von einem dieser Wissenschaftler mehr zu erfahren? Dr. Bush war 1974 im Alter von 84 Jahren verstorben, aber Dr. Sarbacher befand sich noch bei bester Gesundheit. Und auch seine wissenschaftliche Laufbahn war bemerkenswert. Er hatte an der Princeton-Universität studiert und in Harvard promoviert, blieb als Dozent für Physik vier Jahre in Harvard, bevor er eine Professur für Elektrotechnik am Illinois Institute of Technology annahm. 1941 übernahm er einen Lehrstuhl für Physik in Harvard, bevor er von 1942-45 als wissenschaftlicher Berater der US-Marine diente. Nach dem Krieg war er nicht nur Dekan der Graduiertenschule des Georgia Institute of Technology, er war auch wissenschaftlicher Berater des Forschungs- und Entwicklungsrates des US-Verteidigungsministeriums mit eigenem Büro im Pentagon. Prof. Sarbachers Fachgebiet waren Fernlenkraketen. (10) Als ihn Steinman kontaktierte, war Sarbacher noch immer aktiver Präsident des Washington Institutes of Technology.

In mehreren Briefen bat Steinman Dr. Sarbacher um Hintergrundinformationen zu seinem Gespräch mit Wilbert Smith. Insbesondere bat er um die Namen weiterer Wissenschaftler, die der *kleinen Gruppe unter Leitung von Doktor Vannevar Bush"* angehörten, und, wenn möglich, einige wissenschaftliche Berichte über die damals durchgeführten Untersuchungen. Fast hatte Steinman das Warten schon aufgegeben, als am 5. Dezember 1983 Dr.Sarbachers Antwort bei ihm eintraf. Und dieser Brief, datiert auf den 29. November, übertraf in der Tat alles, was er sich in seinen kühnsten Träumen erhofft hatte. Denn nach einer kurzen Entschuldigung für die späte Antwort - er war umgezogen und auf ausgedehnten Reisen gewesen - bestätigte der Physiker persönlich, auf Briefpapier des „Washington Institute of Technology", daß er in der Tat sehr viel mehr wußte, als er Smith auch nur angedeutet hatte. Kurzum, Prof. Sarbacher betätigte, daß sich Top-Wissenschaftler des Pentagon Ende der vierziger/Anfang der fünfziger Jahre an der Untersuchung abgestürzter außerirdischer Raumschiffe und ihrer Insassen beteiligt hatten. Allerdings: Er selber war zwar eingeladen worden, an den wissenschaftlichen Konferenzen, die im Rahmen dieses Projektes auf der Wright Patterson-Luftwaffenbasis bei Dayton, Ohio stattgefunden haben, teilzunehmen, doch hatte ihm dazu damals die Zeit gefehlt. Prof. Sarbacher wörtlich:

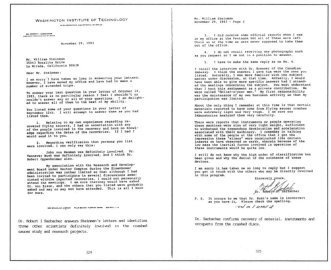

Prof. Sarbachers Schreiben an William Steinman vom 29.11.1983: „Materialien, die von den Abstürzen fliegender Untertassen stammen sollen, waren extrem leicht und sehr strapazierfähig... auch die Personen, die diese Maschinen operierten, waren sehr leicht... und gebaut wie gewisse Insekten."

„...obwohl ich eingeladen worden war, an mehreren Diskussionen über die besagten Bergungen teilzunehmen, konnte ich nicht persönlich zu den Konferenzen kommen. Ich bin sicher, daß sie auch Dr. (Wernher) von Braun eingeladen haben, und andere, die Sie aufführten, wurden wahrscheinlich auch gefragt und nahmen teil oder auch nicht..."

...bezüglich der Verifikation von Personen, die Sie auflisten, kann ich nur mit Sicherheit sagen: John von Neumann war definitiv darin verwickelt, Dr. Vannevar Bush war definitiv involviert und ich denke auch Dr. Robert Oppenheimer...

Dr. John von Neumann

Ich erhielt einige offizielle Berichte, als ich in meinem Büro im Pentagon war, aber ich mußte sie alle dortlassen, denn es war uns nicht erlaubt, sie aus dem Büro mitzunehmen... So ungefähr das einzige, woran ich mich heute noch erinnere, ist, daß gewisse Materialien, von denen es hieß, daß sie von Fliegende-Untertassen-Abstürzen kamen, extrem leicht und sehr widerstandsfähig waren. Ich bin sicher, unsere Laboratorien haben sie sehr sorgfältig untersucht.

Dann gab es Berichte, daß Instrumente oder die Menschen, die diese Maschinen steuerten, auch von sehr geringem Gewicht gewesen sind, um die gewaltigen Beschleunigungen

Prof. J. Robert Oppenheimer

und Steigungen auszuhalten, die bei ihrer Maschinerie beobachtet wurden. Ich erinnere mich daran, mit einigen Personen im Büro darüber gesprochen zu haben, daß ich den Eindruck hätte, daß diese 'Außerirdischen' konstruiert waren wie gewisse Insekten hier auf der Erde, denn aufgrund der geringen Masse würden die Trägheitskräfte bei der Steuerung dieser Instrumente recht niedrig sein.
Ich weiß bis heute nicht, weshalb es diese hohe Klassifikation gegeben hat und weshalb die Existenz dieser Geräte geleugnet wird." (11)

Sofort informierte Steinman den Roswell-Forscher und Nuklearphysiker Stanton Friedman über den Brief. Kurz darauf rief Friedman Sarbacher persönlich an und fragte ihn, ob er sich noch an einen Wissenschaftler erinnern könnte, der diese Konferenzen auf Wright Patterson besucht hätte. „Da gab es jemanden, der all diese Treffen besuchte", erwiderte Sarbacher nach einigem Nachdenken, „ich kann mich an seinen Namen nicht mehr erinnern, aber er hatte ein Buch über Elektrotechnik geschrieben, war Mitglied des RDB (Research and Development Board) und war Oberhaupt einer Abteilung für Elektrotechnik an der Universität von Pennsylvania." (12) Bald hatten Steinman und Friedman den Physiker identifiziert: Es war Dr. Eric A. Walker, auch ein Harvard-Absolvent, Elektrotechniker und späterer Direktor des Unterwasser-Tonlabors von Harvard. Im Krieg beriet er die Marine, seit 1944 diente er als ziviler Angestellter dem OSRD, bevor er 1945 vom Dekan der Pennsylvania State University zum Leiter des Seminars für Elektrotechnik der

Prof. Erik A. Walker, Präsident Dwight D. Eisenhower

Penn State berufen wurde. Gleichzeitig war er von 1950-52 Executivsekretär des Forschungs- und Entwicklungsrates des US-Verteidigungsministeriums. (13) Wie ein CIA-Dokument vom 2. Januar 1950 bestätigt, wurde er am 18. Dezember 1949 einer „Indoktrination für besondere Nachrichtendienstbereiche" unterzogen. (14) Am 30. August 1987 schließlich gelang es Steinman, Dr. Eric A. Walker ans Telefon zu bekommen.
(W: Dr. Eric A. Walker; S: William Steinman)

W: Hallo

S: Hallo... mein Name ist William Steinman aus Los Angeles, Kalifornien. Ich rufe an wegen der Konferenzen auf der Wright Patterson-Luftwaffenbasis, an denen Sie um 1949-50 teilnahmen, und in denen es um die militärische Bergung von fliegenden Untertassen und die Leichen ihrer Insassen ging. Der kürzlich verstorbene Dr. Robert I. Sarbacher verwies mich an Sie. Sie und Sarbacher waren 1950 Berater des DRB, Sie waren sein Sekretär von 1950-51.

W: Ja, ich nahm an Konferenzen zu diesem Thema teil; warum möchten Sie darüber etwas wissen?

S: Ich glaube, das ist ein sehr wichtiges Thema. Schließlich geht es um die Bergung einer fliegenden Untertasse, die nicht auf der Erde gebaut wurde. Und schließlich geht es um die Leichen der Insassen, die untersucht wurden und sich als menschenähnliche Wesen einer anderen Welt erwiesen!

W: So ... was ist daran so aufregend? Warum interessiert Sie das so?

S: Ich bin nicht aufgeregt, nur sehr interessiert. Wir sprechen hier über ein Thema, das offiziell von der US-Regierung abgestritten wird, was so weit geht, daß die Beweise und Zeugen diskreditiert werden. Und dann sagen Sie: „Was ist daran so aufregend?" und „Warum interessiert Sie das so?" Dr. Vannevar Bush, Dr. D.W. Bronk und andere hielten es für sehr wichtig und waren interessiert genug, um die ganze Sache höher als Top Secret zu klassifizieren, machten es zur am höchsten klassifizierten Angelegenheit der US-Regierung. Haben Sie je von der MJ 12-Gruppe und ihrem „Project Majestic 12" gehört, das mit TOP SECRET/MAJIC klassifiziert war?...

W: Ja, ich weiß von MJ-12. Ich kenne sie seit 40 Jahren. Ich glaube, Sie kämpfen gegen Windmühlen!

S: Warum sagen Sie das?

W: Sie mischen sich hier in ein Gebiet ein, auf dem Sie absolut nichts ausrichten können. Weshalb kümmern Sie sich dann darum und interessieren sich überhaupt dafür? Warum lassen Sie das nicht einfach und geben es auf? Vergessen Sie es!

S: Ich werde das ganz bestimmt nicht aufgeben. Ich gehe dem weiter nach!

W: Dann... wenn Sie alles darüber herausgefunden haben, was machen Sie dann?

S: Ich glaube, die ganze Sache muß an die Öffentlichkeit gebracht werden. Die Menschen haben ein Recht auf die Wahrheit!

W: Das ist es nicht wert! Hören Sie auf!

S: Können Sie sich an Details über die Bergungsoperationen und die weitere Untersuchung der Untertassen und Körper erinnern?

W: Ich bin sicher, ich habe noch meine Notizen von diesen Konferenzen auf der Wright Patterson-Luftwaffen-

basis. Ich muß sie heraussuchen und noch einmal durchlesen, um meine Erinnerungen aufzufrischen.

S: Wenn ich Ihnen schreibe, wäre es Ihnen möglich, so detailliert wie möglich zu antworten? Könnten Sie mir vielleicht sogar Ihre Notizen kopieren?

W: Vielleicht. Zumindest werde ich Ihren Brief aufheben, meine Notizen heraussuchen und dann über eine Antwort nachdenken. Mehr kann ich Ihnen jetzt nicht versprechen.

S: Gut, Dr. Walker, ich schreibe Ihnen so bald wie möglich. Danke für Ihre kostbare Zeit. Auf Wiedersehen.

W. Auf Wiedersehen. (15)

Tatsächlich schrieb Prof. Walker kurz darauf einen Brief an William Steinman. „In einigen Punkten liegen Sie richtig, in anderen falsch. Die Maschine selbst war offensichtlich nur ein Landevehikel, und es hatte keinerlei außergewöhnliche Einrichtungen und keinen Antrieb, mit dem wir nicht schon annähernd vertraut gewesen wären. Ich glaube, es existiert noch und wird irgendwo nahe Wright Field gelagert." Was aber auf diese interessante Bemerkung folgt, ist eine geradezu lächerliche Geschichte, die ganz offensichtlich nur dem Ziel diente, Steinman zu entmutigen. Das war ein klares Beispiel für das, was man in Geheimdienstkreisen Desinformation nennt - echte Information durch falsche Zusätze zu „verwässern". Walker: „Ihr größter Irrtum betrifft, natürlich, die Auffindung der Leichen — es gab keine Leichen; wir fanden nur vier ganz normale Individuen, alle männlich. Leider hatten sie keinerlei Erinnerungen mehr an ihre Vergangenheit, aber sie waren hochintelligent. Sie lernten Englisch in ein paar Stunden und wir entschieden, sie nicht der Öffentlichkeit zur Schau zu stellen, sondern Teil der amerikanischen Kultur werden zu lassen, als wir sicher waren, daß sie keine Kontamination mit sich brachten. Ich glaube, alle vier waren sehr erfolgreich. Einer nahm einen einfachen Namen

Prof. Erik A. Walter, Präsident
Lyndon B. Johnson

an und erwies sich als Computerexperte, obwohl er sich an solche Geräte nicht mehr erinnern konnte. Er wurde Präsident und Innovator einer der größten und erfolgreichsten Computerorganisationen. Ein zweiter wurde ein weltbekannter Athlet, da er aufgrund seines schnellen Reaktionsvermögens jede normale Person weit übertraf. Er ist immer noch ein bekannter Profi-Sportler. Der dritte verliebte sich in die Finanzwelt unseres kapitalistischen Systems. Er wurde bekannt als Wall Street-Makler und ist sehr reich. Von dem vierten habe ich jede Spur verloren und ich weiß nicht, wo er sich heute befindet."
Worauf Dr. Walker mit diesem Unsinn hinauswollte, geht aus seinen beiden Schlußsätzen hervor: „Ich hoffe, daß Sie die ganze Sache damit auf sich beruhen lassen. Die Ergebnisse sind völlig befriedigend, und nichts kann durch weitere Publicity erreicht werden. Ihr E.A.W." (16)

Als ihn am 24. April 1988 ein anderer UFO-Forscher, T. Scott Crain, schrieb, schickte Walker den Brief urschriftlich zurück mit der handschriftlichen Bemerkung „Why say anything?" - „Warum soll ich überhaupt etwas sagen?" (17) Als ihn im Juni 1989 Stanton Friedman anrief, erklärte ihm Dr. Walker nur, er hätte „seit 1965 nichts mehr mit UFOs zu tun gehabt." Das aber heißt, daß er VOR 1965 sehr wohl mit dem Thema vertraut war. „Leute, die UFOs studieren, sollten besser ein anderes Gebiet erforschen", riet er Friedman, doch auf die Frage, wie er das meinte, erwiderte Dr. Walker nur: „Das kann ich Ihnen nicht sagen. Das ist alles dazu." (18) Kurz darauf vermeldete die Presse, daß das Forschungslabor der Penn State Universität, dem Dr. Walker noch immer vorstand, gerade ein Forschungsbudget von 39 Millionen Dollar vom Verteidigungsministerium bekommen hatte, von denen „98 % durch die Erneuerung von Verträgen mit dem Marineministerium zusammenkamen" (19). Prof. Dr. Eric A. Walker arbeitete also noch immer für das Pentagon.

Der einzige, der mehr Glück hatte, war der britisch-armenische Physiker Dr. Henry Azadehdel. Am 26. Januar und 8. März 1990 fand ein längeres und teilweise sehr persönliches Gespräch zwischen den beiden Männern statt, in dem es offensichtlich Azadehdel darum ging, das Vertrauen Walkers zu gewinnen. Während UFOs zuerst nur am Rande erwähnt wurden - Azadehdel gab völlige Ignoranz bezüglich aller Bereiche der UFO-Forschung vor - vertraute er ihm später an, während einer botanischen Expedition die Bergung eines UFOs im Dschungel von Bolivien beobachtet zu haben. Nachfolgend die interessantesten Ausschnitte aus dem fast einstündigen (und auf Tonband mitgeschnittenen) Telefonat:
(A: Dr. Henry Azadehdel; W: Dr. Eric A. Walker)

A: Was mich erstaunt, Doktor, ist das häufige Erscheinen dieser Objekte. Könnte das nicht bedeuten, daß sie eine Basis auf einem der Planeten unseres Sonnensystems haben?

W: Nun, wir könnten das annehmen, aber sie haben uns nichts darüber gesagt.

A: War es uns je möglich, mit ihnen zu kommunizieren, fand ein Kontakt statt?

W: Wir versprachen, darüber nicht zu sprechen.

A: Das kann ich verstehen. Bedeutet das, daß eine offizielle Kommunikation stattfand und daß versprochen wurde, darüber nicht zu sdprechen? Daß es Befehle gab, daß außerhalb dieses Kreises niemand davon wissen durfte?

W: Ich denke nicht, daß das offiziell war. Wenn drei oder vier Individuen daran gearbeitet haben, heißt das nicht, daß es offiziell war. (...)

A: Wissen Sie, ob es je zu einer Zusammenarbeit zwischen denen und uns als fortgeschrittene Zivilisation kam?

W: Ich denke ja. Es gab Anlässe, aber ich kann da nur für mich selbst sprechen.

A: Aber, Doktor, würden Sie, als Wissenschaftler, sie als Eindringlinge bezeichnen?

W: Ich denke nicht. Aber wenn sie nach England als Eindringlinge kamen, vielleicht.

A: Lebt einer von ihnen noch?

W: Ich kann darauf nicht antworten. (...)

A: ... Doktor, ich las gerade ein Buch, „Jenseits von Top Secret". Darin waren Dokumente abgedruckt, die sich auf eine Gruppe namens MJ-12 bezogen. Haben Sie davon schon einmal gehört?

W: Seit längerer Zeit habe ich nichts mehr mit ihnen zu tun. (...)

A: Doktor, ist eine solche Gruppe noch aktiv?

W: Wie gut ist Ihre Mathematik?

A: So gut wie die eines Doktors der Physik nur sein kann, warum?

W: Weil nur sehr wenige in der Lage sind, dieses Thema zu behandeln. Wenn Sie nicht die Begabung eines Einsteins haben, glaube ich nicht, daß Sie da etwas erreichen können.

A: Nun, Doktor, seit vielen Jahren versuche ich das. Aber, sind es Regierungswissenschaftler?

W: *Jeder liegt in diesem Punkt falsch. Sie meinen, ob sie für die Verteidigungseinrichtungen des Militärs arbeiten?*

A: *Ja, Doktor, das meinte ich.*

W: *Gut, darin liegen Sie falsch. Sie sind eine Handvoll Männer, eine Elite. Wenn Sie dazu eingeladen wären, wüßte ich das. (...)*

A: *Doktor, haben wir das Wissen gemeistert, arbeiten wir mit den Wesen zusammen?*

W: *Nein, wir haben so viel gelernt, aber wir arbeiten nicht mit ihnen zusammen, nur Kontakt.*

A: *Haben wir Untertassen geborgen, haben wir Material von den Scheiben, das wir untersuchen können?*

W: *Die Technologie liegt weit jenseits dessen, was mit unseren physikalischen Begriffen faßbar ist, und man braucht ein Maß, um Messungen anzustellen...* (20)

Wer aber war diese „Handvoll Männer, eine Elite", von der Prof. Dr. Eric Walker sprach? War dies die „kleine Gruppe unter Leitung von Doctor Vannevar Bush", auf die sich Wilbert Smith bezog? War ihr Codename „MJ-12" oder „Majestic 12", wie Dr. Walker zu bestätigen schien? Im März 1984 bat Steinman Dr. Fred Darwin, ein weiteres Mitglied des „Forschungs- und Entwicklungs-Rates" des US-Verteidigungsministeriums um eine Liste von Namen von Mitgliedern des Rates, die „für ihn die besten Kandidaten als Teammitglieder für eine Fliegende-Untertassen-Bergungsoperation" wären. Dr. Darwin nannte -*"falls es je ein solches Ereignis gegeben hätte:*
Dr. Vannevar Bush
Dr. Karl T. Compton
Dr. Lloyd V. Berkner

Dr. Robert F. Rinehart
Dr. Eric A. Walker
Dr. John von Neumann."* (21)

Einige Indizien sprechen dafür, daß noch ein weiterer der von Prof. Sarbacher erwähnten Wissenschaftler, nämlich der Leiter des „Manhattan-Projektes", Prof. J. Robert Oppenheimer, in das Roswell-Projekt involviert war. So interviewte Kevin Randle im Februar 1990 Steve Lytle, den Sohn eines Mathematikers, der eng mit Oppenheimer zusammengearbeitet hat. Lytle erklärte, sein Vater hätte ihm einen der auf der Foster-Ranch gefundenen „I-Stäbe" gezeigt, der mit violetten Hieroglyphen bedeckt war. Seine Aufgabe war, diese zu übersetzen, was sich jedoch als unmöglich erwies. (22)

An weitere Namen von der militärischen Seite erinnerte sich Brigadegeneral Arthur E. Exon, der 1947 als Oberstleutnant auf der Wright Field-Luftwaffenbasis stationiert war. Als die Roswell-Forscher Don Schmitt und Kevin Randle ihn interviewten, wußte Exon von „einem hochrangigen Team", das kontrollierten Zugang zu dem Roswell-Wrack, den Leichen und allen Informationen über den Vorfall hatte. Er nannte diese Gruppe „die Unheiligen Dreizehn", weil das ganze Projekt so geheim war, daß er nicht einmal ihre offizielle Bezeichnung kannte. Er wußte nur, daß es dreizehn Mann waren, aus *„den höchsten Chargen der Geheimdienste, dem Büro des Präsidenten, dem Verteidigungsministerium, Leute in Schlüsselpositionen"*. Außer dem Präsidenten, der der Gruppe vorstand, hätte ihr kein gewählter Volksvertreter angehört. Als er 1955 in das Pentagon versetzt wurde, erfuhr er, daß das Kontrollkomitee noch immer existierte und sich mit den UFOs befaßte. (23) Das wird bestätigt durch Capt. Edward J. Ruppelt, der damals im Pentagon das „Project Blue Book", die offizielle UFO-Studie der amerikanischen Luftwaffe, leitete.

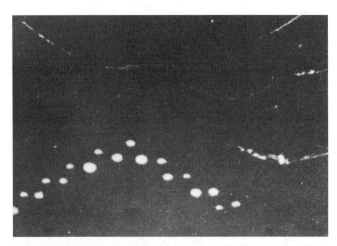

Von MJ-12 untersucht: Foto der „Lubbock-Lichter von 1950"

In seinem erstaunlich offenen Buch „The Report on Uniden-tified Flying Objects" (Der Bericht über Unbekannte Flug-objekte) schrieb er, sich auf die Sichtung einer ganzen Formation leuchtender Scheiben durch vier Professo-ren in Lubbock, Texas im Jahre 1951 beziehend: *„Die einzigen, die außerhalb von Project Blue Book den Fall der Lubbock-Lichter (1951) untersuchten, war eine Grup-pe, die, aufgrund ihrer Verbindung mit der Regierung, vollen Zugang zu unseren Akten hatte. Und diese Leu-te waren keine Autoren oder wildblickende Fanatiker, sondern Wissenschaftler - Raketenexperten, Nuklear-physiker und Geheimdienst-Experten. Sie arbeiteten zu-sammen an der Auswertung unserer UFO-Berichte, weil sie überzeugt waren, daß einige der UFOs, die gemel-det wurden, interplanetarische Raumschiffe waren und die Lubbock-Lichter zu diesen Fällen gehörten."* (24)

1964 kehrte Exon, mittlerweile zum General befördert, nach Wright Patterson zurück, als Kommandant der Basis. Auch hier wurde er mit der Gruppe konfrontiert. Von Zeit zu Zeit erhielt er Anrufe aus Washington, die ihn informier-ten, daß ein Spezialistenteam auf dem Weg sei, *„uni-formierte Offiziere... sie kamen mit einer T-39, zweidü-sig, manchmal auch mit einer Convair 240 mitsamt Crew, und die Jungs gingen ihren Geschäften nach und die Crew saß irgendwo auf der Basis... bis die Jungs zurück-kamen."* Es waren acht bis fünfzehn Offiziere, *„ich wuß-te nur, daß sie ein Untersuchungsteam waren."* Diese Teams standen unter dem Kommando der „Unheiligen Dreizehn". Exon kannte nur einige Namen von *„denen, die am meisten über Roswell, New Mexico wußten: Stuart Symington, der Verteidigungsminister war, (General) Carl Spaatz... all diese Jungs an der Spitze der Regie-runf... (Symingtons Nachfolger) Forrestal... Ich bin si-cher, da waren mehr Jungs neben Spaatz, Nachrich-tendienstler oder Wissenschaftler, die ihm und dem Pen-tagon nahestanden und Forrestal, dem CIA, ich weiß, es war mehr als nur Militär... sie waren auf höchste Ge-heimhaltung eingeschworen. Es waren die Jungs, die ich nannte, oder welche, die ihnen verdammt nahe stan-den. 1955 hieß es, daß die Geschichte, was immer auch geschehen war, was auch immer in Roswell gefunden wurde, solange geheimgehalten würde, bis diese Jungs gestorben seien, sodaß sie nicht in Verlegenheit gebracht würden und nicht erklären müßten, weshalb sie das ge-heimgehalten haben."* (25)

Ein Dokument, das all diese Spekulationen zu bestäti-gen schien und zudem noch eine komplette Namensli-ste der „majestätischen Zwölf" oder „unheiligen Drei-zehn" beinhaltete, wurde im Dezember 1984 dem Hol-lywood-Filmproduzenten Jaime Shandera zugespielt - noch im selben Jahr, in dem der letzte der darin ge-nannten Experten verstorben war.

7. Kapitel

Der Falke meldet sich

Die vielleicht sensationellsten Geheimdokumente aller Zeiten kamen in einem schlichten, hellbraunen A-4-Umschlag ohne Absender. Die zwölf 20-Cent-Briefmarken, mit denen er frankiert war, hatte ein Poststempel von Albuquerque, New Mexico, entwertet.

Jaime Shandera

Mit seinem Brieföffner schlitzte Jaime Shandera, der amerikanische Filmproduzent, der die Postsendung am Morgen des 11. Dezember 1984 im Briefkasten seines Hauses in North Hollywood gefunden hatte, den Umschlag auf. In seinem Inneren befand sich ein zweiter, hellbrauner Umschlag im A-5-Format, mit Klebeband sorgfältig versiegelt. Darin wiederum lag - Shandera fühlte sich an das russische Spiel mit der „Puppe in der Puppe" erinnert - ein weißer Langumschlag mit dem Logo eines Marriot-Hotels, dessen einziger Inhalt eine schwarze Plastikbüchse war, in der sich ein unentwickelter Kodak 35-mm-Film befand, alles ohne jede schriftliche Notiz. Neugierig geworden, brachte Shandera den Film noch am selben Tag zu einem der zahlreichen 24-Stunden-Entwicklungs-Anbieter, und gleich am nächsten Morgen hatte er die Abzüge vorliegen. Die acht belichteten Bilder auf dem Negativ, so

sah er jetzt, waren Dokumente, Geheimdokumente. Jede Seite trug einen Stempelaufdruck „TOP SECRET/MAJIC - EYES ONLY" und den Zusatz „Copy one of one". Das wiederum deutete darauf hin, daß es sich um eine Regierungsakte von allerhöchster Brisanz handelte. (1)

„Top Secret", Streng Geheim, ist die höchste Geheimhaltungsstufe für militärische und Geheimdienstakten, der Zusatz „MAJIC" war eine Zugangs-Einschränkung: Nur wer eine „Majic-Befugnis" hatte, wer an dem jeweiligen Project arbeitete, durfte Einblick in dieses Dokument nehmen. Kopien waren untersagt - "Eyes only", „Nur Einsicht erlaubt" - es gab nur das Original („Copy one of one"). Dessen Überschrift gab Aufschluß über seinen Inhalt: „Kurzbericht vom 18. November 1952 über die Operation MAJESTIC 12, zusammengestellt für den neugewählten Präsidenten Dwight D. Eisenhower". Auch das als „Anhang A" angefügte Dokument, ein von Präsident Harry S. Truman unterzeichnetes Memorandum auf dem Briefpapier des Weißen Hauses, war mit „TOP SECRET - EYES ONLY" klassifiziert. Es handelte sich dabei um die Anweisungen des Präsidenten zur Gründung von „Majestic 12".

Was war „Majestic 12"? Auf vier Seiten schilderte das Briefing Paper, das sich ausdrücklich nur als „Vorläufige Einführung" verstand, „eine volle Einweisung über die Operation soll folgen", die Geschichte des geheimsten Forschungsprogrammes der US-Regierung:

Einige Seiten aus dem „Majestic 12"-Einweisungsbericht, der Jaime Shandera übersandt wurde.

Der Tod von Minister Forrestal am 22. Mai 1949 schuf eine Vakanz, die erst am 1. August 1950 durch die Berufung von General Walter B. Smith zum ständigen Mitglied gefüllt wurde.

„OPERATION MAJESTIC-12 ist eine TOP SECRET Operation der Bereiche Forschung & Entwicklung/Nachrichtendienste, die direkt dem Präsidenten der Vereinigten Staaten untersteht und nur ihm gegenüber verantwortlich ist. Die Durchführung des Projektes unterliegt der Majestic-12 (Majic-12)-Gruppe, die durch eine besondere, geheime Regierungsanweisung von Präsident Truman am 24. September 1947 auf Empfehlung von Dr. Vannevar Bush und Verteidigungsminister James Forrestal ins Leben gerufen wurde. (Siehe Anhang A) Zu Mitgliedern der Majestic-12-Gruppe wurden berufen:

Adm. Roscoe H. Hillenkoetter
Dr. Vannevar Bush
Min. James V. Forrestal
Gen. Nathan F. Twining
Gen. Hoyt S. Vandenberg
Dr. Detlev Bronk
Dr. Jerome Hunsaker
Mr. Sidney Souers
Mr. Gordn Gray
Dr. Donald Menzel
Gen. Robert M. Montague
Dr. Lloyd V. Berkner

Am 24. Juni 1947 beobachtete ein Zivilpilot auf dem Flug über das Kaskadengebirge im Staate Washington neun fliegende, diskusförmige Objekte, die mit hoher Geschwindigkeit in einer Formation flogen. Obwohl dies nicht die erste bekannte Sichtung derartiger Objekte war, war es die erste, die auf ein breites Interesse der Medien stieß. Es folgten hunderte Berichte von Sichtungen ähnlicher Objekte. Viele davon stammten von äußerst glaubwürdigen militärischen und zivilen Beobachtern. Diese Berichte führten zu eigenständigen Versuchen verschiedener militärischer Installationen, die Natur und Intention dieser Objekte im Interesse der Nationalverteidigung zu bestimmen. Eine Reihe Zeugen wurde interviewt und es gab verschiedene erfolglose Versuche, gemeldete Scheiben im Flug durch Flugzeuge abzufangen. Die öffentliche Reaktion grenzte zeitweise an Hysterie.

Trotz all dieser Bemühungen wurde wenig Substantielles über diese Objekte in Erfahrung gebracht, bis ein örtlicher Rancher meldete, daß eines in einem entlegenen Teil New Mexicos abgestürzt sei, etwa 75 Meilen nordwestlich der Roswell Army Air Base (heute Walker Field).

Am 7. Juli 1947 begann eine geheime Organisation mit der Bergung des Wracks dieses Objekts zum Zwecke wissenschaftlicher Untersuchungen. Im Verlauf dieser Bergungsoperation entdeckte die Luftaufklärung vier kleine menschenähnliche Wesen, die offenbar aus dem Objekt herausgeschleudert waren, bevor es explodierte. Sie waren etwa zwei Meilen östlich der Absturzstelle auf die Erde gefallen. Alle vier waren tot und schwer angegriffen durch Aasfresser und dadurch, daß sie fast eine Woche lang den Elementen ausgesetzt waren, bevor sie entdeckt wurden. Ein spezielles Wissenschaftlerteam nahm sich der Bergung und weiteren Untersuchung dieser Körper an. Das Wrack des Schiffes wurde ebenfalls abtransportiert und an verschiedene Orte gebracht. Zivile und militärische Zeugen wurden eingewiesen, und der Presse wurde eine effektive Deckgeschichte mitgeteilt, derzufolge das Objekt ein fehlgeleiteter Wetterballon war.

Eine geheime Untersuchung, die Gen. Twining und Dr. Bush auf direkte Anweisung des Präsidenten in die Wege leiteten, führte zu der ersten vorläufigen Schlußfolgerung (vom 10. September 1947), daß es sich bei der Scheibe höchstwahrscheinlich um einen Kurzstreckenaufklärer handelte. Diese Folgerung zog man aus der Schiffsgröße und dem augenscheinlichen Fehlen irgendwelcher identifizierbarer Nahrungsvorräte. Eine Analyse der vier toten Insassen wurde von Dr. Bronk arrangiert. Es war die abschließende Meinung dieser Gruppe, daß, wenngleich diese Kreaturen menschlich aussehen, die biologischen und evolutionären Prozesse, die zu ihrer Entwicklung führten, offenbar völlig verschieden von denen sind, die beim Homo Sapiens beobachtet oder postuliert wurden. Dr. Bronks Team schlug den Begriff „Extra-Terrestrische Biologische Entitäten" oder „EBEs" als Standardbezeichnung für diese Kreaturen vor, solange man sich nicht auf eine genauere Bezeichnung einigen kann.

Da es ziemlich sicher ist, daß diese Schiffe nicht von einem Land dieser Erde stammen können, spekulierte man über ihre Herkunft und darüber, wie sie hierhergekommen sind. Der Mars wurde als Herkunft in Betracht gezogen, obwohl einige Wissenschaftler, besonders Dr. Menzel, es für wahrscheinlicher halten, daß wir es hier mit Wesen aus einem anderen Sonnensystem zu tun haben. Zahlreiche Beispiele von etwas, das eine Art Schrift zu sein scheint, wurden im Wrack gefunden. Versuche, sie zu entziffern, blieben bislang größtenteils erfolglos. Gleichermaßen erfolglos blieben die Versuche, den Antriebsmechanismus oder die Methode der Energieübertragung und der Energiequelle zu bestimmen. Die Forschung auf diesem Gebiet wurde erschwert durch das völlige Fehlen identifizierbarer Flügel, Propeller, Düsen oder anderer konventioneller Antriebs- und Steuerungssysteme sowie das völlige Fehlen von Drähten, Röhren oder ähnlichen erkennbaren elektronischen Komponenten. Es wird angenommen, daß die Antriebseinheit durch die Explosion, die den Absturz verursacht, völlig zerstört wurde.

Der Bedarf nach so vielen weiterführenden Informationen über diese Schiffe wie möglich, die Charakteristiken ihres Auftretens und ihre Intention führten zur Einrichtung des US-Luftwaffenprojektes SIGN im Dezember 1947. Zur Wahrung der Geheimhaltung war die Verbindung von SIGN zu Majestic-12 auf zwei Individuen in der Nachrichtendienstlichen Division des Air Material Command beschränkt, deren Aufgabe es war, bestimmte Informationen weiterzuleiten. SIGN entwickelte sich im Dezember 1948 zu Projekt GRUDGE. Das Projekt wird derzeit fortgeführt unter dem Codenamen BLUE BOOK, mit einer Verbindung, die nur durch den ihm vorstehenden Luftwaffenoffizier besteht.

Am 6. Dezember 1950 stürzte ein zweites Objekt, wahrscheinlich von gleicher Herkunft, mit hoher Geschwindigkeit in der El Indio-Guerrero-Region an der texanisch-mexikanischen Grenze ab, nachdem seine lange Flugbahn in der Atmosphäre verfolgt werden konnte. Als ein

Bergungstrupp die Absturzstelle erreichte, war das Objekt bereits völlig ausgebrannt. Soviel Material wie möglich wurde geborgen und auf das Gelände der Atomenergiekommission nach Sandia, New Mexico, zur weiteren Untersuchung gebracht.

Implikationen für die Nationale Sicherheit sind in erster Linie dadurch gegeben, daß die Motive und letztendlichen Intentionen dieser Besucher noch völlig unbekannt sind. Hinzu kommt ein auffälliges Ansteigen der Aufklärungsflüge dieser Schiffe in der Zeit von Mai bis in den Herbst dieses Jahres (1952), die zu einer ernsten Sorge führten, daß neue Schritte bevorstehen. Aus diesen Gründen, aber auch aus offensichtlichen internationalen und technologischen Beweggründen und der dringenden Notwendigkeit, eine öffentliche Panik um jeden Preis zu verhindern, bleibt die Majestic-12-Gruppe einmütig bei der Auffassung, daß strengste Sicherheitsvorkehrungen auch und ohne Unterbrechungen von der neuen Administration fortgesetzt werden." (2)

Nachdem Jaime Shandera diese Zeilen ebenso atemlos wie ungläubig gelesen hatte, rief er einen Freund an, den Roswell-Forscher William L. Moore. Moore war, seit er 1980 zusammen mit Charles Berlitz das erste (und noch ziemlich magere) Buch über den Roswell-Zwischenfall veröffentlicht hatte, auf die Spur dieser mysteriösen „Operation Majestic-12" geraten, die das Dokument zu bestätigen schienen. Nach einem Radiointerview über das Buch Ende 1980 hatte er einen seltsamen Anruf erhalten. „Sie sind die einzige Person, die ich über dieses Thema reden hörte, die zu wissen scheint, wovon sie spricht", hatte ihm der mysteriöse Anrufer geschmeichelt und ihm angedeutet, daß er über wichtige Informationen verfüge, die für Moore interessant sein könnten. Moore traf sich mit ihm - und wurde überzeugt, daß er ein ranghoher Regierungsbeamter war, der über Moore Informationen an die Öffentlichkeit schleusen wollte.

William L. Moore

In den folgenden Monaten brachte der geheimnisvolle Informant Moore mit neun weiteren Geheimdienstlern in Kontakt, darunter Master Sergeant Richard Doty, der dem Büro des Luftwaffennachrichtendienstes AFOSI auf der Kirtland-Luftwaffenbasis in Albuquerque, New Mexico, vorstand. Gleichzeitig schloß Moore Freundschaft mit Jaime Shandera, der einen Dokumentarfilm über den Roswell-Zwischenfall drehen wollte und ihn bei seiner Suche nach der Wahrheit tatkräftig unterstützte. Da er immer dichter in den Geheimdienstdschungel hineingeriet und befürchten mußte, abgehört zu werden, entschied sich Moore auf Anregung Shanderas, den Informanten Vogelnamen als Decknamen zu geben. Sein Hauptinformant wurde so zum „Falcon", Richard Doty zum „Sparrow". Durch diese „Aviary" (Vogelhaus) erfuhr Moore von der Existenz einer supergeheimen Gruppe aus Top-Regierungswissenschaftlern, Militärs und Geheimdienstlern, die nicht nur seit 1947 die UFO-Abstürze untersuchen, sondern seit 1964 auch mit Außerirdischen in Kontakt stehen. Dabei waren Moores Quellen nicht ganz uneigennützig - sie erbaten von dem UFO-Forscher Informationen über andere UFO-Forscher und benutzten ihn zur Beeinflussung des Elektroingenieurs Paul Bennewitz, der die Kommunikationen der Kirtland-Luftwaffenbasis abhörte, um weitere UFO-Informationen zu erhalten, was verständlicherweise nicht auf die Gegenliebe der Militärs stieß. Dabei „köderten" sie Moore mit Geheimdokumenten, übergaben ihm sogar Kopien, wenngleich manchmal mit ein paar Änderungen, um ihren Ursprung zu vertuschen. So zeigte ihm „Falcon" im März 1981 ein Originaldokument. Es war ein Telex des AFOSI-Headquarters auf

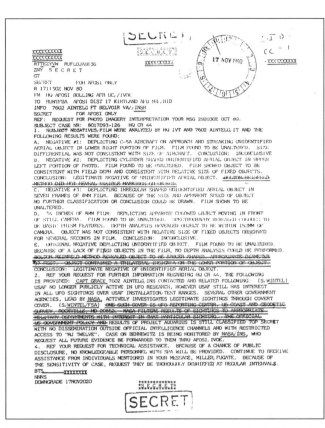

Das Dokument, das „Falcon" Bill Moore übergab. Gestrichen sind Hinzufügungen, unterstrichen Änderungen. „XXXX" zeigt die entfernten Transmissions-Codes an.

der Bolling AFB bei Washington an das AFOSI-Büro in Kirtland, das die Negative von fünf UFO-Fotos zur Untersuchung eingesandt hatte, die dann auch von der 7602. Luft-Nachrichtengruppe auf Fort Belvoir, Virginia vorgenommen worden war. Die Auflistung der Ergebnisse der Fotoanalyse schloß mit den Worten: „Offiziell ist die US-Luftwaffe nicht mehr in der UFO-Untersuchung aktiv, obwohl sie noch immer an allen UFO-Sichtungen über USAF-Anlagen und Testgeländen interessiert ist. Verschiedene andere Regierungsstellen, allen

voran der NSA (National Security Agency - Nationaler Sicherheitsdienst), untersuchen aktiv, aber 'under cover' echte Sichtungsfälle (S/WNINTEL/SA) ... Die Ergebnisse von Project Aquarius sind noch immer als Top Secret klassifiziert, ohne Verbreitung außerhalb der offiziellen Nachrichtenkanäle und mit ausschließlicher Zugangsberechtigung durch 'MJ Zwölf'". (3)

Als Moore um eine Kopie bat, versprach „Falcon", sich darum zu kümmern. Ein paar Wochen später übergab er ihm eine abgetippte Version mit ein paar Änderungen. Diese dienten - so „Falcon" - dem Zweck, daß das Dokument, falls es eine unerwartete Wirkung haben sollte, erfolgreich diskreditiert werden konnte. Statt NSA stand dort „NASA", das Kürzel der Raumfahrtbehörde, aus „WNINTEL" wurde „WINTEL", was jedem Insider aufgefallen wäre. Trotzdem müssen wir Moore zustimmen, wenn er dazu schreibt: „Die Tatsache, daß die abgetippte Version eine nahe Imitation eines realen Dokumentes ist und daß der Großteil seines Inhaltes gute Information ist, überwiegt die Wichtigkeit der Frage, wer es getippt hat." Im Januar 1982 übergab „Falcon" Moore fünf AFOSI-Dokumente über eine UFO-Landung im Coyote Canyon Atomwaffenarsenalsgelände in den Manzano-Bergen südlich der Kirtland-AFB. Diese und vier weitere Seiten wurden sieben Monate später offiziell unter dem US-"Gesetz zur Informationsfreiheit" (Freedom of Information Act - FOIA) vom Pentagon freigegeben. Sie waren also echt! Auch weitere, ihm von Falcon überlassene Dokumente wurden nach einigen Monaten offiziell veröffentlicht und dadurch bestätigt. Eines davon handelte von Moores Forscherkollegen Stanton Friedman und seinen Versuchen, über das FOIA an weitere UFO-Dokumente zu kommen. In diesem Telex warnte das AFOSI-Headquarter alle Nebenstellen davor, daß Friedman das Gesetz anwenden und Informationen erbitten könnte:

„Betreff: Unidentifizierte Flugobjekte und ähnliche Themen:

1. Wir haben Grund zu der Annahme, daß in naher Zukunft einige oder alle unsere Feldeinheiten eine Informationsanfrage betr. UFO-Sichtungen und ähnlicher Themen erhalten könnten. Diese Anfragen könnten von Stanton T. Friedman, 110 Kings College Road, Fredericton, New Brunswick, Kanada, stammen. Wenn eine solche Anfrage eintrifft, leiten Sie diese keinesfalls - wiederhole: keinesfalls - an dieses Headquarter weiter, wie es AFR (Luftwaffenbefehl) 12-30-AFOSI Anh. 1 vorschreiben würde. Antworten Sie dem Anfragenden direkt wie folgt: 'Anfragen bezüglich AFOSI-Akten müssen von unserem Headquarter bearbeitet werden. Bitte richten Sie eine erneute Anfrage an HQs AFOSI, Informationsdivision, Bolling AFB, DC 20322.'
2. Anfragen dieser Art von anderen Personen als Friedman sollen auf dieselbe Weise behandelt werden.
3. Den Originalbrief der Anfrage und eine Kopie Ihrer Antwort leiten Sie bitte nach Form 153 an dieses HQ.
4. FOIA-Anfragen betreff anderer Themen können auf die normale Weise bearbeitet werden.
5. Diese besondere Vorgehensweise gilt bis auf weiteres." (4)

Ende 1984 schließlich kündigte Falcon Moore wieder einmal die Überlassung eines Dokumentes an, das an Shandera übersandt werden sollte, wahrscheinlich weil Moore bereits geheimdienstlich beschattet wurde. Moore hatte dem Filmproduzenten davon erzählt, und so mußte dieser schon geahnt haben, worum es sich bei dem Inhalt des mysteriösen Briefes aus Albuquerque handelte. War aber das, was Moore und Shandera aus Albuquerque übersandt wurde, authentisch, die entschärfte Version eines echten Dokumentes - oder ein Produkt geheimdienstlicher Desinformationsstrategien? (5, 6)

Um dieses herauszufinden, zog Moore seinen Forscherkollegen Stanton Friedman zu Rate. Die nächsten fünf Jahre verbrachte Friedman dann auch überwiegend mit der Untersuchung der „Majestic 12"-Dokumente.

Heute, nach gründlichen und nahezu kriminalistischen Nachforschungen, ist zumindest er von ihrer Echtheit felsenfest überzeugt.

Wie untersucht man ein möglicherweise historisches Dokument, von dem nur ein Foto vorliegt, auf seine Echtheit? Zwei Schritte sind notwendig: Zuerst Verifikation der in dem Dokument genannten Daten. Dann Untersuchung von Stil, Form und der verwendeten Schreibmaschinentype(n). Zuerst überprüfte Friedman die beiden wichtigsten Daten:

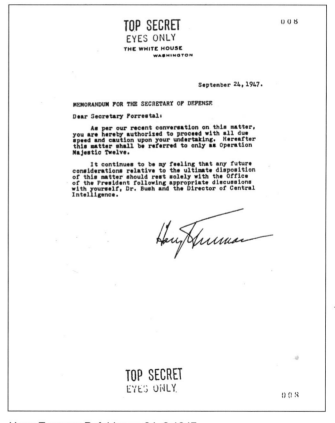

Harry Trumans Befehl vom 24. 9.1947

24.9.1947: Gründung der „Operation Majestic 12" nach „ausgiebigen Erörterungen" des Präsidenten Harry S. Truman mit Verteidigungsminister Forrestal und Dr.Bush. 18.11.1952: Termin der Amtseinweisung des neugewählten Präsidenten Dwight D. Eisenhower.

Unzählige Stunden verbrachte Friedman in der „Harry-Truman-Library", der „Dwight D. Eisenhower-Library", der Kongreßbibliothek und dem Nationalarchiv in Washington, um herauszufinden, daß beide Termine tatsächlich verifizierbar sind.

Fest steht: Am 24.9.1947 fand tatsächlich, so ein Schreiben der „Truman Library", des Archivs aller Dokumente aus der Präsidentschaft Trumans, *das einzige Treffen mit Dr. Vannevar Bush zwischen Mai und dem 31. Dezember 1947 statt. Dr. Bush nahm an dem Treffen in Begleitung von Verteidigungsminister James Forrestal teil. In den Archiven gibt es keinen Hinweis darauf, was auf dieser Zusammenkunft besprochen wurde* (7). Das heißt, daß es um noch immer geheimgehaltene Hochsicherheitsfragen ging. Aus den Akten von Bush und Forrestal konnte Friedman rekonstruieren, daß sich Bush und Forrestal eine halbe Stunde vor dem Termin beim Präsidenten trafen, um diesen vorzubereiten, und es ist möglich, daß sie dabei das Memorandum formulierten, das sie Truman dann zur Unterschrift vorlegten, ein in Regierungskreisen völlig übliches Verfahren. Fest steht jedenfalls, daß es auf dem Treffen um Projekte des Joint Research & Development Boards ging, und ein solches soll „Majestic-12" ja gewesen sein.

Am 18. November 1952 fand tatsächlich ein Briefing von Eisenhower in Fragen der Nationalen Sicherheit statt, das 43 Minuten dauerte, und an dem auch MJ-12-Mitglied General Nathan Twining teilnahm. Auch hier ist das Thema des Briefings noch immer geheim. Das heißt: Sollten die MJ-12-Dokumente wirklich von einem Fälscher stammen, so hat dieser zumindest seine Hausaufgaben gemacht. (8)

Das war für Friedman zumindest ein vielversprechender Anfang. Als nächstes nahm er sich der Frage nach der Urheberschaft des „Eisenhower Briefing-Dokumentes" an. Als „Briefing Officer" wird CIA-Direktor Admiral Roscoe Hillenkoetter genannt. Damit ist anzunehmen, daß er Verfasser des Papiers ist. Um dies zu überprüfen, legte Friedman das Dokument zusammen mit 20 verschiedenen Briefen und Memoranden, die Hillenkoetter verfaßt hat, einem renommierten Linguisten vor, Prof. Dr., Roger W. Wescott von der Drew-Universität. In seinem Gutachten kam Prof. Wescott zu der Schlußfolgerung: *„Meiner Ansicht nach gibt es keinen Grund, in einer dieser Kommunikationen eine Fälschung zu sehen oder zu glauben, daß eine davon von irgend jemand anderem als Hillenkoetter selbst verfaßt wurde. Das gilt insbesondere für das kontroverse Briefing-Memorandum vom 18. November 1952."* (9)

Gutachten des Linguisten Prof. Roger Wescott: Der Text des „Majestic 12"-Einweisungspapiers entspricht dem Sprachstil des CIA-Direktors und „wurde von niemand anderem als Hillenkoetter selbst verfaßt".

Auch der verwendete Schreibmaschinentyp (beim Eisenhower-Briefing-Paper eine R.C.Allen-Schreibmaschine aus den 40er Jahren, beim Truman-Memorandum eine Remington P4 aus demselben Zeitraum; dieselbe Maschine wurde für ein Memorandum verwendet, das Dr. Bush 1947 verfaßte, was nun wirklich darauf hindeutet, daß er selbst es geschrieben hat), das Format der Dokumente, die Schreibweise des Datums, der Titel und vieles mehr fanden ihre Parallelen - allen Behauptungen der Skeptiker zum Trotz - in authentischen Dokumenten aus der Truman- und Eisenhower-Ära. Gerade die Schreibweise des Datums im Briefing-Paper - "18 November, 1952" ist zwar für US-Regierungsdokumente unüblich -korrekt ist, z.B., September 24, 1947 - aber typisch für Hillenkoetter, der sie sich während seiner Zeit als Militärattache in Frankreich vor dem Zweiten Weltkrieg angeeignet hat. (10)

Die interessanteste Bestätigung für die Echtheit des Briefing-Dokumentes aber war für Friedman die Nennung einer Persönlichkeit, deren Namen er am wenigsten als Mitglied einer supergeheimen UFO-Kommission erwartet hätte. Diese Person war Prof. Donald Menzel, Astronom der Harvard-Universität und der eingefleischteste UFO-Gegner seiner Zeit. In einer Reihe von Büchern und Artikeln hatte Menzel immer wieder die UFOs zu Fehldeutungen astronomischer Objekte und Plasmablasen erklärt. Daß eben dieser Erzskeptiker MJ-12-Mitglied gewesen sein sollte, das klang wie ein schlechter Scherz. Wie konnte ein Astronom, ein völliger Verneiner der UFOs, einer solchen Gruppe von Top-Geheimdienstlern mit hohen Geheimhaltungs-Zugangsbefugnissen angehören? Dann fand Friedman Menzels Korrespondenz mit John F. Kennedy. Darin schrieb dieser: *„Ich gehöre seit 1930 einer kleinen Organisation an, aus der zwischenzeitlich der größere Nationale Sicherheitsdienst (NSA) entstand... Ich war Berater bei Geheimdienstaktivitäten mit einer Top Secret-Befugnis und stehe auch mit dem CIA in Verbindung... lassen Sie mich sagen, daß ich gewisse Informa-* tionen über gewisse Aktivitäten Eisenhowers und seiner Untergebenen... auf supersensitivem Gebiet habe."* (11). Da biederte sich jemand bei dem neugewählten Präsidenten an, in der Hoffnung auf ein neues Amt! In einem späteren Schreiben ergänzte er in einer Bemerkung über MJ-12-Mitglied Dr. Detlev Bronk, Präsident der Nationalen Akademie der Wissenschaften: *„Irgendwie schafft er es, in jedes wichtige Komitee zu kommen. Ich diente in einigen davon, denen er auch angehörte, und war weder von seiner Visionsbreite noch von seiner Tiefe beeindruckt."* (12) In den 70er Jahren schrieb er: *„Ich war (1950) Berater des Nationalen Sicherheitsdienstes, der die Marine-Nachrichtendiensteinheit ersetzte, für die ich im Krieg tätig war, mit einer TOP SECRET ULTRA-Befugnis."* (13) Zudem konnte Friedman eine enge - und diesmal freundschaftliche - Beziehung zwischen Menzel und Dr. Vannevar Bush belegen, die ihren Anfang im Zweiten Weltkrieg nahm, als Menzel die Codes der Japaner dechiffrierte. Als jemand 1950, in der berüchtigten McCarthy-Ära, versuchte, ihn als Sympathisanten der Sowjetunion zu diskreditieren, verbürgte Bush sich persönlich für seinen Freund Menzel und sprach ihm öffentlich sein Vertrauen aus. *„Ich war während meiner ganzen Zeit bei ihm... voll überzeugt von seiner bedingungslosen Loyalität zu seinem Land, seiner absoluten Vertrauenswürdigkeit in bezug auf Angelegenheiten der höchsten Geheimhaltungsstufen und seine Diskretion, Sorgfalt und Gewissenhaftigkeit in allen Bereichen, in denen es um Sicherheitsfragen ging."* (14) Seine Kontakte zu anderen MJ-12-Mitgliedern, darunter Dr. Lloyd Berkner, aber auch seine enge Freundschaft mit Dr. Robert Oppenheimer, seine Kompetenz - nicht nur als Astronom und Astrophysiker, sondern auch als Kryptologe -, seine Geheimdiensterfahrung, all das machte Menzel nicht nur zu einem idealen MJ-12-Mitglied, er war wahrscheinlich sogar der einzige US-Astronom, der die nötigen Voraussetzungen für diese Position besaß. Und daß man in die Untersuchung außerirdischer Besuche einen Astronomen mit einbezog, ist wohl mehr als nachvollziehbar.

December 8, 1960

Senator John F. Kennedy
United States Senate
Washington, D.C.

Dear Jack:

This is in reply to your letter of November 29. I was sorry, of course, but not surprised to receive your resignation as Chairman of the Visiting Committee of the Harvard Astronomy Department and Observatory. Naturally, I understand. And I am grateful to you for the services that you have already performed.

Where previous Chairmen have generally asked me to write their reports for them with the excuse, "Oh, Don, you know so much more than I do about it," you -- a much busier man -- not only wrote your own report but prepared it most carefully, as I realize from the various conferences we had during its preparation.

I hope that, if time does permit on one of your visits to Cambridge, that you will visit Harvard Observatory and see our new Space Laboratory, jointly occupied by us and the Smithsonian Astrophysical Observatory.

In any event, I shall hope to see you from time to time, in Washington. And I repeat my willingness to help in any way that I can. I shall, in any case, take the liberty of passing on to you any suggestions that may occur to me.

Since my memorandum concerning the National Security Agency may have become misplaced during the campaign, let me repeat that I have been a consultant to this agency and its predecessor for thirty years. I served in it actively during World War II, as a Commander in the Navy. I am one of the few people who has had continued service and contact with its varied activities.

And I repeat, that I have, from time to time, actively served in connection with the National Bureau of Standards, both in its Washington and Boulder (Colorado) headquarters. Some years ago I was on the Visiting Committee of the Department of Commerce, and for one year was Chairman of that Committee.

As a final comment, I hope you will appoint an astronomer to any presidential scientific advisory committee. I should be glad to serve, or help in the selection of astronomers and physical scientists.

Thanking you again, and with best wishes for your administration, I am,

Cordially yours,

DHM/db
cc: A. Cox
A. Chayes

Donald H. Menzel
Director

Schreiben von MJ12-Mitglied Prof. Donald Menzel an Senator John F. Kennedy: „Ich war Berater des Nationalen Sicherheitsdienstes und seines Vorgängers seit 30 Jahren..."

Wie erklärt sich aber dann Menzels Rolle als UFO-Skeptiker, der jeden Zeugenbericht so sehr verfremdete, daß er sich „natürlich" erklären ließ? Darauf gibt es nur eine Antwort: Seine Bücher waren ein gezieltes Desinformationsmanöver, ausgeführt im Auftrag von MJ-12.

Korrekte Daten, korrekte Formate und Fakten, die auf den ersten Blick unglaublich klingen (wie Prof. Menzels Beteiligung an Geheimprojekten), sich aber später als zutreffend erweisen - für Friedman war das die beste Bestätigung für die Echtheit der Dokumente. Doch sein 1990 veröffentlichter „Abschlußbericht über die Operation Majestic 12" (15) stieß auf die heftige Kritik der modernen UFO-Skeptiker, allen voran Phil Klass. Klass, ein Journalist des Luft- und Raumfahrtfachjournals „Aviation Week & Space Technology", ist gewissermaßen der Nachfolger Prof. Menzels, zumindest der wortgewaltigste UFO-Gegner der Vereinigten Staaten, Autor diverser Bücher und Artikel und regelmäßiger Gast von TV-Talkshows. Klass griff Friedman aufs schärfste an und bezeichnete die „Majestic 12"-Dokumente als Fälschung. Seine Argumentation folgte dabei immer demselben Schema: Er behauptete z.B., daß *diese Schreibweise des Datums für Regierungsdokumente unmöglich ist"*, stellte zum „Beweis" die MJ-12-Dokumente Akten gegenüber, die andere Schreibweisen aufwiesen und ignorierte dabei bewußt die Tatsache, daß es auch für Regierungsdokumente verschiedene Schreibweisen gibt. (16) Natürlich fielen Leichtgläubige und oberflächliche Betrachter auf diesen Trick herein - und wußten nicht, daß Friedman diesen ebenso viele anerkannte authentische Beispiele gegenüberstellte, die ganz genauso geschrieben sind wie die MJ-12-Dokumente. Schließlich blieben nur noch zwei halbwegs legitime Einwände.

Da war zuerst einmal die Bezeichnung des Truman-Memorandums vom 24.9.1947 als „Special Classified Executive Order # 092447 (TS/EO)". „Executive Orders", also Regierungsbefehle, besondere Erlasse des Präsidenten, sind numeriert, beginnend mit der Lincoln-Administration. Bis April 1995 hat es 12958 davon gegeben. Eine Nummer „92447" ist also völlig ausgeschlossen, argumentierten die Skeptiker. Dabei übersahen sie, daß 092447 ganz offensichtlich keine Nummer der Executive Order, sondern ein Datum in amerikanischer Schreibweise ist, nämlich September 24, 1947. Das ergibt einen Sinn, denn am 24. September 1947 wurde das Truman-Memorandum vom Präsidenten unterschrieben. „TS/EO" heißt natürlich auch nicht „Top Secret Executive Order", sondern kennzeichnert den Klassifikationsgrad des Memorandums, „Top Secret/Eyes Only". Die Anweisung Trumans wird als „Special Classified Executive Order" bezeichnet, also als „besondere klassifizierte" Order, was sie deutlich von den „herkömmlichen" Erlassen des Präsidenten abhob.

Das gravierendste Argument gegen die Echtheit der Dokumente aber war ausgerechnet Trumans Unterschrift auf dem Memorandum. Sie erwies sich als identisch mit der eines Briefes von Truman an Dr. Vannevar Bush vom 1. Oktober 1947. Eine offenbar eingefügte Unterschrift an sich wäre tatsächlich ein eindeutiger Beweis für eine Urkundenfälschung - wenn das Original nicht ausgerechnet aus dem Besitz von MJ-12-Mitglied Dr. Vannevar Bush gewesen wäre. Zudem handelte es sich bei den MJ-12-Dokumenten ja um fotographische Reproduktionen der Originaldokumente, und auf einer Vergrößerung wirkte Trumans Unterschrift wie ein Original - die Tinte war sogar an den Rändern im Papier verlaufen - und ganz gewiß nicht wie eine einmontierte Fotokopie. Von dem Bush-Brief dagegen liegt nur eine Kopie vor. (17)

Wer das Truman-Memorandum betrachtet, bemerkt, daß die Zahl „24", leicht erhöht zwischen „September" und „1947" getippt wurde - und von einer anderen Schreibmaschine stammt. Das deutet darauf hin, daß jemand das Memorandum vorbereitet und Truman nur noch zur Unterschrift vorgelegt hat, ein in der Verwaltung absolut übliches Verfahren. Die Tatsache, daß ein von Dr. Bush verfaßtes Memorandum an den Präsidenten auf derselben Schreibmaschine getippt wurde, deutet darauf hin, daß auch dieses Memo von Bush geschrieben und Truman vorgelegt wurde - das Datum wurde dann später hinzugefügt. Von dem Memo mag es drei Exemplare gegeben haben, das von Truman unterzeichnete Original für den Adressaten, je eine Kopie für Dr. Bush und das Geheimarchiv des Weißen Hauses. Da es ein „Memorandum an den Verteidigungsminister" war und mit der Anrede „Lieber Minister Forrestal" begann, ist davon auszugehen, daß das unterzeichnete Material in den Akten von Forrestal landete.

Nun war Forrestal psychisch nicht in der Lage, seine neue Aufgabe zu verkraften. Die Tatsache, daß Außerirdische die Erde besuchten, man ihre Intention nicht einmal kannte und ihnen quasi hilflos ausgeliefert war, löste starke Angstzustände in ihm aus. Nur eine Stunde nach dem Meeting beim Präsidenten am 24.9., so ist in Polizeiakten dokumentiert, wurde er bei der Washingtoner Polizei vorstellig und beantragte einen Waffenschein. Sein Tagebucheintrag für den 24.9. erwähnte das Treffen, enthielt aber zwei Fehler: Als Datum wurde der 25.9. angegeben (obwohl Forrestal Truman an diesem Tag nicht traf) und statt, wie sonst- „Dr.Bush" schrieb er plötzlich „Mr.Bush" - Indiz für die starke innere Krise, in der er sich befand. In den folgenden Monaten geriet Forrestal in immer ernsthaftere Depressionen. 1948 begann er, eine regelrechte Paranoia zu entwickeln, sah nicht näher definierte „Fremde" und „Feinde" überall und fühlte sich selbst beobachtet und abgehört. Einmal soll er durch die Gänge des Pentagon gelaufen sein und geschrieben haben: *„Eine Invasion findet statt und wir sind ihr hilflos ausgeliefert!"* Im März 1949, nach einer Reihe von Nervenzusammenbrüchen, trat er von seinem Amt als Verteidigungsminister zurück und begab sich in ärztliche Behandlung. Er wurde in das

Bethseda-Marinehospital in Washington eingewiesen. Als die Ärzte akute Selbstmordgefahr diagnostizierten, verlegte man ihn von seinem Zimmer im zweiten Stock in ein Zimmer im sechzehnten Stock. Am 22. Mai 1949 beging er - nach offizieller Version- Selbstmord, indem er sich aus dem Fenster seines Krankenzimmers im sechzehnten Stock stürzte. Tatsächlich wissen wir nicht, ob es wirklich Selbstmord war. Vielleicht war Forrestal als Geheimnisträger im Wahnsinn auch zum Sicherheitsrisiko geworden. (18)

Doch was war mit seinen Akten, was ist mit dem Gründungsbefehl für die „Operation Majestic 12" geworden, der ja der Auslöser für seine Anfälle von Paranoia waren? Fest steht: Als Admiral Hillenkoetter das Briefing Paper für Präsident Eisenhower zusammenstellte, mußte er dem neugewählten Präsidenten den Befehl vorlegen. Aber ist es möglich, daß Forrestals Original nicht mehr existierte, nicht mehr gefunden werden konnte oder sich in einem unakzeptablen Zustand befand? Dr. Bush hatte noch seine Kopie. Bat Hillenkoetter vielleicht Bush um eben diese und eine reproduzierbare Originalunterschrift Trumans, ist das vorliegende Dokument eine CIA-Fotomontage aus dem Jahre 1952? Denkbar wäre das zumindest.

Tatsache ist: Die Unterschrift auf der im Truman-Archiv befindlichen Kopie des Truman-Briefes an Bush ist dünn und gebrochen. Sie kann niemals die Vorlage für die Signatur des Truman-Memorandums gewesen sein, die nicht nur klar und kräftig, sondern auch eindeutig ein Original ist, da ihre Tinte an den Rändern in der Papiermaserung verläuft. Keiner der möglichen Fälscher, auch nicht Richard Doty oder das AFOSI, hätte Zugang zu dem Original im Besitz Dr. Bushs gehabt - mit Ausnahme eines engen Freundes vielleicht, der ihn zu Lebzeiten (Bush verstarb 1974) aus wichtigem Grund darum gebeten hat. Admiral Hillenkoetter, wie Bush MJ-12-Mitglied, könnte einen solchen gehabt haben.

Gegenüberstellung der Truman-Unterschriften unter dem „Majestic 12"-Memorandum und dem Brief Trumans an Dr. Vannevar Bush

Doch können wir sicher sein, daß damit auch das MJ-12-Briefingpaper in seiner uns vorliegenden Form echt ist? Nicht ganz. Es besteht nach wie vor die Möglichkeit, daß es sich zumindest bei dem Hillenkoetter-Bericht für Eisenhower um ein Produkt cleverer Desinformation handelt, ganz wie es das Telex war, das Moore am Anfang seiner Kontakte mit „Falcon" erhalten hatte. Fest steht, daß es viel zu viele verifizierbare Elemente enthält, um eine simple Fälschung zu sein. Aber eine Imitation eines realen Dokumentes, gekürzt und mit einigen Änderungen versehen? Zumindest ist das eine Möglichkeit, die wir nicht ausschließen können.

Daß es Majestic-12 jedoch gegeben hat (und möglicherweise noch gibt), belegten zwei weitere Dokumente, die das Team Moore/Friedman/Shandera in den folgenden Jahren ausfindig machten. Das erste davon fanden Moore und Shandera, einem Tip eines ihrer Informanten folgend (den Moore auf einer in Neuseeland abgeschickten Postkarte erhielt), im Juli 1985 im Nationalarchiv in Washington. Anfang 1985 hatte die US-Luftwaffe ein paar tausend Akten freigegeben, die ab Mitte Juli im „Suitland"-Trakt des Archivs zugänglich waren. Am 18. Juli entdeckten die beiden Forscher, nachdem beide durch Hunderte von Ordnern gegangen waren, in Box 189 der Record Group 341 einen Kohlepapier-Durchschlag eines „Memorandums für General Twining", verfaßt am 14. Juli 1954 von (oder für) Robert

Cutler, Special Assistent von Präsident Eisenhower. Thema: „NSC/MJ-12 Special Studies Project" (19): *„Der Präsident hat entschieden, daß das MJ-12 SSP-Briefing während des schon angesetzten Treffens im Weißen Haus am 16. Juli stattfinden soll und nicht, wie ursprünglich geplant, danach. Weitere, genauere Arrangements werden Ihnen bei Ihrer Ankunft mitgeteilt. Bitte ändern Sie Ihre Pläne dementsprechend."* (20)

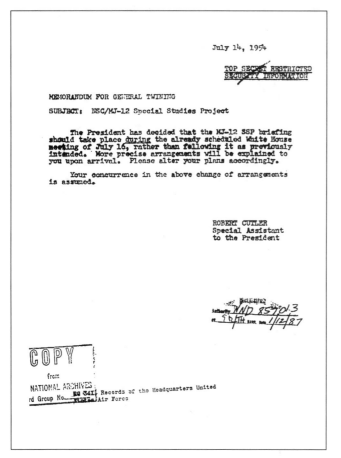

Dokument aus dem Nationalarchiv in Washington, das „MJ-12" erwähnt.

Kein Wort von UFOs, aber immerhin die Erwähnung von MJ-12 und General Twining als Mitglied in einem Dokument von offenbar unbestreitbarer Provenienz. Doch auch hier stieß das Forscherteam auf Kritik seitens der Skeptiker. So wiesen sie darauf hin, daß Robert Cutler zum fraglichen Zeitpunkt gar nicht im Land war. Er besuchte auf Anweisung Eisenhowers US-Militäreinrichtungen in Europa und Nordafrika. Doch, so erwiderte das Team, Cutler hat das Memorandum weder selbst unterschrieben noch trägt es das in solchen Fällen für Karbondurchschläge übliche „/s/" anstelle der Signatur. Somit könnte es also ebenso gut für Cutler verfaßt worden sein. Und zur Untermauerung ihrer Argumentation verwiesen sie auf ein (authentisches) Memorandum, das Cutler vor seiner Abreise für seinen Mitarbeiterstab verfaßte: „Keep things moving out of my basket", „Bearbeitet die Sachen in meiner Ablage weiter". (21) Mehr noch, sie konnten sogar die Schreibmaschine identifizieren, auf der das „Cutler/Twining"-Memorandum getippt worden war. Sie gehörte zum Büro von James Lay, dem Vizesekretär des Nationalen Sicherheitsrates, das neben Cutlers Büro lag, und mit dem er sich das Vorzimmer teilte. Tatsächlich arbeiteten Cutler und Lay sehr eng zusammen, und es war nicht das erste Mal, daß der eine White House-Beamte den anderen vertreten mußte. Eine der vier „Remington"-Schreibmaschinen in Lays Büro wies einige Unsauberkeiten im Schriftbild auf, die auf leicht deplazierte Typen zurückzuführen sind. So reicht das „u" etwas nach rechts, das „v" ist etwas erhöht, das „s", das „e" und das „v" „hinken" - auf authentischen Lay-Memoranden wie auf dem Cutler/Twining-Memo. Über 14 Parallelen konnten Schriftexperten entdecken, was jeden Zufall ausschließt: Das Memorandum an General Twining ist auf Lays Schreibmaschine getippt worden. (22)

Ende 1992 erhielt Stanton Friedman aus einer Insider-Quelle ein mit „Top Secret/Majic - Eyes Only" klassifiziertes „Memorandum an den Präsidenten", verfaßt von

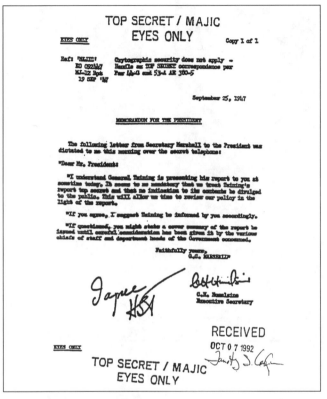

Memorandum von Außenminister Marshall an Präsident Truman: „Es scheint mir obligatorisch, Twinings Bericht Top Secret zu behandeln, so daß kein Hinweis auf seinen Inhalt an die Öffentlichkeit kommt."

Verteidigungsminister James Forrestal (links), Außenminister Gen. George Marshall (2.v.r.) und Präsident Harry S. Truman (ganz rechts)

General George Marshall

General George Marshall, Außenminister der Vereinigten Staaten, dem Urheber des „Marshall-Plans" für Europa. Es war auf den 25. September 1947 datiert, einen Tag nach der Einrichtung der „Operation Majestic 12". Trumans Sekretär C.H.Humelsine hatte es niedergeschrieben und unterzeichnet, nachdem *der folgende Brief von Minister Marshall an den Präsidenten heute morgen über das geheime Telefon diktiert wurde*. Sein Text: *Wie ich erfahren habe, präsentiert General Twining heute seinen Bericht an Sie. Es scheint mir obligatorisch, Twinings Bericht Top Secret zu behandeln, so daß kein Hinweis auf seinen Inhalt an die Öffentlichkeit kommt. Das gibt uns Zeit, unsere Politik im Lichte dieses Berichtes zu revidieren.*
Wenn Sie dem zustimmen, könnte ich Twining dementsprechend informieren.
Wenn nicht, könnten Sie eine Deck-Zusammenfassung des Berichtes herausgeben, nachdem er gründlich durch die verschiedenen Stabschefs und Köpfe der betroffenen Regierungsstellen geprüft wurde.
Darunter, handschriftlich, ein Vermerk des Präsidenten: *Ich stimme zu - HST*. (23)

Adm. Roscoe Hillenkoetter

Dr. Vannevar Bush

James Forrestal

Gen. Nathan F. Twining

Tatsächlich dokumentieren sämtliche „Majestic 12"-Dokumente einen sehr logischen Ablauf der Reaktionen auf ein Ereignis von der Tagweite des UFO-Absturzes von Roswell. Und tatsächlich handelt es sich bei den berufenen Experten, einschließlich Prof. Donald Menzel, um eine sinnvolle Auswahl, die zumindest teilweise durch Insider-Quellen wie Prof. Sarbacher und General Exon bestätigt wurde. Aufgabe der MJ-12-Behörde war die Koordination aller Aktivitäten der US-Regierung, die in irgendeiner Weise mit der außerirdischen Präsenz zu tun hatten. Das beinhaltete die Organisation und Leitung der wissenschaftlichen Auswertung der Wracks und Leichen, der militärischen Aktionen der Bergungseinheiten sowie der Observierungstätigkeiten durch den neugegründeten CIA, die nötig sind, um den höchstmöglichen Geheimhaltungsgrad aufrechtzuerhalten, der als TOP SECRET/MAJIC klassifiziert wurde. Dabei folgte Truman dem gleichen Konzept der Zentralisierung, das er kurz zuvor beim Aufbau des CIA angewandt hatte. MJ-12 stand unter Aufsicht des CIA-Direktors Admiral **Roscoe H. Hillenkoetter**, von 1947 bis 1950 Zentraler Nachrichtendienstdirektor der Vereinigten Staaten und erster Direktor des neugegründeten CIA, der die Code-Bezeichnung MJ-1 erhielt.

MJ-2 war **Dr. Vannevar Bush** (1890-1974), Vorsitzender der nationalen Kommission für Forschung und Verteidigung und des Amtes für wissenschaftliche Forschung und Entwicklung während des Zweiten Weltkrieges. Von 1939-1941 war er Vorsitzender des nationalen Beratungskomitees für Luftfahrt (NACA), aus dem später die NASA hervorging, und von 1945-48 Vorsitzender des Vereinigten Rates für Forschung und Entwicklung. 1949 wurde Bush vom US-Nachrichtendienstausschuß beauftragt, Wege auszuarbeiten, um die verschiedenen Nachrichtendienste effektiv miteinander zu verbinden, was auf Anregung von Verteidigungsminister Forrestal geschah. Seine Aufgabe im MJ-12-Komitee war die Koordination der wissenschaftlichen Untersuchungen der außerirdischen Technologie. (24)

James V. Forrestal, Marineminister von 1945-1947, erster Verteidigungsminister (nach der Umwandlung vom Kriegsministerium zum Verteidigungsministerium) der USA von 1947-49, war als MJ-3 für die militärische Koordination zuständig.

MJ-4, **General Nathan F. Twining**, Kommandant des Air Material Command der US Army Air Force und späteren

Gen. Hoyt S. Vandenberg   Dr. Detlev Wulf Bronk

US-Luftwaffe, dem Sitz des Lufttechnischen Nachrichtendienstes auf Wright Field, von 1945-47, leitete die militärischen Aktivitäten bei der Bergung und Untersuchung außerirdischer Raumschiffe.

MJ-5, **General Hoyt Vandenberg**, Chef der Kriegsabteilung des Heeres-Nachrichtendienstes im Zweiten Weltkrieg, von 1946-47 Zentraler Nachrichtendienstdirektor der Vereinigten Staaten, Luftstabschef 1947, Stabschef der US-Luftwaffe von 1948-1953, war für die Sicherung des Luftraumes der Vereinigten Staaten und das Aufspüren außerirdischer Raumschiffe verantwortlich.

Dr. Detlev W. Bronk (1897-1975) war der Begründer der Wissenschaft der Biophysik. Er war Vorsitzender des Nationalen Forschungsrates von 1946-50, Präsident der Nationalen Akademie der Wissenschaften 1950-1962, Dekan der John Hopkins-Universität und Präsident des Rockefeller-Institutes für Medizinische Forschung seit 1953. Im Zweiten Weltkrieg diente er als Forschungskoordinator des Luftmedizinischen Büros des Army Air Corps, als welcher er die physiologischen Auswirkungen von Höhenflügen untersuchte. 1945 wurde er Mitglied des wissenschaftlichen Beraterkomitees der Army

Air Force, 1946 des Beraterrates der Marine-Forschung. Ausgerechnet 1947 wurde er zum Mitglied des Beraterkomitees für Biologie und Medizin der US-Atomenergiekommission ernannt. (25)
Als MJ-6 leitete er die Untersuchung der geborgenen EBEs (Extraterrestrischer Biologischer Entitäten) und galt als Koordinator für Fragen der Biologie und Verhaltensforschung.

Sämtliche Unterlagen und Aufzeichnungen Prof. Bronks befinden sich seit seinem Tod im Archive Center des Rockefeller-Institutes in Tarrytown, NY. Bronk war ein sehr methodischer Mann, der sorgfältige und detaillierte Tagebücher führte, die er regelmäßig in demselben Schreibwarengeschäft kaufte. Er bewahrte all seine Korrespondenz, Notizen, Terminpläne auf. Als seine persönlichen Papiere aus dem Zeitraum von 1945 bis 1975 dem Institut übergeben wurden, waren sie offenbar vollständig, jedenfalls gibt es keine Aufzeichnungen über fehlendes Material. Doch wer heute im Rockefeller-Institut Einsicht in seine Tagebücher von 1947 nehmen will, muß erfahren, daß ausgerechnet diese fehlen. Keine der freundlichen Mitarbeiterinnen des Institutes wird Ihnen sagen können, weshalb. Aber sie fehlen. Irgend jemand hat sie verschwinden lassen. Wem das nicht „Zufall" genug ist, der wird noch erfahren, daß auch sämtliches Material über Dr. Bronks Zugehörigkeit zum Wissenschaftlichen Beraterkomitee der Army Air Force und späteren US-Airforce für den Zeitraum von 1947 und 1948 unauffindbar ist. (26)

Ähnlich wie Dr. Berkner und Dr. Menzel hatte auch Dr. Bronk eine spätere UFO-Connection. Im Juni 1947 wurde er zum Mitglied des wissenschaftlichen Beraterkomitees des Brookhaven-Nationallabors ernannt, das der Atomenergiekommission unterstand.

In Brookhaven wurde eine Reihe hochklassifizierter Projekte durchgeführt, an denen auch Paperclip-Wissenschaftler wie Dr. John von Neumann arbeiteten, die nach

Dr. Donald Howard Menzel   Dr. Jerome Clarke Hunsaker

Aussagen von Insidern an der Untersuchung der abgestürzten UFOs beteiligt waren.

Gemeinsam mit Bronk wurde im selben Monat ein anderer Wissenschaftler Mitglied des Brookhaven-Beraterkomitees,

Prof. Dr. Edward U. Condon, der von 1966 bis 1969 die von der US-Luftwaffe finanzierte offizielle UFO-Studie an der Universität von Colorado leitete. (27) Ziel dieser Studie war es, ein für alle Male zu beweisen, daß es keine „Fliegenden Untertassen" gibt, was freilich nur begrenzt gelang: Ein Drittel der untersuchten Fälle blieb ungeklärt. (28)

MJ-7, **Dr. Jerome Hunsaker** (1886-1984), war der führende Aeronautiker der Vereinigten Staaten und testete unzählige neue Flugzeugformen in dem von ihm mitentwickelten Windtunnel auf ihre Aerodynamik. Bereits im Ersten Weltkrieg war der graduierte MIT (Massachusetts Institute of Technology)-Ingenieur für die Konstruktion und den Bau der ersten Kriegsflugzeuge der US-Marine tätig. Als die USA in den Besitz von Wrackteilen abgestürzter deutscher Zeppeline kam, gelang es Hunsakers Team, durch eine gründliche Auswertung der Struktur und der verwendeten Materialien, den ersten amerikanischen Zeppelin, die Shenandoah, zu bauen, die 1923 mit Erfolg zwei Jahre lang flog. 1921 wurde Hunsaker zum Designchef des neugegründeten „Büros für Aeronautik" ernannt. Von 1933-1951 leitete er die MIT-Seminare für mechanisches und aeronautisches Ingenieurswesen. 1941 machte ihn die US-Marine zum Forschungskoordinator, womit er zum Mitglied des Forschungs- und Entwicklungsrates der USA wurde. Zudem gehörte er von 1941 bis 1958 dem Vorstand der NACA an, dessen Stab er von 650 auf 6500 Mitarbeiter vergrößerte und für das er Forschungs- und Testlabors in Langley, Ames und Lewis einrichten ließ. (29) Als Mitglied von MJ-12 koordinierte er die technische Auswertung der abgestürzten Raumschiffe.

Sidney Souers, erster Zentraler Nachrichtendienstdirektor der Vereinigten Staaten 1946, erster Exekutivsekretär des Nationalen Sicherheitsrates von 1947-1950 und Sonderberater Präsident Trumans für Geheimdienstangelegenheiten, war als MJ-8 Koordinator für Fragen der inneren Sicherheit zuständig.

MJ-9, **Gordon Gray**, Vize-Heeresminister 1947-49, Heeresminister 1949-50, danach Sonderberater von Präsident Truman in Angelegenheiten der Nationalen Sicherheit und Vorsitzender des supergeheimen psychologischen Strategierates des CIA, leitete die Abteilung Zivile Operationen der MJ-12-Gruppe und war verantwortlich für Propaganda und Aufrechterhaltung öffentlicher Unwissenheit über die außerirdischen Aktivitäten. Als solcher entwickelte er die Strategie des „Schulens und Banalisierens", deren Ziel „die Reduzierung des öffentlichen Interesses an den Unbekannten Flugobjekten" durch an den Haaren herbeigezogene „Erklärungen" und Lächerlichmachung der Zeugen war.

Dr. Donald Menzel (1901-1976), Professor für Astrophysik an der Harvard-Universität von 1939-1971, Leiter der astronomischen Fakultät von 1946-1949, war als MJ-10

Dr. Lloyd Viel Berkner

zuständig für naturwissenschaftliche Fragen und den Kontakt zur „scientific community".

Dr. Lloyd V. Berkner (1905-1967), MJ-11, Geophysiker, war Exekutivsekretär des Rates für Forschung und Verteidigung von 1946-47 unter Prof. Vannevar Bush sowie Vorsitzender des Sonderausschusses, der zur Gründung der Auswertungsgruppe für Waffensysteme führte. Seine Aufgabe war die Entwicklung von Abwehr- und Verteidigungsstrategien gegen die „unbekannten Eindringlinge". Interessanterweise beschäftigte sich Berkner seit Anfang der 20er Jahre mit Radiowellen-Fernübertragung und Elektromagnetismus. (30) Das erste Gebiet war relevant zur Kontaktaufnahme mit außerirdischen Intelligenzen - in diesem Sinne wurde in den sechziger Jahren die „Suche nach extraterrestrischen Intelligenzen" (SETI) gestartet -, der zweite Bereich für die Erforschung des Antriebsmechanismus der geborgenen „Untertassen". Berkner war einer der Wissenschaftler, die Radar- und Frühwarnsysteme entwickelten -wie ein FBI-Memorandum von 1950 erklärte, verursachte Hochfrequenz-Radar die UFO-Abstürze (31) - und ab 1951 die militärische Luftraumüberwachung der USA aufbaute. Es ist unbestritten, daß sich Berkner mit UFOs befaßt hat. So war Dr. Berkner Mitglied des „Wissenschaftlichen Beraterpodiums über Unbekannte Flugobjekte" des CIA, des sog. „Robertson Panels", das vom 14.-18. Januar 1953 im Pentagon tagte. Auf diesem Podium wurde ein „Erziehungsprogramm" verabschiedet, um „das öffentliche Interesse an den fliegenden Untertassen" durch „Schulen und Banalisieren" und eine gezielte Lächerlichmachung zu reduzieren. (32)

Generalmajor **Robert M. Montague** war von Juli 1947 bis Februar 1951 Kommandant der Anlage der Atomenergiekommission auf der Sandia-Basis, Albuquerque, New Mexico, der auch das White Sands-Testgelände unterstand. Als MJ-12 war er quasi Verbindungsmann zur AEC, der Atomenergiekommission, der die besten Forschungslabors des Landes, darunter Los Alamos, unterstanden, die fortan auch von der Operation Majestic 12 genutzt wurden.

Genaral Walter B. Smith

General Walter B. Smith, der Minister Forrestal nach dessen Tod als MJ-3 ersetzte, war zweiter Direktor des CIA von 1950-53. Als Eisenhowers Stabschef im Zweiten Weltkrieg trug er maßgeblich zur Organisation des Sieges in Europa bei. Als US-Botschafter in Moskau von 1948 - 1949 kannte er Stalin persönlich, was für seine neue Aufgabe von Vorteil war, da er gleichzeitig als Verbindungsstelle zum Ostblock fungieren konnte. (33)

Zu dem Zeitpunkt, als Jaime Shandera das Dokument erhielt, waren alle ursprünglichen MJ-12-Mitglieder bereits verstorben, der letzte von ihnen, Jerome Hunsaker, nur wenige Wochen zuvor. Das deckt sich zumindest mit der Aussage von General Exon, man hätte in den fünfziger Jahren beschlossen, erst Informationen über die „Unheiligen Dreizehn" - was in der Tat ein treffender Spitzname für die „Majestätischen Zwölf" ist, bei denen es sich, rechnet man den Präsidenten mit, eigentlich um dreizehn Personen handelt - freizugeben, wenn „der letzte dieser Jungs gestorben ist". (34)

Major Marcel mit den falschen „Wrackteilen" im Büro von General Ramey, nachgestellt im „Roswell"-TV-Film.

Marcel und Cavitt auf dem Trümmerfeld, nachgestellt für den „Roswell-Fernsehfilm".

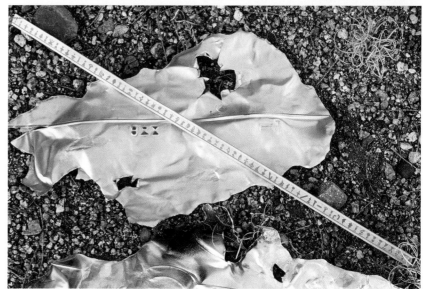

Die I-Stäbe und Wrackteile auf dem „Trümmerfeld" der Foster-Ranch: Nachgestellt nach Augenzeugenberichten (A. Miller Johnson).

Hier begann die Geschichte von Roswell: Das Gelände der Foster-Ranch, auf dem MacBrazel am 14. Juni oder 5. Juli 1947 Wrackteile unbekannter Herkunft fand.

Der Schuppen neben MacBrazels Ranchhaus, in dem er einige der Trümmerstücke lagerte.

Das Ranchhaus MacBrazels.

Das Ranchhaus von Floyd und Loretta Proctor. Sie waren die ersten, denen Brazel die Trümmerteile zeigte.

Das Sheriffsbüro von Roswell. Hier suchte MacBrazel Sheriff Wilcox auf, zeigte ihm die Wrackteile.

Das Roswell Army Air Field heute, umgewandelt in das „Roswell Industrial Air Center".

Die Absturzstelle des UFO-Wracks, 53 km nördlich von Roswell, auf dem Land des Ranchers Hub Corn.

Nahaufnahme der Absturzstelle.

Das Ballard-Bestattungsinstitut von Roswell. Hier fragte die Luftwaffe an, ob man vier Kindersärge auf Lager hätte und wie man Leichen konserviert, ohne ihre Körperchemie zu verändern.

Der noch erhaltene Seitenflügel des Basis-Hospitals des RAAF. Laut Glenn Dennis fand hier die erste Autopsie eines der UFO-Insassen statt.

Der Hangar 84 der Roswell-Luftwaffenbasis. Hier wurden die UFO-Wrackteile verladen, die toten Außerirdischen aufgebahrt.

Sgt. Thomas Gonzales, ein Zeuge der Bergungsarbeiten, schnitzte die vier toten UFO-Insassen.

Glenn Dennis

Loretta Proctor

Frank Kaufmann

Das „Roswell International UFO Museum and Research Center."

Zeichnung: A. Schejok

Das Militär erreicht die Absturzstelle 56 km nördlich von Roswell und findet das Archäologenteam von Prof. Holden vor. Zeichnung von Agnes Schejok.

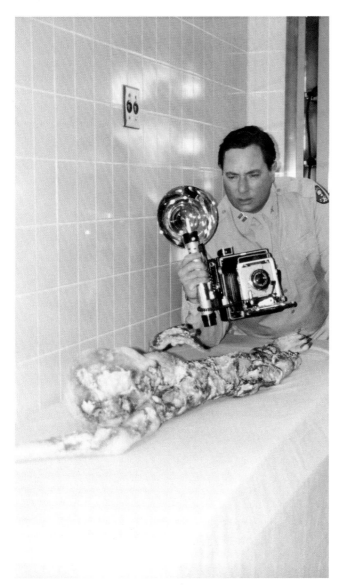

Ein US-Army-Fotograf, gespielt vom Produzenten Paul Davies, fotografiert eine der ET-Leichen im Basis-Krankenhaus von Roswell - Szene aus dem Roswell-Film.

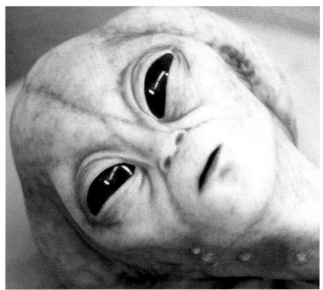

Nahaufnahme eines der Roswell-ET's aus dem „Showtime"-Roswell-Film.

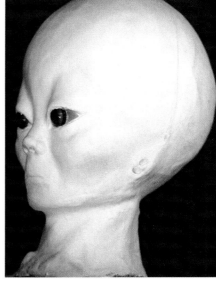

Modell eines Ausserirdischen nach Angaben von Zeugen sogenannter „UFO-Entführungen", darunter William Hermann und Betty Hill. Man beachte die Ähnlichkeit mit dem Santilli-ET.

Das UFO-Absturzszenario von Roswell, wie es im „UFO Enigma Museum" von Roswell dargestellt wird.

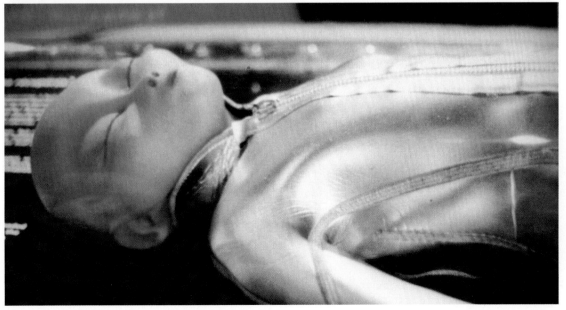

Modell des Roswell-Außerirdischen auf einer staatlichen UFO-Ausstellung in Montreal, Canada 1983, von der Künstlerin Linda Corriveau angeblich nach Originalfotos angefertigt. (Foto: Christian Page)

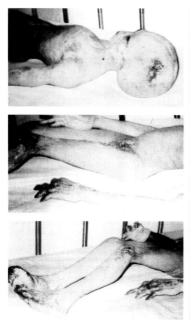
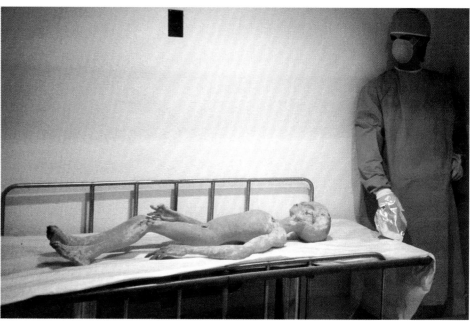

Im Herbst 1995 kursierten diese Fotos in der ostasiatischen Presse als angebliche Aufnahmen des Roswell-Aliens. Tatsächlich zeigen sie eine Puppe aus dem Fernsehfilm „Roswell", die heute im Roswell UFO-Museum ausgestellt ist.

Foto eines „Unbekannten Flugobjektes", das Gray Shultz am 28.2.1990 über der Area 51 aufnahm.

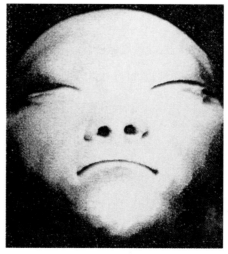

Angeblich echtes Foto eines toten Außerirdischen im Gewahrsam der US-Luftwaffe.

Die Groom Lake-Basis in der Area 51 (Foto von John Lear).

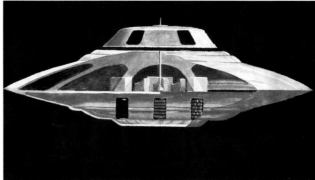

Das Flugobjekt, das Bob Lazar untersuchte. Außenansicht und Querschnitt gezeichnet von Agnes Schejok nach den Angaben von Bob Lazar.

Das S-4-Gelände am Ufer des Papoose-Trockensees nach den Angaben von Bob Lazar. (Zeichnung: J.Nichols).

Im Innern des Hangars. Zeichnung von Agnes Schejok nach den Angaben von Bob Lazar.

Die unterirdischen Hangars, gezeichnet von Agnes Schejok nach den Angaben von Derek Henessy.

Die Container mit den sechs Alien-Leichen in Level 2, gezeichnet von Agnes Schejok nach den Angaben von Derek Henessy.

Der britische Produzent Ray Santilli mit einer der Filmrollen, die er von einem Kameramann erwarb, der behauptete, die Bergung eines UFO-Wracks und die Autopsie zweier Außerirdischer gefilmt zu haben.

Das französische Magazin „vsd" veröffentlichte als erstes am 22. Juni 1995 Fotos aus dem mysteriösen Autopsiefilm.

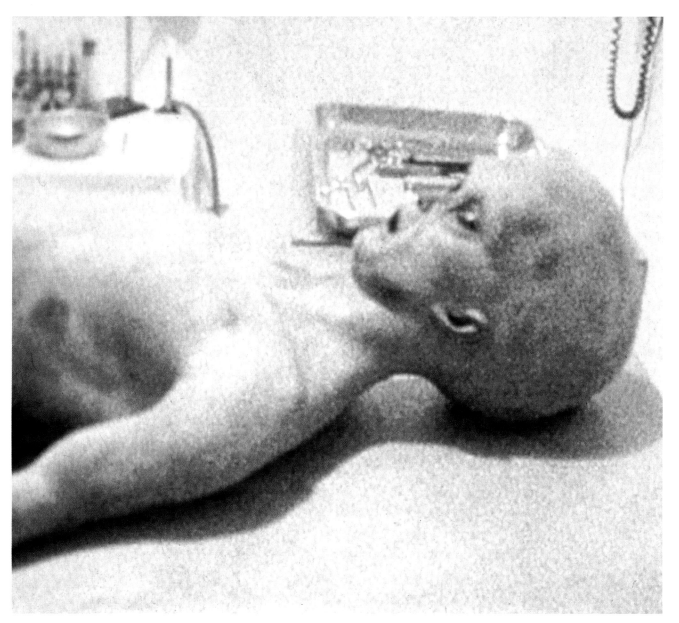

Szenen aus dem Autopisefilm von Ray Santilli: Das Wesen liegt auf dem OP-Tisch.

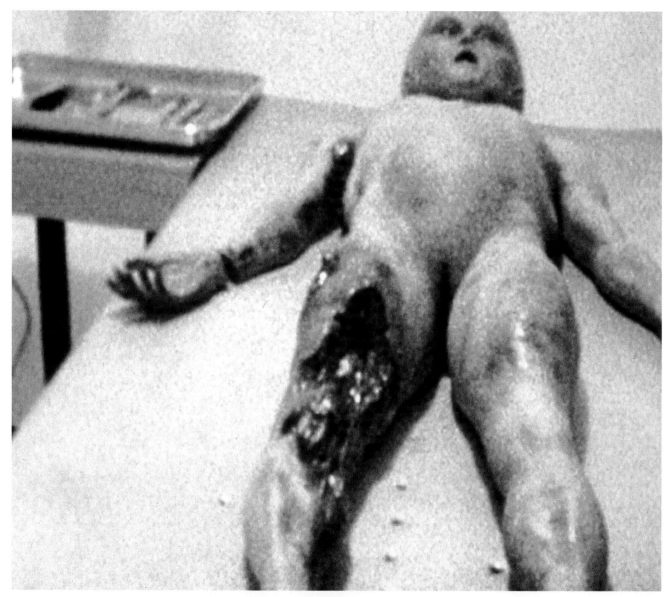

Der Alien in Frontalansicht: Die rechte Hand ist abgetrennt, das rechte Bein weist eine große Brandwunde auf, der linke Oberschenkel Prellungen und Hinweise auf einen Bruch.

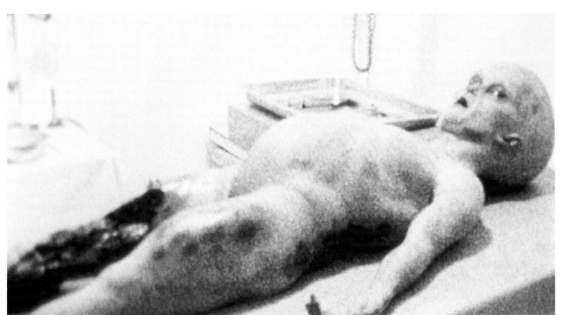

Eine weitere Gesamtaufnahme des Wesens.

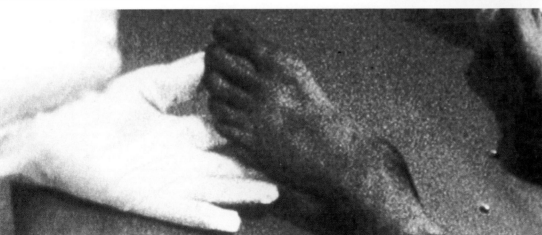

Die Hände des We-
sens weisen sechs
Finger auf, die Füße
sechs Zehen.

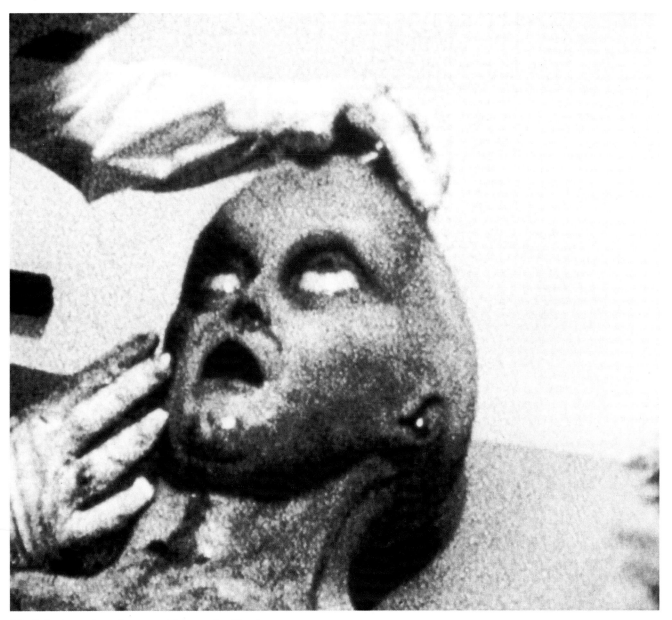

Die Entnahme der schwarzen Linsen oder Membrane.

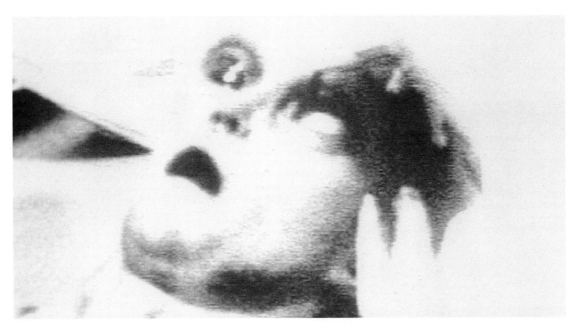

Der Kopf des Wesens in Großaufnahme mit freigelegten Augen.

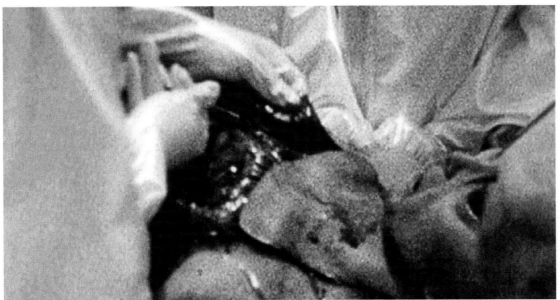

Der Brustkorb wird geöffnet.

Die Organe wer-
den freigelegt.

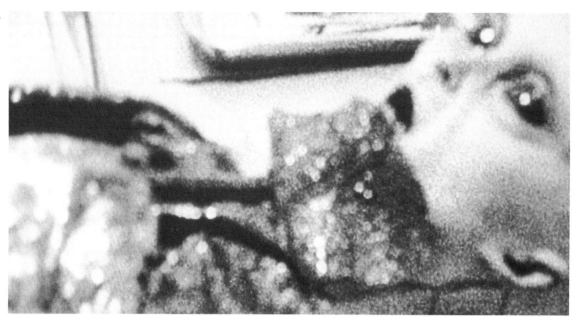

Mit einer Kno-
chensäge wird
der Schädel zur
Gehirnentnah-
me geöffnet.

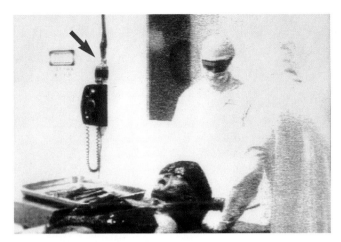

Am Ende der Autopsie: Klar erkennbar: Das „berühmte" Telefon und das von der Decke hängende Mikrophon, hinter der Glasscheibe Prof. Dr. Detlev Bronk.

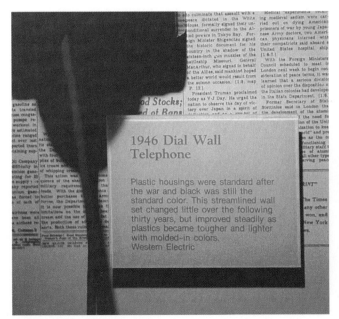

Bildunterschrift siehe rechts

Dasselbe Telefon hängt im Telefonmuseum der Bell Co. in Atlanta, Georgia. Es stammt aus dem Jahre 1946.

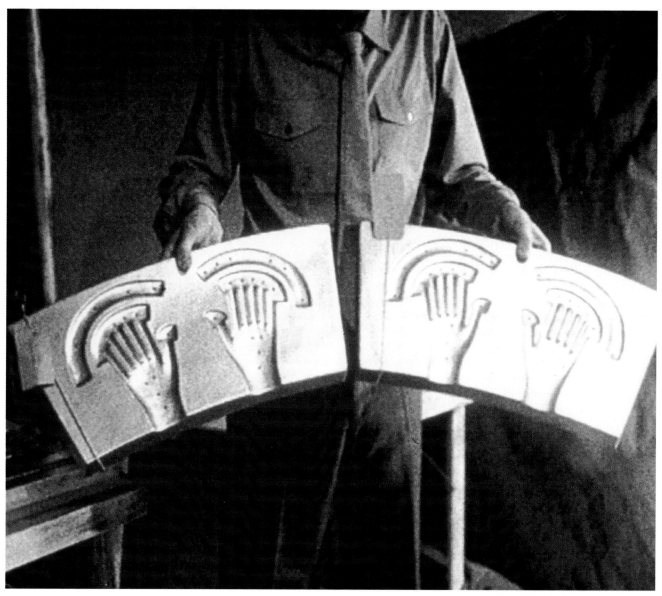

Zwei der „Boxen", die die Wesen in den Händen hielten. Nach Aussagen von Regierungswissenschaftlern handelt es sich bei ihnen um „Biofeedback-Computer", die u.a. zur Steuerung des Raumschiffes benutzt werden konnten.

Die Wrackteile aus dem Santilli-Film: T-Träger mit einer protophönizischen Inschrift. Sie konnte entziffert werden.

Die Wrackteile aus dem Santilli-Film: Ein weiterer T-Träger mit einer protophönizischen Inschrift.

Absturz, nach den Angaben des Kameramannes gezeichnet von Agnes Schejok.

Bergung, nach den Angaben des Kameramannes gezeichnet von Agnes Schejok.

Robert Morningsky behauptet, sein Großvater hätte einen Außerirdischen aus einem abgestürzten UFO geborgen.

Präkolumbianischer Goldschmuck aus dem Goldmuseum von Cuenca, Ecuador. Die Inschrift ähnelt den Hieroglyphen auf dem Santilli-Film (Archiv E.v.Däniken).

Der Trockensee 8 Meilen südwestlich von Socorro, New Mexico, an dessen Nordufer der UFO-Absturz vom 31. Mai 1947 stattfand.

Deutlich erkennbar ist die ca. 20 Meter breite Stelle eindeutig weggeschlagenen Gesteins. Hier wollte offensichtlich jemand Spuren verwischen.

Der Autor mit dem UFO-AZ-Team (v. u. r. Ted Lohman, Jim Nichols) im Februar 1996 an der Absturzstelle.

Mitglieder des UFO-AZ-Teams suchen mit hochempfindlichen Metalldetektoren nach Spuren.

Der Acoma »Sky Pueblo« westlich von Albuquerque. Am 31. Mai 1947 beobachteten Acoma- und Laguna-Indianer den Absturz einer »Feuerkugel« in Richtung Socorro.

Toth (Tehuti), der Weisheitsgott der Ägypter und einer der »Neteru" (Wächter) gilt als Erfinder der Hieroglyphen.

UFO-Forscher Derrel Sims mit seinem »Roswell-Fragment«

„Roswell-Fragment" von Derrel Sims

»Roswell-Fragment von Derrel Sims.

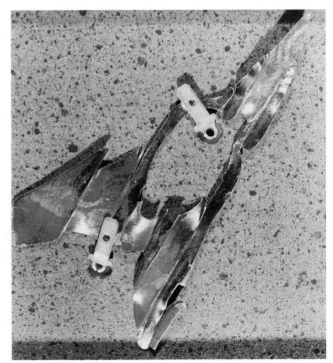

Das angebliche UFO-Fragment, das dem „Roswell UFO Museum" übergeben wurde.

8. Kapitel
Die majestätischen Zwölf

Tatsächlich waren Bill Moore und Jaime Shandera nicht die einzigen gewesen, denen aus Falcons Umfeld Dokumente zugespielt wurden.

Im März 1983 hatte der US-TV-Sender HBO die Filmproduzentin Linda Moulton Howe beauftragt, eine Dokumentation zum UFO-Thema zu drehen. Howe kam dieser Auftrag gerade recht, denn seit der Arbeit an ihrem letzten Streifen, „A Strange Harvest", war sie immer wieder mit neuen Informationen über dieses faszinierende Thema in Berührung gekommen. Tatsächlich war „The Strange Harvest" Howes Durchbruch. Während ihre ersten Filme ökologische, wissenschaftliche, medizinische und politische Themen behandelten - so die vielbeachtete Dokumentation „Fire in the Water", in der Howe die radioaktive Verseuchung amerikanischer Flüsse aufdeckte -, ging es in der „seltsamen Ernte" um ein für sie ungelöstes Mysterium, die „Viehverstümmelungen". Seit Ende der 60er Jahre hatten amerikanische Rancher speziell in den Bundesstaaten Colorado, New Mexico und Nevada tote Rinder und Pferde auf ihren Weiden gefunden, die Opfer einer ungewöhnlichen Operation geworden waren. Ihnen wurden, mit präzisen Schnitten, deren

Linda Moulton Howe

Brandspuren an Laserchirurgie erinnerten, die Genitalien, Lippen, Euter oder andere Organe entfernt, und manchmal fand man sie völlig blutleer vor. Immer wieder wollen Zeugen rätselhafte Lichter oder schwarze, unmarkierte Helikopter in den fraglichen Nächten beobachtet haben, die irgendwie in Verbindung mit den mysteriösen „Chirurgen" standen. Für all dies konnte es, das stand für Howe fest, nur zwei Erklärungen geben: Entweder führte die US-Regierung hier geheime Experimente durch - oder Außerirdische sammelten genetisches Material. Vielleicht war des Rätsels Lösung aber auch eine Kombination von beiden Möglichkeiten.

Howes Film „A Strange Harvest" war gut recherchiert, dicht und faszinierend. Er fand so viel Anklang, als er am 25. Mai 1980 von CBS Colorado ausgestrahlt wurde, daß tagelang bei ihr und beim Sender die Telefone nicht stillstanden. Mehr noch, Howe wurde für den Streifen mit dem „Emmy" ausgezeichnet, dem wichtigsten Filmpreis, den eine TV-Produktion bekommen kann. Andere Sender wurden auf die Produzentin und ihre Arbeit aufmerksam.

Als Howe am 20. März 1983 beim Pay TV-Sender HBO (Home Box Office) in New York vorstellig wurde, erhielt sie den Auftrag, über das Phänomen der Viehverstümmelungen hinauszugehen und echte Indizien für außerirdische Besuche aufzuspüren und filmisch zu dokumentieren. Man einigte sich auf den Titel „UFOs: Der ET-Faktor". „Die Leute wollen immer solche UFO-Geschichten sehen. Aber, Linda, glauben Sie wirklich, daß sie dort draußen sind?", fragte Jean Abounader, die HBO-Direktorin für Dokumentationen. „Sie sahen 'Strange Harvest'", antwortete Howe, „Etwas Seltsames geht hier auf diesem Planeten vor, und ich weiß nicht, was es ist. Das will ich herausfinden." Noch am selben Tag hatte sie sich mit Peter Gersten verabredet, einem New Yorker Rechtsanwalt, der die US-Bürgerinitiative „Citizens Against UFO Secrecy" (CAUS - Bürger gegen UFO-Geheimhaltung) gegründet hatte. Seit Präsident Ford als Antwort auf den Watergate-Skandal das „Gesetz zur Informationsfreiheit" erlassen hatte, gab es für jeden US-Bürger die Möglichkeit, Akten der Streitkräfte und Geheimdienste anzufordern - vorausgesetzt, sie beinhalteten keine „Informationen, die die Nationale Sicherheit" betreffen, was sich natürlich als äußerst dehnbarer Begriff erwies. Präsident Jimmy Carter, der sich im Wahlkampf offen zu seiner eigenen UFO-Sichtung 1969 in Leary, Georgia, bekannt und dem amerikanischen Volk versprochen hatte, „alle UFO-Geheimdokumente freizugeben", wenn er Präsident würde, liberalisierte das Gesetz und ermöglichte es zumindest, daß in seiner Amtszeit über 20.000 Seiten deklassifizierter UFO-Akten an die Öffentlichkeit kamen. Doch viele davon waren stark zensiert oder erweckten den deutlichen Eindruck, nur die Spitze eines Eisberges zu sein. Und eben dort setzten Gersten und seine Bürgerinitiative ein. (1)

1977 klagte Gersten, zusammen mit der UFO-Organisation Ground Saucer Watch (GSW) aus Phoenix, Arizona, gegen den CIA auf Freigabe von geheimen UFO-Akten. Das Resultat waren einige starkzensierte Geheimdokumente und die Information, daß achtzehn weitere Akten im CIA-Archiv eigentlich vom NSA stammen würden, dem supergeheimen „Nationalen Sicherheitsdienst" (NSA - National Security Agency) der USA. 1980 klagte Gersten gegen den NSA. Der NSA bekannte vor Gericht, daß er im Besitz von UFO-Dokumenten sei.

Zuerst war von 79 Berichten die Rede, dann von 135 und schließlich von 239 Akten. Gersten war der Ansicht, die Öffentlichkeit hätte ein Recht darauf, diese Dokumente zu sehen, doch der NSA bestand darauf, sie „aus Gründen der Nationalen Sicherheit" zurückzuhalten. Daraufhin beantragte Gersten eine „in Camera"-Untersuchung der Dokumente auf ihre Sicherheitsrelevanz hin durch einen Richter des Landesgerichtshofes. Auch das lehnte der NSA ab. Schließlich ordnete das Gericht eine eidesstattliche Erklärung des NSA-Vertreters Eugene F. Yeates „in Camera" und unter Ausschluß der Anwälte an. Dazu mußte Richter Gerhard Gesell zuerst einer Sicherheitsüberprüfung unterzogen und ihm eine „Top Secret"-Befugnis zugeteilt werden. Schließlich, am 10. Oktober 1980, gab Yeates unter Eid seine Erklärung ab, auf deren Grundlage das Gericht am 18. November sein Urteil begründete: *„Die Freigabe des Materials könnte ernsthaft die Arbeit des Dienstes und die Sicherheit der Vereinigten Staaten gefährden... das öffentliche Interesse an einer Freigabe wird weit überwogen von der sensitiven Natur des Materials und den offensichtlichen Folgen für die Nationale Sicherheit, die eine Freigabe mit sich bringen würde."* (2)

Fast fühlt man sich in den Gerichtssaal der U.S.Navy in dem oskar-nominierten Hollywood-Thriller „Eine Frage der Ehre" (Some Good Man) versetzt, in dem ein zähnefletschender Jack Nicholson als Colonel Jessep den jungen Militäranwalt Lt. Kaffe (Tom Cruise) ankläfft: „You can`t handle the truth!" - „Sie können die Wahrheit nicht ertragen!" Doch ganz wie Tom Cruise alias Lt. Kaffe ließ sich Gersten davon nicht sonderlich beeindrucken und klagte weiter in der nächsten, der höchsten Instanz: Vor dem Obersten Gerichtshof der Vereinigten Staaten. Doch offensichtlich siegen die Guten nur im Spielfilm. Das Gericht jedenfalls wies die Klage zurück und verweigerte Gersten am 8. März 1982 die Anhörung - der NSA durfte weiterhin „aus Gründen der Nationalen Sicherheit" seine UFO-Geheimnisse unter Verschluß halten. Zumindest aber klagte der wackere Anwalt am 27. April 1982 eine Kopie der 21-seitigen eidesstattlichen Erklärung des NSA-Beamten Yeates ein. Vierzehn Seiten des mit „Top Secret/Umbra" - der höchsten NSA-Geheimhaltungs-stufe - klassifizierten Dokumentes waren gänzlich mit schwarzen Flächen verdeckt. (3)

Doch als sich Linda Moulton Howe an diesem kalten Märzabend mit Gersten traf, ging es nicht um den NSA, es ging um einen ganz neuen Fall, dem CAUS auf der Spur war. Und dieser Fall hatte etwas mit Richard Doty zu tun, dem AFOSI-Agenten, mit dem Bill Moore bereits durch „Falcon" in Kontakt gekommen war. Es war erst einige Wochen her gewesen, daß die US-Luftwaffe of-fiziell jene Berichte über UFO-Landungen auf dem Coyo-te Canyon Atomwaffenarsenalgelände in den Manzano-Bergen südlich von Albuquerque, New Mexico freige-geben hatte, von denen Moore dank Falcon schon seit Januar 1982 wußte und Kopien hatte. Der Fall war also echt, und Doty, der Verfasser des Berichtes, gewiß ein lohnender Interviewpartner für Howe, ging es doch um einen amtlichen Bericht über eine UFO-Landung in ei-nem militärischen Hochsicherheitsbereich:

„Am 11. Aug. 80 berichtete Russ Curtis von der San-dia-Sicherheit, daß am 9. August 1980 ein Sandia-Si-cherheitsbeamter das folgende berichtete: Gegen 00.20 Uhr fuhr er auf der Coyote Canyon-Zufahrtsstraße Rich-tung Osten zu einer Routineüberprüfung eines Gebäu-des, dessen Alarm angeschlagen hatte. Als er sich dem Gebäude näherte, bemerkte er ein helles Licht in Bo-dennähe hinter dem Gebäude. Er sah außerdem ein Ob-jekt, das er zuerst für einen Helikopter hielt. Doch als er näherkam, beobachtete er ein rundes, scheibenför-miges Objekt. Er wollte über Funk Unterstützung an-fordern, aber sein Funkgerät war ausgefallen. Als er sich zu Fuß, mit seinem Gewehr bewaffnet, dem Objekt näher-te, schoß es mit hoher Geschwindigkeit in den Him-mel... Coyote Canyon ist Teil eines großen, gesperrten

Richard Dotys AFOSI-Bericht vom 2.-9. Sept. 1980 über eine UFO-Landung im Coyote Canyon Atomwaffenarsenal.

Testgeländes, das von den Waffenlaboratorien der Luft-waffe, den Sandia-Labors, der Dienststelle für Nu-klearverteidigung und dem Energieministerium benutzt wird. Es wird von der Sandia-Sicherheit patrouilliert, die aber heute nur noch Gebäude überprüft." (4)

Man kann sich nur vorstellen, welch spielbergeskes Szen-ario sich hinter diesen nüchternen Worten verbirgt. Eine warme Augustnacht in der Wüste von New Mexico, ein Soldat auf seiner Patrouillenfahrt auf dem Atomwaffenarsenalgelände in den Manzano-Bergen, deren tiefschwarze Silhouetten vor dem schwarzblauen Sternenhimmel Kontur annahmen. Der Alarm war angeschlagen, ein Licht neben den Baracken gelandet. Ein Helikopter? Saboteure, Terroristen, vielleicht im Auftrag Ayatollah Khomeinis oder Muammar al-Gaddhafis? Der Soldat griff prüfend nach seiner Waffe, einer MG. Doch je näher er herankam, je deutlicher wurde ihm bewußt, daß er keinen Helikopter vor sich hatte. Nein, es war eine schwachleuchtende Scheibe, etwas, das er noch nie gesehen hatte. War es eine dieser „fliegenden Untertassen", von denen man normalerweise nur in der Regenbogenpresse liest, gab es sie wirklich, war dies ein Raumschiff aus einer anderen Welt? Was immer es war, es hatte hier, in unmittelbarer Nähe von Atomwaffen, nichts zu suchen. Ein Griff zum Funkgerät, unser Soldat brauchte Verstärkung, und zwar so schnell wie möglich. Er hatte „jemanden" in flagranti ertappt, und er hatte Angst. Doch das Gerät war tot. Er probierte es wieder und wieder, kein Ton. Er fluchte. Doch er mußte seine Pflicht tun. Das MG im Anschlag, sich duckend, schlich er sich, immer nach Deckung Ausschau haltend, an die geheimnisvoll glitzernde Scheibe heran. Doch als er bis auf 70 Meter an sie herangekommen war, ertönte ein leiser Summton. Langsam erhob sich der Diskus, schwebte sekundenlang über der Wüste, um schließlich abzukippen und mit rasender Geschwindigkeit in den Nachthimmel zu schießen. Atemlos staunend schaute der Sicherheitsmann dem mysteriösen UFO hinterher. Sein Herz pochte, selbst die Halsschlagader vibrierte noch. Leicht verwirrt ging er zurück zum Wagen, griff zum Funkgerät, das jetzt wieder vertraut knackte. „Sandia Sicherheit. Ich habe gerade ein UFO gesehen."

„Vielleicht kann Sie Doty mit diesem Wachmann in Kontakt bringen?", meinte Gersten zu Howe, nachdem diese fasziniert den AFOSI-Bericht gelesen hatte. Ja, das

Master Sergeant Richard Doty

war der Stoff, den sie brauchte. Glaubwürdige Zeugen, offizielle Dokumente, spektakuläre Fälle. „Außerdem ist dieser Fall nur der Gipfel eines Eisberges", versicherte Gersten. „Ich traf Doty im Januar. Zuerst mit Bill Moore, dann, am nächsten Tag, allein. Er erwähnte eine Gruppe auf höchster Ebene, die Informationen über diese außerirdischen Besucher sammelt. Ihr Name ist „MJ-12". Er bestätigte mir, daß die Regierung noch immer die UFOs untersucht und weiß, daß sie außerirdischer Herkunft sind. Verschiedene Dienststellen bearbeiten die Fälle, doch der NSA spielt die wichtigste Rolle. Er soll sogar schon Kontakte zu den Außerirdischen hergestellt haben. Dieses Projekt hat den Decknamen 'Project Aquarius'." „Aber befürchtet Doty keine Schwierigkeiten, wenn er so offen mit Ihnen über Geheimprojekte spricht?" „Nein, er sagte mir, er würde nur als 'Frontmann' für seine Vorgesetzten fungieren. Deren Ziel sei, die Öffentlichkeit langsam, schrittweise auf die Existenz der Außerirdischen vorzubereiten. Sie nennen das 'Erziehungsprogramm'. Spielbergs 'Unheimliche Begegnungen der Dritten Art' war ein Teil davon, ebenso 'E.T.'. Die 'Programmierung' würde durch Filme, Fernsehen und andere Medien erfolgen. Die Regierung sei besorgt, daß es wegen der Außerirdischen zu einer Panik kommen könnte, meinte Doty. Aber er betonte ausdrücklich, daß die Außerirdischen keinerlei feindliche Absichten hätten." „Und die Furcht vor der Panik war der Hauptgrund für die jahrzehntelange Geheimhaltung?", wollte Howe wissen. „Nicht nur", erwiderte Gersten, „wie Doty erklärte, war einer der Gründe für die extreme Schweigepolitik die Furcht, daß die Sowjets von der außerirdischen Technologie erfahren

Los Alamos, das „Bergkloster" der Atomphysiker im Hochland von New Mexico. Wurde hier auch außerirdische Technologie untersucht?

könnten, bevor wir in der Lage waren, sie zu verstehen und für unser Verteidigungsprogramm zu nutzen." „Außerirdische Technologie?" „Ja, Doty behauptete, es sei eine Reihe von Raumschiffen abgestürzt, die meisten Ende der vierziger und Anfang der fünfziger Jahre im Südwesten der USA." „Das ist ja unglaublich. Wie schätzen Sie die Zuverlässigkeit Dotys ein?" „Ich weiß es nicht. Einmal schaute er mir direkt in die Augen und sagte: 'Was macht Sie sicher, daß ich nicht hier bin, um Ihnen Desinformationen zu geben oder Informationen, die Teil des Programms sind, wissend, daß Sie herausgehen und alles verbreiten werden?'" Linda Howe war fasziniert. Für sie stand fest: Sie mußte diesen Doty kennenlernen.

Einige Tage später, Linda war wieder daheim in Denver, Colorado, rief Gersten sie an. „Ich habe gerade mit Doty gesprochen", meinte er, „er wäre bereit, sich mit Ihnen zu treffen. Ich soll Ihnen seine Nummer geben." Howe rief Doty an, verabredete sich mit ihm am Flughafen von Albuquerque. Doch Doty kam nicht. Eine halbe Stunde lang wartete eine irritierte Linda Howe auf den unauffindbaren Geheimdienstler, dann setzte sie sich frustriert in ein Taxi, fuhr zum Haus eines Freundes. Als sie einige Zeit später von dort aus Doty anrief, machte dieser einen erstaunten Eindruck und versicherte, am Flughafen auf sie gewartet zu haben. Offenbar hätte man sich verpaßt. Das macht aber nichts, meinte der Master Sergeant, er würde sie gleich mit dem Wagen abholen. Fünfzehn Minuten später klingelte Richard Doty an der Tür von Lindas Bekannten. Er war klein, höchstens 1,65 Meter, geradezu dürr, mit klaren blauen Augen, dunkelbraunem Haar, einem Oberlippenbart und brauner, sonnengegerbter Haut. Gemeinsam fuhren der AFOSI-Agent und die Journalistin auf die Kirtland-Luftwaffenbasis, auf der Doty sein Büro hatte. Der Posten am Basiseingang winkte ihn nur durch, und schließlich kamen sie zu einem kleinen, weißen und grauen Gebäude, das von Gras und Bäumen umgeben war. Nachdem sie den Wagen geparkt hatten, stiegen sie eine Treppe hoch, gingen durch zwei Flügeltüren in einen Gang, zu einer anderen Flügeltür und schließlich in einen Sicherheitsbereich, der durch eine Tür mit Sicherheits-Codeschloß abgeriegelt war. „Wir gehen in das Büro meines Chefs", meinte Doty und öffnete eine Tür zur Rechten. In dem Raum stand ein großer, heller Holz-Schreibtisch, hinter den sich Doty setzte, nachdem er Frau Howe gebeten hatte, auf einem Stuhl vor dem Fenster Platz zu nehmen.

„Wissen Sie, Sie haben ein paar Leute in Washington in Unruhe versetzt mit Ihrem Film 'A Strange Harvest'. Er kam einer Sache zu nahe, von der wir nicht wollen, daß die Bevölkerung davon erfährt." Er erklärte ihr, sie sei während der Produktion überwacht worden. Und wie zum Beweis zitierte er ein Telefonat, das Howe mit dem Pressebüro des CIA in Washington geführt hatte. Dann griff er mit der linken Hand in eine Schublade auf der linken Seite des Schreibtisches. Er öffnete sie und holte einige Seiten beschriebenen Papiers heraus. „Meine Vorgesetzten haben mich gebeten, Ihnen das hier zu zeigen", meinte Doty und reichte die Blätter zu Howe herüber, „Sie können sie lesen und mir Fragen stellen, aber Sie dürfen sich keine Notizen machen."

Halb ungläubig, halb fasziniert las Linda Howe die Aufschrift des Deckblattes. „Einführungsbericht für den Präsidenten der Vereinigten Staaten", stand dort, ohne daß der Name des Präsidenten genannt war. Thema: „Unidentifizierte und identifizierte Luftfahrzeuge". In diesem Augenblick stand Doty auf, ging zu Howe und zeigte auf einen Sessel in der Mitte des Raumes. „Bitte nehmen Sie dort Platz. Augen können durch Fenster sehen." Linda war verwirrt. Sie fühlte sich unwohl. 'Warum zeigt er mir diese Dokumente', fragte sie sich wieder und wieder. Sie war sich nicht sicher, was für ein Spiel gerade mit ihr gespielt wurde. Aber irgendwie war dieses Spiel es wert, mitgespielt zu werden.

Linda versuchte, jedes Wort zu lesen und im Gedächtnis zu behalten. Die erste Seite behandelte UFO-Abstürze im Südwesten der Vereinigten Staaten. Der erste soll sich 1946 ereignet haben, andere 1947, 1949 und Anfang der 50er Jahre. Zwei Abstürze bei Roswell wurden erwähnt, einer - kurz vor dem historischen Roswell-Zwischenfall - bei Magdalena, New Mexico, weitere bei Aztek, New Mexico, Kingman, Arizona, und im äußersten Norden Mexikos, nahe der texanischen Grenze. Die Ursache für die Abstürze, so der Bericht, seien Interferenzen eines neuen Radars mit dem Steuersystem der Scheiben.

Beide, Wracks und Leichen, wurden auf verschiedene militärische Forschungszentren gebracht, die Leichen in die Los Alamos Nationallaboratorien im Norden New Mexicos, die Raumschiffe auf die Wright Patterson-Luftwaffenbasis in Dayton, Ohio. Die Außerirdischen wurden „EBEs", genannt, „extraterrestrische biologische Entitäten". Ihre Hautfarbe war leicht grau, sie waren ca. 1,20 Meter groß, hatten lange Arme, vier lange Finger, keinen Daumen, klauenartige Nägel und eine Art Schwimmhäute zwischen den Fingern. Anstelle einer Nase oder Ohren hatten sie nur Schädelöffnungen. Eines der - laut dem Paper sechs - bei Roswell geborgenen Wesen soll noch gelebt haben. Ein Luftwaffenoffizier, der später zum Oberst befördert wurde, übernahm die Verantwortung und brachte es nach Los Alamos, in das damals geheimste Labor der Vereinigten Staaten, die Wiege des „Manhattan-Projektes" zur Entwicklung der Atombombe. Das Wesen war eine seltsame Mischung aus Mensch, Reptil und Insekt. Nach einiger Zeit gelang es, eine nonverbale Kommunikation aufzubauen. „Ebe", wie der Außerirdische genannt wurde, übermittelte Informationen über seine Heimatzivilisation und ihre Kontakte mit den Erdenmenschen durch die Geschichte hindurch.

Die Heimat des Wesens sei das Zeta Reticuli-System gewesen, dem Bericht zufolge 55 Lichtjahre, nach Ansicht der Astronomen 37 Lichtjahre von der Erde entfernt, ein Doppelsternensystem aus zwei gelben Sonnen, weit genug voneinander entfernt, um eigene Planetensysteme zu entwickeln. Seit 25.000 Jahren besuchen die Retikulaner die Erde in gewissen Intervallen, um die DNS der Menschen und möglicherweise auch anderer Lebensformen zu manipulieren. Das sei vor 25.000, 15.000, 5000 und 2500 Jahren geschehen. „Vor zweitausend Jahren", so fuhr der Bericht fort, „schufen die Extraterrestrier ein Wesen, das die Menschen der Erde Liebe und Gewaltlosigkeit lehren sollte". Der Abschnitt endete mit der Bemerkung, daß EBE am 18. Juni 1952 „aus unbekannten Gründen" verstorben sei.

Das Dokument fuhr fort, die verschiedenen Projekte der US-Regierung aufzuführen, durch die Ursprung, Natur und Motive der Außerirdischen untersucht werden sollten. Neben den offiziellen Luftwaffenprojekten wie Sign, Grudge, Gleem, Pounce, Twinkle und Blue Book gäbe es supergeheime Operationen, die eine Kontaktaufnahme mit Außerirdischen und die Untersuchung ihrer Technologie zum Ziel hatten. Das erste war PROJECT GARNET. In ihm ging es um die Beantwortung von Fragen zur Evolution des Homo Sapiens, die durch die außerirdische Präsenz aufgekommen waren. PROJECT SIGMA stellte - so der Bericht - eine Kommunikation mit Außerirdischen her, die 1964 zu einem ersten Kontakt führte. PROJECT SNOWBIRD koordinierte die Untersuchung außerirdischer Technologie. Es gelang schließlich, eines der abgestürzten Raumschiffe zu fliegen. PROJECT AQUARIUS schließlich sollte alle erreichbaren Informationen über außerirdische Lebensformen sammeln und koordinieren.

Ungläubig wie erschüttert über das, was sie gerade gelesen hatte, lehnte Linda sich zurück, die Dokumente fest in den Händen wie einen wertvollen Schatz, so als

fürchte sie, jemand wolle sie ihr jeden Augenblick entreißen. „Warum zeigen Sie mir das", fragte sie irritiert Doty, „warum nicht der New York Times, der Washington Post oder 60 Minutes?" „Diese Institutionen bereiten uns doch nur Ärger", erwiderte Doty, „unabhängige Autoren oder Produzenten wie Sie sind viel leichter zu manipulieren, zu kontrollieren und zu diskreditieren als eine Medieninstitution mit einem Stab von Anwälten." Howe schluckte. Zumindest machte Doty keinen Hehl aus seinen Beweggründen, und irgendwie überzeugte sie das. „Der Grund, weshalb ich Ihnen diese Dokumente zeigen sollte, ist der: Meine Vorgesetzten haben vor, Ihnen einige tausend Fuß Farb- und Schwarzweiß-Filmmaterial zu überlassen. Das sind alles historische Aufnahmen von den abgestürzten Scheiben, den toten Außerirdischen, dem lebenden Außerirdischen und dem ersten Kontakt im Jahre 1964, der auf der Holloman-Luftwaffenbasis in New Mexico stattgefunden hat. Sie können das Material für Ihre HBO-Dokumentation verwenden. Ich werde Sie anrufen. Wir werden einen Termin machen, wann Sie das Material an der Ostküste in Augenschein nehmen können... jetzt aber muß ich nach Hause. Meine beiden Söhne sind hungrig, ich muß ihnen das Abendessen machen..." Das Treffen war beendet. Und obwohl Linda Howe noch tausend Fragen hatte, obwohl sie noch Stunden mit Doty hätte verbringen wollen, sie hatte keine andere Wahl. „Ich fahre Sie aber noch ins Hotel", meinte Doty und Linda atmete auf. Sie konnte ihm doch noch ein paar Fragen stellen.

„Ist es nicht gefährlich für Sie, mir all das zu erzählen?", fragte sie ihn, als beide im Wagen saßen und, die Kirtland-Basis verlassend, der untergehenden Sonne entgegenfuhren, in Richtung des Zentrums von Albuquerque. „Man gab mir die Anweisung dazu", antwortete der Master Sergeant, „wir wollen, daß Sie den Film machen." „Was wissen Sie über den Heimatplaneten der Außerirdischen?" „Sie leben ähnlich wie die Puebloindianer in Behausungen, die in ihre Felsen und in den

Boden gebaut sind. Ihr Planet ist eine heiße Wüste. Trotzdem sind sie uns um Jahrmillionen voraus. Sie können die DNS manipulieren wie ein Kind mit Bauklötzen spielt. Sie beherrschen die Gravitation. Wenn ihre Raumschiffe die Erde besuchen, schwimmen sie buchstäblich auf der irdischen Schwerkraft." „Warum ist Ebe gestorben?" „Ich weiß es nicht. Er hätte nicht sterben dürfen. Er war jung für ihre Verhältnisse. Sie leben normalerweise 140 unserer Erdenjahre. Wir versuchten, ihm zu helfen und haben Signale ausgesandt. Wir haben versucht, die Ebans zu kontaktieren. Wir wußten nicht wie, aber wir versuchten es. Ganz wie in Spielbergs Film E.T. Als Ebe starb, weinte der Oberst, der ihn betreute. Der Oberst liebte ihn. Er sagte, er sei wie ein Kind gewesen, das den Geist von tausend Männern hat." „Sagte Ebe etwas über Gott?" „Er sagte, daß unsere Seelen recyclen, das Reinkarnation real ist. Es ist die Maschinerie des Universums."

Die folgende Nacht konnte Linda Howe nicht schlafen. Immer wieder mußte sie an das Unglaubliche denken, was sie an diesem Tag erfahren hatte. Stand die Welt vor einem Durchbruch, war sie an vorderster Front dabei, wenn Geschichte gemacht würde? Oder sollte sie nur als Spielball in einem Desinformationsmanöver skrupelloser Geheimdienstler mißbraucht werden?

Wieder in Denver, informierte sie Jean Abounader von HBO über das Treffen und das zugesagte Filmmaterial. Doch der anfängliche Enthusiasmus verflog schnell. So oft Linda auch in Albuquerque anrief, so häufig sie auch Doty drängte, wann es denn endlich so weit sei, es kam nichts. Im Mai 1984 erklärte ihr Doty: „Linda, ich habe eine gute und eine schlechte Nachricht. Die schlechte ist: Die Herausgabe des Filmmaterials hat sich aus politischen Gründen verzögert. Die gute: Ihr bekommt ein Interview mit dem Oberst, der Ebe betreute." Dazu benötigte Doty Fotos von Lindas Kameramann, ihrem Tontechniker, dem Produktionsassistenten und von ihr selbst, um die Sicherheitsüberprüfungen vorzunehmen.

Howe folgte seiner Anweisung, verschiedene Termine wurden festgelegt und wieder verschoben, das Interview fand nie statt. Im Juni erklärte Doty, das Projekt hätte sich wieder verzögert und er sei jetzt offiziell auch draußen, aber andere würden sie kontaktieren. Tatsächlich erhielt sie Anrufe aus Washington, die ihr versicherten, man würde das Projekt nach der Wahl im November 1984 wieder aufnehmen. Doch dabei blieb es auch. (5)

Statt dessen erhielten Jaime Shandera und Bill Moore im Dezember die Majestic 12-Dokumente aus derselben Quelle, abgeschickt in Albuquerque, New Mexico. Mehr noch, Falcon hatte Moore nach einer abenteuerlichen, an einen drittklassigen Spionagethriller erinnernden Irrfahrt durch die Vereinigten Staaten in einem Motel in einer mittleren Kleinstadt im Staate New York von einem Regierungsagenten ein Dokument vorlegen lassen, das dem von Howe eingesehenen „Einweisungsbericht" zumindest inhaltlich sehr nahe kam. (6) Doch Moore war es erlaubt, Fotos der Dokumente anzufertigen, so daß wir den vollen Wortlaut dieser „Einweisung für den Präsidenten - Thema: Project Aquarius (Streng Geheim)" haben:

„1947 stürzte ein Flugzeug außerirdischer Herkunft in der Wüste von New Mexico ab. Das Objekt wurde vom Militär geborgen. Vier außerirdische (nicht Homo Sapiens) Leichen wurden in dem Wrack entdeckt. Untersuchungen ergaben, daß die Außerirdischen in keinerlei Beziehung zur menschlichen Rasse standen. Ende 1949 stürzte in den USA ein weiteres außerirdisches Flugzeug ab und wurde teilweise intakt von den Streitkräften geborgen. Ein Außerirdischer überlebte den Absturz. Der überlebende Fremde war männlich und wurde 'EBE' genannt. Das Wesen wurde von Mitarbeitern des militärischen Nachrichtendienstes auf einer Basis in New Mexico gründlichst untersucht. Die Sprache des Außerirdischen wurde durch die Benutzung von Piktogrammen übersetzt. Wir erfuhren, daß der Fremde von einem Planeten im

 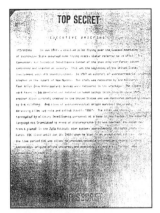 

Das angebliche „Project Aquarius"-Einweisungspapier für Präsident Jimmy Carter: „1947 stürzte ein Flugzeug außerirdischer Herkunft in der Wüste von New Mexico ab. Das Objekt wurde vom Militär geborgen. Vier außerirdische (nicht Homo Sapiens) Körper wurden in dem Wrack entdeckt."

Sternensystem Zeta Reticuli stammt, etwa 40 Lichtjahre von der Erde entfernt. EBE lebte bis zum 18. Juni 1952, als er durch eine unbekannte Krankheit starb. Während EBE lebte, konnte er uns wertvolle Informationen über die Raumfahrttechnologie, den Ursprung des Universums, exobiologische Themen u.a. liefern." (7)

Und noch ein Privileg hatte Moore, das Linda nur versprochen, aber nie bewilligt wurde. Er konnte Falcon interviewen, vor laufender Kamera, im Beisein des Nachrichtenchefs des US-TV-Senders CBS Peter Leone, der sich zuvor davon überzeugen konnte, daß „Falcon" wirklich der war, der er vorgab zu sein. Während des Interviews wurde zwar Falcons Gesicht verdunkelt und seine Stimme verzerrt, doch vorher und nachher, nach Unterzeichnung einer Vereinbarung, alle Daten vertraulich zu behandeln, war es auch Leone möglich, Fragen zu stellen. „Wir untersuchen weiterhin UFO-Sichtungen und Landungen in offizieller Kapazität, sanktioniert von der Regierung, aber geheim, ohne Wissen der Öffentlichkeit und vieler anderer Regierungsstellen", erklärte „Falcon", „es geschieht auf diese Weise, weil in der Vergangenheit zu

viele Informationen über UFOs an die Öffentlichkeit kamen und die Vereinigten Staaten das Risiko nicht eingehen können, technologische Daten zu verlieren, in deren Besitz wir durch die Sichtungen und Landungen Außerirdischer kamen... die Vereinigten Staaten fürchteten, daß die Öffentlichkeit in Panik gerät, wenn sie die wahre Geschichte, die ganze Geschichte erfahren würde und sind weiter besorgt, daß nachrichtendienstliche oder technologiche Daten an die Öffentlichkeit kämen." Trotzdem hätte die Regierung vor, die Bevölkerung langsam einzuweihen. „Seit Anfang der 50er Jahre, seit der Film 'Der Tag, an dem die Erde stillstand" (1951) herauskam, konditioniert die US-Regierung die Bevölkerung und versucht, die öffentliche Reaktion zu determinieren. Die Regierung glaubt, daß die Öffentlichkeit diese Informationen eher akzeptieren würde, wenn sie über einen längeren Zeitraum herauskämen, als wenn alles auf einmal geschehen würde."

Und dann erzählte „Falcon" die ganze Geschichte von „Ebe": „Der erste Außerirdische war circa 1949 hier. Er wurde eine Zeitlang interviewt, verhört sozusagen. Es dauerte etwa ein Jahr, bevor das militärische Nachrichtendienstpersonal in der Lage war, mit ihm zu kommunizieren... unsere Ärzte fanden einen Weg, ihm ein Gerät in den Kehlkopf zu implantieren, so daß der Außerirdische in der Lage war zu sprechen. Er lernte Englisch, so wurde mir gesagt, sehr schnell und konnte reden... sie sind uns so weit voraus, daß sie nicht wie wir kommunizieren...ich erinnere mich, gelesen zu haben, in den ersten Interviews mit dem Außerirdischen 1950, daß er extrem verängstigt war, nicht, weil er in einem so seltsamen Ort festgehalten wurde, nein, er fürchtete uns als völlig andere Kreatur... Aber als wir erst einmal mit ihm kommunizierten, vermittelte er uns die Grundlagen seines Wissens von seinem Planeten und seiner Erdexpedition. Er wußte nicht alles, denn er war so etwas wie ein Mechaniker, aber er wußte, was er gelernt hatte, was sein Wissen war. Aber mir erschien es so, als wüßte er alles, und das war auch der Eindruck der Nachrichtendienstler, die ihn interviewten. Er stammte aus der Zeta Reticuli-Sternengruppe, dem dritten Planeten, von einer Doppelsonne..." Doch die „Zeta Reticulaner" sind nicht die einzige außerirdische Rasse, die uns besucht, behauptete der „Falke", von neun verschiedenen Besuchertypen ginge man aus. „Diejenigen, von denen ich Bilder und Videobänder sah und über die ich in den Autopsieberichten las, sind zwischen 1,00 und 1,30 Meter groß. Ihre Augen sind extrem groß, fast insektenartig. Sie haben mehrere Lider, vielleicht weil sie auf einem Planeten eines Doppelsonnensystems geboren sind. Die Tage sind dort extrem hell, zwei oder dreimal so hell wie auf der Erde. Sie haben nur zwei Öffnungen dort, wo wir unsere Nase haben. Sie haben keine Zähne, wie wir sie kennen - nur einen harten Gaumen. Ihre inneren Organe sind ziemlich einfach. Sie haben ein Organ, das dem entspricht, was wir als Herz und Lunge kennen, ein Lungensack, der die Aufgaben unseres Herzens und unserer Lunge erfüllt. Ihr Verdauungssytem ist sehr einfach. Sie haben nur flüssige Ausscheidungen, keine festen. Ihre Hautstruktur ist extrem elastisch und hart, vielleicht durch ihre Sonne. Sie haben einige Basisorgane. Ihr Gehirn ist komplexer als unseres, es hat mehr und feinere Windungen als unser Gehirn. Während unsere Augen durch das hintere Gehirn gesteuert werden, sind ihre vom vorderen Gehirn gesteuert. Ihr Gehör ist sehr viel besser als das unsrige, fast besser als das eines Hundes, aber sie haben nur kleine Bereiche an den Seiten ihrer Köpfe. Sie haben Hände ohne Daumen - vier Finger ohne Daumen. Ihre Füße sind klein und vernetzt. Und es gibt Männer und Frauen. Die Frauen haben ein Sexualorgan, das dem

unserer Frauen ähnelt. Es gibt nur einen Unterschied im Eierstocksystem. Ihre Nieren und Blase ist ein Organ. Sie haben ein Organ, das - ich weiß nicht, ob unsere Wissenschaftler sich da einig sind, aber ich glaube, es war dazu da, die festen in flüssige Ausscheidungen umzuwandeln... Sie brauchen nicht viel Flüssigkeit. Sie wandeln alles, was sie essen, in Flüssigkeit um. Ihr Körper zieht alle Flüssigkeit aus der Nahrung. Aber sie essen nur einige Basisnahrungsmittel -Gemüse und Früchte - die wir auch essen würden. Ich glaube, sie haben Verdauungsprobleme mit Fleischprodukten, und ich glaube nicht, daß sie Fleisch auf ihrem Planeten essen." (8)

Fünf Jahre später war „Falcon" erneut bereit, sich unter denselben Bedingungen wie bei dem ersten Interview, sich für eine Fernsehsendung vor der Kamera befragen zu lassen. Dabei war CBS-Produzent Michael Seligman, der sogar einen Beamten der Kongreß-Nachforschungstelle beauftragte, die Identität des Geheimdienstlers zu überprüfen. Am 14. Oktober 1988, im Rahmen der zweistündigen Sondersendung „UFO Cover Up: Live" (UFO-Vertuschung: Live), die landesweit auf CBS ausgestrahlt wurde, hatten Millionen Zuschauer die Möglichkeit, das Zeugnis des „Falken" zu hören, das zuvor aufgezeichnet worden war.

„Es gibt innerhalb der MJ-12-Community ein Buch, das in Insiderkreisen 'die Bibel' genannt wird", enthüllte „Falcon". „Es enthält in geschichtlicher Reihenfolge alles, was wir seit der Truman-Ära an technologischen Daten von den Außerirdischen erfuhren: Die medizinische Geschichte der außerirdischen Leichen, die Ergebnisse der an ihnen durchgeführten Autopsien und die Informationen, die wir von den Außerirdischen über ihre Sozialstruktur und ihr Wissen vom Universum haben... es enthält zahlreiche Informationen über den Planeten der Fremden, ihr Sonnensystem, ihre beiden Heimatsonnen, ihre Kultur, Gesellschaft, die Natur ihres Planeten, ihre Sozialstruktur und ihr Leben unter uns Erdenmenschen. Was *für mich aber in meiner Erfahrung mit den Fremden am faszinierendsten war, ist ein achteckiger Kristall, der, wenn er von den Außerirdischen in den Händen gehalten wird, Bilder vom Heimatplaneten der Außerirdischen und der Vergangenheit der Erde zeigt... Die Außerirdischen stammen aus der Sterngruppe Zeta Reticuli. Von 1948 bis heute sind drei Außerirdische Gäste der Regierung der Vereinigten Staaten gewesen. Der erste Fremde wurde in der Wüste von New Mexico entdeckt, nachdem sein Raumschiff abgestürzt war. Der Außerirdische wurde von uns „Ebe" genannt. Er blieb bei uns bis 1952. Von ihm lernten wir viel über die Fremden, über ihre Kultur und ihre Raumschiffe."*

Laut „Falcon" werden die „Fremden" bis zu 300-400 Jahre alt. Ihr IQ liegt über 200. Ihre Religion ist eine universelle Religion, sie verehren das Universum als höchste Wesenheit. Sie kommen in friedlicher Absicht, halten es aber nicht für richtig, zu direkt in unsere Evolution einzugreifen. Alles, was sie machen können und bereits getan haben, ist, indirekt Einfluß auf unsere genetische, moralische und kulturelle Entwicklung zu nehmen. Sie schätzen Musik, alle Arten von Musik, speziell Musik im Stil alttibetischer Klänge. Und dann machte „Falcon" eine Bemerkung, die mit Sicherheit sein Publikum mehr als befremdete: *„Sie mögen Gemüse. Und ihre Lieblingsnahrung oder Mahlzeit ist Eiscreme, insbesondere Erdbeereis."* (9)

Wer bis dahin noch nicht sicher war, was er von den Aussagen des Falken zu halten hatte, mußte spätestens an dieser Stelle zugeben, daß zumindest einige seiner Angaben „cum grano salis", mit dem gehörigen Körnchen Salz und einer prächtigen Prise Skepsis zu betrachten waren. Kurzum, es war typische Desinformation. Einiges stimmte, aber man würzte es so markant mit Absurditäten und Falschinformationen, daß es auf ewig unklar blieb, was denn nun wahr ist und was nicht. Das begann mit EBEs Aufenthaltsdauer. Kam er nun 1948 auf die Erde,

wie Falcon im zweiten Interview sagte, oder 1949, wie es im ersten Gespräch hieß? Oder gar zu einem ganz anderen Zeitpunkt, vielleicht schon 1947?

Während schon „Falcons" kurzer Auftritt bei CBS das seine dazu tat, der Öffentlichkeit die vielleicht ganze Wahrheit und ein bißchen mehr zu sagen, gelang auch Bill Moore ein Jahr später seine öffentliche Diskreditierung. Auf der Jahrestagung der US-UFO-Organisation MUFON in Las Vegas am 1. Juli 1989 offenbarte der UFO-Forscher die Hintergründe seiner Beziehung zum „Falken", denn im Austausch gegen die ersehnten Informationen hatte der Geheimdienstler Moore immer wieder um den einen oder anderen Gefallen gebeten. Zuerst sollte er Informationen über UFO-Organisationen beschaffen, dann bat man ihn, einen UFO-Forscher, Paul Bennewitz aus Albuquerque, mit Desinformation zu versorgen, um diesen später diskreditieren zu können. Denn Bennewitz, ein Techniker und Präsident der „Thunder Science Corporation", hatte nach einer Reihe von UFO-Sichtungen über dem Gelände der Kirtland-Luftwaffenbasis den Funk der Basis-Sicherheit abgehört, um mehr über das Geschehen auf dem militärischen Sperrgelände zu erfahren. Als er dann auch noch das gesamte Funkspektrum nach „außerirdischen Signalen" absuchte und regelmäßig das Basisgelände mit Kameras und Teleskopen überwachte, während er Senatoren, Kongreßabgeordnete und sogar den Präsidenten mit seinen oft wilden Hypothesen bombardierte, wurde es den Militärs zu viel. Über Moore fütterten sie Bennewitz mit gefälschten Dokumenten, die ihn so sehr in Aufregung versetzten, daß er erst zum Kettenraucher wurde, um schließlich einen Nervenzusammenbruch zu erleiden. Bennewitz begab sich unter dem Druck seiner Familie in psychiatrische Behandlung, und die „Kirtland-Sicherheit" hatte ein Problem weniger. Doch gerade dieses Resultat machte Moores Rolle in diesem Spiel mehr als fragwürdig. Als „Kollaborateur" wurde er von seinen Kollegen beschimpft, und man fragte sich bald, ob er nicht auch sie im Auftrag der Geheimdienste mit Desinformation fütterte. Bill Moore, kurz zuvor noch als einer der seriösesten UFO-Forscher mit der Spürnase eines investigativen Journalisten gefeiert, war plötzlich geächtet. Notgedrungen mußte er sich aus der UFO-Szene zurückziehen. Vielleicht war er der Wahrheit zu nahe gekommen, vielleicht hatte ihn auch sein Ehrgeiz, hinter die Kulissen zu blicken, geblendet - jedenfalls war er zur Unperson geworden. Die einzigen Nutznießer waren die Scharlatane. Da tauchte ein William Milton Cooper auf und erzählte, meist alkoholisiert aber in ausverkauften Hallen, er hätte alles, wovon „Falcon" berichtete, 1971 bei der Navy gesehen. Als simpler Quartiermeister sei er damals auserkoren gewesen, den Kommandanten der Pazifischen Flotte in sein Amt einzuweisen, wozu er all diese Dokumente, in die er sich einlesen mußte, aus Washington erhalten hätte. So unwahrscheinlich dieses Szenario auch war, statt in Beweisnot zu kommen, schmückte Cooper mit jedem Vortrag seine Geschichte noch weiter aus, und aus den Außerirdischen wurden plötzlich kosmische Vampire, die sich von der Körperflüssigkeit der Menschen ernähren und die Übernahme der Erde vorbereiten. Die US-Regierung, so Cooper, hätte sich mit diesen verbündet, hätte Land und Leute verkauft gegen außerirdische Technologie. Doch auch Cooper berief sich auf „MJ-12", angeblich Urheber des von ihm eingesehenen Geheimberichtes über die „Operation Majority", und so trug er seinen Teil dazu bei, daß selbst unter UFO-Enthusiasten auch „Falcons" Informationen und die „Majestic 12"-Dokumente als immer dubioser erschienen. (10)

Das änderte sich auch nicht, als im März 1994 dem UFO-Forscher Don Berliner, Co-Autor des Astrophysikers Stanton Friedman („UFO-Absturz bei Corona"), ein weiterer Film zuging, der sich - fast möchte man sagen: wieder einmal - als fotografische Reproduktion eines „Majestic 12"-Dokumentes erwies. Diesmal war es ein „Majestic-12-Handbuch für Sonderoperationen", das den vielversprechenden Titel „Extraterrestrische Wesen und

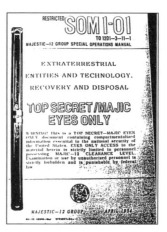
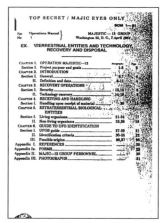

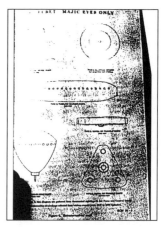

Das angebliche Handbuch zur Bergung und Lagerung von Extraterrestrischen Wesen und Technologie aus dem Jahre 1954. Seine Echtheit ist eher fraglich.

Technologie, Bergung und Lagerung" trug und mit TOP SECRET/MAJIC - EYES ONLY" klassifiziert war. Das Handbuch soll am 7. April 1954 herausgegeben worden sein. Auf 31 Seiten behandelt es:

– Operation Majestic 12: Projektzweck und Ziele
– Bergungsoperation
– Sicherheit

– Bergung von Technologie
– Empfang und Handhabe
– Extraterrestrische Biologische Wesen
– Führer zur UFO-Identifikation
– UFOB-Führer
– Identifikationskriterien
– Möglicher Ursprung

Die Einführung weist darauf hin, daß es Sinn und Zweck dieses Handbuches sei, „Majestic-12-Einheiten" auf ihre Aufgabe bei der Bergung abgestürzter Raumschiffe vorzubereiten. „MJ-12 nimmt UFOBs, Außerirdische Technologie und Außerirdische Biologische Wesen sehr ernst und sieht in ihnen einen Bereich der höchsten nationalen Sicherheit. Aus diesem Grunde steht alles, was mit diesem Bereich zu tun hat, unter der höchsten Sicherheitsklassifikation", die ein wenig später als „zwei Punkte jenseits von Top Secret" definiert wird. „Der Grund dafür liegt in den Konsequenzen, die nicht nur in der Reaktion der Öffentlichkeit liegen, sollte das Wissen um diesen Bereich Allgemeingut werden, sondern auch in der Gefahr, daß eine solch fortgeschrittene Technologie, wie sie von der Luftwaffe geborgen wurde, in die Hände einer feindlichen Fremdmacht fällt." Das Dokument bestätigt, daß Operation Majestic 12 am 24. September 1947 von Präsident Truman auf Empfehlung von Verteidigungsminister James V. Forrestal und Wissenschaftsberater Dr. Vannevar Bush aus der Taufe gehoben wurde.

Der Aufgabenbereich von MJ-12 umfaßt:

„a. Die Bergung aller erreichbaren Materialien und Geräte fremder oder außerirdischer Herkunft zum Zwecke wissenschaftlicher Untersuchung. Diese Materialien müssen um jeden Preis, der von der Gruppe als notwendig erachtet wird, geborgen werden.

b. Die Bergung aller Wesen nicht irdischer Herkunft oder ihrer Überreste zum Zwecke wissenschaftlicher Untersuchung, ob sie nun durch unabhängige Aktionen dieser Wesen, einen Unglücksfall oder militärische Aktionen zugänglich wurden.

c. Die Einrichtung von Spezialteams zur Ausführung obiger Operationen.

d. Die Einrichtung und Verwaltung besonderer Hochsicherheitseinrichtungen an geheimen Orten innerhalb der Kontinentalgrenzen der Vereinigten Staaten zum Zwecke der Aufbewahrung, Auswertung, Analyse und wissenschaftlichen Untersuchung aller Materialien und Wesenheiten, die von der Gruppe oder den Spezialteams als von außerirdischer Herkunft klassifiziert wurden.

e. Einrichtung und Verwaltung verdeckter Operationen in Zusammenarbeit mit dem Zentralen Nachrichtendienst, um für die Vereinigten Staaten die Bergung von außerirdischer Technologie und Wesen zu sichern, die auf dem Territorium fremder Mächte herunterkamen oder in ihren Besitz fielen.

f. Die Aufrechterhaltung absoluter höchster Geheimhaltung bezüglich aller obiger Operationen."

Unter „Gegenwärtige Situation" führt das Buch aus: „Was die gegenwärtige Lage betrifft, so geht man davon aus, daß es so gut wie keine Hinweise darauf gibt, daß diese Objekte und ihre Erbauer eine direkte Bedrohung für die Sicherheit der Vereinigten Staaten darstellen, obwohl noch Unsicherheit darüber herrscht, was ihre letztendlichen Motive für ihr Kommen sind. Mit Gewißheit reicht die Technologie, die diese Wesen besitzen, weit über alles hinaus, was der modernen Wissenschaft bekannt ist, doch scheint ihre Anwesenheit hier friedliche Motive zu haben, und offenbar vermeiden sie Kontakt mit unserer Spezies, jedenfalls zu diesem Zeitpunkt. Zahlreiche tote Wesenheiten wurden zusammen mit einer beträchtlichen Anzahl von Wracks und Gerätschaften von abgestürzten Raumschiffen geborgen, die an verschiedenen Orten untersucht werden. Es wurde von den außerirdischen Wesen noch kein Versuch gemacht, die Behörden zu kontaktieren oder ihre toten Gegenstücke aus den abgestürzten Raumschiffen zu bergen, obwohl einer dieser Abstürze das Ergebnis einer direkten militärischen Aktion war. Die *größte Gefahr zu diesem Zeitpunkt ist die Erlangung und Untersuchung einer so fortgeschrittenen Technologie durch Fremdmächte, die den Vereinigten Staaten nicht freundlich gesinnt sind. Aus diesem Grunde stehen die Bergung und Untersuchung dieser Art von Material durch die Vereinigten Staaten unter einer solch hohen Priorität."*

Unter Paragraph 9 werden vier Typen „dokumentierter außerirdischer Raumschiffe" beschrieben, nämlich

a. Elliptisch oder scheibenförmig mit Durchmessern von 17-100 Metern

b. Zigarrenförmig, 700 Meter lang

c. Kegelförmig oder rund, 10-13 Meter breit

d. Dreieckig

In Abschnitt 10 geht es um die „Extraterrestrischen Biologischen Entitäten" (EBEs): *„a. EBE Typ I: Diese Wesen sind humanoid und könnten aus der Entfernung mit Orientalen verwechselt werden. Sie sind zweibeinig, 1,60 Meter groß und wiegen 40-50 kg. Proportional ähneln sie dem Menschen, obwohl ihr Schädel manchmal etwas größer und runder ist. Ihre Haut ist blaß, kalkgelb, dick und leicht kieselig. Ihre Augen sind klein, weit, mandelfömig, mit braunschwarzer Iris und sehr großen Pupillen. Die weiße Fläche in ihren Augen ist anders als beim Menschen und leicht grau. Die Ohren sind klein und nicht tief. Die Nase ist dünn und lang und der Mund breiter als beim Menschen, aber nahezu lippenlos. Sie haben kein erkennbares Gesichtshaar und sehr wenig Körperhaar, das sehr fein ist und sich einzig auf die Achselhöhlen und die Leistengegend beschränkt. Der Körper ist dünn und ohne erkennbares Fett, aber die Muskeln sind gut entwickelt. Die Hände sind klein, mit vier langen Fingern, aber ohne Daumen. Der äußere Finger ist auf eine Weise verbunden, daß er sehr leicht herumreicht, und sie haben keine Häute zwischen den Fingern wie die Menschen. Die Beine sind leicht, aber erkennbar gebogen und die Füße irgendwie gespreizt und proportional groß.*

b. EBE Typ II. Diese Wesen sind humanoid, aber unterscheiden sich auf vielerlei Weise von Typ I. Sie sind zweibeinig, 1,00 bis 1,30 Meter groß und wiegen 12-25 kg. Proportional ist ihr Kopf sehr viel größer als beim Menschen oder den EBEs des Typs I, der Schädel ist groß und länglich. Die Augen sind sehr groß, geschlitzt und reichen bis zur Schädelseite. Sie sind schwarz ohne weiße Fläche. Sie haben keine erkennbaren Augenbrauen und der Schädel hat eine leichte Wölbung, die über die Krone reicht. Die Nase besteht aus zwei kleinen Löchern, die hoch über dem schlitzartigen Mund liegen. Sie haben keine externen Ohren. Die Haut ist blaß blau-grau, etwas dunkler auf dem Rücken des Wesens, sehr weich und feinzellig. Sie haben keinerlei Körperbehaarung und diese Wesen scheinen keine Säugetiere zu sein. Die Arme sind im Vergleich zu den Beinen lang, und die Hände haben drei lange, spitz zulaufende Finger und einen fast ebenso langen Daumen. Der Mittelfinger ist dicker als die anderen, aber nicht so lang wie der Zeigefinger. Die Füße sind klein und zart, mit vier Zehen, die durch eine Membran miteinander verbunden sind."

Die *„Beschreibung extraterrestrischer Technologie"* deutet an, daß es von 1947-1953 zu mehreren UFO-Abstürzen kam. Die dort geborgenen Trümmer sollen *„große Stärke und Hitzeresistenz"* aufgewiesen haben, einiges Material *„hat die Erscheinung von Aluminiumfolie"*, *„solide Strukturen und Stützträger"* werden als *„sehr leicht"* beschrieben und tragen oft *„eingeprägte Markierungen oder Muster"*, die *„noch nicht identifiziert oder entziffert werden konnten"*.

Kapitel 12 behandelte Sicherheitsfragen. Zuerst mußten mögliche Augenzeugen entfernt, eingewiesen und vereidigt werden. Sollte die Presse Wind bekommen, sollte man es zuerst mit einem simplen Abstreiten versuchen, Zeugen diskreditieren oder unter Arrest nehmen oder mit Deckgeschichten aufwarten: Meteoriten, abgestürzte Satelliten, Wetterballons oder Militärflugzeuge boten „akzeptable Alternativen" an, „worauf bei den Flugzeugen darauf zu achten ist, daß feindliche Spione nicht erst dadurch auf den Vorfall aufmerksam werden. Weiter muß die Absturzstelle so schnell wie möglich gesichert und abgeriegelt werden. Lokale Autoritäten können zwar für die Sperrung des Verkehrs hinzugezogen werden, dürfen aber um keinen Preis an die Absturzstelle. Nachdem Wachposten das Gebiet vor jedem möglichen Eindringling schützen, werden Kommandoposten errichtet, das Gebiet durchsucht und die MJ-12-Führung informiert, die weitere Befehle erteilt.

Vor dem Abtransport müssen sämtliche Funde fotografiert und katalogisiert werden. Das Gebiet wird auf jede Art der Verseuchung untersucht. Auf dünnbefahrenen Straßen bringt das Transportteam die Wrackteile zur nächsten sicheren Militäranlage. Wurde ein intaktes Wrack gefunden, wird es auf einen Großtransporter verladen, gut getarnt und abtransportiert. Mögliche EBEs schnellstmöglich auf Hochsicherheitsanlagen zu bringen, hat höchste Priorität. Dabei muß Sorge getragen werden, daß keine Kontamination mit außerirdischen Bakterien stattfindet. Tote EBEs sind auf Trockeneis zu legen, lebende EBEs in der Ambulanz abzutransportieren. Involvierung des Personals mit lebenden oder toten EBEs muß auf ein absolutes Minimum reduziert werden." (11)

Tatsächlich gab es eine US-Luftwaffen-Eliteeinheit, die speziell für die Bergung unbekannter Flugobjekte, gleich welcher Herkunft, ausgebildet war. Und ihre Aufgabe ist sogar im offiziellen Luftwaffen-Befehl zu den Unbekannten Flugobjekten, AFR (Air Force Regulation) 200-2 vom 12. August 1954 festgehalten. Dort heißt es, in § 6 unter „SAMMLUNG":
„Das Luftverteidigungskommando hat ein direktes Interesse an den Tatsachen in Zusammenhang mit UFOBs, die auf dem Hoheitsgebiet (der US-Luftwaffe) gemeldet wurden, und hat in der 4602. Luft-Nachrichtendienst-

Luftwaffenbefehl AFR 200-2 regelt die Aufgabenverteilung zwischen Wright Patterson und der 4602ten AISS.

Schwadron (AISS) eine Einheit, die diese untersucht. Die 4602. AISS besteht aus Spezialisten, ausgebildet in der Feld-Sammlung und -Forschung von Angelegenheiten im Interesse der Luftaufklärung. Die Schwadron ist äußerst mobil und im ganzen Hoheitsgebiet einsetzbar." Diese hat, soweit nicht anders angewiesen, die „Beweisstücke" auf die Wright Patterson-Luftwaffenbasis in Dayton, Ohio zu bringen, wie Paragraph 4 „VERANTWORTLICHKEIT" regelt: *„c. Analyse: Das Lufttechnische Nachrichtendienstzentrum (ATIC) auf der Wright Patterson-Luftwaffenbasis in Ohio analysiert und wertet aus: Alle Informationen und Beweise aus dem Hoheitsgebiet ... und Übersee."* Dabei hatte das Team alle Vollmachten und das volle Kommando über die Untersuchungen: *„Alle Luftwaffeneinrichtungen sind autorisiert, erste Untersuchungen durchzuführen, soweit diese für einen ersten Bericht notwendig sind; jenseits dieses Punktes sollten diese Aktionen nur in Absprache mit der 4602. AISS durchgeführt werden."* (12)

In den folgenden Jahrzehnten sollte die 4602. Air IntelligenceService Squadron mehrfach ihren Namen

Memorandum des Luftwaffenministeriums, das die Aufgaben
des Projektes MOONDUST definiert.

„1. Unidentifizierte Flugobjekte (UFO): Das Headquarter der
USAF hat ein Programm zur Untersuchung von glaubwürdig gemeldeten unidentifizierten Flugobjekten in den
Vereinigten Staaten eingerichtet. Der Aufgabenbereich
der 1127ten wurde in AFR 200-2 festgelegt.

2. Blue Fly: Operation Blue Fly wurde eingerichtet, um
sofortige Bergungseinsätze zur Beschaffung fremder
Technologien im Rahmen von Project Moon Dust und
anderem Material von großem Interesse für den technischen Nachrichtendienst durchzuführen. (...)

3. Moon Dust: Als ein spezialisierter Aspekt seines Programmes zur vollständigen Auswertung von Gerätschaften richtete das Hauptquartier der US-Luftwaffe Project Moon Dust zur Lokalisierung, Bergung und
zum Abtransport fremder Weltraumvehikel ein."

Zu diesen Projekten zählte, so das Luftwaffendokument,
„die Anstellung qualifizierter Feld-Kundschafter, die auf
einer schnellen Einsatz-Basis Bergungen und Feldun-
tersuchungen von Unidentifizierten Flugobjekten, sowjetischen Raumfahrzeugen, Waffensystemen oder Überresten solcher Ausrüstungen durchführen können. Dazu
wurden hochqualifizierte Einsatzteams aus je drei Männern zusammengestellt, meist einem Sprachwissenschaftler, einem Techniker und einem erfahrenen Nachrichtendienstler als Teamchef... jeder von ihnen sollte
Flugerfahrung haben. Ein breitgefächertes Ausbil-
dungsprogramm sollte jedes Teammitglied mit den Ar-
beitsgebieten des anderen vertraut machen, damit sie
sich gegenseitig ergänzen und das Team zu einer optimal funktionierenden Einheit wird." (13)

wechseln - im Juli 1957 wurde sie zur 1006ten AISS,
im April 1960 zur 1127ten USAF-Feldaktivitätengrup-
pe, später zur 7602ten Field Activities Group, dem USAF-
Zentrum für Sonderaufgaben (Special Activities Center - AFSAC) und schließlich zur 696ten und seit 1989
512ten Luft-Nachrichtendienst-Gruppe, die noch heute auf Fort Belvoir, Virginia, stationiert ist. Was die Jahre über erhalten blieb, war ihr Aufgabenfeld. Das umfaßte, einem Memorandum des Luftwaffenministeriums
vom 3.11.1961 zufolge, in Friedenszeiten die Luftwaf-
fenprojekte

Wie weit der Arbeitsbereich von „Project Moon Dust"
immer wieder ausgeweitet wurde, zeigt ein Fernschreiben, das der Nachrichtendienst der Landesverteidigung
(Defense Intelligence Agency - DIA) 1973 über das US-
Außenministerium an alle amerikanischen Botschaften

und Konsulate in der ganzen Welt schicken ließ: Es wies die US-Diplomaten an, *„Vorfälle, die die Untersuchung von nichtamerikanischen Weltraumobjekten oder Objekten unbekannter Herkunft betreffen"*, sofort unter dem Codewort „Moon Dust" zu melden. (14)

Doch während es sich bei „Project Moondust/Operation Blue Fly" um eine unbestreitbare Tatsache handelt, ist fraglich, ob das „Majestic 12"-Handbuch echt ist. So wirkt die Empfehlung, durch eine Deckgeschichte von einem Satellitenabsturz die Aufmerksamkeit von einer UFO-Bergung abzulenken, drei Jahre vor dem ersten Sputnik eher befremdlich, und auch die Erwähnung der „Area 51" in Nevada als Destination abgestürzter „Untertassen" kann nicht stimmen. Das als solches bezeichnete Testgelände am Groom Trockensee in Nevada wurde erst 1955 angelegt. Ist das „Majestic 12-Handbuch" also eine Fälschung oder liegt uns bloß eine in den sechziger Jahren aktualisierte Version vor? Wir wissen es nicht. Doch fest steht, daß, wer immer es verfaßt hat, über Insiderwissen verfügte. Ein Beispiel dafür ist einer seiner Anhänge, eine Liste, die besagt, wohin die geborgenen Fragmente und Leichen nach ihrer Bergung gebracht werden sollten. Die drei Lokalitäten sind „Area 51" inmitten des Nevada-Testgelände, eine Anlage namens „S-4", die sich am Ufer des Papoose-Trockensees befindet, das „Blaue Labor" der Wright Patterson-Luftwaffenbasis und das Gebäude 21 der Kirtland-Luftwaffenbasis in Albuquerque, New Mexico:

Flugzeuge	Intakt, flugfähig oder halb-intakte Flugzeuge außerirdischer Bauart und Herkunft	Area 51 S-4
Intakte Geräte	Jedes mechanische oder elektronische Gerät, das unbeschädigt oder funktionsfähig erscheint	Area 51 S-4
Beschädigte Geräte	Jedes mechanische oder elektronische Gerät oder Maschine, das beschädigt oder nahezu komplett erscheint	Area 51 S-4
Kraftwerk	Geräte oder Maschinen oder Fragmente, die mögliche Antriebseinheiten, Treibstoff oder Kontrollgeräte oder Panels sein können	Area 51 S-4
Identifizierte Fragmente	Fragmente, die aus Elementen oder Materialien bestehen, die der heutigen Wissenschaft und Technologie bekannt sind, z.B. Aluminium, Magnesium, Plastik etc.	Area 51 S-4
Unidentifizierte Fragmente	Fragmente, die aus Elementen oder Materialien bestehen, die der heutigen Wissenschaft und Technologie unbekannt sind und die ungewöhnliche Charakteristiken aufweisen	Area 51 S-4
Vorräte und Lager	Nichtmechanische und nichtelektronische Materialien wie Kleidung, persönliches Eigentum, organische Nahrungsmittel etc.	Blue Lab WP-61
Lebende Wesen	Lebende nichtmenschliche Organismen in offenbar guter oder vertretbarer Gesundheit	OPNAC B06-01
Tote Wesen	Verstorbene nichtmenschliche Organismen oder Teile von Organismen, organisches Material	Blue Lab WP-61
Medien	Drucksachen, elektronische Aufnahmen, Karten, Graphiken, Fotos und Filme	21 KB-88
Waffen	Jedes Gerät oder Geräteteil, der eine Angriffs- oder Verteidigungswaffe sein könnte	Area 51 S-4 (15)

Wir können sicher sein, daß alle diese Vorrichtungen tatsächlich Schauplätze des größten, aufwendigsten und geheimsten militärischen Forschungsprojektes der Geschichte waren. Seinen Anfang nahm dieses Programm im Frühjahr 1948, ein halbes Jahr nach den Vorfällen von New Mexico, und es bedurfte eines ausgeklügelten politischen Schachzuges der Truman-Administration, um die dafür notwendigen Resourcen bereitzustellen.

9. Kapitel

Das blaue Labor

Die Zeit nach dem Roswell-Zwischenfall könnte man als eine Zeit des fast panikartigen Ausbaus der Streitkräfte und Nachrichtendienste beschreiben. Innerhalb von nur einem halben Jahr baute Präsident Truman die am besten funktionierende und am straffsten organisierte militärische Hierarchie der Geschichte auf. Fast war es, als wolle man das Land bereit machen für den Krieg gegen einen noch unsichtbaren Feind. Einen Feind, der so überlegen war, daß man ahnte, daß alle Kapazitäten, die man gegen Nazideutschland und Japan aufbrachte, nicht ausreichen würden. Und dieser Feind war ganz gewiß nicht das vom Krieg gegen Deutschland gebeutelte Rußland, das sich schon während des Zweiten Weltkrieges von Hitler überrollen ließ, bis ihm ein natürlicher aber unberechenbarer Verbündeter zur Hilfe kam, der Winter.

Der erste und wichtigste Schritt zum Aufbau der „nach innen und außen gesicherten Festung USA" war die Unterzeichnung des „Gesetzes zur Nationalen Sicherheit" durch Präsident Harry Truman am 26. Juli 1947. Das Gesetz unterließ es, den Begriff der „Nationalen Sicherheit" zu definieren, doch die von ihm ins Leben gerufenen Institutionen

Präsident Harry S. Truman

übernahmen diesen Part. Das Gesetz verwandelte das Kriegsministerium (Department of War) in das Verteidigungsministerium (Department of Defense), was zumindest den Sieg des Euphemismus in der politischen Etymologie signalisierte. Zudem kreierte es den Nationalen Sicherheitsrat (NSC: National Security Council), der über die Wahrung dieses neuen, undefinierten Grundwertes wachen sollte, die US-Airforce als eigene Waffengattung aus der Army Air Force und den CIA aus der CIG des Zweiten Weltkrieges. Die Etablierung der letztgenannten Behörde hatte zu diesem Zeitpunkt noch nicht den Segen des US-Kongresses, und so wurde sie, bis dieser erteilt wurde, zwei Jahre lang aus Schwarzgeldern des Pentagons finanziert, was natürlich nicht gerade den Spielregeln einer Demokratie entsprach.

Was der Kongreß forderte, um einen Nachrichtendienst nach demokratischen Prinzipien zu bewilligen, waren klare, ehrliche Informationen. Diese sollten von Truman oder vom neuen Verteidigungsminister James Forrestal kommen. Aber eben diese Informationen wollte niemand dem US-Parlament geben. Statt dessen wich man jeder seiner Fragen geschickt aus oder speiste ihn mit bewußten Irreführungen und Halbwahrheiten ab. Truman erwähnte in seinem Schreiben an den Kongreß, in dem er die neue Behörde zur Genehmigung empfahl, mit keinem Wort die geheimen Operationen, die zum Aufgabenfeld des CIA gehören sollten. Man wollte, daß der Kongreß im Dunkeln zustimmend nickte. (1)

„Zum ersten Mal in der Geschichte der Nation", so schrieb Truman stolz in seinen Memoiren, *„wurde ein allesübergreifendes militärisches Establishment geschaffen"*. Der NSC nahm dabei die Rolle *„des Platzes in der Regierung ein, wo militärische, diplomatische und Resourcen-Probleme studiert und ständig abgeschätzt werden können"*, ohne daß man dabei auf die demokratisch gewählten Institutionen angewiesen wäre. Truman überzeugte Sidney Souers, *„ihm den persönlichen Gefallen zu tun"* und das Amt des ersten Exekutivsekretärs des NSC anzunehmen. (2)

Als Präsident Truman am 24. September 1947 die „Operation Majestic 12" ins Leben rief, rekrutierte er drei ihrer Mitglieder aus der neuen Infrastruktur der Macht: Verteidigungsminister Forrestal, NSC-Exekutivsekretär Souers und CIA-Chef Admiral Hillenkoetter. (3)

Nur ein halbes Jahr später folgte einer der für die Historiker befremdlichsten politischen Winkelzüge der Truman-Administration, der erst jetzt, angesichts dieser neuen Tatsachen, einen Sinn ergibt. Das tragische an diesem politischen Manöver war, daß es mehr als jedes andere noch vier Jahrzehnte lang das Bewußtsein der Öffentlichkeit prägte. Es war ein Feindbild geschaffen worden, das eigentlich nur ein Alibi war für einen unbekannten Feind, dessen Intentionen man nicht einmal kannte, und dessen Existenz um keinen Preis der Welt bekannt werden durfte. Die Folge war der Kalte Krieg, der die monströseste Rüstungsmaschinerie in der Menschheitsgeschichte in Gang setzte, bis endlich, durch den wirtschaftlichen wie ideologischen Bankrott des Ostblocks, im Herbst 1989 die Mauern fielen.

Viele Historiker haben darüber spekuliert, was eigentlich die abrupte Neueinschätzung der Sowjetunion vom Alliierten gegen Hitler zur neuen Bedrohung und zum stets auf ein Zeichen der Schwäche lauernden Erzfeind bewirkt hat. Gewiß, Stalins Vormarsch in Osteuropa wirkte für den unbedarften Betrachter bedrohlich, doch war

dessen Ausmaß präzise in den Potsdamer Verträgen festgelegt worden und kam für die Mächtigen in Washington und London keineswegs überraschend. Nein, das Feindbild UdSSR wurde im März 1948 geboren - in einer künstlich aufgeputschten Welle der Hysterie, die als „the War Scare of 1948" (Die Kriegspanik von 1948) in die Geschichte einging, als eine der irrationalsten Überreaktionen auf eine imaginäre Bedrohung. Dabei sind sich die heutigen Historiker einig, daß die Kriegspanik von 1948 nichts weiter als ein politisches Manöver der Truman-Administration war - ein genialer Schachzug, mit dem Ziel, den Kongreß zu einer drastischen Erhöhung des Rüstungsetats zu bewegen, zugunsten der Flugzeugbauindustrie, die plötzlich für ein neues, supergeheimes Projekt sehr viel Geld benötigte. Eben diese Gelder hatte der von einer republikanischen Mehrheit dominierte Kongreß dem Demokraten im Weißen Haus bisher versagt, und so mußte vor einem nächsten Versuch die notwendige Dringlichkeit erzeugt werden.

Dieser Plan war das Ergebnis einer vertraulichen Unterredung zwischen Verteidigungsminister James Forrestal und Außenminister General George Marshall, in der die notwendigen Schritte besprochen wurden, um innerhalb von 30 Tagen den Kongreß dazu zu bringen, die benötigten Finanzmittel zu bewilligen. Ihr Ziel war, die Bevölkerung und den Kongreß glauben zu machen, daß die UdSSR kurz davor stünde, den Dritten Weltkrieg zu starten und den Westen anzugreifen. In einer solchermaßen angeheizten Krise müßte eine Verweigerung der Bewilligung von Trumans Programm zur „Wiederherstellung der Verteidigungsfähigkeit" wie Verrat am Vaterland erscheinen. Daß dies kein neuer Plan war, wußten nur Washington-Insider. *„Eine Russen-Panik wird benutzt, um mehr Army-Navy-Geld aus dem Kongreß zu pressen"*, sagte das angesehene „Wall Street Journal" schon im September 1947 voraus, kurz vor der Etablierung der U.S. Airforce als eigene, dritte Waffengattung. Im Februar 1948 hatte Forrestal Truman davon überzeugt, daß für die neue Luftwaffe mindestens 400 Millionen Dollar im Staatshaushalt für 1949 veranschlagt werden müßten.

Gleich am nächsten Tag, dem 4. März, schlugen beide, Marshall und Forrestal, ihre Wege ein. Forrestal berief ein „Kabinetts-Arbeitsessen" im Innenministerium ein und informierte diverse Kabinettsmitglieder, Senatoren und Kongreßabgeordnete über die *„allzu ernste Weltlage"*, weitere Begegnungen mit einflußreichen Pressevertretern folgten. Immer öfter war die Rede davon, *„die amerikanische Bevölkerung auf einen möglichen Krieg vorzubereiten."* Währenddessen stand Marshall im Rampenlicht - es galt, sein „Wiederaufbauprogramm für Europa" (ERP), den „Marshallplan", vor dem Kongreß durchzubringen. Da fiel es auch dem Außenminister nicht schwer, den kommunistischen „Teufel an die Wand zu malen". Die Weltlage sei „sehr, sehr ernst", orakelte er am 10. März vor Reportern, Osteuropa und insbesondere die Tschechoslowakei seien unter eine „Schreckensherrschaft" gefallen, die den ganzen Kontinent und demnächst Griechenland zu überschwemmen drohe. Am 13. März erreichte die inszenierte Panik ihren ersten Höhepunkt. *„In nur vier oder fünf Wochen werden die USA eine internationale Krise erleben"*, prophezeite Heeres-Staatssekretär Keneth Royall auf einer Rede in The Citadel in South Carolina, daher werde *„amerikanisches Handeln, keine Protestbriefe"* gefragt sein, sollten die Russen *„die Unabhängigkeit von Griechenland, der Türkei, Frankreichs oder Italiens bedrohen"*. Auch in der Hauptstadt sprachen immer mehr Politiker von einem baldigen Krieg. *„Die Stimmung in der Hauptstadt war an diesem Wochenende ... extrem düster"*, schrieb der New York Times-Korrespondent James Reston am nächsten Montag, *„verantwortungsvolle Bürger schrien mit aufgeregter Stimme 'Ruhe, Ruhe!' und selbst der Präsident nahm das schreckliche Drei-Buchstaben-Wort 'War'* - Krieg - *in den Mund."* Am Nachmittag des 15. März berief der Präsident eine Krisensitzung des Kongresses zu der *„ernsten außenpolitischen Situation"* ein und sagte

dazu sogar seine traditionelle Teilnahme an der Parade zum „St. Patricks-Day" der Iren ab. Gleichzeitig erklärte Marshall vor dem Ausschuß für Auswärtige Beziehungen des US-Kongresses: *„Diese Stunde ist schicksalhafter als vor einem Jahr. Totalitäre Kontrollen wurden in anderen osteuropäischen Staaten verstärkt und... anderen europäischen Völkern droht gleichermaßen die Gefahr, gegen ihren Willen in den kommunistischen Machtkreis gezogen zu werden."* Der Erfolg, wie ihn James Forrestal am Dienstag, 16. März in seinem Tagebuch triumphierend protokollierte: *„Die Zeitungen sind heute voll von Gerüchten und Vorzeichen über den Krieg."* Und selbst Senatssprecher Joseph W. Martin sprach von der *„schweren Krise in unseren internationalen Beziehungen... in der wir unsere Army stark halten müssen. Wir wollen ihr alles geben, was sie benötigt, und sie in die stärkste mögliche Verteidigungssituation versetzen. Und viele Mitglieder glauben, daß auch die Summen für die Luftwaffe beachtlich verstärkt werden müssen."*

Als Präsident Truman am 17. März zum Kongreß und zur Nation sprach, war längst der Höhepunkt der Panik erreicht. *„Die Weltlage ist zu kritisch"*, *„es ist von höchster Wichtigkeit, jetzt zu handeln"*, *„schnelles Handeln ist nötig"*, *„große Dringlichkeit"*, *„dringende Schritte"*, diese Phrasen gaben den Ton seiner Rede an. Immer wieder wurde *„eine Nation"* angegriffen, die *„jede Zusammenarbeit ablehnte"*, *„Verträge aus Kriegszeiten ignorierte"*, bis sie schließlich beim Namen genannt wurde: *„Die Sowjetunion und ihre Agenten"*. Die Ansprache verfehlte ihre Wirkung nicht: Sowohl Marshalls ERP wie die Budgeterhöhung für die Rüstung wurden am 22. März vom Kongreß in der vollen, von Truman geförderten Höhe bewilligt. In einer Aussage vor dem Rüstungsausschuß des Senats forderte Forrestal schließlich weitere elf Milliarden Dollar für die Streitkräfte, im Vergleich zum Vorjahr eine Erhöhung des Rüstungshaushalts um 30 %. Er bekam sie und erhöhte - auf Anraten der Stabschefs aus dem Pentagon - seine Forderung auf 18 Milliarden Dollar, das Doppelte des Vorjahresbudgets. Schließlich einigte man sich auf 14,5 Milliarden Dollar plus einem Sonderhaushalt von 3,5 Milliarden Dollar. Denn alles sah so aus, als befänden sich die USA in der größten außenpolitischen Krise seit dem Angriff auf Pearl Harbour.

Wie real war die damalige „sowjetische Bedrohung"? Sämtliche Berichte des neugegründeten Geheimdienstes CIA aus dem fraglichen Zeitraum, ebenso wie Depeschen amerikanischer Diplomaten, die in den letzten Jahrzehnten unter dem „Gesetz zur Informationsfreiheit" freigegeben wurden, belegen, daß man in Militär- und Geheimdienstkreisen Anfang 1948 absolut keine Spur einer „Gefahr aus Rußland" feststellen konnte. So stellt ein CIA-Memorandum vom 16. März, das sich zudem auf die „Nachrichtendienste des Außenministeriums, des Verteidigungsministeriums und des Heeres, der Marine und der Luftwaffe" berief, eindeutig fest, daß es „keine zuverlässigen Hinweise darauf gibt, daß die UdSSR innerhalb der nächsten 60 Tage militärische Aktionen plant." Noch immer, so die Geheimberichte, sei der Rote Riese geschwächt durch die Verluste des Zweiten Weltkrieges. So war Marineadmiral Chester W. Nimitz sich sicher, daß „wir in den nächsten vier oder fünf Jahren relativ sicher vor Attacken fremder Mächte sind... ich glaube nicht, daß irgendeine Macht in der Position ist, uns in der näheren Zukunft mit der geringsten Aussicht auf Erfolg anzugreifen." Auch der in den Ruhestand getretene Heeres-Stabschef General Dwight D. Eisenhower „sprach die Sowjetunion von jeder Intention, einen Krieg provozieren zu wollen, frei", wie die New York Times am 6. Februar 1948 vermeldete, „die Sowjetunion ist nicht in der Position, einen globalen Krieg zu führen, und dasselbe gilt für jede andere Nation der Erde". Schon die Studie des Nachrichtendienstlichen Stabes des (damaligen) US-Kriegsministeriums, „Grundvoraussetzungen für den Ausschuß für Zivilverteidigung" vom 23. Dezember 1946, stellte fest: „Verschiedene Faktoren, hauptsächlich... die ökonomische und physische Schwächung durch den Zwei-

ten Weltkrieg" machten es für die Sowjets „unmöglich, einen langfristigen, globalen Krieg oder überhaupt einen Krieg außerhalb der östlichen Hemisphäre zu führen". Hinzu käme der Mangel an „Weitstreckenbombern, Amphibienfahrzeugen und U-Booten". Deshalb sei es mehr als „unwahrscheinlich, daß eine aggressive militärische Aktion gegen die Vereinigten Staaten vor 1956 möglich ist." Auch die Lageeinschätzung des Heeresnachrichtendienstes „Intentionen und Möglichkeiten potentieller Feinde gegen die USA innerhalb der nächsten zehn Jahre" vom 11. Juli 1947 kam zu der Schlußfolgerung: „Die sowjetische Wirtschaft wird vor 1956 nicht in der Lage sein, die Ausrüstungen und das Zubehör, die für einen solchen Angriff (gegen die USA) nötig sind, zu liefern... Man kann damit rechnen, daß die Sowjetunion in den nächsten Jahren jedes ernsthafte Risiko eines Krieges mit den Vereinigten Staaten vermeiden wird."

Das wußte man in Washington. So wurde am 24. März bekannt, daß mit Einverständnis des Außenministeriums seit Sommer 1947 „21.178 Kriegsflugzeuge zu sehr, sehr niedrigen Preisen" an die Russen verkauft wurden, obwohl „einige davon offenbar neu waren." Während sich die Opposition über „diese schändlichen und an Verrat

Präsident Harry S. Truman, Diktator Joseph Stalin, bei der Potsdamer Konferenz 1945

grenzenden Geschäfte" aufregte, blieb die logische Schlußfolgerung aus. Die lieferte am 25. März Truman selbst, als er der Presse, die ihren Ohren nicht traute, erklärte: *„Rußland ist gegenwärtig ein befreundeter Staat und kauft seit einiger Zeit bei uns Güter aller Art."* Wie die New York Times kurz darauf vermeldete, plante der Präsident auch keine Lieferungsbeschränkungen gegen den „befreundeten Staat", der noch zehn Tage zuvor als größte Bedrohung für den Weltfrieden seit Adolf Hitler dargestellt wurde. Kein Wunder also, wenn Historiker wie der kalifornische Geschichtsprofessor Frank Kofsky schlußfolgern: *„Die Kriegspanik war ein Stück Fiktion von Anfang bis Ende."* (4)

Doch diente das gefährliche Manöver - die Russen fühlten sich verunsichert und reagierten drei Monate später mit der Berlinblockade - nur der Durchsetzung eines erhöhten Verteidigungsbudgets? Oder mußten die Russen nur herhalten für einen wirklich bedrohlichen Feind, den man nicht beim Namen nennen durfte, dem man aber mit allen verfügbaren Mitteln begegnen wollte? Verräterisch scheint ein Bericht von Arthur Krock, dem Korrespondenten der New York Times im Weißen Haus, der am 7. April 1948 mit Truman sprach:

„Er (Truman) diskutierte Aufrüstungspläne und meinte, der Grund, weshalb er die neuen Luftgeschwader kleiner halte, als es (der Staatssekretär der Luftwaffe) Symington und die Luftwaffengeneräle vorschlugen, sei der, daß 'wir an der Schwelle einer Entdeckung in der Luftfahrt stehen, die alles überflüssig macht, was bisher hergestellt wurde'. Er ergänzte, daß es sein Plan sei, daß unsere Flugzeugbauer flexibel blieben, wie sie es im Krieg waren, so daß sie ihre Produktionen vergrößern könnten, wenn wir es wollten, aber ebenso leicht ihre Pläne ändern könnten. Er fügte hinzu, daß er, während er in vielen Bereichen sich widersprechende Berater hätte, in diesem Fall eine gut informierte Meinung hätte." (5) (Hervorhebung durch den Autor)

Welche „Entdeckung in der Luftfahrt" war gemeint, die offenbar die Planung der gesamten militärischen Flugzeugbaufirmen „flexibel halten" sollte? Die Historiker können mit dieser Aussage nichts anfangen. *„Welche 'Entdeckung in der Luftfahrt' Truman auch immer gemeint haben mag, nach fast einem halben Jahrhundert ist diese noch nicht aufgetaucht"*, kommentiert frustriert Prof. Frank Kofsky von der California State University in seiner Studie „Harry S. Truman and the War Scare of 1948". (6) Hatte man diese „Entdeckung in der Luftfahrt" im Juli 1947 in der Wüste von New Mexico gemacht? Das würde zumindest die „gut informierte Meinung" erklären, die Truman „in diesem Fall" für sich beanspruchte.

Tatsache ist: Kurz nach der Bewilligung des Etats, am 20. und 26. März 1948, empfing Präsident Truman die Präsidenten der beiden größten Flugzeugbaufirmen des Landes, Donald Douglas von der späteren „McDonnel & Douglas" und William E. Allen von Boeing im Weißen Haus, bereitete sie auf den bevorstehenden Geldregen vor und wies sie in die neuen Projekte ein. Mit demselben Tempo gingen Forrestal und Symington vor. *„Mit ungewöhnlicher Eile ... gingen telegraphische Briefe von Wright Field an die Vertragsfirmen der Luftwaffe, und das innerhalb von 24 Stunden, nachdem Forrestal das Budget autorisiert bekam"*, schrieb das Fachmagazin „Aviation Week". (7) Das größte geheime Forschungsprogramm der Menschheitsgeschichte war finanziert.

Womit wir wieder bei der Wright Field-Basis wären, dem Sitz des „Blauen Labors", in dem - zumindest bis Einrichtung der Area 51 auf dem Nevada-Testgelände Ende der fünfziger Jahre - die außerirdische Technologie untersucht wurde. Das wird bestätigt durch den späteren Vizekommandanten der Basis, Brigade-General Arthur E. Exon, der kurz vor dem Roswell-Absturz nach Wright Field versetzt wurde. Wie Exon am 19. Juli 1990 dem Roswell-Forscher Capt. Kevin Randle erklärte, wurde das geborgene Material in die Labors der Basis gebracht

Der mysteriöse Hangar 18 auf der Wright Field-Basis. Hierher wurden die UFO-Wracks von Roswell und Socorro gebracht.

1995 kursierte in Ufologenkreisen ein Film, der angeblich das Roswell-Wrack im Hangar 18 zeigt.

und dort einer Reihe von Tests unterzogen. Denselben Weg, so Exon, nahmen die ET-Leichen: „Das sind meine Informationen... sie wurden nach Wright Pat. gebracht."

Der Film erwies sich als Trickfilm für die US-TV-Serie „Sightings" (Sichtungen), angefertigt mit Hilfe eines kleinen Modells.

(8) Hier fanden, so Prof. Sarbacher und Prof. Walker, zumindest bis Anfang der fünfziger Jahre die geheimen Konferenzen von Wissenschaftlern aus dem MJ-12-Umfeld statt.

Tatsächlich kursieren schon seit Jahren in den USA Gerüchte um abgestürzte Raumschiffe und tote Außerirdische auf der Wright Field-Luftwaffenbasis, die später mit dem benachbarten Militärflughafen Patterson Field vereinigt und in Wright Patterson AFB umbenannt wurde.

Um 1959 half Charles Wilhelm aus Cincinatti, Ohio, der sich später einer lokalen UFO-Gruppe anschließen sollte, öfters einer alleinstehenden, krebskranken Dame, Mrs. Norma Gardner, bei Gartenarbeiten und Reparaturen. Eines Tages erzählte er der Frau von seinem Interesse an den UFOs. „Charles, ich kann dir versichern, es gibt sie", war ihre Antwort. „Ich weiß es, denn ich habe, bevor ich in Rente ging, auf Wright Patterson für eine Abteilung gearbeitet, die sich mit den unbekannten Flugobjekten beschäftigte." Wilhelm wurde neugierig, wollte mehr erfahren. „Ich habe einen Eid geleistet, nicht darüber zu sprechen. Das alles steht unter strengster Geheimhaltung", zögerte die alte Dame. Aber schließlich gab sie nach: „Ich habe ohnehin nicht mehr lange zu leben. Und Onkel Sam kann mir nichts mehr anhaben, wenn ich im Grabe liege." (9) Und dann erzählte sie ihre ganze Geschichte.

1955 war sie beauftragt worden, das UFO-Material, das ihre Abteilung untersuchte, zu katalogisieren. Dazu gehörte eine Anzahl Gegenstände, die aus dem Innern abgestürzter UFOs stammten und sorgfältig fotografiert und untersucht worden waren. Dann, nach einigen Monaten, schickte ihr Vorgesetzer sie in einen Hochsicherheitsbereich, zu einem Hangar mit der Kennnummer 18, um Material aus zwei untertassenförmigen Flugobjekten aufzulisten, die dort aufbewahrt wurden. Zum ersten Mal sah Norma Gardner die UFOs mit eigenen Augen. Sie waren rund und scheibenförmig, das eine größer als das andere, das eine beschädigt, das andere intakt. Wenig später sah sie zwei Leichen der Insassen, die in einer chemischen Lösung aufbewahrt wurden. Sie waren zwischen 1,20 und 1,40 Meter groß, hatten auffallend große Köpfe und riesige, schwarze Augen.

In den folgenden Jahren bekam Wilhelm Normas Geschichte von einem Schulfreund bestätigt, dessen Vater auf Wright Patterson stationiert gewesen war und auf dem Sterbebett von zwei scheibenförmigen Flugkörpern und vier kleinen Leichen sprach. *„Die Körper waren etwa 1,50 Meter groß, hatten größere Köpfe, schräge Augen und sahen recht menschlich aus. Er glaubte, die Finger seien etwas länger als die eines Menschen, aber er war sich darin nicht sicher."* (10) Später wandte sich Wilhelm an den UFO-Forscher Len Stringfield, der es sich zur Lebensaufgabe gemacht hatte, Berichte über UFO-Abstürze und -Bergungen zu sammeln. Für Stringfield waren diese Informationen nur die Bestätigung für andere Aussagen, die ihm bereits vorlagen. Am 29. Juni 1978 erfuhr Stringfield von seinem Schwiegersohn, Dr. Jeffrey Sparks, Professor am St. Leo-College in Dade City, Florida, von einem weiteren Zeugen. Dieser war 1966 als Mitglied des Heeres-Nachrich-

tendienstes auf Wright Patterson stationiert, als er neun Körper toter Außerirdischer tiefgefroren in großen Glassärgen liegend sah. Ihre Körper waren schmächtig, etwa 1,20 groß, von gräulicher Hautfarbe. Die Räume, in denen sie aufbewahrt wurden, waren streng bewacht. Wie der Zeuge erfuhr, war die Basis damals bereits in Besitz von 30 Leichen und einer Reihe von UFO-Wracks. Die Luftwaffe hätte eine Spezialeinheit, die „Blue Berets", zur Bergung und Untersuchung abgestürzter UFOs gebildet und auf einigen wichtigen Stützpunkten stationiert. Ihre Arbeit stünde unter höchster Geheimhaltung. Alle von der US-Luftwaffe gewonnenen UFO-Daten, so der Sparks Gewährsmann, seien in einem Computer im Datenverarbeitungszentrum von Wright Patterson gespeichert. (11)

Was die Computer-Datenbank betrifft, so ist diese vielleicht schon von Hackern geknackt worden. Am 27. Oktober 1992 berichtete die US-Nachrichtensendung „Dateline" über einen Hacker, der sich Zugang zu Luftwaffencomputern verschafft hatte. Während des Interviews zeigte die Kamera kurz den Bildschirm des Computers, auf dem zu lesen war: „WRIGHT PATTERSON AFB/Catalogued UFO part list - an underground facility of Foreign Technology Division" (Liste katalogisierter UFO-Teile - eine unterirdische Anlage der Division für fremde Technologien). Der Beitrag war nur kurz und ging nicht näher auf die UFO-Frage ein. So schrieb UFO-Forscher T. Scott Crain an NBC und fragte an, ob der Text auf dem Computer echt oder gestellt war. Am 16. März 1993 erhielt er einen Anruf von Susan Adams, der Produzentin des Berichtes. Adams versicherte ihm, daß die Aufnahme tatsächlich eine der Datenbanken zeigte, die der fragliche Hacker - dessen Anonymität sie wahren mußte - geknackt hatte, und daß man nur den UFO-Aspekt aus dem zur Verfügung stehenden Material ausgewählt hätte, „weil wir dachten, daß das interessant sein könnte". NBC hätte die Behauptungen des Hackers jedoch überprüft und man sei sicher, daß sein Material echt sei, d.h. wirklich von der Luftwaffe stamme und nicht von ihm „fabriziert" würde. Bedauerlicherweise hat der junge Mann es bis heute versäumt, seine Erkenntnisse der UFO-Forschung zugänglich zu machen. (12)

Schon 1981 war Len Stringfield mit der Tochter eines Zeugen in Kontakt gekommen, der die unterirdische Anlage unter der Wright Patterson-Basis gesehen haben will. YR, wie Stringfield ihn nennt, diente im Zweiten Weltkrieg in der US-Army, war Chauffeur für General Patton und arbeitete als Mühlenbauer für General Electric. Er lebte in der Nähe von Cincinatti, Ohio. Er war schon pensioniert und litt an Krebs, als seine Tochter mit Stringfield sprach. *„Dad arbeitete Anfang der fünfziger Jahre auf Wright Patterson. Er blieb eine Woche lang weg, um eine streng geheime Arbeit auf der Basis zu verrichten. Er wollte mit niemandem darüber sprechen, nicht einmal mit mir, nur mit Mutter, die inzwischen nicht mehr lebt. Doch vor kurzem sah er Sie auf dem Sender WLW, wie Sie über abgestürzte UFOs sprachen, und meinte nur: 'Der Mann weiß, wovon er redet'. Ich nahm die Gelegenheit wahr, ihn direkt darauf anzusprechen, was er damit meinte."* Es dauerte einige Monate, bis sie die ganze Geschichte aus ihm herausgeholt hatte.

Als er für General Electric arbeitete, wählte man ihn als Veteran, der beim Militär -als Fahrer eines Generals- eine Vertrauensposition innehatte, für eine geheime Arbeit auf der Wright Patterson-Basis aus. Diese hatte etwas mit der Installation eines Aggregats - die Tochter wußte nicht mehr, welchem Zweck es dienen sollte - in einem geheimen, unterirdischen Sektor der Basis zu tun, in der auch sieben außerirdische Leichen gelagert würden. Als sie sich auf der Basis meldeten, wurden YR und sein farbiger Asssitent, Mr. W., in einem Wagen mit schwarzen Vorhängen - der sie spontan an einen Leichenwagen erinnerte - zum Eingang der Anlage gefahren, um dann mit dem Fahrstuhl einige Stockwerke tief zu ihrer Arbeitsstelle gebracht zu werden. Durch einen langen, dunklen Gang führte man sie in eine enge, eiskalte Kammer, die

YR an eine Leichenkammer erinnerte. Dort wies man sie in ihre Arbeit ein. Der Raum war, so YR, von einem seltsamen, beißenden Geruch erfüllt. Auf Schritt und Tritt wurden er und sein Kollege von bewaffneten MPs überwacht. Doch einige Male gelang es ihm, einen Blick auf die Leichen zu werfen, von denen sich jede in einem Glaskasten befand, der auf einem Steinpodest ruhte. Obwohl sie mit Tüchern überdeckt waren, konnte er durch die offene Seite die großen Köpfe und eine Haut „die glitschig wirkte wie die eines Reptils" erkennen. Der Größe der Kästen nach waren die Wesen recht klein.

Aus Sicherheitsgründen mußten er und sein Assistent in einem zellenartigen Raum auf der Basis schlafen und durften keinerlei Kontakt mit der Außenwelt aufnehmen. Andererseits war die Verpflegung gut, und sogar einen Fernseher hatten die beiden in ihrer Kammer, was sie wieder mit ihrer ungewöhnlichen Aufgabe versöhnte. (13)

Bereits im Juni 1978 hatte Stringfield einen Physiologen getroffen, der behauptete, eines dieser Wesen Anfang der fünfziger Jahre autopsiert zu haben. Obwohl Stringfield, aus verständlichen Gründen, den Namen des Arztes nie veröffentlichte, betonte er, daß es sich um einen namhaften Arzt eines renommierten Krankenhauses handelte. Später lernte er einen zweiten, nicht minder namhaften Arzt kennen, der etwa zum selben Zeitpunkt an einer Autopie beteiligt war und viele der - damals noch unveröffentlichten - Daten seines Kollegen bestätigte. Diese faßte Stringfield wie folgt zusammen:

„ Die ungefähre Größe der außerirdischen Humanoiden liegt bei 1,10 bis 1,35 Metern. Eine Quelle schätzte 1,50 Meter. Das Gewicht liegt bei etwa 20 kg.*

* Zwei runde Augen ohne Pupillen. Sie liegen tief im Schädel und werden als groß, mandelförmig, verlängert, leicht geschlitzt, weit auseinanderliegend, „orientalisch" oder „mongoloid" beschrieben.*

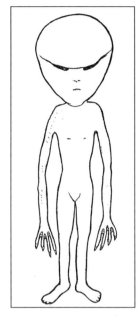 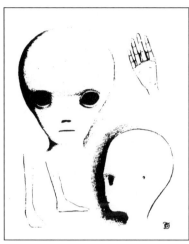

Zwei Zeichnungen abgestürzter Außerirdischer in Gewahrsam der US-Luftwaffe, die dem UFO-Forscher Len Stringfield von Regierungsmedizinern übergeben wurden

* Der Kopf ist nach menschlichem Standard im Vergleich zum Torso und den Gliedmaßen groß. „Sie sehen aus wie ein menschlicher Fötus im fünften Monat", wurde mir gesagt.

* Keine Ohrläppchen

* Die Nase ist nur angedeutet. Zwei Nasenlöcher mit einer nur leichten Erhöhung.

* Der Mund ist nur ein schmaler „Schlitz" ohne Lippen, Öffnung zu einer kleinen Höhlung. Der Mund scheint nicht zur Kommunikation oder Nahrungsaufnahme zu dienen.

* Der Hals ist dünn.

* Die Köpfe der Humanoiden sind haarlos. Nur in einem Fall ist von einem dünnen Flaum die Rede. Die Körper sind unbehaart.

* Der Torso ist klein und dünn. Meist ist er mit einer metallischen, flexiblen Kleidung bedeckt.

* Die Arme sind lang und dünn und reichen bis zu den Knien.

* Ein Typ hat vier Finger, keinen Daumen. Zwei Finger scheinen länger als die anderen zu sein. Einige haben Fingernägel, andere keine. Eine leichte Schwimmhaut wurde zwischen den Fingern bemerkt. Andere Berichte sprechen von weniger oder mehr als vier Fingern.

* Kurze, dünne Beine. Die Füße eines Typs haben keine Zehen. Meist sind die Füße bedeckt. Eine Quelle erklärte, die Füße hätten wie die eines Orang-Utans ausgesehen.

* Die Hautfarbe ist NICHT grün. Statt dessen wurden beige, braun oder grau-rosa beobachtet, während eine Quelle meinte, sie seien in tiefgekühltem Zustand fast 'bläulich-grau'. In zwei Fällen waren die Körper dunkelbraun verkohlt. Die Haut ist schuppig oder reptilienartig, dehnbar, elastisch oder beweglich über weichen Muskeln oder Skelettmaterial. Keine gerieften Muskeln. Keine Schweißabsonderung, kein Körpergeruch. Unter dem Mikroskop erscheint die Haut maschenartig oder wie ein Netz aus horizontalen und perpendikularen Linien. Als Ergänzung zu der Beschreibung der Haut der Wesen als „reptilienartig" deutet dies auf eine Hautbeschaffenheit wie bei Echsen mit körniger Haut wie dem Iguana oder dem Chamäleon zumindest bei einem Humanoiden-Typus hin.

* Keine Zähne.

* Keine erkennbaren Fortpflanzungsorgane. Möglicherweise durch evolutionäre Degeneration zurückgebildet. Keine Genitalien.

* Den meisten Beobachtern erscheinen die Humanoiden „wie aus einer Form" mit identischen Gesichtscharakteristiken.

* Gehirn und seine Kapazität (Stringfields Informanten) unbekannt

* Farblose Flüssigkeit im Körper, ohne rote Zellen. Keine Lymphozyten. Keine Sauerstoffträger. Nahrungs- oder Flüssigkeitsaufnahme unbekannt. Nahrungsmittel wurden an Bord der Raumschiffe nicht entdeckt. Kein Verdauungssystem oder Darmtrakt. Kein intestinaler oder alimentärer Kanal oder Rektalbereich beschrieben.

* Mehr als ein humanoider Typus. Lebensspanne unbekannt. Die Unterschiede in den Beschreibungen mögen nicht größer als die beim Homo Sapiens sein. Ursprung unbekannt." (14)

Einige Monate später übergab der erste Pathologe, den Stringfield kennengelernt hatte, dem UFO-Forscher eine schriftliche Ausführung seiner Beobachtungen:

„GRÖSSE - Die beobachteten Exemplare waren 130,5 cm groß. Ich erinnere mich nicht mehr an das Gewicht. Es ist lange her und meine Aufzeichnungen halten das Gewicht nicht fest. Ich erinnere mich sehr gut an die Größe, weil wir uns darüber nicht einig waren und jeder selbst noch einmal nachmaß.

KOPF - Der Kopf war birnenförmig und nach menschlichem Standard zu groß für den Körper. Die von den Nasenöffnungen am weitesten entfernten Enden der Augen standen nach oben hin in einem Winkel von zehn Grad schräg. Sie lagen tief im Schädel. Sie schienen keine sichtbaren Augenlider zu haben, nur etwas, das wie eine Falte aussah. Die Nase bestand aus einer kleinen,

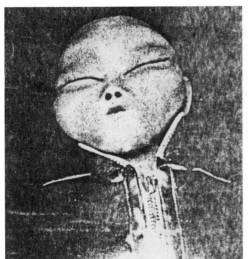
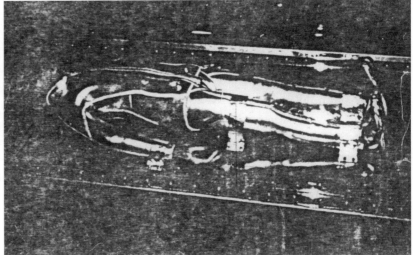

1990 brachte die sowjetische Testpilotin Col. Dr. Marina Popovich diese beiden Fotos aus dem Nachlaß des sowjetischen Raumfahrtwissenschaftlers Prof. Felix Zigel mit in den Westen und behauptete, es seien Originalaufnahmen eines der Außerirdischen von Roswell, die dieser aus Kanada erhalten hätte. Die große Ähnlichkeit mit einem Modell aus Montreal (siehe Farbteil) - bei kleinen Unterschieden - macht es zumindest möglich, daß es sich hier um die Vorbilder des Modells handelt.

faltenartigen Erhebung oberhalb der Nasenlöcher. Der Mund erschien wie eine Falte. Es gab keine Lippen wie beim Menschen - nur einen Schlitz, der in eine orale Höhlung von 5 cm Tiefe führt. Eine Membran am Rand der Höhlung trennte sie von dem, was der Verdauungstrakt wäre. Die Zunge scheint sich zu einer Membran zurückentwickelt zu haben. Keine Zähne wurden beobachtet. Röntgenaufnahmen enthüllten einen Ober- und Unterkiefer und eine kraniale Knochenstruktur. Äußere 'Ohrläppchen' existierten nicht. Die vorhandenen Ohröffnungen ähnelten unseren mittleren und inneren Ohrkanälen. Der Kopf wies keine Haarfollikel auf. Die Haut erschien gräulich und war sehr flexibel, wenn man sie bewegte.

Die obigen Beobachtungen sind allgemeiner anatomischer Natur. Ich habe den Kopfbereich nicht autopsiert oder detaillierter studiert, weil das nicht mein Fachgebiet ist.

ANMERKUNG: (...) Der Brustbereich zeigte etwas, das wie zwei zurückentwickelte Brustwarzen erschien. Die Sexualorgane waren zurückentwickelt. Andere Untersuchungen wurden an weiblichen Spezies vorgenommen. Ich hatte keine Möglichkeit, daran teilzunehmen. Die Beine waren kurz und dünn. Die Füße zeigten keine Zehen. Die Haut, die den Fuß bedeckte, gab den Eindruck, als würde eine Socke getragen. Röntgenaufnahmen zeigten jedoch eine normale Knochenstruktur darunter." (15)

Stringfield, der von der Ehrlichkeit seiner Zeugen überzeugt war, war nicht der einzige, der immer wieder mit Gerüchten um tote Außerirdischen in den unterirdischen Anlagen der Wright Patterson-Luftwaffenbasis konfrontiert wurde. So erfuhr Prof. Robert Spencer Carr von der Universität von Süd-Florida schon 1952 von einem Kollegen von einer Autopsie, die an einem Außerirdischen durchgeführt wurde. Dieser Kollege, ein Biophysiker, zeigte ihm damals „die biologische Sektion eines größeren Berichtes, die offenbar aus einem umfangreicheren Bericht herausgerissen wurde - seine Ränder

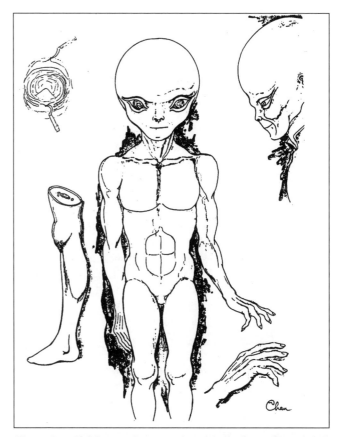

Eine weitere Zeichnung eines aus einem abgestürzten Raumschiff geborgenen Außerirdischen nach Angaben von Augenzeugen.

waren zerfranst. Es war ein Kohlepapier-Durchschlag, Fotokopien waren damals unüblich." Carr war zu dieser Zeit Pressesprecher der James Foundation, einer wissenschaftlichen Forschungsstiftung in Fort Meyers Beach, Florida, deren Präsident der angesehene Wissenschaftler Dr. Robert L. James war. „Er hatte diesen offiziellen Bericht, obwohl er nicht selbst bei der Autopsie zugegen war. Aber er durfte Einblick in den Bericht nehmen und riß einfach den biologischen Teil heraus. Ihn interessierte nur dieser, nicht die anderen Abschnitte, was ich sehr bedauerte." Carr erfuhr, daß sich die ET-Leiche im Hangar 18 der Wright Patterson-Luftwaffenbasis befand. Die Wesen, die aus den abgestürzten UFOs geborgen wurden, waren menschenähnlich und ganz anders als von Stringfields Quelle beschrieben, also wahrscheinlich Opfer eines anderen Absturzes. *„Ihre Blutgruppe war ‚0'. Sie könnten Ihnen oder mir jederzeit eine Bluttransfusion geben!"* Die Außerirdischen waren 1,20 Meter groß, hatten eine weißlich-braune Haut und blaue Augen. *„Ihre Organe waren ähnlich wie die beim Menschen. Der UFO-Insasse war von guter Gesundheit. Das einzige physische Charakteristikum, das für Schock und Aufregung sorgte, war das Gehirn. Als der Hirnchirurg den Schädel öffnete... der Schädel war ein wenig zu groß für den Körper. Er war nur ein wenig megazephalisch. Aber wir haben auch hier megazephalische kleine Leute. Viele kleine Menschen haben zu große Köpfe... aber als sie den Schädel öffneten, stießen sie auf das Gehirn eines Menschen, der einige hundert Jahre alt war! Doch er erschien ansonsten wie ein athletischer junger Mann, den man, nach menschlichem Standard, auf 20-30 Jahre schätzen würde... aber das Gehirn! Das Gehirn von Charles Darwin wird im Britischen Medizinischen Museum in London aufbewahrt. Es ist das am stärksten gewundene bekannte menschliche Gehirn (die Gehirne von Idioten sind simpel). Das Gehirn des Außerirdischen war komplizierter, gewundener als irgendein Gehirn, das je gesehen wurde. Alle Ärzte beugten sich darüber, um das zu sehen und waren tief erschüttert. Ihre Lebensspannen müssen länger sein als unsere."* (16)

Auch der UFO-Forscher James Moseley erwähnt in seinem Buch „The Wright Field Story" *„eine ganze Akte von Absturz-Gerüchten. Ich hatte Dutzende davon. Ein Anthropologie-Professor der Columbia-Universität wurde angeblich nach Wright Patterson gerufen, um diese Kreaturen zu untersuchen; ein Wissenschaftler aus Massachusetts machte Röntgenaufnahmen der Körper...".* Und schließlich traf er eine Dame, die als Sekretärin an einem der Fernschreiber der Basis beschäftigt war und im Fotolabor von Wright Patterson Bilder jener seltsamen Wesen gesehen haben will, die dort entwickelt wurden. (17)

In einem Fall führte ein solch offensichtlicher Verstoß gegen den Geheimhaltungseid zu einer offiziellen Untersuchung. Die Protokolle des Vorganges wurden 1975 unter dem „Freedom of Information Act" freigegeben:

„A/1C CLYDE E. WHEELER, AF 21288827, 6501st Support Squadron, Wright Patterson-Luftwaffenbasis, Ohio, wurde am 31. Juli 1952 verhört und erklärte, daß Hauptfeldwebel LOYAL R. BUNCE, AF 6832919, 575th Field Maintenance Squadron, Box 17, Selfridge Luftwaffenbasis, Mt. Clemans, Michigan, ihm ungefähr am 10. Juni 1952 erzählt hatte, daß er (BUNCE) Bescheid wüßte über fliegende Untertassen auf der Wright Patterson-Luftwaffenbasis. Zu diesem Zeitpunkt (ungefähr 10. Juni 1952) erklärte BUNCE im Detail, er wüßte, daß die Leute von der Wright Patterson AFB mehrere fliegende Untertassen geborgen hätten und außerdem einige Leichen in den Untertassen. Die Untertassen und die Leichen wurden auf die Wright Patterson-Luftwaffenbasis in Ohio gebracht, Zeitpunkt unbekannt. Auf der Wright Patterson-Luftwaffenbasis, so BUNCE, hätten Mitarbeiter des nukleartechnischen Labors die fliegenden Untertassen auseinandergenommen (...) und die Körper wurden in das Aero-Medizinische Laboratorium der Wright Patterson-Luftwaffenbasis zur näheren Untersuchung gebracht. Die Diskussion um die Untertassen kam auf, weil sich BUNCE für ein Projekt interessierte, an dem A/1C WHEELER arbeitete und weil BUNCE wußte, daß WHEELER im Januar 1952 im Wright Luftfahrt-Entwicklungszentrum der Wright Patterson-Luftwaffenbasis, Ohio, tätig war.

Ein gemeinsamer Freund von BUNCE, Mr. XXX, bestätigte WHEELER diese Geschichte, die BUCE (sic!) über die fliegenden Untertassen erzählt hatte und erklärte WHLEER, daß ein Freund von ihm, der derzeit

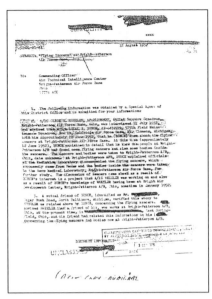

Geheimbericht der US-Luftwaffe aus dem Jahre 1952, in dem mögliche Lecks in der Geheimhaltung untersucht werden: Ein Soldat hatte einem Kameraden von „fliegenden Untertassen und außerirdischen Leichen" auf Wright Patterson erzählt.

auf der Wright Patterson-Luftwaffenbasis arbeitet, ihm diese Informationen über die fliegenden Untertassen und Leichen auf der Wright Patterson-Luftwaffenbasis gegeben hätte. (...)

Laut WHEELER stammen die Informationen über die fliegenden Untertassen, die im Nukleartechnischen Labor auseinandergenommen wurden, und die Leichen, die im Aeromedizinischen Institut untersucht würden, von XXX, einem zivilen Angestellten des Wright Luftfahrt-Entwicklungszentrums, der ein guter Freund sei. (...)

Um den 20. Juni 1952, so erklärte WHEELER, schrieb er einen Bericht über die obige Angelegenheit und übergab diesen Oberleutnant GEORGE H. JANCEWSKI, dem Nachrichtendienstoffizier am Headquarter der 10. Luftwaffe, der Seldridge Luftwaffenbasis, Michigan. Bei der Überreichung erhielt WHEELER die Anweisung durch den Nachrichtendienstoffizier, BUNCE, XXXX und jedem anderen, der Informationen über die fliegenden

Untertassen hätte, genau zuzuhören und alle Informationen, die er über das Thema bekäme, an ihn (den Nachrichtendienstoffizier) weiterzuleiten. (...)

In der Akte Nr. 24-21 des Headquarters des 5. OSI (Nachrichtendienst)-Distriktes befindet sich eine Kopie der Erklärung dem Nachrichtendienstoffizier der Selfridge-Luftwaffenbasis gegenüber und auch ein Begleitbrief des Kommandanten der Militärpolizei der Selfridge AFB, Michigan, indem dieser seinem Glauben Ausdruck verleiht, daß entweder A/1C WHEELER versucht, auf sich aufmerksam zu machen, oder aber ein mögliches Sicherheitsleck im Fliegende-Untertassen-Programm existiert." (18)

Das wörtliche Protokoll der Aussagen Wheelers enthüllt weitere Einblicke. Nachdem er seinem Freund von Frank Scullys UFO-Buch „Behind the Flying Saucers" erzählte, erklärte Hauptfeldwebel Bunce, „daß er wüßte, daß es fliegende Untertassen gibt und daß sie zwei davon auf Wright Field hätten, die eine 9 Meter, die andere 33 Meter im Durchmesser. Er sagte, eines der Raumschiffe hätte eine zerbrochene Luke, was der Grund dafür gewesen sei, daß die drei Passagiere tot seien, denn das schreckliche Hitzefeld, das durch die Reibung entstand, hätte die Luke zerspringen lassen und alle im Inneren getötet. Auf Wright Field, so behauptete er, hätte die Luftwaffe das (offizielle Untersuchungs-) Projekt Saucer eingestellt, weil es eine Tatsache sei und man die amerikanische Öffentlichkeit nicht beunruhigen wollte. Statt dessen hätte die Luftwaffe ein neues Projekt unter dem Namen Project Radiation eingerichtet, dessen Labors auf einem Hügel auf dem Wright Field-Basisgelände stehen würden. Ich hörte mir an, was er zu sagen hatte, doch als ich meine Zweifel anmeldete, meinte er, es sei eine Tatsache und er hätte Beweise dafür. Ich fragte, welche Art von Beweisen. Er berief sich auf einen Mann von der Basis, XXX, der nach Wright Field zu Project Radiation versetzt worden wäre. Weiter führte er aus, daß sie (Mr. XXX und jemand anderer, den ich nicht kannte, und Sgt. Bunce) dachten, XXX würde zweifellos an diesem Projekt mitarbeiten und daß sie XXX baten, XXX zu erzählen, der in der Elektronischen Instandhaltung arbeitet oder in einem Gebäude mit ähnlichem Namen, so daß XXX XXX und Sgt. Bunce informieren könnte, ob es wirklich fliegende Untertassen gab.

Dann erzählte mir Hauptfeldwebel Bunce von dem Funkgerät, das sie in einem Schiff gefunden hätten. Er sagte, es gelang ihnen nur, in eines der Schiffe einzudringen, das mit der zerbrochenen Luke. Sie probierten es durch die Luke, bis es ihnen gelang, den Eingang des Schiffes zu öffnen. Sie fanden eine Art Funkgerät oder etwas Ähnliches, das in bestimmten Abständen von etwa 15 Minuten ein Signal abgab. Sie sagten, es gäbe eindeutig ein Signal ab, aber dieses könne nicht mit unseren modernen elektronischen Vorrichtungen aufgefangen werden. Dieses Funkgerät war etwa 12,5 cm breit, konnte nicht durch Diamantbohrer geöffnet werden und war so leicht wie Aluminium.

Weiter kam er auf Theorien zu sprechen, daß die Antwort auf den Antrieb der Untertassen ein Magnetfeld sei, das vor dem Schiff durch eine sich drehende, rotierende Scheibe in der Mitte kreiert würde, die vor ihm ein Magnetfeld erzeugt.

Ich traf Mr. XXX gestern und er bestätigte Hauptfeldwebel Bunce's Geschichte ...

Mir wurde klar, nachdem ich Mr. XXX traf, daß ein ernstes Sicherheitsleck existiert und wenn die Untertassen tatsächlich existieren, wie sie sagen, dann bereitet mir der Gedanke, davon zu wissen, Angst...“ (19)

Tatsächlich waren die UFO-Studien auf Wright Field so geheim, daß nicht einmal ein Senator der Vereinigten Staaten und Luftwaffenreserve-General Zutritt hatte.

Senator Barry Goldwater, Ex-Gouverneur von Arizona

General Curtis Le May. Als Kommandant des ATIC verweigerte er Senator Barry Goldwater den Zutritt zum „Blue Room“ auf der Wright Patterson Air Force Base

Selbst dem Basiskommandanten war der Zutritt verwehrt.

Eben diese Erfahrung machte Senator Barry Goldwater, der als Präsidentschaftskandidat der Republikaner, Senator von Arizona und Vorsitzender des US-Senatsausschusses für Geheimdienstfragen einer der profiliertesten amerikanischen Politiker ist. Privat interessierte sich Goldwater seit langem für die UFOs. Anfang der 60er Jahre, auf dem Weg von Washington D.C. nach Kalifornien, machte seine Maschine einen Zwischenstop auf der Wright Patterson-Luftwaffenbasis, den Goldwater nutzte, um seinem alten Freund General Curtis Le May 69 einen Besuch abzustatten, der zu diesem Zeitpunkt Kommandant der Basis war. Goldwater hatte von der Existenz eines Raumes oder einer Anlage auf der Basis gehört, die den Codenamen „Blue Room“ hatte und in der UFO-Artefakte, Fotos und die toten Außerirdischen gelagert wurden, und so fragte er General LeMay, ob er diese einmal sehen könne. Er hatte nicht damit gerechnet, offenbar den „wunden Punkt“ seines Freundes getroffen zu haben. Der General lief rot an, wurde sichtlich erregt. „Verdammt, nein. Ich darf nicht gehen, du darfst nicht gehen, und stell mir nie wieder diese Frage!“ (20)

Zumindest hat Goldwater diesen Vorfall mehrfach öffentlich geschildert und bestätigt, zuletzt am 1. Oktober 1994 in einem Interview mit dem CNN-Talkshowhost Larry King auf dem zweiten Turner-Kanal, TNT. (21) Am 28. März 1975 schrieb er dem Studenten Shlomo Arnon aus Los Angeles: *Das UFO-Thema interessiert mich schon lange. Vor zehn oder zwölf Jahren versuchte ich, herauszufinden, was sich in dem Gebäude auf der Wright Patterson-Luftwaffenbasis befindet, in dem die Luftwaffe die von ihr gesammelten UFO-Informationen lagert, doch meine Anfrage wurde verständlicherweise abgelehnt. Es ist noch immer höher als Streng Geheim klassifiziert.* (22) Am 19. Oktober 1981 ergänzte Goldwater in einem Schreiben an den UFO-Forscher Lee Graham: *Ich habe schon vor langer Zeit aufgegeben, mich um Zutritt zu dem sogenannten Blauen Raum auf Wright Patterson zu bemühen, nach einer langen Reihe von abschlägigen Antworten von Kommandant zu Kommandant... ich weiß von niemandem, der Zutritt zu dem Blauen Raum hatte... Um Ihnen die Wahrheit zu sagen, Mr. Graham, die ganze Sache steht unter so hoher Geheimhaltung, und obwohl ich zugebe, daß sehr viel freigegeben wurde, ist es unmöglich, etwas darüber zu erfahren.* (23)

Als der UFO-Forscher Bill Moore daraufhin unter dem „Gesetz zur Informationsfreiheit" bei der US-Luftwaffe Daten über den „Blauen Raum" auf Wright Patterson anforderte, antwortete diese am 15.1.81, daß man in den Archiven im Pentagon „keinerlei Dokumente/Informationen über ein Projekt Blue Room" gefunden hätte. „Wir müssen daher annehmen, daß alle Aufzeichnungen über das Projekt zerstört wurden". Schließlich aber konnte doch noch eine Karteikarte gefunden werden, deren Titel einen „BLUE ROOM (RADARBEREICH), WRIGHT PATTERSON AFB, OHIO, 1955" aufführte. Ein Foto - das nicht mehr aufgefunden werden konnte und wahrscheinlich zerstört wurde - zeigte eine „Zeitlupenaufnahme eines Flugzeug-Signal-Ziels auf Radarschirm".

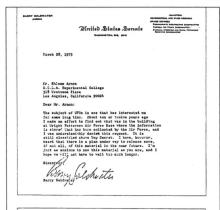

Zwei Briefe von Senator Barry Goldwater: „Ich habe schon vor langer Zeit aufgegeben, mich um Zutritt zu dem sogenannten Blauen Raum auf Wright Patterson zu bemühen... die ganze Sache steht unter so hoher Geheimhaltung, und obwohl ich zugebe, daß sehr viel freigegeben wurde, ist es unmöglich, etwas darüber zu erfahren."

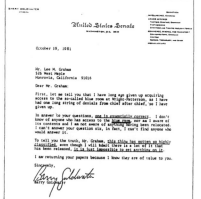

Das einzige Dokument, das den „Blue Room" der Wright Patterson-Luftwaffenbasis erwähnt, bezieht sich auf ein Radarexperiment mit einem UFO-Fragment.

Als Moore diese Information an seine Luftwaffeninformanten weitergab, erfuhr er, daß es sich bei diesem Projekt um den ersten Versuch handelte, ein Flugzeug zu bauen, das für Radar unsichtbar ist - ein Vorläufer des „Stealth"-Bombers. Dafür wurde ein Diskus mit Material vom Roswell-Wrack überzogen und an ein Flugzeug gebunden, das ihn hinter sich herzog, während es auf Radar geortet wurde - die Scheibe dagegen blieb für das Radar unsichtbar. Das sei fotografisch dokumentiert worden. Untersuchungen ergaben, daß das extrem leichte Roswell-Material von der Konsistenz her Kavlar-Plastik ähnelte, mit dem der Stealth-Bomber beschichtet wurde, weil es Radarsignale absorbiert oder stört. Tatsächlich behauptete auch der Geheimdienstler Frank Kaufmann, daß die Stealth-Technologie von der Form des Bombers bis hin zu seiner Beschichtung direkt von der Untersuchung des Roswell-Wracks herrührt. (24)

Interessanterweise machte die Wright Patterson-Luftwaffenbasis erst in jüngster Vergangenheit Geschichte. Vier Jahre lang hatte einer der blutigsten Bürgerkriege der Geschichte mit über 250.000 Toten in Bosnien-Herzegowina im früheren Jugoslawien getobt. Alle Versuche der Vereinten Nationen, die Parteien zu beschwichtigen, scheiterten kläglich, und auch die von der Europäischen Gemeinschaft verhängten Sanktionen blieben wirkungslos. Als letzten Versuch luden die Vereinigten Staaten die Kriegsparteien am 1. November 1995 zu einer Friedenskonferenz auf die Wright Patterson-Luftwaffenbasis ein. Schon diese Wahl erschien allen politischen Beobachtern als unverständlich. Warum nicht Camp David oder Washington, warum die größte und bestgesicherte Militärbasis der USA, der Sitz der „Foreign Technology Division", der Division zur Auswertung fremder Technologien und des Technischen Geheimdienstes der Luftwaffe, eigentlich ein Ort, an den man potentielle Feinde von morgen nicht unbedingt einladen würde - es sei denn, man wollte sie beeindrucken. Und dann geschah das „Wunder von Dayton", wie es die Weltmedien nannten.

Bis zuletzt stand die Friedenskonferenz auf Wright Patterson vor dem Scheitern. Nur der Druck der USA brachte die Konfliktparteien in letzter Sekunde wieder an den Verhandlungstisch zurück. Und am 21. November paraphierten die Präsidenten Slobodan Milosevic aus Serbien, Alija Izetbegovic aus Bosnien-Herzegowina und Franjo Tudjman aus Kroatien ein Friedensabkommen, das am 14. Dezember in Paris unterzeichnet wurde. Doch was war geschehen, wie war das möglich gewesen, worin bestand das letzte Druckmittel der USA? Zumindest Insider spekulierten, daß die letzte Trumpfkarte, die die USA ausspielte, die außerirdische Karte war - daß man den drei Präsidenten „etwas" zeigte, das in der Tat ihren Bürgerkrieg als „null und nichtig" erscheinen ließ.

Es gibt Hinweise darauf, daß zumindest bis zur Nixon-Ära jedem US-Präsidenten die UFO-Wracks und toten Außerirdischen gezeigt wurden. Und in zwei Fällen vertrauten Präsidenten engen Freunden ihr Geheimnis an.

Präsident John F. Kennedy war zweifellos interessiert an den Unbekannten Flugobjekten. Ich sprach mit William Holden, einem Steward der Airforce One, der Präsidentenmaschine, der JFK auf seiner historischen Deutschlandreise im Sommer 1963 begleitete. Am 27. Juni, auf dem Rückflug von Wiesbaden nach Washington, präsentierte Holden dem Präsidenten eine in Deutschland publizierte englischsprachige Zeitung, auf deren Titelseite ein Foto abgedruckt war, das zwei UFOs zeigte. „Mr. Präsident, was halten Sie davon?", fragte Holden. Kennedy schien sehr interessiert. „Wie denken Sie denn darüber?", wollte er von dem Steward wissen. „Nun, ich bin ein Farmerjunge aus Georgia, und ich glaube, daß Gott in seiner unendlichen Weisheit ganz bestimmt nicht umsonst so viele Sterne und Galaxien geschaffen hat. Ich denke, es ist falsch, zu glauben, daß wir die einzigen sind." „Da haben Sie recht", nickte der Präsident. Holden hatte den Eindruck, daß er sehr viel mehr wußte, aber darüber nicht sprechen konnte oder wollte. (25)

Im Frühjahr 1995 präsentierte der amerikanische Enthüllungsautor Milo Periglio ein Dokument, das, sollte es sich als authentisch erweisen - und alles spricht dafür -, einen der größten politischen Skandale dieses Jahrhunderts offenlegt. Denn dieses mit TOP SECRET klassifizierte Dokument ist ein Bericht des CIA vom 3. August 1962 und handelt von einem „Subjekt" namens Marilyn Monroe, das drohte, die UFO-Geheimnisse zu enthüllen, die ihr der Präsident bei einem Schäferstündchen zugeflüstert hatte. Zwei Tage später, am 5. August, wurde Marilyn Monroe in Hollywood tot aufgefunden, angeblich infolge einer Überdosis Schlaftabletten. War es Selbstmord? (26) Das CIA-Dokument deutet darauf hin, daß MM zum fraglichen Zeitpunkt mit einer Enthüllung drohte, die ganz gewiß in Washington einer Reihe von Verantwortlichen nicht nur Kopfschmerzen bereitet hätte:

„Quelle: Abgehörtes Telefonat zwischen Journalistin Dorothy Kilgallen und ihrem guten Freund Howard Rothberg (A);
Abgehörtes Telefonat zwischen Marilyn Monroe und Justizminister Robert Kennedy (B).
Zusammenfassung des Inhalts:

1. Rothberg diskutierte die offensichtlichen Kontakte des Subjektes (MM) zu Kilgallen und ihren Bruch mit den Kennedys. Rothberg erklärte Kilgallen, daß sie an Parties des „inneren Zirkels" der Hollywood-Größen teilnahm und wieder zum Stadtgespräch wurde. Rothberg deutete mit vielen Worten an, daß sie Geheimnisse zu enthüllen hätte, die zweifellos ihren Kontakten zu dem Präsidenten und dem Justizminister entstammten. Eines dieser 'Geheimnisse' handle vom Besuch des Präsidenten auf einer geheimen Luftwaffenbasis in der Absicht, Dinge aus dem Weltraum zu inspizieren.
Kilgallen antwortete darauf, daß sie wüßte, worum es dabei gehen könnte. Mitte der fünfziger Jahre erfuhr Kilgallen von einem britischen Regierungsbeamten von geheimen

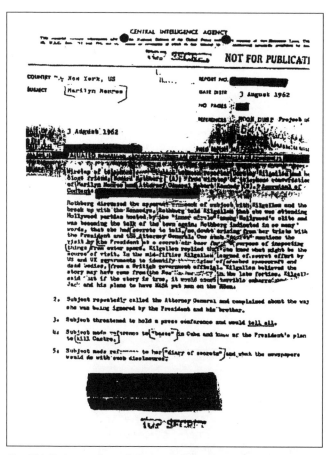

Das CIA-Dokument vom 3. August 1962, demzufolge Marilyn Monroe wußte, daß Präsident Kennedy „eine geheime Luftwaffenbasis besuchte, um Dinge aus dem Weltraum zu inspizieren".

Unternehmungen der Regierungen der USA und Großbritanniens, den Ursprung abgestürzter Raumschiffe und toter Körper zu ergründen. Kilgallen glaubte, daß die Geschichte ihren Ursprung in einem Vorfall in New Mexico Ende der vierziger Jahre hätte. Kilgallen meinte weiter, wenn die Geschichte wahr sei, könnte sie zu einer schrecklichen Behinderung Jacks (JFKs) und seiner Pläne, NASA einen Menschen auf den Mond schicken zu lassen, werden.

2. Das Subjekt (MM) rief den Justizminister an und beschwerte sich darüber, daß der Präsident und sein Bruder sie ignorieren würden.

3. Das Subjekt drohte, eine Pressekonferenz abzuhalten und alles zu sagen.

4. Das Subjekt erwähnte 'Basen' auf Kuba und den Plan des Präsidenten, Castro ermorden zu lassen.

5. Das Subjekt bezog sich auf ihr 'Tagebuch der Geheimnisse' und darauf, was die Zeitungen aus solchen Enthüllungen machen würden." (27)

Rothberg war ein New Yorker Antiquitätenhändler mit einem großen Geschäft in der noblen 3rd Avenue, mit dem Marilyn Monroe befreundet war. Rothberg kannte viele New Yorker Fotografen, die mit Marilyn gearbeitet hatten. Dorothy Kilgallen war in den fünfziger und sechziger Jahren eine der renommiertesten Kolumnistinnen der USA mit regelmäßigen Beiträgen in den führenden Zeitungen des Landes. Tatsächlich berichtete sie in ihrer Kolumne vom 23. Mai 1955 über die Untersuchung *„des Wracks eines mysteriösen Flugobjektes"* durch amerikanische und britische *„Wissenschaftler und Flieger"*. Diese seien *„davon überzeugt, daß diese seltsamen Flugobjekte weder optische Illusionen noch Erfindungen der Sowjets sind, sondern fliegende Untertassen, die ihren Ursprung auf einem anderen Planeten haben. Mein Gewährsmann erklärte: 'Aufgrund bisheriger Untersuchungen glauben wir, daß die Untertassen mit kleinen Wesen bemannt sind, die kleiner als 1,20 Meter sind.'"* (28) Auch das Stichwort „MOON DUST", das unter „References" aufgeführt ist, deutet in diese Richtung, war es doch das Codewort der US-Luftwaffe für „geborgene Weltraumobjekte".

Unterzeichnet ist das Dokument von James Jesus Angleton, der 1953 die Abteilung für Spionageabwehr gründete und ihr bis 1974 vorstand, als er nach Bekanntwerden seiner skrupellosen Praktiken den CIA verlassen mußte. Untersucher der Ermordung von John F. Kennedy bezeichnen Angleton als einen der Hintermänner des Attentates von Dallas. Tatsache ist, daß er, gemeinsam mit CIA-Direktor Richard M. Helms, 1966 ein Geheimmemorandum verfaßte, demzufolge *„die Anwesenheit (des CIA-Mitarbeiters und späteren Watergate-Verschwörers) von E. Howard Hunt in Dallas am 22. November 1963 um jeden Preis geheimzuhalten ist"*, da sonst der Ruf des Geheimdienstes *„Schaden zu nehmen droht"*. Ist Marilyn Monroe vom CIA ermordet worden, weil sie zuviel wußte und auszupacken drohte? War das der Grund, und nicht nur die Schweinebuchtaffäre, daß Präsident John F. Kennedy drohte, *„den CIA in tausend Stücke zu zerschlagen"*? (29) Der Ex-CIA-Pilot John Lear, Sohn des legendären Flugzeugkonstrukteurs William P. Lear, behauptet sogar, daß JFK ermordet wurde, weil er die UFO-Geheimnisse der USA enthüllen wollte. So erklärte Lear in einem Schreiben vom 3. März 1990: *„Einige behaupten, daß Kennedy ein Treffen mit Repräsentanten von MJ-12 hatte. Während dieses Treffens, das angeblich auf Tonband aufgenommen wurde, drohte Kennedy MJ-12 (Gordon Gray und anderen) mit der Offenlegung der Existenz der geborgenen fliegenden Untertassen und außerirdischen Leichen. Es gibt eine Reihe von Zeugen, die von diesem Vorfall gehört haben, und einer der glaubwürdigsten ist Linda Howe (Produzentin der Dokumentation 'A Strange Harvest' für den CBS-Ableger in Denver 1980), der 1983 von Kontaktleuten von MJ-12 davon erzählt wurde, daß Kennedy von dieser Gruppe eliminiert wurde aus Gründen, die den oben genannten beinhalteten."* (30)

Doch auch Präsident Nixon konnte das UFO-Geheimnis nicht für sich behalten. Zumindest ging er so weit auf „Nummer Sicher", daß er einen Freund und Vertrauten auswählte, dem so schnell doch niemand glauben würde - den Komiker Jackie Gleason. Gleason, der 1987 verstarb, war zeitlebens ein begeisterter UFO-Anhänger gewesen. Er besaß in seinem Haus in Florida

Der Komiker Jackie Gleason war eng mit Präsident Richard Nixon befreundet.

eine beachtliche Bibliothek von mehreren hundert Bänden zum Thema, hatte einige Fachzeitschriften abonniert und nannte sein Landdomizil in Peekskill, New York, „Das Mutterschiff", weil er es im Stil einer fliegenden Untertasse gebaut und eingerichtet hatte. Auslöser für seine UFO-rie waren zwei Sichtungen, die Gleason in Miami hatte, und die ihn *„überzeugten, daß dies definitiv keine Objekte sind, die hier auf der Erde hergestellt wurden. Es waren keine Geheimwaffen, aber es waren solide Objekte. Beide Male reflektierten die UFOs das Sonnenlicht und flogen niedrig genug. Ich konnte genau sehen, daß es für sie keine normale Erklärung gab."* (31)

1983 enthüllte Gleasons zweite Frau, Beverly, eine ganz andere Begegnung Jackie Gleasons. Danach sei Jackie 1973 eines Nachts sehr spät nach Hause gekommen, tief erschüttert und leichenblaß. Zuerst wollte er nicht darüber sprechen, was ihn so tief bewegt hatte, doch dann erklärte er seiner Frau, daß er gerade von einem Besuch auf der Homestead-Luftwaffenbasis in Florida zurückgekehrt sei. Dort seien ihm, auf Veranlassung seines Freundes Richard Nixon, in einer Hochsicherheitsanlage vier Leichen abgestürzter Außerirdischer gezeigt worden. Sie waren nur 70 cm groß, hatten kahle Köpfe und spitze Ohren. Man hätte ihm nichts über die Umstände ihrer Bergung erzählt. Der ganze Besuch, so Gleason, hätte unter strengsten Sicherheitsvorkehrungen stattgefunden, und er sei auf Geheimhaltung eingeschworen worden. Seine Frau mußte Gleason versprechen, mit niemandem darüber zu sprechen, was sie natürlich nicht davon abhielt, nach ihrer Scheidung die Presse zu informieren. Doch immer, wenn ihn jemand auf den Vor-

fall ansprach, vermied es Gleason, zu antworten. Bis zu seinem Tod hat er die Geschichte weder bestätigt noch dementiert, obwohl er genügend Gelegenheiten dazu gehabt hätte. (32)

Erst nach seinem Tod meldete sich ein junger Musiker, Larry Warren, und erklärte, Gleason hätte ihm zu Lebzeiten die ganze Geschichte seines Besuches auf der Homestead AFB erzählt. Warren war als Soldat Zeuge einer UFO-Landung im Rendlesham-Wald im Osten Englands, nahe der NATO-Basis Bentwaters, geworden. Der Fall, der sich im Dezember 1980 ereignete, erregte internationales Aufsehen, und nachdem sich CNN und HBO und andere amerikanische TV-Sender der Thematik annahmen, gab die US-Luftwaffe den offiziellen Bericht des Basis-Vizekommandanten Lt. Col. Charles Halt frei, der den Vorfall bestätigte. Gleason kontaktierte einen der Sender und lud Warren zu einem persönlichen Gespräch ein. Stundenlang fragte er Warren nach seinem Erlebnis aus, wobei er immer wieder zum Whisky-Glas griff, bevor er sich dem jungen Musiker anvertraute: „Ich möchte Ihnen etwas erzählen, das ohnehin eines Tages herauskommen wird. Wir haben sie gekriegt!" „Was gekriegt?", fragte Warren. „Außerirdische!", erwiderte Gleason. Und dann begann er mit seiner Geschichte.

„Es war damals, als Nixon regierte, als mir das passierte. Wir waren Golf-Kumpel und waren den ganzen Tag lang draußen auf dem Golfplatz und irgendwann, so beim 15. Loch, kamen wir auf die UFOs zu sprechen. Nur wenige wissen, daß der Präsident an der Sache ebenso interessiert ist und ebenso viele Bücher zu Hause hat wie ich. Aber warum auch immer, er hatte mit mir nie so offen darüber gesprochen, was er wirklich wußte, er war ja auch immer von all diesen Bewachern und Beratern umgeben. Doch an diesem Abend änderte sich alles. Es war gegen Mitternacht, als Dick vor meiner Tür stand. Er war ganz allein. Keine Sicherheitsleute, niemand. Ich fragte: 'Mr. Präsident, was machen Sie hier?', und er

antwortete, er wolle mich irgendwohin bringen und mir etwas zeigen. Ich stieg also in seinen Privatwagen und wir fuhren in die Nacht hinein. Schließlich erreichten wir die Homestead-Luftwaffenbasis. Ich erinnere mich noch genau, wie wir am Basiseingang ankamen und dieser junge MP zum Wagen kam und schaute, wer drinnen saß. Sein Kiefer fiel ihm auf die Füße, als er sah, wer hinter dem Steuer war. Er grüßte nur und wir fuhren weiter." Nixon erzählte Gleason später, daß der Sicherheitsdienst in dieser Nacht verrückt spielte, als er merkte, daß der Präsident verschwunden war. *„Wir fuhren weiter ans andere Ende der Basis zu einem Hochsicherheitsbereich. Schließlich hielten wir an einem streng bewachten Gebäude. Die Sicherheitspolizei sah uns kommen und trat sofort zurück, als wir sie passierten und das Gebäude betraten. Da waren mehrere Labors, durch die wir gingen, bis wir in einen Bereich kamen, wo Nixon auf etwas zeigte, das, wie er sagte, das Wrack einer fliegenden Untertasse sei, verpackt in mehrere große Kisten."* Gleason dachte, der Präsident erlaubte sich einen Scherz und nähme seinen UFO-Enthusiasmus auf den Arm. Doch das war ganz und gar nicht der Fall, wie ihm bald klar wurde. *„Als Nächstes gingen wir in eine innere Kammer und da waren sechs oder acht Geräte, die wie Kühlschränke mit Glasdeckeln aussahen. Darin befanden sich die verstümmelten Überreste von Kindern, wie ich dachte. Doch bei näherem Hinsehen erkannte ich, daß einige davon sehr alt aussahen. Die meisten waren schrecklich verstümmelt,*

als seien sie einem Unfall zum Opfer gefallen. Alles in allem war es ein tragischer Anblick. Der Präsident selbst hatte Tränen in den Augen und schließlich war auch mir klar, daß das nicht seine Art war, Witze zu machen." Als Warren ihn fragte, ob er wüßte, wo man die Leichen geborgen hätte, schüttelte Gleason nur den Kopf. *„Der Präsident sagte mir nicht, woher die kamen. Er zeigte sie mir nur. Sie waren sehr klein. Höchstens 90 Zentimeter. Sie hatten eine graufarbene Haut und schrägstehende Augen, die sehr tief im Schädel lagen. Ich weiß nicht mehr, ob sie drei oder vier Finger hatten. Aber eines war sicher: Das waren keine Menschen."*

Die nächsten drei Wochen konnte der weltbekannte Entertainer nicht schlafen und nicht essen. Er stand unter Schock. Er konnte nicht verstehen, warum die Regierung der Öffentlichkeit nicht die Wahrheit über UFOs und die außerirdischen Besucher sagte. Jackie begann, verstärkt zu trinken, bis er endlich sein Erlebnis verarbeitet hatte. Larry Warren ist überzeugt, daß der große Komiker ihm die Wahrheit sagte. *„Er machte den Eindruck, als mußte er das einfach loswerden, als hätte er es so lange mit sich herumgetragen und war jetzt froh, jemanden gefunden zu haben, mit dem er darüber reden konnte. Er meinte nur, es sei endlich an der Zeit, daß die Regierung reinen Tisch mache und der Öffentlichkeit sage, was sie über die Besucher aus dem All wisse. Man sollte endlich aufhören, der Welt Lügen zu erzählen."* (33)

10. Kapitel

Das Land der Träume

Las Vegas, 25. Juni 1993. Der Mann, der mir gegenübersaß, machte ganz und gar nicht den Eindruck, als wollte er mir eine wilde, haltlose Geschichte erzählen. Seine Augen waren klar und wachsam, seine Stimme ruhig, seine Sprache knapp und präzise, ohne Schnörkel, ohne Ausschmückungen, sein ganzes Wesen von jungenhafter Offenheit. Robert Lazar war durch und durch ein nüchterner Naturwissenschaftler, einer jener jungen Amerikaner, deren Lieblingsfach in der High School die Mathematik oder Physik war und die, früher oder später,

Das Düsenautomobil Bob Lazars. Durch diese Erfindung wurde der Physiker Ed Teller auf ihn aufmerksam.

entweder in der Raumfahrt oder bei der Software-Entwicklung landeten. Bloß die Piratenflagge vor seinem Haus signalisierte, daß da noch etwas anderes war, etwas Anarchistisches, ein Freidenker, der sich ungern an Konventionen hält. Und dann stand vor seiner Garageneinfahrt noch das „Jet Car", das Düsenautomobil, Ausgeburt des Lazarschen Erfindergenies, mit dem damals alles anfing.

„LA-Man joins the jet set - at 200 miles an hour" - „Mann aus Los Alamos trat dem Jet-Set bei - mit 320 km/h" vermeldete der „Los Alamos Monitor"

Der junge Nuklearphysiker Robert Lazar behauptet, 1988/89 auf der Area 51 abgestürzte UFOs untersucht zu haben.

am 28. Juni 1982 auf der Titelseite. (1) Die Rede war von einem „jungen Physiker der Los Alamos Meson Physikalischen Labors" namens Robert Lazar (23), der in seiner Freizeit ein düsenbetriebenes Automobil konstruiert hatte. Nun ist Los Alamos, von Insidern „der Berg" genannt, eine einzige große Wissenschaftlerkolonie. Nur die Besten der Besten finden hier eine Anstellung in den Nationallaboratorien, die einst eingerichtet wurden, um die Atombombe zu entwickeln. Die strenge Geheimhaltung des „Manhattan-Projektes" ließ das entlegene Nest mitten im Bergland des nördlichen New Mexico, nur durch eine Straße oder den kleinen Flughafen erreichbar, zur Gralsburg der Wissenschaft werden. Heute werden nach wie vor supergeheime Projekte in Los Alamos bearbeitet, aber auch zivile Forschungen wie das „Human Genom Project", die Entschlüsselung der menschlichen Gen-Struktur. Doch so hochkarätig die Wissenschaftler auf „dem Berg" auch sind, dieser 28. Juni war auch für Los Alamos ein besonderer Tag, denn eine der ganz großen akademischen Koryphäen der Vereinigten Staaten hatte sich angekündigt, Professor Edward Teller, der „Vater der Wasserstoffbombe", Initiator des SDI-Projektes und wissenschaftlicher Berater des Präsidenten, ein Mann, der unter Präsident Reagan eine ähnliche Stellung einnahm wie Dr. Vannevar Bush in der Truman-Ära.

Natürlich ging Lazar auch zu der Vorlesung von Teller. Er kam sogar eine halbe Stunde zu früh. Und er staunte nicht schlecht, als er den großen Physiker dabei ertappte, wie er im Freien, vor dem Auditorium, auf einer Ziegelmauer saß und gerade die Titelseite des „Los Alamos Monitors" studierte. Das ermutigte ihn, auf Teller zuzugehen. „Hi", meinte er locker, „ich bin derjenige, über den Sie gerade lesen". „Das ist sehr interessant", erwiderte Teller, und die beiden Männer kamen ins Gespräch. Sie waren sich auf Anhieb sympathisch. Beide waren ungarischer Abstammung, und irgendwie gefiel Teller die unkomplizierte, unkonventionelle, spontane und intelligente Art des jungen Kollegen. „Hier ist meine Karte", verabschiedete er sich von Lazar. „Wenn ich mal etwas für Sie tun kann, wenn Sie mal einen neuen Job suchen, rufen Sie mich an."

Sechs Jahre später folgte Lazar dieser freundlichen Empfehlung. Er hatte zwischenzeitlich geheiratet und sich beruflich selbständig gemacht, war nach Las Vegas gezogen, hatte auf tragische Weise seine erste Frau verloren und erneut geheiratet, einen finanziellen Bankrott und alle nur denkbaren Irrungen und Wirrungen des Lebens durchgemacht, als er in sich die Sehnsucht nach dem geordneten und gesicherten Leben des Wissenschaftlers verspürte. Und so verfaßte er eines Tages im Jahre 1988 ein Resümee und schickte es diversen Nationallaboratorien und an Professor Teller, dem er noch einen persönlichen Brief beilegte, in dem er ihn an das Treffen in Los Alamos erinnerte. Etwa zwei Wochen

Das EG&G-Gebäude am McCarran-Flughafen von Las Vegas. Hier fand Lazars Vorstellungsgespräch statt, bevor er seine Tätigkeit in der Area 51 aufnahm.

später klingelte bei Lazar das Telefon. Am anderen Ende war Teller. „Bob, ich kann Sie nicht anstellen, ich bin nicht mehr aktiv, nur noch als Chefberater tätig. Aber ich hätte da etwas für Sie in Las Vegas. Melden Sie sich bei EG&G, einem Mr. XXX". Doch das war gar nicht mehr nötig. Fünfzehn Minuten, nachdem er sein Telefonat mit Teller beendet hatte, erhielt Lazar einen Anruf von EG&G. Man lud ihn zu einem Vorstellungsgespräch für ein „Sonderprojekt" ein. EG&G (Edgerton, Germeshausen und Grier) hat über 30.000 Angestellte und unterhält über 150 Einrichtungen in der ganzen Welt. Als Vertragsfirma der US-Regierung führt EG&G wichtige Forschungsprogramme für die US-Raumfahrtbehörde NASA, die Atomenergiekommission (AEC, heute das Energieministerium) und das Verteidigungsministerium durch. EG&Gs „Division für Sonderprojekte", bei der sich Lazar vorstellen sollte, ist für nahezu alle wissenschaftlichen Projekte auf dem Nevada-Testgebiet verantwortlich, dem größten militärischen Testgelände der Welt.

Das Büro, in dem sich Lazar meldete, befand sich im EG&G-Gebäude auf dem McCarran-Flughafen von Las Vegas. Doch bald erfuhr Bob, daß EG&G nichts mit dem

Job zu tun hatte, sondern nur das Gebäude zur Verfügung stellte. *„Ich stellte mich also vor, doch sie meinten, ich sei leicht überqualifiziert für die Position, um die es dort ging, aber vielleicht hätten sie später etwas für mich, sie würden sich wieder melden"*, erzählte er mir im Verlauf unseres Gesprächs, *„währenddessen unterzogen sie mich einer strikten Sicherheitsüberprüfung. Ich weiß nicht mehr, wie lange es dauerte, doch ein wenig später baten sie mich, zu einem anderen Vorstellungstermin zu kommen. Sie sagten, es hätte mit einem Feld-Antriebssystem zu tun."* (2)

Lazar erhielt seine „Q"-Befugnisstufe zurück, die er während seiner Tätigkeit in Los Alamos innehatte, die aber nach deren Beendigung deaktiviert worden war. Gleichzeitig wurde eine noch intensivere Untersuchung seines Hintergrundes, seiner Kontakte, seiner persönlichen Situation und seiner Freizeitinteressen durchgeführt, um festzustellen, ob er *„eine stabile, solide und gesunde Persönlichkeit"* ist. Schließlich erhielt er eine Befugnisstufe, die „achtunddreißig Stufen über 'Q'" lag - obwohl er immer geglaubt hatte, „Q" sei das höchste zivile Geheimhaltungslevel. Man erklärte ihm, daß jenseits von „Q" oder „TOP SECRET" zahlreiche weitere Ebenen existierten, „Abteilungen" genannt, um besonders sensitive Informationen auf jene zu beschränken, die einen „Wissensbedarf" (need to know) haben, für die ein „Sonderzugang" benötigt wird. Dieses System wurde im Zweiten Weltkrieg eingeführt und wird heute als SCI (Special Compartmentalized Information) - Sensitive, abgeteilte Information - bezeichnet. Oder, wie es der frühere CIA-Direktor Admiral Stransfield Turner formulierte: *„Ein Individuum darf nur jene Details einer Geheimoperation erfahren, mit denen er unmittelbar zu tun hat. Andere kennen nur ihren Teil. Auf diese Weise wird die Gefahr, daß durch eine undichte Stelle die gesamte Operation bekannt wird, reduziert ... nur ein paar Männer an der Spitze kennen alle Bestandteile der Operation."* (3)

Während seine Überprüfung noch andauerte, sollte Lazar schon einmal in sein neues Aufgabenfeld auf dem Nevada-Testgelände eingearbeitet werden. Telefonisch bestellte man ihn zum McCarran-Flughafen, wo eine Boeing 737 der EG&G ihn und andere Basismitarbeiter auf den Groom Lake-Flughafen auf der Area 51 im Herzen des Versuchsgebietes brachte. Dort wartete er, zusammen mit anderen, in einer Cafeteria, bis ihn ein Bus mit schwarzgestrichenen Fenstern abholte und auf einer Wüstenstraße ca. 20 Kilometer in südliche Richtung fuhr, an das Ufer des Papoose-Trockensees. Das erste, was Lazar auffiel, als er aus dem Bus stieg, war eine Reihe großer Hangars, die offensichtlich zu Tarnzwecken in die Hänge des Papoose-Bergrückens hineingebaut waren, mit schrägen Toren im 60 Grad-Winkel, die in Sandfarben angestrichen waren. „Aus der Luft, auf Satellitenaufnahmen, sollten sie wie Teile des Bergrückens aussehen", meinte Lazar. Die Hangars waren alle miteinander verbunden. Irgendwie kam er sich vor wie in einem James-Bond-Film.

Was Bob auffiel, war die starke Präsenz der Sicherheitskräfte. Er konnte nur 22 Wissenschaftler in weißen Kitteln zählen, aber rund 70 Soldaten, die keinen Zweifel daran ließen, wer hier das Sagen hatte. *„Alles war sehr militärisch, ganz gewiß keine wissenschaftliche Atmosphäre. Alles auf Hochsicherheit getrimmt, wo immer man hinging, folgte einem eine bewaffnete Eskorte, sogar auf die Toilette. Jede Tür konnte nur mit der eigenen Kennkarte geöffnet werden. Es war eine sehr bedrückende Atmosphäre."* Lazars Sicherheits-Kennkarte war weiß, hatte einen hellblauen und einen dunkelblauen diagonalen Streifen an der oberen linken Ecke und trug die Buchstaben MAJ an der rechten Seite, darunter seinen Name und Foto, seine Vertragsnummer mit dem Energieministerium „E-6722MAJ", die Aufschrift „U.S. Marine-Geheimdienst" und, ganz unten, eine Reihe von Codes für Bereiche und Projekte, von denen „S-4" markiert war. Die Kennkarten seiner Kollegen waren ähnlich, nur sein Vorgesetzter, Dennis Mariani, hatte ein volles „MAJESTIC" auf dem Schild. Lazar erfuhr, daß „MAJESTIC" der Code für das Projekt war, an dem er arbeitete, und daß er offiziell, wie seine Kollegen, Angestellter des Marine-Geheimdienstes sei.

An seinem ersten Arbeitstag führte man Lazar in einen Büroraum neben einem der Hangars und übergab ihm etwa 120 blaue Mappen mit Einweisungsdokumenten. „Lesen Sie das. Dann wissen Sie, worum es hier geht", wies ihn Mariani an. Lazar setzte sich an einen kleinen Holztisch. Erst jetzt bemerkte er ein Poster, das an der Wand des Büros hing. Es zeigte eine metallische Scheibe, die über dem Papoose-Trockensee schwebte. „SIE SIND HIER!", stand darunter.

Die Berichte handelten von UFOs und Außerirdischen. Sie waren eher oberflächlich und dienten ganz offensichtlich dem Zweck, den Mitarbeitern des Projektes einen groben Überblick über die Hintergründe zu geben, mit dem ihre Fragen automatisch beantwortet wurden. „Ich war von ihrem Inhalt absolut schockiert", erklärte mir Lazar, „Ich konnte nicht glauben, was dort stand. Aber ich war fasziniert." (4)

Die Berichte ließen keinen Zweifel daran, daß die Vereinigten Staaten „in den Besitz einer Reihe außerirdischer Raumschiffe" gekommen sind. Sie beschrieben Autopsien und zeigten Aufnahmen außerirdischer Wesen - meist 13-25 kg leicht mir großen, haarlosen Köpfen - und Detailfotos diverser innerer Organe, mit Gewicht und Dichte aufgelistet. Ein anderes Papier erwähnte einen Kontakt, bei dem es zum Austausch von Informationen zwischen Außerirdischen und US-Wissenschaftlern kam und daß einige Zeit lang außerirdische „Gäste" in einem isolierten Labor arbeiteten. Diese kämen, so besagte ein weiteres Dokument, von „Reticulum Vier", dem vierten Planeten des Zeta-Reticulum-Systems. Seit Zehntausenden von Jahren würden sie die

Entwicklung der Menschheit steuern, zu 63 oder 65 genetischen Eingriffen sei es bisher gekommen, um die Evolution des Homo Sapiens zu korrigieren, die meisten davon innerhalb der letzten 10.000 Jahre. Ein weiterer Bericht war aus der Perspektive der Außerirdischen verfaßt, was Lazar sehr verwunderte, und handelte von der Geschichte der Menschheit. Die Erde wurde als „Sol 3" bezeichnet und anstelle des Wortes „Mensch" wurde der Ausdruck „Container" verwendet. „Container" wofür oder wovon, darauf wurde nicht näher eingegangen. War der Mensch als Container der Seele oder genetischer Informationen oder des Bewußtseins gemeint? „Jedenfalls sprachen sie von der Bewahrung der Container und wie einzigartig und wertvoll sie seien", erinnerte sich Lazar (5). Doch mit all diesen Dingen konnte der junge Physiker nichts anfangen. Er war kein Biologe, kein Anthropologe, kein Theologe. Und so atmete er auf, als endlich Bereiche der Antriebstechnik unbekannter Flugobjekte und der Möglichkeiten interstellaren Raumfluges behandelt wurden. Endlich war Bob in seinem Element.

„Ihr Antriebsmechanismus ist wirklich erstaunlich", erklärte er mir, bewußt eine einfache Sprache wählend, „er besteht aus zwei Teilen, Gravitationsamplifikatoren und dem Reaktor, der die Energie liefert. Der Reaktor selbst ist ein Totalanihiliationsreaktor, gefüttert durch Antimaterie. Totalanihiliation ist die ergiebigste Form einer nuklearen Reaktion, die unter den drei Varianten Spaltung, Fusion und Anihiliation möglich ist. Dazu bedient er sich eines superschweren Elementes, des Elementes 115, das als solches auf der Periodentafel erscheinen würde, obwohl es bisher auf der Erde noch nicht synthetisch hergestellt werden konnte. Meiner Meinung nach kommt es in natürlicher Form nur auf superschweren Sternen, sogenannten Roten Riesen, vor. Dieses Element wird in einem extrem kleinen Teilchenbeschleuniger mit einem Proton bombardiert. Unter Bombardierung unterzieht sich das Element einer sofortigen Spaltung und produziert Antimateriepartikel. Diese interagieren mit gasartigen Materiezielen und werden durch hundertprozentig effiziente thermoelektrische Vorrichtungen in Elektrizität umgewandelt. Nun sind hundertprozentig effiziente elektrische Umwandlungen hier völlig unmöglich, das erste Gesetz der Thermodynamik besagt das schon, immer wird Hitze etc. verbraucht, und so ist dieses System an sich schon ein weiteres, für uns absolut faszinierendes Wunder. Die gewaltige Energie, die so erzeugt wird, betreibt die Gravitationsamplifikatoren und als Nebenprodukt produziert das Element 115, wenn es bombardiert wird, sehr interessante Phänomene wie die Gravitations-A-Welle, wie sie auch genannt wird, die sich auf fast dieselbe Weise wie Mikrowellen fortbewegt. Das wird von den Gravitationsamplifikatoren genutzt und wird durch den Stromkreis von den Reaktoren beliefert und verstärkt. Das amplifizierte Signal verlagert sich phasenweise leicht und zieht einen Gravitationskörper an oder stößt ihn ab. Das Schiff kann mit einem Gravitationsamplifikator - es hat drei davon - sich zum Beispiel von der Erde abstoßen, das wird dann die 'Omakron-Konfiguration' genannt".

„Für den Raumflug würde es sich auf die Seite legen, würde alle drei Gravitationsamplifikatoren auf einen einzigen Punkt, ein Ziel in immenser Entfernung, fokussieren, es würde die Amplifikatoren und den Reaktor auf volle Kraft einstellen und könnte sich buchstäblich an das Ziel heranziehen, mit einer solchen Kraft, daß Raum und Zeit, das Raumzeit-Kontinuum, zum Schiff hin gekrümmt würden und so eine immense Entfernung buchstäblich in Nullzeit zurückgelegt werden kann. Sie reisen nicht linear, sie falten Raum, Gravitation und Zeit. Wenn man Gravitation verzerrt, verzerrt man automatisch auch Raum und Zeit. Das sind nicht einfach Theorien, wir wissen das schon lange, wir haben bloß nicht die Mittel, das zu ermöglichen, aber diese Zivilisationen sind offensichtlich dazu in der Lage." (6)

Tatsächlich sind führende Wissenschaftler der Ansicht, daß interstellarer Raumflug durch eine künstliche Verzerrung des Raumzeit-Kontinuums möglich sein könnte. Schon Einstein glaubte in seiner Relativitätstheorie, daß Gravitation die Raumzeit beeinflußt. 1979 veröffentlichte der NASA-Physiker Alan Holt eine Studie zu „Feldresonanz-Antriebskonzepten". Darin diskutierte er verschiedene Hypothesen, darunter jene, daß durch die Erzeugung eines elektromagnetischen Musters, zum Beispiel eines Gravitationfeldes, die Erdschwerkraft aufgehoben werden könnte. „Dann wählt man eine Energiekonfiguration, die in einer Resonanz mit der Ziellokation steht, und reist durch eine Art Hyperraum oder einen höherdimensionalen Raum." Interessanterweise glaubt er, daß die Scheibenform für ein Raumschiff, das sich dieser Antriebsweise bedient, optimal wäre: „Ich denke, die Form des Raumschiffes könnte wichtig sein. Elliptische oder Untertassen-Formen wären die Formen, mit denen ich beginnen würde. Ich benutze diese Worte ungern, weil sie vorbelastet sind. Aber mit dem künstlichen Energiemuster würde man versuchen, die natürliche Massen-Energiemuster des Raumschiffes zu überwinden, und da ist die Untertassenform die beste. Ich denke, es ist kein Zufall, daß das UFO-Phänomen, wie wir es sehen, zum Großteil aus großen, untertassenförmigen Objekten besteht." (7) Daß Holt mit dieser Meinung nicht allein dasteht, belegt ein Bericht in der „Sunday Times" vom 13.8.95: „Astronomen sagen Reisen schneller als das Licht voraus". Anlaß für die Schlagzeile auf Seite 1 des renommierten Blattes war die Veröffentlichung einer Studie von Prof. Ian Crawford, Astronom am University College, London, durch die alt-ehrwürdige „Königlich-Astronomische Gesellschaft", der Raumreisen mit Überlichtgeschwindigkeit für das nächste Jahrtausend voraussagte. Eine ganze Reihe unabhängiger und hochangesehener Mitglieder der „scientific community" unterstützt Crawfords Hypothese, betonte die „Sunday Times". So würde sich die „Interstellar Propulsion Society" (Gesellschaft zur Erforschung interstellarer Antriebe) ausschließlich damit befassen, Wege zu finden, um Astronauten den Zugang zu fremden Welten zu verschaffen. Eine der von Crawford aufgeführten Hypothesen, wie dies möglich werden kann, stammt von Prof. Miguel Alcubierre von der University of Wales und wurde im „Journal für klassische und Quanten-Gravitation" veröffentlicht. Sie beschreibt ein Antriebssystem, das den Raum verzerrt, indem es ihn vor dem Raumschiff komprimiert und hinter ihm expandiert. Das könnte, so Alcubierre, effektiv den Raum falten und eine Art „Warp-Flug" ermöglichen, wie ihn die Fans der Science Fiction-Serie „Star Trek" schon lange kennen. (8)

Zu eben diesem „Star Trek"-Konzept erklärte der renommierte US-Physiker Lawrence M. Krauss, daß es nach dem derzeitigen Stand der theoretischen Physik sehr wohl möglich ist, beruhe es doch auf der Kollision von Materie und Antimaterie. *„Stoßen diese zusammen, setzen sie, in Form von Strahlung, große Mengen Energie frei. Sie könnten ein Raumschiff annähernd auf Lichtgeschwindigkeit beschleunigen".* Und Überlichtgeschwindigkeit? *„Einsteins Relativitätstheorie läßt im Prinzip jede Geschwindigkeit zu... man muß nur die Raumzeit vor dem Bug der Enterprise zusammenziehen und hinter der Enterprise expandieren."* Was hinter dem Raumschiff liegt, schieße dann in weite Ferne, das Ziel dagegen rast heran, ohne daß sich das Raumschiff in seiner Weltraumblase nennenswert bewegen muß. Einziges Problem: Damit sich der Raum ausreichend krümmt, müsse die Enterprise *„die Masse von einigen tausend Sonnen im All spazierenfahren"* - oder ein entsprechend starkes Gravitationsfeld aufbauen. (9) Womit wir wieder bei Bob Lazar wären. Denn Lazar behauptet, in den Einweisungsdokumenten von Raumschiffen gelesen zu haben, die zu interstellarem Raumflug durch eine Raumzeit-Krümmung in der Lage sind. Doch erst bei seinem zweiten Besuch in der Area S-4 wurde Lazar auf dramatische Weise klar, daß das, was er in diesen Dokumenten über diese Raumschiffe gelesen hatte, nur allzu real ist.

„Ich trat in den Hangar und da stand es", erzählte mir Lazar, *„es war dasselbe Schiff, das ich auf dem Poster gesehen hatte. Mein erster Gedanke war: Das erklärt all die UFO-Sichtungen, das sind also nur militärische Geheimflugzeuge, an denen wir arbeiten. Ich konnte noch immer nicht glauben, was ich in den Einführungspapieren gelesen hatte."* Die Scheibe war vielleicht dreizehn Meter breit und fünf Meter hoch und stand flach auf dem Boden, ohne daß ein Landegestell zu sehen war. Lazar wurde nur auf dem Weg zum Büro an der Scheibe vorbeigeführt und angewiesen, sie keines Blickes zu würdigen, was natürlich unmöglich war. *„Sie schien wie aus einem Stück gemacht, ganz glatt, ohne Nieten und Ösen. Nur auf der Oberseite hatte sie eine kleine Kabine mit etwas, das wie kleine Luken aussah."*

Erst bei den nächsten Besuchen auf der Basis durfte Lazar sich die Scheibe aus der Nähe ansehen. *„Da wurde mir endlich klar, daß es sich um ein außerirdisches Raumschiff handelt. Das war ein unheimliches Gefühl, schwer zu beschreiben."* Sein Auftrag lautete, im Rahmen des „Projektes Galileo" den Antriebsmechanismus der Scheibe, ihre Funktionsweise zu untersuchen. *„Das wäre nicht notwendig gewesen, wenn sie in den USA gebaut worden wäre. Meine Kollegen hatten bereits einige Fortschritte gemacht. Ich weiß nicht, wie lange das Schiff schon untersucht worden war, ein Jahr oder zehn Jahre lang, aber es war nur ein ganz bescheidener Fortschritt gemacht worden."* Im Rahmen dieser Aufgabe durfte Lazar auch in das Innere der Scheibe, in den Maschinenraum sozusagen. *„Alles war sehr glatt, wie aus einem Stück, von metallisch-grauer Farbe, derselben Farbe wie die Außenseite, sie hat nirgendwo scharfe Ecken, jedes Gerät, die Sitze, die Amplifikatorengehäuse, alles hatte gerundete Ecken, als sei es aus Wachs und dann leicht geschmolzen worden. Die Decke trifft auf den Boden, alles ist leicht gekurvt. Es ist alles sehr offen, sehr weit, der Raum ist sehr praktisch genutzt worden. Das Raumschiff hat drei Stockwerke, im unteren befinden* sich die drei Amplifikatoren, man betritt das Schiff auf der mittleren Ebene, wo sich drei Sitze, die viel zu klein für Menschen wären, und die Steuerung befinden, und dann gibt es das Obergeschoß, zu dem ich keinen Zutritt hatte."

Die Scheibe, die Lazar aufgrund ihrer schnittigen Form auch „das Sportsmodell" nannte, war nur eines von neun Raumschiffen, die in S-4 aufbewahrt werden, wie er feststellte, als einmal alle Hangartore geöffnet waren. „Da standen sie alle. Die Hangars sind miteinander verbunden, und jeder beinhaltet solche Scheiben. Neun Stück waren es insgesamt. Und jede sah anders aus. Drei waren zu Analysezwecken auseinandergenommen, eine war erst im August 1981 abgestürzt, eine war beschädigt, die anderen vier intakt." Die ramponierte Scheibe stand schräg und hatte auf der Unterseite ein breites Einschußloch, als sei sie abgeschossen worden. „Um sie auseinanderzuhalten, gab ich ihnen allen einfache Namen - den „Hut", die „Kuchenform", das „Sportmodell", das geradezu poliert aussah. Es wirkte ganz neu oder, besser gesagt, wie ich mir einbildete, daß eine neue fliegende Untertasse auszusehen hätte." Und schließlich erfuhr er, daß es dem US-Marinegeheimdienst längst gelungen war, regelmäßige Testflüge mit den geborgenen Raumschiff durchzuführen. „Wir wußten schon mehr oder weniger, wie sie funktionieren, wir sind nur noch nicht in der Lage, sie nachzubauen. Sie technisch auszuwerten war Aufgabe des Projektes, an dem ich arbeitete. Die Testflüge sind nur kurze, kontrollierte Flüge in geringer Höhe. Unsere Regierung hat hier einen extrem wertvollen Besitz, sie geht kein Risiko ein, ihn zu verlieren, und deshalb würde man sie nie an einen Punkt bringen, wo sie außer Kontrolle oder in falsche Hände geraten könnten. So könnte eine Scheibe, wenn sie zu hoch aufsteigt, aus dem Schwerkraftfeld der Erde gerissen werden", erklärte mir Lazar. Und dann, nach einer kurzen Pause fügte er hinzu: „Ich war Zeuge verschiedener Testflüge innerhalb der Anlage und stand einmal dabei nur etwa 30 Meter von dem Schiff entfernt."

In einem anderen Interview beschrieb er diese Erfahrung, die vielleicht die ergreifendste seines Lebens war, in allen Details:
„Es war bei Abenddämmerung. Ich kam aus der Tür, die außerhalb des Hangars lag und in einen Gang führte, und die Scheibe stand schon draußen. Ob sie herausgerollt oder geflogen war, weiß ich nicht. Sie stand auf dem Boden. Daneben befand sich ein Mann mit einem Scanner. Mir wurde gesagt, ich solle mich neben ihn stellen und nicht näher herangehen. Über Funk schien er mit der Scheibe zu kommunizieren... Erst saß die Scheibe auf dem Boden, dann begann ihre Unterseite bläulich zu glühen, es zischte, wie Starkstrom, der um eine Sphäre geleitet wird. Ich dachte mir, daß der Grund, weshalb sie keine Ecken hatten, der war, daß sie die Spannung halten wollten... Leise, bis auf das Zischen, hob sie ab, flog ein Stück und kam zehn Meter weiter wieder herunter. Sie kippte nach links, nach rechts und setzte auf. Das klingt unwichtig, unbedeutend, aber es war unglaublich beeindruckend, einfach erstaunlich. Das war Magie!" (10)

Noch am selben Abend, zurück in Las Vegas, mußte Lazar mit einem Menschen über das reden, was ihn so bewegt hatte. Seine Ehe kriselte, er litt unter dem Streß einer ständigen Überwachung und der beengenden, militärischen Atmosphäre auf der Basis. Ein paar Monate zuvor hatte er über seinen Freund Gene Huff, einen Immobilienmakler, den Ex-CIA-Piloten John Lear kennengelernt. Lear war seit Jahren den unbekannten Flugobjekten auf der Spur, und als Lazar ihm erzählte, daß er in Los Alamos gearbeitet hatte, erzählte ihm Lear von Gerüchten über die toten Außerirdischen von Roswell und einen Überlebenden, der in einem supergeheimen Labor mit der Kennbezeichnung YY-2 bis zu seinem Tod im Jahre 1952 lebte. Damals hielt Bob Lazar, nüchterner Naturwissenschaftler, der er nun mal war, das alles für Unsinn. Doch jetzt wußte er: John Lear hatte recht gehabt. Die Vereinigten Staaten waren tatsächlich im Besitz abgestürzter Raumschiffe und toter Außerirdischer.

John Lear, Ex-CIA-Pilot und der beste Kenner der Area 51

„Es war am 6. Dezember 1988, als mich Bob besuchte", erklärte mir John Lear, als ich ihn an seinem 50. Geburtstag, dem 6. Dezember 1992 in seiner Villa im Hacienda-Stil auf der Hollywood-Avenue oberhalb von Las Vegas interviewte, *„ich saß an meinem Schreibtisch und schrieb Schecks und er setzte sich auf den Stuhl gegenüber. 'Was gibt's?', fragte ich, und er antwortete: 'Ich sah heute eine Scheibe'. Und ich fragte - ich war so erstaunt, ich glaubte, meinen Ohren nicht zu trauen - 'Was?'. Und er wiederholte: 'Ich sah heute eine Scheibe!'. Ich fragte: 'Ihre oder unsere?'. Er antwortete: 'Ihre'. 'Du warst auf dem Testgelände?', wollte ich wissen. 'Ja, ich komme gerade von dort.' 'Mein Gott!', schoß es aus mir heraus, 'Was machst du dann hier? Du gefährdest deine Sicherheitsbefugnis. Arbeite dort eine Zeitlang, finde heraus, was dort wirklich vorgeht.'"*

Drei Monate später, am 21. März 1989, kam Lazar wieder. *„Er fragte: 'John, willst du einen der Testflüge sehen?'. 'Wie ist das möglich?', wollte ich wissen. Und er antwortete, morgen abend würde bei Sonnenuntergang ein Testflug stattfinden, und er kenne eine Stelle auf öffentlichem Land, von wo aus man nah an das Testgelände herankäme und den Flug beobachten könnte. Ich fragte, warum bei Sonnenuntergang? Er erwiderte,*

Statistiken hätten bewiesen, daß in dieser Gegend bei Sonnenuntergang am wenigsten Verkehr sei. So fuhren wir hin, Bob, sein Freund Gene Huff und ich. Wir trafen kurz vor Sonnenuntergang ein, ich holte mein Celestron-Teleskop aus dem Wagen, außerdem eine Videokamera, und keine 10-15 Minuten, nachdem wir aufgebaut hatten, tauchte hinter dem Bergrücken diese Scheibe auf und fing an, all diese phantastischen Manöver durchzuführen. Es war ein sehr helles Licht in Scheibenform. Ich hatte mein Celestron-8 Inch-Teleskop dabei, ein sehr starkes Teleskop, und hatte es einige Minuten lang im Sucher. Ich sah ganz deutlich, daß es eine Scheibe war, keine Frage, und ich beobachtete, wie sie langsam wieder hinter den Bergen verschwand." (11)

Eine Woche später, wieder an einem Mittwoch abend, wiederholten die drei den Trip. Diesmal gelang ihnen eine noch bessere Filmaufnahme des gestarteten Objektes, das eine Reihe von „Überraum-Sprüngen" vollzog, wie Lazar sie bezeichnete - nicht zu duplizieren mit konventioneller Technologie. Kurzum, die Sichtung und der Film bestätigten zumindest für Huff und Lear alles, was Lazar ihnen erzählt hatte. Sie mußten wieder hinaus in die Wüste von Nevada, das stand für sie fest. Doch am 6. April 1989, diesmal waren noch Lazars Frau und Schwägerin mitgekommen, flogen sie auf. Ein Ford Bronco der Wackenhut-Sicherheitstruppe, die die Peripherie des Testgeländes kontrollierte, wurde auf die Gruppe aufmerksam, fuhr langsam auf sie zu, hielt an. Lazar war längst in die Wüste gelaufen, hoffend, daß man ihn in der Schwärze der Nacht nicht bemerkte, als zwei Männer in Tarnanzügen mit Maschinengewehr im Anschlag aus dem Fahrzeug sprangen. „Wir sind Amateurastronomen, beobachten den Jupiter", versuchte John Lear ihnen weiszumachen. „Uns wäre lieber, wenn Sie das woanders machen würden. Aber fahren Sie bitte auf den Highway zurück". Als sie wieder weg waren, kam Lazar aus der Dunkelheit zurück, und gemeinsam machten sich die Männer auf den Rückweg nach Las Vegas. Doch kaum waren sie wieder auf dem Highway, stoppte sie der Sheriff von Lincoln County, dem Bezirk, in dem sie sich befanden. Offenbar hatte ihn das Sicherheitspersonal alarmiert, jedenfalls verlangte er von allen Autoinsassen die Papiere, funkte die Daten an die Basis. Lazar war ertappt!

Gleich am nächsten Tag klingelte bei Lazar das Telefon, er solle sich unverzüglich auf dem Indian Springs-Luftwaffenflughafen 50 km nordöstlich von Las Vegas einfinden. Der Empfang war nicht gerade herzlich. Einer der Regierungsagenten hielt ihm ein Gewehr an den Kopf und las ihm die Sicherheitsbestimmungen vor. Dann brüllte er ihn an: „Wir können Sie auf der Stelle töten. Niemand würde je davon erfahren. Wir können mit tausend Entschuldigungen kommen." Später erfuhr er, daß seine Sicherheitsüberprüfung negativ verlaufen war. Der offizielle Grund war, daß sich Lazars Ehe in einer Krise befand. Seine Frau hatte eine Affäre, die Scheidung war beschlossene Sache. „Sie können sich in sechs bis neun Monaten wieder neu bewerben", wurde Bob erklärt, „aber um eine so hohe Zugangberechtigung zu bekommen, müssen Sie emotionelle und finanzielle Stabilität demonstrieren. Bringen Sie erst einmal Ihr Privatleben in Ordnung, dann sehen wir weiter." Doch Lazar fühlte sich in seiner Haut nicht mehr sicher.

Schon im März hatte ihn John Lear überredet, „als Lebensversicherung" vor laufender Kamera über das zu sprechen, was er in S-4 erlebt hatte. Erst weigerte Bob sich, dann willigte er ein. Jetzt fürchtete er um sein Leben, hatte noch immer die Worte des Regierungsagenten im Ohr, mußte damit rechnen, jederzeit „zum Schweigen" gebracht zu werden - und das für immer. Seine Freunde rieten ihm, an die Öffentlichkeit zu gehen. „Wenn du alles einmal gesagt hast, bist du sicher. Sie werden dir nichts mehr antun, denn damit würden sie ja deine Geschichte bestätigen." Schließlich beschloß

Lazar, sich, im Profil auf Gegenlicht aufgenommen, von dem Journalisten George Knapp vom lokalen Fernsehsender K-LAS, interviewen zu lassen. Dabei wählte er noch einen Decknamen - „Dennis", nach seinem Vorgesetzten auf der Basis. Sofort nach der Ausstrahlung rief dieser Lazar an: „Wissen Sie überhaupt, was die mit Ihnen machen werden?" Eine Reihe von Drohanrufen folgte, und einmal wurde sogar auf Lazar geschossen. Er hatte keine andere Wahl - er ging mit seinem vollen Namen an die Öffentlichkeit. (12)

Doch als Knapp den angeblichen Background des jungen Physikers untersuchte, erlebte er eine böse Überraschung. Während Lazar behauptete, am Pierce College und CALTECH, dem renommierten California Institute of Technology in Pasadena bei Los Angeles, sowie dem ebenso angesehenen Massachusetts Institute of Technology studiert zu haben, behaupteten diese Hochschulen plötzlich, daß bei ihnen nie ein Robert Scott Lazar eingeschrieben war. Selbst die Meson-Labors in Los Alamos bestritten, daß Lazar bei ihnen angestellt war, und auch seine Geburtsurkunde aus Los Angeles war unauffindbar. War Bob Lazar ein Betrüger?

Lazars ausgezeichnete Kenntnisse der Nuklearphysik, mit denen er jeden Physiker beeindruckte, überzeugten Knapp, weiterzusuchen. Und er wurde fündig. Er machte den Zeitungsartikel im „Los Alamos Monitor" ausfindig, durch den Lazar Teller getroffen haben will, die Polizei zeigte ihm Dutzende Strafprotokolle wegen seiner Testfahrten mit dem Düsenautomobil, und schließlich machte er ein Exemplar des internen Telefonbuches der Meson-Laboratorien aus dem Jahre 1982 ausfindig. Und siehe da, es fand sich ein Eintrag für Robert S. Lazar. Schließlich sprach Knapp mit drei Angestellten des Labors, die sich sehr gut an den jungen Physiker erinnerten und bestätigten, daß er an geheimen Projekten gearbeitet hatte. Stellte diese Eliteinstitution Physiker ohne Studium ein?

LAWRENCE JOHN W	7-9403	PA-10	P204	3	261	T242	
LAWRENCE JOHN W	7-9403	PA-10	P204	3	261	T242	
LAWRENCE RICHARD J	7-5525	WX-3	C934	16	260	122	
LAWRENCE THOMAS A	7-6725	MEC-5	C929	16	202	107	
LAYNE SCOTT PETER	7-1444	CNLS	B258	03	123	170	
LAZAR ROBERT	7-5735	K/M	H240	53	2	4	
LAZARUS GLORIA S	7-6339	O-11	K571	0	487	123	
LAZARUS MICHAEL E	7-4653	MST-14	G742	3	29	9116	
LAZARUS ROGER BEN	7-6943	C-3	B265	3	132	202	
LAZAZZERA VITO J	7-3046	CHM-6	J554	46	1	5	
LAZZARO DOLORES M	7-6136	NSP-10	F670	3	43	A314E	
LAZZARO ERIC S	7-6359	M-4	P942	15	183	131	
LEA BENJAMIN C	7-4814	MEC-DO	D472	3	39	SHC5	
LEA BETTY MARIE	7-2087	ENG-3	M703	3	410	132	A150
LEA WALTER BYRON	7-6341	WX-3	C934	16	370	103	
LEACH TERRY	7-4820	MRL	H814	53	6	206	

Lazars Name im internen Telefonbuch des Los Alamos Laboratorien.

Lazars Steuerbescheid für 1989 enthält seine Dienstnummer: E-6722MAJ

Es dauerte einige Monate, bis Knapp Jim Tagliani kennenlernte, einen ehemaligen Ingenieur des Stealth-Projektes. Tagliani erinnerte sich daran, 1981 mit Lazar zusammen bei Fairchild Industries in Los Angeles gearbeitet zu haben. Dabei ließ sich Lazar in ziemlich verrückte Schichten einteilen, um sein Pensum an Vorlesungen und Seminaren bei Caltech zu schaffen. Tagliani bestätigte, er hätte nicht den geringsten Zweifel, daß Lazar am Caltech studiert habe. (12)

Dann wurde Lazar sein Einkommensteuerbescheid zugestellt. Der Absender war das „United States Department of Naval Intelligence, Washington, DC. 20038". Er führt die Vertragsnummer Lazars -E-6722MAJ- ebenso auf wie die Identifikationsnummer seines Arbeitgebers 14-100-7639. Für die fünf Tage seiner „Probezeit", die er zwischen dem 1. Januar und dem 31. März 1989 in der S-4-Anlage verbrachte, wurden Lazar Netto $ 958,11 gezahlt. Zumindest lag damit ein Dokument vor, das näheren Aufschluß über den mysteriösen Job des jungen Physikers geben könnte, und so beschloß der NASA-Mitarbeiter Bob Oechsler, dem einmal auf den Grund zu gehen. Zuerst einmal bestätigte Oechsler ein Mitarbeiter des Marineministeriums die Existenz der genannten Abteilung. Die ersten beiden Ziffern der Arbeitgeber-Nummer zeigten dessen Heimat-Finanzamt an, in diesem Fall Ogden, Utah. Mit einer schriftlichen

Genehmigung Lazars fragte Oechsler dort an. Die Antwort lautete, daß der Name des Arbeitgebers „geheim" sei, daß die Nummer aber durchaus existiere. E-6722 ist eine Vertragsnummer des Energieministeriums, wie dieses Oechsler bestätigte, die 6700er-Verträge wurden von Albuquerque, New Mexico, aus koordiniert, von den Sandia-Laboratorien auf der Kirtland-Luftwaffenbasis, nach Angaben von Insidern tatsächlich die Koordinationsstelle aller „Majestic"-Aktivitäten. Bei der Überprüfung von Lazars Sozialversicherungsnummer gelang Oechsler auch noch der Nachweis, daß Lazar tatsächlich 1982/83 für die Los Alamos-Nationallaboratorien arbeitete. Als er nach dem Namen des Arbeitgebers fragte, erschien auf dem Computer der Sozialversicherungsverwaltung das Wort „Sicherheitsverletzung" - das hieß, daß es eine geheime Tätigkeit war. (13)

Doch schließlich gelang es doch noch, Lazar zu diskreditieren. Dubiose „Journalisten" verbreiteten Gerüchte, denen zufolge Lazar eine Drogenküche unterhalte, Frauen nach Südamerika verkaufe und ein Zuhälter sei. Lazar nahm in Knapps Sendung offen zu diesen Vorwürfen Stellung und erklärte, ja, er hätte in der Tat kürzlich mit einem Bordell zu tun gehabt, als er - nach Ende seiner Anstellung in S-4 - eine Beratungsfirma für Elektronik eröffnete. Toni Bulloch, eine stadtbekannte Bordellbesitzerin, hätte ihn gebeten, ein Videosystem für ein illegales Bordell in Las Vegas - Prostitution ist offiziell in Las Vegas nicht erlaubt, was jedoch Tausende „Vegas-Hookers" nicht davon abhält, ihrem Job in der Glitzerstadt nachzugehen - zu installieren und ihr die Computer-Software für ihre Buchhaltung einzurichten. Die offene Erwähnung eines „illegalen Bordells" in Las Vegas rief natürlich die Behörden auf den Plan, und innerhalb von Stunden nach Ausstrahlung des Interviews schloß eine Razzia das Freudenhaus und verhaftete Bulloch, die wiederum Lazar bezichtigte, das alles angestiftet zu haben. Also wurde Robert Lazar der Zuhälterei angeklagt, einer Straftat, auf die ein bis sechs Jahre Gefängnis und $ 5000,- Strafe stehen.

Am 18. Juni 1990 stand Lazar vor Gericht. Man hatte ihn vorher eindringlich ermahnt, sich „schuldig" zu erklären, wofür man ihm Verschonung von einer Gefängnisstrafe anbot. In einer vereidigten Aussage wurde Lazar zu seiner Vergangenheit befragt und so sprach er - obwohl auf einen Meineid bis zu 60 Jahre Gefängnis stehen - offen über sein Studium bei MIT und Caltech, seine Anstellung in Los Alamos und seine Zeit in S-4. Aufgrund der Tatsache, daß er nicht vorbestraft war und, wie selbst Staatsanwalt John Lukens zugab, „ganz und gar nicht dem Profil des typischen Zuhälters entsprach", wurde Lazar am 20. August 1990 zu drei Jahren auf Bewährung und 150 Stunden Gemeinschaftsdienst verurteilt. Daß er „gerade seinen Job beim Marine-Geheimdienst verloren hatte" und Geld brauchte, wurde als strafmildernder Umstand anerkannt. Und die 150 Stunden Gemeinschaftsdienst arbeitete Lazar ab, indem er Schulkindern Nachhilfeunterricht in Physik gab. Doch so glimpflich das Verfahren für ihn ausging, seine Gegner hatten ihr Ziel erreicht - es war jetzt möglich, über Bob Lazar die Nase zu rümpfen.

Dabei hatte sein Auftritt im Fernsehen eine regelrechte Lawine ausgelöst, denn seit Bob Lazar im Fernsehen die Stelle genannt hatte, an die er John Lear und Gene

Der Autor an der schwarzen Mailbox an der Bundesstraße 375 in Nevada, die seit 1996 „Extraterrestrial Alien Highway" getauft wurde. Im Hintergrund die Groom-Berge, hinter denen die geheimnisvolle Area 51, das geheimste Testgelände der US-Luftwaffe, liegt.

Huff geführt hatte, kamen buchstäbliche Tausende UFO-Enthusiasten und Schaulustige, um die testgeflogenen „Untertassen" mit eigenen Augen zu sehen.

Der Area 51 kommt man am nächsten, wenn man von Las Vegas aus auf dem Highway 93 Richtung Norden fährt. Kurz vor Ash Springs biegt man ab auf den Highway 375, der jenseits des Hancock-Passes ins Ticcaboo-Tal hinunterführt, an der Area 51 vorbei, nur durch zwei Bergketten, die Groom Mountains und die Jumbled Hills, von dieser getrennt. Der beste „Aussichtspunkt", so Lazar, war markiert durch einen schwarzen Briefkasten kurz nach dem Meilenstein 29.5, wo eine Wüstenstraße von dem Highway abzweigt und auf die Groom Lake-Zufahrtsstraße führt. Diese staubige, fast schnurgerade Wüstenstraße erweckt den Eindruck, als führe sie in die Unendlichkeit, und in der Tat verschwindet sie irgendwann zwischen zwei Bergketten im „Land der Träume" (Dreamland), wie der militärische Codename der Area 51 lautet. Wer sie befährt, wird früher oder später auf einen ganzen Wald warnender Schilder stoßen, die den Beginn einer „militärischen Anlage" ankündigen, deren Bewachern die „Benutzung tödlicher Waffen gestattet" sei. Wer dagegen am Anfang der Straße bleibt und, zum

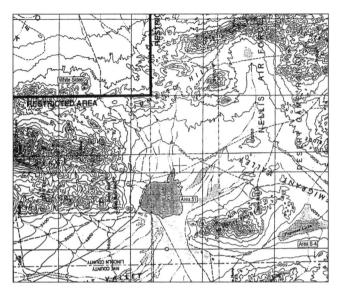

Karte von Groom Lake (Area 51) und Papoose Lake (S-4) sowie der „Mailbox Road" auf öffentlichem Land

Beispiel, eine kleine Erhebung auf der rechten Seite, den „Campfire Hill" (Lagerfeuer-Hügel), als Aussichtspunkt benutzt, hat auf 2.00 Uhr-Position -um die Fliegersprache zu benutzen- hinter den Bergen die Groom-Lake-Basis, auf 1.00 Uhr-Position Papoose Lake. Hier treffen sich die UFO-Jäger, und nicht wenige konnten sich mit eigenen Augen davon überzeugen, daß seitdem etwas Unerklärliches hinter diesen Bergen vorging.

„Wir sahen ein orange-gelbes Licht, das über den Jumbled-Mountains auftauchte, sich über die Berge auf uns zubewegte, nach rechts flog und plötzlich herunterkam und zurückflog. In kürzester Zeit machte es eine Kehrtwende", erklärte mir der japanische Fernseh-Journalist Noryo Hayakawa, der am 21. Februar 1990 ein NIPPON-TV-Filmteam an den schwarzen Briefkasten geführt hatte. *„Das war definitiv der Testflug eines Objektes, das eine Technologie, einen Antrieb demonstrierte, der so exotisch ist, daß wir nicht wissen, was es war, aber er*

Incident over Nevada Desert

There really Here!
Jeff Spives

Zeichnung von Jeff Spives, der auf der „Mailbox-Road" eine Scheibe beobachtete, wie Bob Lazar sie beschrieb.

wurde in dieser Nacht getestet", kommentierte er die Filmaufnahmen, die kurz darauf vom japanischen Fernsehen ausgestrahlt wurden. (15)

Eine Woche später gelang dem Kalifornier Gary Schultz aus Santa Monica durch das Teleobjektiv seiner Kamera die Aufnahme einer *„pulsierenden, hellen, ellipsoiden Scheibe"* mit einer Kuppel auf der Oberseite, ganz so, wie sie Bob Lazar beschrieben hatte. (16) Am 26. Februar 1991 wurden Sean David Morton aus Hermosa Beach, Kalifornien, und seine Freundin Zeuge, als *„eine große Scheibe von vielleicht zwölf Metern Durchmesser"* aus dem Basisgelände aufstieg und das Tikkaboo-Tal überflog. *„Sie schaute aus wie eine Untertasse mit einer umgedrehten Teetasse auf der Oberseite, glühte rötlich-orange und dann hellgelb. Sie bewegte sich wie ein fallendes Blatt, hin und her, um sich dann herabzusenken"*, erklärte er mir. (17) Am 4. Dezember 1992 führte ich ein Team des US-Senders ABC, zusammen mit Teilnehmern einer UFO-Konferenz in Las Vegas und meinem eigenen Kamerateam auf die »Mailbox Road«. Schon nach einer Viertelstunde in der klaren Winternacht beobachteten wir eine dunkle Scheibe, die von einer Reihe rotierender Lichter umgeben war. Die Aufnahmen, die dabei gelangen, wurden wurden am nächsten Tag landesweit in der Nachrichtensendung „ABC News" ausgestrahlt. (18) Leider trug die Publicity, die durch den ABC-Beitrag entstand, mit dazu bei, daß - Insidern zufolge - die Scheiben im Februar 1993 von der Area S-4 verlegt wurden - angeblich auf das White Sands-Testgelände in New Mexico.

Ganz offensichtlich war der Rummel um die UFO-Tests gewissen Stellen ein Dorn im Auge. Immer häufiger berichteten die Besucher, die sich immerhin auf öffentlichem Land befanden, von Schikanen und Einschüchterungsversuchen durch die Wackenhut-Special Security, dem für die Sicherung der Basisperipherie engagierten privaten Sicherheitsdienst, der ganz gewiß nicht ohne Grund bald nur noch als „Wackenhut SS" verrufen war.

Sie trugen Tarnanzüge, aber keine Abzeichen oder Namensschilder, und fuhren in schwarzen Ford Broncos ohne amtliches Kennzeichen. Mehr als einmal bedrohten sie Besucher mit Maschinengewehren, und einmal schossen sie einem Schaulustigen in die Reifen. Das japanische Filmteam, das am 16. Mai 1991 erneut auf UFO-Jagd ging, wurde sogar durch gefährlich manövrierende Helikopter genötigt. Einer der Hubschrauber, die schwarz angestrichen waren und ebenfalls keinerlei Markierung trugen, kam bis auf drei Meter über den Fahrzeugen der Japaner herunter und begann eine regelrechte Treibjagd, die der Nippon-TV-Kameramann geistesgegenwärtig auf Film festhielt. *„Bei einer Gelegenheit kreiste er um uns, während wir fuhren, und flog direkt über der Straße auf uns zu, was uns zu Tode erschreckte, da diese nach allen Luftfahrtgesetzen illegalen Manöver unser Leben bedrohten"*, schilderte mir ein schockierter Noryo Hayakawa die Frontalangriffe. (19)

Den vielleicht hundert Bewohnern des Wüstennestes Rachel an der Bundesstraße 375 dagegen, nur 34 Kilometer nördlich des „Schwarzen Briefkastens" gelegen, kam der UFO-Rummel gerade recht. So nannte das Wirtsehepaar Joe und Pat Travis die „Rachel-Bar und Grill" kurzerhand in „The little A'le-Inn" um, was wahlweise als „Die kleine Bierbar", aber auch als „Der kleine Außerirdische" gelesen werden kann. „Willkommen Erdlinge!", begrüßt dann auch ein Schild am Eingang die neue Zielgruppe, auf die eine kleine Ausstellung und eine gutsortierte Bibliothek warten. Mehr noch, seit 1996 führt der Highway 375 offiziell den Titel „Extraterrestrial Alien Highway", was man frei als „Außerirdischen-Autobahn" übersetzen kann. In Anwesenheit des Gouverneurs von Nevada und rund 500 Zuschauern wurden am 19. April 96 gleich dutzende zweieinhalb Meter breite Straßenschilder aufgestellt, einige davon so schräg, daß auch die UFO-Besatzungen sie sehen können. Die Idee eines lokalen Originals, des „Ambassadors Merlin", wurde von den Lokalpolitikern dankbar

Das „Little A'le-Inn" in Rachel am Highway 375, der Treffpunkt der UFO-Jäger.

aufgegriffen, UFO-suchende Touristen lassen schließlich auch Geld in den verlassenen Wüstennestern an der Bundesstraße, und so stimmte das Parlament des Staates Nevada der Umbenennung augenzwinkernd zu.

Tatsächlich hat Lazars Enthüllung erst ein öffentliches Bewußtsein für das unheimliche Geschehen auf dem bis dato geheimsten militärischen Versuchsgelände der Welt geschaffen, denn bevor der junge Physiker an die Öffentlichkeit trat, wurde selbst die Existenz der Groom Lake-Basis offiziell abgestritten, obwohl von ihr längst sowjetische Satellitenbilder veröffentlicht worden waren und sie jeder Schaulustige nach einer Klettertour auf die Groom-Berge mit eigenen Augen sehen konnte. Dabei existiert sie seit über 40 Jahren, und fast ebenso lange kursieren Gerüchte, daß hier abgestürzte „Untertassen" versteckt gehalten und im Geheimen untersucht wurden. (20)

11. Kapitel

Geheimnisse der Schwarzen Welt

Die Area 51 - so der offizielle Name für die Groom Lake-Basis - befindet sich im Herzen des Nevada-Testgeländes, des mit 16.000 Quadratkilometern größten militärischen Testgeländes der Welt. Im Süden durch die Nellis-Luftwaffenbasis begrenzt, die nördlich von Las Vegas liegt, reicht es weit in die fast unbewohnte Wüste von Nevada, ein Hochplateau zwischen mehreren Bergzügen. Diese graue Mondlandschaft liegt in über 1500 Metern Höhe und wird durchzogen von Bergketten, die es teilweise auf über 2700 Meter bringen. Hier fanden die unterirdischen Atomtests der Vereinigten Staaten statt, hier starteten regelmäßig die „Red Flag"-Übungen der US-Luftwaffe, bei denen der Dritte Weltkrieg in Europa simuliert wurde, hier liegt das Tonopah-Testgelände, von dem aus der Stealth-Fighter startete und auf dem noch heute jede Menge geheimster Waffenentwicklungs-Projekte beheimatet sind. Einige von ihnen sind so geheim, daß der amerikanische Kongreß für sie nur ein Pauschalbudget, „black budget" genannt, bewilligen kann, was ihnen den Namen „black projects" einbrachte und die Geheimlabors in Nevada zur „Schwarzen Welt" werden ließ. Und in der Tat sind sie eine andere Welt, eine Welt, in der alles durch die Faktoren Sicherheit und Geheimhaltung bestimmt wird, wo eigene Gesetze herrschen, und die außerhalb der Legislative des Bundesstaates Nevada steht.

Der „schwärzeste Teil" der „Schwarzen Welt" ist die Area 51, ein fast quadratisches Gebiet von 35 Kilometern

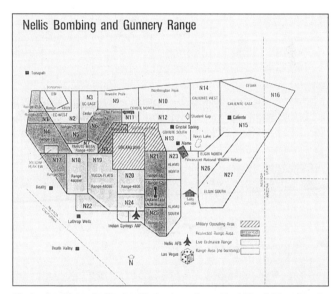

Karte des Nevada-Testgeländes aus dem „Red Flag"-Handbuch. Im Zentrum, schraffiert: „Dreamland", die Area 51.

Breite und 40 Kilometern Länge, dessen Zentrum der Groom-Trockensee ist und an dessen Südende der Papoose-Trockensee liegt, wo die Area S-4 beginnt. Die Area 51 hat viele Namen. Ihr Code in der Fliegersprache lautet „Dreamland" oder manchmal auch „die Box", Insider benutzen Begriffe wie „Watertown" oder einfach „die Ranch". Zum ersten Mal tauchte sie auf einer Karte der Kennedy-Administration auf, als autonomes Gebiet, ein 51. Bundesstaat der USA quasi (daher der Name), mit eigener Verwaltung und fast eine andere Welt. Bis Mai 1955 lag sie inmitten eines Testgeländes der Marine. Dann schickte Clarence „Kelly" Johnson, Chefkonstrukteur des Flugzeugbaukonzerns Lockheed, seinen besten Testpiloten, Tony LeVier, mit einer ganz besonderen Mission in die Wüsten Kaliforniens und Nevadas: Einen Trockensee zu finden, der sich als topgeheimes Testgelände für den legendären U-2-Bomber eignen würde. Nach nur zwei Tagen hatte er die perfekte Stelle gefunden: Ein fünf Kilometer langes Trockenseebett inmitten des Nirgendwo, von der Außenwelt abgeschottet durch hohe Bergketten, in einem Gebiet, das ohnehin für Piloten Sperrgebiet war wegen der regelmäßigen Atombombenversuche auf dem Nevada-Testgebiet. Unter einer Tarnfirma wurden innerhalb von zwei Monaten für nur $ 800.000 Baukosten zwei Hangars, eine kilometerlange Landebahn, Brunnen und eine Cafeteria aus dem Boden gestampft, die zusammen den Tarnnamen „die Ranch" erhielten. Am 23. Juli 1955 wurde die U-2, in Einzelteile zerlegt, an Bord einer Frachtmaschine auf das Gelände am Ufer des Groom-Trockensees verfrachtet. Die Tests konnten beginnen. (1)

Was folgte, war eine ausgedehnte Bauaktivität. Die ideale Lage der „Ranch" machte das Gelände bald zum Lieblingsplatz der Militärs für alle nur denkbaren geheimen Experimente, und über 180 Gebäude und Einrichtungen, dazu ausgedehnte unterirdische Installationen, entstanden bis 1980. Als nächstes wurde die A-12 hier getestet, dann, von 1959 bis 1961, die SR-71. 1974 bewilligte DARPA, die „Verteidigungsbehörde für Fortgeschrittene Forschungsprojekte"(Defense Advanced Research Projects Agency) ein neues, schwarzes Projekt, das interessanterweise den Codenamen „HAVE BLUE" (Haben Blau) trug. Ein „Blauer Code" hatte bei der Luftwaffe immer etwas mit UFOs zu tun, vom UFO-Untersuchungsprojekt „Blue Book" bis zur „Operation Blue Fly", den „Blue Teams" oder „Blue Berets". Das fast 50 Milliarden Dollar teure Projekt führte zur

Entwicklung des Northrop-Bomber B-2 und des Lockheed-Kampfflugzeug F-117A, die beide als „Stealth"-Flugzeuge einen Durchbruch in der militärischen Luftfahrttechnologie darstellten. Anfang 1977 startete die erste F-117 A auf der Groom Lake-Basis, ein ganzes Jahrzehnt später wurde sie der Öffentlichkeit präsentiert. (2)

Schon 1951 wurde ein bereits existierender Stützpunkt der US-Marine auf einem Trockensee südlich des Tonapah-Geländes, etwa 100 km nordwestlich von Groom Lake, ausgebaut. Der Luftwaffenoberst und UFO-Forscher Wendelle C. Stevens sprach 1978 mit einem Mitarbeiter eines CB-Konstruktions-Bataillons der US-Marine, der damals am Umbau des Navy-Flughafens arbeitete: *„Teile der existierenden Landebahn wurden aufgerissen und eine neue Anlage unterirdisch gebaut. Als die Arbeit beendet war, übernahm Personal in Zivil den Stützpunkt. Die Landebahn wurde wiederhergestellt, man wollte, daß alles genauso aussieht wie zuvor."* (3) Von einem Mitglied des Medizinischen Korps der Marine, der zufällig 1951 auf eben diesem Flughafen südlich von Tonapah stationiert war, erfuhr er, wozu dies geschah. *„Das gesamte Team des Flughafens bis auf das medizinische Personal ist zuvor versetzt worden. Im Sommer wurde die Basis umgebaut, die unterirdischen Anlagen entstanden. Gegen Jahresende war das CB-Bataillon mit seiner Arbeit fertig und ein Team, das sich 'Project Redlight' nannte, zog ein. Das waren schließlich 800-1000 Mann, die alle auf der Basis lebten. Die Anlage war von drei Schutzgürteln umgeben, und Sicherheitsüberprüfungen und Probealarm wurden zur täglichen Routine. Eine Abteilung der Blue Berets kam bald auf die Basis und war 24 Stunden im Dienst. Zudem trafen führende Wissenschaftler ein, Männer mit höchsten Befugnisstufen, von denen einige zuvor am Manhattan-Projekt gearbeitet hatten. Obwohl mir nie offiziell etwas gesagt wurde und das auch nicht Teil der Tagesappelle war, hörte ich bald, daß es um UFO-Antriebe und die*

Untersuchung und Auswertung von UFO-Hardware ging. Es kursierten sogar Gerüchte, daß wir versuchten, ein geborgenes Raumschiff zu fliegen oder zu kopieren. Einmal hörte ich vom erfolgreichen Flug eines der Schiffe. Es hieß, die Anlage hätte drei abgestürzte UFOs, zwei vollständige und eines, das man auseinandergenommen hätte. Eines der UFOs soll explodiert sein, als zwei US-Testpiloten an Bord waren." (4) Als sei dies noch nicht unglaublich genug, erwähnte er noch ein „unterirdisches Habitat", das während des Basisumbaus eingerichtet wurde, in dem „zwei humanoide Außerirdische unter besonderen atmosphärischen Bedingungen am Leben gehalten würden." (5) Einer der beiden sei 1952 verstorben, aber der andere hätte noch acht Jahre lang gelebt. Die Wesen seien klein, mit einer gräulich-weißen Haut. Eines von ihnen sei mit einem braunen, hautengen Overall bekleidet gewesen, das andere trug einen silbrigen Anzug.

Kurz nach dem Tod des zweiten Außerirdischen, im Jahre 1960, wurde das „Projekt Redlight" auf die Area 51 verlegt, die die moderneren Vorrichtungen hatte, bis in den siebziger Jahren die Anlage S-4 am Ufer des Papoose-Trockensees fertiggestellt war. 1972 wurde die Projektbezeichnung in „Project Snowbird" geändert.

Anfang der 60er Jahre war Mike Hunt, der eine „Q"-Befugnisstufe der Atomenergiekommission hatte, als Funktechniker auf dem Nevada-Testgelände beschäftigt, als er ein scheibenförmiges Flugobjekt beobachten konnte. „Die Scheibe stand auf dem Boden und war teilweise verdeckt durch ein Gebäude, so daß ich zuerst dachte, es sei ein kleines Flugzeug", schrieb er 1980 dem UFO-Forscher David Dobbs, „dann fiel mir auf, daß es weder Flügel noch Schwanz hatte. Ich war zwar fast 800 Meter entfernt, aber ich schätze seine Größe auf 8-10 Meter im Durchmesser. Es war eher zinnfarben..." Über Funk verfolgte er mehrfach die Testflüge, auch wenn er sie nie beobachtete. „Man sagte mir immer etwas wie 'ES landet in soundsoviel Minuten', 'wir holen ES aus dem Hangar' etc. Sie benutzen immer nur das Wort 'ES'... ich mußte dann immer in den Funkraum gehen, außerhalb der Sichtweite. Doch ich hörte nie das Geräusch eines konventionellen Flugzeugmotors, wenn 'ES' startete." (6) Mehr als einmal fiel bei einem der Testflüge der Funk aus, um kurz darauf wieder normal zu funktionieren. Der Name des Programmes, in dessen Rahmen „ES" startete, sei, so Hunt, „Project Red Light" oder „Redlight" gewesen.

Während der „Red Flag"-Übung von 1977, so erzählte ein Offizier eines Kampfgeschwaders des Taktischen Luftkommandos der Airforce Oberst Stevens, kam es zu einem weiteren Vorfall. Der Offizier sollte einen Angriff auf einen „feindlichen" Stützpunkt auf dem Tonapah-Testgelände simulieren. Um das „feindliche" Radarsystem zu unterlaufen, beschloß er, sich einen kleinen Vorteil zu verschaffen und aus einer Richtung anzugreifen, mit der der „Feind" nie gerechnet hätte. In sehr niedriger Flughöhe - um den Radar zu unterwandern - kreuzte er den Nordrand des Sperrgebietes Area 51, als er eine Scheibe bemerkte, 20 Meter im Durchmesser, die südlich seiner Position flog. Sofort forderte ihn eine Stimme auf dem Notkanal auf, unverzüglich seine Mission zu beenden und auf der Nellis-Luftwaffenbasis zu landen. Nachdem er seine Maschine in eine Landebucht gerollt hatte, wurde es von uniformiertem Personal umstellt, während Männer in Zivil den Piloten in ein Sicherheitsbüro in einem Bunker führten. Dort verhörten ihn Zivilisten, darunter ein FBI-Beamter. Zwei Tage lang hielt man ihn fest, stellte ihm wieder und wieder dieselben Fragen. Immer, wenn er die Scheibe erwähnte, versuchte man, ihn zu überzeugen, daß das bloß ein Wasserturm gewesen sei. Nachdem er eine dementsprechende Erklärung unterschrieben hatte, durfte er auf seine Basis zurückkehren. Ein paar Tage später wurde er zu einem anderen Geschwader versetzt und gewarnt, niemandem von dem Vorfall zu erzählen.

1984 erschien das Buch „Red Flag: Lufteinsätze für die 80er" von Michael Skinner, eine vollständige und reich illustrierte Dokumentation der „Red Flag"-Operationen. Auf Seite 62 zeigt eine Karte das Nevada-Testgelände. „Dreamland" ist, namentlich genannt, als „Militärisches Operationsgebiet" gekennzeichnet, und dann heißt es, zwei Seiten später: *„Bombenabwürfe sind nur auf den numerierten Gebieten erlaubt - der Abwurf von scharfer Munition auf die brisanten Bewohner unterhalb der Militärischen Operationsgebiete oder auf die Dreamland-Gnome findet nicht statt. Auch die Bergketten mit Namen - EC Ost und EC West (wo sich der umgebaute Marinestützpunkt befindet, d. Verf.), Tolicha Peak EW und Pahute Mesa haben in ihrem Innern Leute und so ist auch ihre Bombardierung nicht erlaubt."* (7) Ganz eindeutig wird hier also auf die Bewohner ausgedehnter unterirdischer Anlagen Bezug genommen. Wer aber sind die „Gnome von Dreamland"? Wir können nur raten.

Auch sonst kursierten die Gerüchte um das „Land der Träume" längst, bevor Bob Lazar an die Öffentlichkeit trat. Nach Aussage der Familie Groom aus Lincoln County, Nevada, zu deren Ranch die Berge und der Trockensee gehörten, bevor die Regierung ihr das Land abkaufte, sprach man schon in den fünfziger Jahren von 'fliegenden Untertassen' in der Area 51. Der Journalist Robert Dorr, den der britische UFO-Forscher Timothy Good zitiert, will von einem Offizier des Luftwaffen-Nachrichtendienstes erfahren haben, daß seit 1953 eine außerirdische Scheibe auf der Nellis Range verwahrt würde. Von 1953 bis 1955 hätte man erfolglos versucht, diese mit Hilfe konventioneller Flugzeugmotoren zu fliegen. (8) Im Februar 1988 erwähnte Jim Schults, Chefredakteur des US-Militärmagazins „Gung-Ho", in seinem Beitrag „Jenseits von Stealth", ein „Alien Technology Center" auf der Nellis-Luftwaffenbasis. *„Das Center"*, so schrieb er, *„soll Gerüchten zufolge fremde (nichtirdische) Technologie erhalten haben und manchmal auch Personal, das dazu beitrug, unsere neuen Flugzeuge und Krieg-der-Sterne-Waffentechnik zu entwickeln. Das mag verrückt klingen, aber das Gerücht hat seine Grundlage. Das Alien Technology Center existiert. Irgendetwas Bemerkenswertes muß die Russen so plötzlich überzeugt haben, nach unseren Spielregeln zu spielen, und ich persönlich glaube, das könnte es sein."* (9)

Doch den eigentlichen Dammbruch machte erst Lazars Enthüllung möglich. Über ein dutzend neuer Zeugen meldete sich bei George Knapp, dem K-LAS-Journalisten, der Lazar erstmals der Öffentlichkeit präsentierte. Und was diese ihm schilderten, schien die Geschichte des jungen Physikers in allen Details zu bestätigen.

- Ein Radartechniker der Nellis AFB erklärte ihm, er hätte über der Area 51 Objekte geortet, die mit über 12.000 Stundenkilometern flogen und „wie auf Kommando" im Flug stoppen konnten. Als er das seinen Vorgesetzten meldete, wurde er angewiesen, sie zu ignorieren. Mark Barnes, der auf einer Radarstation mit großer Reichweite außerhalb von Las Vegas arbeitete, bestätigte die seltsamen Flugaktivitäten über dem Groom Lake. Auch er ortete „Flugzeuge", die mit monumentaler Geschwindigkeit flogen und gleichermaßen für längere Zeit über dem Trockensee schweben konnten.

- Ein Elektroingenieur behauptete, er hätte in der Area 51 gearbeitet und in einem Hangar eine metallische Scheibe gesehen, die mit einer Plane abgedeckt war. Knapp wollte ihn interviewen, vereinbarte einen Termin. Als der Mann am nächsten Morgen sein Haus verließ, parkte davor ein Wagen und zwei Männer in Anzügen sprachen in ein Funkgerät. Er dachte sich nicht viel dabei, stieg in den Wagen. Der andere Wagen folgte ihm. Er folgte ihm auch noch, als er abends nach Hause fuhr. Der Mann sagte das Interview ab.

- Ein Rechtsanwalt aus Las Vegas, der auf dem Testgelände seinen Militärdienst absolvierte, beobachtete, wie ein scheibenförmiges Flugzeug außerhalb der Area 51 notlandete. Innerhalb kürzester Zeit war er von Sicherheitskräften umstellt, die ihn abführten und tagelang verhörten.

- Ein lokaler Golfprofi war mit einigen hochrangigen Offizieren aus seinem Freundeskreis auf einer Golftour. Als die Männer zusammen im Hotelzimmer saßen, wurde gerade eine Fernsehsendung über Roswell ausgestrahlt. Einer der Offiziere, ein Oberstleutnant der Nellis AFB, erklärte daraufhin, daß alles, was in der Sendung über Roswell gesagt wurde, wahr sei. Ein Teil des Materials, das damals geborgen wurde, befände sich heute in der Area 51.

- Roy Byrum, ein Steuerberater mit etlichen Klienten, die in der Area 51 arbeiten, erfuhr von diesen, daß große Summen Geldes von offiziellen Programmen abgezweigt und in die Arbeit mit den UFOs gesteckt wurde. Er sagte, ihm sei unmißverständlich erklärt worden, daß in der Area 51 geborgene außerirdische Scheiben verwahrt würden. Einen Tag, nachdem er Knapp angerufen hatte, erhielt Byrum Besuch von zwei Regierungsagenten, die ihn ausdrücklich davor warnten, mit Reportern zu sprechen.

- Ein Flugingenieur, der bei EG&G angestellt war, will in der Area 51 nicht nur geborgene außerirdische Raumschiffe, sondern auch die Leichen Außerirdischer gesehen haben.

- Ein ehemaliger Fotograf, der Anfang der sechziger Jahre die Atomtests fotografierte, erzählte Knapp, daß damals die Fotografen zu den einzigen auf dem Testgelände gehörten, die Ferngläser besitzen durften. So hätten er und seine Kollegen oft von ihrem Aussichtspunkt westlich des Groom Lake aus metallische Scheiben gesehen. Einmal, vor einem geplanten Atomtest, wurden er und seine Kollegen vier Tage lang unter Quarantäne gehalten und hatten nichts anderes zu tun als miteinander zu

reden. Er sagte, sein Vorgesetzter, ein deutscher Physiker namens Otto Krause, sprach oft über die Scheiben, die in der Area 51 getestet wurden. Laut Krause stammten sie von einem Absturz Ende der vierziger Jahre in New Mexico. Das Programm in der Area 51 hätte das Ziel, die Antriebssysteme der Raumschiffe nachzubauen.

- Eine Frau, die in Las Vegas in einer verantwortungsvollen Position beim Gericht arbeitet, war früher für eine Rüstungsfirma in Nevada tätig gewesen. Damals nahm sie an einer Sitzung teil, auf der ihr Arbeitgeber mit hohen Militärs über ein außerirdisches Wrack sprach, das in die Area 51 gebracht wurde. Nachdem sie Knapp angerufen hatte, verabredeten die beiden sich zu einem privaten Gespräch. Doch die Frau kam nicht. Wie sie später erklärte, war sie von ihrem früheren Arbeitgeber aufgesucht worden. Der hätte sie daran erinnert, daß sie noch immer unter Eid stünde und daß sie strafrechtlich belangt werden könnte. Schließlich drohte er ihr: „Wir wissen, Sie reisen viel, und Sie und Ihre Familie könnten einen Unfall haben..."

- Laut Doug Schroeder, Elektroingenieur bei EG&G, stammt das Material in der Area 51 von UFO-Abstürzen und wurde „von einem Stützpunkt in Ohio" (also der Wright Patterson AFB, d.Verf.) nach Nevada gebracht. Schroeder will mehrere Fotos von den Testflügen gesehen haben. Seines Wissens sei es noch nicht gelungen, die Scheiben nachzubauen, doch hätte man sehr viel über die Legierung, aus der sie bestanden, herausgefunden. Kurz nach dieser Aussage verstarb Schroeder unter ungeklärten Umständen. Schroeder ist nicht der einzige Mitarbeiter der „Schwarzen Welt", der auf mysteriöse Weise ums Leben kam. 22 Wissenschaftler, die an SDI- und anderen Geheimprojekten in „Dreamland" beteiligt waren, fielen zwischen 1982 und 1988 ungewöhnlichen Todesursachen zum Opfer: Fünf erstickten in ihren Autos, drei sprangen in den Tod, zwei starben im Bett einer Prostituierten, zwei Techniker versetzten sich tödliche Elektroschocks und einer brachte eine „do-it-yourself-Enthauptung" zustande. Das läßt den Insiderslogan „Once you've gone black, you never come back" - Wer einmal die Schwarze Welt betreten hat, kommt nicht mehr zurück - in einem ganz anderen Licht erscheinen.

- Von ihm nahestehenden Personen erfuhr Knapp, daß Dr. .Dan Crain, ein prominenter Biologe aus Las Vegas, der für die Planetariumsgesellschaft, das Young Astronauts-Programm und die Volkshochschule Südnevadas tätig war, etwas über Außerirdische wissen könnte. Schließlich sprach er Crain direkt an. Dieser bestätigte die Gerüchte und versprach Knapp einige Dokumente, die er quasi als Sicherheitsmaßnahme behalten hätte. Von Berichten, in denen es um die Untersuchung von Gewebeproben Außerirdischer ging, war die Rede. Doch Crain zeigte sich nicht beim vereinbarten Termin. Statt dessen brach er alle Brücken hinter sich ab und zog sich völlig aus der Wissenschaft zurück. Heute arbeitet er als Wachmann in einem Hotel in Las Vegas.

- John Harbour war in den achtziger Jahren Sicherheitsoffizier der US-Luftwaffe auf der Groom Lake-Basis. Harbour schloß Freundschaft mit einer Frau aus Knapps Bekanntenkreis, die ihm bei seinen Steuern half. Einmal beklagte sich Harbour, daß er keinen Kredit bekommen hätte, weil er nur sein Einkommen aus der ersten Beschäftigung bei der Airforce vorweisen konnte, während es ihm strikt untersagt war, auch nur seine Lohnsteuerkarte für seine Hauptbeschäftigung in der Area 51 vorzulegen. Dann vertraute er ihr an, daß die Gerüchte über die Präsenz der Außerirdischen wahr seien. Sie würde der Öffentlichkeit vorenthalten, denn es würde unsere Institutionen einschließlich der Religion zerstören, und die Leute würden wahrscheinlich keine Steuern mehr bezahlen, wenn die Wahrheit je herauskäme. Harbour verließ Nevada 1990 ganz plötzlich und konnte von Knapp nicht mehr aufgespürt werden.

- Der Computerspezialist Jim Tagliani war als Techniker beim Stealth-Programm in Tonapah, Nevada, beschäftigt. Er erklärte, daß Kenntnisse über das außerirdische Material unter denen, die an der Entwicklung der Stealth-Tarnkappenbomber gearbeitet hatten, Allgemeingut waren.

- Im Juli 1992 schrieb der Anwalt Andrew Basiago einen Artikel über den Lokalpolitiker Mario Williams, und enthüllte, daß Williams dreißig Jahre lang beim CIA gewesen war, für Lockheed und am Groom Lake gearbeitet hatte. 1981 bekannte Williams seiner Familie gegenüber, daß in der Area 51 außerirdische Technologie und Biologie studiert würde. William starb 1989. Basiago erklärte, daß Mitglieder seiner Familie nicht bereit wären, mit Knapp über die Sache zu sprechen.

- Knapp selbst spürte einen weiteren Informanten auf, einen Mann, der seit den fünfziger Jahren verschiedene supergeheime militärische Forschungsprojekte auf höchster Ebene in Nevada leitete. Der Mann stammt aus einer sehr bekannten Familie und durchlief eine beachtliche Karriere mit hochrangigen Kontakten. Er bestätigte, daß außerirdische Technologie bereits Anfang der 50er Jahre nach Nevada gebracht wurde, noch vor der Errichtung der Groom Lake-Basis. Einer der Gründe für den Ausbau der Area 51 sei von Anfang an der gewesen, daß man dort Versuche mit UFO-Wracks durchführen wollte. Das Projekt wurde von privaten Firmen im Auftrag der Militärs koordiniert. Bis in die sechziger Jahre hinein seien alle Versuche, die Raumschiffe zu fliegen, erfolglos verlaufen. Weiter bestätigte er, daß man einige Jahre lang einen lebenden Außerirdischen in der Nähe der Area 51 in Gefangenschaft gehalten hätte, und es nach einiger Zeit gelungen sei, mit ihm in Kommunikation zu treten. Der Mann, der sein Leben lang ein seriöser, professioneller Wissenschaftler war, wollte nicht, daß sein Name bekannt wird, war aber bereit, ein Videoband zu hinterlegen, das nach seinem Tod veröffentlicht werden kann. (10)

Tatsächlich gelang es auch mir, nach einigen Recherchen zwei Zeugen ausfindig zu machen, die Lazars Geschichte bestätigten. Derek Henessy ist ein Baum von einem Mann, 2,05 Meter groß mit breiten Schultern und Händen, die Bärenpranken ähneln. Henessy war Angehöriger des Seal Team Six, einer Eliteeinheit der US-Navy, und man hatte ihm während seiner Laufbahn mehr als einmal einen Sonderauftrag mit „Lizenz zum Töten" erteilt. 1987, zwischen zwei gleichermaßen heiklen Missionen, war Henessy in der Area S-4 stationiert. Was er dort sah, geht weit über das hinaus, was wir von Bob Lazar wissen. *„Es gibt vier unterirdische Ebenen in S-4, nicht mitgerechnet die oberste Ebene, die Hangars, die in den Felsen gebaut sind"*, erklärte er mir, *„sie sind alle durch Aufzüge miteinander verbunden, mit denen die Scheiben an die Oberfläche transportiert werden. Als ich da war, versuchten sie gerade, die Scheiben zu bedienen, aber sie hatten keinen Erfolg. Da gab es Wissenschaftler, ich sah selbst hohe Beamte des Weißen Hauses und Vizepräsident George Bush in der Anlage."*

Henessy war 1982 als Sicherheitswachmann gegenüber des Fahrstuhls im zweiten Untergeschoß der Anlage (level 2) stationiert. Er passierte Ebene 1, aber er sah nie Ebene 3 und 4, weil keine Soldaten auf diesen Ebenen zugelassen waren, nur Leute mit ganz besonderen Befugnisstufen. Seine Beschreibung der Ebene 2 war sehr detailliert. Er sagte, sie bestünde aus neun Hangarbuchten, jede groß genug, um ein kleines Flugzeug zu beherbergen. In sieben der neun Buchten standen runde, scheibenförmige Objekte, die mittels eines hydraulischen Systems auf „Ground level" gebracht werden konnten. Henessy fertigte genaue Skizzen der Anlage an. Er kennzeichnete die Sicherheitskontrollen, markierte ein Gebiet, in dem außerirdische Körper in

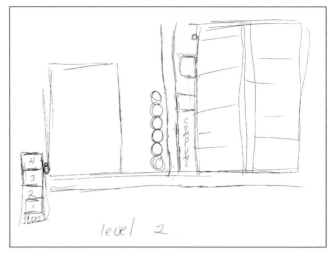

Skizze der unterirdischen „Ebene 2" mit den Containern und Hangarbuchten von Derek Henessy.

großen Glaszylindern aufbewahrt wurden, er sprach von besonderem Equipment und dem ausgefeilten Überwachungssystem der Basis. So mußte jeder, der auf Ebene 3 und 4 gelangen wollte, eine Plastikkarte mit Magnetstreifen in einen Schlitz stecken, deren Daten - darunter der Fingerabdruck und die Iris-Struktur - mit Hilfe eines Hand- und Augenscanners überprüft wurden. Henessy hörte Gerüchte, daß *„ein EBE, ein außerirdisches Wesen"* im vierten Untergeschoß leben solle.

Die Glaszylinder mit den Leichen der Außerirdischen beschrieb Hennesy als *„eine Reihe von Röhren, 1,80 Meter hoch und 60 cm breit, dicht nebeneinander. Sie sind alle absolut identisch, und auch die Wesen, die sich in ihnen befinden, sehen gleich aus. Ich weiß nicht, welchen Geschlechts sie sind, weil die Röhren in der Mitte von einem Aluminiumring umgeben sind. Die Röhren stehen auf einem 30 cm hohen Sockel aus schwarzem, polierten Stein und sind mit einer Lösung gefüllt, in der die Wesen „schweben". Sie sind schmal, haben große, zum Kinn hin schmal zusammenlaufende*

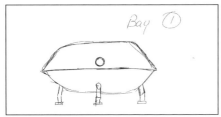

Zeichnung der fünf in S-4 gelagerten UFO-Wracks nach Derek Henessy

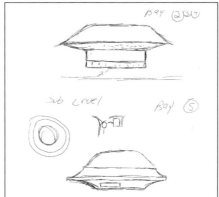

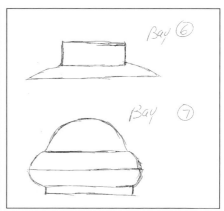

Köpfe und lange Arme. Ihre Augen sehen zusammengefallen aus, wie verschrumpelte, faltige Trockenpflaumen. Zudem haben sie keine sichtbaren Augenlider. Sie haben eine gräuliche Pigmentierung, sind völlig unbehaart, keine Spur von Körperbehaarung, bläuliche Höhlungen anstelle der Ohren, zwei Schlitze anstelle der Nase, ein weiterer anstelle des Mundes. Der Körper ist regelrecht dürr. Sie scheinen keine Brustwarzen und keinen Nabel zu haben, jedenfalls konnte ich keinen sehen. Aber ich erinnere mich, daß jemand mal erwähnte, daß sie ein völlig anderes System hätten als wir. (11)

Als wir Hennesys Ausage diskutierten, erzählte mir der kalifornische TV-Produzent und UFO-Forscher Sean David Morton, der seit 1991 den Gerüchten um die Area 51 nachgeht, daß er erst kürzlich eine ähnliche Geschichte gehört hätte. Morton war in einer Fernsehsendung mit dem Titel „Geheimnisse anderer Welten" aufgetreten, in der er über seine Recherchen berichtete. Da er auch Reisegruppen zur „Mailbox Road" führte, wurde am Ende der Sendung seine Telefonnummer eingeblendet. Einige Tage später erhielt er einen Anruf von einem älteren Mann, der erklärte, als Hauptfeldwebel zwölf Jahre lang auf der Area 51 tätig gewesen zu sein. Er war für alle internen Transporte verantwortlich, und alles, was auf der Area 51 von einem Ort zum anderen gebracht wurde, ging über seinen Schreibtisch. Er nannte auch seinen vollen Namen und seine Dienstnummer, mit deren Hilfe Morton in der Lage war, den Zeugen zu überprüfen. Tatsächlich war er im fraglichen Zeitraum für die Nellis-Luftwaffenbasis und dann auf der Area 51 tätig gewesen.

„Bei einer Reihe von Gelegenheiten hatte er scheibenförmige Objekte transportiert, die er für fremde Raumschiffe hielt, auch wenn er sich dessen nicht sicher war", erklärte mir Morton, *„er transportierte einige 10-20 Meter breite Scheiben, auch einige glockenförmige Objekte von dumpfmetallischer Farbe. Er beobachtete einige Male die Testflüge dieser Objekte. Sie wurden dann abgeladen, starteten und wurden einige Male herumgeflogen. Und er fragte mich, wie es möglich sei, daß etwas, das so tot, so leblos aussah, plötzlich aufglühen konnte, so daß das Metall der Objekte regelrecht lebendig wirkte."* Weiter wußte der Zeuge, daß die Area 51-Anlage fünf Ebenen hatte. Einmal sah er eine Reihe von großen Tanks mit einer silbernen Rückenwand und silbernen Streifen um die Mitte und an der Unterseite, in denen die Leichen geborgener Außerirdischer aufbewahrt wurden. Sie waren mit einer blauen Flüssigkeit

gefüllt. In ihnen befanden sich die Körper von fünf kleinen Wesen, 1,20 Meter groß, mit großen, mandelförmigen Augen, und vier von humanoiden Wesen mit blondem oder rötlichem Haar, die sich nicht grundlegend von Menschen unterschieden. (12)

Bill Uhouse war nach dem Studium des Ingenieurswesens im Zweiten Weltkrieg Kampfflieger, später dann als Testpilot für eine Vertragsfirma der Regierung tätig. Nach einigen Jahren fragte man ihn, ob er an der Entwicklung von Flugsimulatoren mitarbeiten wollte, und Uhouse sagte zu. Für verschiedene Flugzeuge, die F-89, F-94 und F-102, entwickelte er Flugsimulatoren. Sein nächster Job hatte mit seiner eigentlichen Ausbildung als mechanischer Design-Ingenieur zu tun. Man wollte Flugzeuge leichter machen, und darum war die Aufgabe, die seinem Team gegeben wurde, eine Methode zu entwickeln, um Metall ohne Nieten, Schrauben, Ösen und andere Verbindungsstücke zusammenzufügen. Immer höher stieg Uhouse auf in der Projekthierarchie, immer wieder wurde seine Zugangsstufe überprüft und erweitert, bis er einem Spezialprojekt in New Mexico zugewiesen wurde.

Dort arbeitete er drei oder vier Jahre, dann erhielt sein Team den Auftrag, Simulatoren für fliegende Scheiben zu entwickeln - um US-Piloten auszubilden, gekaperte UFOs zu fliegen! Am 4. Dezember 1995 interviewte ich Bill Uhouse, einen ruhigen, kernigen, nüchternen Mann, der sich längst im Ruhestand befindet. *„Dieses Projekt bestand damals schon einige Jahre und erwies sich als sehr zeitaufwendig",* erklärte er mir, *„das Problem war, wissenschaftliche Daten einer anderen Zivilisation in*

Bill Uhouse hat als Ingenieur an außerirdischer Technologie gearbeitet.

unsere wissenschaftliche Terminologie und Denkweise zu übertragen. Wir nannten das 'Copy-engineering". Wir nahmen einen Gegenstand oder Teil des Schiffes auseinander, beschrieben die Ergebnisse seiner Auswertung und wie dieses Teil in das restliche Schiff eingefügt war. Wir versuchten, gewisse Dinge wiederzuerkennen, zu identifizieren und fragten uns: Wie können wir das nutzen? Stück für Stück versuchten wir zu begreifen, wie es funktioniert."

Eines Tages wurde Uhouse in die Area S-4 nach Nevada versetzt, wo er zum ersten Mal eine Scheibe sah. *„Diese Anlage war, was Sicherheit betrifft, wahrscheinlich besser gesichert, als irgendeine andere Anlage im ganzen Land. Man führte uns Ingenieure an den Hangar, und da stand sie. Sie sah ganz genauso aus, wie Bob Lazar sie beschrieb. Und man sagte uns: 'Schaut Jungs, so sieht eine Scheibe aus'. Ob ich sie je betreten habe? Nein. Aber das war eine Scheibe. Sie stand flach am Boden, auf ihrem Bauch. Ich war nur fünf Meter von ihr entfernt. Mein Eindruck als Ingenieur war: Das ist großartig!"* (13)

War es US-Ingenieuren gelungen, die Geheimnisse der Unbekannten Flugobjekte zu entschlüsseln und in ihre Verteidigungstechnologie zu integrieren? Zu denen, die den Schleier der Geheimhaltung schon früh lüfteten, gehört der Luftfahrtexperte und Autor Jim Goodall. Goodall war der Erste, der Fakten über das Stealth-Programm veröffentlichte. Er schrieb drei Bücher über Stealth und zahlreiche Artikel für Fachzeitschriften wie die „Defense Weekly", „Interavia" und die „Aviation Week & Space Technology". Aufgrund seiner Neugierde wurde er immer wieder Opfer von Einschüchterungsversuchen durch die US-Regierung. Seine Nachbarn wurden von Agenten verhört, seine Telefone abgehört, und als er als Reservist der Air National Guard für die „Desert Shield"-Operation im Vorfeld des Golfkrieges einberufen wurde, erfuhr er, daß seine Befugnisstufe herabgesetzt worden war:

Er hatte seiner Regierung zu viele Fragen gestellt. Ich traf Jim Goodall im Dezember 1992 im Haus von John Lear, der gerade seinen fünfzigsten Geburtstag feierte, und fragte ihn, was er über die Vorgänge in der Area 51 in Erfahrung gebracht hatte. „Acht schwarze Programme finden dort statt", erklärte er mir, „und das beinhaltet nicht den B-2-Bomber oder den F-117-Jäger (die Stealth-Flugzeuge), denn das ist heute ein offizielles, ein weißes Programm. Mindestens zwei Hochgeschwindigkeitsflugzeuge sind darunter, 1982 hörten wir das erste Mal von ihnen. Das eine ist ein kleines Flugzeug, das vier- bis sechsfache Schallgeschwindigkeit erreicht, und ein Flugzeug, das in der Bay-Area (bei San Francisco) in Kalifornien vom Zentrum der Bundesluftfahrtbehörde mindestens achtmal seit 1986 mit einer Geschwindigkeit von über 16.000 Stundenkilometern im Anflug auf die Area 51 geortet wurde. Das ist ein sehr großes Flugzeug. Neben diesen beiden Hochgeschwindigkeitsflugzeugen gibt es Stealth-artige Flugzeuge für die elektronische Kriegsführung, das Excalibur, das in sehr großer Höhe sehr langsam und sehr leise fliegt. Dann gibt es Gerüchte über das 'fliegende Dreieck', das der eingestellten A12 von McDonnel-Douglas ähnelt." Befinden sich auch unkonventionelle Technologien darunter?

„Ja, ich habe über die Jahre hinweg immer wieder Menschen interviewt, die auf dem Testgelände gearbeitet haben. Ein Mann verbrachte 12 Jahre seiner 30-jährigen Dienstzeit in Schwarzen Programmen am Groom Lake. Als ich ihn interviewte, war die erste Frage, die ich ihm stellte: Glauben Sie an UFOs? Und er schaute mir gerade in die Augen und antwortete: Ja, absolut, positiv, sie existieren. Können Sie Ihren Standpunkt erläutern? Nein, bedaure. Etwa ein Jahr später sprachen wir wieder über die Aktivitäten in Groom Lake und ich fragte ihn, ob er mir jetzt sagen könne, was dort geschieht. Und er antwortete: Da geschehen viele Dinge, von denen ich Ihnen erst im Jahre 2025 erzählen kann. Wir haben Dinge in der Wüste von Nevada, da würde George

Die F-116 A, der Stealth-Jäger, bei einem Testflug über dem White Sands-Testgelände in New Mexico.

Der Vergleich mit einem konventionellen USAF-Abfangjäger verdeutlicht den technologischen Vorsprung, den der Stealth-Jäger repräsentiert.

Lucas vor Neid erblassen." George Lucas ist der Produzent der Trilogie „Krieg der Sterne". *„Ein anderer Informant"*, fuhr Goodall fort, *„war ein Hauptfeldwebel der Luftwaffe, ein Spezialist für neue Technologien. Er hatte drei verschiedene Verantwortlichkeitsbereiche in drei Programmen in Groom Lake. Ich interviewte ihn 1985/86 auf der Nellis-Luftwaffenbasis. Und ich fragte ihn: Was geht da draußen vor? Und er schaute mir gerade in die Augen und antwortete: Wir haben da draußen Dinge, die buchstäblich nicht von dieser Erde sind. Ich bat ihn, das zu erklären, er erwiderte, das dürfe er nicht. Aber es seien Dinge, die besser als 'Raumschiff Enterprise' und 'das andere Zeug in den Filmen' seien. Flugzeuge?, wollte ich wissen. Die Antwort: Kein Kommentar!"* Doch die für ihn eindeutigste Bestätigung für diese Gerüchte erhielt Goodall von seinem Freund John Andrews von der Testor Corporation. *„John schrieb an Ben Rich, den gerade in den Ruhestand getretenen Präsidenten der Lockheed Advance Development Company, der Firma, die den Stealth, den SR-71, den U-2-Bomber baute"*, und die die Groom Lake-Anlage einst aus dem Boden stampfte. *„Mein Freund fragte in dem Brief: Glauben Sie an UFOs? Und er antwortete: Ja, Kelly - Kelly Johnson, Gründer der Skunkworks-Laboratorien - und ich glauben fest an UFOs. John war darüber sehr erstaunt und bat in einem weiteren Brief um eine Erklärung: Bitte stellen Sie klar, welche Art von UFOs Sie meinen - von Menschen gebaute oder außerirdische? Rich antwortete, handschriftlich auf seinem Briefpapier: UFOs existieren - die von Menschen gebauten ebenso wie die außerirdischen. Und wir nennen sie auch 'UnFunded Opportunities', 'unbezahlbare Gelegenheiten', wobei er das U, das F und das O dick unterstrich."* (14)

Doch nach wie vor umgibt der Schleier der Geheimhaltung die Schwarze Welt. Erst im letzten Jahr gelang es der US-Luftwaffe, das Testgebiet nach Osten hin zu erweitern, so daß heute jene Berge, von denen aus ein recht guter Blick auf die Groom-Lake-Anlage möglich war, ebenfalls auf militärischem Sperrgebiet liegen. Einzig das Streulicht der Anlage in der Schwärze der klaren Wüstennächte, etwas mehr bei Groom Lake, etwas weniger auf der Höhe des Papoose-Lake, zeugen noch von der Existenz des „Landes der Träume".

Die erste Basiserweiterung fand schon 1984 statt, als witzigerweise die Existenz der Groom Lake-Basis offiziell noch abgestritten wurde. Einen Einblick in die Praktiken, die Allmacht der Luftwaffe, jedes Gesetz unter dem Vorwand der „Nationalen Sicherheit" zu brechen und die Atmosphäre der Geheimhaltung gibt die Anhörung vor dem Unterkomitee für Land und Nationalparks des US-Repräsentantenhauses im August 1984, als die Luftwaffe ihren Anspruch auf das Land rechtfertigen sollte. Damals fragte der Ausschußvorsitzende Mr. Seiberling den Luftwaffenvertreter John Rittenhouse:

Seiberling: Ist es wahr, daß die Luftwaffe bereits begonnen hat, den öffentlichen Zugang im Gebiet der Groom-Berge zu beschränken?

Rittenhouse: Ja, Sir, das ist wahr. Wir haben das Recht bekommen, den Landzugang zu kontrollieren und zu beschränken, indem wir die Menschen auffordern, es nicht zu betreten. Wir haben unsere Leute auf den Straßen stationiert und manchmal machen wir auch gar nichts. Wir bitten sie um ihre Zusammenarbeit.

S.: Unter welcher Rechtsautorität wurde Ihnen dieses Recht zugebilligt?

R.: Soweit ich weiß, Sir, gibt es da keine; es sei denn, die Entscheidungen dazu wurden auf einer sehr, sehr viel höheren Ebene als der meinen getroffen.

S.: Es gibt keine höhere Ebene als die Gesetze der Vereinigten Staaten.

R.: Nein, Sir. Ich verstehe, und wir können das weiter beschreiben, wenn Sie möchten, Sir.

S.: Ich möchte gerne.

R.: In einer geschlossenen Einweisung.

S.: Warum müßte das in einer geschlossenen Einweisung geschehen?

R.: Ich kann darüber nicht diskutieren, Sir.

S.: Schatten von Watergate. Ich frage doch nur, unter welcher legalen Autorität diese Entscheidung getroffen wurde. Ich frage nicht nach den technischen Gründen. Das ist doch wohl nicht geheim.

R.: Wie ich schon sagte, hatten wir ursprünglich keine rechtliche Autorität, aber wir nahmen uns das Recht, Leute zu bitten, das Gebiet nicht zu betreten.

S.: Wie?

R.: Wir hatten keine legale Autorität." (15)

Im Herbst 1993 beantragte die Luftwaffenministerin Dr. Sheila Widnall eine Ausdehnung des Basisgeländes bis diesseits der Groom-Berge, „um den sicheren und geschützten Ablauf der Operationen am Nellis-Range zu gewährleisten" - die Groom Lake-Basis durfte es offiziell noch immer nicht geben. Ein Sturm der Empörung und Bürgerproteste brach los. Erfolglos. Seit 10. April 1995 sind die „White Sides" und „Freedom Ridge" getauften Berge, von denen sich die beste Sicht auf die Area 51 bot, Teil der Basis. Dabei beschränkte man sich darauf, nur das Nötigste einzuverleiben, denn die Landnahme darf 2000 Hektar nicht überschreiten, sonst ist eine Zustimmung durch den Kongreß erforderlich.

„Die US-Airforce braucht dieses Land, um die technologischen Neuentwicklungen der US-Militärindustrie zu schützen und die Effektivität militärischer Übungen und Operationen zu verstärken", begründete Luftwaffensprecher Lt.Col. Cannon den legalen Landraub. Der Zustrom von Schaulustigen *„in den letzten Jahren hat mehrfach zur Verlegung, Verschiebung und Aufhebung von Versuchsflügen geführt."* Die Konfiszierung würde eine weitere *„Kompromittierung der Nationalen Sicherheit verhindern".* (16)

Gleichzeitig gab die Luftwaffe eine Pressemitteilung heraus, die derzeit als Standardantwort auf alle Anfragen zur Area 51 gilt. Immerhin: Die Existenz der Basis wurde damit 1995 erstmals, 40 Jahre nach ihrer Errichtung, offiziell anerkannt: *„Eine Reihe von Aktivitäten, von denen einige geheim sind, finden auf dem oft so genannten Nellis-Range-Komplex der Luftwaffe statt"*, heißt es darin, *„Das Gebiet wird zu Tests von Technologien und Systemen und für Übungen für Operationen genutzt, die wichtig für die Effektivität der Streitkräfte der Vereinigten Staaten und die Sicherheit der Vereinigten Staaten sind. Es gibt eine operierende Lokation nahe dem Groom-Trockensee. Einige spezifische Aktivitäten und Operationen, die im Nellis-Gebiet durchgeführt werden oder in der Vergangenheit wurden, stehen weiterhin unter Geheimhaltung und können nicht diskutiert werden."* (17)

Daran änderte auch ein neues Gesetz zur Nationalen Sicherheit nichts, das Präsident Clinton am 17. April 1995 als „Executive Order # 12958" unterzeichnete. Diesem „Regierungsbefehl betreffend klassifizierter Informationen zu Fragen der Nationalen Sicherheit" zufolge sollten mit dem 16. Oktober 1995 alle Geheimdokumente, die älter als 25 Jahre sind, automatisch freigegeben werden. Es gab nur drei Ausnahmen: Wenn sie die persönliche Sicherheit des Präsidenten und anderer Persönlichkeiten des öffentlichen Lebens gefährden oder wenn sie gegenwärtige Notstands- und

Katastrophenschutzpläne behindern. Ausländische Regierungsdokumente im Besitz des CIA waren die dritte Ausnahme, sollte „ihre Freigabe gegenwärtige diplomatische Beziehungen ernsthaft gefährden". Das war zumindest einmal ein guter Anfang. (18)

Doch schon am 29. September 1995 unterzeichnete Präsident Clinton eine weitere Ausnahmeregelung, derzufolge die Luftwaffe alle Daten zur Area 51 nach wie vor geheimhalten darf. Den Anlaß boten Ex-Mitarbeiter der Basis, die behaupteten, während ihrer Dienstzeit in der „Schwarzen Welt" toxisch kontaminiert worden zu sein. US-Distriktrichter Philip Pro fällte am 30. August das Urteil, daß die Luftwaffe gewisse Dokumente in diesem Fall nicht länger ohne eine Ausnahmeregelung des Präsidenten zurückhalten dürfe. Der Anwalt der Basismitarbeiter, der Juraprofessor Jonathan Turley von der George Washington-Universität, hatte Pros Entscheidung als

Sieg gefeiert. Doch mit der Unterzeichnung der Ausnahmeregelung hatte Clinton ihm einen Strich durch die Rechnung gemacht. Denn darin heißt es: *„Es ist von allergrößtem Interesse für die Vereinigten Staaten, daß die Luftwaffe davon abgehalten wird, geheime Informationen über die Basis freizugeben"*. (19)

Und S-4? Als eine Delegation von Kongreßabgeordneten 1994 die Groom Lake-Basis besuchen durfte, um Gerüchten über den neuen Super-Bomber „Aurora" nachzugehen, äußerten zwei von ihnen Interesse, auch einen Blick auf den Papoose Lake zu werfen. Dem einen wurde dieser mit der Begründung verwehrt, es herrsche gerade ein launischer, blendender Schneesturm. Dem anderen sagte man, auf S-4 gäbe es lediglich eine Menge radioaktiver Abfälle von früheren Programmen, und daher könne niemand dorthin gehen. (20) Die Politik der Geheimhaltung dauert also an...

12. Kapitel

Die Antwort der Luftwaffe

Am 5. Juli 1993, einen Tag nach dem amerikanischen Unabhängigkeitstag, demonstrierte eine Gruppe von 150 Personen vor dem Weißen Haus. Es war ein drückendheißer Sommertag in der wegen ihres subtropischen Klimas ohnehin berüchtigten US-Hauptstadt, doch weder die Mittagshitze noch die süffisant grinsenden Passanten schreckten die Demonstranten davor ab, mit Schildern und Transparenten im Kreis zu laufen und lautstark ihre Forderung kundzutun: „U-U-U.F.O. - The people have a right to know" -„Das Volk hat ein Recht auf die Wahrheit", „End the cover-up - now!" -„Beendet die Geheimhaltung - jetzt!" und „What about Roswell, Mr. President?" -„Was ist mit Roswell, Mr. President?"- stand auf ihren Plakaten, die sie vor sich hertrugen.

Die rührige Aktion, die sogar als Farbtupfer in den Abendnachrichten der großen US-Sender erwähnt wurde, bewirkte nicht allzu viel. Zudem hätte Präsident Clinton auch mit dem besten Willen die Fragen der Demonstranten nicht beantworten können, befand er sich doch zum Zeitpunkt der Demonstration gar nicht in Washington, sondern im US-Staat Michigan. Trotzdem lenkte die Aktion, die in den folgenden Jahren mehrfach wiederholt wurde, die Aufmerksamkeit der amerikanischen Öffentlichkeit auf das Engagement der UFO-Forscher, die Vertuschung durch die Luftwaffe und die Forderung nach einer Aufklärung der Vorfälle von 1947.

Anfang 1994 schien es dann so, als wären die Tage der jahrzehntelangen Vertuschung des Roswell-Zwischenfalls durch die US-Luftwaffe gezählt. Denn noch vor der Demonstration hatte der UFO-Forscher Sergeant Clifford Stone aus Roswell mit dem republikanischen Kongreßabgeordneten Steven Schiff aus New Mexico korrespondiert, ihn über den jüngsten Stand der Roswell-Forschung informiert. Daraufhin bat Schiff den damaligen Verteidigungsminister Les Aspen

„Mr. President, erzählen Sie uns von dem UFO-Absturz bei Roswell" - Szenen von der UFO-Demonstration in Washington am 5. Juli 1993.

in einem persönlichen Brief um eine private Einweisung in die Thematik. Doch statt ebenso persönlich zu antworten, leitete Aspen das Schreiben an das Pentagon-Büro für legislative Angelegenheiten weiter, das Schiff in einem Formbrief auf die Akten des UFO-Untersuchungsprojektes „Blue Book" der US-Airforce verwies, die sich im Nationalarchiv in Washington befinden. Nun hat bei Blue Book tatsächlich ein völlig überlasteteter Stab rangniederer Offiziere versucht, über 12.000 gemeldete UFOs - meist eher fragwürdig - zu identifizieren, doch Roswell befand sich nicht darunter. Empört darüber, so simpel abgefertigt worden zu sein, wandte sich Schiff am 10. Mai 1993 erneut an Minister Aspen und forderte nachdrücklich eine klare Auskunft. Wieder folgte nur ein Formschreiben.

Schiff war verärgert über dieses Verhalten einem gewählten Volksvertreter gegenüber. Das konnte und wollte er sich schlichtweg nicht gefallen lassen. Schließlich war er Mitglied des „House Government Operations Committee" (Unterhausausschuß zur Kontrolle von Regierungsaktivitäten), da ging es ihm schon ums Prinzip. Für eben solche Zwecke - zur Hinterfragung und Untersuchung von Behauptungen und Aktionen der US-Regierung - hatte der Kongreß einst das „General Accounting Office" (GAO) ins Leben gerufen. Und mehr als einmal war das GAO erfolgreich bei der Aufdeckung vertuschter Skandale gewesen. So waren es seine Untersucher, die im Dezember 1993 die Menschenversuche der US-Atomenergiekommission Ende der vierziger Jahre aufdeckten. Allein 1992 führte die Behörde 1380 Untersuchungen durch, was ihr Budget von 46,8 Millionen Dollar für 1965 auf 490 Millionen Dollar für 1993 ansteigen ließ.

Im Oktober 1993 traf sich Schiff mit dem GAO-Vorsitzenden Charles A. Bowsher, um die Chancen und Möglichkeiten einer GAO-Untersuchung des Roswell-Zwischenfalls zu diskutieren. Dabei gab Schiff seiner Verärgerung über die „mangelnde Auskunftsbereitschaft" des Pentagon Ausdruck. Bowsher sagte zu, daß das GAO die Sache unter die Lupe nehmen würde. Als im Januar 1994 erstmals die Presse von der Untersuchung erfuhr, war gerade ein erfahrener GAO-Mitarbeiter selbst beim Pentagon auf eine „Mauer des Schweigens" gestoßen, wie GAO-Sprecherin Laura A. Kopelson bekanntgab. (1)

Am 15. Februar 1994 informierte das GAO offiziell den neuen Verteidigungsminister William J. Perry über seine Absicht, „(1) Einblick in alle Dokumente zu bekommen, die mit Abstürzen von Wetterballons und unbekannten Flugzeugen, UFOs und Fremdflugzeugen zu tun haben und (2) Tatsachen enthalten über den gemeldeten Absturz eines UFOs 1949 (sic!) in Roswell, New Mexico... und seine angebliche Vertuschung durch das Verteidigungsministerium."

Eine erste Besprechung zwischen dem GAO-Untersucher und dem Generalinspekteur des Verteidigungsministeriums fand am 28. Februar 1994 statt. Man kam überein, daß man den Schwerpunkt der Suche nach den Dokumenten zu dem Vorfall auf die Archive der Luftwaffe legen wollte. Unter dem GAO-Aktenzeichen Nr. 701034 wurden die „Prozeduren der Archivverwaltung bezüglich Dokumenten zu Wetterballons, unbekannten Flugzeugen und ähnlichen Absturzfällen" festgelegt. Daß es die US-Airforce zum fraglichen Zeitpunkt noch nicht gab - sie wurde als eigene Waffengattung erst im September 1947 formiert, zuvor unterstand sie als „Army Air Forces" dem Heer -, war dabei zweitrangig, da die US-Airforce die Archive der AAF übernommen hatte. (2)

Zwischenzeitlich, prophylaktisch möchte man sagen, hatte die Luftwaffe schon eigenständig die Initiative ergriffen. So beauftragte das Büro des Administrativen Assistenten des Luftwaffenministers (SAF/AA) das Büro des „Direktors für Sicherheit und Kontrolle der Sonderprogramme", Oberst Richard L. Weaver, mit der Erstellung eines Berichtes, den man dem GAO vorlegen wollte.

„Bericht der Luftwaffen-Untersuchung bezüglich des 'Roswell-Zwischenfalls'" - der Bericht von Col. Weaver vom Juli 1994.

Am 8. September 1994 lag dieser Bericht vor. Er war 22 Seiten stark, mit 33 Anhängen, unterzeichnet von Colonel Weaver. Seine Schlußfolgerung: Nein, in Roswell ist tatsächlich kein gewöhnlicher Wetterballon abgestürzt, das war nur eine Deckgeschichte der Luftwaffe. Aber eigentlich war es doch ein Wetterballon, und nicht etwa ein außerirdisches Raumschiff, was auf der Ranch von Bill Brazel abgestürzt sei, er hatte nur eine strenggeheime Mission. Diese Mission hatte den Decknamen „Project Mogul". Ihr Auftrag war, in der Atmosphäre Schockwellen zu orten, die anzeigen sollten, ob die Russen schon die Bombe hatten.

Natürlich blieb Weaver jeden Beweis für diese Erklärung schuldig.Nein, man fand keinen Bericht von Roswell-Basiskommandant Oberst Blanchard oder von General Ramey auf Fort Worth, ja nicht einmal von Major Marcel oder CIC-Hauptmann Cavitt zu dem Vorfall, der jeden Zweifel zerstreuen könnte. Nicht ein offizielles zeitgenössisches Dokument wurde zitiert, statt dessen argumentierte der „Direktor für Sicherheit und Kontrolle der Spezialprogramme" auf der Grundlage weniger, aus dem Zusammenhang gerissener Zeugenaussagen aus den Protokollen des Roswell-Forschers Karl Pflock und der Aussage Mac Brazels vom 9. Juli 1947 dem „Roswell Daily Record" gegenüber, die er im Beisein zweier MPs machte, in einer Zeit, in der er unter „Hausarrest" durch die AAF und starkem psychologischen Druck stand und die er später mehr als einmal mit einem Gefängnisaufenthalt verglich. Alles andere waren Hypothesen, Mutmaßungen unter dem Motto „könnte

„Der Roswell-Report" der US-Luftwaffe, ein über 800 Seiten starkes Sammelsurium, enthält zwar alle überlieferten Fakten zum Mogul-Projekt, bleibt aber den Beweis für eine Verbindung zum Roswell-Zwischenfall schuldig.

es nicht so gewesen sein", Interviews zum Mogul-Projekt und bloße Spekulationen.

Nur zwei der über 300 Roswell-Augenzeugen wurden persönlich interviewt, ausgerechnet der Wetteroffizier des Fort Worth Army Air Fields, Major Irving Newton - der nur den Wetterballon auf der Pressekonferenz von

General Ramey gesehen hatte - und der Spionageab-wehr-Agent Hauptmann Sheridan „Cave" Cavitt, der zwischenzeitlich als Oberstleutnant in den Ruhestand befördert worden war. Cavitt ist gewiß ein wichtiger Augenzeuge. Er war, zusammen mit Major Jesse Marcel und Brazel, auf die Foster-Ranch gefahren, hatte mit Marcel die Wrackteile auf dem „Trümmerfeld" aufgesammelt und am nächsten Tag - als Marcel nach Fort Worth flog - die „Aufräumarbeiten" auf der Ranch beaufsichtigt. Immer wieder hatten Roswell-Forscher versucht, ihn zu interviewen, doch Cavitt hatte immer höflich abgewunken. Mal behauptete er, er sei nie auf der Ranch gewesen, dann wieder berief er sich auf seinen Geheimhaltungseid. „Machen Sie sich keine Hoffnung, er wird Ihnen nichts sagen", hatte seine Frau bei einem Besuch Kevin Randle anvertraut, „mein Mann hat gelernt zu schweigen. Sonst hätte man ihm nie so viele hochsensible Aufgaben anvertraut." (3)

Jetzt aber, befragt von Colonel Weaver, sprach Cavitt. Und seine Geschichte wich so drastisch von allem an, was wir als gesichert in der Roswell-Geschichte ansehen können, daß sich ein Forscher, Bruce Maccabee, (beinahe) ernsthaft fragte, ob Cavitt überhaupt dabeigewesen ist oder Marcel ihn nur mit einem anderen CICler verwechselt hatte. Zuerst einmal behauptete Cavitt, nur ein einziges Mal, und zwar mit Marcel und Rickett aber ohne Brazel, zum Trümmerfeld gefahren zu sein. Schon das ist nahezu ausgeschlossen, wie hätte er es auf dem endlosen Ranchland finden sollen? Tatsächlich fuhr er bei der ersten Inspektion mit Marcel und Brazel und kehrte am nächsten Tag mit Rickett auf die Ranch zurück. Was er dort gesehen haben will, beschrieb er Weaver gegenüber wie folgt: „Die Trümmer lagen auf einer Fläche von sieben Metern im Quadrat und das Material war auf dem Boden verteilt, aber es gab keine Schürfstelle, keinen Krater und keinen Aufschlagpunkt. Ich erinnere mich daran, das Material sofort als Wetterballon erkannt zu haben. Wir nahmen einiges von dem Material mit, das leicht in unseren Wagen paßte." (4)

Mogul-Ballon beim Start.

Ein abgestürzter Project Mogul-Ballon, aus der Luft fotografiert, östlich von Roswell, New Mexico im Juli 1948. Die Aufnahme macht klar, daß ein solcher Ballon nie das 1,2 km lange „Trümmerfeld" auf der Foster-Ranch verursacht haben kann.

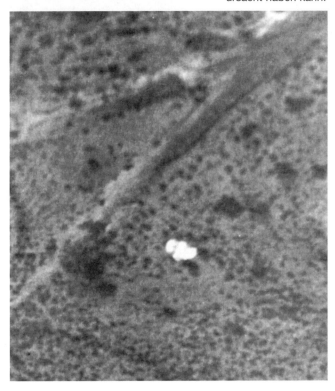

Auch das ist ausgeschlossen. Laut Major Marcel war das Trümmerfeld 1200 Meter lang und 200 Meter breit, und selbst in dem von Weaver an anderer Stelle als maßgebliche Quelle zitierten Artikel des „Roswell Daily Record" vom 9. Juli 1947 bestätigte Brazel noch seinen *„Durchmesser von 200 Metern".* (5) Tatsächlich war es so groß, daß Brazel seine Schafe um das Trümmerfeld herumfahren mußte, weil sie sich weigerten, es zu überqueren, und die Wasserstelle auf der anderen Seite lag. Dabei sei darauf hingewiesen, daß Schafherden in der kargen Prärie von New Mexico sehr weitflächig grasen, so daß ein sieben Meter breites Trümmerfeld nicht einmal ein einzelnes Schaf aufgehalten hätte. Zudem erklärte Sgt. Rickett, daß das Feld noch voller Trümmer war, als er am 8. Juli mit Cavitt auf die Ranch fuhr. Auch die Aussage des Journalisten Jason Kellahin bestätigt dies. Natürlich blieb Cavitt auch die Antwort schuldig, weshalb er offensichtlich Major Marcel und Oberst Blanchard seinen Eindruck, es sei ein Wetterballon gewesen, vorenthalten hatte. Schließlich war er dabeigewesen, als Marcel dem Kommandanten der Roswell AAF am 8. Juli gleich in der Früh Bericht erstattete. Ein klärendes Wort hätte das „Untertassen"-Debakel frühzeitig verhindern können.

Was aber war nun das Mogul-Projekt und was hatte es mit Roswell zu tun? Das Mogul-Projekt fand im Juni und Juli 1947 auf dem Alamogordo Army Air Field südlich des Raketentestgeländes von White Sands statt und stand unter der Leitung von Wissenschaftlern der Universität New York und des Watson-Labors. Es benutzte Ballons, die konstant auf einer Höhe in der Luft blieben und meteorologische Geräte trugen, die Schockwellen messen konnten, die von sowjetischen Nuklearexplosionen erwartet wurden. Und es stand unter der höchsten Geheimhaltungsstufe Top Secret 1A. Doch das einzig geheime an dem Mogul-Projekt waren seine Aufgabe und vielleicht noch die Schockwellendetektoren. Als Ballons wurden konventionelle Wetterballons benutzt.

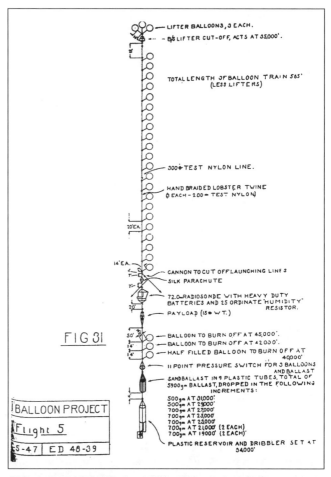

Skizze eines Mogul-Ballons, Flug 5 vom 5. Juni 1947.

Colonel Weaver gelang es, den Projektleiter Prof. Charles B. Moore aufzuspüren und zu interviewen. Moore bestätigte, daß man zu Anfang des Projektes, im Juni 1947, ganze Batterien konventioneller Neopren-Ballons aneinanderband, um die Mogul-Geräte länger in der Luft zu halten. Diese bestanden erst aus gewöhnlichen Marine-Schallmeßgeräten, wie sie in Unterseebooten Verwendung fanden, später wurden akustische Sensoren

Ein Mogul-Ballon mit drei Radarreflektoren wird für den Start fertiggemacht.

Komponenten eines Mogul-Ballons, in der Mitte Radarreflektoren.

aus den Watson-Labors nachgeliefert. Zwischen den eigentlichen Ballonstarts fanden „Service flights" statt, die aus Ballons, Radarreflektoren und der Fracht, in der Regel Testgeräte, bestanden. Diese Geräte trugen - ebenso wie die eigentlichen Mogul-Flüge - Aufkleber, die dem Finder eine Belohnung versprachen, wenn er die Universität von New York benachrichtigte. Von den zehn Mogul-Flügen im Juni und Juli 1947 waren die Flüge 2-4 und 9 „Serviceflüge" außerhalb der Reihe.

Laut Professor Moore wurden die Radarreflektoren von einer Spielzeugfirma hergestellt und hätten aus Alufolie, gehärteten Balsaholzstäben und purpur- bis rosafarbenem Klebeband bestanden, auf das Blümchen und Herzchen aufgedruckt waren. Stürzte ein Mogul-Ballon ab, so überdauerte er die Einwirkungen der Elemente in der Hitze der Wüste New Mexicos jedoch nicht lange.

Während das Neopren der Ballons in der Hitze der Wüste sehr schnell verwitterte - nach wenigen Tagen waren nur noch aschfarbene Flocken übrig - wurde die Alufolie vom Wind zerrissen und verweht. Daher folgerte Colonel Weaver: „Flug 4 wurde am 4. Juni 1947 gestartet, aber nicht von der Gruppe von der Universität New York geborgen. Es ist sehr wahrscheinlich, daß diese strenggeheime Ballonkonfiguration, DIE AUS NICHT GEHEIMEN KOMPONENTEN BESTAND (Hervorhebung d. Aut.), einige Meilen nordwestlich von Roswell, NM, herunterkam, von den Wüstenwinden zerfleddert und schließlich, zehn Tage später, vom Rancher gefunden wurde". (6)

Doch diese Erklärung ist nichts weiter als eine Wortklauberei. „Streng geheim" war einzig der Zweck des Projektes, nicht - wie der Oberst einräumte - die Komponenten. Diese bestanden aus einem oder mehreren

Neopren-Ballons, Wetterballons also, mit einem Radarreflektor und ihrer Nutzlast. Mit anderen Worten: Ein Mogul-Ballon war ein ganz gewöhnlicher Wetterballon mit einem recht außergewöhnlichen Auftrag. Er war sogar gekennzeichnet, damit jeder, der ihn findet, auch den Fund meldet. Daß von siebzehn gestarteten Ballons die meisten gefunden und gemeldet wurden, beweist, daß dieses System funktionierte. In keinem Fall waren besondere Sicherheitsvorkehrungen nötig - kein Uneingeweihter wäre je auf die Idee gekommen, daß er irgendetwas anderes als einen meteorologischen Forschungsballon entdeckt hätte. So stürzte auch Flug Nr. 5 am 5. Juni 1947 östlich von Roswell ab und konnte vom Mogul-Team geborgen werden, nachdem ein lokaler Rancher die auf der Nutzlast angegebene Telefonnummer angerufen hatte.

Einzig Brazel, der nach eigenen Angaben schon mehrfach Wetterballons auf seiner Ranch gefunden hatte, soll den Ballon für eine „Fliegende Untertasse" gehalten haben? Theoretisch wäre das noch denkbar. Aber spätestens Jesse Marcel hätte erkennen müssen, worum es sich handelte. Er hatte die Luft-Nachrichtendienstschule besucht, diente im Zweiten Weltkrieg als Untersucher von Flugzeugabstürzen. Fiel er 1947 einem Anfall von jugendlichem Enthusiasmus zum Opfer? Auch unwahrscheinlich, denn seine Aussagen stammen aus den Jahren 1978-82. Nur ein halbes Jahr nach dem Vorfall war er zum Oberstleutnant befördert und ins Pentagon versetzt worden, zu eben dem Projekt, das bestimmen sollte - und schließlich aufdeckte - wann die Russen ihre erste Atombombe testeten, und dem Projekt Mogul unterstand. „Ich war ziemlich vertraut mit so ungefähr allem, das damals in der Luft war, nicht nur von uns, sondern von einer ganzen Reihe anderer Staaten", erklärte Oberst Marcel 1979, „und ich glaube immer noch, daß das, was wir damals fanden, nicht von der Erde war". (7) Etwa, weil er „Herzchen und Blümchen" auf einem pinkfarbenen Klebeband für eine Botschaft aus dem Kosmos hielt? Sollen wir wirklich glauben, daß Marcel,

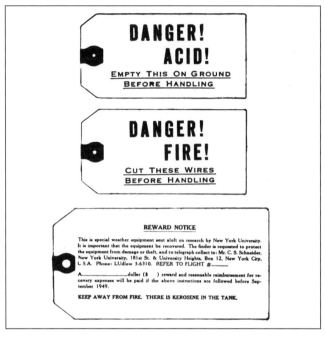

Diese Anhänger forderten den Finder eines Mogul-Ballons auf, das Projekt-Headquarter in New York zu benachrichtigen, und versprachen eine Belohnung. In allen Fällen erkannten die Rancher die Ballons als solche.

wenn er ein solcher „Volltrottel" gewesen wäre, tatsächlich in eine der verantwortungsvollsten und sensitivsten Positionen im Pentagon versetzt worden wäre? Und Oberst Blanchard, hätte er es wirklich zum Vize-Stabschef der US-Luftwaffe gebracht - und er wäre noch Stabschef geworden, wenn er nicht in seinem Büro im Pentagon einem Herzinfarkt zum Opfer gefallen wäre -, zur zweithöchsten Position innerhalb der US-Luftwaffe, wenn er damals so „viel Wirbel um nichts" gemacht hätte? Hätte nicht zumindest er als Basiskommandant gezögert, eine so spektakuläre Pressemitteilung herauszugeben, wenn er es auch nur für möglich gehalten hätte, daß sein Nachrichtenoffizier statt einer „fliegenden Untertasse" auf der Foster-Ranch nur einen Wetterballon fand?

Tatsächlich ist die Luftwaffen-Version der Geschichte von Roswell voller Ungereimtheiten und innerer Widersprüche. So wird ausdrücklich betont, daß sich das Neopren der Ballons in der Hitze der Wüste *„schon nach wenigen Tagen in ascheartige Flocken auflöst"*, andererseits soll Brazel es noch nach 30 Tagen aufgesammelt haben. Erst wird der Kronzeuge Hauptmann Cavitt zitiert, der von einem einfachen Ballon spricht, dann ist plötzlich von ganzen Ballonbatterien die Rede. Einerseits sollen die Wüstenwinde das Aluminium des Radarreflektors auf einen laut Brazel 200 Meter breiten, laut Marcel 1200 Meter langen Streifen verteilt haben, andererseits wird behauptet, der Wetterballon in General Rameys Büro sei eben das gewesen, was Marcel auf der Ranch geborgen hat, womit Oberst Weaver natürlich Luftwaffen-General Thomas Jefferson DuBose, der das Gegenteil behauptete, Lügen straft. Laut Major Irving Newton war das *„ein Ballon und ein Rawin-Radarreflektor"* (8), und der war - die Fotos zeigen es - noch ziemlich intakt, zu intakt für dreißig Tage in der Wüste, zu intakt, wenn gleichzeitig seine Fragmente über 150.000 Quadratmeter verstreut und vom Winde verweht worden sein sollen. Und allzu geheim konnte er auch nicht gewesen sein, sonst hätte General Ramey es nie zugelassen, daß sein Foto um die Welt ging.

Wenn aber das komplette Ballonwrack am Nachmittag des 8. Juli nach Fort Worth geflogen wurde, wozu dienten dann allein nur die vier C-54 Transportflugzeuge, die erst am nächsten Morgen „mit Wrackteilen" beladen wurden und am Nachmittag des 9. Juli starteten (9)? Major Marcel bestätigte, daß er nach einem ganzen Tag auf der Foster-Ranch zusammen mit Cavitt nur einen winzigen Bruchteil der Fragmente bergen konnte (10). Das größte Wrackteil, so einer der Augenzeugen (R.Smith) in seiner eidesstattlichen Erklärung, war sieben Meter lang und zwei Meter tief, größer als alles, was ein Mogul-Ballon je getragen hat (11). *„Welche Art Ballon würde den Laderaum von Marcels Wagen und eine Jeep-*

Ladebox füllen und dann noch fünfzig bis sechzig Soldaten erfordern, um seine Trümmer zwei Tage lang aufzusammeln", fragen auch Don Schmitt und Kevin Randle. (12) Weshalb wurde überhaupt die Bergungsoperation NACH der Identifikation der Wrackteile als „Wetterballon" durch General Ramey noch fortgesetzt? Wieso die strikten Sicherheitsvorkehrungen, die Straßensperren, die Einschüchterung der Zeugen, die doch bloß Ballonteile gesehen haben? Warum mußte das Trümmerfeld akribisch durchkämmt werden, warum noch Monate später die Konfiszierung von Trümmerfragmenten, die Bill Barzel jr. auf der Foster-Ranch gefunden hat, wenn es sich bei diesen nur um Neopren- und Alufoliefetzen handeln sollte? Die Komponenten des Ballons waren schließlich nicht geheim, nur seine Mission. Heißt es doch wörtlich im Luftwaffenbericht: *„Das von der AAF im Juli 1947 geborgene Material war auf den ersten Blick nichts Ungewöhnliches (nur der Zweck war speziell) und die geborgenen Trümmer selbst waren nicht geheim."* (13) Wirklich?

Alle Zeugen, die das Material in den Händen hatten, waren beeindruckt von seinen phantastischen Eigenschaften. Es war so hart, daß nicht einmal ein Schlagbohrer ihm eine Delle verpaßte, und doch so elastisch, daß man es zusammenknüllen konnte, und es sofort wieder seine ursprüngliche Form annahm. Und schließlich behauptete CIC-Agent Lewis Rickett, der mit Cavitt die Bergung beaufsichtigte, noch ein Jahr nach der Bergung mit Joe Wirth, einem CIC-Offizier der Andrews AFB bei Washington D.C, über die Roswell-Fragmente gesprochen zu haben. *„Wir wissen noch immer nicht, was es ist"*, hätte dieser gemeint, *„unsere Metallexperten können es nicht einmal schneiden"*. (14) Auch General Exon, der spätere Kommandant von Wright Field, bestätigte die „phantastische" Natur und Eigenschaften der Metalltrümmer. Alufolie? Weshalb, wenn in Roswell nur ein Mogul-Ballon abgestürzt war, zählte General Schulgen, Chef des Luftwaffen-Nachrichtendienstes, noch am 30. Oktober 1947 *„Metall-Folien, Plastikarten und vielleicht Balsaholz oder ähnliches Material"* von *„ungewöhnlicher Fabrikationsweise zur Erreichung eines extrem leichten Gewichtes bei hoher struktureller Stabilität"* zu den *„Konstruktionsweisen der Flugzeuge vom Typ 'Fliegende Untertasse'"* (15), wenn sich fast vier Monate nach der Identifikation der Roswell-Fragmente durch General Ramey diese Erkenntnis doch eigentlich auch im Pentagon herumgesprochen haben müßte?

Dabei wußte man in Washington natürlich vom Mogul-Projekt. Im August 1947 war dem FBI wieder einmal einer der in diesem Sommer - quasi als Echo auf Roswell - so häufig inszenierten Scherz-UFO-Abstürze gemeldet worden. Die vermeintlichen Wrackteile, die auf einer Farm, bei Danforth, Illinois, entdeckt wurden, reichte die Bundespolizei Lt.Col. Garrett ein, der sie an Col. H.M. McCoy, den Vizekommandanten der Analytischen Division des Luftwaffen-Nachrichtendienstes (T-2), weiterleitete. Am 25. August 1947 informierte Col. McCoy die Kommandierenden Generäle der Army Air Forces im Pentagon und Lt.Col. Garrett über die Ergebnisse: Die „UFO-Fragmente" bestanden aus Gips, Keramik, einer ausgedienten Lautsprechermembran aus dem Jahre 1910, einigen anderen elektronischen Komponenten und Bakelit-Backpapier, das mit Kupferdraht umsponnen war. Doch so lächerlich die ganze Angelegenheit war, eine Referenz in Col. McCoys Memorandum läßt uns aufhorchen: *„Die Elektronische Unterdivision T-3 (des Luftwaffen-Geheimdienstes) erklärte, daß die Proben definitiv in keiner Verbindung irgendeiner Art zum 'Mogul'-Projekt oder irgendeinem anderen Forschungs- und Entwicklungsprojekt dieses Kommandos standen."* (16) Also war „Mogul" durchaus bekannt und so wenig „Top Secret", daß es sogar in einem nur mit „Confidential" - Vertraulich - klassifizierten Bericht erwähnt wurde. Natürlich ist niemand bei der Luftwaffe auf diesen Fund hereingefallen, kein

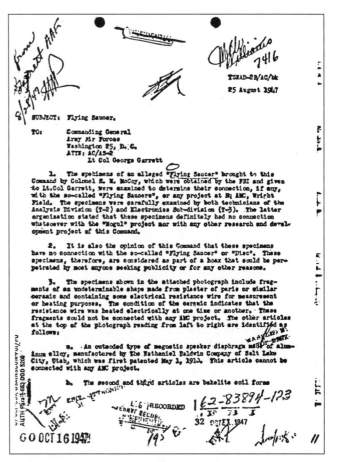

Memorandum an die Kommandierenden Generäle der Army Force vom 25.8.1947 über die Auffindung angeblicher UFO-Wrackteile, die sich später als Scherz entpuppten. Interessant ist, daß hier sofort auf das Projekt Mogul verwiesen wird, obwohl das Dokument nur mit „Vertraulich" klassifiziert ist. So geheim und mysteriös, wie die Luftwaffe 1994 behauptete, war „Mogul" also gar nicht.

Pressesprecher hat enthusiastisch den Fund einer „fliegenden Untertasse" gemeldet und niemand wäre auf die Idee gekommen, ihr Erscheinungsbild noch vier Monate später unter den Charakteristiken Unbekannter Flugobjekte aufzulisten.

FLIGHT NUMBER	DATE AND RELEASE TIME	LAUNCHING SITE	DESCRIPTION OF BALLOONS	BALLOON ASSEMBLY	DESCRIPTION OF EQUIPMENT	TOTAL WEIGHT ON BALLOON INCLUDING BALLAST	DESCRIPTION OF ALTITUDE CONTROL	BALLAST WEIGHT	FREE LIFT	BALLOON LIFT	RADIOSONDE RECEPTION	TRACKING	AIRCRAFT OBSERVATION	FLIGHT DURATION	O. TIME CONSTANCY	MAXIMUM CONSTANT LEVELS MSL	RECOVERY LANDING SITE	CRITIQUE
A	20 Nov. 1946 1438 AST	NYU, N.Y.	1 - 350 gram meteorological	0.7 kg	72.2 mc Radiosonde	1.8 kg	None	0	Not known	Not known	80%	0%	0%	70 min.	4 min. ± 1000'	Max. 37000' Const. 37000'	0%	Balloon balancing load. Free lift from 350 gram meteorological balloon. Successful cutting free of lifter balloon. Balloon did not level off.
B	16 Dec. 1946 1219 EST	NYU, N.Y.	1 - 350 gram meteorological	0.7 kg	72.2 mc Radiosonde	1.8 kg	None	0	Not known	Not known	80%	Theodolite 50%	7%	31 min.	6 min. ± 10'0'	Max. 15.00' Const. 15000'	0%	Balloon balancing load. Free lift from 350 gram meteorological balloon. Successful cutting free of lifter balloon. Balloon did not level off.
1	3 April 1947 1418 AST	Bethlehem Pennsylvania	14 - 350 gram meteorological balloons. Long train	4.9 kg	72.2 mc Radiosonde Sand ballast	13.0 kg	3 cans of ballast to be dropped on descent	4.8 kg	Not known	Not known	80% with recorder 50% without recorder	Theodolite 66%	0%	115 min.	None	Max. 460'0' Const.	0%	Failure due to poor rigging, poor launching technique. 2 lifter balloons, 12 main balloons. Train rose until some balloons burst then descended rapidly.
5	5 June 1947 1917 MST	Alamogordo New Mexico	29 - 350 gram meteorological balloons. Long cosmic ray train	10.2 kg	72.2 mc Radiosonde Data gear Sand ballast Liquid ballast	26.4 kg	Balloons to cut off above 60000' 5 kg sand and 5 kg liquid to fall under 32000'	10.0 kg	9.9 kg	36.3 kg	10% without recorder	Theodolite 90% B-17	90% Const.	343 min.	38 min. ± 300'	Max. 58000' Const. 51000'	100% E. of Roswell N. M.	First successful flight carrying a heavy load. 3 lifter balloons, 26 main balloons.
6	7 June 1947 0509 MST	Alamogordo New Mexico	28 - 350 gram meteorological balloons. Long cosmic ray train	9.8 kg	74.5 mc Radiosonde 69.3 mc transmitter. Ballast assembly	28.3 kg	Balloons to cut off above 60000' 5 kg sand and 5 kg liquid to fall under 32000'	10 kg	1.9 kg	30.2 kg	95% without recorder	Theodolite 90% B-17	40%	164 min.	None	Max. 72000'	50%	Flight unsuccessful. Altitude control damaged on launching. 4 lifter balloons, 24 main balloons.
7	2 July 1947 0581 MST	Alamogordo New Mexico	20 - 350 gram meteorological balloons. Ballast assembly + Helios clusters	7.0 kg	74.5 mc Radiosonde Ballast assembly	25.7 kg	4 over inflated balloons. 10 kg lead shot to fall under 34000'	10 kg	10.5 kg	36.2 kg	80% without recorder	Theodolite 100%	C-54 100%	418 min.	147 min. ± 5000'	Max. 485C0' Const. 35000'	1% (1 balloon) neck	Best flight thought possible with flabby neoprene balloons. 4 lifter balloons, 16 main balloons.
8	3 July 1947 0303 MST	Alamogordo New Mexico	10 General Mills 7' .001" polyethylene	4.6 kg	74.5 mc Radiosonde Ballast assembly	16.7 kg	Dribbler, compass fluid Fixed leak 160 gm/hr	3 kg	3.5 kg	20.2 kg	100% with recorder	Theodolite 33% Radar - last 55%	C-45	195 min.	62 min. ± 1300'	Max. 18500' Const. 18000'	0%	First non-extensible balloon flight. Due to lack of information on volume the altitude control was not actuated. However, flight shows excellent stability of non-extensible balloons. Loss of lift due to balloon leakage 1000 gm/hr.
10	5 July 1947 05'1 MST	Alamogordo New Mexico	1 M.A. Smith 15' .008" polyethylene	14.2 kg	74.5 mc Radiosonde Ballast assembly	16.3 kg	Dribbler Compass fluid	3 kg	5.6 kg	21.9 kg	51% min. with recorder 82% min.	Theodolite 0%	Over 512 min.	130 min. ± 300' 382 min. ± 2700'	Max. 15100' Const. 9000'	0%	Successful flight with altitude control working. Balloon reported over Albuquerque after 11 hours; Pueblo, Colorado after 26 hours. Fluctuations toward end of transmission believed due to convection currents over desert. Balloon diffusion 10 gm/hr.

Liste aller Starts von Projekt Mogul-Ballons bis zum 5. Juli 1947.

Und schließlich gibt es nicht einmal einen Beweis dafür, daß es „Flug 4" des Mogul-Projektes überhaupt gegeben hat (geschweige denn, daß er bei Roswell herunterkam), denn das offizielle Logbuch des Projektes beginnt ausdrücklich mit „Flug 5" vom 5. Juni 1947.
Die Flüge A und B wurden von der Universität New York aus gestartet, Flug 1 in Pennsylvania an der Ostküste, die Flüge 2-4 fanden zumindest offiziell nie statt. (17)

Wie aber bewertete die Luftwaffe die über zwanzig Zeugenaussagen, die von „außerirdischen Leichen" sprachen? Sie durfte es nicht geben. Warum, das erklärt Oberst Weaver so: „Zuerst einmal stammte das geborgene Wrack von einem Project Mogul-Ballon. Darin gibt es keine 'außerirdischen Passagiere'". Weiter seien „einige dieser Berichte" Schwindel, könnten sich nicht einmal die Pro-UFO-Gruppen einigen, wieviele Leichen es denn gewesen seien, benutzten einige Zeugen Pseudonyme oder sind längst verstorben und zudem würden sich „viele der Personen, die die lautesten Behauptungen über 'außerirdische Leichen' verbreiten, ihren Lebensunterhalt durch den Roswell-Vorfall verdienen", was natürlich auf keinen einzigen Zeugen zutrifft und eine üble Unterstellung durch die Luftwaffe ist. „Und schließlich haben Menschen, die namentlich Behauptungen aufstellten, in gutem Glauben aber im 'Nebel der Zeit' vergangene Ereignisse falsch interpretiert". Einen Beweis für all diese Bezichtigungen blieb Oberst Weaver natürlich schuldig außer dem, daß „ein Blick in die Luftwaffen-Akten nicht einmal den kleinsten Beweis dafür erbrachte, daß die Luftwaffe je an der Bergung einer 'außerirdischen' Leiche beteiligt war und diese nach wie vor vertuscht." (18)

Natürlich konnte Weaver genausowenig den geringsten Beweis für seine Mogul-Hypothese vorlegen, und so kam es, wie es kommen mußte - das GAO bezeichnete die

Luftwaffen-Erklärung als „ungenügend" und setzte seine Untersuchung fort. Die Öffentlichkeit verlangte nach der Wahrheit, und das Thema wurde noch aktueller, als der amerikanische Pay TV-Sender „Showtime" Ende Juli 1994 den Dreiteiler „Roswell" von Paul Davids ausstrahlte, mit Martin Sheen und Charles Martin Smith in den Hauptrollen. Davids war vom Thema begeistert, seit er Kevin Randles und Don Schmitts Bestseller „UFO Crash at Roswell" gelesen hatte. Die TV-Miniserie beruhte auf dem Buch und war so sauber recherchiert wie ein Doku-Drama. Fiktiver Ausgangspunkt war ein Veteranentreffen in Roswell im Jahre 1977, wo all jene, die damals dabei waren, nach dreißig Jahren erstmals wieder zusammenkamen und ihre Erinnerungen mitbrachten. Diese, so unterschiedlich sie manchmal waren, wurden inszeniert und ließen wie Puzzlesteine ein Gesamtbild entstehen. Und natürlich gab es auch jene, die auch jetzt noch alles abstritten oder sich auf die Schweigeeide von damals beriefen. Der Dreiteiler war gut, er berührte, und er machte erstmals ein Millionenpublikum mit den Ereignissen von Roswell vertraut, das nun auch danach verlangte, die Wahrheit zu erfahren. Da kam Kent Jeffrey gerade recht, ein amerikanischer UFO-Enthusiast, der forderte, es sei endlich „Zeit für die Wahrheit über Roswell". Also rief er die „Roswell-Aktion" ins Leben, eine weltweite Unterschriftensammlung, in der er von der US-Regierung forderte, was er als einen „logischen und geradeaus führenden Weg, die Wahrheit über Roswell herauszufinden", bezeichnete:

„Einen Exekutivbeschluß (eine Anweisung des Präsidenten), der die Geheimhaltung jeglicher Informationen in bezug auf die Existenz von UFOs und extraterrestrischer Intelligenz aufhebt. So eine Aktion wäre berechtigt und angemessen, denn es handelt sich hier um eine einmalige Angelegenheit von universeller Bedeutung. Um alle potentiellen Zeugen mit der nötigen Sicherheit zu versehen, wäre es erforderlich, einem klar formulierten Beschluß Gesetzeskraft zu verleihen. Eine derartige Verfügung ist grundlegend notwendig, und genau das war es

auch, was der damalige Präsidentschaftskandidat Jimmy Carter im Jahre 1976 - vor nunmehr achtzehn Jahren - versprach und dann dem amerikanischen Volke dennoch versagte.

Wenn, wie offiziell behauptet wird, keine Informationen über Roswell, UFOs oder extraterrestrische Intelligenz zurückgehalten werden, würde ein Exekutivbeschluß zur Aufhebung der Geheimhaltung eine bloße Formalität bedeuten, denn es gäbe ja nichts, das enthüllt werden müßte. Der Beschluß hätte jedenfalls den positiven Effekt, daß die Sache ein für allemal wahrheitlich richtiggestellt würde. Jahre der Kontroverse und der Verdächtigungen würden enden - vor den Augen der amerikanischen Bürger und vor den Augen der ganzen Welt.

Wenn andererseits die Zeugen von Roswell die Wahrheit sagen und Informationen über extraterrestrische Intelligenzen existieren, dann kann dies keine Sache sein, auf die ein paar Privilegierte innerhalb der amerikanischen Regierung ein Exklusivrecht besitzen. Sie stellt Wissen von grundlegender Bedeutung dar, an dem alle Menschen auf diesem Planeten ein unbestreitbares Recht haben. Die Preisgabe von Informationen würde fraglich universell als ein historischer Akt von Ehrlichkeit und gutem Willen anerkannt werden." (19)

Und tatsächlich fand Jeffreys Initiative weltweit Anklang. Bis zum 1. Januar 1996 hatte er über 22.000 unterschriebene Deklarationen vorliegen, die aus zehn Ländern der Erde zusammengekommen waren. Einige hundert Unterschriften stammten von Wissenschaftlern und Ingenieuren, hinzu kamen zwei pensionierte Generäle der US-Luftwaffe und zwei US-Astronauten, von denen einer auf dem Mond gelandet war. Der Plan der Initiative ist, die Unterschriften in einer vertraulichen Datenbank zu sammeln und diese den zuständigen Kongreßabgeordneten, Senatoren und dem Präsidenten in regelmäßigen Abständen, immer auf dem neuesten Stand, zu präsentieren. Für 1996 plant Jeffrey die erste Aktion, wenn Listen mit unterzeichneten Deklarationen dem US-Kongreß und dem Präsidenten eingereicht werden sollen. Am selben Tag werden die jeweiligen nationalen Koordinationsstellen der an der Aktion beteiligten zehn Länder - einschließlich der Bundesrepublik - ihrem US-Botschafter die Petitionen übergeben.

Über 18.000 Unterschriften hatte Jeffrey bereits gesammelt, als am 28. Juli 1995, nach diversen Verzögerungen, endlich der Abschlußbericht des GAO an den Kongreßabgeordneten Schiff geschickt werden konnte. Das Timing seiner Fertigstellung scheint bewußt gewählt zu sein. Nach den GAO-Bestimmungen könnte er genau dreißig Tage, nachdem er dem Auftraggeber vorgelegt wurde, veröffentlicht werden, also am 27. August. Für den 28. August hatte der britische Filmproduzent Ray Santilli die weltweite Erstveröffentlichung angeblich authentischer Filmaufnahmen angekündigt, die die Autopsie zweier der bei Roswell geborgenen „außerirdischen Leichen" zeigen sollte, die es laut der US-Luftwaffe nicht geben durfte. (20)

Doch der Bericht enttäuschte. Er warf mehr Fragen auf, als er beantwortete. Der GAO-Untersuchung zufolge sind alle Akten zu dem Vorfall zerstört worden, ohne daß es einen Befehl zu ihrer Zerstörung gegeben hat. Das galt insbesondere für sämtliche Berichte, die im Juli 1947 vom Roswell Army Air Field aus nach Washington und Fort Worth gegangen sein müssen. Würden diese offiziellen Rapporte heute vorliegen, könnte das Mysterium von Roswell ein für alle Male aufgeklärt werden. Aber sie sind spurlos verschwunden - eigentlich eine Unmöglichkeit im militärischen Prozedere. Schließlich handelte es sich bei der 509. Bombergruppe, die auf dem Roswell Army Air Field (RAAF) stationiert war, um die erste und damals einzige Atombombereinheit der Welt, eine Eliteeinheit, die ständig im Hochsicherheitsbereich operierte. Die Dokumente der vielleicht wichtigsten Bombergruppe der Vereinigten Staaten hätten niemals zerstört werden dürfen, und ganz bestimmt nicht ohne einen ausdrücklichen Befehl, der sich zumindest noch in

Pressemitteilung des Kongreßabgeordneten von New Mexico, Steve Schiff zum Roswell-Bericht des GAO: „die fehlenden Dokumente lassen viele Fragen unbeantwortet". (Fortsetzung S. 231)

den Akten befinden müßte. Es gibt nur eine Erklärung für ein solches Vorgehen: Jemand von „ganz oben" in der militärischen Hierarchie hat alle Spuren des Vorfalls verwischen, den Roswell-Zwischenfall ungeschehen machen wollen. *„Diese Kommunikationen waren permanente Akten und hätten nie zerstört werden dürfen.*

(page two)

Schiff pointed out that the GAO estimates that the messages were destroyed over 40 years ago, making further inquiry about their destruction impractical.

Documents revealed by the report include an FBI teletype and reference in a newsletter style internal forum at RAAF that refer to a "radar tracking device" - a reference to a weather balloon. Even though the weather balloon story has since been discredited by the US Air Force, Schiff suggested that the authors of those communications may have been repeating what they were told, rather than consciously adding to what some believe is a "cover up."

"At least this effort caused the Air Force to acknowledge that the crashed vehicle was no weather balloon," Schiff said. "That explanation never fit the fact of high military security used at the time." The Air Force in September, 1994 claimed that the crashed vehicle was a then-classified device to detect evidence of possible Soviet nuclear testing.

Schiff also praised the efforts of the GAO; describing their work as "professional, conscientious and thorough."

A two page letter discussing a related investigation into "Majestic 12" was also delivered.

Schiff will be available to the media Saturday, July 29th, from 10:00 AM to 2:00 PM at 2404 Rayburn HOB in Washington, DC and by telephone: (202) 225-6316.

A copy of the report may be obtained by calling (202) 512-6000 and referencing Document number GAO/NSIAD-95-187.

GAO

United States General Accounting Office

Report to the Honorable
Steven H. Schiff, House of
Representatives

July 1995

GOVERNMENT RECORDS

Results of a Search for Records Concerning the 1947 Crash Near Roswell, New Mexico

GAO/NSIAD-95-187

Der GAO-Bericht „Ergebnisse einer Suche nach Akten bezüglich des 1947er-Absturzes bei Roswell, New Mexico.

von Juli 1947 bis in die fünfziger Jahre. Diese Akten stammten von verschiedenen Dienststellen in New Mexico und anderswo, dem Verteidigungsministerium und dem FBI, dem CIA und dem NSC. ... Im Verlauf unserer Suche nach Akten betreff des Roswell-Absturzes erfuhren wir, daß einige Regierungsakten, in denen es um die Aktivitäten der RAAF ging, zerstört wurden und andere nicht.

Das GAO konnte weder feststellen, wer sie zerstörte noch warum", erklärte dann auch Congressman Schiff, als er den GAO-Bericht noch am gleichen Tag an die Presse weitergab, „die fehlenden Dokumente lassen viele Fragen unbeantwortet". (21)
„Wir führten eine intensive Suche nach Regierungsdokumenten über den Absturz bei Roswell durch", heißt es in dem 20-seitigen Report, „wir durchsuchten ein breites Spektrum klassifizierter und unklassifizierter Dokumente

Zum Beispiel sind die Administrationsakten der RAAF (von Mai 1945 bis Dezember 1949) und ausgehende Berichte der RAAF (von Oktober 1946 bis Dezember 1949) zerstört worden. Die Dokumentendispositionsformulare zeigen nicht an, welche Organisation oder Person die Akten zerstörte und wann und unter wessen Befehl die Akten vernichtet wurden." Auch der Nationale Sicherheitsrat (NSC), der CIA und das Energieministerium erklärten, keine Dokumente über den Roswell-Vorfall gefunden zu haben.

Am selben Tag, an dem er den GAO-Bericht entgegennahm, erhielt Schiff noch ein weiteres Schreiben vom GAO, diesmal betreff seiner „Nebenanfrage", ob das GAO die Echtheit der „Majestic 12-Dokumente" bestätigen könnte. Während das Fernschreiben des AFOSI vom November 1980, das Bill Moore von „Falcon" ausgehändigt wurde, „von AFOSI als Fälschung bezeichnet wurde" - was es ja auch war, zumindest eine manipulierte Version eines echten Dokumentes -, läßt der GAO-Bericht offen, ob die „Majestic 12"- Dokumente echt sind oder nicht. Statt dessen zitiert er die Antworten des „Information Security Oversight Office", des Luftwaffenbüros für Sicherheit und Untersuchungsprogramme und des Nationalarchivs sowie der Truman- und Eisenhower-Bibliotheken, die allesamt erklärten, *nichts gefunden zu haben, das der Beschreibung des Majestic 12-Materials entspricht oder Hinweise auf dieses beinhaltet*", was natürlich nach wie vor alles offen läßt, geht man davon aus, daß die Dokumente noch heute unter strengster Geheimhaltung stehen, nicht kopiert werden dürfen („Eyes Only") und nur Mitgliedern der „Operation Majestic 12" (mit entsprechender Top Secret/Majic-Befugnis) selbst zugänglich sind. (22)

„Zurück zu Quadrat A", nichts anderes bedeutete der GAO-Bericht. Man war genauso schlau wie zuvor. Das größte Mysterium des 20. Jahrhunderts war auf konventionellem Wege nicht zu lösen. Dafür hatten schon jene gesorgt, die von Anfang an für seine Vertuschung verantwortlich waren. Doch schon vier Wochen nach der Veröffentlichung des enttäuschenden Ergebnisses der GAO-Untersuchung sorgte Roswell erneut weltweit für Schlagzeilen.

Ein Beweisstück ganz anderer Art war aufgetaucht und versprach, den Fall aufzuklären. Ja, es wurde 1947 ein fremdes Raumschiff in New Mexico geborgen, ja, man fand die Insassen, behauptete ein Kameramann der US Army Air Force - und präsentierte zum Beweis für seine Behauptungen sogar Filme der Autopsien zweier fremdartiger Wesen. Doch seine unglaublichste Behauptung war: Der erste UFO-Absturz fand bereits am 31. Mai 1947 statt, fünf Wochen vor dem „eigentlichen" Roswell-Zwischenfall.

13. Kapitel

Der Roswell-Film

Cleveland, Ohio, Juli 1992. Eigentlich war Ray Santilli nach Amerika gekommen, um neues, unveröffentlichtes Material aus der Frühzeit des Rock `n Roll zu finden. Er war schon seit 17 Jahren im Musikgeschäft. Er hatte mit Promotion und Marketing begonnen, dann einige Schallplattenkünstler gemanagt, bevor er seine eigene Plattenfirma gründete. Es gelang ihm, die Exklusivrechte für Walt Disneys-Soundtracks für England zu erwerben, die er ein paar Jahre lang vertrieb, bis er sich mehr und mehr auf den Handel mit Rechten und Uraufnahmen spezialisierte. Zu diesem Zweck gründete er seine „Merlin Group" und war ständig auf der Suche nach unveröffentlichtem Material. Cleveland war dafür gerade das richtige Pflaster. Die Stadt hatte in den fünfziger Jahren eine ziemlich florierende High School-Szene, und im Sommer 1955 spielten die Größen des Rock `n Roll an den High Schools von Cleveland: Bill Haley und die Comets, Pat Boone und ein damals noch unbekannter junger Mann aus der Provinz, dem im Handumdrehen alle Herzen zuflogen: Elvis Presley, den sie später den „King" nannten.

Santilli rechnete sich aus, daß die Zeit um den 4. Juli die günstigste für seine Aktion war. Der amerikanische Nationalfeiertag ist Familientag in den USA, und so war zumindest zu hoffen, daß einige der Teenager von damals, heute Mittfünfziger, ihre Eltern besuchten, zusammen mit ihren eigenen Kindern, die längst die Universität besuchten. Amerikaner sind, bei aller Umzugsfreudigkeit,

Familienmenschen, die immer wieder zusammenkommen.

Ray hatte Gary Shoefield mitgenommen, einen Geschäftsfreund, der für die Firma Polygram tätig war, und den die Aussicht auf neues Elvis-Material reizte. Als erstes wurden die beiden Engländer bei der Lokalzeitung vorstellig, die über ihr Interesse an jeder Art von Memorabilien von damals, ob Fotos und Autogramme oder Filmaufnahmen, berichtete und das Hotel nannte, in dem man sie finden konnte.

Kaum war der Artikel veröffentlicht, erhielt Santilli die ersten Anrufe. Einer davon kam von einem Mann, der erklärte, sein Vater, Jack B., sei damals freier Kameramann gewesen. Als die Rock `n Roll-Stars in Cleveland spielten, streikte gerade die Gewerkschaft der Kameraleute, und so engagierte die Agentur „Universal News" Jack, um ein Open-Air-Konzert zu filmen. Einiges Material kaufte „Universal News" ihm ab, anderes hatte er noch zu Hause. Er würde normalerweise in Florida leben, sei aber gerade in Cleveland zum Segeln auf einem nahegelegenen See, auf dem sein Sohn ein Boot liegen hatte.

Santilli macht einen Termin aus, traf den Kameramann Jack B., der gerade 82 geworden war. Man verabredete sich in einer Stadt in Florida, sobald Santilli wieder in die USA kam, was ein paar Monate später der Fall war.

Der alte Mann wohnte in einem sauberen Vorort einer Großstadt, zurückgezogen in einem kleinen Haus. Das Geschäft ging recht glatt über die Bühne, Santilli konnte das Material gebrauchen, worunter sich einige der frühesten Filmaufnahmen des „Kings" überhaupt befanden, zahlte bar und ohne viel Papierkram. Das wiederum gefiel dem alten Jack.

Am nächsten Morgen, Santilli packte gerade in seinem Hotelzimmer die Koffer, klingelte bei ihm das Telefon. Am Apparat war Jack: „Ray, haben Sie auch Interesse an anderem Material?". Ray bejahte. „Na, kommen Sie noch mal bei mir vorbei. Ich hätte da etwas, das ist vielleicht noch interessanter als das Elvis-Material." Santilli ließ sich ein Taxi rufen und stand dreißig Minuten später bei Jack vor der Tür. Der bat ihn herein, bot ihm einen Platz auf seinem Sofa an und meinte, er würde gleich wiederkommen. Zwei Minuten später kam er zurück, mit einem Pappkarton voller 16 mm-Filme in silbernen Rollen. „Ray, haben Sie schon einmal von dem Roswell-Zwischenfall gehört? Damals stürzte so ein UFO in der Wüste von New Mexico ab. Ich war dabei, filmte die Bergung. Und wissen Sie, was das Verrückteste ist? Ich dürfte diese Filme gar nicht haben. Aber das Pentagon hat sie einfach vergessen..." (1) Und dann legte er los, erzählte seine Geschichte, die so phantastisch war wie ein Bericht aus einer anderen Welt.

US Army Kameramann des Signal Corps 1945 in Burma. Mit einer solchen Bell & Howell-Kamera filmte auch Jack B. die UFO-Bergung und die beiden Autopsien.

„Ich diente von März 1942 bis 1952 bei den Streitkräften", erklärte der alte Jack, *„diese zehn Jahre im Dienste meines Vaterlandes gehörten zu den besten meines Lebens. Mein Vater war im Filmgeschäft, und so wußte ich schon früh über den Umgang mit Kameras und Fotografie Bescheid. Ich glaube, daß das der wahre Grund war, weshalb ich den medizinischen Test bei der Rekrutierung bestand. Normalerweise wäre ich sicher durchgefallen, denn ich hatte als Kind Polio. Nach meiner Grundausbildung konnte ich meine fotografischen Fähigkeiten zum Einsatz bringen und wurde einer der wenigen leidenschaftlichen Kameramänner der Truppe. Ich wurde zu vielen Schauplätzen geschickt, und so lernte ich bald, auch unter den schwierigsten Umständen zu filmen.*

Ich will nicht zuviel ins Detail gehen, aber lassen Sie mich noch sagen, daß ich im Herbst 1944 zum Nachrichtendienst versetzt wurde und dem Vize-Luftstabschef unterstand. Ich wurde je nach Auftrag herumgereicht. In dieser Zeit filmte ich vieles, inklusive der Versuche auf dem White Sands-Testgelände, die später als das Manhattan-Projekt bekannt wurden.

Ich erinnere mich noch sehr gut, wie es war, als ich den Anruf erhielt, ich solle wieder nach White Sands kommen. Ich war kurz zuvor aus St. Louis, Missouri zurückgekommen, wo ich den neuen Ramjet „Little Henry" gefilmt hatte" - Jack meinte den Ramjet-Helikopter „McDonnel XH-20 Little Henry", dessen erster Flug am 5. Mai 1947 auf dem McDonnell-Flughafen in St. Louis stattfand -. *„Es war am 1. Juni, als McDonald* (George C. McDonald, der Direktor des Nachrichtendienstes der Army Air Forces) *mich bat, mich für einen Sonderauftrag bei General McMullen* (Generalmajor Clements M. McMullen, Vizekommandant des Strategischen Luftkommandos - SAC - in Washington D.C.) *zu melden. Ich hatte noch nie zuvor für McMullen gearbeitet, aber nach nur wenigen Minuten am Telefon war mir klar, daß ich nie sein Feind sein wollte. McMullan war sehr direkt, sprach nicht lange um den heißen Brei herum. Ich erhielt den Befehl, mich zu einer Absturzstelle im Südwesten von Socorro zu begeben. Es sei dringend und mein Auftrag sei, alles, was ich sehen würde, zu filmen, die Trümmer nicht aus den Augen zu lassen, bis sie abtransportiert würden und ich Zugang zu allen Bereichen der Absturzstelle hätte.*

Wenn der diensthabende Kommandant damit ein Problem hätte, solle er McMullen anrufen. Ein paar Minuten später, nachdem ich von McMullen meine Anweisungen erhalten

Generalmajor Clements McMullen, Stellvertretender Stabschef des Strategischen Luftraumkommandos (SAC) der USA 1947.

General Carl A. „Tooey" Spaatz, Kommandierender General der US Army Air Force 1947.

General Spaatz (links) und RAAF-Vizekommandant Col. Tibbits (rechts)

hatte, bekam ich dieselben noch einmal von Tooey (Spitzname für General Carl Spaatz, Stabschef der US-Luftwaffe), *der meinte, es sei der Absturz eines russischen Spionageflugzeuges. Zwei Generäle an einem Tag, das versprach ein wichtiger Job zu werden.*

Wir, ich und sechzehn andere Offiziere und meist medizinisches Personal, starteten von der Andrews-Luftwaffenbasis (bei Washington D.C.). Wir machten eine Zwischenlandung auf der Wright Patterson-Luftwaffenbasis, um weitere Männer und Ausrüstung aufzunehmen, dann flogen wir in einer C-54 nach Roswell. Als wir in Roswell ankamen, wurden wir in Wagen zur Absturzstelle gebracht." Die Fahrt dauerte fast vier Stunden und verlief größtenteils in westliche Richtung. Erst kamen sie an einem Apachenreservat vorbei, dann passierten sie das White Sands-Testgelände. Von Socorro aus wählten sie die Straße nach Magdalena, von dort zweigte ein Wüstenweg ab, der sie schließlich durch einen Canyon an das Nordufer eines Trockensees brachte.

„Als wir dort ankamen, war das ganze Gebiet längst abgeriegelt. Von Anfang an war klar, daß das kein russisches Spionageflugzeug war. Es war eine große Scheibe, eine

So stellte der Kameramann das Absturzszenario und die Bergung dar (nach den Originalzeichnungen).

General George C. Kenney, Kommandierender General des Strategischen Luftraumkommandos (SAC).

„fliegende Untertasse", auf dem Rücken liegend, während noch immer starke Hitze vom Boden um sie herum ausstrahlte. Der diensthabende Kommandant übergab an das SAC-(Strategic Air Command) Sanitäterteam, das noch immer auf Kenneys (General George C. Kenney, Kommandant des SAC) Ankunft wartete. Auch sonst war noch nichts gemacht worden, jeder wartete nur auf Befehle.

Man hatte sich entschieden, abzuwarten, bis die Hitze sich legte, bevor man näher herangehen wollte, denn es bestand starke Feuergefahr. Das wurde noch verschlimmert durch die Schreie der Mißgeburten, die neben dem Vehikel lagen. Was in Gottes Namen die waren, konnte niemand sagen, doch eines war sicher, das waren Zirkus-Freaks, Wesen, die hier nichts zu suchen hatten. Jedes von ihnen hielt eine Kiste, die sie mit beiden Armen fest in Brusthöhe hielten. Sie lagen dort nur und jammerten und hielten diese Kisten.

Als mein Zelt aufgebaut war, begann ich sofort zu filmen, zuerst das Vehikel, dann die Absturzstelle und die Trümmer. Gegen 6.00 Uhr hielt man es für sicher, heranzugehen. Die Mißgeburten jammerten noch immer und schrien sogar noch lauter, als wir ihnen näherkamen. Sie versuchten, ihre Kisten zu schützen, aber es gelang uns, eine loszubekommen, durch einen festen Hieb auf den Kopf einer Mißgeburt mit dem Gewehrkolben.

Die drei Mißgeburten wurden abgeschleppt und gefesselt und geknebelt, während eine weitere schon tot war. Das Sanitäterteam zögerte zuerst, näher an die Freaks heranzugehen, aber da einige von ihnen verletzt waren, hatten sie keine andere Wahl. Nachdem die Kreaturen aufgesammelt worden waren, war es die vorrangige Aufgabe, alle Trümmerteile einzusammeln, die einfacher entfernt werden konnten, da noch immer Feuergefahr bestand. Die Trümmer schienen von äußeren Stützen zu stammen, die eine sehr kleine Scheibe auf der Unterseite des Objektes festhielten, und die offenbar abbrachen, als die Scheibe umkippte." Sie trugen seltsame, hieroglyphenartige Schriftzeichen. *„Die Trümmer wurden zur Katalogisierung in eine Zeltstation gebracht, dann auf Lastwagen aufgeladen. Nach drei Tagen kam ein komplettes Bergungsteam aus Washington und die Entscheidung wurde getroffen, das Wrack zu entfernen. In seinem Inneren war die Atmosphäre sehr schwer. Es war unmöglich, länger als ein paar Sekunden drinnen zu bleiben, ohne daß man sich sehr schlecht fühlte. Deshalb entschied man sich, es erst auf der Basis richtig zu untersuchen. So wurde es auf den Rücken eines Transporters geladen und nach Wright Patterson gebracht, wo ich es auch wieder sah.*

Ich blieb drei Wochen auf Wright Patterson und arbeitete an den Trümmern. Dann erhielt ich Befehl, mich in Fort Worth (Dallas) zu melden, um eine Autopsie zu filmen. Normalerweise hätte mir das nichts ausgemacht, aber man hatte entdeckt, daß die Mißgeburt eine medizinische Gefahr sein könnte, und deshalb wurde ich angewiesen, einen Schutzanzug wie die Ärzte zu tragen. Es war unmöglich, darin die Kamera richtig zu handhaben. Das Nachladen und Fokussieren war sehr schwierig. Schließlich zog ich, allen Befehlen zuwider, während des Filmens den Anzug aus. Die ersten beiden Autopsien fanden im Juli 1947 statt, am 1. und 3. Juli, um genau zu sein." Die Autopsien wurden von Prof. Detlev Bronk und einem Dr. Williams durchgeführt. An einer der Autopsien soll auch Präsident Truman teilgenommen haben.

„Aber wie kam es, daß Sie Ihre Rollen unbemerkt entwenden konnten", fragte Santilli. „Nachdem ich einige hundert Filmrollen aufgenommen hatte, trennte ich problematische Rollen, die besondere Vorkehrungen bei der Entwicklung benötigten (was ich später erledigte)", antwortete Jack, „die erste Ladung schickte ich nach Washington und entwickelte den Rest ein paar Tage später. Als das auch erledigt war, kontaktierte ich Washington, um die Abholung der zweiten Ladung zu arrangieren. Unglaublicherweise sind sie nie mehr gekommen, um sie entgegenzunehmen oder ihren Transport zu arrangieren. Ich rief ein paar Mal an, dann gab ich auf. Seitdem sind diese 22 Rollen in meinem Besitz. Im Mai 1949 wurde ich gebeten, die dritte Autopsie zu filmen." (2) „Die dritte Autopsie?", fragte Santilli. „Ja, die vierte Mißgeburt lebte noch zwei Jahre. Die Autopsie fand in Washington D.C. statt, in einem großen Hörsaal, vor Wissenschaftlern aus mehreren Staaten, auch aus England und Frankreich." „Und wo hatte man das Wesen zwei Jahre lang gefangengehalten?" „Das weiß ich nicht. Aber ich hörte, daß man es geschafft hätte, mit ihm zu kommunizieren. Aber ohne Worte, nonverbal, was immer das auch heißen soll." (3)

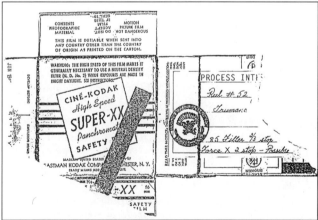

Die Labels der Filmrollen des Kameramannes Jack B. Auf einer ist das Wort „Recovery" (Bergung), auf der anderen der Name „Truman" zu lesen.

Santilli wollte wissen, weshalb Jack gerade jetzt das Material verkaufen wollte und warum gerade ihm. „Ich bin jetzt 82 Jahre alt", antwortete der Kameramann, „und mir ist klar, daß ich nicht mehr soviele Gelegenheiten dazu haben werde. Ray, ich vertraue Ihnen, denn Sie sind nicht von hier. Ich brauche das Geld, denn meine Lieblingsenkelin will bald heiraten, und ich will, daß sie eine anständige Hochzeit bekommt. Sie können das Zeug haben, alles - für 150.000 Dollar. In bar, wegen der Steuer, Sie verstehen schon. Und nichts Schriftliches. Sie bekommen das Material, ich das Geld. Und Sie sagen niemandem, woher Sie die Rollen haben."

Zum Beweis für seine Behauptungen zeigte er Santilli seine militärischen Entlassungspapiere aus dem Jahre 1952, Fotos aus seiner Dienstzeit und sein Tagebuch. Dann holte er einen alten 16mm-Projektor und eine Leinwand aus einem Abstellraum, legte eine der Spulen ein und projizierte sie auf die Leinwand. Auf einem Tisch lag ein Wesen, einwandfrei nicht menschlich, daneben zwei Ärzte. Wenn das echt ist, das war Santilli sofort klar, dann hatte er es hier mit der größten Sensation des Jahrhunderts zu tun. Mit etwas, das weltweit für Schlagzeilen sorgen und die Gemüter erhitzen - und das ihn zu einem reichen Mann machen würde. Ebenso fasziniert wie ungläubig hielt er eine der 16 mm-Rollen in den Händen. Wie konnte er herausfinden, ob das Material echt war? Das Filmmaterial war von Kodak. „Darf ich Kodak mal anrufen?", fragte er Jack. „Gerne, fühlen Sie sich frei." „Ich habe hier altes 16 mm-Material", fragte Santilli, als er das Kodak-Hauptwerk in Rochester, New York, am anderen Ende der Leitung hatte und endlich richtig verbunden war, „es soll aus dem Jahre 1947 stammen. Wie kann ich feststellen, ob das stimmt?" „Wir haben da ein ganz einfaches System", erwiderte der Kodak-Mitarbeiter, „einen geometrischen Code am Rande des Materials. Welche Symbole sehen Sie dort?" „Ein Quadrat und ein Dreieck" „Gut, einen Moment... ja, das war 1947." „Danke". Die erste Feuerprobe hatte das Material bestanden.

Alles wirkte echt, Santilli war interessiert, aber er hatte das Geld nicht, und ganz gewiß nicht in bar. Er versprach, sich wieder zu melden, sobald dies der Fall sei. Wieder in England galt es erst einmal, sich über den Roswell-Vorfall schlau zu machen. Im Sommer 1993 lief in England der Hollywood-Film „Fire in the Sky" an, der die angeblich wahre Geschichte des jungen Holzfällers Travis Walton erzählt, der an Bord eines UFOs „entführt" wurde. Zu dessen Premiere hatte die Britische UFO-Forschungsgesellschaft BUFORA („British UFO Research Association") eine Pressekonferenz organisiert, auf der eben jener Travis Walton präsentiert wurde, auf dessen Geschichte der Film basierte. Die Zeitungen berichteten und zitierten neben Walton auch BUFORA-Sprecher Philip Mantle. Santilli, der von UFOs zu diesem Zeitpunkt noch wenig Ahnung hatte, rief Mantle an, erzählte ihm von dem Film, fragte ihn zu dem Roswell-Zwischenfall.

Inzwischen bemühte er sich, das Geld aufzutreiben. Zuerst versuchte er, durch seinen Freund Gary Shoefield die Firma Polygram für das Geschäft zu begeistern. Shoefield war damals Manager von „Working Title", einem Polygram-Ableger, der u.a. den Welterfolg „Vier Hochzeiten und ein Todesfall" mit Hugh Grant produzierte. Polygram zeigte sich interessiert und Shoefield flog nach Florida zu dem Kameramann, um den Deal zu machen. Doch das Geschäft kam nicht zustande. An dem Tag, an dem Shoefield mit ihm verabredet war, wurde Jack plötzlich krank und mußte ins Krankenhaus. Shoefield wartete währenddessen in seinem Hotelzimmer auf den alten Kameramann, der nicht auftauchte. Schließlich rief er ihn an, erreichte seine Frau, die ihm erzählte, was vorgefallen war. Ungläubig fragte Shoefield beim Krankenhaus nach, das ihm die Einlieferung Jack B.s bestätigte. Ihm blieb nichts anderes übrig, als nach England zurückzukehren. Schließlich nahm Polygram von der Sache Abstand. Die Rechtslage war zu dubios, man wollte kein Material von jemandem kaufen, dem die Filme eigentlich nicht gehörten, die ja, rein rechtlich, Eigentum der US-Streitkräfte sein müßten, und außerdem war es in einem großen Konzern nicht gerade üblich, daß $ 150.000 in bar ohne jede Quittung einem dubiosen Empfänger ausbezahlt wurden, dessen Bedingung es war, niemals namentlich genannt zu werden. Das der Steuer und dem Vorstand glaubhaft zu machen, könnte sich als schwierig erweisen. (4)

Als der Kameramann aus dem Krankenhaus entlassen wurde, mußte er erfahren, daß der Deal geplatzt war. Santilli hatte das Geld nicht, Polygram war abgesprungen. Zwar versprach Ray, ihm doch noch das Geld zu bringen, aber den Glauben daran hatte er verloren. Es dauerte alles zu lange. Irgendwann gelang es Santilli dann endlich, einen deutschen Geschäftsfreund, den Hamburger Musikproduzenten Volker Spielberg, für die Sache zu gewinnen. Spielberg ist Besitzer zweier kleiner Labels, der Firmen „VS Musikverlag GmbH" und „Lollipop Musik Volker Spielberg KG", und auch er witterte das schnelle Geld mit dem sensationellen Material und war bereit, das Risiko einzugehen. Da mittlerweile 18 Monate seit dem gescheiterten Treffen mit Shoefield vergangen waren, kostete es Ray eine Menge guter Worte, Jacks Vertrauen wiederzugewinnen. Doch schließlich, im Dezember 1994, war es soweit: Das Geschäft konnte über die Bühne gehen.

Die ersten, die Santilli über den geglückten Kauf des Materials informierte, waren Philip Mantle und Reg Presley, der Leadsänger der „Troggs", den er von diversen Musikproduktionen her kannte. Die Troggs, deren Titel „Wild Thing" zum Kultsong der Sechziger wurde, erlebte gerade ein Revival, seit ihre Musik in „Vier Hochzeiten und ein Todesfall" gespielt wurde. Presley hatte sich in den letzten Jahren immer intensiver mit UFOs und den Kornkreisen beschäftigt, die regelmäßig jeden Sommer in der Gegend um seinen Wohnsitz in Andover, Hampshire, auftauchten, und Santilli hatte von dieser Leidenschaft gehört. Um seine persönliche und geschäftliche Beziehung zu Presley zu verbessern, erzählte er ihm von dem Kameramann und den Filmen und lud ihn Anfang Januar ein, sich das erste Material bei ihm anzuschauen, sobald es aus dem Labor gekommen war.

Das Material war teilweise in sehr schlechtem Zustand, und so mußte Santilli jede Rolle einzeln in einem Fachlabor konservieren und restaurieren lassen. Die Überspielung der ersten sieben Minuten kam im Januar 1995 aus dem Labor, und sofort ließ Santilli sie auf ein Magnetband überspielen und ein paar Videos kopieren - je ein Exemplar für Reg Presley und Philip Mantle. Der Film war offenbar bei Nacht in einem Zelt aufgenommen worden, nur beleuchtet durch zwei Gaslaternen. Auf einem Tisch lag ein Wesen mit großen, schwarzen Augen, von einer Plane oder Decke bedeckt, aus der nur Hände und Füße hervorragten. Zu seiner Rechten stand ein Mann in Uniform, zu seiner Linken versuchten zwei Mediziner in weißen Kitteln und ohne Mundschutz, etwas sehr Elastisches von seinem Arm zu entfernen und zu schneiden. Santilli bezeichnete den Film als „Vor-Ort Untersuchung", während ich persönlich eher den Eindruck habe, daß man versucht, den Raumanzug des toten Wesens zu entfernen. Zeugen sprachen immer wieder von dem schwer schneidbaren, extrem elastischen Material, aus dem die Overalls der UFO-Besatzungen bestanden. Um eine Leiche zu konservieren, mußte sie auf Trockeneis gelegt werden. Wenn aber diese Anzüge temperaturresistent waren, was eigentlich zu erwarten ist, mußte man sie entfernen. Doch was immer der Film zeigt, er faszinierte Mantle und Presley. Und damit kam der Stein ins Rollen... (5)

Am 14. Januar 1995 wurde Reg Presley vom BBC-Frühstücksfernsehen interviewt und erwähnte den Film. Zwar waren einige seiner Angaben fehlerhaft - sie beruhten nur auf seinen Erinnerungen an das, was Santilli ihm erzählt hatte -, doch die Nachricht war draußen und ging

Reg Presley, der Leadsänger der Troggs, gab als erster Santillis Filmsensation bekannt.

um die Welt. Als Santilli dann noch Philip Mantle versprach, den Film auf der BUFORA-Konferenz in Sheffield am 19. und 20. August zum ersten Mal öffentlich vorzuführen, und Mantle dieses Weltereignis ankündigte, griffen die großen Presseagenturen die Meldung auf; Kurzberichte gingen um die Welt, sogar auf CNN erschien ein Hinweis, mit dem Erfolg, daß Mantles Konferenz schon nach einigen Tagen ausverkauft war. Am 11. März lud Santilli Vertreter der großen Religionen, u.a. den Oberrabbiner von London, einen Vertreter der anglikanischen Kirche, den Erzbischof von Canterbury, einen islamischen Mufti und einen Hinduführer zu einer Privatvorführung des Filmes ein. „Das Ergebnis war absolut negativ, völlige Ablehnung", erklärte er mir, als ich ihn kurz darauf anrief - ich stand mit Santilli seit Ende Februar in regelmäßigem Kontakt, um auf dem laufenden zu bleiben - „sie hielten ihn alle für einen Schwindel. Einige gingen schon während der Vorführung." (6)

Am 28. April fand eine interne Vorführung eines ersten Autopsiefilmes statt, an der Philip Mantle und seine Frau Susan, Reg Presley und sein Freund, der Kornkreisforscher Colin Andrews sowie Maurizio Baiata aus Rom teilnahmen. Was sie dort sahen, beschreibt Mantle wie folgt: „*Uns wurde eine der Autopsien gezeigt. Der Film war schwarzweiß, ohne Ton. Ein Wesen liegt auf einer Platte in einer Leichenhalle oder einem Autopsieraum. Die Wände waren weiß. Das Wesen erscheint humanoid mit einem aufgeblähten Bauch, zwei Armen, zwei Beinen mit je sechs Fingern und Zehen. Es ist völlig unbehaart, der Kopf ist größer, es hat eine*

kleine Nase, Mund, Ohren - die tiefer sitzen als beim Menschen - und zwei dunkle Augen. Weibliche Genitalien sind erkennbar.

Die Autopsie beginnt mit der Entfernung der 'dunklen Augen'. Tatsächlich handelt es sich dabei bloß um eine Art Vorsatzlinse über den Augen. Jetzt sind die Augäpfel erkennbar, die hochgerollt erscheinen. Der Körper des Wesens wird aufgeschnitten, verschiedene Organe entfernt und in Metallbehälter gelegt. Eine Art 'Kristall' von der Größe einer Kastanie wird aus der Bauchregion herausgeschnitten. Die Kopfhaut wird durch Schnitte entfernt und der Schädel durch Sägen geöffnet, damit der Zugang zum Gehirn möglich ist. Die Personen, die die Autopsie durchführen, tragen eine Art Schutzanzug, so daß ihre Gesichter nicht erkennbar sind. Die Autopsie wird von zwei Personen durchgeführt, von der eine von Zeit zu Zeit etwas aufschreibt. Hinter dem Kopf des Wesens befindet sich ein breites Sichtfenster. Durch dieses Fenster kann eine andere Person beobachtet werden, die offenbar Arztbekleidung trägt, Kittel, Kopfbedeckung, Atemmaske." (7) Laut Santilli zeigte der ca. 9 Minuten lange Streifen Szenen aus der ersten Autopsie, die am 1. Juli 1947 in Dallas/Fort Worth durchgeführt wurde.

Eine Woche später, am 5. Mai, wurde der zweite und mit 18 Minuten längere Film von der zweiten Autopsie am 3. Juli 1947 einem Publikum, etwa 90 Personen, aus Pressevertretern, Wissenschaftlern und UFO-Experten - zu denen ich auch zählte - im London Museum der britischen Hauptstadt gezeigt. Die handverlesenen Gäste dieser exklusiven Preview mußten sich strengsten Sicherheitsvorkehrungen unterziehen, um in das Filmtheater gelassen zu werden. Die Mitnahme von Kameras und Taschen war strikt untersagt, jeder Teilnehmer wurde mit Metalldetektoren einem Bodycheck unterzogen. Was dann gezeigt wurde, als um 13.10 Uhr endlich die Lichter ausgingen, notierte ich damals wie folgt:

„*Die Ärzte tragen Schutzanzüge, nur mit einem Sichtschlitz in Augenhöhe. Auf einer Art OP-Tisch liegt, offenbar nackt, die Leiche eines nichtmenschlichen Wesens mit großem, kahlem Kopf, die großen, dunklen Augen und der Mund weit aufgerissen, mit kleiner Nase und feinen Ohren. Der Bauch des sonst fast menschlich proportionierten, aber nur ca. 1,50 m großen Wesens ist aufgebläht, wahrscheinlich durch die Bildung von Fäulnisgasen. Das rechte Bein weist starke Verletzungen auf, Muskelstränge sind erkennbar. Die Füße sind menschlich - aber mit sechs Zehen ausgestattet. Auch die Hände haben sechs Finger. Das Wesen hat keinen Bauchnabel. Brustwarzen sind nur im Ansatz erkennbar. Anstelle erkennbarer Genitalien weist es eine kleine Höhlung zwischen den Beinen auf, die nur auf den ersten Blick einem weiblichen Genital gleicht.*

Die Mediziner tasten den Corpus ab, entnehmen Gewebeproben, legen sie in einen Glasbehälter. Einer von ihnen greift nach einem Skalpell, macht einen feinen Schnitt hinter dem Ohr. Blut quillt hervor. Dann wird der Corpus geöffnet - ein rundes Organ in der Bauchmitte kommt zum Vorschein. Ein weiterer Mann mit Mundschutz erscheint hinter der Glasscheibe. Über ein Mikrophon, das über der Leiche hängt, scheint eine Kommunikation stattzufinden - oder dient es der Aufzeichnung des Autopsieprotokolls? Mit einer Pinzette zieht der Arzt dünne, schwarze Häutchen von den Augen ab, legt sie in einen Glasbehälter. Weiße Augen mit hochgerollten Pupillen kommen zum Vorschein. Schließlich wird der Schädel seziert, mit Gewalt die Hirnschale entfernt, das - schon zerfallene - Gehirn entnommen. Der Kameramann kämpft um die beste Perspektive, bleibt aber hinter dem Arzt und wird von diesem öfter verdeckt. Manchmal zoomt er zu nah an bestimmte Organe heran, diese werden unscharf. Wenn das „Wesen" ein Modell sein sollte, dann ein äußerst realistisches. Seine Haut reagiert unter dem Skalpell wie menschliche Haut, die inneren Organe wirken wie innere Organe eines Lebewesens. Erstaunlich ist die große Menschenähnlichkeit des Außerirdischen - er entspricht auf keinen Fall dem Typus der kleinen, schmalen, grauen Wesen mit langen, dürren Gliedmaßen und schmalem Torso, von denen die Roswell-Augenzeugen sprachen, sondern wirklich einem nur etwas kleineren Menschen mit ausgeprägtem Hinterkopf, einzig die Gesichtszüge sind anders. Hände und Füße wirken sehr menschlich, mit Ausnahme der sechs Zehen bzw. Finger.

Insgesamt nehmen vier Personen an der Autopsie teil, drei davon im Operationsraum, eine davon scheint eine Frau zu sein (eine Krankenschwester, die assistierte?). Links von dem Wesen befindet sich ein kleiner Tisch, darauf ein Tablett mit Autopsiebesteck. An der linken Wand steht ein weiteres Tischchen, darauf Schalen und Chemikalien. An der Wand hängt eine Uhr, die zu Filmanfang 10.06 anzeigt, zu Filmende 11.45. Die Autopsie hat also insgesamt fast zwei Stunden gedauert. Ebenfalls an der Wand ein „DANGER"-Zeichen und ein schwarzes Wandtelefon mit Spiralkabel. Alle zwei bis drei Minuten hellt sich der Film auf und bricht ab, die Spule scheint zu Ende zu sein.

Als das Licht wieder anging, wurden die Zuschauer fast gewaltsam von der Realität eingeholt - erfüllt von Zweifeln, Unglauben, Enttäuschung, daß das schon alles gewesen sein sollte. Auch Santilli war verschwunden. Wie die Hartnäckigen unter den Anwesenden später erfuhren -sie hatten sich auf den Weg zu Santillis Büro gemacht - war der Grund für die verkürzte Präsentation ein potentieller Troublemaker, eine Drohung, die gegen den Filmproduzenten ausgesprochen worden war. Tatsächlich wurden Minuten vor Vorführungsbeginn im Zuschauerraum Flugblätter verteilt, in denen ein bekannter UFO-Forscher, der freilich den Film nie gesehen hatte, Santilli des Betruges bezichtigte." (8)

Mit dieser Vorführung begann eine der heftigsten und emotionalsten Debatten, die je in der gewiß nicht langweiligen Geschichte der UFO-Forschung geführt wurde. Sie verschärfte sich, als im August erste Fotos der

T-Träger, die mit seltsamen Schriftzeichen bedeckt waren, und der „Boxen" veröffentlicht wurden, die die Wesen so dicht an sich gedrückt hielten, und in die die Umrisse zweier sechsfingriger Hände eingelassen war. Sie stammten von vier weiteren Filmrollen, von denen jeweils nur 1-2 Minuten gerettet werden konnten, und die ganz offensichtlich die Katalogisierung des Materials in einer Zeltstation zeigen. Ihren Höhepunkt aber erreichte die Diskusion, als der Autopsie-Film am 29. August 1995 von 28 Fersehstationen in der ganzen Welt gezeigt wurde. Immer neue Punkte griffen die Skeptiker auf, die ihrer Ansicht nach bewiesen, daß der Film gefälscht sein mußte: Das Spiralkabel des Telefons, die Uhr an der Wand, das medizinische Besteck wurden kritisch unter die Lupe genommen, selbst die Schutzkleidung der Ärzte wurde als Indiz gewertet, daß „hier jemand etwas zu verbergen hatte". Doch ist die Schutzkleidung nicht die logische Konsequenz aus der Gefahr, die das „Danger"-Zeichen des Autopsieraums anzeigte? Eine digitale Vergrößerung machte es möglich, den Text des Schildes zu lesen: „Danger - Maximum Exposure Two Hours" (Gefahr: Maximaler Aufenthalt zwei Stunden), dann eine Telefonnummer. (9) Der Kameramann hatte von einer Infektionsgefahr" gesprochen, die von dem Wesen ausging. Fand daher die Autopsie möglicherweise unter ultravioletter Bestrahlung statt?

Eine erste Überprüfung ergab: Die Wanduhr war seit 1936 auf dem Markt, das Mikrophon, das im Raum hing, ein Shure Bros.-Mikro, wie es seit 1945 verkauft wurde, das Autopsiebesteck konnte von Prof. Cyril Wecht, Ex-Präsident der Amerikanischen Akademie für Forensische Wissenschaften, als Standardausrüstung eines jeden Autopsieraumes der vierziger Jahre identifiziert werden. (10) Sehr viel umstrittener war das Telefon. Spiralkabel wurden seit 1939 von der US-Telefongesellschaft A.T.&T. angeboten, sie waren die ganzen vierziger Jahre hindurch als Extra bestellbar, und die US-Streitkräfte orderten alle ihre Telefone mit Spiralkabel.

Das Telefon selbst, so ergab eine Überprüfung, stammte aus dem Jahre 1946. Soweit, so gut. Bis UFO-Erzskeptiker Phil Klass einen Sturm im Wasserglas verursachte. Denn Klass behauptete in seinem „Skeptics UFO Newsletter" vom November 1995: *„Das moderne Wandtelefon, das in dem Autopsieraum zu sehen ist, wurde erst 1956 von der Amerikanischen Telefon- und Telegraphengesellschaft (AT&T) auf den Markt gebracht ... neun Jahre, nachdem der Film angeblich gedreht wurde."* (11) Natürlich griffen jene deutschen UFO-Skeptiker, die immer nur allzu gerne alles nachplappern, dieses Argument dankend auf, und auch der „SPIEGEL", dem man eigentlich zugetraut hätte, daß er Behauptungen überprüft, bevor er sie druckt, feierte schon mit gewohnter Häme die Entlarvung des Autopsiefilmes. (12) Doch man hatte sich zu früh gefreut. Denn im Telefonmuseum der US-Telefongesellschaft Bell South in Atlanta, Georgia, konnte eben ein solches Wandtelefon lokalisiert wurde, mit einer Beschriftung, die es als 1946er Modell auszeichnete, gebaut von Western Electrics. (13) Als das US-Nachrichtenmagazin TIME über den Film berichtete, wurde es mit Leserbriefen aus der Klass-Ecke bombardiert, die ebenfalls das „Telefon-Argument" anführten. Doch anders als der SPIEGEL überprüfte TIME die Behauptung - und schrieb in seiner Ausgabe vom 18.12.95: *„Nach Aussage des AT&T-Historikers Sheldon Hochheiser 'kann der Film nicht aufgrund des Telefons diskreditiert werden'. Das Modell, so scheint es, wurde 1946 eingeführt, das Spiralkabel wurde dem Konsumenten seit 1939 angeboten."* (14) So mußte auch Klass in seiner Ausgabe vom Januar 1996 reumütig eingestehen, hier geirrt zu haben. (15) Nur der SPIEGEL verzichtete natürlich auf eine Richtigstellung seiner falschen „Entlarvung", obwohl damit wieder einmal alles offen war.

Andere kritisierten die Kameraführung und teilweise Unschärfe speziell der Nahaufnahmen. Doch nach Ansicht zweier Kameramänner, die in den vierziger Jahren in den

US-Streitkräften dienten, ist diese erklärbar durch die Situation, unter der die Aufnahmen entstanden, und die Vor- und Nachteile der verwendeten Kamera, einer Bell & Howell-Filmo.

So interviewte der amerikanische TV-Sender FOX, der den „Roswell-Film" dem amerikanischen Publikum präsentierte, den US-Marine-Kameramann Dr. Roderick Ryan, der in den vierziger und fünfziger Jahren geheimste Regierungsprojekte, darunter die Atombombenversuche auf dem Bikini-Atoll, filmte. Dr. Ryan erklärte: *„Die Tatsache, daß der Film teilweise unscharf wird, entspricht völlig den zu dieser Zeit verwendeten Ausrüstungen. Die Kameras, die damals allgemein vom Militär benutzt wurde, waren handliche Bell & Howell-16 mm-Kameras. Die Linsen konnten nicht fokussiert werden, mußten ausgetauscht werden, und das dauerte seine Zeit, war in einer Einsatzsituation nicht immer möglich. Wenn also alle Szenen scharf gewesen wären, müßte man annehmen, daß es ein gestellter Film ist oder er mit einer späteren Ausrüstung aufgenommen wurde... der Kameramann bewegt sich, um den Chirurgen aus dem Weg zu gehen, und versucht immer, die beste Perspektive zu bekommen. Die Aufgabe eines Militärkameramannes war immer, einen Vorgang filmisch zu protokollieren, nicht, schöne Bilder abzuliefern. Und das hier ist eine angemessene Aufnahme eines Vorganges."* (16)

Ich selbst zeigte den Film einem international respektierten UFO-Forscher und Filmexperten, Oberst i.R. Colman S. VonKeviczky, Direktor von ICUFON, einer weltweit repräsentierten UFO-Forschungsgruppe. Was von Keviczky qualifiziert, ist sein Background, seine eigene Berufserfahrung als militärischer Kameramann und Regisseur. Er hat auf der UFA-Filmakademie in Berlin-Babelsberg studiert, war im Zweiten Weltkrieg Leiter der Audivisuellen Division des Königlich Ungarischen Generalstabes, bevor er 1946 zu den Amerikanern überwechselte und bis 1948 als Kameramann, Regisseur und PR-Offizier für die 3. US Armee in Heidelberg tätig war. In diesem Zeitraum arbeitete er mit derselben 16 mm

Bell & Howell - 16 mm Kamera mit Revolverdrehknopf.

Col. Colman von Keviczky war als Kameramann und Regisseur für die 4. US Army tätig.

Bell & Howell-Kamera und denselben KODAK-Negativfilmen - die das Signal Corps entwickelte - wie der „Roswell"-Kameramann. Später war er an der Audiovisuellen Abteilung der Vereinten Nationen in New York beschäftigt. *„In den vierziger Jahren war das Signal Corps der US Army für Lehrfilme und Aufzeichnungen mit 16 mm Bell & Howell-Kameras ausgerüstet"*, erklärte er in seinem dreiseitigen Gutachten, *„diese Kameras hatten drei Linsen (Weitwinkel, normal und Teleobjektiv für Nahaufnahmen) auf einem Drehkopf („Revolverkopf"), die mit* der Hand ausgetauscht wurden. *Die Kamera konnte mit 100 Fuß doppelperforiertem (tonlosem) oder einseitig perforiertem Tonfilm geladen werden. Es gibt keinen Grund, den Kameramann aufgrund der unscharfen Filmsequenzen zu kritisieren, da 1947 eine Automatisierung der Kameramechanismen - Autofocus, Zoomlinsen - für einen Kameramann nur ein Traum waren.*" Weiter betonte von Kevizcky: „*Der Kameramann... war nicht nur ein gut ausgebildeter und erfahrener Filmmann, er hatte offenbar auch Kenntnisse im Schnitt und der Produktion von Dokumentarfilmen. Das beweist die Tatsache, daß er die Autopsie aus verschiedenen Blickwinkeln aufnahm...*" Auch die Notsituation, unter der die Aufnahme entstand, spiegelt sich für VonKeviczky in der Arbeit des Kameramannes wieder. „*Er hatte offenbar keine Zeit, keine Gelegenheit, ein Stativ zu benutzen oder den Raum auszuleuchten, um bessere Bilder zustandezubekommen... die häufige und manchmal erfolglos bewegte Kamera in seiner Hand, sein ständiger Versuch, das beste Bild zu bekommen, zeugen von seinem aufrechten Bemühen. Niemand hätte es unter diesen Umständen besser machen können.*" (17)

Und die Mediziner? Dr. Detlev Bronk war seit dem Auftauchen der „Majestic 12-Dokumente" ein in der UFO-Forschung geläufiger Name, und tatsächlich wäre er als Biophysiker und Mitglied des wissenschaftlichen Beraterkomitees der US-Army Airforce wohl der Mann gewesen, dem man die Supervision der Autopsie eines geborgenen Außerirdischen anvertraut hätte. Doch der Name „Dr. Williams" war neu und bisher nirgendwo in der Roswell-Literatur aufgetaucht. Erst nach einigen Suchen konnte bestätigt werden, daß tatsächlich ein Dr. Robert Parvin Williams (1891-1967) als Besonderer Assistent des Obersten Arztes (Special Assistent of the Surgeon General) der US-Army tätig und auf Ft. Monroe, Virgina, unweit von Washington D.C., stationiert war. Sein militärischer Rang war damals der eines Oberstleutnants, 1949 wurde er zum Brigadegeneral befördert.

Allein schon die Nennung von Dr. Williams, der der richtige Mann in der richtigen Position für diese Aufgabe war, deutet darauf hin, daß der Kameramann über Insiderwissen verfügte. (18)

Das absurdeste Argument gegen den Film stammte von einem amerikanischen Forscher. Dieser behauptete, der Film müsse ein Schwindel sein, weil das Wesen auf dem Autopsietisch sehr menschenähnlich ist und Außerirdische nicht menschenähnlich sein könnten, weil sich die Evolution nicht auf anderen Planeten wiederholt haben könnte. Deutlicher hat einer das traditionelle „weil nicht sein kann, was nicht sein darf" lange nicht mehr umschrieben. Deshalb, nur deshalb, müsse es „*eine leicht frisierte menschliche Leiche*" sein. Dabei baute er diese unerhörte Unterstellung, Ray Santilli und seine Hintermänner hätten „*den Körper eines einst lebendigen menschlichen Wesens (einer Frau in diesem Fall) aus reiner Gier ausgeschlachtet*" nicht auf Beweise oder Indizien auf, sondern einzig auf sein Glaubenssystem, seinen Glauben daran, daß Evolution zufällig geschieht. (19) Dabei war er nicht bereit, andere Evolutionsmodelle auch nur zu erwägen, wie:
Die Theorie eines holographischen Universums, wie sie von Princeton-Physiker und Einstein-Schüler Prof. Dr. David Bohm und dem Cambridge-Biochemiker Prof. Dr. Rupert Sheldrake formuliert wurde. Sie postuliert ein interagierendes Universum, dessen kleinste Bestandteile - wie in einem Hologramm - die Informationen des Ganzen speichern. Es gibt keinen Zufall in einem holographischen Universum, sondern eine Schöpfungsstrategie, eine Blaupause der Evolution, die durch „morphische Resonanz" in all seine Teile übertragen wird. Das bedeutet nicht nur, daß das Universum voller Leben ist, daß jeder dazu geeignete Planet geradezu programmiert ist, Leben zu entwickeln, es heißt auch, daß es sich auf jeder bewohnbaren Welt nach demselben evolutionären Muster entwickelte. (20)

- Die Theorie einer außerirdischen Intervention in die menschliche Evolution. Den Schöpfungsmythen fast aller Völker der Erde zufolge schufen die Götter *„den Menschen nach unserem Ebenbilde"* (Gen. 1,26) und kreuzten sich sogar mit den frühen Menschen, wodurch die „Söhne der Götter" geboren wurden, *„die Helden der Vorzeit, die Hochberühmten"* (Gen. 6,4). Das „missing link", das „fehlende Bindeglied" der Anthropologie könnte in der Tat genetisches Material von einer anderen Welt sein. (21)

Und es gibt einen untrüglichen Hinweis darauf, daß das Wesen *kein* Mensch ist. Es hat *keinen* Bauchnabel. Auch *keine* Geschlechtsmerkmale, keine Brüste, anstelle von Genitalien eine unbehaarte Höhlung zwischen den Beinen, die einer wenig entwickelten Vagina ähnelt, obwohl deren Charakteristiken (Schamlippen, Klitoris) fehlen. Doch der wackere Amerikaner glaubte lieber an ein medizinisches Wunder: Ein bedauernswertes Menschengeschöpf, das alle denkbaren Varianten physischer Abnormität in sich vereinte (Progerie, Gilford-Syndrom, Polydaktylismus, Zwergenwuchs, deformierte Nase und Ohren, lippen-loser Mund, Basedow-Augen, mögliche Asexualität) und offenbar aus dem Ei geschlüpft ist (kein Bauchnabel). Natürlich muß es zwei dieser Kreaturen gegeben haben, denn es gibt zwei Autopsiefilme mit einander ähnelnden (aber nicht identischen) Wesen, und diese Zwillinge des Grauens sind auch noch zeitgleich gestorben und nach ihrem Tod nicht etwa beerdigt oder in ein medizinisches Kuriositätenkabinett gebracht worden, nein, sie gerieten in die Hände skrupelloser Schlächter, die sofort die Idee hatten, daraus einen „Roswell-Film" zu machen. Abgesehen von der Unerhörtheit seiner Unterstellung, Ray Santilli sei möglicherweise der Urheber eines so makabren wie perversen Schwindels, geht es dem Urheber dieses Unsinns dabei einzig um die Aufrechterhaltung einer Ideologie. Nicht etwa, daß er einen Schwindel aufgedeckt hätte. Nein, die „Wahrscheinlichkeitsgesetze" schließen für ihn aus, daß es

menschenähnliche Außerirdische geben kann. So behauptet er „mit Entschiedenheit": „Der Film ist ein Betrug". Und straft im selben Atemzug ALLE Roswell-Zeugen Lügen, die von menschenähnlichen Absturzopfern sprachen.

Doch was ist wirklich auf dem Film zu sehen? Mit dieser Frage hat sich eine Reihe von Medizinern beschäftigt. So hatte Santilli den Chefpathologen von Scotland Yard, Prof. Christopher Milroy - er lehrt forensische Pathiologie an der University of Sheffield - zu der Vorführung am 5. Mai geladen und ihn um ein Gutachten gebeten. Natürlich ist es schwerlich das Verhalten eines Betrügers, den, der ihn am leichtesten entlarven kann, auf eine öffentliche Veranstaltung zu laden. Prof. Milroy schrieb in einem Gutachen vom 2. Juni 1995: *„Auf Einladung der Merlin-Gruppe begutachtete ich einen Film, der angeblich eine postmortale Untersuchung eines außerirdischen Wesens zeigt. Der Film wurde angeblich 1947 auf einer US-Militärbasis aufgenommen. Der Film ist schwarzweiß. Eine vollständige Aufnahme der Autopsie lag nicht vor, da offensichtlich nur einige Filmrollen zur Verfügung standen. Es gab keinen Ton. Der Autopsieraum war klein und die Untersuchung wurde von Personen in Schutzkleidung durchgeführt. Neben dem Autopsietisch befand sich ein Ablegekasten mit den üblichen Autopsieinstrumenten. Der Körper erschien menschlich und weiblich, aber ohne sekundäre Geschlechtsmerkmale - keine Brustentwicklung oder Schamhaar waren erkennbar. Der Kopf war überdurchschnittlich groß und haarlos. Der Abdomen war aufgebläht. Es gab keine Anzeichen einer Verwesung. Der Gesamteindruck war der einer weißen erwachsenen Frau, etwa 1,50 m, mit schwerem Knochenbau, aber nicht abnorm dünn oder dick. Jede Hand hatte sechs Finger, jeder Fuß sechs Zehen. Die Augen erschienen größer als normal und die Augäpfel waren mit einem schwarzen Material bedeckt, das entfernt wurde.*

The University of Sheffield

Department of Forensic Pathology

Professor M A Green
Dr J C Clark
Dr C M Milroy

2nd June 1995

At the request of the Merlin Group, I reviewed a film which was claimed to show a post-mortem examination being carried out on an extraterrestrial being. The film was allegedly taken on a U.S. military base in 1947.

The film was in black and white. A full record of the autopsy was not present, as apparently only some of the reels of film record were available. No sound was present.

The autopsy room was small and the examination was being conducted by people wearing full protective clothing. Besides the autopsy table was a tray of standard autopsy instruments.

The body was human in appearance and appeared to be female but without secondary sexual characteristics - no breast development or pubic hair was visible. The head was disproportionately large. No head hair was present.

The abdomen was distended. There was no evidence of decomposition. The overall external appearance was of a white adolescent female, estimated height 5 feet, tending towards a heavy build not abnormally thin or fat. There were six digits to each hand and foot. The eyes appeared larger than normal and the globes were covered with a black material which was shown being removed.

There was an extensive and deep injury to the right thigh. This was not shown in very close up detail, but appeared to be burnt and charred down to deep tissues. No

Das Gutachten von Prof. Christopher Milroy, Seminar für forensische Pathologie der Universität Sheffield.

Es gab eine schwere und tiefe Verletzung am rechten Oberschenkel. Diese wurde nicht im Detail gezeigt, aber schien verbrannt oder verkohlt bis ins Tiefengewebe zu sein. Keine weitere Verletzung war sichtbar, obwohl möglicherweise die linke Körperseite gequetscht war. Ansonsten fehlten weitere Verletzungen.

Der Körper wurde durch einen Y-förmigen Schnitt geöffnet, doch die Haut am Hals wurde nicht zurückgezogen. Der Schnitt wurde nicht in Nahaufnahme gezeigt, doch man sah, daß die Haut blutete, und zwar ungewöhnlich

stark. Der Hals schien zwei zylindrische Strukturen an jeder Seite aufzuweisen. Dies könnten Muskeln (Sternumastroide) sein, aber sie sahen seltsam aus, obwohl sie nicht in der Nahaufnahme gezeigt wurden.

Der Brustkasten wurde bei der Öffnung gezeigt, der zentrale Brustkasten und das Sternum wurden entfernt. Es schienen ein Herz und zwei Lungen erkennbar, aber bei Nahaufnahmen waren die Organe immer unscharf. Die Organe des Unterleibs waren nicht deutlich zu sehen, obwohl keine Schwangerschaft vorzuliegen schien, was eine Erklärung für den aufgeblähten Unterleib gewesen wäre.

Die Kopfhaut wurde im üblichen Autopsieverfahren angeschnitten. Der Schädel wurde dann mit einer Handsäge erst vorne geöffnet, während die Öffnung nach hinten und die Entfernung der Schädeldecke nicht gezeigt wurde. Was Membrane zu sein schienen, die das Gehirn bedecken (Dura), wurde geschnitten und entfernt. Obwohl eine Nahaufnahme des Gehirns wieder unscharf war, war sein Erscheinungsbild nicht das eines menschlichen Gehirns.

Generell war die Erscheinung die einer weißen erwachsenen Frau mit einem humanoiden Körper. Die Hände hatten sechs Finger, die Füße sechs Zehen und die Körperform war dysmorphisch. Die Organstruktur konnte nicht genau bestimmt werden, weil alle Nahaufnahmen unscharf waren. Die Verletzungen waren geringer, als man sie bei einem Flugzeugabsturz erwarten könnte. Es waren keine Verletzungen erkennbar, die die Todesursache gewesen sein könnten. Während die Untersuchung grundsätzlich einer medizinischen Untersuchung entsprach, deuten Einzelaspekte darauf hin, daß sie nicht von einem autopsieerfahrenen Pathologen, sondern eher einem Chirurgen durchgeführt wurde. (22).

Die letzte Bemerkung träfe zu. Prof. Detlev W. Bronk, der laut Jack B. die Autopsie supervisiert haben soll, war kein Pathologe, sondern Physiologe und Biophysiker. Col. Dr. Robert P. Williams war ein Army-Chirurg. In einem späteren persönlichen Gespräch mit dem britischen Forscher George Wingfield bestätigte Prof. Milroy seinen Eindruck, daß das Wesen „nahezu mit Sicherheit eine Leiche und keine gutgemachte Puppe war". (23)

Am 27. Oktober 1995, am Rande einer Schweizer Pathologenkonferenz, führten die Schweizer UFO-Forscher Luc Bürgin und Hanspeter Wachter den Santilli-Film in einem Hörsaal des Institutes für Pathologie der Universität Basel vor. Über 150 Pathologen waren gekommen, darunter Institutsleiter Prof. Dr. M.J.Mihatsch, der zu dem Termin auf Anregung von Bürgin und Wachter geladen hatte, und Frau Dr. Christen vom Spital in Liestal,

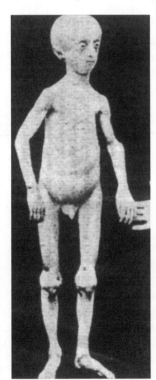

die sich zuvor im Schweizer Fernsehen noch sehr skeptisch über den Film geäußert hatte. „Prof. Mihatsch wurde zum Diskussionsleiter, und erstaunlicherweise war plötzlich eine rege Diskussion zwischen Pathologen und Gerichtsmedizinern im Gange", schrieb mir Wachter am 24. Januar 1996, „Keiner der anwesenden Ärzte ließ sich zu einer negativen Äußerung verleiten. Keiner der Anwesenden glaubte, daß es sich hier um eine Puppe handle... Ein nicht namentlich genannter Pathologe glaubt, daß dies ein Mensch sein müsse, okay, er weise sicherlich einige Anomalien auf und auch einige, vermutlich genetische, Defekte. Auch seien die Augen etwas (!) absonderlich und der ganze Kopf etwas zu groß. Aber er könne

Progerieopfer

sich nicht vorstellen, daß ein Wesen, das von weit außerhalb unserer Erde komme, fast genauso aussehe wie wir Menschen... Prof. Mihatsch war überzeugt, daß dies mit Sicherheit eine Autopsie an einem nicht näher zu definierenden Körper war. Auch er war der Meinung, daß es sich hier um einen menschlichen Körper handelt. Er schloß auch die grauenhafte Krankheit Progerie (vorzeitige Vergreisung; max. Lebensdauer eines Progeriekranken ca. 10-12 Jahre) nicht aus. Allerdings kommt die Progerie nur bei jeder achtmillionsten Geburt vor. Und keiner der im Saal anwesenden Ärzte hatte schon mal in seiner Karriere einen Progeriekranken zu Gesicht bekommen... Prof. Mihatsch fand, der Raum, in dem die Autopsie durchgeführt wurde, sei wohl behelfsmäßig eingerichtet worden. Er zeige mit Sicherheit nicht einen Autopsieraum, wie er zu dieser Zeit hätte aussehen müssen, wenn die Autopsie in einem Institut oder Labor durchgeführt worden wäre. Nun, man spricht ja in diesem Fall auch von einem rasch dafür hergerichteten Raum.

Das internationale Symposium „Neue Perspektiven über Roswell", das die Regierung der Republik von San Marino am 7./8. September 1995, kurz nach der Erstveröffentlichung des Santilli-Films, veranstaltete. V.l.n.r.: M.Baiata (Hrsg. Notiziario UFO), Linda M. Howe, St. Friedman, Chris Cary (Vertreter der Merlin-Group), M. Hesemann, Ph. Mantle, Bruce Maccabee, Don Schmitt, Dr. J.Marcel, Prof. P. Baima Bollone (Pathologe, Universität Turin), Dr. M.Signoracci (Pathologe, Universität Rom), Prof. C. Malanga (Metallurge, Universität Pisa).

Er zweifelt auch nicht am Können der an dem Leichnam arbeitenden Pathologen oder Chirurgen. Das Vorgehen entspreche grosso modo der Realität, nur, was er sich nicht erklären könne sei die Zeit, die da vergangen sei... Ein routinierter Pathologe braucht für eine Autopsie im Durchschnitt 45-50 Minuten. Auf dem Santilli-Film zeigt die Uhr deutlich, daß bei den Szenen rund 1,5 Stunden vergangen sind. Entweder wurde hier geschlampt oder die Autopsie wurde laufend unterbrochen...

Frau Dr. Christen war nach dem Film hin und hergerissen. Sie gab mir ihre Meinung kurz und bündig zu Protokoll. Sie sei jetzt, nachdem sie den Film gesehen hätte, unsicher geworden. Sie würde hier und jetzt auf keinen Fall die Aufnahmen in Frage stellen. Sie würde mir hier aber sicherlich auch nicht einen Eid leisten, daß dies Aufnahmen eines Außerirdischen seien. Sie sei aber überzeugt, daß dies mit Sicherheit ein organisches Lebewesen sei. Auch sie fand keine Erklärung für das Fehlen eines Bauchnabels. Und dies sei auch mit Sicherheit nicht medizinisch zu erklären...

Prof. Mihatsch lud uns anschließend zu sich ins Büro ein... Nochmals ging Prof. Mihatsch auf den Körper ein, den wir ihm auf dem Video gezeigt hatten. Die Haut sei ziemlich ledern, praktisch faltenlos und unstrukturiert. Dies gebe es praktisch nur bei der Progerie. Zum Fehlen des Bauchnabels und dem Fehlen sämtlicher sekundärer Geschlechtsmerkmale und auch der primären Geschlechtsmerkmale könne er sich keine Meinung bilden. Die Augen seien ziemlich seltsam. Was die Organe anbelangt, die entnommen wurden, meint Prof. Mihatsch, daß man sie nicht mit wichtigen menschlichen Organen, Organen, die man vom Menschen kennt, vergleichen könne. Man wisse natürlich, daß Krankheiten Organe teilweise äußerst massiv verändern könnten.

Was den Blutfluß angeht, so meinte der Professor, daß man es hier mit einer fortgeschrittenen Autolyse zu tun haben müsse, und in so einem Fall würde das Blut wie Wasser laufen." (24)

Ein anderer UFO-Forscher, Odd-Gunnar Roed aus Norwegen, führte den Film dem norwegischen Pathologen Carsten Nygren, der über 3500 Autopsien durchgeführt hat, und dem Mediziner Dr. Jan Marius Junge vor, die beide für eines der größten Krankenhäuser der Hauptstadt Oslo tätig sind. „Sie bemerkten sofort, daß Chirurgen am Werke sind, keine Pathologen", schreibt Roed, „sie bemerkten deutlich sichtbare Leichenflecken am Körper und am unteren linken Bein. Den aufgeblähten Abdomen erklärten sie durch Körper-Gase. Die Blutungen bei den Schnitten erschienen ihnen als sehr stark, könnten aber durch Blutwasser, Ödeme, im Körper erklärt werden. Meist sammelt sich das Blut bei einer aufgebahrten Leiche nach ein paar Tagen in den unteren Körperteilen... was die inneren Organe betrifft, so bemerkte Junge, daß sie nicht wie ein Magen und Verdauungssystem aussehen würden... als sie das Gehirn sahen, reagierten beide heftig: 'Das ist kein menschliches Gehirn. Es ist viel zu dunkel.Und beachten Sie die Blutflecken!' Ihre Schlußfolgerung war, daß das Gehirn eindeutig nicht menschlich war. Sie meinten auch, daß dieses spezielle Gehirn noch vor kurzem benutzt wurde, worauf die Blutflecken hindeuten. Wir diskutierten noch nach der Vorführung... sie glaubten beide nicht, daß der Film ein Schwindel sei, aber konnten nicht sagen, was das Wesen auf dem Tisch nun sei." (25)

Eindeutiger äußerte sich Prof. Cyril Wecht, früherer Präsident der Amerikanischen Akademie für Forensische Wissenschaft und Leiter der Pathologischen Abteilung des Saint Francis General Hospitals in Los Angeles, der über 13.000 Autopsien selbst durchgeführt und über 30.000 supervisiert hatte, als ihn der amerikanische Sender FOX-Network interviewte: „Ich habe nie eine Autopsie an einer Leiche durchgeführt, die auch nur dem Wesen auf diesem Film ähnelte", erklärte Prof. Wecht. Wecht glaubt, daß der Film echt sein könnte. Die Ärzte in dem Film, so ist er überzeugt, „sind entweder Pathologen oder Chirurgen, die schon eine ganze Reihe von Autopsien durchgeführt haben". Zuerst glaubte Wecht, das Wesen auf dem Film sei ein Mensch, der an einem genetischen Defekt, dem sogenannten „Turner-Syndrom" erkrankt war. Doch diese Meinung änderte er, sobald er den geöffneten Corpus und die inneren Organe des Wesens sah: *„Ich kann diese Strukturen nicht in einen abdominalen Kontext einordnen. Die Leber, wenn es eine Leber sein soll, sollte auf der rechten Seite sein. Ich sehe statt dessen eine Masse, für die ich keine Erklärung habe, aber es fällt mir sehr schwer, das mit dem menschlichen Körper in Verbindung zu bringen, wie ich ihn kenne. Die Struktur, die das Gehirn sein müßte, wenn es ein Mensch wäre, schaut nicht wie ein Gehirn aus, ob es nun ein Gehirn voller Tumore, ein Gehirn, das einer Strahlung zum Opfer fiel, das traumatisiert oder hämorrhagisch ist."* Was also zeigt der Film? *„Ich muß sagen, so schwer es mir fällt, das zu sagen, so sehr ich zögere, das zu sagen, daß dies kein menschliches Wesen zu sein scheint. Was ist es dann? Ich ziehe es vor, zu sagen, daß es humanoid ist. Ich werde nicht sagen, daß es von einem anderen Planeten stammt - ich weiß nicht, von welchem Planeten, aber ich kann auch nicht sagen, daß es ein Mitglied der menschlichen Rasse ist, wie wir sie kennen."* Auch eine Puppe hält Prof. Wecht nicht für wahrscheinlich. *„Es sieht mir nicht danach aus, daß hier jemand einen gewaltigen Schwindel aufgezogen hat. Wenn das der Fall wäre, die würden ihre Zeit nicht verschwenden für eine kleine Abzockerei wie diese, die sollten nach Hollywood kommen und fantastische Filme mit Steven Spielberg machen."* (26) Der Paläontologe Chris Tringer vom Londoner Museum für Naturgeschichte bestätigte dem Londoner „Observer" vom 23.7.95 gegenüber, daß *„das Wesen menschlich aussieht, aber gleichermaßen nicht menschlich ist"*. (27) Der französische Chirurg Patrick Braun, vom TV-Sender TF1 interviewt, hielt es gleichermaßen nicht für eine Latex-Puppe, sondern für ein biologisches Wesen. Als Indiz dafür führte er die Erscheinung und Reaktion der Körperflüssigkeiten in dem Film an. (28) Der Gerichtsmediziner Jean Pierre, der über 5000 Autopsien durchgeführt hatte, bestätigte, daß die Personen, die die Autopsie durchführten, mit Sicherheit Mediziner seien, wenngleich keine erfahrenen Pathologen. Er bemerkte Hinweise darauf, daß bei Teilen des Körpers bereits eine Verwesung eingesetzt hätte. (29)

Für RAI DUE, das Zweite Italienische Fernsehen, unterzog einer der renommiertesten Pathologen des Landes, Prof. Pierluigi Baima Bollone, Ordinarius des Institutes für Forensische Pathologie der Universität Turin, den Film einer kritischen Überprüfung. Vom 16.-18. Oktober 1995 präsentierte RAI DUE in einer dreiteiligen Reihe von insgesamt vier Stunden Dauer die wohl gründlichste und seriöseste Untersuchung des Materials durch eine Fernsehredaktion. *„Wenn wir die inneren Organe des Körpers betrachten"*, erklärte Prof. Bollone in der Sendung, *„finden wir nicht ein Organ, das auf irgendeine Weise einem Organ des menschlichen Körpers ähnelt. Das Hauptorgan, das die Leber sein könnte, hat weder die Form noch die Position einer menschlichen Leber. Das Gesicht des angeblichen*

Prof. Pierluigi Baima Bollone, Pathologe der Universität Turin.

Außerirdischen weist einige erstaunliche anatomische Details auf: Sehr große Augenhöhlen, eine sehr flache Nasenpyramide, einen irgendwie weit geöffneten Mund, aus dem etwas hervorragt, was die Spitzen zweier Zähne sein könnte. Dennoch ist das Gesicht flach, und wir finden keinerlei Hinweise auf eine Gesichtsmuskulatur, wie wir sie vom Menschen kennen, die verantwortlich ist für die Vielzahl von Gesichtsausdrücken der Spezies Mensch. (Beim Menschen)... sehen wir den Frontalmuskel, die Muskeln des oberen und unteren Augenlides, den Nasalmuskel, den Oberlippenmuskel, die großen und kleinen zygomatischen Muskeln. Auf den Bildern des Außerirdischen finden wir keinen Hinweis auf das Vorhandensein dieser spezifischen Muskeln. So weist er einige bedeutende anatomische Unterschiede im Vergleich zu unserer Spezies auf. Der angebliche Außerirdische besitzt nicht die große Möglichkeit an Ausdruck und Mimenspiel, durch die wir kommunizieren und uns gegenseitig verstehen können... Mein Gesamteindruck ist der, daß wir es hier mit Bildern eines Wesens zu tun haben, das unserer Spezies nahezustehen scheint, aber gleichzeitig so deutlich verschieden ist, daß es absurd erscheint, über die Ähnlichkeit zu spekulieren. Und all das macht es ziemlich klar, daß es kein Schwindel sein kann." (30)

Auf dem CompuServe „Encounters"-Forum faßte der Biologe Robert Suriyathep seine Theorie über das Wesen auf dem Film zusammen. Suriyathep glaubt, daß das große Organ im Abdomen des Wesens eine stark vergrößerte Leber ist. „Sie könnte als Lager der Fettreserven des Körpers dienen. Statt das Fett unter der Haut zu lagern, wie wir es tun, lagern sie es in ihrem Innern. Nirgendwo sonst sieht man während der Autopsie erkennbare Fettreserven, auch nicht unter der Haut in dem aufgeblähten Bauch. Das könnte damit zu tun haben, daß die Haut lichtdurchlässiger für photosynthetische Prozesse ist. ... die anderen Organe scheinen Drüsen zu sein... Unser Magen ist ein ineffizientes Organ, das sich anderer Organe bedient, wie des Dick- und Dünndarms und des Oesophagus. Ich glaube, ihr 'Magen' ist ihr Blut. Nahrung, die durch den Körper zirkuliert und dort verbraucht werden kann, wo Zellen Energie benötigen, ist praktisch. Das würde aber bedeuten, daß die Zellen Toxine tolerieren und Nahrung verarbeiten könnten.. Das würde die große Leber und die Hautstruktur erklären. Die Haut scheidet auch Abfallstoffe aus.

Warum sind die Augen so groß? Die Wesen könnten Nachtlebewesen sein, was Sehfähigkeit bei schlechtesten Lichtbedingungen notwendig macht." Eine andere Möglichkeit ist, daß sie unterirdisch leben, in Höhlenstädten, vielleicht dazu gezwungen durch eine kosmische oder selbstverursachte Katastrophe. „Größere Augen geben ein flacheres, weniger verzerrtes und genaueres Bild der Welt. Der dünne Film, der ihre Augen bedeckt, könnte sie vor schädlichen UV-Strahlen schützen.

Ihr Gehirn hat so viele Windungen und Spalten und ist in der Tat äußerst komplex... die zahlreichen Windungen erhöhen die Fähigkeit zur Spezialisierung. Daß sie zwei völlig separate Gehirne - Großhirn und Kleinhirn - haben, erhöht ihre Fähigkeit zum Polymorphismus, also die Fähigkeit, mehrere Dinge auf einmal zu tun..." (31) Zudem deutet das Fehlen einer semihemisphärischen Gehirnstruktur - also der Teilung in eine linke- und rechte Gehirnhälfte - auf die Fähigkeit zu einem integralen, ganzheitlichen Erfassen der Wirklichkeit hin.

Ein weiterer interessanter Aspekt ist die Frage nach dem Geschlecht des Wesens. Auf dem ersten Blick erinnert sein Genital an eine Vagina, bei völligem Fehlen von Schamlippen oder einer Klitoris. Ebensogut kann diese Spezies aber verborgene, interne Genitalien haben, ähnlich wie z.B. die Delphine. Die, wenngleich nur im Ansatz erkenntlichen, Brustwarzen deuten jedenfalls auf eine Säugetier-Spezies und nicht auf eierlegende Amphibien oder Reptilien hin.

Jedenfalls ist man versucht, die umstrittenen Majestic 12-Berichte zu zitieren, in denen tatsächlich behauptet wird, daß Prof. Detlev Bronk eine medizinische Untersuchung „der vier toten Insassen" eines abgestürzten UFOs arrangierte. „Es war die abschließende Meinung dieser Gruppe", heißt es in dem Dokument, „daß, wenngleich diese Kreaturen menschlich aussehen, die biologischen und evolutionären Prozesse, die zu ihrer

Entwicklung führten, offenbar völlig verschieden von denen sind, die beim Homo Sapien beobachtet oder postuliert werden." (32)

Trotz dieser eindeutigen Gegendiagnose behauptete der Münchner Dermatologe Thomas Jansen in der „Münchner Medizinischen Wochenschrift" vom 1. März 1996 noch, der „Roswell-Alien" sei an der Genkrankheit Progerie (Hutchinson-Gilford-Syndrom) erkrankt, also eines jener „Greisenkinder", von denen es auf der ganzen Welt nur etwa 20 gibt. (33) Natürlich griff „Der Spiegel", der dem Wesen noch am 7.8.1995 „innere Organe in Form von Schwarzwälder Schinken" diagnostizierte, Jansens Hypothese dankbar auf und wußte jetzt, was der Roswell-Film tatsächlich zeigte: „In Wahrheit ist darauf ein erbkrankes Mädchen zu sehen", schrieb das Nachrichtenmagazin in seiner Ausgabe vom 29. April 1996. Mehr noch, es sei ein „eindeutiger Fall ... wie im Lehrbuch", inklusive überproportioniertem Kopf, schnabelförmiger Nase, „Vogelköpfigkeit", unausgereiften Geschlechtsorganen und Blähbauch. Eine andere Erbkrankheit, Polydaktylie, sei hinzugekommen und für die sechs Zehen und Finger verantwortlich. Daß das Wesen keinen Bauchnabel hat, erklärt Jansen durch die starke Spannung der Haut: „Das ist wie bei einem Regenschirm. Wenn ich aufspanne, verschwinden die Unebenheiten", erklärt Jansen. „Noch ehe Progerie-Kranke in die Pubertät kommen, sterben sie meist am Herzinfakt oder Schlaganfall", diagnostiziert der Dermatologe die Todesursache. Die Autopsie sei, eine weitere Bestätigung für den Film, „fachmännisch durchgeführt" worden. Bloß für die Schutzanzüge der Ärzte hat er keine Erklärung, hält sie für eine Überreaktion unerfahrener Kollegen. Und warum fand die Autopsie nicht in einem Krankenhaus statt, sondern in einem ganz offensichtlich provisorisch eingerichteten Autopsieraum? Weshalb wurde ein Kameramann engagiert, der sich offenbar mehr für den Ablauf des Verfahrens als für - medizinisch wichtige- Details interessierte? (34)

Wir können jedoch fast sicher sein, daß Jansen irrt. Er kennt den Film offenbar nur aus dem Fernsehen, wo bloß Ausschnitte zu sehen waren. Er weiß nicht, daß es zwei Filme von den Autopsien nahezu identischer Wesen gibt, das eine verletzt, das andere unverletzt. Daß Zwillinge unter völlig identischen Symptomen leiden und fast gleichzeitig sterben, ist nahezu ausgeschlossen. Jansen erklärt auch nicht, weshalb das Wesen offenbar nicht an Progerie starb, sondern Symptome starker Verletzungen aufweist - eine große, klaffende Brandwunde und einen Bruch am rechten Oberschenkel, Prellungen und möglicherweise einen zweiten Bruch am linken Oberschenkel, eine abgetrennte rechte Hand, eine Prellung und - nach Ansicht des italienischen Pathologen Prof. Baima Ballone, Universität Turin - eine Einschußwunde an der linken Schläfe. Beging „SUE" („Santilli Unknown Entity" - „Santillis Unbekanntes Wesen") Selbstmord nach dem Tod ihrer Zwillingsschwester, indem sie sich erst die Beine zertrümmerte, dann einen Kopfschuß versetzte und schließlich die rechte Hand abtrennte?

Abgesehen davon, daß „SUE" keineswegs „vogelköpfig" ist, sondern eine äußerst kleine Nase hat, weiß Jansen auch nicht, weshalb das Wesen große, das ganze Auge bedeckende, dunkle Membrane oder Linsen trägt. Seine Hypothese erklärt nicht, weshalb SUEs Knochen schwarz sind, ihre inneren Organe mehr als ungewöhnlich - ein großes, rundes Organ in der Bauchmitte, keine erkennbaren Verdauungsorgane - und ihr Gehirn nach Ansicht u.a. von Prof. Christopher Milroy und Prof. Cyril Wecht „kein menschliches Gehirn" ist, da es z.B. keine zwei Hemisphären hat.

Und schließlich: Wo, bitte sehr, ist die Publikation der Ärzte über die Autopsie dieser progeriekranken Zwillinge, einem - bei nur 20 „Greisenkindern" auf der ganzen Welt - wohl einmaligen Fall, der offenbar gut dokumentiert und sogar gefilmt wurde?

Während fest zu stehen scheint, daß das Wesen auf dem Autopsietisch kein Opfer des Turner-Syndroms, der Progerie (vorzeitige Alterung) oder einer anderen Gen-Krankheit ist, bleibt immer noch die Möglichkeit einer genialen Fälschung. Könnte es eine Puppe sein, so genial gemacht, daß selbst angesehene Pathologen sie für ein „biologisches Wesen" halten?

„Special Effects" heißt die Wachstumsbranche, die im Zeitalter immer spektakulärerer Filmproduktionen „die Kunst, das Publikum zu täuschen" entwickelte. Spezialeffekt-Künstler verstehen sich als die Magier der modernen Märchenwelt, der Traumfabriken der Zelluloidindustrie.

Schon ihre Branchenbezeichnung ist kryptisch und besteht nur aus den beiden Buchstaben „FX", was sich „eff-eks" liest. Die führende FX-Firma Großbritanniens ist „Creature Effects", auch „The Creature Shop" genannt, die für die Pinewood-Studios in London arbeitet. Trey Stokes ist für Creature FX tätig, aber arbeitete auch für Kino-Welterfolge wie „Abyss", „Batman kehrt zurück" oder „Robocop II". Und er behauptet: *„Alles, was ich in dem Film sah, kann durch Standard-FX-Techniken erzeugt werden... nun, ich glaube nicht nur, daß es ein Schwindel ist, ich denke, man hätte es viel besser machen können."*

Zuerst nehme man einen Abdruck von einem Kind - um die richtige Größe zu bekommen -, fülle ihn mit verflüssigtem Ölton, lasse ihn abkühlen. Die so entstandene Figur kann beliebig modelliert und ausgearbeitet werden. Das Endergebnis hat alle Muskellinien und subtilen Kurven eines echten Körpers, mit dem Unterschied, daß das Körperfett, da der Abdruck im Stehen genommen wurde, nach unten hängt - beim Liegen wäre dies nicht der Fall. Stokes glaubt, eben diese Eigenschaften bei dem Santilli-Wesen entdeckt zu haben, ebenso deute *„eine Muskelanspannung im Beinbereich"*,

auf die ursprüngliche Stehposition hin. Hände und Füße dagegen seien separat hinzugefügt worden. Die Haut sei aus Silikon, einem Gelatine-Mix oder Schaumlatex, das ihr die richtige „fleischige" Qualität geben würde. Ein Hohlraum im Innern der Puppe sei mit Innereien aus dem Schlachthaus gefüllt worden und mit Blut und Glyzerin bestrichen, um feucht zu wirken.

Für Stokes ist es verdächtig, wie „schonend" die vermeintlichen Pathologen das Wesen untersuchen. Wollten sie die Puppe nicht beschädigen, den Schwindel nicht zu offensichtlich werden lassen? Der Schnitt, so der FX-Künstler, sei ganz eindeutig mit einem „Blutmesser" durchgeführt worden, einem Skalpell, das von hinten durch ein dünnes Röhrchen Blut zugeleitet bekommt. *„Und wenn noch Blut aus dem Innern der Puppe hervorquillt, ist es umso besser".* Ein weiteres Indiz für FX ist, so Stokes, daß ausgerechnet die Szene fehlt, in der die Haut des Wesens zurückgeklappt wird. *„Das gab Zeit, das Innere entsprechend zu präparieren".* Beweist das, daß der Film gefälscht ist? *„Nun, eigentlich nicht"*, schließt Stokes seine Betrachtung, *„obwohl es nicht einen Augenblick in dem Film gibt, der nicht gefälscht erscheint, ist es möglich, daß der Film echt ist und all die Ungereimtheiten erklärt werden können."* (35)

Tatsächlich tauchten schon kurz nach der Veröffentlichung des Filmes Bilder auf, die „das Santilli-Wesen bei der Präparierung" zeigen - einen Latex-Kopf, der gerade bemalt wurde, und der der „echten" Kreatur zumindest entfernt ähnelte. Ein dummer Scherz, dem nur ein paar amerikanische Medien Beachtung schenkten, die in der ersten Begeisterung für die so sensationelle Enthüllung glatt vergaßen, die Fälschung einmal mit dem Original zu vergleichen. Als Absender zeichnete eine „Morgana-Group". Morgana war die Zauberin, die der Legende nach den Magier Merlin zu Fall brachte. Dieser Morgana war das nicht gelungen. (36)

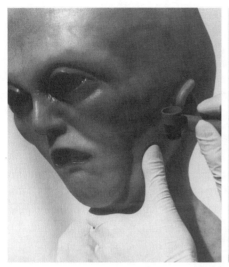 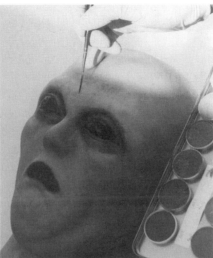 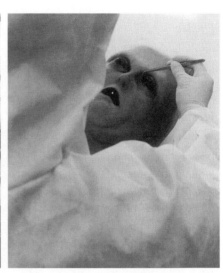

Die Fälschung der „Morgana-Gruppe" sollte den Santilli-Film diskreditieren. Die Ähnlichkeit der präparierten Gummipuppe mit dem Wesen auf dem Film ist jedoch nur entfernt.

Einen Tag nach der weltweiten Ausstrahlung des Santilli-Films, am 29.8.1995, beglückte uns der französische Sender ARTE mit einer ganz anderen Sensation. Als Auftakt einer Diskussionsrunde zum UFO-Thema im allgemeinen und dem Santilli-Film im besonderen, die mehr an eine Grillfestrunde erinnerte, wurde ein Beitrag aus Rußland eingeblendet. Darin ging es um einen UFO-Absturz am 5. Juli 1947 in Khos Alas, Sibirien: Einen Feuerball, die Bergung der Trümmer, den anschließenden Armee-Einsatz und die Obduktion von Körperteilen in einem Behelfslabor, einer Holzhütte im Wald, durch einen Dr. Germanov. Dessen Tochter erklärte dann auch vor laufender Kamera, ihr Vater habe aus Sorge um den Weltfrieden die USA über den Vorfall informiert, die dann zur Vertuschung und Ablenkung die Roswell-Bruchlandung inszenierte. Als Beweis wurden nicht nur erstaunlich klare Aufnahmen des Dr. Germanov gezeigt, der ein paar Fleischklumpen sowie eine Hand mit vier Fingern untersuchte, sondern auch die Rechnung der Hollywood-Filmfirma MGM an die US-Regierung über die Lieferung von vier Puppen zur Inszenierung des Roswell-Crashs. Der kritische Beobachter freilich wunderte sich gleich über die absurde Geschichte und den französischen Akzent der „Russen", und kurz darauf, während der folgenden Diskussion, wurde die Sache aufgeklärt: Der Filmbeitrag war ein verspäteter Aprilscherz, den ARTE bei einem französischen Filmemacher in Auftrag gegeben hatte, um zu beweisen, wie leicht man eine solche Geschichte erfinden könnte. (37) Oder, wie es ARTE-Sprecherin Catherine Le Goff formulierte: *„Der Sender will damit die Manipulationsmöglichkeiten durch das Medium Fernsehen aufzeigen und dem Hokuspokus anderer Anstalten etwas entgegensetzen."* (38) War es doch ARTEs größte Konkurrenz, der französische Sender TF1, der die Rechte an dem Santilli-Film erworben hatte...

Dabei erwies sich das Medium Fernsehen selbst als der größte Manipulator. So bastelte der Münchner Special Effects-Experte Olaf Ittenbach mit seinem Team in vier- bis fünfwöchiger Arbeit eine schlechte Imitation des Santilli-Autopsiefilms, die das deutsche Magazin „STERN TV" bei ihm in Auftrag gegeben hatte. Die Plastikpuppe wurde mit Pappmaché und Puder überzogen und mit Innereien aus der Schlachterei gefüllt, bevor man sie „sorgfältig" obduzierte. Dann erschienen zwei Herren auf der von mir moderierten Düsseldorfer UFO-Konferenz „Dialog mit dem Universum" (26.-29.10.1995), Hans Mayer und Stefan Hufnagel aus Graßlfing, und erzählten ihre abenteuerliche Geschichte: Sie hätten eine Videokassette und den 16 mm-Originalfilm des Streifens im Nachlaß des Onkels ihrer Freundin gefunden. Ich sah mir das Video an, rief meine ausländischen Kollegen Philip Mantle und Roberto Pinotti hinzu - und uns war klar: Das ist ein Schwindel. Wir wollten aber die Hintergründe erfahren, baten die Herren um die 16mm-Rolle, die sie uns auch am nächsten Tag vorbeibrachten. Schon zu diesem Zeitpunkt erklärten wir den Herren eindeutig, daß der Film eine Fälschung ist. Am nächsten Tag interviewte mich ein „freier Journalist": Was ich von dem aufgetauchten neuen Autopsiefilm hielte. Ich fragte ihn, wie er davon wissen könnte, da wir mit niemandem über den Streifen gesprochen hatten. Er hätte Gerüchte gehört. Ich antwortete ihm, daß dieser Film ein Schwindel sei und fragte, ob er etwas damit zu tun hätte. Grinsend zog er ab. Kurz darauf bat mich STERN TV um ein Interview. Man hatte nur eine Frage: Nach dem „hier aufgetauchten Autopsiefilm". *„Ich weiß nicht, ob Sie den fabriziert haben oder Frank Elstners 'April, April', aber wir haben natürlich erkannt, daß es eine Fälschung ist. Da hat jemand eine Gummipuppe mit Innereien gefüllt. Ihr habt vielleicht schon darauf gehofft, daß ich vor Freude auf die Bühne springe und den Film dem Publikum präsentiere, aber sorry, ich muß Sie enttäuschen: Wenn Sie uns hereinlegen wollen, müssen Sie schon früher aufstehen"*, antwortete ich sinngemäß. Damit war die Sache für mich erledigt. Zehn Tage später fiel ich aus allen Wolken, als ich die STERN TV-Vorankündigung las: *„Deutschland im UFO-Fieber: UFO-Experten fallen auf selbstgebastelten Alien rein."* Offensichtlich hatte man

alles so darstellen wollen, als sei eine simple Betrachtung des Filmes am Monitor und ein höfliches Verhalten den „Herren" gegenüber schon ein Verbrechen. Ich schaltete sofort eine Düsseldorfer Anwaltskanzlei ein und bat sieben Zeugen um eidesstattliche Versicherungen, die meine (obige) Darstellung bestätigten.

Tatsächlich sollte der Eindruck erweckt werden, ich sei hereingelegt worden. Man hatte die gesamte Begegnung mit versteckter Kamera gefilmt. Im STERN TV-Filmbeitrag wurde schon meine Bemerkung an den Techniker Thilo Kage, „Möglicherweise haben diese Herren einen zweiten Autopsiefilm", als Bekenntnis gewertet. Doch auch ein falscher Autopsiefilm ist ein Autopsiefilm, und wie, bitte sehr, hätte ich das Ding denn nennen sollen? „Falsch", kommentierte STERN TV, „das Outfit unserer Hobby-Ärzte ist alles andere als historisch." Ging es etwa darum? Meine ersten Worte, als ich den Film sah, wurden korrekt mit „Das ist ja wirklich verrückt. Der ist ja hochinteressant, der Film..." wiedergegeben. Hochinteressant, warum? Es fehlte, was nach den drei Punkten (und dem Schnitt) sinngemäß folgte: „...da hat jemand versucht, den Santilli-Film zu imitieren". Ist ein solcher Versuch denn etwa nicht interessant, schon der Vergleichsmöglichkeit wegen? Nächstes Zitat, aus dem Zusammenhang gerissen: „Bringen Sie doch mal den Originalfilm mit, dann können wir`s hundertprozentig sagen" - was sagen? Das verschwieg STERN TV. Zuvor hatte ich nämlich den Herren erklärt, daß ich den Film für eine Fälschung halte. Dann wurde gezeigt, wie die Briten Philip and Susan Mantle - für STERN TV ist Frau Mantle freilich eine Amerikanerin - den Randcode des 16 mm-Materials lesen, nur um herauszufinden, ob altes oder neues Material verwendet wurde. Und natürlich wollten wir ein Foto der beiden dubiosen Überbringer, zu Dokumentationszwecken. Wer also bitteschön ist „hereingefallen"? Hätte ich auch nur etwas Positives über den Film gesagt - mal von „zweiter Autopsiefilm" und

„hochinteressant" abgesehen - STERN TV hätte es gebracht, aber damit konnte ich leider (?) nicht dienen.

So zeigte sich STERN-TV-Moderator Günther Jauch dann auch als schlechter Verlierer. Mit dem Schreiben meines Anwaltes in der Hand behauptete er mit rührend unschuldigem Blick: *„Einer der Experten hat sich gar nicht mehr gemeldet. Wir haben versucht, ihn zu erreichen, aber er ist total auf Tauchstation gegangen und hat nichts von sich hören lassen, und als heute unsere Ankündigung rausging, da kam auf einmal die eidesstattliche Erklärung, wo er sagt, er hätte von Anfang an gewußt, daß es sich um eine Fälschung handelt... Fällt ihm, wie gesagt, jetzt erst ein, nachdem er merkt, daß er möglicherweise ertappt worden ist."* Doch Günther Jauch log, ohne rot zu werden. Denn, wie er in der eidesstattlichen Versicherung lesen konnte, habe ich seinem eigenen STERN TV-Filmteam vor laufender Kamera erklärt, daß ich den Film für eine Fälschung, „eine mit Innereien gefüllte Gummipuppe", halte.(38) Und natürlich hat danach niemand von STERN TV mehr versucht, mich zu erreichen. Zwei Monate später hatte ich meine Genugtuung. Jauch geriet in die Schlagzeilen, weil seine Redakteure auch in anderen Beiträgen gefälscht und manipuliert hatten, und so ließ sich SPIEGEL TV-Chefredakteur Aust nicht nehmen, ihn mit dem Fälscher der Hitler-Tagebücher zu vergleichen und *„mein guter Günther Kujauch"* zu nennen. (39) Bleibt für die Zukunft zu fragen, wie weit man „kritischen" TV-Beiträgen überhaupt noch Glauben schenken darf.

Doch ist das Wesen auf dem Roswell-Film womöglich ebenfalls eine Special Effects-Puppe? Im Januar 1996 kam ich über das Internet mit einem jungen Engländer in Kontakt, der mir erklärte, er würde die FX-Leute kennen, die den Film gemacht hätten. Santilli hätte sie am Gewinn beteiligt und ihnen schon 30.000 Pfund überwiesen. Doch obwohl der junge Mann behauptete, sogar die Form für das Wesen gesehen zu haben, blieb er

jeden Beweis für die Behauptung schuldig, ganz wie Stokes.

Dagegen ist der führende FX-Künstler der Welt der Ansicht, daß der Santilli-Film eben keine Fälschung ist. Stan Winston ist Präsident der Firma „Industrial Sound and Magic", die zur Traumfabrik des George Lucas gehört. Stan Winston schuf den Außerirdischen in „Alien", „Edward mit den Scherenhänden" und die Dinosaurier von „Jurassic Park", für die er mit einem Oscar ausgezeichnet wurde. FOX-Television führte Winston den Film vor und bat ihn um seinen Kommentar. *„Zuerst dachte ich, das könnte eine Puppe sein"*, gab Winston zu, *„aber als sie dann mit der Autopsie begannen, das Wesen aufschnitten, wo ich wußte, wie schwierig so etwas für uns in der Live-Effects-Welt ist, das Aufschneiden von Haut zu simulieren, da sagte ich mir: Wenn das tatsächlich nicht echt sein sollte, ich wäre stolz, wenn ich heute in der Lage wäre, so etwas zu kreieren."* Winston zeigte den Film den Top-Mitarbeitern seines Studios, fragte sie, was sie davon hielten. Die Antwort war einhelliges Staunen. *„Die organische Qualität der Beine und Füße... das sieht sehr gut aus"*, meinte einer. Winston: *„Seht Ihr, wie gleichförmig das Blut austritt und wie uniform es die Seiten herunterfließt und wie gleichmäßig feucht es im Innern erscheint? Ich meine, wir hätten das nie so hingekriegt... Nichts davon sieht verdächtig aus. Wenn Sie zu mir kämen und sagten, daß Sie diese Illusion kreiert hätten, Sie könnten sofort bei mir anfangen."* (40)

Nun gibt es in der Tat eine Reihe von Indizien, die gegen die „FX"-Theorie sprechen. Warum, zum Beispiel, folgte man nicht den Beschreibungen der Roswell-Zeugen, wo doch der Film als „Roswell-Footage" vermarktet wurde? Warum schuf man kein schmales Wesen mit langen Armen und vier Fingern? War es wirklich möglich, mit einer FX-Puppe die führenden Pathologen der USA, Großbritanniens, Frankreichs und Italiens zu täuschen, so weit, daß diese sogar die Todesursache diagnostizierten?

Tatsächlich weist das Wesen drei Verletzungen auf: eine große Brandwunde am rechten Bein, eine Schwellung, möglicherweise von einem Bruch, am linken Oberschenkel, und eine Wunde an der linken Schläfe. Diese wirkte auf den ersten Blick wie eine starke Prellung, die - dem Bericht des Kameramannes nach - durch einen kräftigen Schlag mit dem Gewehrkolben verursacht worden sein konnte. Doch auf einer durch den Computer verstärkten Aufnahme dieser Schläfe glaubt Prof. Baima Ballone ein Einschußloch identifizieren zu können. *„Ich sehe hier an der linken frontalen Schläfen-Region der Leiche eine Höhlung von nur ein paar Millimetern Durchmesser, die von Eskoriationen und einer Prellung umgeben ist. Das sind die Charakteristiken einer Einschußwunde. Es scheint eine Wunde zu sein, die durch einen Schuß von einer kleinkalibrigen Waffe aus einer geringen Entfernung von nur 35-40 Zentimetern verursacht wurde, denn es sind leichte Verbrennungen und Pulverspuren zu sehen. Zudem sehen wir in dem Film ein endokranisches Hämatom, das den Großteil der Gehirnmasse bedeckt. Ein Kopfschuß würde perfekt die Erscheinungsform des Gehirns und die Todesursache erklären."* (41)

Auch die Wrackteile, die auf vier Filmrollen zu sehen waren, schienen bei näherer Betrachtung mehr zu sein als Plastik oder Pappmaché aus der FX-Fabrik. Sie bestehen a) aus den vier Stahlträgern, die eine kleine Scheibe mit der großen „Untertasse" verbanden, und b) den vier „Boxen", die die Wesen fest an sich gedrückt hielten, als die Soldaten sie fanden. Dem Kameramann zufolge war der Absturz eher eine Bruchlandung. Das Objekt war einige hundert Meter quasi auf seinem Bauch geschliddert, bis es in den Felsen raste und sich überschlug. Es war völlig unbeschädigt, als es entdeckt wurde, bis auf die sich gelöste kleinere Scheibe und die vier mit Hieroglyphen bedeckten Träger. Die Bruchstelle eines der Stahlträger wurde von dem italienischen Chemiker und Computerexperten Prof. Dr. Malanga von der

Universität Pisa am Computer untersucht und vergrößert. Malanga kam zu der Schlußfolgerung, daß er aus Metall von einer äußerst feinen kristallinen Struktur besteht. (42)

Die Boxen scheinen sehr leicht zu sein, weniger als ein Kilo. Sie sind ca. 3,8 cm hoch, ca. 62 cm lang und 30 cm breit. Der amerikanische Ingenieur und Metallurge Dennis Murphy unterzog speziell eine auf dem Film erkennbare zerstörte Box einer näheren Untersuchung. In einer Mitteilung auf dem CompuServe-Encounters-Forum erklärte er: *„Die Panels sind hohl und weisen oben Kammern auf. Diese werden durch eine dünne Trennfläche separiert, die sich von links nach rechts erstreckt. Sie haben drei Kammern. Die erste beginnt im Inneren des Panels und führt zu einer Kammerwand, die dem Einschnittswinkel am unteren Rand der obersten Reihe folgt. Die zweite Kammer folgt, ebenso die dritte, die an der Wand endet, die dem Bogen auf Höhe der Fingerspitzenabdrücke auf der Oberfläche folgt. Die Knöpfe in den Handabdrücken scheinen in das Zentrum der Kammern zu führen... unter den Kammerräumen scheinen die Panels mit einer dunklen Substanz gefüllt, die von dünnen, hellen Strängen durchzogen wird. Die Art und Weise, mit der diese Substanz an der Bruchstelle erscheint, deutet darauf hin, daß sie hart und nicht weich und geschmeidig ist."* (43)

Welchem Zweck dienen diese „Boxen" oder Panels? Als der Fachjournalist Bob Shell, der als fototechnischer Berater für das FBI und den CIA tätig gewesen ist, in Insiderkreisen um Kommentare zu dem Film bat, erklärte ihm ein langjähriger Ingenieur der US-Luftwaffe, daß er um 1968 an eben diesen Boxen gearbeitet hätte. *„Wir fanden zwar heraus, wie sie Informationen aufnehmen, aber nicht, wie man diese wieder abzapfen kann",* erklärte der Informant. *„Schließlich nahm man die Stücke wieder an sich. Ich glaube, sie werden alle zehn Jahre Experten vorgelegt, in der Hoffnung, daß die Wissenschaft dann weit genug ist, um ihr Geheimnis zu*

Ein irdischer Biofeedback-Computer, entwickelt von Data Hands System in Scottsdale, AZ. Wir wissen nicht, inwieweit diese Entwicklung durch die in Socorro gefundene außerirdische Technologie beeinflußt oder inspiriert wurde.

ergründen." Er hält die Boxen für eine Art „Biofeedback-Computer", jeder mit vierzig Sensoren ausgestattet, die auf feine Nervenreaktionen reagieren. (44) Eine weitere Information stammt von Bill Uhouse, dem Mechanical Design-Engineer, der in der supergeheimen Area 51/S4 Basis in Nevada an Flugsimulatoren arbeitete, mit denen US-Piloten dafür ausgebildet werden sollten, ab-

gestürzte und geborgene UFOs testzufliegen. Uhouse hat seine eigene Theorie zu den Panels. *„Es waren persönliche Überwachungspanels"*, erklärte er mir, als ich ihn im Dezember 1995 interviewte, *„sie dienten der persönlichen Kommunikation mit dem einzelnen Crewmitglied und möglicherweise auch seiner Interaktion mit einer Art Bordcomputer oder, besser, Steuerungsorganismus. Sie steckten wahrscheinlich in einer Konstruktion in der Kommandozentrale des Schiffes. Als die Scheibe abstürzten, nahm jedes Besatzungsmitglied sein Panel mit heraus. Möglicherweise dienten sie auch der Kommunikation mit einer Art Mutterschiff, das sie dadurch lokalisieren und bergen konnte."* (45)

Master-Sergeant Bob Allen (55), ein Sicherheitskoordinator der US-Luftwaffe, den ich im Januar 1996 interviewen konnte, war 1987 in der Area 51 und einer anderen, 300 km westlich gelegenen Anlage bei Tonapah tätig. Dort war es u.a. seine Aufgabe, UFO-Wrackteile zu weiteren Untersuchungen zu verpacken und den Transport an das Sandia-Labor auf der Kirtland-Luftwaffenbasis oder die Lawrence-Livermoore-Laboratorien zu koordinieren. Der Codename der Basis war „Hangar One". Zur Einweisung in diese Aufgabe zeigte man ihm zweieinhalb Stunden Filmmaterial, Material, das er wiedererkannte, als der Santilli-Film im US-Fernsehen lief. *„Ich sah drei Autopsien"*, erklärte er mir, *„bei einer stand Truman hinter der Scheibe des Autopsieraumes. Er trug eine Atemschutzmaske, aber man erkannte, daß es Präsident Truman war. Sie bargen drei lebende Außerirdische. Nach einigen Tagen starb der erste, dann der zweite, und sie sagten sich: Verdammt. Die sterben wie die Fliegen und wir müssen herausfinden, ob sie feindliche Absichten haben und was sie hier wollen. Wir müssen eine Möglichkeit finden, den dritten am Leben zu erhalten. Daher fanden die Autopsien statt. Der dritte Außerirdische lebte noch zwei Jahre, und zwar auf Fort Worth."* Die Scheibe dieses ersten UFO-Absturzes sei in „Hangar One" gelagert, zusammen mit einigen stark zerstörten Wracks. Einiges Material war in Kisten verpackt, anderes lag in dem Hangar herum. *„Ich denke, es kam gerade aus dem Labor. Periodisch, in gewissen Zeitabständen, geht dieses Material in die Labors, um auf dem neuesten Stand der Forschung untersucht zu werden. Offenbar findet man immer wieder Neues heraus. Die Labors haben es für einen gewissen Zeitraum, dann wird es wieder zurückeskortiert.“* Das Wrack war in der Mitte geöffnet - ob durch den Absturz oder von der Luftwaffe, weiß Bob nicht -, so daß man in das Innere sehen konnte. Er selbst behauptete, einmal die „Boxen“ oder Panels verpackt zu haben, die in dem Santilli-Film zu sehen waren. *„Ich erfuhr, daß diese Boxen Sicherheitsvorrichtungen waren“*, erklärte er mir, *„das Militär kam nach vielen Jahren zu der Überzeugung, daß sie diese Dinger mit nach draußen nahmen, weil sie darauf warteten, abgeholt zu werden. Jedes Panel war persönlich für jeden einzelnen Außerirdischen angefertigt. Man konnte sie mitnehmen und in Schlitze, in Vorrichtungen stecken. Durch das Panel war das ganze System zu starten, Antrieb, Navigation, alles. Wir versuchten es auch, aber unsere Gehirnfrequenzen arbeiteten nicht schnell genug, um mit ihnen zu arbeiten.“* (46)

Im Februar 1996 interviewte Ted Loman, ein UFO-Forscher aus Tucson, Arizona, auf meine Anregung hin einen alten Freund, den US Army Sergeant Clifford Stone, der mir schon am Telefon signalisiert hatte, daß er jetzt bereit sei, zu reden. Sein Sohn war vor einigen Monaten auf tragische Weise bei einem Autounfall ums Leben gekommen, nach einer Reihe telefonischer Einschüchterungsversuche gegen Stone und unter ungeklärten Umständen: Während Zeugen davon sprachen, daß eine schwarze Limosine den Wagen des Stone-Sohnes von der Fahrbahn herunterdrängte, war im Polizeibericht davon nichts mehr zu lesen. Cliff reagierte auf seine Weise: Er beschloß, zu reden: Jetzt erst recht!

Schon als ich Cliff im Juli 1995 besuchte und ihm Abzüge der Fotos aus dem Santilli-Film übergab, erklärte er mir, er sei sich „mit 99 %iger Gewißheit“ sicher, daß die Aufnahmen echt seien. Was ihn da so sicher machen würde, fragte ich. „Ich kann darüber nicht reden, noch nicht“, lautete seine Antwort. Jetzt war es soweit. Vor laufender Kamera erklärte Cliff Stone am 20. Februar 1996:

„Ich sah die Santilli-Filme und ich glaube, daß sie echt sind. Der Grund dafür ist ein Erlebnis, das ich 1969 hatte:

1969 war ich in Fort Ley, Virginia, stationiert. Ich war bei der US Army, gehörte einem NBC (Nuclear, Chemical, Biological) Quick Reaction Team an. Das hieß, daß wir jeweils 72 Stunden lang in einem kleinen Gebäude sofort einsatzbereit sein mußten, jederzeit an jeden Ort zu fliegen, an dem es einen chemischen oder nuklearen Unfall gab. Wenn sich ein solcher innerhalb eines Radius ereignete, daß man innerhalb von zwei Stunden zur Stelle sein konnte, dann gehörte man zum Primärteam. Vier Stunden und man war das Folgeteam. Meine Aufgabe war die eines NBC-NCOs (Non commissioned officer), die des Nachrichten-Offiziers. Einmal hatte ich Gelegenheit, unseren Leutnant nach Fort Belvoir, Virginia, zu begleiten. Auf der Basis streifte ich mit einem Luftwaffen-Mann herum und wir kamen zu einem Gebäude, gingen die Treppen hoch und betraten einen Raum, in dem wir uns setzten. Dieser Raum hatte ein Plexiglasfenster und durch dieses konnte man in einen Kinosaal schauen. Man hörte nicht, was dort gesagt wurde, doch man sah den Film, den sie vorführten. Da unten saß eine Gruppe von Offizieren, vielleicht auch ein paar Zivilisten, und die sahen sich etwas an, was wir für Ausschnitte aus Science Fiction-Filmen hielten. Da waren diese typischen untertassenförmigen UFOs, zigarrenförmige UFOs, dann das, was ich 'zerbrochene Teller-UFOs' nannte, rund aber an einer Seite wie abgebrochen, und dann waren da Leichen. Der Luftwaffen-Mann und ich überlegten, aus welchen Filmen das kam, denn er interessierte sich für Science Fiction. Ich interessierte mich damals schon für UFOs, schaute aber auch gerne SF-Filme, und so diskutierten wir heftig, als die Tür aufging und Männer hereinkamen, die uns auf unmißverständliche Weise auftrugen, ihnen zu folgen. Wir folgten ihnen. Wir wurden in einen Raum gebracht, in dem man uns festhielt. Wir ahnten noch nicht, in welchen Schwierigkeiten wir steckten, und wir glaubten, daß der Hauptgrund für das Ganze der war, daß wir ein paar Offiziere dabei erwischt hatten, wie sie sich Science Fiction-Filme anschauten und daß die amerikanischen Steuerzahler von dieser Idee nicht gerade begeistert sein würden, daß für so etwas ihr Geld ausgegeben wird. Doch was wir durchmachen mußten, war, was man in Geheimdienstkreisen ein 'verschärftes Verhör' nennt. Es lief immer wieder auf die eine Frage hinaus: Was haben Sie gesehen? Nach zwei Nächten und drei Tagen antwortete der Luftwaffen-Mann: 'Ich habe verdammt noch mal gar nichts gesehen!' Sie erwiderten: 'Das ist gut' und ließen ihn ein Papier unterschreiben. Nicht lesen, nur unterschreiben. Danach konnte er gehen. Ich mußte noch ein wenig länger bleiben, insgesamt vier Nächte und fünf Tage. Als der Luftwaffenmann gehen konnte, nachdem er gesagt hatte, daß er nichts gesehen hätte, versuchte ich das auch. Doch der Mann, der mich verhörte, schaute mir nur tief in die Augen und schüttelte den Kopf. Er machte sich Notizen und sagte: 'Wir müssen das noch mal durchgehen'. So ging es wieder und wieder. Als ich zu meiner Einheit zurückkam, fand ich heraus, daß gegen mich ein Verfahren wegen Fahnenflucht eingeleitet worden war, da man während der fünf Tage nicht wußte, wo ich steckte. Dann sagten sie: Wenn Sie uns einen kleinen Gefallen tun, vergessen wir die Sache. Ich fragte, was dieser 'kleine Gefallen' denn wäre. Man verlangte von mir, daß ich meine Dienstzeit bei der Einheit um drei Jahre verlängerte. Das war die schwerste Entscheidung meines Lebens."

Was hatte er gesehen? „Da wurden verschiedene Arten von Leichen gezeigt", erwiderte Stone, „einige sahen aus wie diese kleinen Grauen, ich weiß nicht mehr, wieviele Finger oder Zehen die hatten, aber ihre Augen waren wie Katzenaugen. Bei einigen hatten sie die Form von großen Tränen. Die breitere Seite ging nach innen, die schmale nach außen. Dann waren da Aufnahmen... als ich die Santilli-Aufnahmen sah, löste das in mir einiges aus, denn sie versetzten mich schlagartig an diesen Tag im Jahre 1969, zu diesen Filmaufnahmen. Denn sie zeigten Körper, die sehr, sehr, sehr ähnlich ausgesehen haben. Ich weiß von einem Film, der in einem Zelt aufgenommen wurde und ich weiß von einem Film mit - wenn nicht Truman selbst, so einem sehr, sehr überzeugenden Double. Dann waren da drei Offiziere, die damals große Namen hatten, und auch hier kann ich nur sagen, wenn sie nicht echt waren, dann hatte man sehr, sehr gute Doubles genommen. Von den Körpern, die ich sah, lagen einige auf dem Boden und andere auf einer Art Tisch." (47)

Auch andere bezeugen, den Film in Besitz der US-Regierung gesehen zu haben. Am 26. Juni 1995 besuchte Colin Andrews, der britische Forscher, Ray Santilli im Beisein des japanischen Forschers Johsen Takano, der die japanische Regierung in UFO-Fragen berät, und Prof. Dr. Hoang-Yung Chiang vom staatlichen Forschungszentrum für Biotechnologie in Taipeh, der Hauptstadt der Republik China (Taiwan). Chiang hat einen Lehrstuhl an der Kulturuniversität und der Medizinischen Universität von Taipeh. Durch seine Initiative wurde UFO-Forschung 1993 von der republikchinesischen Regierung offiziell als Wissenschaft anerkannt, die auch an den Universitäten gelehrt wird. Ich kannte beide, Takano und Chiang. Takano habe ich auf einer UFO-Konferenz der Vereinten Nationen in New York im Oktober 1993 getroffen, Prof. Chiang auf der MUFON-Konferenz in Richmond, Virginia, im Juli 1993. Beide hatten von dem Roswell-Film erfahren und über Andrews versucht, Santilli zu kontaktieren. Nach einer Privatvorführung erklärten beide, Colin Andrews zufolge: „Wir haben das schon einmal gesehen": Takano, als seine Regierung bei der US-Regierung offiziell UFO-Informationen erbat und ein CIA-Kurier nach Tokio kam, Chiang, als er im Auftrag seiner Regierung das CIA-Headquarter in Langley, Virginia, aufsuchte. Dort wurden ihm 5 Stunden Filmmaterial vorgeführt, darunter Autopsieaufnahmen derselben Wesen in derselben Umgebung wie auf den Santilli-Filmen! Interessanterweise fehlten bei dem Material aus Washington jedoch eben jene Szenen, die Santilli hatte. Nun, 5 Stunden oder 300 Minuten, das sind 100 Filmrollen mal 3 Minuten. 91 Minuten hat Santilli, 21 Rollen à 3 Minuten plus eine Rolle mit 8 Minuten plus einzelne Clips. Das ergibt, total, über 120 Filmrollen - ganz wie es Jack angegeben hatte. (48)

Am 28. Juni wurde der Film von Santillis Mitarbeiter Chris Cary einer Gruppe von US-Senatoren in Washington D.C. vorgeführt. Bis Anfang Juli drehte und recherchierte ein Filmteam des britischen Senders Channel 4, der die britischen Rechte von Santilli gekauft hat, in Roswell und Umgebung. Als das Team einem Augenzeugen, einem Oberst im Ruhestand, Einzelbilder aus dem Film zeigte, fragte dieser vor laufender Kamera: *„Woher haben Sie dieses Foto? Das ist genau das Wesen, das wir damals geborgen haben. Aber seine bloße Existenz steht unter strengster Geheimhaltung."* (49)

Ist der Film also doch echt? Es gibt nur eine Möglichkeit, das zu klären: Man muß das Alter des Originalmaterials bestimmen. Denn vor den siebziger Jahren, da sind sich die FX-Spezialisten einig, gab es noch nicht die nötigen Kunststoffe - Silikon, Latexschaum -, um eine realistische Puppe zu kreieren.

Um es vorwegzunehmen, die Frage des Alters des Originalmaterials ist noch nicht vollständig geklärt. Um diese zu beantworten, müßte Santilli - oder Volker Spielberg, dem das 16 mm-Material gehört, während Santilli es nur vermarkten darf - ein ca. 50 cm langes Stück des Originalfilms opfern. KODAK hat sich bereiterklärt, dieses chemisch und physikalisch zu testen. Ein chemischer Test könnte zweifelsfrei belegen, daß die chemische Zusammensetzung des Materials der von Kodak in den vierziger Jahren verwendeten Formel entspricht. Eine physikalische Untersuchung - darum ist die Länge des Materials erforderlich - kann die altersbedingte Schrumpfung des Filmes überprüfen. Um zu vermeiden, daß der Name der Weltfirma mißbraucht wird, verlangt KODAK belichtete Filmstreifen, auf denen das Wesen zu sehen ist. Und diese Bedingung ist gleichermaßen das Problem. Denn Spielberg, der auch ohne KODAK-Test von der Echtheit des Materials überzeugt ist, ist derzeit nicht bereit, ein so langes Stück des so wertvollen Originalstreifens zu opfern, „nur um die Neugierde der Öffentlichkeit zu befriedigen." Trotzdem sprechen derzeit alle Indizien für das Alter des Filmes.

Da sind zuerst einmal die Randmarkierungen. Das 16 mm-Originalmaterial trägt das Codezeichen KODAK mit einem schwarzen Dreieck und einem schwarzen Quadrat. Diese Symbolvariationen für das Produktionsjahr wiederholen sich alle 20 Jahre. Das heißt: Der Film könnte aus den Jahren 1927, 1947, 1967 stammen, da das Codesystem in den siebziger Jahren auf drei Symbole umgestellt wurde. Drei KODAK-Filialen in Hollywood (50), London (51) und Kopenhagen (52) bestätigten dies schriftlich, nachdem ihnen Santilli unbelichtete Fragmente des Films übersandte. So erklärte Laurence A. Cate, ein Chemiker, der bei Eastman Kodak Co. Hollywood als Kundenberater beschäftigt ist:

„Sehr geehrter Herr Santilli,

betreffs des Roswell-Films habe ich mir den Safety Release-Abzug angesehen. Nach der geometrischen Jahresmarkierung auf dem Abzug (Quadrat, Dreieck) wurde das Original-Negativmaterial definitiv in Rochester, NY, in den Jahren 1927, 1947 oder 1967 hergestellt.

Mr Ray Santilli
The Merlin Group
40 Balcombe St
London, England NW1 OND

Dear Mr Santilli,

Regarding the Roswell footage, I have looked at the safety release print. From the geometric year markings on the print(square,triangle); the original negative stock was definitely manufactured in Rochester, NY in either 1927, 1947 or 1967.

It is impossible to tell which of these three years it actually was, but it was definitely one of the above three years.

The release print does not have edge code and therefore the geometric code came from the negative original which was from one of the above years..
It was impossible to pinpoint which of the three years it is, since the geometric code repeated every twenty years.

Sincerely,

Laurence A. Cate
Eastman Kodak Co
Hollywood, CA
213-464-6131

Chris Cary,
The Merlin Group,
40 Balcombe Street,
LONDON NW1 6ND   FAX No. 0171 723 0732

14 June 1995

Dear Mr Cary,

"Roswell footage"

Gary Shoefield telephoned this morning to ask if I could guide you on the possible age of a piece of Black & White Film which he described to me as having a Kodak edgeprint bearing a date symbol consisting of a solid square followed by a solid triangle.

It is, unfortunately, not possible to date a piece of film accurately by description of the edgeprint alone as, for example, a print could bear the printed-through images of edgeprint from intermediate generations as well as from the camera original.

If the piece of film described to me were a camera original then the symbol [square][triangle] could signify film manufactured in either 1927, 1947 or 1967.

I am sorry that I cannot be more specific. It is possible that examination of the film itself might provide further clues as to date of manufacture of the stock. However, I should point out that the date of manufacture cannot, of course, be taken as a reliable indication of the date of use or to the age of the images on the film.

Your sincerely,

John Clifton
Motion Picture & Television Imaging, A5m
Tel 01442 844064

KODAK LIMITED · P.O. BOX 66 · HEMEL HEMPSTEAD · HERTS HP1 1JU
(VISITING ADDRESS: KODAK HOUSE · STATION ROAD · HEMEL HEMPSTEAD · HERTS.
TELEPHONE HEMEL HEMPSTEAD 01442 61122 · TELEX 82591
CABLES KODAK HEMEL HEMPSTEAD · FACSIMILE NO. 01442 240609

Registered Office: Kodak House, Station Road, Hemel Hempstead, Herts. Registration no. 89535 London

Kodak
Official Sponsor of the Olympic Games

Zwei Bestätigungen von KODAK Hollywood und London: Der Santilli-Film stammt von 1927, 1947 oder 67.

Es ist mir unmöglich, zu sagen, in welchem dieser drei Jahre dies geschah, aber es war definitiv eines der genannten drei Jahre.

Der Safety-Release-Abzug hat keinen Randcode und daher kann der geometrische Code nur vom Original-Negativ stammen, das in einem der oben genannten Jahre produziert wurde. Es ist unmöglich, festzustellen, welches der drei Jahre es ist, da sich der geometrische Code alle zwanzig Jahre wiederholt." (53)

Das war natürlich ein unbefriedigendes Urteil, denn nur wenn er 100%ig aus dem Jahre 1947 stammt, ist der Film echt, jedes andere Ergebnis würde eine Fälschung beweisen. Eine Lösung dieses Problems durch eine genauere Datierung des Materials versprach Bob Shell, ein amerikanischer Fotoexperte, der die Diskussion um den Streifen auf dem „Encounters"-Forum des Internet-Providers CompuServe verfolgte. Shells Bedingung: Santilli müsse ihm ein Fragment des Originalfilms überlassen. Nachdem sich Santilli von Shells Kompetenz überzeugt hatte, übergab er ihm ein Segment von drei Einzelbildern. Sie stammten vom Anfang des Autopsiefilms, als der Kameramann offenbar die Kamera anlaufen ließ, bevor seine eigentliche Arbeit begann. Sie zeigen den Eingang zu dem Autopsieraum, sogar der Operationstisch ist zu erkennen. Das erste Ergebnis von Shells Untersuchung lag am 19. August 1995 vor und wurde von diesem auf dem Encounters-Forum von CompuServe weltweit verbreitet:

„Ich habe jetzt ein Segment des Filmes physikalisch untersucht, ein Segment, das den Autopsieraum zeigt, bevor der Körper auf dem Tisch plaziert wurde, das aber klar mit dem weiteren Szenenverlauf konsistent ist.

Der verwendete Film ist Cine Kodak Super XX, ein Filmtyp, dessen Produktion 1956-57 eingestellt wurde. Da der Randcode von 1927, 1947 oder 1967 stammen kann, und dieser Film weder 1927 noch 1967 hergestellt wurde, bleibt damit eindeutig nur 1947 als Möglichkeit.

Die Bildqualität, Klarheit und Körnung des Films läßt mich schlußfolgern, daß dieser Film belichtet und entwickelt wurde, als er noch ziemlich frisch war, das heißt innerhalb eines Zeitrahmens von drei oder vier Jahren.

Auf dieser Grundlage sehe ich keinen Grund, an der Behauptung des Kameramannes, den Film im Juni und Juli 1947 belichtet und „ein paar Tage später" entwickelt zu haben, zu zweifeln.

Auf der Grundlage meiner eigenen Untersuchung der physikalischen Charakteristiken des Filmes bin ich bereit, mit 95%iger Sicherheit zu bestätigen, daß der Film das ist, was der Kameramann behauptet. Ich halte nur darum noch 5 % zurück, weil ich noch die Bestätigung von Kodak betreffs der „chemischen Signatur" des Filmes abwarte.

Ich setze meinen Namen nicht leichtfertig unter eine solche Erklärung und bin nur nach äußerst sorgfältiger Erwägung und detaillierter Untersuchung des Filmes jetzt dazu bereit." (54)

Seine endgültige Analyse übersandte mir Shell per Fax am 6. September 1995:

„Der Randcode auf dem Film, ein Quadrat und ein Dreieck, gefolgt von dem Wort KODAK, deutet darauf hin, daß der Film 1927, 1947 oder 1967 hergestellt wurde. Kodak änderte das System Anfang der 70er Jahre in einen Drei-Symbol-Code, so daß dieser Code nicht mehr 1987 verwendet wurde.

Film besteht aus einer lichtintensiven photographischen Emulsion auf einer flexiblen Filmbasis. 1927 war diese Filmbasis Zellulosenitrat, ein leicht entflammbares Material, das bald durch Azetat ersetzt wurde. Azetatfilm wurde auch als „Sicherheitsfilm" bezeichnet, weil er nicht spontan entflammt. 1947 war die benutzte Filmbasis Azetat-Propionat, eines der frühen Sicherheitsfilm-Basismaterialien. 1967 war Azetatpropionat längst durch Triazetat ersetzt worden. Der „Roswell-Film" hat eine Azetat-Propionat-Grundlage.

Der „Roswell-Film" ist ein Cine Kodak Super XX High Speed Panchromatic Sicherheitsfilm, ein Filmtyp, den Kodak Anfang der vierziger Jahre einführte und bis 1956-57 herstellte, als er durch einen neuen Typ ersetzt wurde, der in Hochtemperaturchemikalien, die schonender waren, entwickelt wurde. Film, der vor 1957 hergestellt wurde, konnte nicht mehr angemessen in späteren Chemikalien entwickelt werden.

Super XX-Film war ein Hochgeschwindigkeitsfilm, der für Innenaufnahmen oder Außenaufnahmen bei schwachem Licht entwickelt worden war. Aufgrund seiner hohen Empfindlichkeit hatte er eine sehr kurze Lebensdauer und zersetzte sich sehr schnell, bevor er entwickelt wurde. Aufgrund dieser sehr kurzen Lebensdauer vor der Entwicklung und der hohen Qualität der Aufnahmen auf dem „Roswell-Film" ist meine Schlußfolgerung, daß der Film belichtet und entwickelt wurde, als er noch recht frisch war. Meine Expertenmeinung ist, daß dies innerhalb von zwei Jahren nach seiner Herstellung war.

Es wäre unmöglich, unbelichteten Super XX-Film von 1947 heute zu belichten und verwertbare Bilder zu bekommen. Der Film wäre aufgrund der kosmischen Strahlung stark „vernebelt". High Speed (hochempfindliche) Filme reagieren sehr viel empfindlicher auf kosmische Strahlen als langsame (weniger empfindliche) Filme. Alle physikalischen Charakteristiken des „Roswell-Films" and seiner Bilder deuten eindeutig darauf hin, daß er 1947 hergestellt, belichtet und entwickelt wurde." (55)

Wer ist Bob Shell? Der studierte Zoologe war in den sechziger Jahren für das renommierte Smithonian-Institut tätig, als er begann, sich auf technische Fotografie zu spezialisieren. Seit 1972 ist er als professioneller Fotograf tätig. Er studierte alle Aspekte der Fotografie und gilt heute als Experte für digitale Bildverarbeitung. Er ist Autor von vierzehn Fachbüchern über Fotografie, u.a. des „Canon Kompendiums", des wichtigsten Standardwerkes über Canon-Kameras. Shell ist Chefredakteur des Fachmagazin „Shutterbug" und Korrespondent diverser Fachzeitschriften aus acht Ländern der Erde, u.a. „PhotoPro", „Outdoor & Nature Photography" und des deutschen „Color Foto". Weiter ist

Bob Shell, Chefredakteur des Foto-Fachmagazins „Shutterbug", bestätigte das Alter des Santilli-Films.

er fototechnischer Berater zweier japanischer Firmen und steht in engem Kontakt mit den Technikern von Kodak in Rochester, NY. Über Filmen mit der 16 mm-Kamera hat er einen einstündigen Dokumentarfilm gedreht. Zudem ist Bob Shell als vereidigter Sachverständiger für fototechnische Fragen an amerikanischen Gerichten zugelassen und fototechnischer Berater der US-Bundespolizei FBI. Das heißt: Sein Wort hat Gewicht. Ein Top-Experte hat also, zumindest vorläufig, das Alter des „Roswell-Films" bestätigt und dazu festgestellt, daß er höchstwahrscheinlich zwischen 1947 und 1949 entwickelt wurde! Doch auch dieser Tatbestand darf nicht darüber hinwegtäuschen, daß der Film mit dem eigentlichen Roswell-Vorfall gar nichts zu tun hat.

14. Kapitel

Reise nach Roswell

29. Juni 1995: Landung in Mexico City, Weiterflug nach Juarez, von dort mit dem Taxi über die amerikanische Grenze, über El Paso nach Alamogordo. Nach einer Übernachtung im örtlichen „Best Western" begann am nächsten Morgen mein erneuter Versuch, Licht in das Dunkel zu bringen, das heute noch den Roswell-Zwischenfall umgibt - und das sich durch das Auftauchen des „Roswell-Films" nur verstärkt hatte.

Seit ich im Mai 1995 an der ersten „Preview" für etwa neunzig internationale Experten und Medienvertreter im „London Museum" teilnehmen durfte, ließ mich die Frage „echt oder gefälscht" nicht mehr los. Ich mußte die Geschichte um den Film auf ihren Wahrheitsgehalt untersuchen. Und das konnte nur bedeuten - die Wahrheit liegt irgendwo dort draußen, wie wir seit Fox Mulder wissen -, mit den Untersuchungen dort zu beginnen, wo 48 Jahre zuvor alles seinen Anfang genommen hatte - in Roswell, New Mexico. Dabei war es mein Anliegen, nach den Angaben des Kameramannes die Absturzstelle zu lokalisieren und, wenn möglich, Augenzeugen aufzuspüren, die die damaligen Ereignisse bestätigen könnten. Zum damaligen Zeitpunkt lag mir noch nicht der vollständige Text der Aussage des Kameramannes vor, den mir Santilli erst im August übergab, nachdem seine Sekretärin ihn vom Tonband abgeschrieben hatte, und ich war einzig auf seine telefonischen Auskünfte angewiesen. Dabei war mir aufgefallen, daß er immer wieder davon sprach, daß sich der

Vorfall „Anfang Juni", „in den ersten Junitagen" zugetragen hätte, was einfach nicht stimmen konnte, sollte es sich tatsächlich um den „Roswell-Zwischenfall" handeln. Dieser Eindruck verstärkte sich, als ich Santilli fragte, wo denn das Objekt abgestürzt wäre. Am Nordufer eines kleinen Trockensees, meinte Ray, in der Nähe eines Apachenreservats und des White Sands-Testgeländes. Roswell liegt 150 km östlich des Testgeländes und 70 km von der Mescalero-Apachenreservation entfernt, und auch vom Trümmerfeld auf der Foster-Ranch sind es noch rund 50 Kilometer. War es ein anderer UFO-Absturz, der sich über einen Monat vor dem Roswell-Vorfall ereignet hatte? Hatte der „Roswell-Film" überhaupt nichts mit dem Roswell-Zwischenfall zu tun?

Nach zweistündiger Fahrt erreichten wir Roswell, das tatsächlich inmitten des Nirgendwo liegt, im Zentrum einer kargen Prärie. Doch langsam schien das Wüstennest seine Stellung in der Geschichte entdeckt zu haben, denn schon am Stadtrand prangten uns Schilder entgegen, die die Kleinstadt zum „Home of the famous UFO event" erklärten und für die „Roswell UFO Encounter" (Roswell UFO-Begegnung) warben, die an diesem Wochenende - nein, der Zeitpunkt meiner Reise war nicht zufällig gewählt -, Zigtausende von Schaulustigen in das Innerste von New Mexiko locken sollte. Und alles hatte sich darauf eingestellt. Kaum eine Schaufensterdekoration ohne UFO und ETs, und auf den Schildern, die den Zugang zu den Geschäften auf der - wegen Straßenarbeiten gesperrten - Main Street anzeigen sollten, prangte natürlich ein freundlich grüßendes (grünes?) Männchen in seiner fliegenden Untertasse. Ein vielversprechender Zirkus also!

Schon beim Check-in im „Roswell Inn" - dem „Best Western" des Ortes, bei dem ich in weiser Voraussicht ein Zimmer reserviert hatte - traf ich die Roswell-Augenzeugen Walter Haut und Robert Shirkey und die Creme der amerikanischen UFO-Forschung von Linda Moulton Howe bis Stanton Friedmann, von Kevin Randle & Don Schmitt bis Walt Andrus, dem Präsidenten der UFO-Forschungsgruppe MUFON - und schließlich meinen deutschen Autorenkollegen Johannes von Buttlar, seit kurzem stolzer Besitzer eines Eigenheimes in Santa Fe/New Mexico, mit dem ich mich in Roswell verabredet hatte, um mit ihm und seiner Frau Elise gemeinsam einige der Augenzeugen zu interviewen und den UFO-Rummel von Roswell zu inspizieren.

Unser erstes Ziel war die große Eröffnungsveranstaltung des „Roswell UFO Encounters", auf der die geladenen Experten - Friedman, Schmitt, Randle und Howe-ihre Erkenntnisse der Öffentlichkeit präsentierten. Wie zu erwarten, war man sich nur in dem einen Punkt einig, daß bei Roswell ein fremdes Raumschiff abstürzte, in den Detailfragen - vom Zeitpunkt des Absturzes, 2.7.47 bei Friedman, 4.7. bei Schmitt/Randle, bis zur Absturzstelle, bei Friedman in unmittelbarer Nähe des Trümmerfeldes, bei Schmitt/Randle 35 Meilen nördlich von Roswell - stritt man sich, bis hin zu persönlichen Animositäten. Schon hier zeigte sich, daß der „Roswell-Film" von Santilli das Ereignis „überschatten" sollte - er war Anlaß zu heftigsten Auseinandersetzungen.

Die eigentliche „UFO-Begegnung" fand am nächsten Tag auf dem Footballfield der Roswell-Highschool statt und erwies sich als Jahrmarkt mit Schulfestcharakter. In drei Reihen säumten diverse Stände mit UFO-Devo-tionalien den Weg zu einem offenen Zelt, in der die Experten des Vorabends und der medizinische Zeichner McDonald ihre Version der Roswell-Ereignisse präsentierten oder ihre Bücher signierten, wobei die unbarmherzige Sonne New Mexicos Stanton Friedman eine mittelstarke Kopfhautverbrennung zufügte. Leicht amüsiert über den Zirkus, der nicht ganz die erwarteten Menschenmassen anzog, machten wir uns auf die Suche nach dem wahren Roswell, den Schauplätzen des Geschehens vor 48 Jahren. Wir fanden sie: Das Sheriffbüro, in dem der Rancher Bill Brazel seinen Fund meldete, die Feuerwehrstation, von der aus man nachts ausrückte, weil ein Brand nördlich von Roswell gemeldet wurde, das Ballard-Bestattungsinstitut, in dem angefragt wurde, wie man Leichen konserviert und wieviele Kindersärge man auf Lager hatte, das Basisgelände, heute ein Industrie- und Wohnpark mit Frachtflughafen, den Hangar 84, in dem das Wrack und die Leichen transportfertig gemacht wurden, das Basishospital - von dem nur noch eine halb verwitterte Barracke steht, wie ein Relikt aus einer anderen Zeit -, in dem die erste Untersuchung der Leichen stattfand. Weitere Informationen - Karten von 1947, eine Kopie des Basisjahrbuches von 1947 mit den Portraitfotos aller dort stationierten Soldaten - besorgten wir uns in den beiden UFO-Museen von Roswell, die, wie sollte es anders sein, natürlich miteinander verfeindet sind. Das „UFO Enigma Museum" steht unter Leitung von John Price und Ex-DIA (Defense Intelligence Agency) Sgt. Clifford Stone, einem der besten UFO-Forscher der USA, das „Roswell International UFO Museum and Research Center", hat Walter Haut zum Direktor, den einstigen Presseoffizier des RAAF, der seinerzeit im Auftrag des Basiskommandanten Oberst Blanchard die Meldung von dem UFO-Fund herausgab und selbst das interessanteste Exponat seines Museums ist. Natürlich fragten wir ihn und andere Zeugen und Forscher nach dem Santilli-Film. Während Stone „zu 95 %" von seiner Echtheit überzeugt ist und Schmitt die frappierende Ähnlichkeit

Im Juli 1995 lud Roswell zum ersten Mal zum „Roswell UFO-Encounter"

Die „Roswell UFO-Encounter": Ein Jahrmarkt mit Schulfestcharakter

Kitsch und Kommerz auf der „Roswell UFO Encounter"

des Wesens mit unveröffentlichten Beschreibungen neuer Firsthand-Zeugen auffiel, herrschte ansonsten Skepsis vor. Man fürchtete - und gab dies offen zu - daß der Film, sollte er sich denn doch noch als Schwindel erweisen, dem Roswell-Fall trotz seiner Hieb- und Stichfestigkeit den endgültigen Todesstoß versetzen würde. Schon die erneute Luftwaffen-Lüge, es sei bloß ein Wetterballon des geheimen Mogul-Projektes abgestürzt, hatte einen schweren Rückschlag für ihn bedeutet, war sie doch in aller Welt gedruckt worden. So fieberte man eher unruhig dem Abschlußbericht des General Accounting Office (GAO) des US-Kongresses zum Roswell-Vorfall entgegen, dessen Herausgabe für Ende Juni angekündigt und dann wieder verschoben worden war. Denn schließlich ging es um mehr als die Wahrheit, es ging um die Ökonomie einer kriselnden Kleinstadt, die sich an ihre einzige Touristenattraktion klammerte wie ein Ertrinkender an einen Strohhalm.

Denn was ist Roswell anderes als eine langweilige Kleinstadt mit einem UFO-Absturz? Die Stadtväter haben längst erkannt, daß dies die einzige Attraktion des Wüstennestes ist, und so setzt man alles auf die Crash-Karte. Von Alien-Kostümwettbewerben zu UFO-Seifenkistenrennen auf der Main Street (dem nicht wegen Bauarbeiten gesperrten Abschnitt) war alles auf Kommerz

und Spaß für die ganze Familie abgestimmt. Wir entflohen dem „UFO-Trash at Roswell" alsbald, um zu sehen, wie die angebliche Absturzstelle (nach Schmitt & Randles) 35 Meilen nördlich von Roswell ebenfalls kommerzialisiert wird, mit Bustouren ab dem Roswell Inn und $ 15 (DM 22,-) Eintritt pro Kopf. Zumindest erwies sich die Familie des Ranchers Hub Corn als offen und liebenswert amerikanisch, so daß wir ihr das Zubrot gönnten, daß durch keine Schadensersatzklagen gemindert werden sollte: Jeder Besucher mußte zuvor unterschreiben, auch im Fall von Klapperschlangenbissen und Tarantelstichen keine Forderungen zu stellen, auch wenn jede vernünftige Klapperschlange vor dem Rummel längst Reißaus genommen hatte. Die Absturzstelle lag oberhalb eines ausgetrockneten Flußbettes an einem Felsgrat von geradezu romantischer Schönheit. Offenbar hatte das über dem Trümmerfeld auf der Foster-Ranch 40 Meilen weiter nordwestlich vom Blitz getroffene Raumschiff diese geschützte Stelle angesteuert, um unbeobachtet zu bleiben, bevor dann der Landemechanismus völlig versagte und das fersenförmige UFO mit der Nase in das Cliff stürzte, wobei vier seiner fünf Insassen ums Leben kamen, so jedenfalls die Schmitt/Randlesche Version.

Ich unterhielt mich ein wenig mit Corn, der seine ganze Familie angestellt hatte, Drinks, Hamburger und T-Shirts zu verkaufen. Ganz offen gab er zu, daß er zu der haus-eigenen UFO-Absturzstelle wie die sprichwörtliche „Jung-frau zum Kind" gekommen sei. Sie erwies sich buch-stäblich als „Geschenk des Himmels". Doch, um ehr-lich zu sein, er wisse nicht, was er von dem UFO-Rum-mel halten solle. Er hatte das Land erst in den siebziger Jahren gekauft, ohne die geringste Idee, daß seine Ranch je zum UFO-Mekka werden würde. Dann, eines Tages vor ein paar Jahren, seien die UFO-Forscher Randles und Schmitt auf seiner Ranch aufgetaucht und hätten die Stelle entdeckt. Zuerst bat er sie, die Lokation nicht bekanntzugeben, dann, als Roswell sich zum „UFO-En-counter" rüstete, witterte auch er den schnellen Dollar mit den fliegenden Untertassen. Doch langsam, mehr und mehr, würde auch er glauben, daß an der Sache et-was dran sei. Erst vor ein paar Stunden hätte er einen Mann getroffen, der die Absperrung verlassen hätte und querfeldein gegangen sei, als suche er etwas. Als er ihn ansprach und bat, auf die abgesteckten Wege zurück-zugehen - schon wegen der öffentlichkeitsscheuen Klap-perschlangen und Taranteln - erklärte der Besucher, er sei jetzt hundertprozentig überzeugt, daß dies die rich-tige Absturzstelle sei. Warum?, fragte der Rancher. Nun, er hätte bei der Luftwaffe Fotos von dem UFO-Absturz gesehen, und die seien aus exakt diesem Winkel auf-genommen. Er könne sich an alle Details und speziell an den Felsgrat noch genau erinnern. Ein paar Tage spä-ter wußte ich, daß diese Geschichte wahr war, diese Fo-tos existierten und die Stelle stimmte.

Ich hatte ein Taxi bestellt, um, im Rahmen einer Re-cherche nach Lincoln/NM zu fahren. Und wie immer auf einer längeren Fahrt kam ich mit dem Fahrer, sein Name war Charles D., ins Gespräch. Was ich in Roswell zu tun hätte, fragte er mich. Ich erklärte ihm, ich sei Journalist und den UFOs auf der Spur. Dann legte er los. Als er ein Teenager war, mit fünfzehn etwa, hätte er nicht ge-wußt, was er mit seinem Leben anfangen sollte. Das war 1972. Eines Tages hätte ihn ein Nachbar und Freund

seiner Eltern, ein Oberstleutnant der RAAF, gefragt, wel-che Pläne er für die Zukunft hätte. Er wüßte es nicht, war die Antwort. Warum er nicht zum Militär ginge? Der Junge hatte wenig Meinung. „Beim Militär erlebst du die interessantesten Sachen", meinte der Offizier und erzählte, daß er in seiner Dienstzeit sogar die Bergung einer „fliegende Untertasse" miterleben durfte: *Alles mußte damals ganz schnell gehen. Die Basis wurde für zivilen Verkehr geschlossen. Bei Roswell hatten Leute etwas entdeckt, das abgestürzt war. Wir suchten das Gebiet ab und fanden schließlich eine Stelle, an der ein längliches, fast ovales Objekt, etwa 7 Meter breit, ab-gestürzt war. Wir entdeckten dort auch vier Leichen. Das ganze Gebiet wurde abgeriegelt, 150-200 Mann kamen zum Einsatz. Jeder Quadratzentimeter wurde nach Wrackteilen durchkämmt. Wir luden alles auf Lastwa-gen und brachten es auf die Basis, in Hangar 84. Ne-ben dem Wrack gab es eine Menge Trümmerteile. Sie bestanden aus einem superstarken Metall. Wir ver-suchten, es zu schneiden oder zu durchbohren, ohne Erfolg. Es war definitiv nicht von dieser Erde".* Der Jun-ge glaubte ihm nicht. Da holte der alte Mann zum Be-weis einen Ordner aus seinem Schrank, zeigte dem Tee-nager fünf Fotos, alle schwarz/weiße Hochglanz-Abzü-ge im A-4 Format: Auf einem Foto war das flache, ova-le Objekt auf dem Rücken eines Lastwagens zu sehen. Auf jeder Seite ragte es etwa zwei Meter weit über die Ladefläche hinaus. Andere Aufnahmen zeigten die Ab-sturzstelle: Da steckte tatsächlich ein fersenförmiges Objekt mit der Nase in dem Geröll unterhalb eines Fels-grates. Ich bat den Taxifahrer, zu zeichnen, wie der Steil-abhang ausgesehen hätte. Er skizzierte ihn aus dem Gedächtnis - kein Zweifel, das war die Schmitt/Rand-lesche Absturzstelle. Ich fragte ihn, ob der Oberstleut-nant erwähnt hätte, wo das Wrack gefunden wurde. War es nahe Corona? *„Nein"*, erwiderte Charles, *„er sagte etwas von 50 Kilometern nördlich von Roswell".*(1) Die fragliche Stelle liegt 56 km NNW von Roswell. Für mich stand fest, daß das Schmitt/Randlesche Szenario wahr sein mußte, und selbstverständlich habe ich sofort den vollen Namen und die Telefonnummer des neuen Zeugen an die beiden Forscherkollegen weitergegeben. Der alte Oberst ist mittlerweile verstorben, seine Witwe in eine andere Stadt gezogen, zudem hatte er zwei Söhne - seine Hinterlassenschaft müßte also aufspürbar sein, und sollte das Randle/Schmitt gelingen, sie hätten endlich den langersehnten Beweis für ihre Version der Vorfälle vom Sommer 1947. Ja, das war der Roswell-Zwischenfall. Aber mit dem Absturz, den Santillis Kameramann schilderte, hatte dieser Vorfall nichts zu tun.

Zurück in Roswell, verabredeten wir uns mit Robert Shirkey zum Abendessen. Shirkey war einer der Hauptzeugen der Verladung der Wrackteile auf der Basis. Er hatte die Wrackteile gesehen, darunter die I-Stäbe, die mit fremdartigen Hieroglyphen bedeckt waren. Und er hatte einiges zu erzählen aus seiner Zeit bei der Luftwaffe und seinem bewegten Fliegerleben und der Zeit auf der Basis. Da war die Geschichte von seinem Hund, einem Cockerspaniel-Welpen, den er immer ins Cockpit mitnahm, auch bei einer Fallschirmspringerübung. Das Foto von ihm und dem Cocker im Fallschirmspringer-Dress fand sogar Eingang ins Basisjahrbuch von 1947. Ob er es für möglich halte, daß das, was er damals gesehen hatte, Teile von einem Wetterballon waren? Ausgeschlossen! Ob er sich noch an die Hieroglyphen erinnern konnte? Nur vage! Wir zeigten ihm eine Reproduktion aus dem Santilli-Film - ja, so ähnlich hätten sie ausgesehen, genau könne er sich natürlich nicht mehr erinnern, nach 48 Jahren.

Am nächsten Tag machten wir uns auf die Suche nach dem Trümmerfeld auf der Foster-Ranch. Man fährt Richtung Norden, biegt dann nach Westen ab und nach über hundert Kilometern durch das Nirgendwo nimmt man eine Ranchstraße nach Süden. Auf dem Weg hatten wir uns mit Loretta Proctor verabredet, der nächsten Nachbarin des Ranchers Brazel, die noch heute - längst Witwe - in

ihrem Ranchhaus inmitten der Prärie lebt. Das kleine, weiße Haus wird überragt von einer rötlichen Sandstein-Felswand, die die Wildwest-Romantik des Fleckens noch verstärkt. Auf dem Kamin des rustikalen und irgendwie verstaubten Wohnzimmers steht Indianerkeramik, die ihr Mann auf der Ranch gefunden hatte. Loretta ist eine herzliche alte Dame, die uns bereitwillig alles erzählte, woran sie sich noch erinnern konnte: Wie Bill Brazel ihren damals siebenjährigen Sohn Dee heimbrachte und ihr und ihrem Mann von dem Fund erzählte, ja einige Wrackteile vorlegte. Es waren Metallfetzen, ein „ganz seltsames Zeug", das sich nicht schneiden und nicht biegen und nicht brennen ließ. Die Proctors rieten Brazel, den Fund zu melden, was den ganzen Mechanismus in Bewegung setzte. Sie sahen ihn in Roswell, als er sich unter militärischer Obhut befand, von zwei MPs begleitet, den Kopf gesenkt, sie nicht einmal grüßend. Später hätte er nie wieder über die Sache reden wollen. Und ihr Sohn, Dee? Angeblich kann er sich an die Sache nicht mehr erinnern, oder er will (oder darf) es nicht. Nur einmal, sie ritten über Brazels Land, zeigte er ihr die Stelle, wo das Trümmerfeld gewesen sei, über tausend Meter lang, zweihundert Meter breit. Wir ließen uns genauere Instruktionen geben und machten uns auf den Weg.

Der führte vorbei an Brazels „Ranchhaus", einer Hütte ohne Elektrizität und fließend Wasser, daneben der schwarze Wellblech-Schuppen, in dem der Rancher die ersten Wrackteile lagerte, die er vom Trümmerfeld aufgesammelt, in seinen Pick-Up-Truck geladen hatte. Das Land war karger als auf der Proctor-Ranch 20 km weiter nördlich, wo es Wälder gab und Bäche und Büsche und fruchtbare Weiden. Die Foster-Ranch war nur noch Prärie, gerade mal genug trockene Gräser für die Schafe. Oberhalb eines ausgetrockneten Flußbettes südlich zweier Windmühlen (die „Twin Mills", wie sie Loretta genannt hatte) und etwa 8-10 Kilometer von dem Ranchhaus entfernt fanden wir auf einer Anhöhe das einstige Trümmerfeld. Ich erkannte es wieder, hatte ich es doch schon im Juli 1993 nach Angaben in der Fachliteratur aufgespürt.

Mittlerweile war mir klar, daß keine der Absturzstellen etwas mit der Geschichte des Kameramannes zu tun hatte, der vom „Nordufer eines kleinen Trockensees" sprach. Ja, der Roswell-Vorfall war eine Realität, die Mogul-Ballon-Erklärung der Luftwaffe lächerlich. Aber mit dem „Roswell-Film", wie er von dem Nicht-UFOlogen Ray Santilli getauft wurde, hatte der UFO-Absturz bei Roswell nichts zu tun. Nun muß man Santilli zugutehalten, daß der Kameramann selbst geglaubt hatte, daß das, was weithin als „Roswell-Zwischenfall" bekannt ist, eben der Vorfall sei, bei dem er dabeigewesen war. Schließlich war er auf dem Roswell Army Air Field gelandet, als man ihn - über Wright Patterson - von Washington eingeflogen hatte. Aber weder der von ihm angegebene Zeitpunkt noch seine Beschreibung der Absturzstelle paßten in eines der Roswell-Szenarien. Doch wo genau fand der erste Absturz statt? Ich brauchte neue Daten.

Anruf bei Ray Santilli in London. Alle Angaben, die er machen konnte, waren seine - vagen - Erinnerungen. Offenbar hatte ihn das „wo" nie so genau interessiert, aber mein Angebot, die Absturzstelle ausfindig zu machen und zu filmen, reizte ihn dann doch. Er versprach, den Kameramann anzurufen, nach weiteren Details zu fragen. Fünf Stunden später hatte er ihn erreicht, konnte ich von ihm über Ray Santilli genauere Instruktionen erhalten. Die Absturzstelle läge, so Santilli, zwischen einem Ort namens „Sorocco" - ich machte ihm klar, daß es nur Socorro, NM sein konnte - und Magdalena, NM (das machte Sinn, ist Magdalena doch das Nachbar-Nest), etwa dreieinhalb Fahrtstunden westlich von Roswell. Dort sei ein Gebirge - ja, die Magdalena-Berge -, und davor, hinter einem ersten Felsen, ginge eine „Dirt Road" (Wüstenstraße) Richtung Süden. Man käme durch ein Felsentor zu dem kleinen Trockensee.

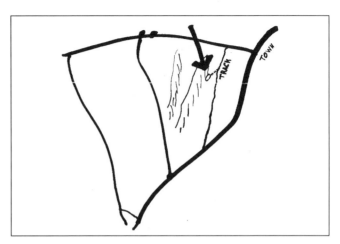

Die Absturzstelle - Karte des Kameramannes.

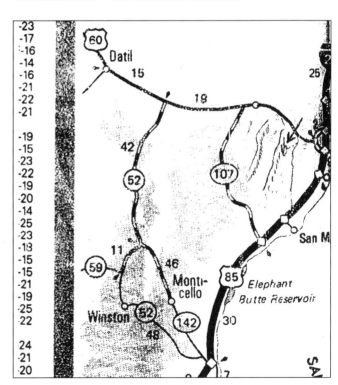

270

Der Kameramann selbst hätte vor zehn Jahren die Stelle noch einmal aufgesucht, als er wieder nach New Mexico kam.

Die Sache hatte jedoch einen Haken. Ich besorgte mir Karten, sogar topographische Karten der Region, nirgendwo war ein kleiner Trockensee eingezeichnet. Lief ich einem Phantom hinterher? Nach ein paar Tagen weiterer Recherchen in Santa Fe, Los Angeles, Seattle und Albuquerque entschied ich mich, den Blindtest zu machen und - wieder mit Johannes von Buttlar und seiner Frau die Absturzstelle zu suchen. Fahrt von Albuquerque, vorbei an den Manzano-Bergen, in deren Inneren sich eines der größten Atomwaffenarsenale der Welt befindet, nach Socorro. Nach einem Mittagessen Fortsetzung der Fahrt Richtung Magdalena, auf der Suche nach der richtigen Wüstenstraße. Nach zwei „Blindgängern", die uns zumindest in die malerische Landschaft des Cibola-National Forest und die Magdalena-Berge führten, war uns klar, wir waren zu weit gefahren. Zurück Richtung Socorro, auf einer weiteren Dirt Road etwa 10 Kilometer weit südlich ein Felsentor - und dahinter ein kleiner Trockensee, vielleicht 200 Meter im Durchmesser. Noch immer sind seine einstigen Zuflüsse erkennbar, einer davon mag das mächtige Felsentor in den roten Sandstein geschliffen haben. Kein Zweifel: Wir hatten die richtige Stelle gefunden. Die Details, die der Kameramann gegeben hatte, stimmten. Zumindest mußte er die Stelle gekannt haben. Spätere Kommunikationen mit ihm durch Ray Santilli bestätigten die Details und die Stelle. Doch unsere interessanteste Entdeckung: Am Nordufer des Sees, dort, wo laut dem Kameramann das Objekt gelegen hatte und so starke Hitze ausstrahlte, daß der Sand buchstäblich schmolz und verglaste, befand sich eine ovale, vielleicht 20 Meter breite Stelle, die anders war als die umliegende Erde, rötlicher, wie aufgeschüttet wirkte, ohne Steine, ohne Grasvegetation. Hatten wir Spuren der Bergungsoperation und anschließenden Spurenbeseitigung gefunden? Fast schien es so.

Tatsache ist, daß die Stelle alle Details der Schilderung des Kameramannes bestätigte: Unmittelbare Nähe (25 km aus der Luft) zum White Sands-Gelände und dem Bosque del Apache Nat'l Wildlife Ressort, das Jack B. (oder Santilli) für ein Apachenreservat gehalten hatte, obwohl es nur ein Naturschutzgebiet ist. All das unterstrich die Glaubwürdigkeit seiner Geschichte.

Tatsächlich sprach Oberst Jesse Marcel, der die erste Untersuchung auf dem Trümmerfeld durchführte, in einem Interview mit dem Journalisten Bob Pratt am 8.12.1979 von einer zweiten Absturzstelle: *„Es war offensichtlich und ganz klar zu sehen, aus welcher Richtung es (das Objekt) kam und in welche Richtung es flog. Es flog von Nordost nach Südwest... Ich erfuhr später, daß weiter westlich, in der Richtung von Carrizozo etwas Ähnliches gefunden wurde... das war im selben Zeitraum, 100-130 km westlich von hier."* (2) Nun liegt Carrizozo westlich des Trümmerfeldes auf der Foster-Ranch, in jener Richtung also, in die laut Marcel das Objekt geflogen ist. Etwa 135 km westlich des Trümmerfeldes befindet sich unser Trockensee.

Nun behauptete der „Roswell Daily Record" vom 10. Juli 1947, daß Brazel das Trümmerfeld bereits am 14. Juni fand. Da es 12 km von seinem Ranchhaus entfernt war, und er gerade sehr viel zu tun hatte, schenkte er ihm keine nähere Beachtung und wartete bis zum 4. Juli (Nationalfeiertag), um es, zusammen mit seiner Familie, aufzuräumen. Erst als er am 5. Juli in Corona von „fliegenden Untertassen" und den $ 5.000 Belohnung hörte, die auf einen Beweis für ihre Existenz ausgesetzt waren, meldete er den Fund beim Sheriff. (3) Diese Version wurde bisher von Roswell-Forschern als „Deckgeschichte" zurückgewiesen - aber vielleicht ist sie doch wahr? Ist es möglich, daß gar keine Verbindung zwischen dem wahrscheinlich am 4. Juli nördlich von Roswell abgestürzten, deltaförmigen Objekt und MacBrazels Trümmerfeld besteht? Tatsächlich erklärte Ray Santilli am 24. Juni 1995 während einer Online-Konferenz auf dem „Encounters"-Forum von CompuServe: *„Der Kameramann bestätigte, daß sie dachten, das gesamte Gebiet sei gesäubert, um dann aufgrund einer Information, die aus Roswell kam, zu entdecken, daß sie ein Gebiet übersehen hatten."* (4)

Die Hinweise, daß sich tatsächlich am 1. Juni 1947 etwas am Ufer dieses Trockensees ereignet hat, verdichteten sich, als ich mit zwei lokalen UFO-Forschern, Llewellyn A. Wykel und Karol M. Kelly aus Albuquerque, New Mexico, in Kontakt kam. Wykel und Kelly hatten von meiner Entdeckung über das „UFO-Forum" auf CompuServe gehört und baten mich um nähere Instruktionen, wie man an den Trockensee käme, um auf eigene Faust weitere Recherchen anzustellen. Die beiden machten einen zuverlässigen und professionellen Eindruck, und nachdem Santillis Kameramann bestätigt hatte, daß ich in der Tat an der richtigen Stelle war, gab ich ihnen genaue Anweisungen. Sie enttäuschten mich nicht.

Das erste, was ihnen auffiel, als sie den Trockensee erreichten, war eine stillgelegte Mine in einem der Berge oberhalb des Seebettes. Minen haben eine Geschichte, speziell in dieser Gegend. Die Förderung von Rohstoffen, speziell in dieser für die Rüstungsindustrie so relevanten Region, stand unter Kontrolle der Regierung und wurde von dieser während des Zweiten Weltkrieges bezuschußt. Zudem traten die Wissenschaftler des Manhattan-Projektes als Schürfer und Bergbauunternehmer auf, um Land zu konfiszieren oder für ihre Experimente abzusperren. Ein Besuch im New Mexico Institute of Mining & Technology enthüllte die Geschichte „unserer" Mine, der „Niggerhead-Mine", in der Mangan abgebaut wurde. Sie wurde 1937 angelegt, aber bald wieder geschlossen, als man feststellte, daß ihr Manganvorkommen so dürftig war, daß eine weitere Ausbeutung nicht lohnte. Doch im Zweiten Weltkrieg wurde Mangan zur Härtung des Stahls für die Rüstungsindustrie benötigt, und da war jedes noch so geringe Vorkommen wertvoll: Die Bergbauaktivität wurde

Dokument des US-Innenministeriums über die Neuöffnung der „Niggerhead"-Mine am 1. Juni 1947. Wir haben Grund zu der Annahme, daß diese der Vertuschung der UFO-Bergung diente.

1943 wieder aufgenommen, bis 1945, als man die Mine schloß, weil sie jetzt völlig ausgebeutet war. Doch mitten in der Friedenszeit, ohne jeden erkennbaren Anlaß, wurde die Neuöffnung der „Niggerhead-Mine" durch die US-Regierung beantragt: Am 1. Juni 1947. (5)

War es Zufall, daß dies genau der Tag war, an dem nach Angaben des Kameramannes die Bergung begann? War die angebliche Neuöffnung der Mine nur ein perfekter Vorwand, um ungehindert Kräne, Lastwagen, Soldaten und schweres Gerät einzufahren, ohne daß die Einheimischen Verdacht schöpften? Genügte nicht die Ankündigung von Sprengungen zur Erweiterung der Mine, um das ganze Gebiet effektiv absperren zu können, ohne Schaulustige anzulocken? Das dazugehörige Dokument, den Beweis für den Antrag auf Wiedereröffnung durch die US-Regierung jedenfalls präsentierte der leitende Bergbauingenieur Robert W. Eveleth vom New Mexico Institute of Mining & Technology den beiden Forschern Wykel und Kelly. Er versicherte ihnen auch, daß auf diese „Reaktivierung" der Mine keinerlei Bergbauaktivitäten folgten. Nach etwa zwei Wochen war die ganze Aktion beendet, die Mine selbst wurde 1953 verkauft.

Ermutigt durch diese vielversprechenden Resultate kehrte ich im Februar 1996 an die Stelle zurück. Mein Ziel war, mögliche Spuren der Bergungsaktivität zu finden. Mein einziges Hilfsmittel waren zwei Zeichnungen, die ein Graphiker auf der Grundlage zweier Skizzen des Kameramannes angefertigt hatte. Mit mir waren das Forscherteam von „UFO-AZ", einer UFO-Gruppe aus Tucson/Arizona, nach Socorro gekommen, das unter Leitung des Bergbauingenieurs Ted Loman stand und dem zwei professionelle Schatzsucher angehörten, außerdem der bekannte UFO-Forscher Lt.Col. Wendelle C. Stevens mit seiner Tochter Cece und Bob Shell . Unser Ziel war, mit modernsten Metalldetektoren zurückgelassene Spuren der Bergungsoperation zu finden, die man auf 1947 datieren konnte.

Die Expedition begann mysteriös. Wendelle und Cece Stevens waren schon früh aufgestanden und frühstückten in ihrem Hotel, als beide das Gefühl hatten, daß ein Mann drei Tische weiter sie beobachtete. Cece, eine sehr direkte Person, ging zu seinem Tisch und sprach ihn an: „Und was wissen Sie über diese UFOs?" Es stellte sich heraus, daß er für die DNA (Defense Nuclear Agency), die Nachfolgebehörde der Atomenergiekommission, tätig ist und wußte, daß wir kommen würden. Ihm war der UFO-Absturz von 1947 bekannt, und er zeigte Wendelle und Cece auf der Karte, wo sich die Absturzstelle befindet. Es war dieselbe Stelle, die ich ein halbes Jahr zuvor gefunden hatte. Als wir uns etwas später auf dem Parkplatz des Hotels trafen, fuhr der Mann gleich mehrmals mit seinem Rover vorbei. Er folgte uns sogar an die Absturzstelle, und während wir nach Spuren suchten, parkte er seinen Wagen ein wenig oberhalb, um uns eine Zeitlang durch sein Fernglas zu beobachten, was ich wiederum mit meiner Videokamera filmte.

Doch außer einigen alten Blechdosen, die möglicherweise sogar aus den vierziger oder fünfziger Jahren stammten, blieb die Suche nach Hinterlassenschaften des Bergungsteams erfolglos. Stattdessen machte Loman eine sehr viel spektakulärere Entdeckung. Er fand den möglichen Einschlagspunkt der Scheibe - und einen deutlichen Hinweis darauf, daß eben dort jemand versucht hatte, alle Spuren zu verwischen.

Als Ray Santilli mir im September 1995 die Skizzen der Absturzszene durchfaxte, war ich eher irritiert. Kurz zuvor hatte der Kameramann den Trockensee südwestlich von Socorro, von dem ich ihm über Santilli Fotos zukommen ließ, als die richtige Absturzstelle identifiziert. Einige charakteristische Details der Landschaft, so das mächtige „Felsentor" und der markante Berg mit einem großen Felsbrocken auf der Spitze - dem „Niggerhead" - machten sie unverwechselbar. Doch auf den Zeichnungen sah die Szenerie ganz anders aus. Jetzt befanden sich das Wrack und das Lager der Bergungsmannschaft inmitten eines Canyons, mit felsigen Bergen auf beiden Seiten (Skizze, siehe Farbteil). War die Skizze ungenau oder hatte ich mich geirrt?

Der Autor vor dem „Felsentor", einem kleinen Canyon, den der Kameramann beschrieb. Die Felswand zu seiner Linken ist die Absturzstelle des UFOs.

Erst mein zweiter Besuch beantwortete diese Frage, denn als ich mir das Felsentor aus der Nähe ansah, erwies es sich tatsächlich als kleiner Canyon von etwa 500 Metern Länge und 50 Metern Breite. Als „Box Canyon" ist er auf den topographischen Karten verzeichnet. Ich durchwanderte ihn von einem Ende zum anderen, und je näher ich dem Trockensee kam, desto klarer wurde mir, daß dies ganz exakt die Szenerie ist, die die Skizzen zeigen. Sie waren aus der Perspektive eines Betrachters gezeichnet, der durch den Canyon anfuhr, und wahrscheinlich ist auch das Lager zwischen den schützenden (und verbergenden) Felswänden aufgeschlagen worden. Ich versuchte noch, anhand der Zeichnung die Position des Wracks zu identifizieren, als Ted mir etwas zurief: „Mike, schau dir das mal an!"

Er zeigte auf eine steile Felswand auf der östlichen Seite des Canyons, vor der schwere Felsen aufgetürmt waren. „Sieh dir die Wand an. Diese bogenförmige Stelle dort. Da hat eindeutig jemand etwas weggemeißelt. Mit Bergbau hat das nichts zu tun, es sind keine Sprenglöcher zu sehen, gar nichts. Das ist mit Hammer und Meißel weggeschlagen worden. Wenn du mich fragst: Da wollte jemand Spuren beseitigen." Ted wußte, wovon er sprach. Er hatte genügend Erfahrung im Bergbau, besaß selbst drei Silberminen in Mexiko. Ich schaute mir die Stelle an, gab ihm recht, daß hier Menschenhände am Werke gewesen sind. Dann griff ich wieder nach der Skizze. Was der Kameramann zeichnen ließ, sah tatsächlich aus wie die Felswand, die ich gerade vor mir hatte.

„Die Steine liegen auch nicht zufällig hier", ergänzte Ted, „sie sind regelrecht aufgetürmt. Als hätte man verhindern wollen, daß hier jemand sucht. Also, wenn du mich fragst: Das sieht alles sehr verdächtig aus." Er könnte recht haben...

Zurück in Socorro besuchte ich den Senior Mining Engineer Robert Eveleth, um die Ergebnisse von Kelly und Wykel zu überprüfen. Eveleth ist ein freundlicher und sehr hilfsbereiter Wissenschaftler, der die Gegend wie seine Westentasche kannte. Er erinnerte sich auch an den Besuch der beiden Forscherkollegen, und es dauerte nicht lange, bis er mir seine Akte über die „Niggerhead-Mine" herausgesucht hatte. Obwohl wir nicht über die UFOs sprachen, schien er zu ahnen, worum es ging, und bemerkte, es sei ihm schon aufgefallen, daß es, „weshalb auch immer", schwierig sei, Daten über die Minen in diesem Bereich zu bekommen, während die Geschichte der weiter entlegenen Minen nach Magdalena hin sehr viel besser dokumentiert sei.

Gab es einheimische Zeugen? Sieben Kilometer westlich der Absturzstelle befindet sich eine Ranch, die einzige der Gegend, auf der im Juni 1947 zwei Menschen lebten, Joseph Gianera und seine Frau Esther. Beide sind die Eltern von Betty Pound, die heute zusammen mit ihrem Mann Smoky die Ranch bewohnt, wo sie Wykel und Kelly besuchten. Bettys Eltern leben nicht mehr und haben ihrer Tochter gegenüber nie einen Vorfall im Sommer 1947 erwähnt - vielleicht weil sie die Bergung nur für die Neueröffnung einer Mine hielten -, aber Smoky Pounds bester Freund, Fred Strozzi, will im fraglichen Zeitraum im fraglichen Gebiet den Absturz eines „Meteoriten" beobachtet haben, den er als „größer als ein Basketball" beschrieb. (6) Haben noch andere den „Meteoritenabsturz" gesehen, stand etwas in der Lokalzeitung? Das UFO-AZ-Team besuchte die Redaktion des „Socorro Sentinnels", der Lokalzeitung. Dort erklärte man ihm, daß bei einem Brand Ende der sechziger Jahre ein Teil der Zeitungen zerstört worden sei - und zwar ausgerechnet die Ausgaben aus dem Zeitraum vom 10. Mai bis 15. Juni 1947. Die Forscher setzten auf Empfehlung der Zeitung die Suche in der Bibliothek der Bergbau-Universität fort. Hier fanden sie Mikrofilme aller Ausgaben der Lokalzeitung - mit Ausnahme des Zeitraums vom 10. Mai bis 15. Juni 1947. Bob Shell fragte im Nachbarort Magdalena nach. Die

Chefredakteurin der Lokalzeitung meinte, daß alle Zeitungen aus dem fraglichen Zeitraum auch hier fehlen würden. „Sie werden sie nicht finden. Ich suche seit 40 Jahren danach und niemand hat sie", waren ihre Worte. Shell gab nicht auf und fragte bei der Zimmerman-Bibliothek der University of New Mexico nach Zeitungen aus dem Zeitraum 31. Mai - 5. Juni 1947. Auch hier mußte er erfahren, daß eben diese Ausgaben fehlten. Ebenso erfolglos verlief die Suche des UFO-AZ-Teams in der „Rio Grande Historical Collection" der New Mexico State University in Las Cruces, NM. Auch hier fehlten alle Zeitungen aus dem Zeitraum Ende Mai/Anfang Juni 1947.

Statt dessen gelang es uns, weitere Zeugen für diesen vermeintlichen „Meteoritenabsturz" ausfindig zu machen, die ihn noch genauer datierten: Er fand in den Abendstunden des 31. Mai 1947 statt.

Die Zeugen sind Acoma-Indianer aus dem Laguna-Reservat, die in Gallup zur Schule gingen und damals alle 13-14 Jahre alt waren. Der 31. Mai war ein extrem heißer Tag, und so warteten die Kinder auf den Abend, um draußen zu spielen. Als es endlich etwas kühler und fast schon dunkel war, gingen vielleicht zwölf von ihnen zum Wasserturm an der alten Bahnstation der Santa Fe-Eisenbahn. Sie kletterten auf den Turm, der angenehm kühlte, plauderten, scherzten, spielten Spiele. „*Plötzlich wurde der ganze Himmel taghell erleuchtet*", berichtete eine Zeugin, „*in weniger als vier Sekunden glitt ein großer Feuerball lautlos über unsere Köpfe, von links nach rechts, also von Nordwest nach Südost. Meine Schwester hatte gerade einen Vierteldollar in ihrem Mund und war so erschreckt, daß sie ihn glatt verschluckte. Das Licht war so grell, daß wir Kinder unsere Hände vor das Gesicht hielten, um unsere Augen zu schützen.*" (7)

Zwei Tage später hatten alle zwölf Kinder, die auf dem Turm saßen, Blasen auf ihren Handrücken und Armen.

Die Ärzte hielten sie für Brandblasen, doch es war ihnen unmöglich, ihre Ursache festzustellen. Die Kinder nannten sie nur „die Krätze" und es dauerte eine Woche lang, bis sie wieder verschwunden waren. Eines der Mädchen hatte zwei Tage später Geburtstag und konnte sich daher noch ganz genau an den Zeitpunkt der Beobachtung erinnern: Es war der 31. Mai 1947. Der Kameramann betonte mehrfach, daß die abgestürzte Scheibe selbst bei seiner Ankunft am Abend des 1. Juni - also 24 Stunden nach dem Absturz - noch so heiß war, daß das Bergungsteam den Ausbruch eines Feuers befürchtete. Es kann also davon ausgegangen werden, daß sie tatsächlich hell glühte, als sie abstürzte, und damit sehr wohl einem Meteoriten glich. Andererseits ist es noch nie vorgekommen, daß ein (echter) Meteorit Brandblasen verursachte.

Ein paar Tage später, so die Zeugen, sei ein seltsames „kleines Mädchen" in der Gegend aufgetaucht. Sie hatte eine gräuliche Hautfarbe und graues Haar, das ganz wie eine Perücke aussah. Sie vermied jeden Kontakt mit Erwachsenen und wollte nur in die Nähe der Kinder, die den Feuerball gesehen hatten. Die meisten von ihnen mieden das Mädchen, weil es so seltsam war, aber einige spielten mit ihr. Alle, die mit ihr in Berührung gekommen waren, wurden krank, und jene, die den engsten Kontakt mit ihr hatten, erkrankten am schwersten. Nach etwa einer Woche verschwand das mysteriöse „kleine Mädchen" und wurde nie mehr gesehen. (8)

Die Schilderung stammte von einer älteren Indianerin, die heute in Los Angeles lebt. Ihre Tochter hatte die „Art Bell-Radioshow" gehört, in der Bob Shell über den Santilli-Film interviewt wurde, und plötzlich machte die Geschichte ihrer Mutter Sinn. „Ich hatte mich immer gefragt, ob das, was meine Mutter erlebt hatte, mit dem Roswell-Zwischenfall zu tun hatte", schrieb sie an den Moderator, „aber weder der Zeitpunkt noch die Richtung, in die es flog, stimmten damit überein. Dann hörte ich in Ihrer

Sendung von dem Absturz bei Socorro am 1. Juni 1947 und frage mich, ob es das war, was meine Mutter beobachtete." Art Bell leitete das Schreiben an Bob Shell weiter, der kurz darauf in Los Angeles anrief, und erst mit der Tochter, dann mit der Mutter sprach die ihm in allen Details ihre Geschichte erzählte und noch zwei Zeugen nannte. Beide leben noch in New Mexico, und nach einigen Recherchen gelang es Bob, ihre Telefonnummern zu bekommen. In ausgiebigen Gesprächen bestätigten sie die Darstellung der ersten Zeugin in allen Details. Da beide noch im Reservat leben, zögerten sie erst, ihm ein persönliches Interview zu geben, doch dann willigte eine von ihnen, nennen wir sie Theresa, ein, ihn zu empfangen. Bob lud mich ein, mitzukommen, als wir uns in Socorro trafen, und so besuchten wir sie gemeinsam am 19. Februar 1996 in ihrem kleinen Haus auf einer Reservation westlich von Albuquerque. Theresa erwies sich als herzliche kleine Frau mit warmen braunen Augen. Ich nahm unser Gespräch mit ihr auf Video auf, versprach ihr aber, das Material nicht zu veröffentlichen. Sie fürchtete sich zu sehr vor der Reaktion ihrer Nachbarn und der Stammesältesten, denn solche Erfahrungen, so meinte sie, stehen bei ihrem Volk unter einem Tabu, man spricht darüber nicht mit Außenstehenden. *„Wir lebten damals in Gallup, in einem Rundhaus, und unsere Väter arbeiteten für die Eisenbahn. Ich blieb dort, bis mein Vater 1956 in den Ruhestand trat"*, erzählte sie. *„Ich war damals sieben Jahre alt und ging zur Schule. Wir spielten draußen, an der Eisenbahn, als es auftauchte. Es war weiß, glühend weiß, wie Feuer, als würde es brennen, und es war von einer Art rauchigem Film umgeben, hatte aber keinen Schweif. Es war so groß wie die Sonne und rund und völlig lautlos. Es kam von Nordwesten und verschwand Richtung Südosten, Richtung Socorro. Ich war so erschreckt, daß ich einen Vierteldollar, den ich im Mund hatte, verschluckte, daran erinnere ich mich noch genau. Einige von uns hatte danach Verbrennungen, ich aber nicht."* Auch von dem seltsamen Mädchen wußte Theresa. *„Sie trug weiße Kleidung. Sie hielt sich immer am Flußauf, nachts. Die Männer versuchten einmal, sie zu fangen, aber sie war verschwunden. Sie war klein wie ein kleines Mädchen und trug weite, weiße Kleidung und einen weißen Schleier, der ihr Gesicht verdeckte. Durch den Schleier konnte niemand ihr Gesicht sehen, und so wußten wir nicht, ob sie eine Weiße oder eine Indianerin war. Die meisten von uns hatten Angst vor ihr. Einige Kinder kamen ihr nahe und sie wurden krank. Vielleicht haben sie das Gesicht des Mädchens und ihre Hautfarbe gesehen, aber sie sprachen nicht davon. Sie hatte etwas Unheimliches an sich. Aber das ist alles, was ich von ihr noch weiß. Sie kam immer aus dem Osten, lief immer am Fluß entlang. Und eines Tages war sie nicht mehr da."* (9)

Es hat also offenbar tatsächlich einen Absturz eines mysteriösen „Feuerballs" am 31. Mai 1947 südwestlich von Socorro, NM, gegeben, auch wenn es uns bisher unmöglich war, diesen durch Zeitungsberichte zu verifizieren, einfach weil alle Lokalzeitungen aus dem fraglichen Gebiet verschwunden zu sein scheinen. Auch General Twinings Bericht vom 18. Juli 1947 berichtet von einem „Flugzeug vom Typ 'Fliegende Scheibe', das in der Nähe des White Sands-Testgeländes (dc), New Mexico, gefunden wurde". Er erwähnt *„eine geborgene fliegende Scheibe und die Überreste einer möglichen zweiten Scheibe"*. (10) Niemand hätte je behauptet, daß Roswell „in der Nähe des White Sands-Testgeländes" liegt, also muß es sich um einen anderen UFO-Absturz VOR dem 18. Juli 1947 handeln. Interessanterweise war Twining Kommandant des „Air Material Command" auf der Wright Field-Luftwaffenbasis, wo offenbar das geborgene „Flugzeug vom Typ 'Fliegende Scheibe'" untersucht wurde. Die Untersuchung war offenbar Mitte Juli abgeschlossen. Der Kameramann behauptete, das Wrack sei nach Abschluß der Bergungsarbeiten am 6. Juni auf dem Rücken eines Lastwagenanhängers nach Wright Field gebracht worden, wo er „drei Wochen lang", bis Ende Juni, die Untersuchungen filmte. (11)

Einen Zeugen für diesen Vorfall, den Geheimdiensthauptmann Virgil A. Postlethwait, konnte ich bereits 1990 interviewen. Postlethwait diente 1948 beim G-2-Nachrichtendienstcorps der US-Army auf dem Pope AAF/Fort Bragg-Komplex in North Carolina, seine Zugangsstufe war „Top Secret". 1948, so erinnert er sich, ging über den Fernschreiber seines Büros ein Bericht über einen UFO-Absturz in der Nähe des White Sands-Raketenversuchsgeländes in New Mexico. Das Fernschreiben kam aus dem Headquarter der 3. Luftwaffe in Atlanta, Georgia. Ohne einen Zeitpunkt für den Absturz anzugeben, beschrieb der Bericht die Scheibe als 30 Meter im Durchmesser und 10 Meter hoch, ihre *„metallische Haut war dünn wie eine Zeitung, aber zu fest, um durch konventionelle Werkzeuge durchdrungen werden zu können"*. Zudem hätte man vier „kleine humanoide Körper" gefunden, etwa 1,30 m groß, die *„in enganliegendem, silbernen Uniformen steckten"*. *„Ihre Köpfe waren groß, sie hatten keine Haare. Die Ohren, Nase und der Mund waren zurückentwickelte Überreste von dem, was sie einmal gewesen sein konnten... Ähnlich wurde bei der Untersuchung der inneren Organe festgestellt, daß diese menschlicher Natur waren, nur ebenfalls in einem Zustand der Verkümmerung"*, berichtete Postlethwait, *„bevor nun die Körper untersucht werden konnten, mußten die hauteng anliegenden Anzüge entfernt werden. Ihre Anzüge bildeten ein kleines Problem, da keine sichtbaren Knöpfe, Reißverschlüsse oder andere Öffnungsmöglichkeiten gefunden werden konnten. Der Versuch, die Anzüge mit Scheren aufzuschneiden, gelang ebenfalls nicht. Erst Blechscheren ermöglichten die Entfernung dieser Bekleidung. Das Material verhielt sich in seiner Konsistenz und Natur vollkommen unterschiedlich zu dem, was wir auf der Erde kennen: sehr leicht und dünn, aber äußerst strapazierfähig; es widerstand allen äußeren Einflüssen."* Leichen und Wrackteile, so Postlethwait, wurden nach Wright Field gebracht. (12)

Howard Marston will die Ankunft des Socorro-UFOs auf der Wright Field-Luftwaffenbasis gesehen haben.

Im Dezember 1995 interviewte ich Howard Marston, der, heute 70 Jahre alt, im Sommer 1947 als junger Ingenieur auf Wright Field arbeitete. *„Ich war Zivilist, 22 Jahre alt, gerade aus dem Militärdienst entlassen"*, erzählte er mir, *„ich war bei eine Flugzeugbaufirma angestellt, testete hydraulische Systeme für Höhenflüge. Ich kam gerade aus dem Testlabor von Wright Field, als sie die Scheibe herantransportierten. Sie sollte hier in Wright Field untersucht werden, man wollte sehen, ob man ihre Antriebsweise entschlüsseln könnte. Sie kam auf einem Lastwagenanhänger nach Wright Field. Sie war mit Planen bedeckt. Sie entluden sie in einem Hangar. Ich sah sie aus einiger Entfernung. Man kam nicht näher heran, wegen der Sicherheit. Aber ich sah, als man die Plane enthüllte., daß es eine metallische Scheibe von 10-14 Metern Durchmesser war. Ich kam nicht nah genug heran, um zu sehen, ob sie beschädigt war."* (13) Marston hörte Gerüchte auf der Basis, daß das Wrack in der Nähe von Roswell geborgen wurde. Doch daß es von „dem" Roswell-Zwischenfall stammt, ist praktisch ausgeschlossen. Keiner der Zeugen von Roswell erwähnt eine 10-14 Meter große, offenbar fast unbeschädigte Scheibe, statt dessen sprechen die meisten Zeugen von einem „fersenförmigen" Objekt. Die Roswell-Wrackteile wurden per Flugzeug nach Wright Field gebracht, nicht per Lastwagen. Nur unser Kameramann sprach von einer kreisrunden Scheibe und einem Transport auf dem Landweg, von einer Absturzstelle südwestlich von Socorro, fünf Wochen vor dem Roswell-Zwischenfall. Und möglicherweise erklärt dieser Vorfall auch den Bericht von

Grady Barnett, dem Feldingenieur des US-Bodenschutzdienstes, der eigentlich so gar nicht in das „konventionelle" Roswell-Szenario paßt. Denn Barnett lebte in Socorro, sein „Einsatzgebiet" war die Ebene von San Augustin, westlich von Magdalena, New Mexico. Weshalb sollte er nach Roswell gefahren sein, wie sollte er an die Absturzstelle gekommen sein? Die Straße nach Magdalena, von der der Wüstenweg zu unserem Trockensee abführt, befuhr Barnett fast täglich. Hat er den Meteoritenabsturz miterlebt und nach dem Einschlagskrater Ausschau gehalten? Oder bemerkte er, als er in den frühen Morgenstunden des 1. Juni noch bei Dunkelheit aufbrach, um bei Sonnenaufgang irgendwo auf der Hochebene zu sein, ein Glühen im Süden, dem er auf dem Grund gehen wollte... und das ihn an die Absturzstelle führte? Wir können nur spekulieren, da Barnett verstarb, bevor auch nur ein Forscher ihn fragen konnte.

Doch es gab noch andere, zivile Zeugen für den UFO-Absturz bei Socorro - Indianer des nahegelegenen Apachenreservates, wie mir Robert Morningsky, halb Hopi, halb Apache, im Dezember 1995 erklärte. Er will mit diesen Zeugen gesprochen haben, die sich jedoch weigern, an die (weiße) Öffentlichkeit zu treten. Sie haben Angst - Angst vor der Regierung, Angst vor dem Militär, den Soldaten, deren Brutalität sie mit eigenen Augen erlebt haben. *„Sie haben mir gesagt, aus welcher Richtung die Scheibe kam und wo sie abstürzte und was mit den Sternenwesen geschah"*, versicherte mir Morningsky, *„es gibt in den Reservaten Gerüchte über einige Wesen und einige Abstürze. Und oft überlebten die Wesen zwar den Absturz, aber nicht das Bergungsteam, die Soldaten. Das sind schreckliche Geschichten. Das waren Wesen von den Sternen, Gott so nahe wie niemand sonst, und diese Soldaten schossen oder schlugen sie nieder. Welche Chancen haben wir da als Indianer? Wir sind viel weniger wichtig. Auf einer Skala von 10 zu 1 können wir froh sein,* *wenn wir den Wichtigkeitsgrad 1 haben. Auch davor haben wir Indianer Angst. Wenn ich Ihnen Namen gebe und Sie hinfahren und mit ihnen reden - werden die Soldaten das mitbekommen und danach bei ihnen auftauchen? Wahrscheinlich. Vertrauen wir denen? Nein. Und das alles tut mir leid. Aber wenn ein Volk immer wieder bestraft wurde, verstehe ich, warum es nicht mehr reden will."*

Robert Morningsky behauptet, daß dies nicht der einzige UFO-Absturz sei, für den es indianische Zeugen gäbe. *„Was mich und andere Indianer, die auf den Reservaten leben, am meisten erstaunt, ist, daß ein Großteil der UFO-Abstürze - meines Wissens gab es 16 Abstürze zwischen 1945 und 1950 in den USA -, (14 dieser 16 Abstürze) auf oder in der Nähe unserer Reservate stattfanden, und daß bisher noch kein UFO-Forscher auf diesen Umstand gekommen ist und mit seinen Recherchen bei uns ansetzte. Indianer schlafen lieber unter freiem Himmel als in einem Haus. Und es scheint mir, als sollten jene, die UFO-Abstürze untersuchen und nach Augenzeugen suchen, erst einmal jene fragen, die dort draußen leben, speziell jene Menschen, deren ganzes Leben, deren ganze Tradition sich um die Sternenwesen dreht. Aber seltsamerweise kam in den letzten 50 Jahren niemand, wirklich niemand auf die Idee, uns, die Indianer zu befragen. Das ist für uns ziemlich seltsam. Und wenn uns jemand wirklich fragt - in den letzten Jahren gab es ein paar Bücher über Indianer und UFOs - dann kennt er die Antwort schon vorher: Ja, das sind Mythen, das sind Legenden. Nun, das sind sie nicht. Sie handeln von echten Wesen. Deshalb wende ich mich jetzt an die Öffentlichkeit und an die UFO-Forscher und sage: Schaut her: Es gibt viele Geschichten und Gerüchte, die ihr in der 'zivilisierten' Welt noch nie gehört habt. Und eines dieser Gerüchte ist, daß der Absturz von Roswell am 4. Juli 1947 nicht der einzige in diesem Sommer war. Wir Indianer wissen von drei Abstürzen im Sommer*

1947. Der erste ereignete sich im Juni, Anfang Juni, nahe Socorro, New Mexico. Und das ist der Absturz, von dem, wie ich glaube, das Wesen auf dem Autopsiefilm stammt und nicht von Roswell. Roswell war im Juli. Und der dritte Absturz fand Mitte August im Four-Corners-Gebiet im Norden Arizonas statt, und wieder waren Indianer die Zeugen. Aber die UFO-Forscher sprechen immer nur über den 'Roswell-Zwischenfall'und nicht einer von ihnen hörte auch nur von den anderen Abstürzen oder machte sich in 50 Jahren die Mühe, zu uns zu gehen, uns zu fragen..." (13) Nun, ich ging und fragte Robert Morningsky. Und was ich dabei erfuhr, ließ mir keinen Zweifel daran, daß sich der Weg zu ihm gelohnt hatte.

15. Kapitel

Der Sternenälteste

Ich hatte Robert Morningsky durch Vermittlung von Lt.Col. Wendelle C. Stevens kennengelernt und traf ihn, zusammen mit meiner Lebensgefährtin Natalie Zahradnikova, im Dezember 1995. Robert war zufälligerweise im „Roswell-Jahr" 1947 geboren, doch als er uns in seinem von zahlreichen bunten Federn geschmückten Tanzkostüm gegenüberstand, wirkte er jünger. Seine Haut war von der Sonne des Südwestens braunrot gebrannt, er hatte lange, schwarze Haare, freundliche braune Augen und eine sanfte Stimme. Geduldig erklärte er uns die spirituelle Bedeutung seiner Tracht und der Tänze, die für ihn etwas Heiliges waren. Er war ein indianischer „Spirit Dancer", halb Hopi, halb Apache, und hatte, nachdem seine Eltern schon früh ums Leben gekommen waren, von seinen Großvätern aus beiden Stämmen gelernt. Als Robert das erste Mal den Roswell-Film sah, wußte er, daß er echt ist. Und er hatte eine ganze Reihe guter Gründe zu dieser Annahme.

„Ich weiß, viele werden mir das nicht glauben, aber das Wesen auf dem Film sah genauso aus wie der Sternenälteste, von dem mir mein Großvater erzählt hatte", meinte Morningsky. Und dann erzählte er uns eine der unglaublichsten Geschichten, mit der wir auf unserer bestimmt nicht langweiligen Suche nach der Wahrheit über die UFO-Abstürze von New Mexico in Berührung kamen. Doch Robert Morningsky wirkte ganz und gar nicht wie einer, der uns einen Bären aufbinden wollte.

Mehr noch, er war bereit, uns mit Zeugen zusammenzubringen, die seine Geschichte bestätigen konnten, so phantastisch sie auch klingen mochte.

„*Im August 1947, mehr als einem Monat nach dem berühmten UFO-Absturz bei Roswell, befand sich mein Großvater zusammen mit fünf Freunden auf einer Visionssuche*", begann Robert, als wir uns an einen ruhigen, schattigen Platz zurückgezogen hatten, „*Das ist eine alte Zeremonie, eine Technik, um die eigene Zukunft zu ergründen, zu lernen, was die Sterne für dich bereithalten. Und sie sahen ein Licht am Himmel, das herunterkam und abstürzte. Bei uns gehören die Sternenwesen und Sternenmenschen zum täglichen Leben. Wir glauben an sie, wir wissen, daß es sie gibt, wir reden mit ihnen, wir tanzen mit ihnen, und so war es nicht allzu verwunderlich, daß sich mein Großvater für dieses Licht am Himmel interessierte, das da herunterkam, und daß er wußte, daß da Sternenmenschen drin waren. Trotzdem waren diese jungen Männer sehr naiv, sie ignorierten all die Gerüchte, die in den Reservaten kursierten und die besagten, daß man, wenn ein Stern vom Himmel fällt, sich fernhalten soll, denn dann kämen bald die Soldaten, und Soldaten und Indianer passen einfach nicht zusammen. Doch mein Großvater und seine Freunde entschieden sich, zu suchen, wo der Stern heruntergekommen war, was nicht weit von ihnen entfernt zu sein schien, und tatsächlich fanden sie die Absturzstelle, bevor die Soldaten dort eintrafen. Als sie* das Wrack inspizierten, fanden sie einen Überlebenden. Er war verletzt, doch er hatte überlebt. Sie entschlossen sich, ihn mitzunehmen, zu ihrem Visionssuche-Camp. Dort pflegten sie ihn gesund. Manchmal war er bei Bewußtsein, manchmal bewußtlos, und wo er nur konnte, gab er ihnen Anweisungen. Nach einigen Monaten war er wieder gesund. In dieser Zeit hatten sie sein Vertrauen gewonnen, sie nannten ihn den „Sternen-Ältesten", und eines Tages holte er einen kleinen, grünen Kristall hervor. Dieser Kristall war rund und flach und paßte in seine kleine Hand, und indem er den Kristall hochhielt, war er in der Lage, Bilder zu projizieren, zeigten sich Bilder in dem Stein. Durch diese Bilder erfuhren mein Großvater und seine Freunde, wer er war, was er hier tat und von woher er gekommen war. Sie entschieden sich, mit niemandem darüber zu sprechen, weil sie besorgt um die Sicherheit des Wesens waren. Sie fürchteten, Neugierige würden kommen und Fragen stellen, und schließlich würden die Soldaten davon erfahren und kommen, um den Sternen-Ältesten zu holen. Zu seiner Sicherheit beschlossen sie, zu schweigen. Und als er wieder gesund war, und eigentlich abgeholt werden konnte, beschloß er wohl, noch ein wenig zu bleiben.

Die Geschichten, die er über seine Heimat und seine Lebensweise erzählte, waren bemerkenswert, denn er sprach von Kriegen zwischen Sternen. Die Art und Weise, wie sein Volk lebt, war sehr ähnlich dem, was wir amerikanischen Ureinwohner tun. Unser Weg des Kriegers war ähnlich wie seiner, und so waren mein Großvater und seine Freunde völlig überrascht, aber auch der Sternenälteste staunte, daß so primitive Wilde einige seiner Techniken kannten, und so blieb er. Nach einiger Zeit begann er, ihnen die Geschichte der Erde und der Menschheit zu erzählen, wie er sie kannte. Und einige dieser Geschichten gab mein Großvater an mich weiter, und deshalb bin ich hier. Viele Jahre lang hatte ich versucht, diese Geschichte zu erzählen. Mein Großvater war gestorben und ich hatte ihm versprochen, seine Geschichte zu

erzählen, und deshalb bin ich heute hier, um zu sagen: Schau, Sternenwesen sind hier, sie existieren, und wir sollten besser hinhören, was sie uns zu sagen haben."
„Wie verließ der Sternenälteste Ihren Großvater? Wurde er abgeholt?", wollten wir wissen. „Er blieb eine Zeitlang und dann fühlte er, daß es zu gefährlich war, wenn sie ihn abholen würden", meinte Robert, „Daher blieb er noch, bis er sich sicher genug fühlte und glaubte, daß es Zeit sei, zu gehen." Wann war das? „Nach dem Absturz blieb er noch fünf Jahre lang bei ihnen. Schließlich, eines Tages, verließ er einfach das Camp und verschwand und ließ sie noch wissen, daß er gegangen war. Aber er tauchte noch ein paarmal wieder auf."

„Was teilte er Ihrem Großvater mit?", war unsere nächste Frage. Robert Morningsky nahm einen tiefen Atemzug, als stünde ihm eine schwere Aufgabe bevor. Offenbar fiel ihm die Antwort nicht leicht. „Nun, viele Menschen, die meine Geschichte hören, haben den Eindruck, das Sternenwesen kam mit einer wunderbaren Botschaft für die Menschheit auf die Erde, doch das ist nicht wahr. Der Sternen-Älteste war abgestürzt, er wollte gar nicht hier sein. Aber was er schließlich meinen Großvater und die anderen fünf lehrte, und was wir Kinder erfuhren, war, daß die Menschheit belogen und getäuscht worden ist. Die Götter, die Teufel, über die wir in unserer Vergangenheit schrieben, waren Sternenwesen. Wir sind mißbraucht und manipuliert worden, uns wurde gelehrt, an Dinge zu glauben, die nicht wahr sind, sondern die erfunden wurden, um die Sternenwesen bei ihren Plänen zu unterstützen. Ich wundere mich immer, weshalb wir an Engel und Dämonen glauben können, aber nicht an Raummenschen. Wir akzeptieren die Vorstellung von einem Himmel ganz weit dort oben, aber wir glauben nicht an Leben auf anderen Planeten. Wir schlucken sogar Geschichten von fliegenden Teppichen und sprechenden Mickey-Mäusen, aber wir wehren uns gegen den Glauben an fliegende Untertassen und Sternenmenschen. Seine Geschichte sagte im Grunde: Wir werden getäuscht. Wir müssen aufhören, blind zu akzeptieren, was uns gelehrt wurde, und alles in Frage stellen. Das, was uns als Realität vermittelt wird, ist nicht die Wirklichkeit. Die Wirklichkeit ist größer und viel wunderbarer als alles, was in unseren Büchern und Schulen gelehrt wird. Und ich will niemanden von unseren Lehrern und Professoren entfremden, viele von ihnen sind gute Menschen, die sich aufrichtig bemühen, aber das, was sie uns lehren, ist nicht die Wirklichkeit, es ist ein System, ein Gefängnis für unser Denken, und ihr Job ist, dieses System am Leben zu halten. Unser Job aber als menschliche Wesen ist es, Krieger, Renegaten in unserem Leben zu sein, ohne dabei anderen Schaden zuzufügen, doch feurig und leidenschaftlich als Individuen."

Er sprach auch von der Geschichte der Menschheit. „Er sprach davon, daß die Menschheit keine natürliche Schöpfung ist, sondern speziell dazu entwickelt worden war, für das System zu arbeiten, den Sternenwesen zu dienen. Der Mensch hat das Maultier als Hybridrasse geschaffen, indem er Pferd und Esel miteinander kreuzte, und Pflanzen, die es in der Natur nicht gab. Wenn wir dazu schon in der Lage sind, stellen Sie sich nur mal vor, wozu ein Wissenschaftler mit dem Wissen von Millionen von Jahren in der Lage ist. Und das ist, was passiert ist: Der Mensch wurde als Arbeiter geschaffen, als Sklave, um den Göttern zu dienen. Er war ein Tier, das genetisch veredelt wurde. Und das ist nicht schlimm. Denn jetzt, wo wir Bewußtsein und Erfahrung haben, sind wir aus dem Experiment ausgebrochen. Einige von uns, viele von uns, sind zu der Einsicht gekommen, daß das Leben zu wichtig ist, um es als Sklave zu verbringen. Und das war eines der Dinge, die der Sternen-Älteste am meisten bewunderte: Daß wir, als Sklaven geboren, unsere Ketten zerbrochen haben und in Freiheit unser eigenes Leben leben wollen und daß wir intelligent und engagiert genug sind, das durchzusetzen. In einigen Fällen geschieht dies tatsächlich. Wir sind in der Lage, unsere Träume zu verwirklichen! Das ist nicht einfach. Aber wenn man ein Krieger ist, hat man das Feuer und ist dazu in der Lage. Und er war überaus beeindruckt davon, und das, was ihn am meisten an der menschlichen Rasse beeindruckte, war, daß wir dieses Feuer in uns tragen."

„Was sagte er über sein eigenes Volk, seine Lebensweise, seine Religion?", fragten wir. Offenbar griffen wir mit der „Gretchenfrage" wieder ein heikles Thema auf. „Ich zögere ein wenig, darüber zu sprechen, denn Religion ist eine diffizile Angelegenheit", erwiderte Robert, „Es ist etwas, was wir glauben, was wir denken, was uns gelehrt wurde und was wir zu akzeptieren haben. In seiner Welt, auf seinem Stern, gibt es keinen Glauben. Das Universum ist voller Wunder. Religion als Glaubenskonzept existiert bei ihnen nicht. Ihre Religion ist einfach ihre Lebensweise. Das gefällt mir. Sie haben keine Religion. Wir brauchen nicht darüber zu streiten, an was wir glauben, wir können darüber diskutieren, was ist. Und das werden wir machen. Ihre Lebensspannen sind unendlich länger als unsrige. Ein Mann von 100.000 Jahren gilt als jung. Was der Sternen-Älteste dazu sagte, war: Der menschliche Körper ist so entworfen worden, daß er schnell zerfällt, unsere Ernährung und Lebensweise sorgen zusätzlich dafür. Der menschliche Körper, so meinte der Sternen-Älteste, könnte tatsächlich 200-300 Jahre alt werden, wenn wir uns richtig ernähren würden, wenn die Situation stimmen würde. Aber wir sind auf Selbstzerstörung programmiert. Unsere Körper altern nicht, weil sie es so wollen, sondern weil wir sie dahin führen. Ich wünschte, es gäbe dort keine Kriege, aber es gibt sie auch bei ihnen. Buchstäblich alles, was die Lebensweise und Kultur und Gesellschaft der Wesen in der Galaxie betrifft, entspricht dem, was wir auch hier auf der Erde haben, mit Ausnahme der Religion, der Lebenserwartung und ihrer Lebensweise, die sehr verschieden ist. Bei ihnen ist alles auf ein sehr langes Leben ausgerichtet, bei uns auf ein sehr kurzes."

So unglaublich seine Geschichte klang, Robert Morningsky behauptet, daß Kontakte mit Außerirdischen oder „Sternenwesen" bei seinem Volk eine lange Tradition hätten. Viele Elemente ihrer Religion, so will es die Tradition der Indianer, stammen von diesen „himmlischen Lehrmeistern", die ihre Vorfahren besuchten. *„Was meinen Großvater sehr erstaunte, war, daß der Sternen-Älteste den Gebrauch der Feder kannte, die ein sehr wichtiges Element unserer Ritualkleidung ist. Tatsächlich besagt unsere Überlieferung , daß diese Tradition von den Sternen stammt. Sie begann mit der Rasse der Akhu, der Vogelmenschen, die das Feuer, die Leidenschaft in sich trugen. Das mag andere Indianer vielleicht irritieren, aber in unserer traditionellen Tanztracht trage ich zwei Scheiben auf meinem Rücken. Und in einem der Tänze, dem Feuertanz, tanzt man so schnell man kann, und diese Scheiben drehen sich und rotieren und hüpfen auf und ab, man geht zu Boden, springt wieder auf, und ich kann nur andeuten - ich will nicht zuviel Ärger bekommen -, daß dieses Drehen und Wirbeln und Auf- und Niederspringen dieser Scheiben vielleicht noch etwas anderes symbolisiert als das Feuer. Für uns ist es das Feuer, aber für mich auch noch etwas anderes."* (1) Zum Beweis für das hohe Alter der Legenden von den „Sternen-Ältesten", die runde Köpfe und sechs Finger und Zehen gehabt haben sollen, zeigte uns Robert Fotos von Petroglyphen, Felszeichnungen aus dem Canyonland im US-Staat Utah. Sie stammen von den Anasazi, einem der ältesten Völker des amerikanischen Südwestens, das vor rund tausend Jahren in Pueblos, den ersten Steinbauten Nordamerikas, lebte, bis es im 13. Jahrhundert auf mysteriöse Weise spurlos verschwand.

Auf einer der Felszeichnungen waren sechszehige Fußabdrücke rund um ein großes (gelandetes?) Rad zu sehen, daneben Füße mit vier und fünf Zehen und einige Tiere. Eine andere, mindestens 1400 Jahre alt, zeigte offenbar, daß die sechszehigen Wesen aus dem Weltraum kommen. Jedenfalls wird dargestellt, wie sie von

Felszeichnung der Anasazi in den Canyonlands von Utah. Rund um ein Rad sind Tiere, Menschen ... und sechszehige Fußabdrücke zu sehen.

einem unidentifizierten Himmelskörper über große Distanz zur Erde kommen, dabei Saturn - mit Ringen und sechs Auswüchsen dargestellt und damit als sechster Planet gekennzeichnet -, Jupiter - fünf Auswüchse, also der fünfte Planet - und Mars - vier Auswüchse, also der vierte Planet- passieren. (2) Auch bei den Acoma- und Laguna-Indianern aus dem Nordwesten New Mexicos, die ihrer Überlieferung nach ein Brudervolk der Anasazi sind, gibt es eine Tradition über Wesen mit sechs Fingern und sechs Zehen: „Sky Kachinas", „Himmelsgeister" werden sie genannt. Seit Jahrhunderten fertigen die Pueblo-Indianer von ihnen - wie von anderen Kachinas - Holzfiguren an, um ihre Kinder mit ihrem Aussehen vertraut zu machen.

Auch andere indianische Völker wissen von Wesen mit sechs Fingern und sechs Zehen. Im Jahre 1972 kam der deutsche ARD-Auslandskorrespondent Karl Brugger in

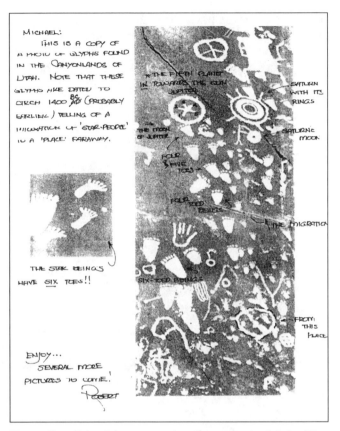

Eine weitere Felszeichnung aus dem Canyonland zeigt den Weg der sechszehigen Wesen (und anderer Rassen) zur Erde an. Sie passieren dabei den Saturn (den sechsten Planeten, erkennbar an seinen Ringen und sechs Auswüchsen), den Jupiter (ein fünfzackiger Stern im Zentrum = der fünfte Planet) und Mars (der vierte Planet mit einem vierzackigen Stern im Zentrum).

Rio de Janeiro mit einem Mann in Kontakt, der seit Jahren im Dschungel Nordbrasiliens lebte. Günther Hauck, der sich Tatunca Nara nennt, behauptete, der Sohn einer deutschen Missionarin und eines Indianerhäuptlings zu sein. Eine Zeitlang lebte er in Deutschland, heiratete sogar, bis es ihn 1967 endgültig in den Dschungel verschlug. Auf mehreren Expeditionen in das bra-

silianisch-venezuelanische Grenzgebiet stellte Tatunca immer wieder Brugger und anderen Journalisten gegenüber seine enge Vertrautheit mit dem Dschungel und den dort lebenden Indios unter Beweis. Zudem kannte er die Lage zweier uralter Pyramidenstädte, die eine an der Grenze nach Venezuela, die andere im Osten Perus, die erst in den achtziger Jahren durch NASA-Satellitenaufnahmen und von Expeditionen entdeckt wurden. Außerdem erwies sich Tatunca als intimer Kenner der indianischen Mythologie, und so wurden seine Erzählungen zur Grundlage des Buches „Die Chronik von Akakor", das Brugger 1976 verfaßte. Diese „Chronik" ist die Geschichte des Volkes der Ugha Mongulala, die seit Urzeiten im Regenwald Brasiliens leben. Sie handelt nicht nur von den alten Reichen Südamerikas, sondern erwähnt auch die „Früheren Herren", die „Altväter", die von den Sternen kamen: *Da tauchten am Himmel plötzlich goldglänzende Schiffe auf. Gewaltige Feuerzeichen erleuchteten die Ebene. Die Erde bebte, und Donner hallte über die Hügel. Die Menschen beugten sich in Ehrfurcht vor den mächtigen Fremden, die kamen, um Besitz zu nehmen von der Erde"*, beginnt die Chronik. Und sie beschreibt diese himmlischen Besucher, die ihrer Überlieferung nach *„die umherirrenden Stämme ansiedelten, alles Eßbare mit ihnen teilten"* und sie ihre Gesetze lehrten, *„auch wenn sie sich wie störrische Kinder ihrer Lehre widersetzten"* ziemlich genau:

„Äußerlich unterschieden sich die Fremden... nur wenig von den Menschen. Sie hatten einen zierlichen Körper von weißer Hautfarbe... wie die Menschen waren sie verwundbare Wesen aus Fleisch und Blut. Aber das entscheidende Merkmal, das die Altväter von den Menschen unterschied, waren ihre sechs Finger und sechs Zehen, die Zeichen ihrer göttlichen Herkunft." (3)

Ganz legitim schlußfolgert Robert Morningsky: *„Im alten Ägypten und dem alten Sumer basierte das gesamte numerische System auf der Zahl Zwölf. Unser numerisches*

System basiert auf der Zehn. Warum? Weil wir zehn Finger haben. Und ich kann nur fragen, ob die Wesen, die das mathematische System dieser alten Zivilisationen entwickelten, nicht vielleicht zwölf Finger hatten. So haben wir Beweise in Altägypten und Sumer, wir haben Beweise im alten Amerika und auf einmal taucht dieser Film auf, der ein Wesen zeigt, das sechs Finger und sechs Zehen hat." (4)

Weist das Wesen auf dem Santilli-Film in unsere eigene, kosmische Vergangenheit? Die Sumerer behaupteten, daß ihnen die Grundlagen ihrer Zivilisation, ihre Schrift, Gesetze, Mathematik, Architektur und Ackerbau von den „Anunnaki" gebracht wurden, was wörtlich „Jene, die vom Himmel auf die Erde kamen" bedeutet. Die Bibel nennt sie „Nefilim", „die Hinabgestiegenen", bei den Ägyptern hießen sie „neteru", „die Wächter". (5) Der Erfinder der Hieroglyphen, der Architekt der ersten Pyramide und Begründer der ägyptischen Heilkunde war Imhotep, der oft als der „Leonardo da Vinci der Antike" bezeichnet wird. Doch Imhotep, den die Griechen Asklepios nannten, war nicht selbst das Universalgenie, er war bloß ein guter Schüler. Sein Lehrer war Toth oder Tehuti, der ägyptische Gott der Weisheit, einer der „neteru". Für die Ägypter befuhren die „neteru" den „himmlischen Nil", die Milchstraße, in ihren „Himmelsbarken", ganz wie die Menschen den irdischen Nil befuhren. Toth war derjenige von ihnen, „der alle Geheimnisse kannte" und sie den Menschen offenbarte. „Er teilte den Tag in zwölf Stunden, schuf den ersten Kalender, lehrte die Menschen rechnen, schreiben, ihre Felder vermessen. Als Herr der göttlichen Worte schuf er unsere Gesetze, in einem zweiundvierzigbändigen Zauberbuch faßte er alle Weisheit zusammen. Groß war Toth", heißt es in einem alten Papyrus. Die Griechen kannten und verehrten ihn als „Hermes Trismegistos", den „dreifach größten Hermes", den Boten der Götter, dessen Stab, an Asklepios weitergegeben, noch heute Symbol der Ärzteschaft ist. (6) Später, so heißt es,

ging Toth=Hermes nach Phönizien, wo er, dem phönizischen Historiker Sanchuniathon zufolge, ein Himmelsschiff für Kronos baute. Ebenfalls in Phönizien soll er die sagenhaften „Smaragdtafeln" aufgestellt haben, auf denen das Grundaxiom eines holistischen Weltbildes festgehalten ist:

Die „Smaragdtafel" des Hermes Trismegistos.

„Das, was oben ist, ist wie das, was unten ist..." Und natürlich soll auch die Schrift der Phönizier, nach Ansicht der Sprachwissenschaftler eine der ältesten alphabetischen Schriften der Menschheit, von Hermes Trismegistos stammen. (7) Tatsächlich besteht für die Historiker kein Zweifel, daß das phönizische Alphabet wie alle anderen semitischen Alphabete, die aramäische, sabäische, samaritische, protokanaanitische, nabatäische, hebräische und auch die arabische Schrift, ihren

Ursprung in dem „Hieroglyphen-Alphabet" haben, den 24 Vokalen und Konsonanten, die das wichtigste Element des aus vier Hauptgruppen - Alphabet, Zwei- und Dreikonsonantenzeichen, Ideogrammen - bestehenden Hieroglyphen-Systems sind, das Toth lehrte, (8, 9, 10, 11, 12, 13)

Und als sei diese Verbindung noch nicht brisant genug, handelt es sich bei den „Hieroglyphen" auf den T-Trägern, die auf dem Santilli-Material zu sehen sind, ganz offensichtlich um eine alphabetische Schrift, die mit dem Altgriechischen und den semitischen Alphabeten verwandt zu sein scheint! Einige Zeichen ähnelten dem Altgriechischen, das aus dem Phönizischen entstand - ein Delta, ein Lambda, ein Sigma glaubt man zu erkennen. Interessanterweise finden wir Beispiele „phönizoider" Inschriften auf archäologischen Artefakten und Felszeichnungen in vielen Ländern der Erde, und einige davon sind sehr viel älter als die phönizische Schrift, die sich gegen 1100 v. Chr. aus dem 300 Jahre zuvor entstandenen Kanaanitischen Linearalphabet entwickelte, ganz wie die anderen semitischen Alphabete. (14) Dazu zählen ekuadorianische Goldtafeln, die heute im Goldmuseum von Cuenca ausgestellt werden (15),

Höhlenmalerei eines Gottes, die bei Kimberley Ranges in Australien gefunden wurde. Man beachte die „protophönizischen" Schriftzeichen auf dem „Heiligenschein".

Skizze einer Steinfigur mit einer „protophönizischen"Inschrift, die der britische Abenteurer Oberst Fawcett im brasilianischen Dschungel entdeckte.

ebenso wie Inschriften aus Cuenca/Ecuador, in den Höhlen der Pedra Pintada, des „bemalten Felsens" im Amazonasgebiet, den der französische Archäologe Prof. Marcel Homet in den fünfziger Jahren untersuchte und dessen Petroglyphen er auf mindestens 6000 v.Chr. datierte (16). Schriftzeichen, die der britische Abenteurer Fawcett auf einem Toreingang im Dschungel Brasiliens entdeckt hat (17), die Inschrift von Ylo, Peru, (18) oder die Schrift der Guanchen von den Kanarischen Inseln (19) sind weitere Beispiele. Oder die bemalten Kiesel von Maz d`Azil in Frankreich (20) oder die gravierten Tafeln von Glozel, Frankreich, die der Bauer Emile Fradin 1924 auf seinem Feld entdeckte und die nach Ansicht von Archäologen ca. 6000 Jahre alt sind. (21) Ich bezeichne sie auch als „Proto-Phönizisch", weil sie der Kultur des Seefahrer- und Händlervolkes und seiner Schrift zeitlich deutlich vorausgingen.

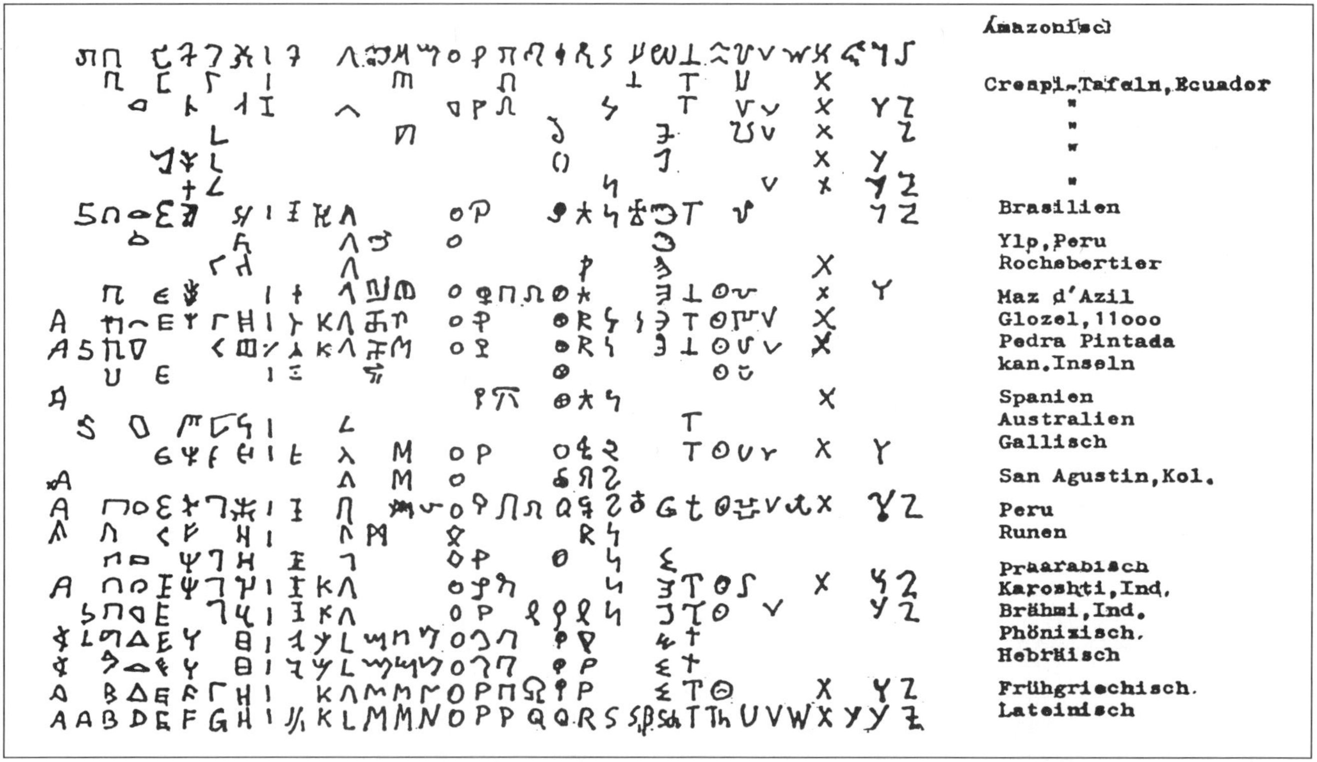
Amazonisch
Creapi-Tafeln, Ecuador
Brasilien
Ylp, Peru
Rochebertier
Maz d'Azil
Glozel, 11ooo
Pedra Pintada
kan. Inseln
Spanien
Australien
Gallisch
San Agustin, Kol.
Peru
Runen
Praarabisch
Karoshti, Ind.
Brähmi, Ind.
Phönizisch.
Hebräisch
Frühgriechisch.
Lateinisch

Protophönizische Inschriften aus aller Welt. Gegenüberstellung des Autors aus dem Jahre 1981.

„Protophönizisch": Die Tafeln von Glozel, Frankreich, ca. 5000 v.Chr.

„Protophönizische" Schriftzeichen auf den Cuenca-Tafeln aus Ecuador (Archiv E. v. Däniken)

Angeblich an Bord eines abgestürzten UFOs gefundenes Beispiel außerirdischer Schrift (aus der Erinnerung gezeichnet). Man beachte die Ähnlichkeit mit den Santilli-Hieroglyphen.

„Ich hatte die Gelegenheit, eine Schriftform zu sehen, die angeblich aus einem außerirdischen Raumschiff stammt", erklärte Maggie S. am 25. April 1995 in einem Schreiben an das Roswell UFO Museum. Die Regierungsangestellte erinnert sich an 14 Zeichen, von denen wir vier auf dem Santilli-Film wiedererkennen.

War dies die „Schrift der Götter", wurde sie verschiedensten Völkern und Stämmen vondenselben „Sternen-Ältesten" vermittelt, hat unser Alphabet seinen Ursprung im Weltraum? Und sind eben diese „Götter" unserer Vorfahren jetzt zurückgekehrt?

Robert Morningsky, der sich intensiv mit alten Kulturen befaßte, um die Informationen zu überprüfen, die der „Sternen-Älteste" seinem Großvater übermittelt hatte, machte sich die Mühe, die neun Schriftzeichen zu deuten, die auf dem „Stahlträger" eingeprägt sind. Auch ich habe mich eingehend mit einer Deutung der „Santilli-Hieroglyphen" befaßt und bin zu einem anderen Ergebnis gekommen. Da beide Methoden gleichermaßen legitim sind, stelle ich nachfolgend unsere unterschiedlichen Interpretationen gegenüber.

Es besteht kein Zweifel über die Verwandtschaft der Santilli-Hieroglyphen mit dem Altgriechischen und Phönizischen. Um sie zu deuten, müssen wir also in den frühen semitischen Alphabeten suchen - und in dem ägyptischen Hieroglyphen-Alphabet, aus dem diese hervorgingen. Aufgrund dieser Verwandtschaft ist es völlig legitim, nach einer Deutung in der ganzen Familie von Alphabeten und Sprachen zu suchen, deren gemeinsamer Ursprung der Legende nach der Gott Tehuti (Toth) war.

Das geschieht unter zwei Prämissen: Maßgeblich ist bei zwei gleichwertigen Interpretationsmöglichkeiten immer jene, die am ehesten einen Sinn ergibt. Und: Eine Übersetzung ist nur dann legitim, wenn sie aus dem Altägyptischen oder einer Semitischen Sprache stammt, also aus demselben kulturellen Kontext, in dem auch diese Schrift verwendet wurde.

Das Hieroglyphen-Alphabet in Vergleich mit dem Hebräischen Alphabet

(E.A. Wallis-Budge: Egyptian Language, London 1910)

Das ägyptische Hieroglyphen-Alphabet und seine lateinischen und hebräischen Gegenstücke. Die Verwandtschaft ist offensichtlich.

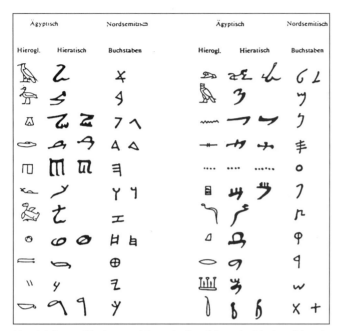

Ägyptisch		Nordsemits⊃	Ägyptisch		Nordsemitisch
Hierogl.	Hieratisch	Buchstaben	Hierogl.	Hieratisch	Buchstaben

Vergleich semitischer und ägyptischer (hieroglyphischer, hieratischer) Schriften.

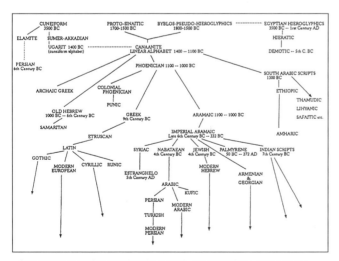

»Stammbaum« der semitischen und europäischen Aalphabete

Um eine Inschrift in einer unbekannten Schrift zu entziffern, muß man zuerst einmal die Zeichen ordnen. Das ist die Standard-Methode sowohl in der Archäologie wie in der Kryptologie, und auch Champollion hat sie angewandt, als er die ägyptischen Hieroglyphen entzifferte. Um ihnen eine Reihenfolge zu geben, numerieren wir jedes unterschiedliche Symbol, um es dann zu untersuchen. Das ergibt die Reihenfolge:

1 - 2 - 1 - 3 - 4 - 1 - 5 - 6 - 7

1: Morninsky deutet es als das „samekh" im Phönizischen oder „xi" im Griechischen. Beide entsprechen einem „S" oder „Sh". In der kretischen Linear-B-Schrift wird es auch als „si", im Koptischen „shei", im Hebräischen „sin" gelesen. Eine Ähnlichkeit mit der ägyptischen Hieroglyphe „s" oder „sh" besteht. Dagegen spricht allerdings seine Häufigkeit, die eher auf einen Vokal schließen läßt. Daher setzte ich es mit dem phönizischen „he" oder griechischen „epsilon" gleich, dem Vorläufer unseres „E".

2. Obgleich Morningsky dieses Zeichen -wie das siebte- als „delta" (Griechisch) oder „daleth" (Phönizisch) liest, halte ich es eher für ein „lambda" oder „lamed", also ein „L" oder ein „gamma" oder „gimmel", unser „C", schlichtweg weil -im Gegensatz zum „daleth"/"delta", Zeichen 7- der untere Querbalken fehlt.

3. Die erste Kreis-Glyphe hält Morningsky für das griechische „theta" oder die ägyptische „Brot"-Hieroglyphe, die als hartes „T" gelesen wird. Auch das koptische „thita" und das phönizische „teth" hat diese Schreibweise. Ich dagegen sehe hier eher ein „het"/"heta", den Vorläufer unseres „H".

Phoenician	Name	Phonetic value	Early Greek	Classical Greek	Name
𐤀	aleph		Α	A	alpha
𐤁	beth	b	Β	B	beta
𐤂	gimel	g	Γ	Γ	gamma
𐤃	daleth	d	Δ	Δ	delta
𐤄	he	h	Ε	E	epsilon
𐤅	waw	w	Ϝ		digamma
𐤆	zayin	z	Ι	Z	zeta
𐤇	ḥeth	ḥ	Β	H	eta
𐤈	teth	ṭ	⊗	Θ	theta
𐤉	yod	y	∫	I	iota
𐤊	kaph	k	Κ	K	kappa
𐤋	lamed	l	Λ	Λ	lambda
𐤌	mem	m	Μ	M	mu
𐤍	nun	n	Ν	N	nu
𐤎	samekh	s		Ξ	xi
𐤏	ayin	ʻ	Ο	Ο	omicron
𐤐	pe	p	Π	Π	pi
𐤑	ṣade	ṣ	Μ		ṣaw
𐤒	qoph	q	Φ		qoppa
𐤓	reš	r	Ρ	P	rho
𐤔	šin	sh/s	Σ	Σ	sigma
𐤕	taw	t	Χ	Τ	tau
				Υ	upsilon
				Χ	chi
				Ω	omega

Santilly symbols

Gegenüberstellung des phönizischen, frühgriechischen und klassisch-altgriechischen Alphabets und der Santilli-Hieroglyphen.

4. Die zweite Kreis-Glyphe mit vertikaler Trennlinie ist ziemlich eindeutig das phönizische „qoph", das ebenfalls als Kreis mit einer vertikalen Linie geschrieben wird. Im Frühgriechischen, dem Vorläufer des klassischen Altgriechischen, war es als „qoppa" bekannt.

5. Wieder gibt es zwei Möglichkeiten: Entweder ein griechisches „beta" und phönizisches „beth" oder ein griechisches „rho" und phönizisches „res". Leider gibt auch der Vergleich mit anderen Schriften keinen eindeutigen Aufschluß: Man kann es ebensogut mit der „beh"- Hieroglyphe (einem Fuß) und dem „po" der kretischen Linear-B-Schrift gleichsetzen wie mit dem koptischen „ro" und dem hebräischen „Resh".
Eine Lesart als „R" oder „B" ist freigestellt.

6. Dieses Symbol liest Robert Morningsky entweder als „kaph" (Phönizisch)/"kappa" (Griechisch) oder aber als „taw"(Phönizisch)/ „Chi"(Griechisch). Ich dagegen sehe in ihm ein „yod" oder „iota", was auch eher dem ägyptischen „i" - einem doppelten Schilfblatt - entspricht.

7. Das gleichseitige Dreieck repräsentiert das phönizische „daleth" oder griechische „delta". Es ist zugleich das ägyptische Symbol für die Erde, „ta", als Hieroglyphe auch als Halbkreis oder Hügel dargestellt. Wir müssen es als „D" oder weiches „T" lesen.

Robert Morningsky liest die Inschrift also als

(S) D/T – S – T – Q/Kh – S – B – K/Kh – Dt

ich dagegen ziehe die Lesart

E – L – E – H – Q – E – R – I – D vor.
  C

Auf Phönizisch:

Samekh – Daleth – Samekh – Thet – Qoph – Samekh – Beth – Taw – Daleth

oder

He – Lamed – He – Het – Qoph – He – Res – Yod – Daleth – Gimmel.

Auf Griechisch:

Xi – Delta – Xi –Theta – Qoppa – Xi – Beta – Tau – Delta

Ξ   Δ   Ξ   Τ   Θ   Ξ   Β   Τ   Δ

beziehungsweise

Epsilon – Lambda – Epsilon – Heta – Qoppa – Epsilon

E   Λ   E   H   Θ   E

– Rho – Iota – Delta

P   I   Δ

Robert Morningsky ordnet die Zeichen in drei Gruppen:
S (DT-S)   (T-Q/Kh-S)   (B-K/Kh-DT)

[DT - S]   [T - Q/Kh - S]   [B - K/Kh - DT]

Deutung der Santilli-Hieroglyphen nach Robert Morninsky.

DT kann im Sumerischen „Leben" bedeuten und im Ägyptischen „vorbereitet, bereit". Das Suffix „-S" oder „-Us" heißt „Jene von". Die erste Buchstabengruppe liest Morningsky als „Jene, die Bewußtsein haben" oder „Jene, die vorbereitet sind."

Die zweite Buchstabengruppe besteht aus der Kombination von „T"=Leben und „K" oder „Q", was „schneiden" oder „teilen" bedeutet. Die „T-Q"s sind also die „Lebensteiler", jene galaktische Kriegerrasse, von der der „Sternenälteste" sprach und die für die Evolution der Menschheit verantwortlich ist. Das Suffix „-S" spricht diese Krieger an. „Jene, die Lebensteiler sind".

Mit den beiden ersten Buchstabengruppen werden also zwei Gruppen angesprochen: Allgemein „alle, die Bewußtsein haben" und ganz speziell die Kriegerrasse. Wer sie anspricht, d.h. wer in dem Raumschiff saß, von dem die Inschrift stammt, enthüllt laut Morningsky die dritte Buchstabengruppe „R/B-K/Kh-DT". Die ersten beiden Glyphen lassen sich also mit hinzugefügten Vokalen - wie in vielen semitischen Sprachen üblich - als ReKit oder BeKut lesen. Rekit ist eine Feuergöttin der Ägypter, die Bekut sind die Falkengöttinnen. Die Tatsache, daß sich auch in Hieroglyphen für die Wortwurzel „beht" ein ähnliches Schriftbild - Fuß, verflochtene Spirale, Halbkreis - wie auf der Santilli-Inschrift ergibt, macht die letztere Lesart wahrscheinlicher: „Wir sind die Falkengöttinen!"

Zudem ist „behet" als „Der Reißer, eine Art Vogel" übersetzbar, was sich möglicherweise auf das „Himmelsschiff" der „Falkengöttinen" bezieht. (22)

Da wir es mit einer Inschrift aus der semitisch/ägyptischen Schriftenfamilie zu tun haben, folge ich der bei dieser üblichen Regel und lese sie von rechts nach links. Das ergibt die Worte

DIREQH - ELE bzw. DIREQH ECE.

Und das macht Sinn. „Derech" ist ein hebräisches Wort und heißt soviel wie „Weg, Straße, Reise" aber auch, als Präposition, „Art und Weise". „Derech Aretz" bedeutet, wörtlich, „der Weg der Welt" und steht für „gute Manieren". Das Verb „derach" heißt „einen Schritt machen, gehen, marschieren". Es ist mit einem ägyptischen Substantiv verwandt, „serekh", das für „Aufgabe, Mission" steht.
„El" im Singular ist das hebräische Wort für „Gott", im Plural „elohim".
DERECH ELOHIM kann also als „Die Reise der Götter" (oder des Volkes, das sich Elohim nennt und auf der Erde als „Götter" verehrt wurde) übersetzt werden, könnte aber

auch - im Sinne des spanischen „vamos con Dios" - soviel wie „Geht mit Gott" oder „wir gehen mit Gott" bedeuten, wir wissen es nicht.

Lesen wir das zweite Wort dagegen als ECE, dann müßte man das Altägyptische zu Rate ziehen. Dort heißt
„ASA" oder „ACA" „vorstellen, sich annähern".

Leider hat Robert Morningsky nur den größeren „Stahlträger" auf dem Film untersucht, nicht den Kleineren,
der vier Zeichen trägt. Hier haben wir ein 6-8-9-10- System, also vier verschiedene Zeichen, von denen wir eines schon auf dem größeren „Stahlträger" als „yod"/"iota"
identifiziert haben. Nachdem wir uns oben überzeugt
haben, daß sie -wie alle semitischen und ägyptischen
Inschriften- von rechts nach links zu lesen ist, können
wir sie jetzt schon in diese Reihenfolge setzen:

10. Dieses Zeichen ist zweifellos ein „ayin" oder „omikron", das im Altgriechischen tatsächlich mit einem Punkt
in der Mitte geschrieben.

9. Das hebräische und phönizische „shin", aus dem sich
das griechische „sigma" entwickelte.

8. Was noch sehr an die Hieroglyphe für „n" („net"="Wasser") erinnert, ist das phönizische „nun" oder griechische „ny", auch wenn es eher einem „sigma" ähnelt.

6. Das „yod" oder „iota", siehe oben.

Das ergibt das Wort OSNI. (griechisch klein: ο σ ν ι)
(griechisch groß: Ο Σ Ν Ι)

ASNI ist ein ägyptisches Wort. Sir E.A. Wallis Budge
übersetzt es als „to make to open", „zu öffnen" (23). Das
läßt sich praktisch deuten (hier öffnen!) oder philoso-
phisch als „den Weg zu anderen Welten eröffnen". In
beiden Fällen ergibt es einen Sinn. (24, 25)

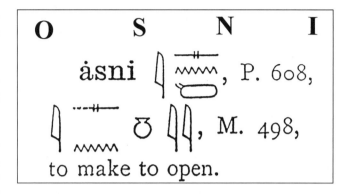

Ist das alles Zufall? Oder besteht tatsächlich diese Verbindung zu den alten Kulturen Ägyptens und des Nahen
Ostens, zur Wiege der Menschheit und unserer Zivilisation? Enthüllen die Aufnahmen des Santilli-Films die geheime, die wahre Geschichte der Menschheit, unseren
Ursprung im Kosmos? Oder ist alles nur ein genialer Schwindel, mit dem Ziel, Gutgläubige irrezuführen? Nur die Zukunft wird es enthüllen. Allerdings befürchte ich, daß Robert
Morningsky recht behalten könnte, wenn er erklärt:
„Während ich, wie viele andere amerikanische Eingebo-
rene, um die Wahrheit des Santilli-Films weiß, glauben
wir, daß am Ende der Kontroverse herausgefunden wird,
daß das Material ein Schwindel ist. Die UFO-Gläubigen
müssen diskreditiert werden, der Inhalt des Filmes muß
in den Schmutz gezogen werden, die bestehenden Kräfte müssen weiterhin die Kontrolle über die Bevölkerung
behalten. Ich weiß nicht, wie man es anstellen wird, aber
der Film wird, muß als Schwindel entlarvt werden." (26)

Doch selbst wenn er sich -weil nicht sein kann, was nicht
sein darf- eines Tages als Fälschung erweisen sollte,
bleibt noch immer die Frage nach den Hintermännern
der Fälschung und ihren Motiven. Fest steht, daß hinter
einer Fälschung mit Sicherheit Wissen um einen echten
Vorfall steht und daß zumindest echtes Material als Vor-
bild diente. Wollte jemand die Reaktion der Öffentlichkeit prüfen, bevor ihr endlich die Wahrheit gesagt wird?

keit prüfen, bevor ihr endlich die Wahrheit gesagt wird?

Der fernste gemeinsame Vorfahre des arabischen د (dal), des hebräischen ד (dalet) und des lateinischen D ist ein Bild-Buchstabe, der einen Fisch darstellt ▷◁ und zum erstenmal in den protosinaitischen Inschriften auftaucht. Aus dem Fisch wurde in der südarabischen Schrift ᛝ und in der protokanaanäischen Schrift ein Dreieck ▽, das in den ostgriechischen Schriften als *delta* △ erhalten blieb und von dort in die klassische griechische Schrift geriet: △. In den alten westgriechischen Schriften wurde das Dreieck auf die Seite gekippt ▷. Daraus wurde später D, als das es auch die lateinische Schrift übernahm.

In der phönikischen Schrift wurde der linke Winkel des ursprünglichen Dreiecks rund und die rechte Seite verlängert: ◁. In der althebräischen Schrift wurde der obere Strich ebenfalls verlängert: ◁. Aber die anderen semitischen kursiven Schriften neigen dazu, geschlossene Kreise zu vermeiden. Deshalb ist das phönikische kursive *dalet* unten geöffnet ५ und das aramäische oben: ५→५→ ५.

In der neuhebräischen Schrift öffnete sich der Buchstabe ५ (ca. 1. Jahrhundert v.Chr. bis 1. Jahrhundert n.Chr.), aus dem dann das moderne hebräische *dalet* ד wurde. D und R werden auf ähnliche Weise geschrieben und unterscheiden sich in der syrischen Schrift nur durch diakritische Punkte voneinander: ד bzw. ד.

Das nabatäische kursive *dalet* wurde zu einem Strich ١, das R ebenfalls. Die arabischen D, die daraus entstanden, د *dal* und ذ *dal*, nahmen wieder kursive Formen an.

Der älteste gemeinsame Vorfahre des arabischen ى (ya), des hebräischen י (yod) und des lateinischen I war ein Bild-Buchstabe, der eine Hand mit einem Unterarm darstellt: ∠ɕ, ⅃. Daraus wurde im 11. und 10. Jahrhundert v.Chr. das frühphönikische *yod* ⅎ und in der späteren phönikischen Schrift ⋔, ⅄, ⅄, ⅂, in der althebräischen Schrift ⅄, in der samaritanischen Schrift ᙏ. Die aramäische kursive Schrift reduziert es auf folgende Weise: ⅄, ⅄, ⅄, ⅄. Im 4. und 3. Jahrhundert v.Chr. entstanden zwei verschiedene Formen. Eine glich der Zahl 2 ⅄, und die andere einem umgedrehten V ⌃. In der nabatäischen Schrift entwickelte sich das 2-förmige *yod* ⅄, aus dem dann das arabische ى (ya) wurde. Die neuhebräische Schrift übernahm das aramäische V-förmige *yod* und machte da-raus ١, aus dem ' wurde.

Aus dem protokanaanäischen *yod* (⅄) entstand auch das alte griechische *iota* ⅄→ ⅂ → ١, das gleichzeitig den Vokal I und den Konsonanten Y darstellte, wenn es vor oder nach einem anderen Vokal stand. Auf die gleiche Weise wurde das I im lateinischen Alphabet benutzt, bis im Mittelalter die neue Form J das konsonantische I ersetzte, worauf dieses nur noch als Vokal gebraucht wurde.

In den frühen protokanaanäischen und protosinaitischen Inschriften gibt es einen Bild-Buchstaben, der einen menschlichen Kopf darstellt ⎨. Das ist die Urform des arabischen *ra* ر, des hebräischen *resh* ר und des lateinischen R. Die griechische Bezeichnung *rho* scheint darauf hinzuweisen, daß der phönikische Name des Buchstabens *rosh* lautete, was "Kopf" bedeutete. Das aramäische Wort für Kopf, "resh", war wohl auch der aramäische Name des Buchstabens.

In der späten protokanaanäischen Schrift entwickelte sich der Bild-Buchstabe zu einem einfachen ٩, das im griechischen *rho* (P) übernommen wurde. Die altgriechische Variante R war der Vorläufer des lateinischen R.

In der althebräischen Schrift blieb der obere Teil des *resh* geschlossen: ٩ (samaritanische Schrift: ٩), in der phönikischen Schrift öffnete er sich im 5. Jahrhundert v.Chr. nach unten: ٩ und in der aramäischen gegen Ende des 8. Jahrhunderts nach oben: ٩ (Man vergleiche mit dem aramäischen *bet*, *dalet* und *ayin*). Später neigte die aramäische Schrift dazu, den Buchstaben in einem Zug zu schreiben und dann den Bogen auszuziehen ٩→٩, und daraus entstand das neuhebräische *resh* ר.

Nachdem *resh* und *dalet* sich in manchen semitischen Schriften gleichen, waren diakritische Punkte nötig, um sie voneinander zu unterscheiden (zum Beispiel in der syrischen Schrift: ד = *dalet*; ד = *resh*). In der nabatäischen und dann in der arabischen Schrift wurde das *ra* (ر) zu einem geschwungenen Strich, von dem das *za* (ز) sich nur durch einen diakritischen Punkt unterscheidet.

Der fünfte Buchstabe im lateinischen Alphabet, das E, stammt ursprünglich von einem Bild-Buchstaben aus der Zeit um 1500 v.Chr. ab, der eine betende oder rufende Gestalt darstellt ५, ५. In der südarabischen Schrift wurde daraus ५, in der protokanaanäischen Schrift ⧢; das griechische und lateinische Alphabet behielten diese letztere Form bei, drehten den Buchstaben aber herum und benutzten ihn als Vokal E, der im Griechischen *epsilon* heißt. In den semitischen Schriften galt der Buchstabe als Konsonant *he*. Die protokanaanäische Form wurde auch in der phönikischen Schrift beibehalten ⧢, aus der die aramäische Form ⅂ entstand, die auch im Neuhebräischen so übernommen wurde. Die moderne hebräische Form ist ה.

Aus dem aramäischen ⅂ entstand das nabatäische *he* ५, und daraus entwickelte sich das arabische ه (ha).

D   I   R   E

Übersetzung der „Santilli-Hieroglyphen" von Michael Hesemann

Der älteste gemeinsame Vorfahre des arabischen ق (qaf), des hebräischen ק (qof) und des lateinischen Q erscheint in den protosinaitischen Inschriften von etwa 1500 v.Chr. in dieser Form: 𐤒 . Später, um 1000 v.Chr., schaut es so aus: ϙ . In den alten griechischen Schriften wurde das qoppa entweder wie in der phönikischen Schrift ϙ oder dann ϙ geschrieben. In der klassischen griechischen Schrift wurde das qoppa als Buchstabe gestrichen und nur noch für die Zahl 90 verwandt. Aber das lateinische Alphabet behielt den Buchstaben Q bei, der in etlichen europäischen Sprachen benutzt wird.

In der phönikischen und althebräischen Schrift entwickelte sich das Q im 8. und 7. Jahrhundert v.Chr. auf folgende Weise: Der Kreis wurde geöffnet ϙ , verwandelte sich in zwei Halbkreise ϙ , und dann wurde der linke Halbkreis in einem Zug mit dem Unterstrich geschrieben ϙ . Das Q in der phönikischen (ϙ), in der samaritanischen ϙ) und in der aramäischen Schrift (ϙ) nahm dann beinahe die Form eines waagrechten S an. In der spätaramäischen und neuhebräischen Schrift wurde der linke Bogen des Buchstabens verkleinert, ϙ , und daraus entstand die neuhebräische Form.

Die nabatäische Schrift ging noch weiter und schrieb ϙ , aus dem sich ϙ→ϙ→ϙ glich. In der arabischen Schrift mußten zwei diakritische Punkte hinzugefügt werden, um das qaf (ق) vom fa (ف) und waw (و) zu unterscheiden.

Das arabische ح (ha), das neuhebräische ח (het) und das lateinische H haben sich aus einem protokanaanäischen Bild-Buchstaben entwickelt, der einen Zaun darstellte ⧟ , ⊟ Daraus wurde später in der phönikischen Schrift ein Rechteck mit einem Strich in der Mitte ⊟ . Diese Form wurde von den alten griechischen Schriften übernommen und entwickelte sich zum H, das auch in das lateinische Alphabet überging.

Die alten Griechen benutzten diesen Buchstaben nicht wie die Semiten für den Konsonanten H (het), sondern für H (neta) und verwandelten es später in den Vokal eta, ein langes E ist, im Gegensatz zum kurzen E epsilon. Der Laut H, der vor einem Vokal am Anfang eines Wortes ausgeatmet wird, ist durch ein ʿ gekennzeichnet. Im lateinischen Alphabet ist das H jedoch ein Konsonant.

Die phönikische Schrift behielt die alte Form des Buchstabens bei, aber die Langsstriche wurden etwas verlängert: ⊟ genau wie im Althebräischen ⊟ (oder auch ⊟) und in der samaritanischen Schrift ⊟ . Schon Ende des 8. Jahrhunderts v.Chr. fehlten in der aramäischen Schrift zwei Querstriche, und der Buchstabe schaute so aus: ⊓ . Das ist auch die Grundform des modernen hebräischen n.

Das arabische ha entwickelte sich auf dem Weg über die nabatäische Schrift so: ⟋⟍→ ⟍⟋→⟍⟋→⟍ . Einzeln geschrieben oder am Ende eines Wortes sieht es so aus: ح . Weil es in der arabischen Sprache noch einen ḥ-Laut gibt, den das aramäische und das nabatäische Alphabet nicht kannten, wird dieses ha durch einen diakritischen Punkt auf dem Buchstaben gekennzeichnet: ح . Mit einem diakritischen Punkt im Buchstaben (خ) bedeutet er jim (siehe unter C).

Das arabische ل (lam), das hebräische ל (lamed) und das lateinische L sind aus einem protokanaanäischen Bild-Buchstaben aus der Zeit um 1500 entstanden, der einen Ochsenstecken darstellt, einen Stock mit einem Stachel, um Vieh anzutreiben: ϟ , ⌒ . Vom 11. Jahrhundert v.Chr. an wurde das phönikische lamed senkrecht geschrieben und der Bogen nach unten gezogen: ϟ , ϟ . In der späteren phönikischen Schrift, auch in der althebräischen und in der aramäischen Schrift, bestand die Neigung, den Bogen in einen scharfen Winkel zu verwandeln: ϟ . Der diagonale Oberstrich begann an einem höheren Punkt als die anderen Buchstaben, während der untere Querstrich gerade unter der oberen Linie gezeichnet wurde. Im 5. Jahrhundert v.Chr. fügten die Phöniker einen kleinen Schwanz an den Querstrich an: ϟ . Eine ähnliche Entwicklung nahm im 4. Jahrhundert v.Chr. das aramäische lamed ϟ , das ein Schwänzchen bekam ϟ , und sich dann in der kursiven aramäischen Schrift leicht in eine Wellenlinie verwandelte ϟ . Die althebräische Schrift übernahm dieses Schwänzchen am aramäischen lamed nicht, wohl aber die neuhebräische Schrift ϟ .

Die aramäische Wellenlinie blieb auch im nabatäischen lamed, aber im arabischen lām wurde sie wieder geradegezogen ل .

In den alten griechischen Schriften wurde das lambda entweder mit dem Winkel oben ϟ oder unten ϟ geschrieben. In der klassischen griechischen Schrift überwog die erste Form und wurde ϟ . In der lateinischen Schrift wurde der Buchstabe umgedreht und wurde L.

Im lateinischen Alphabet ist der dritte Buchstabe das C, aber im Griechischen ist es das Γ (gamma), und im Neuhebräischen das ג (gimel), die dem Laut G entsprechen.

Die Grundform des protokanaanäischen gimel bestand aus zwei geraden Strichen, die einen Winkel bilden. In den protosinaitischen Inschriften sah es so aus: ϟ , in den alten griechischen Schriften wurde es ϟ oder ϟ oder ϟ gezeichnet, und im klas-sischen Griechisch bildete es sich aus ϟ . Das lateinische Alphabet übernahm die westliche Form des gamma ϟ und verwandelte es in ϟ . Die Etrusker hatten keinen G-Laut in ihrer Sprache und verwandten das gamma für den K-Laut. Da die Römer das griechische Alphabet von den Etruskern übernahmen, war es naheliegend, daß der Laut des Buchstabens von G zu K wurde (siehe auch G).

Die althebräische Schrift übernahm das protokanaanäische gimel. In der phönikischen und der aramäischen Schrift überwog die Form ϟ . Daraus entstand das nabatäische ϟ und aus diesem das arabische jim in der Initial- und Medialform ϟ , das am Ende eines Wortes oder wenn es allein steht ج geschrieben wird und sich durch den diakritischen Punkt vom ح (ha) und ح (ha) unterscheidet.

Das neuhebräische gimel entstand auf folgende Weise aus dem aramäischen ϟ : ϟ → ϟ → ג . Daraus wurde dann das moderne ג .

Q   H   E   L   /C?   E

Das arabische ع ('ayn), das neuhebräische ע ('ayin) und das lateinische O stammen von einem protokanaanäischen Bild-Buchstaben, der ein Auge darstellt: ⌒. Die Pupille des Auges blieb bis Ende des 12. Jahrhunderts v.Chr. in protokanaanäischen Inschriften erhalten und verschwand wahrscheinlich erst im 11. Jahrhundert v.Chr. aus den westsemitischen Schriften. Das alte griechische omikron wurde als Kreis, manchmal mit einem Punkt in der Mitte geschrieben: ☉. Zeitweise wurde angenommen, dieser Punkt stamme von dem Zirkel, mit dem der Buchstabe in Stein geritzt wurde, aber er scheint doch eher die Pupille im alten protokanaanäischen Auge zu sein. Der Buchstabe wurde zum griechischen omikron und dann zum lateinischen Vokal O.

In den semitischen Schriften war der Buchstabe 'ayin ein Konsonant und hatte in verschiedenen Variationen ebenfalls eine runde Form.

Der älteste gemeinsame Vorfahre des arabischen ﺱ (sin), des hebräischen ש (shin) und des lateinischen S ist ein Bild-Buchstabe aus der Zeit um 1500 v.Chr., der einen Bogen darstellt: ᗉ. Das späte protokanaanäische shin war das Muster für das griechische sigma, das in den alten Schriften folgende Formen hatte: ξ, ﻉ, S. In der klassischen griechischen Schrift überwog die erste Form Σ, während das lateinische Alphabet die letzte Form S bewahrte.

In der phönikischen, der aramäischen und der althebräischen Schrift wurde dieser Buchstabe so geschrieben: ᨒ (samaritanisch: ᨕ). Das phönikische shin entwickelte sich zu ᴪ → ᴡ → ᴜ und das aramäische zu ᴠ → ᴠ → ᴡ. Aus der letzten Form entwickelte sich das neuhebräische ש und das nabatäische ᵱ → ᵱ, aus der das arabische sin (ﺱ) und shin (ﺵ) entstand.

Das arabische ن (nun), das hebräische נ (nun) und das lateinische N stammen von einem Bild-Buchstaben ab, der eine Schlange darstellt: ᢣ. Daraus wurde in der spätprotokanaanäischen und in der phönikischen Schrift ᒣ, und daraus im Althebräischen ᒥ, und in seinem Ableger, der samaritanischen Schrift ᒧ. In der aramäischen Schrift sah das nun so aus: ᒲ, ᒧ und etwa seit Ende des 5. Jahrhunderts v.Chr. wurde der Unterstrich nach links gezogen, wenn der Buchstabe mitten im Wort stand: ᒧ. Daraus entwickelte sich das neuhebräische mittlere ᒧ und die Endform ᒲ (nun).

In der nabatäischen kursiven Schrift glich das mittlere nun ᒧ immer mehr dem bet, yod und taw, und in der arabischen chrift werden die Buchstaben ba (ﺏ), ya (ﻱ), nun (ﻥ) und ta (ﺕ) nur noch durch die diakritischen Punkte unterschieden.

Das alte griechische ny ᐧ oder ᴎ gleicht dem protokanaanäischen und dem frühphönikischen nun. Wie beim Λ und beim Μ wurden die Striche allmählich gleich lang Ν. Diese Form wurde im klassischen griechischen und im lateinischen Alphabet übernommen.

Der älteste gemeinsame Vorfahre des arabischen ي (ya), des hebräischen י (yod) und des lateinischen I war ein Bild-Buchstabe, der eine Hand mit einem Unterarm darstellt: ᒣ, ᒥ. Daraus wurde im 11. und 10. Jahrhundert v.Chr. das frühphönikische yod ᒣ und in der späteren phönikischen Schrift ᒯ, in der althebräischen Schrift ᒧ, ᒧ, ᒧ, in der samaritanischen Schrift ᒧ. Die aramäische kursive Schrift reduzierte es auf folgende Weise: ᒧ, ᒧ, ᒧ, ᒧ, ᒧ. Im 4. und 3. Jahrhundert v.Chr. entstanden zwei verschiedene Formen. Eine glich der Zahl 2 ᒧ, und die andere einem umgedrehten V ᒧ. In der nabatäischen Schrift entwickelte sich das 2-förmige yod ᒧ, aus dem dann das arabische ي (ya) wurde. Die neuhebräische Schrift übernahm das aramäische V-förmige yod und machte daraus ᒧ, aus dem י wurde.

Aus dem protokanaanäischen yod (ᒥ) entstand auch das alte griechische iota ᒧ, ᒧ → ᒧ, das gleichzeitig den Vokal I und den Konsonanten Y darstellte, wenn es vor oder nach einem anderen Vokal stand. Auf die gleiche Weise wurde das I im lateinischen Alphabet benutzt, bis im Mittelalter die neue Form J das konsonantische I ersetzte, worauf dieses nur noch als Vokal gebraucht wurde.

O   S   N   I

Übersetzung der „Santilli-Hieroglyphen" von Michael Hesemann

Zumindest verlief diese recht unspektakulär. Obwohl am 28. August 1995 weltweit über 150 Millionen Menschen -davon allein 24 Millionen in den USA, wo „Alien Autopsy - Fact or Fiction" an diesem Abend die zweithöchste Einschaltquote erreichte - den Film sahen, war die öffentliche Reaktion bloß ein „back to normal" - am nächsten Morgen ging alles seinen gewohnten Gang. Das aber ließ die Befürchtungen der Mächtigen als unbegründet erscheinen. Und vielleicht ist das die wahre Botschaft des Santilli-Films: Wir sind bereit für die Wahrheit.

Die große Frage in Regierungskreisen - und der Hauptgrund für die Geheimhaltung an sich - war immer: Wie würde die Menschheit auf die Nachricht von der Entdeckung außerirdischer Lebensformen reagieren? Würde eine Panik ausbrechen, die Börse kollabieren, das Vertrauen in die Religionen und staatlichen Autoritäten erschüttert? Diese Frage war Hauptthema dreier internationaler Konferenzen, die im Vorfeld des NASA-Projektes SETI - der Suche nach Extraterrestrischen Intelligenzen - in den achtziger Jahren in Brighton, Innsbruck und Bangalore veranstaltet wurden. (27) Erst im Mai 1995 trafen sich internationale Experten, Psychologen, Anthropologen, Soziologen und Politologen einschließlich meiner Wenigkeit auf Einladung der von Laurence Rockefeller finanzierten „Human Potential Foundation" in Washington D.C., um die Frage zu klären, wie die Menschheit auf ein „Treffen kosmischer Kulturen" reagieren würde und/oder vorbereitet werden kann. (28) Ja, wir waren uns alle des Risikos einer Panik bewußt und der noch größeren Gefahr, daß die Menschen der Erde so sehr von der technologischen Überlegenheit der Außerirdischen beeindruckt sein könnten, daß ein Kulturschock, eine allgemeine kulturelle Paralyse und/oder Identitätskrise die Folgewirkung wäre.

Doch gewiß wird niemand durch den Anblick dieses bedauernswerten, verwundeten Wesens auf dem Autopsietisch des Santilli-Filmes in Panik geraten. Daß ist das Gute daran, daß die Wahrheit auf diese Weise ans Licht kommt, in einem Kontext, der uns die Menschlichkeit und Verletzlichkeit dieser Kreaturen vor Augen hält. Sie sind Menschen wie wir, bloß geboren in einer anderen Welt. Sie sind keine Götter - auch wenn unsere Vorfahren sie als solche verehrten - und sie werden uns gewiß nicht der goldenen Gelegenheit berauben, zu lernen, uns selbst zu helfen. Doch das Bewußtsein, daß wir nicht allein sind, daß wir nur eine Menschheit unter - möglicherweise - Tausenden oder gar Millionen von anderen Menschheiten in den Weiten des Universums sind, eröffnet uns eine neue Perspektive, eine neue Vision davon, wer wir wirklich sind: Nicht Deutsche, Amerikaner oder Engländer, Tschechen oder Russen, sondern - so werden sie uns sehen! - Erdlinge. Eine Menschheit, Kinder der Erde. Das ist, was uns schnellstens bewußt werden muß, an der Schwelle zum dritten Jahrtausend, wenn wir wirklich überleben wollen. Denn all die großen globalen Probleme - Überbevölkerung, der Treibhauseffekt, die Umweltverschmutzung, das Ozonloch - können nicht von einem Land gelöst werden, sondern nur von uns allen gemeinsam, von der gesamten Menschheit.

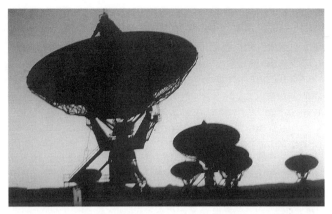

Die „Very Large Array" (VLA)-Radioteleskopanlage westlich von Magdalena, New Mexico. Ist es Zufall, daß die Suche nach außerirdischen Intelligenzen (SETI) in unmittelbarer Nähe des Schauplatzes des ersten UFO-Absturzes stattfindet?

Wenn es dazu beiträgt, daß wir unsere innere Einheit entdecken, unser Einssein, unsere wahre Natur ... dann kann ein Dialog mit dem Universum tatsächlich die größte Chance und Herausforderung unserer Generation sein. Und das ist, was die Geschichte von Roswell uns gelehrt hat: Daß wir in der Tat nicht allein sind.

Andererseits war ich schockiert und befremdet über die brutale Behandlung dieser ganz offensichtlich friedlichen Besucher von einer anderen Welt, von der der Kameramann Jack B. und auch Robert Morningsky sprachen.

Beantwortet dies die Frage, weshalb bis heute noch kein offener Kontakt stattgefunden hat, weshalb sie nie vor dem Weißen Haus landeten? Gewiß lehrte sie diese erste, allzu nahe Begegnung, daß der Mensch noch nicht gelernt hat, in Frieden mit anderen Rassen zu leben. Tatsächlich landeten sie in der finstersten Dekade dieses Jahrhunderts, kurz nach einem verheerenden Krieg, dem schrecklichsten in der Menschheitsgeschichte. Die Brutalität und Unmenschlichkeit der Invasoren Europas und Asiens ließen die Demokratien dieses Planeten eine noch brutalere und unmenschlichere Waffe entwickeln, die in der Lage war, in Minuten Zehntausende von Menschenleben auszulöschen. Die kranke und diabolische Ideologie des deutschen Nazi-Regimes hatte in ihrem Rassenwahn „Tötungsfabriken" entwickelt für jene, die anders waren, die einer anderen Rasse oder Religion angehörten. Tatsächlich sind Auschwitz und Hiroshima Symbole für das finsterste Kapitel der Geschichte, auch wenn wir akzeptieren, daß das zweite erst möglich wurde durch eine Waffe, die eigentlich entwickelt worden war, um das erstere zu beenden. Es war in der Tat ein dunkles Jahrzehnt. Und kurz nachdem sich die Vereinigten Staaten von den Kriegsjahren erholt hatten, stolz über den Sieg und ihre Wiedergeburt als neue Supermacht, begingen sie selbst ein Verbrechen gegen die Menschlichkeit an diesen friedvollen, unschuldigen Besuchern, die in der Wüste von New Mexico auf diesem wenig gastfreundlichen Planeten strandeten. Sie behandelteten diese Schutz und Hilfe suchenden Fremden aus der Tiefe des Alls als potentielle Feinde - statt ihre Intention zu ergründen.

Wir sind wahrhaftig noch nicht bereit für einen Kontakt mit Menschheiten anderer Welten, bevor wir nicht gelernt haben, in Frieden miteinander zu leben und wahre Menschlichkeit und Respekt vor anderen Lebensfomen zu entwickeln.

Am Rande des UFO-Jahrmarkts von Roswell: Die Baptistenkirche warnte vor der „Invasion aus dem Weltraum"

Anhang I

Chronologie der Ereignisse

Donnerstag, 31. Mai 1947:
Ca. 21.00 Uhr: Zwölf Indianerkinder spielen in Gallup, New Mexico, auf dem Wasserturm der Santa Fe-Eisenbahn, als ein „großer Feuerball" über ihre Köpfe hinwegschießt. Einige Kinder, die ihre Hände vor das Gesicht halten, leiden an den folgenden Tagen unter Brandblasen. Die feurige Kugel verschwindet Richtung Socorro. Südwestlich von Socorro beobachtet Rancher Fred Strozzi den Absturz eines „Meteoriten", „größer als ein Basketball".

Freitag, 1. Juni 1947:
Ca. 8.00 Uhr. Der Kameramann Jack B. wird von General McMullen, Vizekommandant des SAC, zu einem Sonderauftrag nach Socorro beordert. Er soll die Bergung eines „heruntergeholten sowjetischen Spionageflugzeugs" filmen. Gegen 10.00 Uhr startet eine C-54 mit 16 Offizieren und medizinischem Personal, bei einer Zwischenlandung auf dem Wright Field gegen 12.00 Uhr werden weitere Männer und Ausrüstung eingeladen. Ca. um 15.00 Uhr Ortszeit landet die Maschine in Roswell, New Mexico. Das Bergungsteam fährt in einer Wagenkolonne zur Absturzstelle, wo es gegen 20.00 Uhr eintrifft. Das Gebiet ist bereits abgeriegelt. Das „Spionageflugzeug" entpuppt sich als große Scheibe, die offenbar in eine Felswand stürzte, sich überschlug und jetzt auf dem Rücken liegt, umgeben von Trümmerteilen - und vier humanoiden Insassen, klein, aber mit großen Köpfen und großen,

schwarzen Augen. Sie liegen bäuchlings auf der Erde, stoßen Schreie aus und halten metallische Boxen an sich geklammert, Kästen, die Abdrücke in Form ihrer Hände tragen.

Samstag, 2. Juni 1947:
6.00 Uhr: Nachdem sich die Scheibe ausreichend abgekühlt hat, beginnt die Bergung. Zuerst werden die Wesen durch Schläge mit dem Gewehrkolben ihrer „Boxen" entledigt, wobei eines ums Leben kommt. Die anderen drei werden gefesselt und geknebelt abgeführt. Dann birgt man die Trümmerteile, die neben der Scheibe liegen, katalogisiert sie.

Dienstag, 5. Juni 1947:
Ein komplettes Bergungsteam aus Washington trifft ein. Mit einem Kran wird die Scheibe auf den Rücken eines Lastwagens verladen und zur näheren Untersuchung auf die Wright Field-Basis gebracht, den Sitz des Technischen Nachrichtendienstes der US Army Airforce. Die Absturzstelle wird von allen Spuren der Operation gereinigt.

Freitag, 8. Juni 1947:
Die Scheibe trifft auf der Wright Field-Basis ein und wird in einen großen Hangar gebracht. Eine gründliche technische Untersuchung beginnt, unter Mitwirkung von Wissenschaftlern des „Manhattan-Projektes" und der „Operation Paperclip".

Donnerstag, 14. Juni 1947:
Laut dem „Roswell Daily Record" findet der Rancher William „Mac" Brazel an diesem Tag mysteriöse Trümmerteile auf seinem Land (siehe 5. Juli).

Dienstag, 24. Juni 1947:
Der Privatpilot Kenneth Arnold sichtet eine Formation von neun Objekten über dem Mount Rainier/Washington, die er später als „fliegende Untertassen" beschreibt. In den folgenden Wochen werden überall im Lande geheimnisvolle Flugobjekte beobachtet, die unglaubliche Flugmanöver durchführen.

Montag, 30. Juni 1947:
Der Kameramann Jack B. erhält Befehl, auf die Fort Worth-Luftwaffenbasis bei Dallas/TX zu fliegen und dort eine Autopsie zu filmen.

Dienstag, 1. Juli 1947:
10.00 Uhr: Die erste Autopsie eines Insassen der abgestürzten Scheibe findet unter Leitung von Prof. Dr. Detlev Bronk und Dr. Robert P. Williams statt. Sie dauert zwei Stunden und dient in erster Linie dem Zweck, die Todesursache des Humanoiden herauszufinden. Man ist besorgt, daß die Besatzung der Scheibe stirbt, ohne daß man erfahren kann, mit welcher Intention sie zur Erde kam.

Mittwoch, 2. Juli 1947:
21.50 Uhr: Das Ehepaar Wilmot sitzt auf seiner Veranda in Roswell, NM, und beobachtet ein großes, glühendes, ovales Objekt, das in hoher Geschwindigkeit Richtung Nordost fliegt.

Donnerstag, 3. Juli 1947:
10.00 Uhr: Die zweite Autopsie findet auf dem Fort Worth AAF statt.

Freitag, 4. Juli 1947:
23.15 Uhr: Die Franziskaner-Nonnen des Saint Mary-Hospitals von Roswell sichten ein „flammendes Objekt, das in einem Bogen nördlich von Roswell herunterkam". Es wird auch von William Woody und seinem Vater von ihrer Ranch im Südosten der Stadt aus beobachtet. Etwa zur selben Zeit tobt ein Gewitter im Gebiet um Corona, 120 km nordwestlich von Roswell. Der Rancher William W. „Mac" Brazel, Pächter der Foster-Ranch, und seine Nachbarn hören eine Explosion. Jim Ragsdale und seine Freundin, die in der Wüste kampieren, werden von dem Gewitter überrascht. Sie beobachten den Absturz eines hellen Objektes.

Samstag, 5. Juli 1947:
Frühmorgens reitet Brazel in Begleitung des 7-jährigen Nachbarsohnes William „Dee" Proctor aus, um nach Gewitterschäden zu suchen. Er findet stattdessen ein Trümmerfeld, 1200 x 200 Meter groß, voll metallischen, folienartigen Materialien, „das sich zusammenknüllen ließ und wieder seine ursprüngliche Form annahm", „Stäben wie aus Balsaholz, die sich aber weder brennen noch mit dem Messer schneiden ließen" und in lila Farbe bedruckt mit Zeichen, die „nicht japanisch waren; eher an Hieroglyphen erinnerten". Als er „Dee" zu seinen Eltern zurückbringt, zeigt er einige der Fragmente Floyd und Loretta Proctor, die ihm raten, den Fund den Behörden zu melden.
Am Nachmittag trägt Brazel einige Wrackteile in seinen Schuppen, darunter ein ca. 3,5 Meter großes Stück. Seine Schafe wollen das Trümmerfeld nicht überqueren. Da die Wasserstelle auf der anderen Seite liegt, muß er seine Schafe auf den Kleinlaster laden und dorthin fahren. Abends fährt er nach Corona, um Einkäufe zu tätigen. Er erzählt Freunden von seinem Fund, die ihm ebenfalls empfehlen, die Behörden zu informieren und ihm von der $ 5000,- Belohnung berichten, die von der Luftwaffe für die Lösung des Rätsels der „fliegenden Untertassen" ausgesetzt ist.

Sonntag, 6. Juli 1947:
7.30 Uhr: Frühmorgens fährt Brazel nach Roswell, zum Büro von Sheriff George Wilcox - eine 4-Stunden-Fahrt, gegen 11.00 Uhr trifft er in der Stadt ein. Auf seinen Kleinlastwagen hat er einige der Wrackteile geladen. Er zeigt sie Wilcox und seiner Frau und Tochter, die die Fragmente für „Teile einer fliegenden Untertasse" halten. Wilcox schickt seine Deputies auf die Foster-Ranch, die zwar nicht das Trümmerfeld finden, stattdessen aber „eine große, runde schwarze Fläche", in der „der Sand verglaste und schwarz wurde." Als er noch mit Wilcox über seine Entdeckung spricht, ruft der Radiojournalist Frank Joyce vom Sender KGFL an - sein üblicher Sonntags-Vormittags-Anruf unter dem Motto „Wer war letzte Nacht betrunken?"-, interviewt Brazel und berichtet als erster über den Vorfall. Auf Joyces Anregung ruft Brazel das Roswell Army Air Field an und wird durchgestellt zum Nachrichtendienstoffizier Major Jesse A. Marcel. Gleich nach dem Mittagessen - gegen 13.00 Uhr - fährt Marcel in die Stadt, um Brazel im Sheriffsbüro zu treffen. Er schaut sich das Material an, bringt es auf die Basis, erhält vom Basiskommandanten Oberst Blanchard den Befehl, zusammen mit einem Hauptmann der Gegenspionage auf die Foster-Ranch zu fahren, während Blanchard seinen Vorgesetzten, Brigadegeneral Roger Ramey auf Fort Worth, Kommandant der 8. Luftwaffe, über den Fund informiert. Gen. Ramey leitet die Meldung an das Pentagon. Gegen 15.00 Uhr erhält Gen. Rameys Stabschef, Oberst Thomas Jefferson DuBose, einen Anruf von General Clements McMullen vom Pentagon, dem Vizekommandanten des Strategischen Luftkommandos, mit der Anweisung, das von Brazel beschlagnahmte Material unverzüglich via Fort Worth auf das Andrews Air Fields bei Washington bringen zu lassen, wo Gen. McMullen es persönlich in Empfang nehmen würde.
Laut DuBose leitet Gen. McMullen das Material an den Vizekommandanten des Lufttechnischen Nachrichtendienstes, Brigadegeneral Benjamin Chidlaw auf dem Wright Army Air Field in Dayton, Ohio, weiter.

Während in Roswell gegen 16.00 Uhr die Transportmaschine startklar gemacht wird, fahren Major Marcel und der Hauptmann in zwei getrennten Wagen mit Brazel auf die Foster-Ranch. Als sie dort nach 20.00 Uhr eintreffen, dämmert es bereits. Brazel zeigt ihnen die Wrackteile in seinem Schuppen, Marcel untersucht sie mit dem Geigerzähler, mißt keine Radioaktivität. Die Männer öffnen eine Dose Bohnen und übernachten auf der Ranch. Was sie nicht wissen: Auf direkte Anweisung aus dem Pentagon wird noch am selben Tag, gegen 17.00 Uhr, eine Suche nach Wrackteilen aus der Luft gestartet. Man wird fündig, entdeckt gegen 19.00 Uhr das Wrack und seine Insassen 65 km nord-nordwestlich von Roswell. Sofort werden Bergungsmannschaften an die Fundstelle dirigiert, um den Fund zu sichern, die Bergung für den nächsten Tag vorzubereiten. An der Absturzstelle stoßen sie auf eine Gruppe von Zivilisten, ein Ausgrabungsteam unter Leitung des Archäologen W. Curry Holden, das nach präkolumbianischen Töpferwaren gesucht und eher zufällig das Wrack entdeckt hat. Auch Sheriff Wilcox, der nach der Rückkehr seiner Deputies selber „nach dem Rechten sehen" will, wird fündig: Nahe der Brandstelle entdeckt er „Trümmer" und „vier Raumwesen. Einer der kleinen Männer lebte noch. Ihre Köpfe waren groß. Sie trugen Anzüge wie aus Silber", soll seine Frau, Inez Wilcox, Jahre später ihrer Enkelin Barbara Dugger erzählt haben.

Montag, 7.Juli 1947:
Gleich nach dem Frühstück, gegen 7.00 Uhr, reiten die drei Männer zu dem ca. 3 km von der Ranch entfernten Trümmerfeld und laden, soviel sie können, auf ihre Wagen. Sie finden kleine Stöcke, einen Quadratzentimeter groß, mit Hieroglyphen beschriftet, die niemand entziffern kann, eine Art festes Pergament, und viele kleine Teile einer Art metallischen Alufolie, die, wenn man sie zusammenknüllt, ihre ursprüngliche Form wieder annimmt.

Während Marcel und der CIC-Hauptmann „incommunicado" sind, leitet Oberst Blanchard eine große Bergungsaktion ein. Schon frühmorgens ordnet er die Errichtung von Straßensperren auf allen Zufahrten an. Bei ihrer Rückkehr auf die Foster-Ranch, um „nach dem Rechten zu schauen", finden die Deputies von Sheriff Wilcox „die Zufahrtswege von der Luftwaffe blockiert" vor. „Sie ließen niemanden durch". Auch andere Zeugen, u.a. der Rancher und Brazel-Nachbar Bud Payne und William Woody und sein Vater bestätigen die Straßensperren, bereits 30 km nördlich von Roswell an Abfahrten von der US 285 sowie 15 km nördlich der Kreuzung 247.

Gegen 13.30 Uhr erhält Glenn Dennis vom Ballard Bestattungsinstitut, das als Beerdigungsunternehmen einen Vertrag mit dem Roswell AAF hatte, einen Anruf von einem Offizier der Basis: „Wie groß sind die kleinsten hermetisch versiegelbaren Särge, die Sie auf Lager haben?". „Gab es einen Unfall?", will Dennis wissen. „Nein, wir müssen das nur wissen für den Eventualfall", erklärt der Offizier und fragt weiter, wie lange es dauern würde, die Särge zu beschaffen, und Dennis versichert ihm, das sei bis morgen möglich.

Gegen 13.55 Uhr findet im Pentagon ein Gespräch zwischen General Curtis LeMay, Vizestabschef für Forschung und Entwicklung der Army Airforce, und Luft-Stabschef General Hoyt Vandenberg „i.S. fliegende Scheiben" statt. Zur gleichen Zeit ändert General Nathan F. Twining, Kommandant des Lufttechnischen Nachrichtendienstes, seine Pläne und bereitet eine Reise nach New Mexico vor.

Gegen 14.30 Uhr ruft der Offizier erneut bei Dennis an, fragt, wie man Körper präpariert, die lange in der Wüste gelegen hätten, und ob die dazu verwendeten Chemikalien die Körperchemie verändern würden. Dennis empfiehlt ein Einfrieren der Leichen und bietet seine Assistenz an. „Nein, wir wollen das nur für zukünftige Fälle wissen", winkt der Offizier ab.

Etwa eine Stunde später erhält Dennis, der auch den Unfall-Notdienst für Roswell macht, einen Anruf von einem Soldaten, der eine Schädelverletzung und einen Nasenbruch erlitten hat. Er leistet ihm Erste Hilfe, fährt ihn ins Basishospital, wo er nach 17.00 Uhr eintrifft. Er parkt den Ambulanzwagen neben einem Ambulanzwagen der Basis. Dessen Tür steht offen, Dennis sieht verschiedene Metallteile, von denen eines „wie der Rumpf eines Kanus" aussieht, etwa einen Meter lang, wie aus Edelstahl aber rötlich, als sei es hohen Temperaturen ausgesetzt gewesen, mit Hieroglyphen bedeckt, „die denen der Ägypter ähnelten". Er geht in den Stabsraum, um eine Cola zu trinken und eine Freundin zu treffen, eine Krankenschwester, 23 Jahre alt. Sie kommt aus einem der Untersuchungsräume, einen Mundschutz tragend, sieht ihn: „Mein Gott, verschwinde von hier, sonst bekommst du einen Riesen-Ärger". Sie geht in einen Nebenraum, in dem sich ein Hauptmann befindet, der ihn aufs Schärfste verwarnt, mit niemandem darüber zu sprechen, was er auf der Basis gesehen hat.

Erst am Abend haben die beiden Luftwaffenoffiziere einen Großteil der Wrackteile aufgesammelt und untersucht, gegen 21.00 Uhr fahren sie nach Roswell zurück. Doch bevor Major Marcel auf die Basis fährt, hält er bei seinem Haus, um seiner Frau Viaud und seinem Sohn Jesse jr. die Fundstücke zu zeigen. Er bringt einige Wrackteile ins Haus, breitet sie auf dem Küchenboden aus, weckt seinen Sohn. „Das ist etwas ganz Besonderes", sagt er ihm, „das stammt nicht von dieser Welt. Ich möchte, daß du dich dein ganzes Leben lang daran erinnerst."

Dienstag, 8. Juli 1947:
6.00 Uhr: Vertrauliches Treffen zwischen Oberst Blanchard und Jesse Marcel, der ihm die auf der Foster-Ranch gefundenen Wrackteile zeigt. Der CIC-Hauptmann

kehrt mit einem anderen CIC-Agenten und zwei MPs auf Brazels Ranch zurück, um das Gelände zu sichern, weitere Wrackteile zu bergen und Brazel zu überwachen.

7.30 Uhr: Stabstreffen im Büro von Oberst Blanchard.

9.00 Uhr: Sheriff Wilcox sucht Glenn Dennis` Vater, mit dem er befreundet ist, auf. „Dein Sohn scheint in Schwierigkeiten zu stecken", ermahnt er ihn, „sag` ihm, daß er nichts weiß und auf der Basis nichts gesehen hat." Und er ergänzt: „Sie fragten nach deinem Namen und dem deiner Frau und deiner anderen Kinder."

9.00 Uhr: Quasi als „Schadenskontrolle", um die Aufmerksamkeit der Öffentlichkeit vom Fund der toten Insassen abzulenken, und als Reaktion auf die in Roswell kursierenden Gerüchte um Brazels Fund - über den Joice ja bereits am Sonntag berichtet hatte - beschließt Blanchard die Herausgabe einer Pressemitteilung. Er diktiert diese seinem Presseoffizier Lt. Walter Haut:

„Die vielen Gerüchte um die fliegenden Scheiben wurden gestern Wirklichkeit, als das Nachrichtenbüro der 509. Bombergruppe der Achten Luftwaffe, Roswell Army Air Field, das Glück hatte, dank der Kooperation eines örtlichen Ranchers und des Sheriffsbüros in den Besitz einer Scheibe zu kommen.

Das Flugobjekt landete auf einer Ranch nahe Roswell irgendwann letzte Woche. Da er kein Telefon hatte, lagerte der Rancher die Scheibe, bis es ihm möglich war, das Sheriffsbüro zu informieren, das wiederum Major Jesse A. Marcel vom Nachrichtenbüro der 509.Bombergruppe benachrichtigte.

Es wurde sofort gehandelt und die Scheibe wurde auf der Ranch geborgen. Sie wurde auf dem Roswell Army Air Field inspiziert und schließlich von Major Marcel an höhere Dienststellen weitergeleitet."

Gegen 11.00 Uhr macht sich Lt. Haut auf den Weg, die Pressemitteilung zu verteilen. Er fährt zu den Radiostationen KGFL und KSWS, danach zu den Lokalzeitungen „Roswell Daily Record" und „Morning Dispatch".

Der „Daily Record", eine Abendzeitung, veröffentlicht den Text der Pressemitteilung noch am selben Tag.

Die Stationen kabeln die Nachricht an AP (Associated Press) weiter, von nun an geht sie um die Welt. In den nächsten Stunden werden die Sender, das Büro von Sheriff Wilcox und das Roswell AAF mit Anrufen aus der ganzen Welt „bombardiert", u.a. aus Rom, London, Paris, Deutschland, Hong Kong und Tokyo.

Doch als Frank Joyce vom Sender KGFL die Meldung über das „Western Union"-Telex an UP kabelt, erhält er kurz darauf einen Anruf aus Washington. Ein „Oberst Johnson" will wissen, woher er diese Information hätte. Joyce nennt Lt. Haut als Quelle, der Oberst legt auf, ohne ein weiteres Wort. Auch beim „Roswell Morning Dispatch" erklärt ein offizieller Anrufer, Lt. Hauts Pressemitteilung sei ein „Irrtum". Johnny McBoyle, Reporter und Teilhaber des KSWS-Radios Roswell, fährt hinaus an die Absperrung, recherchiert vor Ort und ruft die Telex-Sekretärin des Schwestersenders KOAT Albuquerque, Lydia Sleppy, an, um ihr zu melden, was er über den Absturz in Erfahrung bringen konnte. Als sie seinen Bericht in den Fernschreiber tippt, stoppt die Maschine abrupt und druckt dann aus: „ACHTUNG, ALBUQUERQUE, HIER FBI: DURCHGABE BEENDEN. WIEDERHOLE: DURCHGABE BEENDEN. ANGELEGENHEIT DER NATIONALEN SICHERHEIT. BEREITHALTEN." Noch am Telefon meint McBoyle resignierend zu Sleepy: „Vergiß es! Du hast nie davon gehört. Sprich mit niemandem darüber."

Ebenfalls gegen 11.00 Uhr erhält Glenn Dennis einen Anruf von seiner Freundin, der Krankenschwester. Sie verabredet sich mit ihm zum Mittagessen, erzählt, daß sie am Vortrag an einer Autopsie teilgenommen hätte. Zwei Ärzte aus Washington hätten drei kleine Wesen obduziert, die große Köpfe, große, tiefliegende Augen und nur vier Finger hatten. Die Kreaturen hätten so bestialisch gestunken, daß man die Autopsie kurz darauf in einen Hangar verlegte. Nach etwa einer Stunde verabschieden sich Dennis und die Krankenschwester. Am Abend desselben Tages findet er die Zeitung mit dem Bericht von der Bergung der „fliegenden Scheibe" im Briefkasten. Am nächsten Tag ruft er seine Freundin wieder an - es heißt, sie sei unabkömmlich. Wenig später erfährt er, sie sei nach Übersee versetzt worden. Zwei Wochen später erhält er einen Brief von ihr aus England. Er schreibt zurück - das Schreiben geht mit dem Stempel „verstorben" an ihn zurück.

Gegen 12.00 Uhr trifft auf dem Roswell AAF eine Maschine aus Washington mit einem speziellen Experten- und Fotografenteam ein.
Das UFO-Wrack wird in einem Flugzeug, gesteuert von Hauptmann Oliver „Pappy" Henderson, nach Wright Field, Ohio, gebracht. Beim Verladen ist Henderson auch in der Lage, die noch immer in einem Hangar in Trockeneis aufbewahrten drei außerirdischen Leichen zu sehen. General Nathan F. Twining, Kommandant des Lufttechnischen Nachrichtendienstes, landet auf der Kirtland-Luftwaffenbasis in Albuquerque, New Mexico. Von dort aus fährt er auf das Alamagordo AAF, die Roswell am nächsten gelegene Basis.

Gegen 12.00 Uhr wird ein Fotograf des „Roswell Morning Dispatch", Jason Kellahin, von seinem Chefredakteur zusammen mit dem Fotografen des Blattes, Robin Adair, auf die Foster-Ranch geschickt. Als sie gegen 16.00 Uhr dort ankommen, finden sie Mac Brazel, seine Frau und seinen kleinen Sohn. Brazel erklärt ihnen, es sei „ein Fehler gewesen, die Behörden zu benachrichtigen", und er würde „das nächste Mal gar nichts mehr sagen, es sei denn, es ist eine Bombe". Sie treffen „drei oder vier" Offiziere an, die das Trümmerfeld absuchen, und „noch eine ganze Menge Wrackteile, überall verstreut". Niemand versucht, sie bei ihrer Arbeit zu behindern. Gegen 16.30 Uhr fahren sie nach Roswell zurück, wo sie gegen 20.30 Uhr eintreffen. Sie wollen Sheriff Wilcox interviewen, der aber ein Interview ablehnt, es „sei ihm vom Militär untersagt worden,

sich zu dem Vorfall zu äußern." Auch die Militärs verlassen die Ranch, bringen Brazel nach Roswell. Im Hause von Walt Whitmore, dem Eigentümer des Radiosenders KGFL, wird ein Interview aufgenommen, doch am nächsten Morgen untersagt ein Anruf aus dem Büro des Kongreßabgeordneten von New Mexico, Clinton Anderson, die Ausstrahlung: „Wir möchten Ihnen versichern, daß, wenn Sie es senden, es sehr gut möglich ist, daß Ihre Sendelizenz aufgehoben wird..." Zwei Anrufe aus Washington, u.a. von Senator Dennis Chavez persönlich, folgen mit ähnlichen Drohungen.

Gegen 15.00 Uhr trifft eine Maschine aus Washington D.C. ein, die mit Trümmern beladen wird und kurz darauf wieder startet.

Ebenfalls gegen 15.00 Uhr fliegt Major Marcel mit einigen Wrackteilen auf das Fort Worth AAF. Er wird von General Ramey über den Fund befragt, zeigt ihm einige Wrackteile, dann verläßt er das Büro des Generals. Zu einer Pressekonferenz um 18.00 Uhr wird er wieder in das Büro des Generals geführt. Anstelle der Wrackteile liegt jetzt ein abgestürzter Wetterballon mit einem Radarreflektor auf dem Boden. Major Marcel muß miterleben, wie sein Fund der Presse als „großer Irrtum" präsentiert wird, die Scheibe sei bloß ein simpler Wetterballon. Über die Presseagenturen wird die Meldung noch rechtzeitig für die Morgenzeitungen im ganzen Land verbreitet.

Um 18.17 Uhr meldet ein internes Fernschreiben der Bundespolizei FBI, daß die Wetterballon-Geschichte nicht den Tatsachen entspricht.

Brazel wird auf der Roswell AAF eingeschüchtert und gezwungen, noch am selben Abend in einem von KGFL ausgestrahlten Interview mit Frank Joyce „eine ganz andere Geschichte zu erzählen" als die, die Joyce noch am Sonntag im Sheriffsbüro gehört hatte. Er darf Roswell nicht verlassen, wird im Gästehaus der Basis einquartiert und steht unter ständiger Beobachtung durch das Militär. „Es war, als sei ich im Gefängnis gewesen", beschreibt er später diese Tage.

In dieser Zeit wird er u.a. von eingeflogenen Experten der Kirtland-Basis und Prof. Lincoln LaPaz von der University of New Mexico ausgefragt. Auch General Ramey und Charles Lindbergh besuchen Roswell, wahrscheinlich am 9. Juli.

In Roswell kursieren währenddessen die wildesten Gerüchte: Von „geborgenen Marsmenschen" ist die Rede, sogar davon, daß einer von ihnen noch gelebt und die ganze Nacht über „wie ein Tier geschrien" hätte. Andere Gerüchte sprechen davon, daß einer der „grünen Männer" entkommen sei und die ganze Nacht über durch die Stadt rannte.

Mittwoch, 9. Juli 1947:

8.00 Uhr: Oberst Blanchard verläßt das Roswell AAF und besucht die Absturzstelle, um das Ende der Bergungsarbeiten zu beaufsichtigen. Danach geht er in „Urlaub".

8.00 Uhr: Drei C-54 Transportflugzeuge werden mit Wrackteilen beladen. Bewaffnete MPs und „Inspektoren" aus Washington überwachen den Ladevorgang, was ungewöhnlich ist. Gegen 15.00 Uhr starten die Maschinen in Richtung Kirtland-Luftwaffenbasis, auf der sich General Twining befindet.

General Leslie Groves, Kommandant des Waffen-Entwicklungsprojektes von Los Alamos, NM, fliegt in Begleitung von General Montague, Kommandant der Army Guides Missile School in Fort Bliss, Texas, 70 km südlich von White Sands, NM, nach Washington.

9.00 Uhr: Walt Whitmore und sein Reporter Jud Roberts wollen zur Foster-Ranch fahren, stoßen aber auf die Straßensperren der Militärs.

10.00 Uhr: Eine Maschine aus Washington landet. An Bord ein Geheimdienstler, der offiziell Präsident Truman repräsentiert.

10.30 - 11.00 Uhr: Präsident Truman empfängt Senator Carl Hatch aus New Mexico.

Lt. Gen. James Doolittle und Vize Army Airforce-Chef General Hoyt S. Vandenberg treffen Luftwaffenminister Stuart Symington.

10.50 -12.15 Uhr: Doolittle, Symington und Vandenberg konferieren mit General Norstrad und Armee-Stabschef General Dwight D. Eisenhower in Eisenhowers Büro.

11.48 Uhr: Vandenberg ruft den Präsidenten an.

12.00 Uhr: Die Leichen der UFO-Insassen werden zum Weitertransport fertiggemacht.

12.50 Uhr: Gen. Vandenberg und Minister Symington treffen sich erneut, besuchen um 12.57 Uhr ein Treffen der Stabschefs aller Waffengattungen.

13.00 Uhr: Offiziere der Roswell AAF besuchen Zeitungen und Radiostationen, um Kopien von Lt. Hauts Pressemitteilung einzukassieren.

14.30 Uhr: Drittes Treffen Gen.Vandenberg/Minister Symington.

Luftwaffen-Nachrichtendienstchef General Schulgen bittet den FBI um Zuammenarbeit betreff der „Fliegenden Scheiben". Das Verteidigungsministerium teilt dem FBI mit, daß die Scheiben nicht von der Army oder Navy stammen.

16.00 Uhr: Die Leichen werden in zwei Flügen abtransportiert, einer geht nach Washington, der andere nach Fort Worth.

18.00 Uhr: Drei MPs, zwei Geheimdienstler und der Bestatter des Fort Worth AAF nehmen die ET-Leichen in Empfang. Eines der Crewmitglieder sagt: „Wir haben gerade Geschichte gemacht." Die Maschine fliegt mit Major Marcel an Bord zurück nach Roswell, landet dort gegen 20.00 Uhr.

Donnerstag, 10. Juli 1947:

10.30 Uhr: Die Generäle Groves und Montague kommen im Pentagon mit den Generälen Vandenberg und LeMay zusammen.

12.15 Uhr: Die Generäle Doolittle und Vandenberg treffen Präsident Truman im Weißen Haus.
General Twining kehrt aus New Mexico nach Wright Field, Ohio, zurück.
14.40 Uhr: Besprechung zwischen Verteidigungsminister Robert P. Patterson und den Generälen Groves und Montague.

Freitag, 11. Juli 1947:
Das „Debriefing" aller an der Bergung beteiligten Soldaten findet statt. Sie werden in kleinen Gruppen in einen Raum geführt, in denen ihnen ein Offizier erklärt: „Das war eine Angelegenheit der Nationalen Sicherheit und steht unter strengster Geheimhaltung. Sprechen Sie mit niemandem darüber. Vergessen Sie alles, was geschehen ist und was Sie gesehen haben."

Dienstag, 15. Juli 1947:
Mac Brazel wird noch einmal verwarnt, darf aber endlich auf seine Ranch zurückkehren. Obwohl er vor dem Absturz nach Angaben seiner Nachbarn so arm war, daß er „nie zwei Nickel aneinanderreiben konnte", kommt er mit einem brandneuen Kleinlaster zurück und hat genügend Geld, um ein neues Haus in Tularosa und ein Kühlhaus in Las Cruces zu kaufen.

Mittwoch, 16. Juli 1947:
General Nathan F. Twining besucht das Roswell AAF. Innerhalb eines Monats werden alle an der Bergung beteiligten MPs auf andere Basen versetzt.

Mittwoch, 13. August 1947:
Der dritte UFO-Absturz auf dem Gelände des Hopi-Reservats bei Flagstaff/Arizona. Eines der Besatzungsmitglieder überlebt und wird von sechs jungen Indianern geborgen. Es bleibt fünf Jahre auf der Erde.

September 1947:
Prof. Lincoln LaPaz versucht die Flugbahn des Roswell-Objektes zu bestimmen und entdeckt im Beisein des CIC-Feldwebels Rickett die kreisrunde Absturzstelle geschwärzter Erde und verglasten Sandes. Er teilt Sgt. Rickett mit, daß er nach wie vor überzeugt sei, daß die Wrackteile von einer „unbemannten (?) Sonde von einem anderen Planeten" stammten.

Mittwoch, 24. September 1947:
Präsident Truman ruft die supergeheime „Operation Majestic 12" zur zukünftigen Koordination der Auswertung des Roswell-Fundes ins Leben.

Donnerstag, 30. Oktober 1947:
Brigadegeneral Schulgen vom Pentagon verfaßt ein mit GEHEIM klassifiziertes Memorandum, in dem er den Luftwaffen-Geheimdienst mit der Zusammenstellung aller verfügbaren Informationen über „Flugzeuge vom Typ 'Fliegende Untertasse'" beauftragt.
Dabei listet er als „Konstruktionseigenschaften" „eine Sandwich-Konstruktion unter Verwendung verschiedener Metall-Kombinationen, Metall-Folien, Plastikarten und vielleicht Balsa-Holz oder ähnliches Material" auf und spricht von „ungewöhnlichen Herstellungsweisen zur Erreichung eines extrem leichten Gewichtes bei hoher struktureller Stabilität." Da dies ziemlich exakt den Beschreibungen der Roswell-Zeugen entspricht, muß man zumindest im Pentagon das Wrack noch immer für eine „fliegende Untertasse" und nicht für einen Ballon halten. So betont auch Gen. Schulgen, daß es „die Meinung einiger Elemente ist, daß die Objekte in der Tat interplanetare Raumschiffe sind."

März 1948:
Eine „Kriegspanik" wird initiiert, damit der US-Kongreß die für die technologische Auswertung der UFO-Wracks und die Aufrüstung der USA notwendigen Gelder bewilligt.

5. September 1948:
Project „SIGN" der US-Luftwaffe kommt zu dem Schluß, daß es sich bei den UFOs um „interplanetare Raumschiffe" handelt. Luftwaffen-Stabschef Vandenberg weist den Bericht des Projektes zurück und läßt alle Kopien vernichten.

September 1949:
Bill Brazel, Mac Brazels Sohn, erzählt in einer Kneipe in Corona, daß er in den letzten zwei Jahren immer wieder Trümmerteilchen gefunden hätte. Am nächsten Tag wird er von einem „Hauptmann Armstrong" und drei anderen Militärs aufgesucht, die die Stücke konfiszieren.

22. März 1950:
FBI-Direktor J. Edgar Hoover erfährt von der US-Luftwaffe, daß insgesamt drei „sogenannte fliegende Untertassen" in New Mexico geborgen wurden.

15. September 1950:
Wilbert Smith vom Kanadischen Verkehrsministerium erfährt in Washington D.C. von US-Regierungswissenschaftlern, daß die USA abgestürzte außerirdische Raumschiffe geborgen hat und unter Verschluß hält. Das UFO-Thema hätte „die höchste Geheimhaltungsstufe der Vereinigten Staaten, höher noch als die Wasserstoffbombe".

1978-1994:
Der UFO-Forscher und Nuklearphysiker Stanton Friedman lokalisiert Oberst Jesse Marcel und interviewt ihn zum Roswell-Vorfall. Das Schweigen ist gebrochen. In den nächsten 16 Jahren erscheinen fünf Bücher, die auf den Aussagen von über 300 Augenzeugen beruhen (allein Schmitt/Randle nennen 273 Zeugen in „UFO Crash at Roswell" (1991)), diverse TV-Beiträge und (1994) eine Fernsehserie zum Thema. Roswell selbst bekommt zwei UFO-Museen.

11. Dezember 1984:
Der US-Filmproduzent Jaime Shandera erhält die kontroversen „Majestic 12"-Dokumente übersandt. US-Geheimdienstler versprechen weitere Enthüllungen zum UFO-Thema.

Januar 1994:
Senator Steven Schiff aus New Mexico beantragt eine Untersuchung des Vorfalls durch das General Accounting Office (GAO) des US-Kongresses. Die US-Luftwaffe erklärt daraufhin, in Roswell sei ein Ballon des geheimen MOGUL-Projektes abgestürzt.

Juli 1994:
Der Bürgermeister von Roswell erklärt den 2. Juli zum offiziellen Gedenktag des UFO-Absturzes.

Dezember 1994:
Nach über zweijähriger Verhandlung kauft der britische Filmproduzent Ray Santilli von Jack B. einen Film, der die Bergung des Roswell-Wracks und die Autopsie von zwei seiner toten Insassen zeigen soll.

5. Mai 1995:
Der angebliche „Roswell-Autopsiefilm" wird erstmals einem Fachpublikum präsentiert. Später kommt heraus, daß er nichts mit dem Roswell-Zwischenfall zu tun hat, sondern von der Bergung des ersten abgestürzten Flugobjektes am 2. Juni 1947 bei Socorro stammt.

28. Juli 1995:
Der GAO -Untersuchungsausschuß des US-Kongresses legt Senator Schiff seinen Bericht über den Roswell-Vorfall vor. Das Ergebnis: Alle Akten und Dokumente, die über die Ereignisse vom Juli 1947 Aufschluß geben könnten, sind vernichtet worden.

29. August 1995:
Der „Roswell-Autopsiefilm" wird in 18 Ländern der Erde gezeigt und löst eine heftige Debatte aus.

Februar 1996:

Eine internationale archäologische Expedition unter Leitung von Ted Loman und Michael Hesemann findet Spuren des UFO-Absturzes bei Socorro, von dem der Autopsiefilm tatsächlich stammt.

März 1996:
Unabhängig voneinander erhalten das Roswell International UFO Museum, der Radiomoderator Art Bell und der UFO-Forscher Derrel Sims angebliche Fragmente der bei Roswell und Socorro abgestürzten Raumschiffe.

1.-4. Juli 1997: Roswell feiert den 50. Jahrestag des UFO-Absturzes.

Anhang II

Die Suche nach dem Kameramann

Seitdem Ray Santilli die spektakulären Aufnahmen der Autopsie eines angeblichen Außerirdischen veröffentlichte, haben Forscher versucht, seine Quelle, den Kameramann Jack, ausfindig zu machen. Das erwies sich als schwierig, war es doch eine Bedingung für das Geschäft mit Santilli, daß dieser um keinen Preis seinen Namen enthüllen dürfe, eine Vereinbarung, an die sich der Brite mit peinlicher Genauigkeit hielt. Allzu Neugierige befriedigte er mit bewußt irreführenden Hinweisen, und weil er ihm einen Namen geben mußte, nannte er ihn einfach „Jack Barnett". Dieser Name war nicht zufällig gewählt, denn tatsächlich gab es einen „Universal News"-Kameramann dieses Namens, der im Sommer 1955 ein High-School-Konzert mit Elvis Presley filmte. Doch bei dem zweiten Konzert des „Kings of Rock'n Roll", das open air stattfand, streikten die gewerkschaftlich organisierten Kameraleute, und unser Kameramann sprang für Barnett ein. Jack Barnett freilich, so fanden die Forscher bald heraus, war nie Army-Kameramann und ist bereits 1969 verstorben - er kann also gar nicht Santillis Quelle gewesen sein.

Als die Wahrheit über „Jack Barnett" ans Tageslicht kam, drehten einige Forscher den Spieß um - sie behaupteten jetzt, es gäbe gar keinen Kameramann, der Autopsiefilm sei entweder eine von Santilli in Auftrag gegebene Fälschung oder er sei ein Strohmann für die Geheimdienste, die mit dem „Roswell"-Film die Reaktion der Öffentlichkeit auf die Freigabe neuer UFO-Beweise testen wollten.

Doch es gibt einen Kameramann, und der ist zum Zeitpunkt der Veröffentlichung dieses Buches 86 oder 87 Jahre alt. Gary Shoefield von der Firma Polygram bestätigte, daß er mit ihm einen Termin hatte, als er plötzlich erkrankte und ins Krankenhaus eingeliefert wurde. Er sprach mit seiner besorgten Frau und ist ziemlich überzeugt davon, daß ihm niemand eine Komödie vorspielte. John Purdie vom britischen Sender Channel Four, der die Rechte an dem Film für England kaufte, sprach mit ihm, ebenso die Sekretärin des Produzenten der US-Dokumentation „Alien Autopsy - Fact or Fiction", David Roehring. Auf Veranlassung Santillis hatte er Roehring angerufen, der ihm eine Falle stellen und den Ursprung des Anrufes elektronisch ermitteln wollte - doch als Jack das verdächtige Knacken in der Leitung hörte, legte er auf.

Mehr Glück hatte der britische UFO-Forscher Philip Mantle, Forschungsdirektor der Britischen UFO-Forschungsgesellschaft BUFORA. Auch er erhielt, auf Veranlassung von Santilli, einen Anruf des Kameramannes. Mantle: „Am Donnerstag, 22. Juni, rief mich Mr. Santilli gegen 19.30 Uhr an und informierte mich, daß er gerade mit dem Kameramann gesprochen hätte und daß dieser mich etwas später anrufen wolle. Gegen 20.50 Uhr am selben Abend rief mich ein Mann an, der erklärte, er sei Jack, der Kameramann. Ich verzichtete bewußt auf ein Verhör und es ging mir mehr darum, die Gelegenheit zu nutzen, um die Saat für eine freundschaftliche Beziehung zu legen, da ich hoffte (und immer noch hoffe), ihn einmal persönlich zu treffen und von einer Zusammenarbeit überzeugen zu können. Trotzdem bestätigte er mir, daß er damals unter dem Befehl von General McMullan stand und von Washington (Andrews AFB) eingeflogen wurde. Er wies mein Angebot höflich zurück, jetzt an die Öffentlichkeit zu gehen, doch schloß er ein Treffen nicht aus, sollte ich in die USA kommen. Er meinte auch noch, daß aufgrund seiner schlechten Gesundheit seine Reisetage wohl vorbei seien und er nicht damit rechne, lange genug zu leben, um noch mehrere Olympiaden zu sehen. Er hustete ständig während unserer fünfzehnminütigen Unterhaltung und forderte mich auf, ihm spezifische Fragen zu stellen, wenn ich wollte. Ich antwortete, ich hätte wohl mindestens tausend Fragen, aber die würde ich ihm lieber persönlich stellen als am Telefon. Er dankte mir für meine Angebote, ihn zu unterstützen und meinte, daß ich, wenn ich in der Zukunft Fragen an ihn hätte, diese auch über Ray Santilli stellen könnte. Er sei sich seiner Rechtslage etwas unsicher, da er ja Filme verkauft hätte, die ihm nicht gehörten. Die ganze Unterhaltung war zwar kurz, aber ermutigend." Leider blieb es dann auch dabei.

Eine ganz andere Strategie, um dem Geheimnis des Kameramannes auf die Spur zu kommen, versuchte Bob Shell. In seinem Bericht, den Ray Santilli im August 1995 veröffentlichte und den MAGAZIN 2000 exklusiv für den deutschen Sprachraum in seiner Ausgabe vom Oktober 1995 abdruckte, erklärte der Kameramann, er hätte als Kind Polio gehabt und sei eigentlich nur zum Militärdienst zugelassen worden, weil sein Vater schon Kameramann war und er mit der Kamera gut umgehen konnte. Nun war Polio damals eine ernsthafte Erkrankung, und in fast allen Fällen blieb eine leichte Behinderung zurück. Eine kranke Hand kann es nicht gewesen sein, sonst hätte er die Kamera nicht bedienen können. Gewisse Unregelmäßigkeiten bei der Kameraführung des Autopsiefilms waren für Shell ein Indiz dafür, daß er höchstwahrscheinlich ein wenig humpelte. Also fragte Shell einige

Ex-Army-Kameramänner, die im selben Zeitraum dienten, ob sie sich an einen Kameraden erinnerten, der ein krankes Bein hatte. Und tatsächlich stieß er immer wieder auf denselben Namen, Jack X. Nun lebt dieser Jack X noch, und zwar in Florida, dort, wo Santilli ihn angesiedelt hatte und Shoefield ihn besuchen wollte. Mehr noch, er wohnte in den fünfziger Jahren in Cleveland, eben dort, wo er 1955 für Jack Barnett eingesprungen sein soll und Elvis Presley filmte! Hat Bob Shell den Santilli-Kameramann gefunden? Alles deutet darauf hin.

Am Montag, 15. April 1996, erhielt Shell einen Anruf von einem Captain der US-Luftwaffe, McA., der ihm erklärte, er würde im Auftrag der Clinton-Administration den Santilli-Film untersuchen. Laut Capt. McA. hätte Präsident Clinton seinen Wissenschaftsberater John Gibbons damit beauftragt, herauszufinden, ob der Film echt ist und ob sich weiteres Material in den Militärarchiven befindet. Gibbons richtete eine Anfrage an den Luftwaffenminister, der wiederum Capt. McA. mit der Aufgabe betraute.

Das Ergebnis: Zumindest Teile des Films seien echt, Filmaufnahmen der Autopsie konnten in Militärarchiven lokalisiert werden. Das Wesen auf dem Streifen ist kein Mensch und keine Puppe, es lebte noch wenige Stunden vor der Autopsie, aber es sei kein Außerirdischer, was immer das zu bedeuten hat. Stammt es aus einer anderen Dimension, der Zukunft, dem Erdinneren, ist es ein Bioroboter - oder hält sich die US-Luftwaffe eine weitere „Hintertüre" offen? Wir wissen es nicht, vermuten letzteres. Jedenfalls wollte Capt. McA. von Shell erfahren, wie der Film an die Öffentlichkeit kam. Man suchte nach dem Kameramann, dessen Name Jack X. sei, und da das Militär-Personalarchiv in St. Louis bei einem Feuer teilweise zerstört wurde, wollte man es erst einmal über Shell probieren, statt eine aufwendige Suche zu starten und damit Steuergelder zu verschwenden, da in den USA keine Meldepflicht herrscht.

So anmaßend es klingt, es kann sogar sein, daß ich es war, der den Stein dazu ins Rollen brachte, der mithalf, diese Untersuchung auszulösen. Am 12. Dezember 1995 übersandte ich Präsident Clinton ein Exemplar des „Roswell"-Films mit folgendem Begleitschreiben:

„Dear Mr. President:
Während Ihres kürzlichen Besuchs in Irland antworteten Sie in Ihrer Ansprache in Belfast auf die Anfrage von Ryan, einem 12-jährigen Jungen, bezüglich des angeblichen Absturzes eines außerirdischen Raumschiffes bei Roswell, New Mexico, im Juli 1947. Sie sagten, ich zitiere: 'Wenn die Luftwaffe der Vereinigten Staaten außerirdische Leichen barg, dann hat sie mir davon nichts gesagt, und ich will es wissen.'
Nachdem ich mit rund dreißig Augenzeugen gesprochen habe, kam ich zu der Überzeugung, daß tatsächlich ZWEI außerirdische Raumschiffe im Sommer 1947 abstürzten, eines am 31. Mai südwestlich von Socorro, NM, und eines am 4. Juli nördlich von Roswell, NM. (...)
Anliegend übersende ich Ihnen ein Videoband einer Autopsie eines der Wesen, die aus dem Wrack des ersten Raumschiffes geborgen wurden. Die Autopsie wurde von dem Physiologen Dr. Detlev Bronk, dem Vorsitzenden des Nationalen Forschungsrates, geleitet und fand auf der Fort Worth AFB am 3. Juli 1947 statt.
Das Material stammt von 16mm-Filmaufnahmen eines Army Airforce-Kameramannes unter dem Kommando von General McMullen. Er behielt einige der Rollen und verkaufte sie im letzten Jahr an einen englischen Produzenten, weil er glaubte, daß die Zeit für die Wahrheit gekommen sei. (...)
Augenzeugen wollen den Rest des Films im CIA-Headquarter oder während ihres Militärdienstes bei der US-Luftwaffe gesehen haben. Deshalb bin ich zuversichtlich, daß Sie, wenn Sie nachforschen, die Möglichkeit haben werden, das vollständige Material einzusehen..."

Offensichtlich wurde mein Schreiben an die Luftwaffe weitergeleitet, die Antwort jedenfalls kam von dort, war von Major Robert T. Wimple unterzeichnet, dem „Chief, White House Inquiries, Office of Legislative Liaison" (Hauptbeauftragter für Anfragen des Weißen Hauses - Verbindungsbüro zur Regierung), und auf den 29. Februar 1996 datiert: „Im Auftrag von Präsident Clinton danken wir Ihnen für Ihr Schreiben bezüglich des Roswell-Vorfalls. Ihr Schreiben wurde zur Beantwortung an das Luftwaffenministerium weitergeleitet." Was folgte, war die Standardformulierung, daß „die Luftwaffe unidentifizierte Flugobjekte nicht länger untersucht" und der Verweis auf ein beigelegtes Info-Blatt über das 1969 beendete Luftwaffenprojekt „Blue Book".

Nun, welche Rolle auch immer mein Schreiben in dieser Angelegenheit gespielt hat, die Luftwaffe hat offenbar recherchiert - und die Echtheit zumindest von Teilen des Films sowie die Existenz des Kameramannes bestätigt.

Mittlerweile hat Jack zugestimmt, von einem großen US-TV-Sender exklusiv vor laufender Kamera interviewt zu werden. Es steht derzeit noch offen, wann dieses Interview geführt und wann es ausgestrahlt wird. Auch Magazin 2000 wurde ein Interview zugesichert, das nach Ausstrahlung des TV-Exklusivinterviews möglich ist. Erst dann werden alle noch bestehenden Zweifel an der Echtheit des Santilli-Films beseitigt sein.

Anhang III
Die Roswell-Fragmente

Anfang 1996 sind gleich dreimal Metallfragmente aufgetaucht, die angeblich von dem Roswell-Wrack stammen sollen.

Das erste Fragment wurde am 24. März 1996 dem „Roswell International UFO Museum" überreicht. Es soll dem Überbringer von einem Mann übergeben worden sein, der es von einem Soldaten hat, der am 8. Juli 1947 dabei war, als das „Trümmerfeld" auf der Ranch von MacBrazel 120 km nordwestlich von Roswell aufgeräumt wurde. Dabei hat er sich offensichtlich das ca. 6 cm große Stück in die Tasche gesteckt. Später spannte er es in eine ca. 30 cm große Rahmenkonstruktion ein, in der er es, unter Glas, offensichtlich in seiner Wohnung hängen hatte. Während der Überbringer und seine beiden „Hintermänner" darauf bestanden, daß ihre Identität nicht enthüllt werden dürfe, leitete das Museum sofort eine Untersuchung des angeblichen UFO-Wrackteils ein. Eine metallurgische Analyse ergab, daß es aus 96%igem Silber besteht, das auf beiden Seiten mit einer dünnen Kupferschicht (94 % Reinheit) bedeckt ist. Weitere Untersuchungen werden folgen. Zwischenzeitlich wird das Original bei der Polizei von Roswell aufbewahrt. Ich wurde im April von Walter Haut, dem Direktor des Roswell International UFO Museums, über das Fragment informiert und konnte es am 23. April während einer USA/Mexiko-Reise persönlich vor Ort inspizieren. Ich persönlich bin nicht davon überzeugt, daß es außerirdischer Herkunft ist und denke, daß es eher von einem irdischen Experimentalgerät stammt. Möglicherweise wurde es als gezielte Desinformation dem Museum zugeleitet, um den Roswell-Vorfall zu diskreditieren.

Eine Reihe von Fragmenten aus einem aluminiumähnlichen Material wurden Art Bell übersandt, der seit Jahren Amerikas populärste Radio-Talkshow zum UFO-Thema moderiert. In seinem Begleitbrief vom 18.April 96 erklärte der - anonyme - Übersender:
„Mein Großvater war Mitglied des Bergungsteams und wurde, gleich nachdem der Vorfall gemeldet wurde, zur Absturzstelle geschickt. Er starb 1974, doch vorher setzte er sich mit einigen von uns hin und sprach über den Vorfall.
Ich diene derzeit beim Militär und habe eine Sicherheitsbefugnisstufe, daher möchte ich nicht an die Öffentlichkeit gehen und meine Karriere und mein Einkommen verlieren.
Trotzdem möchte ich Ihnen kurz mitteilen, was mir mein Großvater über Roswell erzählte. Ich lege Ihnen 'Proben' bei, die sich bis zum Tode meines Vaters im Besitz meines Großvaters befanden, bis er starb, und die ich habe, seit sein Erbe verteilt wurde. Soweit ich weiß, stammen sie von dem UFO-Wrack und waren Teil einer großen Ladung, die schließlich auf die Wright Patterson-AFB in Ohio von New Mexico aus geschickt wurden.
Mein Großvater war in der Lage, sie sich 'anzueignen' und erklärte, die Metallproben bestünden aus 'reinem Aluminium'. Wie Sie sehen, erscheinen sie heute alt und

verwittert und wurden in Papiertaschentüchern und Plastiktüten gelagert.

Ich habe sie seit 1974, und nach reiflicher Überlegung übergebe ich sie Ihnen. Fühlen Sie sich frei, sie mit Ihren Freunden in der UFO-Forschung zu teilen.

Ich habe viele Leute gehört, die über den Roswell-Vorfall sprachen, und von denen viele dabei gewesen sind oder die Geschichte der Augenzeugen gehört haben.

Der Roswell-Fernsehfilm, der kürzlich gezeigt wurde, entsprach dem Bericht meines Großvaters, doch fehlte ein wichtiges Element, das ich Ihnen gerne mitteilen würde.

Wie mein Großvater erzählte, erschien das Team an der Absturzstelle, nachdem die Army Air Force/USAF sie lokalisiert hatte. Sie fanden zwei tote Insassen außerhalb der Scheibe.

Ein einsamer Überlebender wurde in der Scheibe gefunden, sein linkes Bein war gebrochen. Es gab eine minimale Verstrahlung, die aber bald durch eine Waschung beseitigt wurde, so daß der Insasse der medizinischen Betreuung und Isolation übergeben werden konnte.

Die Leichen wurden zur Untersuchung auf die Wright Patterson AFB geschickt. Die Trümmer wurden noch vor Sonnenuntergang auf drei Lastwagen geladen.

Großvater war Teil des Teams, das den überlebenden Insassen begleitete. Der Insasse kommunizierte telepathisch. Er sprach perfektes Englisch und teilte folgendes mit:

Die Scheibe war ein Erkundungsschiff, das von einem Mutterschiff stammte, das am Dimensionstor des Terranischen Sonnensystems, 32 Lichtjahre von Terra entfernt, stationiert war. Sie führten seit über 100 Jahren Operationen auf Terra durch.

Eine andere Gruppe erforschte Mars und Io.

Jedes Erkundungsschiff hatte eine dreiköpfige Besatzung. Das Mutterschiff hat eine Crew von einhundert Mann.

Die Scheibe war mit einem Meteor im Terra-Orbit kollidiert und versuchte, ihren Flugvektor zu halten, doch aufgrund der Kollision versagte das interatmosphärische

Antriebssystem und die Insassen schickten Alarmsignale zum Mars. Der Kommandant entschied, eine Landung in der Wüste von New Mexico zu versuchen. Da das interatmosphärische Antriebssystem einen massiven elektrischen Kurzschluß erlitt, war die Scheibe buchstäblich hilflos.

Es gab für die Insassen eine weitere Möglichkeit, nämlich das dimensionale Kraftwerk für Raumreisen zu aktivieren. Das aber würde einen Energievortex von 1500 Meilen in alle Richtungen eröffnen. Eine Aktivierung hätte die Vernichtung der Staaten New Mexico, Arizona, Kalifornien und Teilen von Mexiko zur Folge gehabt. Möglicherweise wären noch andere Staaten in Mitleidenschaft gezogen. Daher entschieden sich die Insassen, das Schiff herunterzubringen und auf das Beste zu hoffen. Sie opferten buchstäblich ihr Leben, statt die Bevölkerung in ihrem Umkreis zu zerstören.

Das dimensionale Kraftwerk hat sich selbst zerstört und auch das interatmosphärische Antriebssystem wurde deaktiviert, um zu vermeiden, daß dieses in die Hände der Terraner fiel. Das entsprach ihren Standardbefehlen bezüglich Kontakten.

Großvater verbrachte 26 Wochen mit dem Team und verhörte den Überlebenden des Roswell-Absturzes. Großvaters Verbindung mit dem Projekt endete, als der Insasse in eine andere Vorrichtung gebracht wurde. Er wurde an Bord eines USAF-Transportflugzeuges nach Washington D.C. geflogen. Das Flugzeug und alle Insassen verschwanden unter mysteriösen Umständen auf dem Weg nach Washington D.C.

Drei Kampfflieger, die ausgesandt wurden, um ein Notsignal des Transportfluges zu untersuchen, meldeten elektronische Systemstörungen, als sie in den Luftraum eintraten, in dem der Transport das letzte Mal geortet worden war. Von ihm wurde nie ein Wrack oder Trümmer gefunden. Das Team wurde aufgelöst."

Wir können mit Sicherheit sagen, daß diese Geschichte in den Bereich der Desinformation fällt und allerhöchstens Elemente von Wahrheit enthält.

Das gilt auch für seine Folgeschreiben vom 22. April und 28. Mai 1996. Darin erklärt er, daß das Untersuchungsteam aus Wissenschaftlern, Militärs und Geheimdienstlern der Universität von Colorado, der Atomenergiekommission, des NASA-Vorläufers NACA, der UCLA (University of California, Los Angeles), des Marine-Geheimdienstes ONR (Office of Naval Research), des OSRD, (Office of Scientific Research and Development) und natürlich der Army Airforce bestanden hätte. Man sei zu dem Schluß gekommen, daß es sich bei den Fragmenten um „reines extraiertes Aluminium" gehandelt hätte, das als „Leiter für die elektromagnetischen Felder diente, die ihr Antriebssystem erzeugte." Der gefangengenommene Außerirdische hätte sich geweigert, technologische Daten zu liefern, trotz „einer Reihe von Befrageversuchen... der Überlebende hatte die Fähigkeit, Gedanken und Fragen aufzunehmen, bevor sie gestellt wurden. Das wurde manchmal ziemlich frustrierend." Man hätte auch fiberoptisches Material an Bord des Raumschiffes gefunden, dazu „Kontroll-Panels in Form der Hand des Außerirdischen", was nur allzusehr an den Santilli-Film erinnert. Das Raumflug-Programm sei nur ins Leben gerufen worden, um Außerirdische effektiver aufspüren zu können. Seinem dritten Brief legte er weitere Metallproben bei, die, wie er sagte, „von der äußeren Unterseite der Scheibe selbst" stamme, von einer „muschelartigen" Ummantelung. „Sie war brüchig und bestand aus mehreren Schichten." Bell übergab zehn der Fragmente der UFO-Forscherin Linda Moulton Howe zur näheren Untersuchung. Laut Howe führte ein Wissenschaftler „einer führenden Universität des amerikanischen Mittelwestens" eine Untersuchung mit dem Elektronenmikroskop durch, darunter eine „energiedispersive Spektroskopie", bei der ein Fragment mit einem Elektronenstrahl beschossen wurde, damit man die so freigesetzten Röntgenstrahlen messen konnte. Fünf der Meallstücke waren quadratisch, 6x6 mm groß, einen Millimeter stark und 160 Milligramm leicht. Zwei weitere waren 6,8 mm große Ellipsen, ein weiteres ein 6 mm

großer Kreis. In einem Fall fanden sich Siliconspuren, die zumindest einen Absturz in einem sandigen Terrain zu beweisen scheinen. Andere Stücke scheinen zu 99 % aus Aluminium zu bestehen, das eine Härte nach dem Vickers Diamanten-Härtetest von durchschnittlich 48 bei fünf Messungen hatte. Die normale Härte von 99%igem Aluminium liegt bei 19. Dieser hohe Wert kann durch Eisenspuren erklärt werden, die sich der EDS-Analyse zufolge mehr im Zentrum der kleinen Quadrate befinden, aus denen die Metallstücke bestehen. Das Eisen kann eine Kontaminierung oder ein fester Bestandteil der Verarbeitung sein, wir wissen es nicht. Ansonsten weisen sie keine Anomalien auf, was mit den Angaben des anonymen Übersenders übereinstimmt, der sagte, unsere Regierung hätte herausgefunden, sie bestünden aus „reinem" Aluminium. Ein anderes Fragment besteht aus dünnen Lagen von Bismuth von 1-4 Mikron Stärke zwischen Magnesium-Zink-Schichten von 100-200 mm Stärke (95-96 % Magnesium, 2-4 % Zink). „Wir konnten noch keine Form der Metallverarbeitung ausfindig machen, die mit solch feinen Lagen von Bismuth arbeitet", erklärte Howe. Dr. Paul Chu von der Universität Houston, der Entdecker des Superkonduktors, glaubt, daß es sich um elekrothermisches Material handelt - hitzeinduzierte Elektrizität -, vielleicht aber auch um ein Magnetschild, eine Energiequelle, einer Batterie ähnlich, oder einem selbstkühlenden Superkonduktor. Als Dr. Chu und Robert Hazen 1988-89 den Superkonduktor entwickelten, galt dies in der Fachwelt als Durchbruch, weil durch eine Kombination von Yttrium, Barium und Kupfer die Temperatur für den Superkonduktor effizienter in kürzester Zeit erhöht werden konnte. Kurz darauf kündigten europäische Forscher an, daß sie in der Temperaturfunktion von Superkonduktoren eine Verbesserung erreicht haben, indem sie mit Bismuth arbeiteten.

Ein weiteres angebliches Wrackteil erhielt der UFO-Forscher Derrel Sims aus Houston, Texas, und ich war in der Lage, es auf der Europäischen UFO-Konferenz in der Republik San Marino vom 10.-12. Mai 1996 in Augenschein zu nehmen, auf die uns Verkehrsminister Augusto Casali eingeladen hatte. Obwohl Sims um keinen Preis auch nur Andeutungen über seine Quelle machen wollte, war das, was er mir vorlegte, schon ziemlich überzeugend: Ein metallisches Bruchstück von fast dreieckiger Form, an den breitesten Stellen 3,8 cm lang, 3,2 cm breit und 1,2 cm hoch, von einer spiegelglatten, glänzenden, leicht gerundeten Oberfläche und einer glatten, matten Unterseite sowie scharfen Schnittkanten. Die stahlfarbene Oberseite wies Spuren einer bläulichen und violetten Verfärbung auf, die wohl auf eine starke Hitzeeinwirkung hindeuten. Das Fragment ist extrem leicht   - es wiegt keine 20 Gramm - und von äußerster Härte: Es schneidet Glas leichter als ein Diamant, und auch auf der Titanium-Uhr meines ebenfalls anwesenden Kollegen Johannes von Buttlar hinterließ es einen deutlichen Kratzer. Damit weist es sämtliche Eigenschaften auf, die der Metallurge Dennis Murphy in seiner Analyse des Santilli-Films den dort gezeigten Wrackteilen bescheinigte:

– extreme Leichtigkeit
– hohe Stabilität
– eine spiegelglatte, stark lichtreflektierende Oberfläche.

Zudem entspricht es auch den Beschreibungen, die die Roswell-Zeugen von den außerirdischen Trümmerstücken zu Protokoll gaben:
– „Es sah aus wie Quecksilber... es hatte zackige Enden und war grau-silbrig... man konnte es kaum fühlen (Frankie Rowe)"
– „Es war ein graues, glänzendes Metall, das Aluminium ähnelte, aber leichter und fester war... seine Ränder waren scharf und gezackt" (Dr. John Kromschroeder)
– „Sehr leicht, metallisch... man konnte ihm weder mit dem schwersten Hammer eine Kerbe noch mit dem besten Messer einen Kratzer zufügen" (Sgt. Thomas Gonzales).
Das Metallstück soll von drei Laboratorien und zwei Universitäten untersucht werden, versicherte Sims. Eine erste Analyse unter dem Massenspektrometer durch einen Metallurgen ergab, daß es sich um eine High Tech-Keramikform handelt, ein hochgradiges Boron-Nitrad, ein Material also, das es zum damaligen Zeitpunkt auf der Erde noch nicht gab.

Wir wissen nicht, ob Sims Fragment vom Roswell- oder Socorro-Wrack stammt, aber fest steht, daß es von den aufgetauchten angeblichen UFO-Fragmenten das überzeugendste ist. Es bleibt abzuwarten, was die weiteren Untersuchungen ergeben.

Danksagungen

Roswell-Zeugen, -Forscher und Involvierte, die ich persönlich für dieses Buch interviewte, und denen ich an dieser Stelle ganz herzlich danken möchte:

Master Sgt. Bob Allen
Colin Andrews
Maurizio Baiata
Prof. Dr. Pierluigi Baima Bollone
Johannes Frhr. von Buttlar
Chris Cary
Prof. Dr. Hoang-Yung Chiang
Col. Gordon Cooper, Astronaut
Hub Corn
Charles D.
Command Sgt. Major Robert O.
Dean
Glenn Dennis
Master Sgt. Richard Doty
Don und Vickie Ecker
Robert W. Eveleth
Nukl.-Phys. Stanton Friedman
Timothy Good
Jim Goodall
Bill Hamilton jr.
Walter Haut
Noryo Hayakawa
Sappho Henderson
Derek Henessy
William Holden

Linda Moulton Howe
Antonio Huneeus
Frank Joyce
Frank Kaufmann
George Knapp
Helga Küppers-Morrow
Nukl.-Phys. Robert Lazar
Lohn Lear
Max Littell
Ted Loman/UFO-AZ
Dr. Bruce Maccabee
Prof. Dr. Malanga
Philip und Susan Mantle
Dr. med. Jesse Marcel jr.
Howard Marston
Bill McDonald
William L. Moore
Robert Morningsky
Sean David Morton
Dennis Murphy
Bob Oechsler
Ron Pandolfi, CIA
Prof. Dr. Roberto Pinotti
Col. Dr. Marina Popovich
Major Virgil Postleweith

Reg Presley
Loretta Proctor
Capt. Kevin Randle
Frankie Rowe
Ray Santilli
Donald Schmitt
Gary Schultz
Jaime Shandera
Bob Shell
Robert Shirkey
Jack S.
Gary Shoefield
Derryl Simms
Dan Smith
Lt. Col. W.C.Stevens
Leonard Stringfield
Sgt. Clifford Stone
Johsen Takano
Theresa und zwei weitere Laguna-Indianer
Bill Uhouse
Col. Colman VonKeviczky
Hanspeter Wachter
George Wingfield
Llewellyn A. Wykel

Literaturverzeichnis

Andrews, Christopher: For the President`s Eyes Only, New York 1995

Bärwolf, Adalbert: Die Geheimfabrik, München 1994

Berlitz, Charles und Moore, William: The Roswell Incident, New York 1980

Beckley, Timothy Green: MJ-12 and the Riddle of Hangar 18, New Brunswick/NJ, 1989

Ders.: UFOs among the Stars, New Brunswick/NJ 1992

Ders.: The American Indian UFO-Starseed Connection, New Brunswick/NJ 1992

Birdsall, Graham: The alleged Roswell Archive Footage, Leeds 1995

Buttlar, Johannes von: Gottes Würfel, München 1992

Cameron, Grant und Crain, T. Scott: UFOs, MJ-12 and the Government, Seguin/TX 1991

Dies. und Rutkowski, Chris: In the Land of Dreams, in: International UFO Reporter, Vol. 15, Nr. 5, Chicago/IL Sept./Okt. 1990

Campbell, Glenn: „Area 51", Viewer`s Guide, Rachel/NV 1992

Ders.: Bob Lazar at the 'Ultimate UFO Seminar', Rachel/NV, 1993

Carey, Thomas: The Search for the Roswell Archaeologists, in: International UFO Reporter Vol.18, Nr.6, Chicago/IL., Nov./Dec. 1993

Ders.: The Continuing Search for the Roswell Archaeologists, in: International UFO Reporter, Vol.19/Nr.1, Chicago Jan./Feb. 1994

CUFOS: The Plains of San Agustin Controversy, Mt. Rainier/MD 1992

Clark, Chuck: The Area 51 & S-4 Handbook, Rachel/NV 1995

Clark, Jerome: A Catalog of Early Crash Claims, in: International UFO Reporter, Vol. 18, Nr.4, Chicago Jul./Aug. 1993

Davids, Paul: The UFO Coverup Continues (2 Videos), Los Angeles 1994

Eberhart, George M.: The Roswell Report, Chicago 1991

Fawcett, Lawrence und Greenwood, Barry: Clear Intent, Englewood Cliffs/NJ 1984

Friedman, Stanton: Final Report on Operation Majestric 12, Mt. Rainier/MD 1990

Ders.: The secret life of Donald H. Menzel, in: International UFO Reporter, Vol.13, Nr.1 Chicago, Jan/Feb. 1988

Ders.: The 13th Man, (P) Fredericton 1989

Ders.: Update on Operation Majestic 12, in: MUFON Conference Proceedings, Seguin/TX 1989

Ders.: Update on Crashed Saucers in New Mexico, in: MUFON Conference Proceedings, Seguin/TX 1991

Ders.: Crashed Saucers, Majestic-12 and the Debunkers, in: MUFON Conference Proceedings, Seguin/TX 1992

Ders.: Operation Majestic 12? Yes!, (P) Fredericton 1994

Ders.: The Roswell Incident, the USAF and the New York Times, (P) Fredericton 1994

Ders.:Roswell Revisited, (P) 1995

Ders. und Berliner, Don: Crash at Corona, 1992

Ders. und Moore, William: Phil Klass and MJ-12: What are the Facts?, (P) Burbank 1988

Fund for UFO Research: Recollections of Roswell (2 Videos), Mt. Rainier, MD 1993

Good, Timothy: Above Top Secret, London 1987

Ders.: Alien Liaison, London 1991

Ders.: Alien Contact, New York 1993

Gross, Loren E.: UFOs. A History, Fremont/CA 1988

Hesemann, Michael: UFOs: Die Beweise, München 1989

Ders.: Botschaft aus dem Kosmos, Neuwied 1993

Ders.: Geheimsache UFO, Neuwied 1994

Ders.: UFOs: Neue Beweise, Düsseldorf 1994

Ders.: UFOs: Die Beweise (Video), 1992

Ders.: Geheimnisse der Schwarzen Welt (Video) 1995

Ders.: Das Geheimnis von Hangar 18, in: Magazin 2000,Nr. 1-2, Luxembourg, Januar 1984

Ders.: Top Secret: Project Aquarius, in: Magazin 2000 Nr. 86/87, Düsseldorf, Herbst 1991

Ders.: Die 'Majestic 12'-Dokumente - echt oder gefälscht?, in: Magazin 2000, Nr. 105, Neuss, Juli 1995

Ders.: Enthüllt: Die Roswell-Filme, in: Magazin 2000 Nr. 105, Neuss, Juli 1995

Ders.: Autopsie eines Außerirdischen, in: Magazin 2000, Nr. 106, Neuss, September 1995

Ders.: Roswell 1947 - Was wirklich geschah, in: Magazin 2000, Nr. 106, Neuss, September 1995

Ders.: Reise nach Roswell, in: Magazin 2000 Nr. 107, Neuss, November 1995

Ders.:Roswell-Dokumente vernichtet?, in: Magazin 2000, Nr. 107, Neuss, November 1995

Ders.: Autopsie eines Außerirdischen - Tatsache oder Fiktion, in: Magazin 2000, Nr. 107, Neuss, Nov. 1995

Ders.: Roswell Update, in: Magazin 2000, Nr. 108, Neuss, Januar 1996

Ders. und Zahradnikova, Natalia: Sternentänzer, in: Magazin 2000, Nr. 110, Neuss, April 1996

Howe, Linda Moulton: An Alien Harvest, Littleton/CO 1989

Jefferey, Kent: The Purported 1947 Roswell Film, in: MUFON UFO Journal, Nr. 326, Seguin/TX, June 1995

Keel, John: Visitors From Space, New York 1975

Knapp, George: Area 51, Bob Lazar and Disinformation, in: MUFON Symposium Proceedings, Seguin/TX 1993

Kofsky, Frank: Harry S. Truman and the War Scare of 1948, New York 1995

Lane, Mark: Plausible Denial, London 1992

Lazar, Robert und Huff, Gene: The Lazar Tape... and excerpts from the Government Bible, Las Vegas 1991

Lear, John: The John Lear Statement, (P) Las Vegas 1988

Lindemann, Michael: UFOs and the Alien Presence, Santa Barbara/CA 1991

Maccabee, Bruce: Did Sheridan Cavitt visit the same crash

site?, (P) Washington D.C. 1995

Mantle, Philip: An Interview with Ray Santilli, in: MUFON UFO Journal Mr. 328, Seguin/TX, Aug. 1995

Ders.: The Roswell Film Footage, in: UFO-Times Nr.36, London, Jul./Aug. 1995

Moore,William: The Roswell investigation: New Evidence in the Search for a Crashed UFO, Burbank 1982

Ders.: Revelations - UFOs and the U.S. Government, in: Focus Nr.4-9, Burbank 1989

Ders. und Shandera, Jaime: The MJ-12 Documents, Burbank 1990

Dies.: Three Hours That Shook the Press, in: Focus, Vol.5, Nr.4-6, Burbank/CA, Juni 1990

Dies.: Roswell Revisited: The Anatomy of a Cover-Up, in: Focus, Vol.5, Nr.4-6, Burbank/CA, Juni 1990

Morningsky, Robert: The Terra Papers, (P) Phoenix/AZ 1994

Ders.: The Santilli Hieroglyphs, (P) Phoenix/AZ 1996

Mutual UFO Network: MUFON Conference Proceedings 1978-1995, Seguin/TX 1978-1995

New Century Productions: UFO Secret - The Roswell Crash (Video), Poway/CA 1993

Pflock, Karl: Roswell in Perspective, Mount Rainier/MD 1994

Ders.: Roswell, the Air Force, and Us, in: International UFO Reporter, Vol.19, Nr.6, Chicago/IL, Nov./Dez. 1994

Ders.: Roswell, A Cautionary Tale, in: MUFON Symposium Proceedings, Seguin/TX 1995

Purdie, John: Incident at Roswell (Video), London 1995

R.A.A.F. Yearbook, Roswell, NM 1947

Randle, Kevin: A History of UFO Crashes, New York 1995

Ders.: Roswell UFO Crash Update, New Brunswick 1995

Ders.: The Project Mogul Flights and Roswell, in: International UFO Reporter, Vol. 19, Nr.6, Chicago, Nov./Dec. 1994

Ders.: Bessie Brazels Story, in: International UFO Reporter, Vol.20, Nr.3, Chicago, Mai/Juni 1995

Ders und Allan, Christopher: Jesse Marcell and the Roswell Incident: An Exchange, in: International UFO Reporter, Vol.18, Nr.3, Chicago/IL, May/June 1993

Ders. und Schmitt, Don: UFO Crash at Roswell, New York 1991

Dies.: The Truth About the UFO Crash at Roswell, New York 1994

Dies.: The Randle und Schmitt Report, (P) 1995

Dies.: Roswell and the Flying Wing, in: International UFO Reporter, Vol.18, Nr.4, Chicago/IL, Jul./Aug. 1993

Dies.: When and where did the Roswell object crash?, in: International UFO Reporter, Vol. 19. Nr.1, Chicago/IL., Jan./Feb. 1994

Dies.: The Report on the Conclusions of the Recent Air Force Analysis of the Roswell Incident, (P) Marion/IA, 1994

Randles, Jenny: UFO Retrievals, London 1995

Retyi, Andreas von: Das Alien Imperium, München 1995

Rich, Ben und Janos, Leo: Skunk Works, Boston 1994

Rodeghier, Mark und Chesney, Mark: The Air Force Report on Roswell: An Absence of Evidence, in: International UFO Reporter, Vol.19, Nr.5, Chicago/IL., Sep./Okt. 1994

Ruppelt, Edward: The Report on Unidentified Flying Objects, New York 1956

Santilli, Ray: Roswell - The Footage (Video), London 1995

Scully, Frank: Behind the Flying Saucers, New York 1950

Sime, John: Funerals of Extra-Terrestrials, Roswell 1994

Steinman, William und Stevens, Wendelle: UFO Crash at Aztec, Tucson 1986

Stone, Clifford: UFOs: Let the Evidence Speak for Itself, Roswell, NM 1991

Ders.: The UFO Recovery Operations, (P) Roswell 1990

Ders.: Operation Blue Fly, in: MUFON Symposium Proceedings, Seguin/TX 1992

Ders.: The US Air Force's self-inflicted wound, (P) Roswell 1994

Strieber, Whitley: Majestic, New York 1989

Stringfield, Leonard: Retrievals of the Third Kind, in: MUFON Symposium Proceedings, Seguin/TX 1978

Ders.: The UFO Crash/Retrieval Syndrome, Seguin/TX 1980

Ders.: UFO Crash/Retrievals: Amassing the evidence, Cincinatti/OH 1982

Ders.: UFO Crash/Retrievals: Is the coverup lifting? (P), Cincinatti/OH 1989

Ders.: UFO Crash/Retrievals: The Inner Sanctum, Cincinatti/OH 1991

Ders.: UFO Crash/Retrievals: Search for Proof in a Hall of Mirrors, Cincinatti/OH 1994

Valerian, Valdamar: Matrix, Stone Mountain/GA 1988

Ders.: Matrix II, Stone Mountain/GA 1990

Weiner, Tim: Blank Check, New York 1990

Wingfield, George: Alien Autopsy - Fact or Fiction?, in: The Cerealogist Nr.14, Shepton Mallet, Somerset, Sommer 1995

Ders.: Roswell-Film - Die Theorien der Skeptiker, in: Magazin 2000, Nr. 107, Neuss, November 1995

Whiting, Fred: The Roswell Events, (P) Mount Rainier 1993

(P= Paper)

Quellenachweis

Einleitung

(1) AP-Meldung vom 1.12.95
(2) United States General Accounting Office: Results of a Se-
    arch for Records Concerning the 1947 Crash near Roswell,
    New Mexico (GAO/NSIAD-95-187), Washington D.C. 1995
(3) Roswell Daily Record, Roswell/NM, 8.7.47
(4) Roswell Daily Record, Roswell/NM, 9.7.47
(5) Rabotschaya Tribuna, Moskau/UdSSR, 13.8.91
(6) Gresh, Bryan: Soviet UFO Secrets, in: MUFON UFO Journal,
    Seguin/TX, Oktober 1993
(7) New York Daily News, New York, 18.12.95
(8) Boylan, Dr. Richard: UFO Reality is Breaking Through, Paper
    vom 29.9.95
(9) Daily Mirror, London/GB, 22.12.93
(10) Daily Star, London/GB, 1.2.94
(11) Schreiben von Michael Hellicar, Assistant Editor „Daily Star",
    an Philip Mantle, 3.2.94

1. Die Geburt der fliegenden Untertassen

(1) Arnold, Kenneth und Palmer, Ray: The Coming of the Sau-
    cers, Amherst 1952
(2) Army Air Force Telex vom 16.7.1947
(3) Arnold/Palmer 1952
(4) Bloecher, Ted: The Report on the UFO Wave of 1947, Wash-
    ington D.C. 1967
(5) Chico Record, Chico/CA, 7.7.1947
(6) Press Democrat, Santa Rosa/CA, 8.7.1947
(7) Santa Maria Times, Santa Maria/CA, 3.7.47
(8) The Memphis Press-Scimitar, Memphis/TS, 5.7.47
(9) Los Angeles Examiner, Los Angeles/CA, 5.7.47
(10) Tacoma Times, Tacoma/WA, 8.7.1947

(11) The Denver Post, Denver/CO, 6.7.47
(12) Mercury Herald, San Jose/CA, 5.7.47/Examiner, San Fran-
    cisco/CA, 5.7.47
(13) The Clearwater Sun, Clearwater/FL, 6.7.47
(14) Mercury News, San Jose/CA, 6.7.47
(15) The Bakersfield Californian, Bakersfield/CA, 5.7.47
(16) Associated Press, 6.7.47
(17) Chicago Daily News, Chicago/IL, 7.7.47
(18) Ebd.
(19) Los Alamos Historical Society: Los Alamos - Beginning of an
    Era, Los Alamos 1986
(20) Bärwolf, Adalbert: Die Geheimfabrik, München 1994
(21) Bhagavad Gita, 11.12, 11.30, 11.32
(22) Berlitz, Charles und Moore, William: The Roswell Incident,
    New York 1980
(23) Pratt, Bob: Interview mit Col. Jesse Marcel, 8.12.79
(24) The Arizona Republic, 9.7.47
(25) Arnold/Palmer 1952
(26) Ebd.
(27) FBI-Telex vom 11.7.1947
(28) Arnold/Palmer 1952
(29) Arnold/ Palmer 1952
(30) San Francisco Chronicle, San Francisco/CA, 9.7.47
(31) Pratt, Bob: Interview mit Col. Jesse Marcel, 8.12.79
(32) Roswell Daily Record, Roswell/NM, 9.7.47

2. Das Trümmerfeld

(1) Roswell Daily Record, 8.7.47
(2) Eidesstattliche Versicherung von William M. Woody, 28.9.93
(3) Randle, Kevin D. & Schmitt, Donald R.: The Truth About the
    UFO Crash at Roswell, New York 1994
(4) EV von James Ragsdale, 27.1.93

(5) EV von Loretta Proctor, 5.5.91
(6) Persönliches Interview mit Loretta Proctor, 3.7.95
(7) EV von Bessie Schreiber geb. Brazel, 22.9.93
(8) Persönliches Interview mit James Joyce, 8.12.93
(9) Pratt, Bob: Interview mit Col. Jesse Marcel, 8.12.79 in: Pflock, Karl: Roswell in Perspective, Mount Rainier, MD, 1994
(10) EV von General Thomas Jefferson DuBose vom 16.9.91
(11) Fund for UFO Research (FUFOR): Interview mit Elisabeth Tulk, in: Recollections of Roswell (Video), Mount Rainier, MD, 1993
(12) FUROR: Interview mit Phyllis Mcguire in: Recollections of Roswell (Video), Mount Rainier, MD, 1993
(13) Pratt, Bob: Interview mit Col. Jesse Marcel, 8.12.79
(14) FUROR: Interview mit Col. Jesse Marcel, in: Recollections of Roswell (Video), Mount Rainier, MD, 1993
(15) Pratt, Bob: Interview mit Col. Jesse Marcel, 8.12.79
(16) EV von Dr. med. Jesse A. Marcel jr., 6.3.1991

3. Die Vertuschung

(19) Randle, Kevin und Schmitt, Donald: UFO Crash at Roswell, New York 1991
(2) Eidesstattliche Versicherung von Walter Haut, 14.5.93
(3) Persönliches Interview mit Walter Haut, 25.6.1993
(4) Roswell Daily Record, Roswell, NM, 8.7.47
(5) FUROR-Interviews mit Phyllis McGuire und Elisabeth Tulk, in: Recollections of Roswell (Video), Mount Rainier, MD, 1993
(6) Persönliches Interview mit James Joyce, 10.12.93
(7) EV von George Walsh, 13.9.1993
(8) EV von Lydia A. Sleppy, 14.9.1993
(9) EV von William Woody, 28.9.1993
(10) EV von J.O. Bud Payne, 14.9.1993
(11) Randle, Kevin und Schmitt, Donald: The Truth About the UFO Crash at Roswell, New York 1994
(12) EV von George „Jud" Roberts, 30.12.91
(13) EV von Jason Kellahin, 20.9.93
(14) Persönliches Interview mit James Joyce, 10.12.93
(15) EV von Loretta Proctor, 5.5.91
(16) Friedman, Stanton T. und Berliner, Don: Crash at Corona, New York 1992
(17) Randle/Schmitt 1994
(18) Ebd.
(19) Friedman/Berliner 1992
(20) EV von George „Jud" Roberts, 30.12.91
(21) Roswell Daily Record, Roswell/NM, 10.7.47
(22) Randle/Schmitt 1991
(23) Friedman/Berliner 1992
(24) EV von Sally Strickland-Tadolini vom 27.9.93
(25) Friedman/Berliner 1992
(26) Ebd.
(27) EV von Robert Shirkey, 30.4.91
(28) Persönliches Interview mit Robert Shirkey am 25.6.93 und 3.7.95
(29) EV von Robert P. Porter, 7.6.91
(30) Ebd.
(31) Schmitt, Don und Randle, Kevin: The Fort Worth Press Conference, in: Eberhart, George M. (Hrsg.): The Roswell Report, Chicago/IL 1991
(32) Newton, Irving: Statement of Suspect/Witness/Complainant, AFOSI Detachment 401, Randolph AFB, TX, 21. Jul. 1994, in: Headquarters United States Airforce: The Roswell Report, Washington D.C. 1995
(33) EV von Walter Haut, 14.5.93
(34) EV von General Thomas Jefferson DuBose, 16.9.91
(35) Roswell Daily Record, 9.7.47
(36) Persönliches Interview mit Robert Shirkey am 25.6.93
(37) Berlitz, Charles und Moore, Bill, The Roswell Incident, New York 1980
(38) FBI-Telex vom 8.7.47
(39) EV von Arthur R. McQuiddy, 19.9.93
(40) Moore, William L.: Crashed Saucers: Evidence in Search of Proof, in: MUFON Symposium Proceedings, Seguin/TX 1985

4. Nicht von dieser Erde

(1) Persönliches Interview mit Glenn Dennis am 8.12.93
(2) Eidesstattliche Versicherung von Glenn Dennis, 7.8.91
(3) Persönliches Interview mit Glenn Dennis am 8.12.93
(4) EV von Glenn Dennis, 7.8.91
(5) Roswell Daily Record, Roswell, NM, 8. Juli 1947
(6) EV von L.M. Hall, 15.9.93
(7) EV von David N. Wagnon, 15.11.93
(8) Friedman, Stanton und Berliner, Don: Crash at Corona, New York 1992
(9) EV von Vern Maltais. 23.4.91
(10) FUROR: „Recollections of Roswell" (Video), Mt. Rainier, MD, 1993
(11) Randle, Kevin und Schmitt, Don: The Truth About the UFO Crash at Roswell, New York 1994
(12) Ebd.
(13) Carey, Thomas: The Continuing Search for the Roswell Ar-

chaeologists, in: International UFO Reporter, Vol. 19, Nr.1, Chicago/IL 1994

(14) Randle/Schmitt 1994

(15) Ebd.

(16) Carey, Thomas 1994

(17) EV von Jim Ragsdale, 27.1.1993

(18) Pflock, Karl T.: Roswell in Perspective, Mt. Rainier, MD, 1994

(19) EV von Frankie Rowe, 22.11.93

(20) EV von Helen Cahill, 22,11,93

(21) FUROR 1993

(22) Randle/Schmitt 1994

(23) Persönliches Interview mit Frank Kaufmann am 12.7.95

(24) Pflock, Karl, 1994

(25) Randle/Schmitt 1994

(26) EV von Robert E. Smith, 10.10.91

(27) Friedman, Stanton und Berliner, Don: Crash at Corona, New York 1992

(28) Good, Timothy: Alien Liaison, London 1991

(29) Friedman/Berliner, 1992

(30) Ecker, Don: in: UFO Magazine,

(31) Interview mit Beverly Brown im Video „UFO Secret: The Roswell Crash" (New Century Productions 1993)

(32) Ebd.

(33) EV von Robert E. Smith, 10.10.91

(34) EV von Robert Shirkey, 30.4.91

(35) Pflock, Karl 1994

(36) Ebd.

(37) Ebd.

(38) Filer, George und Stefula, Joe: Roswell-Witness, Bericht vom 11.9.95

(39) Randle/Schmitt 1994

(40) EV von Earl L. Zimmermann, 2.11.93

(41) Persönliches Interview mit Frank Kaufmann, 12.7.95

5. Unter strengster Geheimhaltung

(1) Berlitz, Charles und Moore, William L.: The Roswell Incident, New York 1980

2) Friedman, Stanton: Final Report on Operation Majestic 12, Mount Rainier, MD, 1990

(3) Ebd.

(4) Albuquerque Journal, Albuquerque, NM, 9.7.47

(5) Randle, Kevin und Schmitt, Don: The Truth about the UFO Crash at Roswell, New York 1994

(6) Ebd.

(7) Ebd.

(8) Eidesstattliche Versicherung von Robert E. Smith, 10.10.91

(9) Ebd.

(10) EV von Sappho Henderson, 9.7.91

(11) Friedman, Stanton und Berliner, Don: Crash at Corona, New York 1992

(12) Ebd.

(13) EV von Mary Kathryn Goode, 14.8.91

(14) Interview mit Mary K. Goode in:"Recollections of Roswell" (Video), Mount Rainier, MD 1993

(15) Randle, Kevin: Roswell UFO Crash Update, New York 1995

(16) EV von Robert A. Slusher, 23.5.93

(17) Randle/Schmitt 1994

(18) Randle 1995

(19) Randle/Schmitt 1994

(20) Moore, William L.: Crashed Saucers: Evidence in Search of Proof, in: MUFON Symposium Proceedings, Seguin/TX 1985

(21) Ders.: „The Roswell Investigation", in: MUFON Symposium Proceedings, Seguin/TX 1982

(22) FBI-Memorandum, 10.7.1947

(23) Ebd.

(24) Air Defense Command Headquarter-Memorandum vom 3.9.47

(25) FBI-Memorandum, 19.9.1947

(26) Schreiben von Hoover an Gen. Maj. George C. McDonald, 27.9.47

(27) FBI-Memorandum, 22.3.50

(28) Stringfield, Leonard: UFO Crash/Retrievals: The Inner Sanctum, Cincinatti/OH 1991

(29) Twining, Nathan F.: Air Accident Report on „Flying Disc" Aircraft crashed near White Sands Proving Ground, New Mexico", 16.7.47, zitiert nach: Stringfield, Len: UFO Crash/Retrievals: Search for Proof in a Hall of Mirrors, Cincinatti/OH 1994

(30) Persönliches Interview mit Helga Küppers-Morrow, 1.12.95

(31) Stringfield, Len 1993

(32) Twining. Nathan F.: AMC Opinion Concerning „Flying Discs", 23.9.47

(33) Schulgen, F.: Intelligence Requirements on Flying Saucer Type Aircraft, 30.10.47

(34) Zitiert nach Friedman/Berliner, 1992

(35) Ruppelt, Edward: The Report on Unidentified Flying Objects, New York 1958

(36) Friedman/Berliner 1992

(37) EV von Earl Zimmermann, 2.11.93

(38) Pflock, Karl: Roswell in Perspective, Mount Rainier, MD, 1994

6. Hinter verschlossenen Türen

(1) Frank Scully: Scullys Scrapbook, in: Variety, Los Angeles/CA, 12.10.49
(2) ders.: Behind the Flying Saucers, New York, NY 1950
(3) Cahn, J.P.: The Flying Saucers and the Mysterious Little Men", in: True, New York, N.Y., September 1952
(4) The Denver Post, Denver, CO, 29.12.53
(5) Scully, Frank: In Armour Bright, Chilton 1963
(6) Smith, Wilbert: Memorandum to the Controller of Telecommunications, Ottawa, 21.11.50
(7) Ders.: Persönliche Aufzeichnungen vom 15.9.50
(8) Ders.: Memorandum to the Controller of Telecommunications, Ottawa, 21.11.50
(9) McGraw-Hill: Modern Scientists and Engineers, Vol.1, 1980
(10) Ders., Vol. 3, 1980
(11) Schreiben von Dr. Robert I. Sarbacher an William Steinman, 29.11.83
(12) Cameron, Grant und Crain, T. Scott: UFOs, MJ-12 and the Government, Seguin, TX, 1991
(13) McGraw-Hill, Vol.3, 1980
(14) Dept. of Defense, Routing Slip, 18.12.50.
(15) Telefonat zwischen Dr. Eric A. Walker und William Steinman, 30.8.87. Zitiert nach: Cameron/Crain, 1991
(16) Schreiben von Dr. E.A.Walker an William Steinman, 23.9.87
(17) Cameron/Crain, 1991
(18) Ebd.
(19) Centre Democrat, Bellefonte, PA, 26.7.89
(20) Telefonat zwischen Dr. Eric A. Walker und Dr. Henry Azadehdel, 8.3.1990, zitiert nach Cameron/Crain, 1991
(21) Schreiben von Dr. Fred Darwin an William Steinman vom März 1984, zitiert nach Cameron/Crain, 1991
(22) Randle, Kevin und Schmitt, Don: The Truth About the UFO Crash at Roswell, New York 1994
(23) Ebd.
(24) Ruppelt, Edward J.: The Report on Unidentified Flying Objects, New York 1956
(25) Randle, Kevin: Roswell UFO Crash Update, New York 1995

7. Der Falke meldet sich

(1) Moore, William und Shandera, Jaime: The MJ-12 Documents, Burbank 1990
(2) Operation Majestic 12: Briefing Document Prepared for President-Elect Dwight D. Eisenhower (TS/EO), 18.11.52
(3) AFOSI Telex vom 17.11.80
(4) AFOSI Telex vom 9.12.81
(5) Moore/Shandera, 1990
(6) Moore, William: UFOs and the U.S. Government, in: Focus, Burbank, CA, Vol.4, Nr.4-6, Juni 1989
(7) Friedman, Stanton: Final Report on Operation Majestic 12, Mt. Rainier, MD, 1990
(8) Ebd.
(9) Schreiben von Dr. Roger Wescott, 7.4.86
(10) Friedman, 1990
(11) Schreiben von Dr. Donald Menzel an John F. Kennedy, 3.11.60
(12) Schreiben von Dr. Donald Menzel an John F. Kennedy, 27.12.60
(13) Menzel, Donald: Review of the History of the Loyalty Hearings (1950), o.D. (Anfang der 70er Jahre), zitiert nach: Friedman, 1990
(14) zitiert nach Friedman 1990, S.19
(15) Friedman, 1990
(16) Klass, Phil: The MJ-12 Crashed Saucer Documents, in: Skeptical Inquirer, Washington D.C., Winter 1987-88
Ders.: The MJ-12 Papers, Part 2, in: Skeptical Inquirer, Washington D.C., Spring 1988
Ders.: New Evidence of MJ-12 Hoax, in: Skeptical Inquirer, Winter 1990
(17) Victorian, Armen: MJ-12-Documents, Dead & Burned, in: UFO Magazine, Leeds, GB, Okt. 1992
(18) Lear, John: The John Lear Statement, Las Vegas 1988, Keel, John: Visitors from Space, New York 1975
(19) Moore/Shandera, 1990
(20) Memorandum von Robert Cutler an Nathan Twining, 14.7.54
(21) Robert Cutler, Anweisung an Mr. Lay/Mr. Coyne vom 3.7.54
(22) Friedman, 1990
(23) Memorandum George Marshalls an Harry Truman, 25.9.47
(24) McGraw-Hill, Modern Scientists and Engineers, Vol.1, 1980
(25) Ebd.
(26) Mitteilung von Bob Shell, 25.1.96
(27) Current Biography, New York 1949. Entdeckt von Theresa Carlson und Bob Shell
(28) Condon, Edward U.: Scientific Study of Unidentified Flying Objects, New York 1969
(29) McGraw-Hill, 1980
(30) Ebd.
(31) FBI-Memorandum, 22.3.50
(32) Durant, F.C.: Report of Meetings of Scientific Advisory Panel on Unidentified Flying Objects convened by Office of Scientific Intelligence, CIA, Washington D.C. 1953
(33) Friedman, Stanton und Berliner, Don: Crash at Corona, New York 1992

Good, Timothy: Above Top Secret, London 1986

(34) Randle, Kevin: Roswell UFO Crash Update, New York 1995

8. Die majestätischen Zwölf

(1) Howe, Linda Moulton: An Alien Harvest, Huntingdon Valley, CO 1989 und persönliches Interview, 5.8. 1992
(2) Fawcett, Lawrence und Greenwood, Barry: Clear Intent, Englewood Cliffs, N.J. 1984 und United States District Court for the District of Columbia, Civil Action No. 80-1562, CAUS vs. NSA: Summary Judgement, 18.11.80
(3) United States District Court for the District of Columbia, Civil Action No. 80-1562, CAUS vs. NSA: In Camera Affidavit of Eugene F. Yeates, 30.9.1980
(4) Doty, Richard: Kirtland AFB, NM, 8 Aug.-3 Sep. 80, Alleged Sightings of Unidentified Aerial Lights in Restricted Test Range, AFOSI-Bericht vom 2.-9. Sept. 80
(5) Howe 1989 und pers. Interview 5.8.92
(6) Moore, William und Shandera, Jaime: The MJ-12 Documents, Burbank 1990
(7) MJ 12: Executive Briefing - Subject: Project Aquarius (TS), Washington D.C. 1976
(8) Moore/Shandera: The Falcon-Tape (Video), Burbank 1990
(9) UFO Cover Up: Live, CBS-Fernsehsendung, produziert von M.Seligman/Vertrieb: Lexington Broadcast Service (LBS), ausgestrahlt am 14.10.1988
(10) Moore, William: Revelations - UFOs and the U.S. Government, in: Focus, Burbank/CA, Volume 4, Nr. 7-9, Sep. 1989
(11) Majestic-12 Group: Extraterrestrial Entities and Technology - Recovery and Disposal, MJ-12 4838B-Maj 378455-64-3, April 1954
(12) Dept. of the Air Force: Air Force Regulation No. 200-2, Intelligence - Unidentified Flying Objects Reporting, Washington D.C. 12.8.54
(13) Dept. of the Air Force: AFCIN Intelligence Team Personnel, Washington D.C., 3.11.61
(14) Dept. of State Airgram: To all American diplomatic and Consular Posts - Guidance for Dealing with Space Objects, Washington D.C., 18.7.73
(15) Majestic-12 Group, 1954

9. Das blaue Labor

(1) Weiner, Tim: Blank Check - The Pentagons Black Budget,

New York 1990
(2) Andrews, Christopher: For the President's Eyes Only, New York 1995
(3) Operation Majestic 12: Briefing for President Elect Dwight D. Eisenhower, 18.11.52
(4) Kofsky, Frank: Harry S. Truman and the War Scare of 1948, New York 1995
(5) New York Times, New York, NY, 7.4.1948
(6) Kofsky 1995
(7) Aviation Week, 21.6.48
(8) Randle, Kevin: Roswell UFO Crash Update, New Brunswick, NJ 1995
(9) Beckley, Timothy Green: MJ-12 and the Riddle of Hangar 18, New Brunswick, NJ 1989
(10) Ebd.
(11) Stringfield, Leonard: The UFO Crash/Retrieval Syndrome, Seguin/TX 1980
(12) Crain. T. Scott: Hackers UFO Files on „Dateline", in: UFO Magazine, Vol.9, No.3, Sunland/CA 1994
(13) Stringfield, Leonard: UFO Crash/Retrievals: Amasing the Evidence, Cincinatti/OH 1982
(14) Ebd.
(15) Ebd.
(16) Beckley 1989
(17) Moseley, James: The Wright Field Story, Clarksburg 1971
(18) Gunn, Lt.Col. James H.: Bericht an den Kommandierenden Offizier des ATIC, Wright Patterson AFB, Ohio, 12.8.1952
(19) Headquarters Tenth Air Force, Office of the Air Provost Marshal. Selfridge AFB, Michgan: Transfer of Special File (WHEELER, Clyde E.), 10.7.52
(20) Berlitz, Charles und Moore, William: The Roswell Incident, New York 1980
(21) „Larry King live in Area 51", Sendung auf TNT, 1.10.94
(22) Schreiben Barry Goldwaters an Shlomo Arnon, 28.3.75
(23) Schreiben Barry Goldwaters an Lee Graham, 19.10.81
(24) Cameron, Grant und Crain, T. Scott: UFOs, MJ-12 and the Government, Seguin/TX 1991
(25) Persönliches Interview mit William Holden, 1.12.95
(26) Ecker, Vickie: UFOs linked to „Marilyn"-Conspiracy, in: UFO-Magazine, Vol.10, Nr.2, Sunland/CA 1995
(27) CIA-Report des New Yorker Büros, Subject: Marilyn Monroe, 3.8.62
(28) Los Angeles Examiner, Los Angeles/CA, 23.5.55
(29) Lane, Mark: Plausible Denial, London 1992
(30) Schreiben von John Lear an Robert Dorff Auctioneers, 3.3.90
(31) Beckley, Timothy Green: UFOs among the Stars, New Bruns

wick, NJ 1992

(32) Gleason, Beverly: Jackie Gleason Saw Bodies of Space Aliens at Air Force Base, in: National Enquirer, 16.8.83

(33) Beckley 1992

10. Das Land der Träume

(1) Los Alamos Montor, Los Alamos, NM, 28.6.82
(2) Persönliches Interview, 15.6.93
(3) Turner, Admiral Stansfield: Secrecy and Democracy: The CIA in Transition, London 1986
(4) Persönliches Interview, 15.6.93
(5) Good, Timothy: Alien Contact, New York 1993
(6) Persönliches Interview, 15.6.93
(7) Holt, Alan: Field Resonance Propulsion Concept, NASA, Houston/TX 1979
(8) Sunday Times, London/GB, 13.8.95
(9) Zitiert nach: Der Spiegel Nr.50, Hamburg, 12.12.95
(10) Good 1993
(11) Persönliches Interview, 6.12.92
(12) Knapp, George: Area 51, Bob Lazar, and Disinformation - A Reevaluation, in: MUFON Symposium Proceedings, Seguin/TX, 1993
(13) Good 1993
(14) Knapp 1993
(15) Persönliches Interview, 12.6.93
(16) Persönliches Interview, 13.6.93
(17) Persönliches Interview, 28.6.93
(18) ABC News, 3.12.92
(19) Persönliches Interview, 12.6.93
(20) Chronicle, San Francisco, 30.5.95

11. Geheimnisse der schwarzen Welt

(1) Rich, Ben R. und Janos, Leo: Skunk Works, Boston 1994
(2) Weiner, Tim: Blank Check - The Pentagon`s Black Budget, New York 1990
3) Steinman, William und Stevens, Wendelle: UFO Crash at Aztec, Tucson 1986
(4) Ebd.
(5) Ebd.
(6) Zitiert nach: Good, Timothy: Alien Liaison, London 1991
(7) Skinner, Michael: Red Flag: Air Combat for the 80`s, Presidio 1984

(8) Good 1991
(9) Schults, Jim: Stealth - and Beyond, in: Gung Ho, Februar 1988
(10) Knapp, George: Area 51, Bob Lazar and Disinformation - A Reevaluation, in: MUFON Symposium Proceedings, Seguin/TX, 1993 und persönliches Interview am 16.6.93
(11) Persönliches Interview im Beisein von W.C.Stevens, Dez. 92
(12) Persönliches Interview, 28.6.93
(13) Persönliches Interview, 3.12.94
(14) Persönliches Interview, 6.12.92
(15) Zitiert nach Good 1991
(16) Examiner, San Francisco/CA, 19.12.94 und Bee, Sacramento/CA, 26.12.94
(17) Zitiert nach Gentleman Quarterly, London, December 1995
(18) Executive Order # 12958, 17.4.95
(19) Magazin 2000 Nr. 108, Neuss, Januar 1996
(20) Knapp 1993

12. Die Antwort der Luftwaffe

(1) Albuquerque Journal, Albuquerque, NM, 13.1.94 und 14.1.94 Washington Post, Washington D.C., 14.1.94 Arkansas Democrat-Gazette, Little Rock, AR, 15.1.94
(2) Weaver, Col. Richard: Report of Air Force Research regarding the 'Roswell Incident', Washington D.C. 1994
(3) Randle, Kevin und Schmitt, Don: UFO Crash at Roswell, New York 1991
(4) Weaver 1994
(5) Roswell Daily Record, Roswell, NM, 9.7.47
(6) Weaver 1994
(7) Pratt, Bob: Interview mit Col. Jesse Marcel, 8.12.79
(8) Weaver 1994
(9) Smith, Robert E.: Eidesstattliche Erklärung vom 10.10.1991
(10) Pratt 1979
(11) Smith 1991
(12) Randle, Kevin und Schmitt, Don: The Report on the Conclusions of the Recent Air Force Analysis of the Roswell Incident, Marion, IA, 1994
(13) Weaver 1994
(14) Randle, Kevin und Schmitt, Don: The Truth About the UFO Crash at Roswell, New York 1994
(15) Schulgen, Gen. F.: Intelligence Requirements on Flying Saucer Type Aircraft, 30.10.47
(16) McCoy, Col. N.M.: Bericht an den Commanding General AAF, Subject: Flying Saucer, 25.8.47

(17) (Project Mogul) Moore, Charles B.: Constant Level Balloon, Research Division Project No.93, New York, 1.4.48
(18) Weaver 1994
(19) International Roswell Initiative: The Roswell Declaration, 1994
(20) Koch, Joachim: Der Santilli-Zirkus - Eine Mitteilung der Internationalen Roswell-Initiative, in: UFO-Kurier Nr.13, Rottenburg 1995
(21) Schiff, Steve: News Release, 28.7.95
(22) United States General Accounting Office: Results of a Search for Records Concerning the 1947 Crash Near Roswell, New Mexico (GAO/NSIAD-95-187), Washington D.C. 1995

13. Der Roswell-Film

(1) Santilli, Ray: My Story (Manuskript, 1995) Mantle, Philip: An Interview with Ray Santilli, in: UFOs: Examining the Evidence, Batley 1995 und persönliches Interview am 5.9.95
(2) „Operation Anvil" - Abschrift eines Interviews Ray Santillis mit dem Kameramann Jack B., veröffentlicht 1995
(3) Persönliches Interview, 5.9.95
(4) Mantle, Philip: The Roswell Film Footage, in: UFO Times, Baley, Nr.36, Jul./Aug.1995
(5) Persönliches Gespräch mit Reg Presley, 18.2.95
(6) Santilli, Ray: Persönliche Mitteilung am 15.3.95
(7) Mantle 1995
(8) Hesemann, Michael: Enthüllt: Die Roswell-Filme, in: Magazin 2000 Nr. 105, Neuss, Juli 1995
(9) Rai Due, 17.10.95
(10) „Alien Autopsy - Fact or Fiction", TV-Sendung, Fox-Network/USA, 29.8.95
(11) Skeptics UFO Newsletter, Washington D.C., November 1995
(12) „Elefant im Garten", in: Der Spiegel, Hamburg, Nr. 45, 6.11.95
(13) Persönliche Mitteilung von Terry Blanton, 31.10.95
(14) Time-Magazine, New York, 18.12.95
(15) Skeptics UFO Newsletter, Washington D.C., January 1996
(16) „Alien Autopsy - Fact or Fiction", Fox TV, 29.8.95
(17) VonKeviczky, Col. Colman: Gutachten vom 8.11.1995
(18) LaParl, W.P.: Who was Who, New York
(19) Jeffrey, Kent: The Purported 1947 Roswell Film in: MUFON UFO Journal, Nr.326, Seguin/TX, Juni 1995
(20) Talbot, Michael: The Holographic Universe, New York 1991 Bohm, David: Die Implizite Ordnung, München 1985; Sheldrake, Rupert: Die Wiedergeburt der Natur, Bern 1991; Buttlar, Johannes von: Gottes Würfel, München 1992
(21) Sitchin, Zecharia: The Twelfth Planet, New York 1976

Ders.: Genesis Revisited, New York 1990
(22) Milroy, Dr. Christopher: Gutachten vom 2.6.95
(23) Wingfield, George: Persönliche Mitteilung vom 12.6.95
(24) Wachter, Hanspeter: Schreiben vom 24.1.96
(25) Roed, Odd-Gunnar: Norwegian Pathologists view the Roswell-Footage, Bericht vom März 1996
(26) „Alien Autopsy - Fact or Fiction", Fox TV, 29.8.95
(27) Observer, London, GB, 23.7.95
(28) TF 1, 23.10.95
(29) Ebd.
(30) Rai Due, 17.10.95
(31) Suriyathep, Robert: Analysis of the Aliens` Anatomy, 20.1.96
(32) Operation Majestic 12: Briefing Document, Prepared for President-Elect Dwight D. Eisenhower (TS/EO), 18.11.52
(33) Jansen, T.: Der „Roswell-Alien": Progerie, in: Münchner med. Wochenschrift, Nr. 9, München, 1. März 1996
(34) „Wie im Lehrbuch", in: Der Spiegel, Hamburg, 29.4.1996
(35) Stokes, Trey: Special Effects - The Fine Art of Fooling People, in: UFO-Times, London, Jan. 1996
(36) ARTE, 29.8.1995
(37) Potsdamer Neueste Nachrichten, Potsdam/D, 30.8.95
(38) Stern TV, RTL, .11.96
(39) Welt am Sonntag, Hamburg/D, 28.1.96
(40) „Alien Autopsy - Fact or Fiction", Fox TV, 29.8.95
(41) Rai Due, 17.10.95
(42) Persönliches Interview, 8.9.95
(43) Murphy, Dennis: Panel Debris Analysis, 30.10.95
(44) Persönliche Mitteilung, 26.10.95
(45) Persönliches Interview, 3.12.95
(46) Persönliche Mitteilung, 24.1.96
(47) Interview mit Ted Loman, 20.2.96
(48) Persönliche Mitteilung von Colin Andrews, 28.6.95
(49) Persönliche Mitteilung von Philip Mantle, 26.6.96
(50) Schreiben von Eastman Kodak Co. Hollywood, Juni 1995 (o.D.)
(51) Schreiben von Kodak Ltd., London, 14.6.95
(52) Schreiben von Kodak Kopenhagen, 5.7.95
(53) Schreiben von Eastman Kodak Co. Hollywood, Juni 1995 (o.D.)
(54) Shell, Bob: Film Evaluation, 19.8.95
(55) Ders.: Summary of Points in Physical Research on Film Dating, 6.9.95

14. Reise nach Roswell

(1) Persönliches Interview, 14.7.94

(2) Pratt, Bob: Interview mit Col. Jesse Marcel, 8.12.79

(3) Roswell Daily Record, Roswell, NM, 10.7.47

(4) Santilli, Ray auf dem „Encounters"-Forum auf CompuServe, 24.6.95

(5) Dokument im New Mexico Institute of Mining & Technology in Socorro, NM

(6) Wykel, Llewellyn und Kelly, Karol: The Six Mile Canyon Crash Site, Bericht vom 24.9.95

(7) Schreiben an Art Bell, 10.9.95

(8) Mitteilung von Bob Shell, 23.1.96

(9) Persönliches Interview, 19.2.96

(10) Twining, Gen. Nathan: Air Accident Report on 'Flying Disc' aircraft crashed near White Sands Proving Grounds, NM vom 18.7.47

(11) „Operation Anvil", Abschrift eines Interviews Ray Santillis mit dem Kameramann Jack B., veröffentlicht 1995

(12) Persönliches Interview, 25.6.90

(13) Persönliches Interview, 2.12.95

(14) Persönliches Interview, 3.12.95

15. Der Sternenälteste

(1) Persönliches Interview, 3.12.95

(2) Schriftliche Mitteilung vom 12.1.96

(3) Brugger, Karl: Die Chronik von Akakor, Düsseldorf 1976

(4) Sitchin, Zecharia: The Twelfth Planet, New York 1976

(5) Hesemann, Michael: Botschaft aus dem Kosmos, Neuwied 1993

(6) Ders.: Das Land der Götter, in: Magazin 2000, Düsseldorf, Nr.90/November 1992

(7) Tomas, Andrew: Die Smaragdene Tafel des Hermes Trismegistos, in: Magazin 2000, Düsseldorf, Nr.93/Mai 1993

(8) Robinson, Andrews: Story of Writing, London 1960

(9) Naveh, Joseph: Die Entstehung des Alphabets, Jerusalem 1994

(10) Zauzich, Karl Theodor: Hieroglyphen ohne Geheimnis, Mainz 1980

(11) Watterson, Barbara: Introducing Egyptian Hieroglyphs, Edinburgh 1993

(12) Wallis-Budge, E.A.: An Egyptian Hieroglyphic Dictionary, Vol. 1-2. London 1920

(13) Ders.: Egyptian Language (Reprint), London 1966

(14) Däniken, Erich von: Meine Welt in Bildern, Düsseldorf 1973

(15) Homet, Marcel: Die Söhne der Sonne, Olten 1958

(16) Berlitz, Charles: Mysteries of Forgotten Worlds, New York 1972

(17) Charroux, Robert: Vergessene Welten, Düsseldorf 1974

(18) Herrera, Salvador Lopez: The Canary Islands Through History, Santa Cruz o.J.

(19) Berlitz, Charles: Der 8. Kontinent, Hamburg 1984

(20) Charroux, Robert: Das Rätsel der Anden, Düsseldorf 1978 und „Glozel Tafeln doch echt!" in: Magazin 2000, Düsseldorf, Nr.97/Januar 1994

(21) Morningsky, Robert: The Santilli Hieroglyphs, 1996

(22) Wallis-Budge, E.A.: An Egyptian Hieroglyphic Dictionary, Vol. I & II, London 1920

(23) Ebd.

(24) Zauzich, Karl-Th.: Hieroglyphen ohne Geheimnis, Mainz 1980

(25) Naveh, Joseph: Die Entstehung des Alphabets, Jerusalem 1994

(26) Morningsky, Robert: The Santilli Hieroglyphs, 1996

(27) Tarter, J.C./Michaud, M.A.: SETI Post Detection Protocol, Washington D.C. 1990

(28) Jones, C.B.: When Cosmic Cultures Meet, (Konferenzprogramm) Washington D.C.

Register

Jenseits von Roswell:
Wie Sie sich weiter aktuell informieren können:

AUF VIDEO:

ROSWELL: THE FOOTAGE
Das komplette „Santilli-Material": Der Autopsiefilm, die Wrackteile, in voller Länge plus Interviews mit Ray Santilli und den wichtigsten Augenzeugen des Roswell-Zwischenfalls: Video, VHS, 65
Min., englische Originalversion, DM 88,--

GEHEIMNISSE DER SCHWARZEN WELT
Alles über die mysteriöse AREA 51 in Nevada. Original-Filmauf-
nahmen von den Testflügen geborgener fremder Raumschiffe, Interviews mit Augenzeugen und Forschern, darunter Nukl.-Phys.
Robert Lazar, Bill Uhouse, Derek Hennessy, Lt. Col. Wendelle Stevens, John Lear, George Knapp, Jim Goodall, Gary Schultz, Sean
Morton, Bill Hamilton III. u.v.a.. Preisgekrönte Dokumentation. Video, VHS, 135 Min., in deutscher Sprache, DM 98,--

UFOs: DIE BEWEISE
Was die Regierungen wirklich über UFOs wissen: 44 UFO-Ori-
ginalfilme, darunter sensationelles Material aus den Archiven der
NASA, US-Luftwaffe und der Sowjetunion, Interviews mit Johan-
nes von Buttlar, Zecharia Sitchin,
Lt. Col. Wendelle Stevens, Com.-Sgt. Major Robert o.Dean, Ma-
rina Popovich, Bob Lazar u.v.a. Gewann vier Filmpreise.
Video, VHS, 110 Min., in deutscher Sprache, DM 109,--

Zu bestellen bei: Verlag Michael Hesemann,
                    Worringerstr. 1, D- 40211 Düsseldorf,
                    Fax: 0211 - 354893

BÜCHER: Offizielle UFO-Dokumente

Sämtliche in diesem Buch zitierten Originaldokumente aus den
Archiven des CIA und des FBI und viele mehr finden sie repro-
duziert und mit deutscher Übersetzung in den beiden großen UFO-
Dokumentationen des Autors:

Michael Hesemann: UFOs: DIE BEWEISE
Eine Dokumentation
8. Aufl., 124 S., Pb., Großformat, DM 29,80

ders.: UFOs: NEUE BEWEISE
168 S., Pb., Großformat, DM 38,00

Außerdem lieferbar:
Michael Hesemann: UFOs ÜBER DEUTSCHLAND
ca 200 S., Pb., ca. DM 19,80

erhältlich bei: Verlag M.Hesemann,
                  Worringerstr. 1, D- 40211 Düsseldorf
                  Fax: 0211 - 354893

ZEITSCHRIFT: Immer aktuell über UFOs informiert...

Für jeden, der weiterdenkt: Regelmäßig die neuesten UFO-Sichtungen, Beweise, Kongresse, Interviews mit Forschern und Augenzeugen finden Sie in der Zweimonats-Zeitschrift MAGAZIN
2000 (Jahresabonnement: DM 60,--), Probeheft gegen DM 2,--
in Briefmarken bei:

                  MAGAZIN 2000, Verlag Gather Druck,
                  Ingrid Schlotterbeck, Lupinenstr. 103,
                  D- 41466 Neuss

Übrigens: MAGAZIN 2000 hat als erste deutsche Zeitschrift von
Anfang an über die Diskussion um den „Roswell"-Autopsiefilm
berichtet... MAGAZIN 2000-Leser sind immer früher und besser
informiert...

UFO-SICHTUNGEN?

Haben Sie selbst ein UFO gesehen, vielleicht sogar fotografiert?
Haben Sie Kenntnis von einer behördlichen oder militärischen Aktivität in Sachen UFOs? Dann wäre der Autor Ihnen dankbar, wenn
Sie ihm Ihre Erfahrungen schriftlich mitteilen könnten. Seine An-
schift:

                  Michael Hesemann, c/o 2000 Film Prod.,
                  Worringerstr. 1, D- 40211 Düsseldorf,
                  Fax: 0211 - 354893

Michael Hesemann

Mit einem Vorwort von Johannes von Buttlar.

Geheimsache U.F.O

Die wahre Geschichte der unbekannten Fligobjekte

Mit über 500 s/w-Abbildungen und Farbfotos

Dieses Buch ist ein Kompendium aus 40 Jahren UFO-Forschung, fundiert durch gründliche Recherchen des Autors und freigegebene Geheimakten des CIA und des KGB. Das Buch berichtet u. a. von UFO-Abstürzen und Bergungen, bei denen man auf die Körper einer unbekannten menschenähnlichen Rasse stieß, die nicht von diesem Planeten stammt, von erfolgreichen Versuchen der Kontaktaufnahme mit unbekannten Intelligenzen und anderen ungewöhnlichen Begegnungen mit Außerirdischen. Hesemann behandelt auch ausführlich historische Quellen, die eindeutig die Existenz von UFOs bestätigen. Es ist das spannendste und vollständigste Buch zum Thema, nach dessen Lektüre selbst für den Skeptiker kein Zweifel mehr bestehen kann, daß wir nicht allein im Weltall sind.

ISBN 3-931 781-83-0   gebunden 520 Seiten, DM 49,90

Michael Hesemann

Kornkreise

Die Geschichte eines Phänomens

Aktualisierte und erweiterte Neuauflage des internationalen Bestsellers „Botschaft aus dem Kosmos" mit vielen neuen faszinierenden Bildern über Kornkreismuster aus 1994 und 1995.

In diesem Buch erzählt der bekannte Bestsellerautor die ganze Geschichte der Kornkreise. Er berichtet von Kreisen in Korn- und Reisfeldern und in Schnee und Stein, die er in allen Teilen der Welt persönlich in Augenschein nehmen konnte. Er zitiert authentische und faszinierende Zeugenaussagen von UFO-Sichtungen, die in Zusammenhang mit den Kreisen stehen. Er sprach mit Wissenschaftlern, die dem Rätsel der Kreise auf den Grund gingen und stellt die Ergebnisse ihrer Forschungen verständlich und spannend dar. Und schließlich versucht er ihre Symbolik zu deuten und ihre Uhrheber zu identifizieren.

ISBN 3-931 652-04-1   broschiert, 280 Seiten, DM 34,00

Otto Höpfner

Einhandrute und Pyramidenenergie

-Hilfsmittel für Ihre Gesundheit-

3. erweiterte NEUAUFLAGE

Der Autor zeigt an Hand von praktischen Beispielen, wie auch der Laie mit Hilfe der Einhandrute die Körperverträglichkeit von Nahrungsmitteln, Medikamenten oder Schlafplätzen prüfen kann. Weiterhin erläutert er, wie mit speziellen Meßkreisen Radioaktivität, Giftstrahlung oder krankmachende Störzonen gemessen und durch die Pyramidenenergie gemindert bzw. verbessert werden kann.

ISBN 3-931 652-05-X   broschiert, illustriert, 145 Seiten, DM 24,80

Billy Meier

Die Wahrheit über die Pleyaden

Dieses Buch liest sich wie einer der fantastischsten Science-Fiction-Romane, die es je gegeben hat. Der Autor beschreibt fesselnd und überzeugend seine eigene wahre Lebensgeschichte, in der die Begegnungen mit Außerirdischen auch auf der physischen Ebene seit seiner Kindheit zum Alltag gehört. Interessante Phänome wie Beamen, Raum- und Zeit-Sprünge, die der Autor selbst persönlich erleben durfte, werden detailliert und verständlich erläutert. Billy Meier erklärt auch die faszinierende Welt der Pleyadier.

ISBN 3-931 652-07-6   gebunden, 240 Seiten, DM 39,00

Elisabeth Kübler-Ross

Der Liebe Flügel entfalten

Ihr Sohn Ken Ross, Profi-Fotograf, unterstreicht mit seinen meditativen Fotos die Intensität und Tiefe des Buches.

In »Der Liebe Flügel entfalten« versteht es die berühmte Ärztin und Sterbeforscherin Elisabeth Kübler-Ross, uns anhand von vielen selbsterlebten Geschichten nahezubringen, welche Bedeutung die Liebe für jeden von uns hat.

Sie konfrontiert uns liebevoll aber direkt auch mit unseren Schattenseiten und zeigt uns einen Weg auf, wie wir ehrlich ohne unsere negativen Gefühle zu ignorieren oder zu unterdrücken, den Weg der wahren Liebe einschlagen können.

ISBN 3-923 781-99-7
60 Seiten, 12 ganzs. Farbfotos, 21x21 cm, gebunden, DM 26,80

Elisabeth Kübler-Ross

Jedes Ende ist ein strahlender Beginn

Bildband mit Texten von E. Kübler-Ross und Fotos von Dr. G. Siebel.

Dr. Gottfried Siebel ist katholischer Theologe und hat sich jahrelang der aktiven Sterbebegleitung gewidmet, wobei ihm die Bücher der Ärztin E. Kübler-Ross eine wichtige Stütze waren. Es war seine Idee, Schmetterlinge zu fotografieren und diese den aussagekräftigsten Sätzen von der bekannten Sterbeforscherin gegenüberzustellen, ist doch das Verwandlungsmotiv von der Raupe zum Schmetterling eine Parallele zu unserer eigenen Verwandlung. Ein wunderbares Geschenkbuch, welches zu begeistern weiß.

ISBN 3-923 781-66-0
64 Seiten, 28 ganzs. Farbfotos, 21x21 cm, gebunden, DM 26,80

Elisabeth Kübler-Ross

Sterben lernen - Leben lernen
Fragen und Antworten

Was Sigmund Freud für die Psychologie war, ist sicherlich E. Kübler-Ross für die Sterbeforschung. Ihr ist zu verdanken, daß weltweit die neuen Erkenntnisse über Sterbende und deren richtige Betreuung an allen medizinischen Ausbildungsstätten gelehrt werden.

Dieses Buch gibt wichtige Antworten auf Fragen wie: Auf was muß ich achten, wenn ich mit Sterbenden zusammen komme? Wie kann ich Angehörigen eines Sterbenden oder eines soeben Verstorbenen beistehen? Wie gehe ich selbst mit dem Verlust eines mir Nahestehenden um? Unmißverständlich macht die Autorin klar, daß wir die Angst vor dem Sterben und dem Tod erst verlieren müssen, bevor wir wirklich frei sein können zum Leben.

ISBN 3-923 781-80-6
21x21 cm, gebunden, 64 Seiten mit 16 Farbfotografien, DM 26,80

Elisabeth Kübler-Ross

Über den Tod und das Leben danach
22. Auflage

Dieses Buch ist nach neun Jahren immer noch einer der esoterischen Bestseller in Deutschland und wurde bereits über 400.000 mal verkauft. Die berühmte Wissenschaftlerin (18 Ehrendoktor-Titel) hat als erste das Tabu-Thema »Tod« öffentlich aufgegriffen und sich in ihren Forschungen eingehend damit beschäftigt. Das Ergebnis präsentiert sie in diesem Buch und belegt in einer für jeden verständlichen Sprache, daß es ein Leben nach dem Tode gibt.

Eines der wichtigsten Bücher unserer Zeit.

ISBN 3-923 781-02-4
broschiert, 89 Seiten, DM 19,80

Elsa Barker

Licht hinter dem Schleier

Wegweiser in die vierte Dimension

»Licht hinter dem Schleier« nimmt uns die Angst vor dem Tod und läßt uns die Verbindungen zwischen der irdischen und jenseitigen Welt erkennen.

Dieses Buch macht uns durch authentische Geschichten mit einer Welt vertraut, die wir mit unserer Innenwelt ständig berühren, jedoch meistens nicht bewußt wahrnehmen. Lebendig und spannend wird diese in ihrer Vielschichtigkeit und mit ihren unterschiedlichsten Wesen beschrieben.

ISBN 3-931 652-03-0
gebunden, 270 Seiten,
DM 29,80

Phyllis Virtue-Carmel

Planet der Wandlung

Offenbarung des Rates der Neun

In diesem Buch geht es um die besondere Rolle, die der Planet Erde in unserem Universum spielt. Aus höchster Quelle erfahren wir, was wir tun können, um unser eigenes Leben und das anderer Menschen zu bereichern. Im medialem Zustand trat Phyllis Virtue-Carmel in Kontakt mit dem Rat der Neun, einer Gruppe von Wesen aus dem Kosmos, die uns im Bewußtsein unendlich überlegen sind.

ISBN 3-923 781-92-X
gebunden, 370 Seiten
DM 39,00

Uri Geller

Mein Wunder-volles Leben

Haben Sie schon über die Existenz dieser Phänomene nachgedacht?

Dematerialisation, Telekinese, Hellsichtigkeit, parapsychologische Beeinflußbarkeit gesellschaftlicher Ereignisse!

Von anerkannten wissenschaftlichen Instituten wurden diese Phänomäne bereits bewiesen. Im Buch werden Sie aufgefordert, selbst Erfahrungen in diesem Bereich zu machen.
Sie erhalten von Geller sämtliche Hintergrundinformationen und warum die Medien sowohl an Geller als auch an einigen wissenschaftlichen Instituten Rufmord verübten.

ISBN 3-923781-90-3,
gebunden, 350 Seiten
DM 39,00,

Russell Grant

Astrologie-Set für Jedermann

Astrologie spielend begreifen

Dieses Astrologie-Set macht es möglich, ohne Vorwissen in das interessante Gebiet der Astrologie spielend einzusteigen. Durch ein gut durchdachtes System und wenigen astrologischen Hilfsmitteln (Astro-Drehscheibe, farbig illustrierte Planetenkarten und Horoskopformulare) können Sie jedes beliebige Geburtshoroskop erstellen.

ISBN 3-923 781-97-0
10 Formulare, 1 Drehscheibe,
Handbuch mit Ephemeriden,
10 Planetenkarten, Softcover,
Großformat, DM 49,00